불교사상의 현재성과 윤리교육

불교사상의 현재성과 윤리교육

장승희

景仁文化社

책머리에

유교와 윤리교육의 만남을 당연히 여기는 것은 유교 국가인 조선이 지금과 멀지 않아서이기도 하지만, 유교가 도덕·윤리교육에 토대하고 있기 때문이다. 배움을 중시하는 동아시아 문화의 특징이 유교에 연원하는 것은 익히 아는 바이다. 유교는 무엇보다 배움을 중시한다. 이는 『논어』 제1편이 '학이(學而)'이며 『순자』 제1편이 '권학(勸學)'인 데서 여실히 드러난다. 군자가 되는 방법이 천성의 함양이든 변화이든 모두 교육을 긍정적으로 보고 있다. 유교는 인간으로서 가야 할 바른 길이 존재하며 그 방향이 선(善)임을 믿어 의심치 않는다.

유교가 현실에서 채우는 공부에 중심을 두는 데 반해, 불교는 현실을 초월하는 깨달음, 무상과 공의 철학, 즉 비우는 공부가 핵심이다. 자칫 비움 공부를 피상적으로 이해하면 허무주의로 빠져버릴 수도 있다. 공부 초기, 필자도 무상관과 악취공에 빠져 허무에 지친 적이 있었다. 어차피 사라질 것을 갈망하고 성취하는 것이 무슨 의미가 있는지, 무위법을 추구하는데 왜 유위법이 존재하는지. 고를 인식하는 과정이 고인 시절이었다. 무상관에서 벗어나 불교의 목적이 '이고득락(離苦得樂)'이며, 그것이 선을 향한 긍정적이고 충만한 에너지를 내포하고 있음을 체화하는 데까지는 긴 시간이 걸렸다. 불교라는 거대한 산에서 열심히 돌멩이를 고르고 길을 내어도 여전히 그 산의 윤곽조차도 제대로 보지 못하고 있다.

돌아가신 친정어머니는 사찰에 공양을 드리러 가실 적마다 코흘리개 막내딸을 데리고 다니셨다. 한라산 기슭 애월 고내봉 골짜기, 까마귀가 울던

절집의 목탁소리는 지금도 불교에 대한 아련한 기억으로 남아 있다. 선배로부터 동국대 강의를 부탁받고, 불교를 건학 정신으로 하는 대학의 강의라는 책임감에서 윤리교육론에 불교사상을 포함시켜 가르치곤 하였다. 제주로 귀향하고서야 비로소 불교공부와 시절인연이 닿았고, 공간적 제약 때문에 인연을 맺게 된 동산불교대학 통신반 교수님들의 가르침은 감사할 정도로 폭넓고 전문적이었다.

1만 시간의 법칙에 따르면, 한 분야에서 전문가가 되려면 하루 3시간 일주일 20시간씩 10년의 노력이 필요하다고 한다. 기술이나 기예라면 몰라도 철학사상 공부는 어림없을 것이다. 그럼에도 10년 정도 무젖다보니 아는 척을 할 수 있게 되었고, 점차 전공인 윤리교육과 통섭해보려는 욕심을 내게 되었다. 불교전문가들에게 보이기에는 얼굴이 화끈거릴 수준이지만, 불교와 윤리교육을 연계시킨 결과물이 거의 없는 현실에서 몇 번을 망설이고 주저하다가 용기를 내어 보았다.

제1부는 불교사상을 공부하며 필자의 전공과 관련하여 인상 깊었던 핵심 개념, 윤리교육과 관련된 주제들에 대한 탐구이다. 제1장 '행복'은 초기 불교에서 나타난 행복의 의미와 추구방법으로, 불교의 목적이 '이고득락'임을 명확히 알게 되어 인식의 변화를 이루었던 연구이다. 불교의 행복이라는 용어가 다양한 의미를 지닐 뿐만 아니라 자비를 내포하고 있음을 알게 되었던 시기이다.

제2장 '인성'은 인성교육진흥법이 시행되던 시기에 인성교육에 관심이 많은 여러 전공 교수들이 '씨올인성교육연구회'를 만들어 공동으로 공부하고 교양 강좌를 운영할 때 발표했던 주제이다. 유교 인성론은 본체론·수양론과 더불어 매우 중요한 주제이지만 천명 혹은 태극·천리와의 관계로 풀어낼 수 있는 반면, 불교는 무아의 해명, 윤회와의 연계를 풀어야 하는 쉽지 않은 주제였다. 여전히 해결되지 않았지만 나름대로 정리하려고 노력

했던 기억이 생생하다.

제3장 '업(業)'에서는 업 개념의 발전과 윤리성에 초점을 두고 탐구하였는데, 불교를 처음 공부할 때부터 관심 있던 주제였다. 특히 윤리교육의 관점에서 불교의 실천적 원리는 업이 핵심이었다. 업을 다루면서 윤리교육에 적용할 수 있도록, 윤회를 끌어들이지 않고 논리를 전개함으로써 실천성 확보에 초점을 두기도 하였다.

제4장 '마음[心]'은 윤리교육의 관점에서 핵심 주제여서 도덕심리학·윤리상담 관련 공저에도 실은 적이 있다. 도덕성발달이론에 근거한 이성 중심의 도덕교육을 보완하는 입장에서, 정서교육 담론 분위기에서 선택했던 주제였다. 붓다의 대화법과 교육방법을 토대로 살펴본 아비달마 교학의 치밀하고도 방대한 마음 분석은 서양 심리학과 비교해도 손색이 없는 높은 수준에 있다고 말할 수 있을 듯하다.

제5장 '명상'은 필자의 다른 저서 『도덕교육, 그 성찰과 모색』에 실린 적이 있다. 널리 공유되었으면 하는 바람으로 여기에 다시 넣게 되었다. 불교 명상만이 아니라 전반적인 명상에 대하여 철학적·사상적·과학적·교육적으로 접근하여 파악하고자 노력하였고, '도덕명상'과 '도덕명상교육'이란 개념을 처음 사용했던 연구이다. 이를 계기로 이후 강의에 본격적으로 명상을 도입하여 교수 방법으로 활용할 수 있게 되었다.

제6장 '통일'은 불교 연기론의 관점에서 통일과 통일교육을 다룬 것으로, 필자의 첫 불교 관련 논문이자 통일위원을 담당한 인연으로 탐구한 결과물이다. 이전에 한국교원대 통일·다문화교육연구소의 요청으로 '통일교육의 동양철학적 기초'라는 글을 쓰면서 유교를 중심으로 통일문제에 접근한 적이 있다. 통일은 앞으로 다가올 우리 사회의 가장 중요한 사건이자 미래 담론이 될 것이다.

제2부는 불교와 윤리교육의 상생을 위하여 윤리교육의 관점에서 불교와

관련된 내용·방법을 다룬 연구들이다. 유교윤리교육 연구는 많지만 불교
윤리교육은 거의 없는 상황에서 그 시작에 의미를 두고자 한다. 제1장『금
강경』의 본질과 윤리교육적 의미는 금강경의 '무주상보시'를 중심으로 '사
구게'를 다루고, 윤리교육적 관점에서 접근한 것이다. 박사 과정에서 학생
들과 금강경을 강독하며 여러 해석본을 비교할 기회가 있었다. 게다가
2015 개정교육과정에 고등학교 선택 교과인 '고전과 윤리'에『금강경』이
포함되었고, 이에 교사와 학생들의 이해를 돕기 위해 탐구한 논문이다.

제2장 추사 김정희의 불교인식과 불교사상은『불교평론』에 실린 글을
다시 정리한 것이다. 원래 다산 정약용을 집필하기로 했었는데, 추사로 변
경되어『국역 완당전집』을 읽으면서 인간 추사와 철학을 이해하게 되었다.
학자이기보다 예술가로, 유학자를 넘어 불교신자로서 추사의 삶을 들여다
볼 수 있었던 기회였다.

제3장 명상의 도덕교육적 효과는 강의에서 예비교사들에게 명상을 활용
한 후 그 효과를 분석한 글이다. 대학 2학년들을 대상으로 다양하게 명상
을 시도하고, 적용 과정과 명상 경험 및 소감에 대한 설문조사와 학생들의
강의성찰을 분석한 양적·질적 탐구이다.

제4장 초등학교 도덕과의 불교내용 분석은 고등학교 '윤리와 사상'교과
서의 불교사상 내용을 집필하면서 탐구한 것이다. 불교 관련 내용들이 교
육과정과 교과서에 어떻게 드러나고 있는지 궁금하여 시작하였는데, 연구
과정에서 어린이철학교육을 적용한, 우리나라 어린이불교교육의 가능성을
탐색해 본 연구였다.

제5장은 고등학교 '윤리와 사상'의 불교사상 내용 분석으로, 교과서를
집필하는 과정에서 2009 개정교육과정을 중심으로 탐구하였다. 고등학교
'윤리와 사상' 교과서에서 가장 변화가 없는 부분이 불교 관련 내용이었고,
몇 가지 오류를 지적하면서 앞으로의 교육과정의 방형과 집필시 유의점을
제시해보았다.

제6장 미래사회를 대비한 동양윤리 교육방안은 고등학교 사회탐구 영역 가운데 선택 비율이 높은 '생활과 윤리'에서 동양윤리 내용을 분석한 글이다. 특히 윤리적 탐구에 초점을 둔 응용윤리 중심의 '생활과 윤리' 교과가 동양윤리의 내용과 윤리적 성찰에 초점을 두어야 함을 강조하였다. 변화하는 미래사회를 대비하는 측면에서 '생활과 윤리'의 동양윤리 방향을 제시한 연구이다.

윤리교육을 업으로 삼고 거기에 유교사상을 접합하여 가르치고 연구한 지 30년이 넘어간다. 거기에 불교사상을 얹어 통섭해보려는 만용을 내어보았다. 유교윤리교육이 현실의 삶에서 차지하는 유교의 실천적 의미를 중심으로 하였다면, 불교윤리교육은 삶과 죽음을 초월하면서도 나와 너, 그리고 세상을 이해하는 통찰을 제시한다고 할 수 있겠다. 개인적으로는 불교와의 시절인연으로 힘든 갱년기를 무사히 넘길 수 있었음에 감사하고, 학문적으로는 부족하지만 윤리교육의 지평을 유교에서 불교로 확대시켜 이론적·실천적 근거를 넓힐 수 있었다는 데서 위안을 삼아 본다.

고등학교 시절 국어 선생님께서 '청춘예찬' 수필을 읽어주시며 나이 들어야만 청춘의 아름다움을 알게 될 것이란 말씀의 뜻을 이제야 알 것 같다. 사라져야만 존재하던 것의 참 가치를 알게 된다는 의미이리라. 20대 제자가 비우는 삶을 살고 싶다는 말에 채워야 비울 것이 있다고 답한 적이 있었다. 40대까지 기를 쓰고 채우려 안간힘을 쓰던 삶이었으니 이제 비워야 할 터인데, 오히려 또 채우고야 말았다. 공부하는 분들에게 쓸데없는 짐을 지워주는 셈인데, 혹 비우는 공부에 조금이라도 도움이 되었으면 하는 소박한 바람을 가져본다.

감사드려야 할 소중한 인연들이 많다. 스승으로 지금도 항상 가르침을 주시는 진교훈 서울대 명예교수님, 학문의 길에서 방향성과 큰 힘을 주시는 박병기 교수님, 108배와 자비를 통해 불교를 실천하시는 고대만 교수님, 수묵화 같으신 변종헌 교수님. 이 분들의 도움과 격려로 공부하는 힘을 얻을 수 있었다. 곁에서 좋은 연(緣)이 되어 필자로 하여금 언제나 선한 인(因)을 만들어 중년의 삶을 풍요롭게 해주시는 청우당 김효심 교수님, 심연재 신애경 교수님께도 고마움을 전한다. 귀한 가르침을 주신 동산불교대학 및 대학원 교수님들, 불교 관련 논문과 저서를 통해 안목을 넓혀주신 학자님들, 언제나 변함없이 도반이 되어준 남편에게도 감사하지 않을 수 없다. 금생에 모자의 인연으로 만나 늘 엄마를 성찰하게 해준 재용·현창 두 아들, 고맙구나. 기꺼이 출판을 허락해준 경인문화사의 김환기 이사님과 한정희 사장님께도 진심으로 감사드린다.

2018년 2월 입춘 길목
불교와 윤리교육의 상생, 그 가능성을 신뢰하며
사라봉 아래 여연재에서
장승희 삼가 씀

목 차

제2부 불교사상과 윤리교육의 상생을 위하여

제1부

전환기의 윤리적 주제와 불교사상

제1장 행복-불교에서 행복의 의미와 추구방법
: 니까야 경전을 중심으로
제2장 인성-불교에서 인성의 본질과 윤리교육
: 초기불교의 무아와 방편적 자아를 중심으로
제3장 업(業)-초기불교에서 업의 윤리성과 도덕교육적 함의
제4장 마음[心]-초기불교에 나타난 마음의 구조와
붓다의 정서교육
제5장 명상-명상에 대한 철학적·사상적 접근과 윤리교육
제6장 통일-불교 연기론의 관점에서 본 통일문제와 통일교육

제1장 행복 - 불교에서 행복의 의미와 추구방법
: 니까야 경전을 중심으로

I. 머리말 : 현대행복담론과 불교

추상적 개념이 얼마나 유동적이고, 심도 깊은 의미론적 내용과 역할을 지니는지 염두에 두면 개념규정이 쉽지 않음을 알게 된다. 하나의 개념은 공시적으로는 역사 행위자의 주관성과 정치·사회적 실재 간의, 통시적으로는 과거와 현재 간의 모호하고도 복잡한 긴장관계를 독해할 수 있는 해석학적 매체이다.[1] 따라서 개념의 파악을 위해서는 시대적 맥락, 정치·사회적 맥락, 논쟁의 맥락, 그리고 담론의 전통 등 다양한 언어적·비언어적 맥락을 고려해야만 그 본질에 다가갈 수 있다. '행복' 개념도 마찬가지이다. 행복의 내용과 범위는 역사에 따라, 문화에 따라, 개인에 따라 매우 다양한데 이것은 행복을 규정할 때 객관성보다 주관적 인식이 더 강하게 작용하기 때문이다. 이 때문에 행복에 대한 개념 규정도 쉽지 않지만 보편적 합의에 도달하는 것은 더 어렵다. 그럼에도 불구하고 인간이라면 누구나 행복을 추구하고 모든 공동체들도 행복한 사회를 지향하였다. 그만큼 행복은 절대적 개념이자 이념으로, 행복은 "단지 인류의 역사만이 아니라 윤리학, 철학, 그리고 종교 사상의 역사"요, 모든 삶의 영역과 관련되어 있다.[2] 그러나 사람들이 추구하는 행복이 '진정한' 의미의 행복인지 파악하기는

---

1) 나인호, 『개념사란 무엇인가』(서울: 역사비평사, 2013), p.34.
2) Darrin M. McMahon, 윤인숙 역, 『행복의 역사』(*Happiness: A History*, 2006)(서울: 살림, 2008), p.9.

쉽지 않다. 관점과 사상에 따라 '진정한 행복'의 규명이 달라질 수 있기 때문이다. 그럼에도 행복담론은 지속되어 왔으며 자본주의 문명의 시대인 오늘날 행복은 중요한 삶의 화두(話頭)로 다시 주목받고 있는 것이다.

　인류는 근대 이후 행복담론에서 전환을 이루었다 해도 과언이 아니다. 행복의 대상은 확대되고 평등해졌으며, 그 의미의 폭은 이전에 상상하지 못하였던 데까지 이르렀고, 행복의 기준 또한 높아졌기 때문이다. 최근의 행복담론은 근대 이후 물질과 쾌락, 욕구와 소비 중심의 양적인 행복, 경쟁적 행복에 대한 반성에서 나온 것으로, 행복의 질적 전환을 위한 노력의 결과이다. 오늘날 인간의식은 '지름 신(神)' 혹은 '쇼핑중독' 등 일종의 질병의 징후로 귀결될 정도로 자본주의 사회의 소유와 소비 행위에 초점이 가 있다. 획득·생산·보존의 일차적 필요성에 의해 지배받아온 일종의 타산적인 평온의 세계는 환상임을 바타이유(Bataille)는 일찍이 간파하였다.3)

　　우리 인간이라는 존재는 있는 그대로 머무는 존재가 아니다. 우리는 에너지의 과잉 성장에 맡겨져 있다. 대개 인간들은 생존의 목적이나 존재 이유에 만족하지 못하고 성장을 추구하게 되어 있다. 그러나 그러한 성장에 매몰된 나머지 존재는 때로 자율성을 잃고 만다. 존재는 이따금 자원의 증가 때문에 미래에 있을 어떤 것에 종속되기도 한다. 사실 성장은 자원이 소비되는 순간과 관련시켜 볼 때에만 확정되는 것이다. 그러나 그 순간은 확인하기가 어렵다. 의식은 그런 순간과 대립적이기까지 하다. 의식은 순전한 소비와는 달리 무가 아닌 어떤 것, 무엇인가를 획득하려고 한다는 점에서 그 순간과 대립적인 것이다. 다시 말해 자아의식이란 성장(어떤 것의 획득)이 소비로 끝나는 순간의 결정적인 의미에 대한 의식이며, 다른 어떤 것도 더 이상 의식하지 않는 의식이다.4)

---

3) Georges Bataille, 조한경 역, 『저주의 몫』(La part maudite, 1967)(서울: 문학동네, 2011), p.17.
4) 위의 책, p.233.

소유와 소비를 성장이라고 인식한 고전경제학은 인류를 풍요롭게 하였
고, 그 덕으로 귀족과 양반들에게만 해당되던 풍요로서의 행복을 보통사람
들도 누릴 수 있게 되었다. '2015 세계행복보고서'에 따르면 세계에서 가장
행복한 국가는 스위스(7.587점)였고, 아이슬란드·덴마크·노르웨이·캐나다
가 차례로 뒤를 이었는데, 가장 불행한 나라는 아프리카 토고였다.5) 행복
의 요소로서 자유, 일자리, 완전고용, 복지국가 등 기본적인 욕구 충족을
보장해주는 서구 세계가 개발도상국 주민들보다는 행복하다는 결과이다.
물질만으로 행복을 평가할 수는 없지만 그렇다고 객관적 조건도 결코 무
시할 수 없음을 인식시켜주는 결과가 아닐 수 없다. 그러나 개인이나 사회
나 부가 일정 수준을 넘으면 행복에 대한 영향력에서 차이가 없다고 한다.
'이스털린의 역설(Easterlin Paradox)'에 따르면, 돈은 한정된 행복으로 그
효과는 오래 지속되지 않으며, 더 높은 지위는 개인에게 행복을 주지만 다
른 사람의 희생이 따르며, 따라서 사회 전체로 볼 때 더 많은 재산은 더
많은 행복으로 이어지지 않는다.6) 평균 1만 달러 이상이 되면 생활수준과
삶의 만족도 사이에 측정 가능한 연관성이 거의 나타나지 않는다고 한다.
풍요의 불균형, 빈부격차로 인한 상대적 박탈감, 욕구와 소비의 비효율성
등의 대안으로 자본주의의 변형, 자본주의 4.0이나 공생자본주의가 등장하
였다. 이제 돈과 물질, 성장의 한계를 인식하며 행복의 '본질'에 대해 본격
적으로 고민하기 시작한 것이다.

　행복을 위해서는 객관적 조건과 주관적 조건 모두 중요하며, 이 둘의 상

---

5) http://news.chosun.com/site/data/html_dir/2015/04/24/2015042401366.html, 정상혁, "유
  엔 세계행복보고서", '한국, 행복도 158개국 중 47위'(검색일: 2015.07.13) : 유엔 산
  하 자문기구 '지속가능한 발전해법 네트워크'(SDSN)가 발표한 결과에 따르면,
  2012년부터 2년 간 여론조사기관 갤럽이 실시한 기대수명·자유·소득 등의 조사결
  과와 유엔 인권지수 등을 토대로 미국 컬럼비아대 지구연구소가 맡아 순위를 냈는
  데, 한국의 행복도는 10점 만점에 총 5.984점을 기록했고, 세계 평균은 5.1점이었다.
6) Harald Willenbrock, 배인섭 역, 『행복경제학』(Das Dagobert-Dilemma, 2006)(서울:
  미래의 창, 2007), p.276.

호 연관에 의해 행·불행이 좌우된다. 어느 정도의 객관적 조건을 넘어서면 행복을 선택하고 수용하는 것은 결국 자기 자신에 달린 것이다. 최근 경제 학자들이 심리와 성격에 관심을 가지는 이유는 돈이나 물질 등 경제적 요 소가 행복의 조건으로 한계가 있음을 인식하였기 때문이다.[7] 1990년대 말, 마틴 셀리그먼(Martin Seligman)은 건강한 삶에 대한 과학적 연구를 통해 긍정심리학(Positive Psychology)에서 인간에게 행복이란 노력하고 연습하 여 스스로 만들어내는 것임을 강조하였다. 행복경제학에서도 행복의 조건 중 무엇보다 중요한 것은 '주관적 웰빙(SWB: Subjective Well-Bing)'임을 강 조하는데[8] 이것은 "내가 변해야 세상이 변한다.", '일체유심조(一切唯心 造)' 등 마음의 문제를 중시하는 불교의 관점과 상통한다. 대상을 인식하고 수용하는 주체인 내 마음의 작용에서 행복의 관건을 찾고자 하는 것이다.

　일반적으로 불교는 인생을 고(苦)라고 전제하여 출발하기 때문에 매우 비관적인 사상으로 인식된다. 선행연구를 보아도 행복과 관련된 연구는 그 다지 많은 편이 아니다. 그러나 초기불교에서는 인생의 목적이 행복, 즉 고 (苦)를 극복하고 락(樂)에 도달하는 이고득락(離苦得樂)임을 천명하였다. 심지어 『상윳따 니까야』에 "행복 경"이 존재할 정도로 초기불교는 행복을 중시하였다. 갈애(渴愛)와 무명(無明)을 고(苦)의 원인으로 본 붓다는 인간 의 번뇌 - 장애심리[不善] - 를 제거하고 해탈하여 열반에 이르러 행복할 수 있다고 보았다. 초기불교의 가장 큰 특징은 '해체해서 보기'인데, 이 세 상 모든 현상[法]과 개념들을 해체·분석하여 봄으로써 무상·고·무아를 통 찰할 수 있다고 하였다.[9] 법수(法數)를 활용하여 붓다의 법을 체계화한 아 비담마에서는 초기불교의 수행체계를 37보리분법으로 제시하였다. 행복과 관련해서는 기본적으로 이 37보리분법에 대한 이해와 명상수행이 무엇보

---

7) 위의 책, p.255.

8) 위의 책, p.260.

9) 각묵스님a, 『초기불교 이해』(울산: 초기불전연구원, 2013), pp.26~27.

다 중요하게 대두된다. 붓다와 제자들의 생생한 가르침이 드러난 초기불교의 전거(典據)는 남방 상좌부에 전승된 니까야(Nikaya)[10]와 북방에서 한역되어 전승된 아함(阿含, āgama)[11]이다. 니까야는 붓다 당시의 생생한 언어로 보존되어 초기불교의 본질을 파악할 수 있다는 점에서 의미가 크다.[12] 붓다 사후에 경전의 결집 과정에서 경전에 대한 해석이 정교해지고 내용에 대한 이해가 심화되면서 37보리분법을 비롯한 아비담마 교학체계가 정리되었는데 그에 대한 대표적인 해석서가 『청정도론(淸淨道論)』이다. 본 연구에서는 『니까야』 경전과 함께 아비담마 해석서인 『청정도론』의 내용을 중심으로 논의를 전개하고자 한다.

이 글은 초기불교에서 행복의 개념과 추구방법을 통하여 오늘날 행복담론의 방향성 정립에 도움을 주기 위한 것이다. 먼저 초기불교에서의 행복인 이고득락의 구조를 고(苦)에 초점을 두고 살펴보고, 초기불교에서의 다양한 개념들을 통하여 행복의 의미와 본질을 분석하고, 행복에 이르는 구체적인 방법을 살펴보았다. 결론에서는 초기불교 행복담론의 한계를 간략히 고찰해보았다. 초기불교 당시의 논의 맥락을 오늘날 행복담론에 직결할 수는 없겠지만, 최근 많은 사람들이 명상기법에서 마음 다스림 방법을 찾는 것을 볼 때, 불교의 행복논의가 오늘날 행복담론에 도움이 될 수 있을

---

10) '니까야(Nikaya)'는 ni(아래로)+√ci(to gather)에서 파생된 명사로 초기 불전에서는 '모임, 회합, 무리'의 의미로 쓰이고 있다. 그러므로 '니까야'는 '모은(collected)[가르침]'이란 뜻이다. 위의 책, p.21.

11) '아함(āgama)'은 ā(이쪽으로)+√gam(to go)에서 파생된 명사인데, '이쪽으로 전해져 온 것'이라는 일차적 의미를 가지고 있으며, '전승된(handed down)[가르침]'이라는 뜻이다. 위의 책, p.21.

12) 『디가 니까야』, 『맛지마 니까야』, 『상윳따 니까야』, 『앙굿따라 니까야』 등 4부 니까야 경전과 빠알리 삼장은 모두 부처님의 직설이거나 빠알리어로 전승되어 온 가르침이다. 4아함은 『장아함(長阿含)』, 『중아함(中阿含)』, 『잡아함(雜阿含)』, 『증일아함(增一阿含)』인데, 한문으로 축약·번역되어 일차자료로는 불충분하다. 남방·북방이 전혀 다른 경로로 전승되어 전혀 다른 문자로 전승되었지만, 이 둘은 같은 가르침을 담고 있다. 위의 책, pp.20~22.

것이다.

II. 초기불교의 행복, 이고득락의 구조

초기불교에서 행복이란 인간의 실존인 고(苦)를 극복하여 락(樂)을 얻는 것이다. 생노병사의 사고(四苦)에 더하여 애별리고(愛別離苦), 원증회고(怨憎會苦), 구부득고(求不得苦), 오취온고(五取蘊苦)의 팔고(八苦)가 대표적인 고이다. 초기불교에서는 고의 원인을 갈애(渴愛)와 무명(無明)이라고 본다. 이 세상 모든 것은 찰나이고 무상한데도 유한한 인간은 영원[常]을 추구하고 집착하며 원하는 것을 끝없이 갈애한다. 인간은 원하는 것을 얻고자 하지만 욕구는 끝이 없어서 만족할 줄을 모르기 때문에 번뇌에 시달린다. 모든 것은 연기에 의한 것이고 무상하여 실체가 없는데 그 명백한 진리를 몰라서 번뇌하고, 그 무명 때문에 괴로운 것이다. 따라서 갈애와 무명을 극복하는 수행을 통하여 행복에 도달하는 것이 초기불교 이고득락의 논리이다. 그렇다면 갈애와 무명에서 생기는 번뇌의 본질은 무엇인가?

첫째, 갈애에서 생기는 괴로움은 모든 것이 무상하다는 것을 받아들이지 못하는 데서 생기는 번뇌이다. 인간의 실존을 보면 태어나는 것이 기쁨인 듯 보이지만 늙고 병들고 결국은 죽어서 해체되므로 궁극적으로 무상하고 순간적이다. 영원한 것은 없고 외면적으로 즐겁고 기쁘고 좋아 보이는 모든 것도 찰나이며 궁극적으로는 변하여 사라지게 된다. 욕구의 충족 혹은 소유의 풍요에서 느끼는 행복도 순간적이고 영원하지 않다. 모든 것의 본질은 무상인데 영원을 추구하는 데서 집착하고 갈애하여 번뇌에서 벗어나지 못한다. 행복의 공식을 보면, 인간이 행복해지는 방법은 두 가지이다. 하나는 원하는 것을 완전히 충족시키는 것이고 다른 하나는 욕구를 줄이고 만족하는 것이다. 원하는 욕구를 만족시키는 것이 행복이지만 결코

다 얻지 못하며 그래서 번뇌에 시달린다. 한 순간 욕구를 만족시켰다 해도 욕구는 끝이 없고, 할 수 있는 능력의 한계에서 괴로움이 생기며 이것이 불교가 포착한 지점이다. 불교는 인간이 만족을 줄여 수용하는 데서부터 행복을 모색한다.

둘째, 인간의 갈애는 무명에 기인한다. 사성제의 진리를 모르는 것이 무명인데, 그것이 고의 원인이고 거기에서 번뇌가 생긴다. 불교는 고집멸도(苦集滅道)의 사성제(四聖諦, Four Noble Truths)로 이 세상의 법(法)을 밝히고자 한다. 삶의 본질은 고(苦)라고 전제하여 그 원인을 집제(集諦)로 밝히고자 하며, 그것의 소멸구조를 밝히는 것이 멸제(滅諦)이고, 도제(道諦)는 소멸의 구체적 방법이다. 이러한 진리를 알게 되면 갈애를 없애거나 조절하여 번뇌에 시달리지 않을 수 있는 것이다. 이처럼 괴로움[苦]에 대한 인식이야말로 불교가 추구하는 행복[樂]으로 가는 출발선이다. 고와 락은 수직선상의 양 끝에 놓여 있고, 불교는 이고득락, 즉 괴로움을 버리고 행복에 이르고자 한다. 고와 락이 더불어 논의되지 않을 수 없는 구조이다.

이고득락을 추구하는 초기불교 행복담론은 윤회(輪廻, samsara)의 논리에 의지한다. 자신이 지은 업(karma)에 따라 과보(果報)를 받으며, 현생의 업에 따라 다음 어느 세상에 태어날지 결정된다는 것이 윤회사상의 핵심이다. 업에 의한 윤회는 연기에 따르므로 신구의(身口意)에서 선업을 쌓음으로써 좋은 원인을 만들어 좋은 결과를 얻도록 노력해야 한다는 것이다. 즉, 현세에서 선업을 쌓는 노력을 함으로써 행복한 삶을 영위하고, 후생에서는 선업의 결과로 천상에 태어나거나 해탈하여 윤회의 고리를 끊을 수 있다고 본다.

> 바라문 학도여, 중생들은 업이 바로 그들의 주인이고, 업의 상속자들이고, 업에서 태어났고, 업이 그들의 권속이고, 업이 그들의 의지처이다. 업이 중생들을 구분 지어서 천박하고 고귀하게 만든다.[13)]

이처럼 중생들의 삶의 결과가 업에 의해 규정되기 때문에 인간은 자신이 짓는 업에 유념하지 않을 수 없다. 갈애와 무명에서 오는 번뇌를 소멸하기 위해 선업을 짓도록 끊임없이 수행하고 노력하여야 행복에 이를 수 있는 것이다. 초기불교는 교학과 수행의 공부 체계로 이루어지는데, 부파불교를 이론적으로 정리한 아비담마에서는 구체적 수행법을 37보리분법(菩提分法)으로 제시하였다. 이 수행방법들을 실천하여 도달하는 긍정적 심리상태가 행복이라고 보았다. '보리분법'이란 '보디 빡키야 담마(bodhi pakkiyā dhamma)'의 직역인 '깨달음의 편에 있는 법들'이라는 뜻으로 중국에서는 조도품(助道品, 도와주는 상태)이라고 옮긴다.[14] 구체적으로 살펴보면 다음과 같다.

- 4념처(四念處) : 네 가지[身受心法] 마음챙김의 노력
- 4정근(四正勤) : 네 가지[不善法 2개, 善法 2개]의 바른 노력
- 4여의족(四如意足) : 네 가지[열의, 정신, 마음, 검증]의 바른 성취 수단
- 5근(五根) : 다섯 가지[믿음, 정진, 마음챙김, 삼매, 통찰지]의 기능
- 5력(五力) : 다섯 가지[믿음, 정진, 마음챙김, 삼매, 통찰지]의 힘
- 7각지(七覺支) : 마음챙김, 법의 간택, 정진, 희열, 고요함, 삼매, 평온의 깨달음의 구성요소
- 8정도(八正道) : 정견(正見), 정사유(正思惟), 정어(正語), 정업(正業), 정명(正命), 정념(正念), 정정진(正精進), 정정(正定)의 성스러운 도

위의 일곱 가지 주제들의 각 숫자들을 더한[4+4+4+5+5+7+8] 결과가 37

---

13) "업 분석의 짧은 경", 『맛지마 니까야 4』, p.145. 이하, 본고에서 니까야의 원전명, 품명, 경명, 쪽수, 번역문 등은 각묵스님과 대림스님의 번역서(울산: 초기불전연구원)를 기준으로 함.

14) 각묵스님b, 『초기불교입문』(서울: 이솔, 2014), p.134.

가지인데, 각각의 수행을 통해 마음과 심리구조를 파악하여 몸과 마음을
다스려 편안한 상태에 이르는 것이 핵심이다. 우선, 사마타 수행으로 마음
을 다스림으로써 환희와 행복의 상태를 유지하는 것[心解脫, 1차 해탈]이
고, 여기서 나아가 위빠사나 수행으로 통찰지를 얻어 인식의 전환을 이루
어 해탈[慧解脫, 2차 해탈]하는 것이 궁극적 목표이다. 여기서는 37가지 자
세한 방법들을 다루지 못하고 행복과 관련된 필수적인 것들을 중심으로
논의하고자 한다.

III. 초기불교에서 행복의 의미

1. 현세적 행복과 궁극적 행복

불교의 윤회(輪廻, samsara)15)사상에 의하면 생명 있는 존재들은 죽은
뒤 그 업에 따라 또 다른 세계에 태어난다. 의도적인 행위 혹은 활동을 업
(karma)이라 하는데, 업에 따라 드러나는 결과가 과(果) 혹은 보(報)이다.
이러한 원인[업]과 결과[과보]의 법칙도 크게는 연기에 의한 것으로, 선업
을 쌓아 선과를 얻음으로써 행복한 다음의 생을 기약하는 것이 윤회사상
의 핵심이다. 현세에서 선업을 쌓는 노력으로 행복한 삶을 영위하고, 후생
에서는 선업의 결과로 천상에 태어나거나 해탈하여 윤회의 고리를 끊을
수 있다. 결국 모든 업은 자신의 것이요 결과에 대한 책임도 자신에게 있

---

15) 세상의 온갖 물질과 모든 세력은 어느 것이나 아주 없어져 버리는 것이 하나도
없다. 오직 인과의 법칙에 따라 서로 연쇄(連鎖) 관계를 지어가면서 변하여 갈 뿐
이다. 그러므로 우리 업식(業識)도 육체가 흩어질 때에 아주 없어지는 것이 아니
다. 육신이 죽으면 생전에 지은 업에 따라 지옥, 아귀, 축생, 수라, 천상 또 다시
인간으로 수레바퀴 돌 듯이 돌아다니게 된다. 한국불교대사전편찬위원회, 『한국
불교대사전(七)』(서울: 명문당, 1995), p.285.

다는 인과응보(因果應報)의 논리에 따라, 모든 존재는 선한 업을 위해 노력하고 그 과보를 받게 된다.

초기불교에서는 행복을 현세적 행복과 궁극적 행복으로 구분한다. 당시 세속적 행복은 오늘날과 다를 게 없다. 학문과 기술을 익히고 자기 소질에 맞는 기술을 배워 그것으로 세상에 기여하고 급여를 받거나 이윤을 창출하여 그것을 바탕으로 행복한 삶을 사는 것이 행복이었다. 그러나 행복의 추구가 기술만으로는 한계가 있다고 보았는데 나쁜 인성을 가지고 있으면 사회와 자신을 망가뜨리게 되므로 도덕적으로 건전하고 이웃에 봉사하는 바른 인성을 지녀 지계(持戒)와 보시(布施)를 실천할 것을 강조하였다.16) 현실적으로 자신이 잘 하는 일을 함으로써 자신의 생계를 유지하고, 이를 통하여 계율을 지키는 도덕적 삶을 살고, 그 다음 베풀어 봉사하는 삶을 사는 것이 현세의 삶에서 행복을 얻는 방법이다.

내생의 행복은 업과 윤회사상을 바탕으로 하는데, 현세에서 악업을 지으면 그 결과에 따라 지옥·축생·아귀의 삼악도(三惡道)에 태어나고, 선업을 지으면 인간세상 혹은 천상에 태어나게 된다는 것이다. 따라서 금생에서 지계와 보시를 지키면서 이웃에 봉사하고 베풀어야 긍정적인 내생을 기약할 수 있게 된다고 보았다.17) 그러나 초기불교에서는 이와 같은 현생과 내생의 행복에 그치지 않고 더 높은 단계의 행복을 추구하였다. 즉 물질적 행복을 넘어 정신적 행복을, 내생의 행복한 세상을 넘어 깨달음을 얻어 해탈에 이르고자 하였다. 괴로움의 원인인 갈애와 무명을 없애고 몸의 편안함과 마음의 평온함을 얻어서 열락을 체득하고, 궁극적으로는 열반을 통해 윤회의 고리를 끊고자 한다. 이처럼 현세적 행복을 넘어 궁극적 행복을 갈망하는 것이 초기불교 행복담론의 특징이다. 대승불교 특히 선종에서의 열반은 이른바 좌탈입망(坐脫立亡)의 경지여야 가능한 것으로, 신비롭

---

16) 각묵스님a, 앞의 책, p.35.
17) 위의 책, p.35.

고 어려운 과정으로 여겨져 일반인들이 범접하지 못하는 경지로 인식되고 있다. 그러나 초기불교의 해탈 혹은 열반은 누구나 노력으로 가능하며, 쉽지 않지만 정진수행에 의해 누구나 아라한의 경지에도 이를 수 있다고 보았다.

"행복 품(Sukha-vagga)"에서는 행복을 두 단계로 구분하고, 법수(法數)와의 비교를 통해 행복을 구분하고 있다.[18] 이를 정리하면 아래와 같다.

비구들이여, 두 가지 행복이 있다. 어떤 것이 둘인가? / (a)행복(sukha)과 (b)행복(sukha)이다. 비구들이여, 이러한 두 가지 행복이 있다. 이 두 가지 가운데(C=a or b) 행복이 뛰어나다.

	경의 이름	a	b	C
(1)	재가(在家) 경	재가의	출가의	b
(2)	감각적 욕망 경	감각적 욕망(kāma)에서 오는	출리(出離, nekkamma)에서 오는	b
(3)	재생의 근거 경	재생의 근거에 바탕을 둔 (upadhi)	재생의 근거를 벗어난	b
(4)	번뇌 경	번뇌에 물들기 쉬운	번뇌를 여읜	b
(5)	세속 경	세속적인(sāisa)	출세간의(nirāmisa)	b
(6)	성스러움 경	성스러운	성스럽지 못한	a
(7)	육체적 행복 경	육체적인	정신적인	b
(8)	희열 경	희열(pīti)과 함께 하는	희열(pīti)과 함께 하지 않는	a
(9)	기쁨 경	기쁨의(sāta)	평온의(upekkhā)	b
(10)	삼매경 1경	삼매(samāta)와 연결된	삼매와 연결되지 않은	a
(11)	삼매경 2경	희열이 있는 선(禪)을 대상으로 한(sappītikārammaṇa)	희열이 없는 선(禪)을 대상으로 한	a

---

18) "행복 품",『앙굿따라 니까야 1』, pp.250~255.『앙굿따라 니까야』는 숫자별로 모은 경인데, 법수(法數)는 부처가 가르침을 설할 때 그 주제의 법수가 분명한 것끼리 모은 것이다. 하나의 모음은 하나의 주제, 둘의 모음은 두 개의 주제를, 셋의 모음은 세 개의의 주제들 담고 있는 것들이다. 대림스님 역,『앙굿따라 니까야 1』(울산: 초기불전연구원, 2006), p.35. 해제 참고.

| (12) | 삼매경 3경 | 기쁨이 있는 선(禪)을 대상으로 한 | 평온이 있는 선을 대상으로 한 | b |
| (13) | 삼매경 4경 | 물질을 대상으로 한 (rūpārammaṇa) | 비물질(정신)을 대상으로 한 | b |

　여기서 (2)'출리(出離)'는 '감각적 욕망'에서 벗어나는 것이며, (3)'재생의 근거에 바탕을 둔 행복'은 삼계에 속하는 세간적인 행복이고, '재생의 근거를 벗어난 행복'은 출세간적인 행복을 의미한다.[19] (5)세속적 행복은 오염된 행복, 즉 윤회를 가져오는 저차원적인 행복을 말하며, '출세간의 행복'은 오염되지 않은 행복, 즉 도(道)와 과(果)가 함께한 윤회를 벗어나는 궁극적인 행복을 말한다.[20] 여기서 재가보다 출가에 더 높은 가치를 두고 행복을 추구하고 있으며, 감각적 욕망과 번뇌와 세속을 벗어나 성스럽고 정신적이고 희열과 함께하는 평온한 삼매의 경지에 도달하는 행복의 경지를 추구함을 알 수 있다. 두 가지의 법수(法數)를 활용하여 내용을 대비시켜서 행복을 구분하고 의미를 강조하였는데, (1)~(9)의 내용이 일반적인 현세적이고 현실적인 행복이라면, (10)~(13)은 사마타 수행을 통하여 삼매(三昧)의 경지에서 느끼는 심리상태로서의 행복들이다.

　그렇다면 행복의 심리상태는 무엇인가? 그것은 긍정적이고 유용한 선(善)의 심리라고 할 수 있다. 붓다는 고통은 분노와 원한, 위선과 앙심 품음, 질투와 인색, 속임과 사기, 양심 없음과 수치심 없음이며 이러한 마음을 가진 사람들은 지옥에 떨어진다고 하였다. 반면 분노 없음과 원한 없음, 위선 없음과 앙심을 품지 않음, 질투 없음과 인색하지 않음, 속이지 않음과 사기 치지 않음, 양심과 수치심을 가진 자는 행복하게 산다고 하였다.[21] 그리고 고통에서 벗어나 행복하게 살기 위한 두 가지 수행 방법을 제시하였다.

---

19) "행복 품, 재생의 근거 경", 『앙굿따라 니까야 1』, p.251, 각주 289) 참고.
20) 위의 책, p.252, 각주 290) 참고.
21) "분노 품", 『앙굿따라 니까야 1』, pp.288~292.

비구들이여, 욕망을 철저히 알기 위해서 두 가지 법을 닦아야 한다. / 어떤 것이 둘인가? 사마타와 위빠사나이다. / 비구들이여 욕망을 철저히 알기 위해 (…) 버리기 위해 (…) 부수기 위해 (…) 사그라지게 하기 위해 (…) 빛바래게 하기 위해 (…) 소멸하기 위해 (…) 포기하기 위해 (…) 놓아버리기 위해 이러한 두 가지 법을 닦아야 한다.22)

부정적 심리인 '욕망'에 더하여, '성냄', '어리석음', '분노', '원한', '위선', '앙심', '질투', '인색', '속임', '사기', '완고함', '성마름', '자만', '거만', '교만', '방일'에 대해서도 마찬가지로 철저히 알기 위해, 완전히 없애기 위해, 버리기 위해, 부수기 위해, 사그라지게 하기 위해, 빛이 바래게 하기 위해, 소멸하기 위해, 떨어지게 하기 위해, 놓아버리기 위해서는 '사마타'와 '위빠사나'의 두 가지 방법을 닦아야 한다고 하였다.23) 이 둘 중 무엇보다 중요한 것은 부정적 심리현상[不善法]을 극복하기 위한 사마타 수행이다. 그것은 감각기관을 제어하고 마음을 집중하여 부정적 심리를 긍정적 심리[善法]로 변화시켜준다. 만약 감각적 욕망에 빠져 사마타 수행을 하지 못하게 되면 (禪의) 행복은 없고 마음이 산란해지고 행복은 사라지고 만다. 붓다는 사마타 수행의 결여를, 구체적인 비유를 통해 설명하고 있다. 소를 매매하는 장소인 무화과나무 근처에서 탁발을 하시다가 어떤 비구가 (禪의) 행복은 없고 밖의 (감각적 욕망의) 행복에 빠져 마음챙김을 놓아버리고 분명하게 알아차림 없이 집중되지 않고 마음이 산란하고 감각기능이 제어되지 않은 것을 보고 다음과 같이 말하셨다.

눈과 귀 보호하지 않고 감각기능들 제어하지 않는 자에게 욕망을 의지하는 나쁜 생각이라는 파리떼가 몰려드나니 더러움을 만들어 비린내를 풍기는 비구는 열반으로부터 멀리 있고 오직 괴로움을 겪으리. 어리

---

22) "철저히 앎 경", 『앙굿따라 니까야 1』, p.298.
23) "반복", 『앙굿따라 니까야 1』, pp.298~299.

석고 현명하지 못한 그는 마을에서건 숲에서건 마음의 고요함을 얻지 못하고 파리들만 앞세우고 다니네. 그러나 계를 구족하고 통찰지와 고요함을 즐기는 자들 그들은 파리를 모두 없애버리고 평화와 행복을 누리네.24)

인간의 기본적인 만족, 기쁨, 즐거움은 감각기능에 의한 욕망으로부터 시작된다. 그러나 그런 욕망은 처음에는 달콤하지만 끝내 무상이어서 고이다. 그것을 알지 못한다면 번뇌에서 벗어나지 못한다. 따라서 계정혜(戒定慧)를 닦아야 평화와 행복을 누릴 수 있다. 알라와까 약카의 질문에 대한 붓다의 답변에서 궁극적 행복의 의미를 알 수 있다.

알라와까 : "무엇이 인간의 으뜸가는 재화이며, 무엇을 잘 닦아야 행복을 가져옵니까? 무엇이 참으로 뛰어난 맛이며 어떻게 살아야 으뜸가는 삶이라 부릅니까?"
붓다 : "믿음이 인간의 으뜸가는 재화이며 법을 닦아야 행복을 가져오느니라. 진리가 참으로 가장 뛰어난 맛이며 통찰지로 살아야 으뜸가는 삶이라 부르노라."25)

삼매를 통해 마음의 평온을 얻었다 해도 그것의 지속을 위해서는 인식의 전환이 필요하다. 인생이 고임을, 그 원인이 갈애와 무명임을, 사성제의 진리를 알고자 하는 위빠사나 수행을 통해 통찰지를 얻어야 궁극적 행복에 도달할 수 있다. 그렇다면 그러한 행복을 얻기 위해 어떻게 노력해야 하는가? 그것은 현실에 대한 직시와 진리에 대한 통찰로 가능하다. 붓다와의 대화를 통해 깨달은 천신과 붓다가 읊은 게송을 보자.

천신 : 시간은 사라지고 밤은 또한 흘러가서 젊음의 매력 서서히 [우

---

24) "더러움 경", 『앙굿따라 니까야 1』, pp.624~625.
25) "약카 상윳따, 알라와까 경" 『상윳따 니까야 1』, p.688.

리를] 버립니다. 죽음의 두려움을 직시하면서 행복을 가져올 공덕을 지어야 합니다.

붓다 : 시간은 사라지고 밤은 또한 흘러가서 젊음의 매력 서서히 [우리를] 버리도다. 죽음의 두려움을 직시하면서 평화를 찾는 자, 세속적 미끼를 버려야 하리.26)

유한한 인간으로서 깨달음을 얻어 행복에 이르고자 한다면 노병사(老病死)를 직시하지 않으면 안 된다. 젊음은 무상하고, 누구도 늙음의 허무함, 질병의 고통, 죽음의 두려움을 피할 수 없다는 사실을 알아야 하며, 따라서 업과 연기를 통찰함으로써 선업을 쌓기 위해 노력하지 않으면 안 된다. 이를 위해 몸과 마음을 편안하게 하는 정서적인 사마타 수행, 대상을 정확하게 파악하고 진리를 통찰하는 위빠사나 수행이 필요하다. 지속적인 명상으로 바르게 수행하면 열 가지 행복한 심리현상이 발생하는데, 그것은 광명, 희열, 경안, 결심, 분발, 행복, 지혜, 확립, 평온, 욕구이다. 이처럼 궁극적 행복(sukha)은 위빠사나를 통해 얻어지는 심리현상들로, 수행을 통해 온 몸에 넘쳐흐르는 아주 수승한 행복이 일어난다.27) 삼매를 통하여 몸과 마음이 평안해지고, 사성제에 대한 통찰지를 얻어 무상·고·무아를 체득함으로써 초탈해지는 것이 바로 행복인 것이다.

2. 행복의 개념과 본질 분석

진리의 전제를 고제(苦諦)에서 출발하는 불교에서 행복이란 용어가 낯익은 표현은 아니다. 불교사전에서도 '행복'이란 개념에 맞는 뜻을 찾기가 어렵다.28) 심지어 행복이란 용어를 해석하기보다 "한역불전에는 없고, 락

---

26) "천신 상윳따, 사라져버림 경", 『상윳따 니까야 1』, p.145.
27) 대림스님 역, 『청정도론 3』, p.274.
28) 곽철한 편저, 『시공 불교사전』(서울: 시공사, 2008).

(樂), 안락(安樂, 산스트리트어로 Sukha), 이(利, 산스크리트어 Artha, Hita), 길상(吉祥, 산트크리트어로 Mangala) 등의 말이 이에 해당한다.″29)라고 되어 있다. 즉 합당한 직역이 없고 여러 개념들로 행복을 비유적인 방법으로 설명하고 있다. 한 논장(論藏)의 '색인'에서는 '행복[樂](sukha), 즐거움'30) 이라 하여 즐거움과 행복을 동일시하며 '수카(sukha)'란 말에 등치시켰는데, 이것이 가장 일반적인 행복 개념인 듯하다. 이에 대해 살펴보면 "동사인 행복함(sukuana)은 육체적이고 정신적인 괴로움을 몽땅(suṭṭu) 먹어버리고(khādati) 뿌리째 뽑아버리기(khaṇati) 때문에 행복(sukha)이라고 하였는데, 이것은 기쁘게 함(sāta)이 특징이며 함께한 법들을 증장시키는 역할을 한다."31)라고 하였다. 즉 '수카'는 육체적·정신적 괴로움에서 완전히 벗어난 기쁨을 의미하며, 결과적으로 주변에 파급되어 긍정적 에너지를 확대하는 효과가 있는 것이라 할 수 있겠다.

이처럼 행복에 완벽하게 들어맞는 개념이 없지만 기쁨, 희열, 즐거움 등 다양한 개념들에 의지하여 심리상태를 묘사하고, 이를 행복과 연계시켜 논의하고 있다. 수카와 더불어 가장 많이 사용되는 대표적인 행복 개념이 '희열(喜悅)'로 번역되는 '삐띠(pīti)'라는 말이다. 이것은 √pri(to please)에서 파생한 여성명사로, '환희, 황홀' 등 큰 기쁨 혹은 만족을 뜻하는 말로, 니까야 경전에서는 선(禪)을 설명할 때 즉 삼매의 경지에서 느끼는 심리상태의 묘사에 많이 등장한다. 중국에서는 이 '삐띠(pīti)'도 희(喜)로 옮기고 사무량심(四無量心)의 '무디타(muditā)'도 희(喜)로 번역하였다. 차이는 '삐띠'가 위빠사나에서 법 등을 체험한 데서 우러나는 내면의 기쁨이라면, '무디타'는 타인의 행복·발심·향상 등을 자기의 것처럼 기뻐하는 열린 마음 특유의 기쁨이다.32) 삐띠가 나로부터 발생한 주관적 심리상태라면, 무디타

---

29) 한국불교대사전편찬위원회, 앞의 사전, p.88.
30) 대림스님·각묵스님 역, 『아비담마 길라잡이』(울산: 초기불전연구원, 2002), p.887.
31) 대림스님 역, 『청정도론 1』(울산: 초기불전연구원, 2004), p.375.
32) 대림스님·각묵스님 역, 앞의 책, p.210.

는 대상들과의 관계성을 전제로 하여 느끼는 일종의 자비심으로 나타나는 행복이다. 희열로서 '삐티(pitī)'의 특징은 유쾌하게 하는 것(pīṇayati)이며, 몸과 마음을 유쾌하게 하는 역할을 하고 충만하게 하는 역할을 하며 그 결과 의기양양함이 나타나는 상태라고 한다.[33] 해석에서는 희열을 구체적으로 다섯 가지의 단계로 구분하여 제시하였는데, 작은 희열, 순간적인 희열, 되풀이해서 나타나는 희열, 용약하는 희열, 충만한 희열이 그것이다. 그 특징은 살펴보면 다음과 같다.

(가) 작은 희열은 몸의 털을 곤두서게 할 수 있다. (나) 순간적인 희열은 순간순간 번개 불처럼 일어나는 것이다. (다) 되풀이해서 나타나는 희열은 해안의 물결처럼 자주 자주 몸에 나타났다가 부서진다. (라) 용약하는 희열은 강하다. 몸을 들어 올려서 공중에 뛰어 오르도록 한다. (⋯) (마) 충만한 희열이 일어날 때 온 몸을 두루 적신다. 마치 가득 찬 물집처럼, 극심한 홍수가 침입한 산의 동굴처럼. (⋯)이 다섯 가지 희열을 잉태하여 성숙하면 두 가지 편안함, 즉 **몸의 편안함과 마음의 평안함**을 성취한다. 편안함을 잉태하여 성숙하면 두 가지 행복(sukha), 즉 육체적인 행복과 정신적인 행복을 성취한다. 행복을 잉태하여 성숙하면 세 가지 삼매, 즉 찰나삼매, 근접삼매, 본삼매를 성취한다. 이 가운데서 본삼매의 뿌리가 되고 증장하면서 삼매와 함께하는 충만한 희열(pitī)이 이 뜻에 부합하는 희열이다.[34]

이처럼 무엇인가 만족하고 즐거울 때 얻어지는 희열인 삐띠는 (가)~(마)의 다섯 단계로 구분하여 표현할 수 있을 정도로 다양하게 묘사된다. 우리는 이러한 삼매의 경지에서 느끼는 행복 단계들에 대해 유념해서 살펴 볼 필요가 있다. 오늘날 명상기법에서 느끼는 행복의 심리를 이 표현에서 찾아볼 수 있기 때문이다. 가장 행복한 순간에 느끼는 희열이 '충만한 희열'

---

33) 대림스님 역, 『청정도론 1』, p.375.
34) 대림스님 역, 『청정도론 1』, p.375, p.377, p.378.

로, 이것은 『논어집주』에서 보이는 '용약(踊躍)하는 기쁨'과 '손으로 춤을 추고 발로 뛰는 즐거움'35)와 비교해 볼 수 있는 경지이다. 유교나 불교나 모두 정신적 만족감에서 오는 희열 혹은 행복의 경지는 상통함을 알 수 있다. 『청정도론』에서는 사마타 명상을 해석하며 '삐띠'와 '수카'를 다음과 같이 구체적으로 비교하여 설명하고 있다.

> 사마타 수행법에서 초선(初禪)을 얻은 단계에서는 '희열(pīti)'과 '행복(sukha)'이 분리되지 않지만, 구체적으로 살펴보면 원하는 대상을 얻음에 대한 만족이 희열이고, 얻어서 맛을 즐기는 것이 행복이라고 한다. **즉 희열이 있는 곳에 행복이 있지만, 행복이 있는 것에 반드시 희열이 있는 것은 아니다.** 희열은 사막에서 목말라 기진맥진한 사람이 숲 속의 물을 보거나 혹은 들을 때와 같고, 행복은 숲 속의 그늘에 들어가 물을 마실 때와 같다."36)

위의 내용과 밑줄 친 부분에서 희열(삐띠)과 행복(수카)의 차이가 잘 드러난다. 삐디를 얻어서 그것을 넘어선 상태가 행복이며, 삐띠가 갈급한 욕구의 만족이라면, 수카는 욕구를 만족한 결과로 얻은 흡족함과 여유로움이 있는 행복이다. 행복의 심리를 표현하는 또 다른 개념으로 '소마나싸(somanassa)', '라띠(rati)'가 있다. '라띠'는 즐거움 혹은 기쁨의 단순한 의미인 반면,37) '소마나싸(somanassa)'는 정신적 즐거움의 의미로 '행복을 능가하는 기쁨'이라고 표현하였는데, 구체적으로 "증득[等至]으로부터 출정한

---

35) 이러한 삐띠[희열]의 단계는, "논어를 읽음에 다 읽은 뒤에 전혀 아무런 일이 없는 자도 있으며, 한 두 구를 터득하고 기뻐하는[喜] 자도 있으며, 다 읽은 뒤에 좋아하는[好] 자도 있으며, 자기도 모르게 손으로 춤을 추고 발로 뛰는[手之舞, 足之蹈] 자도 있다."(『論語集註』 <序說> : "程子曰, 讀論語, 有讀了全然無事者, 有讀了後其中得一兩句喜者, 有讀了後知好之者, 有讀了後直有不知手之舞之足之蹈之者.")는 정자(程子)의 글과 상통하는 듯하다.

36) 대림스님 역, 『청정도론 1』, p.378.

37) 대림스님 역, 『청정도론 3』, p.477, '색인' 참고할 것.

자에게 선의 행복을 조건으로 계속해서 기쁨(somanassa)이 생긴다.''[38])라고 하여 일반적인 행복을 넘어서는 높은 정신적 평온의 경지를 의미한다. 또 다른 용어로 '난디(nandī)'는 기쁨, 즐김, 향락이라는 의미로, 대상에 대해 그 것을 누려 만족한 심리상태인데, '법을 즐김'을 '담마난디(dhamma-nandī)'라 고 한 것이 예이다.[39]) 더 살펴보면, "하나의 모음 경"의 '장애의 극복 품'의 각주에서는 감각적 욕망(kāmacchanda)을 설명하면서, 감각적 욕망(kāma)에 대한 의욕(chanda), 감각적 욕망에 대한 애교(kāma-rāga), 감각적 욕망을 즐 김(kāma-nandī), 감각적 욕망에 대한 갈애(kāma-taṇhā) 등을 '난디(nandī)'를 즐김이라고 표현하는 것을 볼 수 있다.[40])

　지금까지 논의한 행복과 관련된 심리상태의 용어들을 정리해보자. 기쁨, 희열의 일반적인 의미인 '삐띠(pitī)', 즐거움과 행복의 일반적이고 폭넓은 의미인 '수카(sukha)'가 있고, 즐김이나 향락을 뜻하는 '난디(nandī)', 행복 을 넘어선 환희의 기쁨인 '소마나싸(somanassa)', 나아가 더불어 함께하는 자비심으로서의 행복인 '무디타(muditā)', 여러 선업의 결과 얻어지는 행복 한 상황을 의미하는 '망갈라(maṅgala)'로 정리할 수 있다. 이처럼 초기불교 에서 행복은 기쁨과 즐거움의 심리상태이며, 그것은 육체적 욕구도 포함하 지만 정신적 수행을 통해 얻어지는 심리상태에 초점이 있음을 알 수 있다. 이는 행복 용어들이 삼매 수행의 효과와 결부되어 사용되는 데서 잘 알 수 있다.

　경전을 통해 행복의 본질을 살펴보자. 들숨과 날숨에 대한 호흡명상 방 법에서의 심리상태를 보면, 5단계에서 "'희열을 경험하면서(pīti-paṭsaṁvedi) 들이쉬리라.'며 공부 짓고, '희열을 경험하면서 내쉬리라.' 공부 짓는다."라 고 나와 있다. 6단계에서는 "'행복을 경험하면서(sukha-paṭsaṁvedi) 들이쉬

---

38) 『디가 니까야 2』, p.367, 각주 369).
39) 『맛지마 니까야 4』, '색인' 참고할 것.
40) 『앙굿따라 니까야 1』, p.73.

리라.'며 공부 짓고, '행복을 경험하면서 내쉬리라.'며 공부 짓는다."⁴¹⁾라고
하였다. 5단계에서는 '삐띠(pīti)'가, 6단계에서는 '수카(sukha)'가 나오는데,
삐띠보다 수카가 높은 단계의 행복을 의미함을 알 수 있다. 또 다른 사례에
서는 옷감에 비유하여 마음의 오염원 16가지를 제시하였는데, 욕심과 그릇
된 탐욕, 악의, 분노, 적의, 모욕, 얕봄, 질투, 인색, 속임, 사기, 뻔뻔스러움,
자만, 거만함, 허영, 방일이다. 이에 대해 다음과 같이 설하셨다.

> 그가 [각각의 오염원을 완전히 남김없이 버릴 수 있는] 그 각각의 도
> 로써 [그 오염원을] 포기하고, 토해내고, 풀어주고, 버리고, 놓아버릴 때
> '나는 부처님께 움직이지 않는 깨끗한 믿음을 지녔다.'라고 생각하면서
> 결과에서 **영감(veda)**을 얻고 원인에서 **영감(veda)**을 얻으며 법과 관계된
> 환희를 얻는다. **[1]"㉮환희(pāmujja)하는 자에게는 ㉯희열(pīti)이 생긴
> 다. 희열(pīti)이 있는 자는 몸이 경안하다. 몸이 경안한 자는 ㉰행복
> (sukha)을 경험하고 행복한 자는 마음이 삼매에 든다."**⁴²⁾

위에서는 '베다(veda)'를 '영감(靈感)'이라고 번역하였는데, 『위방가』(分
別論) 주석서에서는 이것을 '기쁨(somanassa)'의 뜻으로 보아, "목표에서 기
쁨을 얻고 법에서 기쁨을 얻는다."라고 하였다.⁴³⁾ 오염원의 원인을 극복하
여 얻은 결과의 기쁨, 환희, 희열, 행복을 느낀다는 것이다. ㉮환희(pāmujja)
는 기쁨(somanassa)을 넘어선 것으로, 얕은 희열(truṇa-pīti)이며, ㉯희열(pīti)
은 만족의 형태로 나타나는 강한 희열(balava-pīti)이라고 한다.⁴⁴⁾ 이처럼 정
신적 수행의 단계에 따라 심리상태를 구분하여 제시하였는데, 행복(sukha)
이 최종 심리상태이며, [1]의 정형구는 다른 경에도 보인다.⁴⁵⁾ 행복은 기본

---

41) "라훌라를 교계한 긴 경", 『맛지마 니까야 2』, p.603. ; "들숨날숨에 대한 마음챙김
    경", 『맛지마 니까야 4』, p.184.
42) "옷감의 비유 경", 『맛지마 니까야 1』, pp.259~256.
43) 위의 책, p.261, 각주 233) 참고.
44) 『앙굿따라 니까야 1』, p.73.

적으로 감각적 욕망(kāma-guṇa)[46)]의 만족에서 출발한다. 감각적 욕망의 달콤함을 '까마 수카(kāma-sukha)'라고 표현한 것을 보면, 수카(sukha)가 감각적 욕구의 만족을 기반으로 하되 그것을 넘어서는 것임을 확인할 수 있다. 그러나 행복보다 낮은 단계의 '기쁨(somanassa)'이 조금은 다르게 쓰이고 있다.

> 그가 감각적 욕망에 얽매이지 않고 해로운 법들에 얽매이지 않을 때 ㉮행복이 생겨나고 ㉯행복을 능가하는 기쁨이 생겨납니다. 존자들이여, 마치 희열이 ㉰환희(pāmujja)를 생기게 하는 것처럼 그와 같이 감각적 욕망에 얽매이지 않고 해로운 법들에 얽매이지 않을 때, **행복이 생겨나고 행복을 능가하는 기쁨**이 생겨납니다.[47)]

㉮행복(sukha)은 초선(初禪)의 경지에서의 심리상태이고, ㉰환희는 '빠뮤짜(pāmujja)'로 이것은 희열(pīti)이면서 그보다는 조금 강도가 높은 것이다. ㉯'행복을 능가하는 기쁨'은 "증득[等至]으로부터 출정한 자에게 선의 행복으로 조건으로 계속해서 기쁨(somanassa)이 생긴다."[48)]라고 하여 일반적인 행복보다 더 강렬한 느낌으로 앞에서 언급한 '소마나싸(somanassa)'를 여기서는 높은 차원으로 쓰고 있다. 또한 길상, 행복, 행운 등으로 번역되는 '망갈라(maṅgala)'도 행복의 의미로, 초기경전과 베다 문헌이나 대승불교에도 많이 나오는[49)] 윤회와 업과 연계되어 논의된다.

> 비구들이여, 세 가지 법을 갖춘 자는 마치 누가 그를 데려가서 놓는

---

45) "앗사뿌라 짧은 경", 『맛지마 니까야 2』, p.269.
46) "괴로움의 무더기의 긴 경", 『맛지마 니까야 1』, p.428, 각주 570). 탐낸다(kāmayitabba)는 뜻에서 kāma이고 얽매다(bandhana)는 뜻에서 guṇa이다.
47) "자나와사바 경", 『디가 니까야 2』, p.367.
48) 위의 책, p.367, 각주 369).
49) 각묵스님a, 앞의 책, p.33.

것처럼 [반드시] 천상에 태어난다. 무엇이 셋인가? 몸으로 지은 유익한
업, 말로 지은 유익한 업, 마음으로 지은 유익한 업입니다. 비구들이여,
이러한 세 가지 법을 갖춘 자는 마치 누가 그를 데려가서 놓은 것처럼
[반드시] 천상에 태어난다.[50] (…) 비구들이여, 마음이 깨끗하기 때문에
이와 같이 여기 어떤 중생들은 몸이 무너져 죽은 뒤 **좋은 곳[善處]**, 천
상세계에 태어난다.[51]

길상(吉祥)의 의미인 '망갈라(maṅgala)'는 앞에서 살펴본 사전의 내용처
럼 이(利)와 연관된다. 이것은 업에 의해 얻어지는 좋은 결과들을 의미하는
듯하다. "길상 품(Maṅgala-vagga), 오전 경"을 보면 행위 결과로 얻어지는
행복 및 길한 기운을 의미하고 있다. 모든 행동[업]의 결과는 원인을 벗어
나지 못하므로 몸과 말과 마음으로 좋은 업을 지으라는 것이다. 선업의 결
과 태어나는 '좋은 곳(sugati)'에 대해서, "행복(shkhassa)의 행처(gati)이기
때문이며, 천상세계(sagga loka)는 형상 등 대상들 중에서 가장(suṭṭhu) 으뜸
가는(agga) 세상으로"[52]라고 하여 선업의 결과 태어나는 행복한 세상이 천
상세계임을 말하고 있다.

비구들이여, 아침에 몸으로 좋은 행위를 하고 말로 좋은 행위를 하고
마음으로 좋은 행위를 하는 중생들은 좋은 아침을 맞는다. 비구들이여,
낮에 몸으로 좋은 행위를 하고 말로 좋은 행위를 하고 마음으로 좋은
행위를 하는 중생들은 좋은 낮을 맞는다. 비구들이여, 저녁에 몸으로 좋
은 행위를 하고, 말로 좋은 행위를 하고, 마음으로 좋은 행위를 하는 중
생들은 좋은 저녁을 맞는다.[53]

---

50) "길상 품(Maṅgala-vagga)", 『앙굿따라 니까야 1』, p.646.
51) "바르게 놓이지 않은 품", 『앙굿따라 니까야 1』, p.85.
52) 위의 책, p.85, 각주 36) 참고.
53) "길상 품, 오전 경", 『앙굿따라 니까야 1』, p.651.

불교에서의 행복도 단순한 감각적 만족에서 출발하며, 여기서 나아가 정신적 희열과 즐거움을 포함한다. 불교의 행복은 정신적 기쁨과 즐거움을 넘어 업과 윤회사상으로 인하여 선한 행위[善業]의 결과로 얻는 즐거움과 행복의 심리상태로, 보시(布施)의 즐거움과 행복을 포함시키는 것이 특징이다. 이는 도덕적 노력과 그에 대한 결과로서 행복을 추구하는 유교의 행복과도 비교할 수 있다. 『논어』에서 공자는 "배우고 그것을 때때로 익히면 즐겁지 아니한가?" 혹은 "먼 곳에서 벗이 찾아오면 즐겁지 않는가?"54)라고 하였다. 불교에서의 삐띠, 수카, 망갈라로 단계가 발전하고 있는데, 망갈라는 길상(吉祥)의 의미로 이는 궁극적으로 공자가 느낀 기쁨[悅]과 즐거움[樂], 맹자가 말한 이른바 "군자삼락(君子三樂)55)"의 락(樂)의 경지와 상통하는 좋은[善] 삶의 결과로서 느끼는 행복으로, '열락(悅樂)'인 것이다.

IV. 초기불교에서 행복에 이르는 방법

불교는 인간 삶의 실상을 직면하고자 하며, 그것을 수용함으로써 극복하고자 하는 사상이다. 즉 인간이 직면하는 괴로움에 대해 이른바 "긍정적 방어기제"를 발휘할 수 있는 마음 다스림을 강조하고, 어떻게 괴로움을 수용하여 극복할지 방법을 모색하는 것이 관건이다. 오늘날 명상(冥想, meditation), 즉 '마음바라보기'56)는 부처가 정각을 얻은 방법으로 오늘날

---

54) 『論語集註』<學而> 제1장 : "子曰, 學而時習之, 不亦說乎. 有朋自遠方來, 不亦樂乎. 人不知而不慍, 不亦君子乎."

55) 『孟子集註』<盡心(上)> 제20장 : "孟子曰, 君子有三樂, 而王天下, 不與存焉. 父母俱存, 兄弟無故, 一樂也. 仰不愧於天, 俯不怍於人, 二樂也. 得天下英才而教育之, 三樂. 君子有三樂, 而王天下, 不與存焉."

56) 'Mindfulness'에 대해 마음챙김이란 번역이 일반화되었지만 매음을 챙긴다는 의미보다 '마음 바라보기'라는 표현이 적합할 듯하다. 마음을 대상으로 놓고 변화와 움직임을 바라보는 것이기 때문이다.

스트레스와 정신적 불안을 겪는 일반인들에게 유익한 방법인데, 특히 청소
년들에게 시사해주는 바가 크다. 초기불교의 명상수행은 매슬로우(Maslow)
의 욕구 5단계[57]에 익숙한 세대들에게 욕구충족 과정에서 어떤 마음을 지
녀야 할 지 성찰하는 데 도움이 될 것이다.

1. 사마타 수행 : 심해탈과 열락

불교는 기본적으로 객관 대상보다 주관적 인식을 중시한다. 인간의 삶
이 고라고 진단하여 출발하는데, 객관적인 생로병사 그 자체가 고라는 의
미가 아니라 인간이 그것에 대한 주관적 체험에서 나오는 인식의 결과가
고인 것이다. 따라서 그 극복 방법은 생로병사 자체의 제거에 있는 것이
아니라 그것을 인식하는 주체가 그 인식의 방향과 내용을 전환함으로써
그것을 새롭게 수용하여 인식하는 것이 답이다. 즉 행복이란 오온(五蘊)인
나의 존재를 포함하여 세상 모든 대상들을 어떻게 인식하고 수용할 것인
가에 따라 규정되는 것이며, 따라서 그것은 노력에 의해 가능한 것이 된다.
초기불교에서 행복은 욕구의 만족, 희열의 느낌, 평안한 감정 상태 등 다양
하게 표현되지만 이성보다는 감정과 정서에 초점이 있다. 감정을 결정하는
요소들에는 이성의 능력과 신체의 상태 등 다양한 것들이 있으며, 이러한
제반 요인들이 상호영향을 주면서 행복의 느낌이 결정되기 때문에 연기론
관점에서 이 모든 것을 들여다볼 필요가 있다. 아무리 마음을 평안하게 하
고자 해도 육체가 질병에 걸려 고통스럽다면 불가능하고, 아무리 육체가
건강하고 아름다워도 정서적으로 불안하고 만족하지 못하면 행복하다고

---

57) 보다 낮은 차원의 욕구가 채워지지 않은 상태에서는 그것보다 높은 차원의 욕구
는 행동의 동기가 되지 못한다. 예를 들면 기본적으로 생리적 욕구가 채워지지 않
은 상황에서는 사람은 생리적 욕구를 채우기 위해 전력을 집중하게 되며, 안정과
안전의 욕구 이상은 행동의 동기로 작용하지 않는다. 또한 일단 충족된 욕구는 이
미 행동의 동기부여 요인으로 작용하지 않는다.

할 수 없기 때문이다.

붓다는 수행[도닦음]에서 완강한 수행, 태우는 수행, 적당한 수행을 제시하면서 중도(中道)를 강조한다.[58] '완강한 수행'은 "감각적 욕망에는 아무런 해악이 없다."라는 주장에서 감각적 욕망에 흠뻑 취해 버리고, 나체수행자는 지나치게 거부하고 방편만으로 도를 닦아 몸을 괴롭히고 고통을 주는 '태우는 수행'을 한다. 전자는 탐욕 때문에 강하게 거머쥐는 것이며, 태움은 자기 학대에 몰두하여 격렬하게 태우고 열을 가하고 고통을 주는 것이며, 중도(中道)는 열광적으로 탐닉하지도 않고 자기학대로 태우지도 않는 적당한 상태이다.[59] 불교에서는 다섯 가지 장애심리[五蓋]—감각적 욕망, 악의, 게으름(懈怠)과 혼침(惛沈), 들뜸과 후회, 의심—가 마음을 압도하고 통찰지를 무력하게 만든다고 본다.[60] 이 장애들을 극복하지 못하면 탐진치(貪瞋痴) 삼독으로 굳어져 버리기 때문에 삼독으로 변하기 전에 이 장애심리들을 제대로 파악하여 변화시키는 것이 관건이다. 이를 위해 자신의 감정·정서·느낌·상태를 관찰하여야 하는데 염처(念處) 방법으로 가능하다. 자신의 몸[身]·느낌[受]·마음[心]·현상[法]을 들여다보아야 장애인지 알 수 있기 때문이다. 이것이 바로 사념처 방법이다. 붓다가 제시한 중도는 사념처관의 방법과 통한다.

> 여기 비구는 몸에서 몸을 관찰하며[身隨觀] 머문다. 세상에 대한 욕심과 싫어하는 마음을 버리고 근면하게 분명히 알아차리고 마음을 바라보면서 머문다. 느낌에서 느낌을 관찰하며[受隨觀] 머문다. (…) 마음에서 마음을 관찰하며[心隨觀] 머문다. (…) 법에서 법을 관찰하며[法隨觀] 머문다. 세상에 대한 욕심과 싫어하는 마음을 버리고 근면하게, 분명하게 알아차리고 마음을 바라보면서 머문다.[61]

58) "나체수행자 품, 나체수행자 경", 『앙굿따라 니까야 1』, p.653.
59) 위의 책, p.653, 각주 645)·646)·647)을 참고할 것.
60) 『앙굿따라 니까야 3』, pp.158~159.

여기서 법(法)이란 몸, 느낌, 마음에서 일어나는 변화와 현상들을 모두 말하며, 똑바로 알아차리는 것[사띠, sati]이 핵심이다. 자신의 몸의 변화, 느낌의 변화, 마음의 변화, 제반 현상들의 변화에 대해 알아차림으로서 그 것에 휩쓸리지 않게 관찰하는 것이 중요하다. 부정적인 장애심리[不善法] 을 제거하기 위해서는 통찰명상인 사념처(四念處) 명상 이전에, 우선 호흡 명상에서부터 시작해야 한다. 들숨날숨에 대한 호흡명상은 구체적으로 '16 가지 통찰관법'으로 가능하다. 가장 기본적인 호흡명상 방법이기 때문에 여기에 소개해보기로 한다.

> 비구니들이여, 여기 비구는 숲 속에 가거나 나무 아래에 가거나 빈방
> 에 가거나 하여 가부좌를 틀고 상체를 곧추세우고 전면에 마음챙김을
> 확립하여 앉는다. 그는 마음챙기면서 숨을 들이쉬고 마음챙기면서 숨을
> 내쉰다.
> ① 길게 들이쉬면서는 '길게 들이쉰다.'고 꿰뚫어 알고, 길게 내쉬면
>   서는 '길게 내쉰다.'고 꿰뚫어 안다.
> ② 짧게 들이쉬면서는 '짧게 들이쉰다.'고 꿰뚫어 알고, 짧게 내쉬면
>   서는 '짧게 내쉰다.'고 꿰뚫어 안다.
> ③ '온 몸을 경험하면서 들이쉬리라.'며 공부짓고 '온몸을 경험하면
>   서 내쉬리라.'며 공부짓는다.
> ④ '몸의 작용[身行]을 편안히 하면서 들이쉬리라.'며 공부짓고 '몸의
>   작용[身行]을 편안히 하면서 내쉬리라.'며 공부짓는다.
> ⑤ '희열을 경험하면서 들이쉬리라.'며 공부짓고 '희열을 경험하면서
>   내쉬리라.'며 공부짓는다.
> ⑥ '행복을 경험하면서 들이쉬리라.'며 공부짓고 '행복을 경험하면서
>   내쉬리라.'며 공부짓는다.
> ⑦ '마음의 작용[心行]을 경험하면서 들이쉬리라.'며 공부짓고 '마음
>   의 작용[心行]을 경험하면서 내쉬리라.'며 공부짓는다.
> ⑧ '마음의 작용을 편안히 하면서 들이쉬리라.'며 공부짓고 '마음의

---

61) "나체수행자 품, 나체수행자 경", 『앙굿따라 니까야 1』, pp.655~656.

작용을 편안히 하면서 내쉬리라.'며 공부짓는다.

⑨ '마음을 경험하면서 들이쉬리라.'며 공부짓고 '마음을 경험하면서 내쉬리라.'며 공부짓는다.

⑩ '마음을 기쁘게 하면서 들이쉬리라.'며 공부짓고 '마음을 기쁘게 하면서 내쉬리라.'며 공부짓는다.

⑪ '마음을 집중하면서 들이쉬리라.'며 공부짓고 '마음을 집중하면서 내쉬리라.'며 공부짓는다.

⑫ '마음을 해탈하게 하면서 들이쉬리라.'며 공부짓고 '마음을 해탈하게 하면서 내쉬리라.'며 공부짓는다.

⑬ '무상을 관찰하면서 들이쉬리라.'며 공부짓고 '무상을 관찰하면서 내쉬리라.'며 공부짓는다.

⑭ '탐욕의 빛바램을 관찰하면서 들이쉬리라.'며 공부짓고 '탐욕의 빛바램을 관찰하면서 내쉬리라.'며 공부짓는다.

⑮ '소멸을 관찰하면서 들이쉬리가.'며 공부짓고, '소멸을 관찰하면서 내쉬리라.'며 공부짓는다.

⑯ '놓아버림을 관찰하면서 들이쉬리라.'며 공부짓고 '놓아버림을 관찰하면서 내쉬리라.'며 공부짓는다.[62]

①~⑫는 사마타[집중, 止] 명상이며, ⑬~⑯은 위빠사나[통찰, 觀] 명상이다. 여기서 '공부짓는다'라는 말은 "온 몸을 경험하면서 들이쉬고 내쉬리라 하면서 노력하고 정진한다."는 의미이다. ④의 '몸의 작용[身行]'은 들숨과 날숨을 말하는데 마음에서 생긴 것이지만 그것의 존재가 몸에 묶여 있고 몸을 통해 형성되기 때문에 몸의 작용이라고 부르는 것이다.[63] ⑤부터 초선(初禪)의 시작인데, 마음의 희열과 행복의 기운을 느끼는 단계로 이 단계까지 꾸준한 연습이 필요하다. '선(禪)'은 즐거움과 행복감이 수반되어야 하며, 단순한 사색을 넘어 긍정심리로 확장시킬 수 있어야 한다. 초기불교의 열락(悅樂)은 긍정심리[善]를 지니는 것이며, 그 결과 편안한 몸, 평온

---

62) "들숨날숨에 대한 마음챙김 경", 『맛지마 니까야 4』, pp.181~187.
63) 대림스님 역, 『청정도론 2』, pp.97~98, 각주 46) 참고.

한 마음이 되는 것이다. "들숨날숨에 대한 마음챙김을 이렇게 닦고 거듭거듭 행하면 네 가지 마음챙김의 확립[四念處]을 성취한다."[64]

이처럼 수행은 들숨날숨에 대한 사띠[sati]가 기본이고, 이를 신수심법(身受心法)으로 확대시키고 장애심리, 즉 부정적 감정들을 알아챈 후 그것을 놓아버림으로써 긍정심리에 이르도록 하는 것이다. 이것이 1차 해탈 혹은 '심해탈(心解脫)'이라고 하는데 몸과 마음, 즉 신체적 편안함과 정서적 평온함이 특성이며 경험과 체험을 통해 일상에서 이루어지도록 노력해야 한다. 다음 단계는 2차 해탈로 '혜해탈(慧解脫)'이라고도 한다. 몰입을 특성으로 정서적 측면보다 인식활동을 중시하는 통찰지의 획득에 초점이 있다. 1차 해탈 단계를 거치지 않고 2차 해탈에만 골몰하면 이른바 '마른 해탈', 즉 지적인 측면에만 치중하여 온전한 해탈이 되지 못할 수도 있다. '혜해탈'은 기본적으로 사성제와 공(空)에 대한 인식적 통찰이다.

오늘날 체험 수행 없이 지적 공부에만 치중한 사람들 가운데 인식론적 해탈 즉 '마른 공(空)'에만 머물러 오만함에 빠지는 경우가 더러 있다. 몸과 마음으로 느끼는 ①~⑫단계를 경험하지 못하고 ⑬~⑯단계로 넘어가면 분석적 지혜에 치중하여 다섯 가지 장애나 삼독을 벗어나기 어렵다. 자칫하면 무상관(無常觀)에 빠지거나 오만함에 빠지는 부작용이 발생할 수 있다.

초기불교는 매우 실제적이어서 사마타 수행을 통해 긍정심리를 체험하고 행복을 경험하면서 경쾌하고 밝은 에너지가 넘치는 삶을 살 것을 강조한다. 행복의 경험은 모든 존재에 감사하고 삶의 순간순간을 긍정하고 겸허히 수용하게 만들어주며, 그러한 결과가 바로 칠각지(七覺支)로 드러나는 깨달음의 심리현상들이다. 일상생활의 예를 들면 산보, 설거지, 만남, 공부 등에서 ①~⑫단계의 느낌들이 일어나도록 해야 하며, 그것은 결코 어려운 것이 아니라 정진 수행으로 도달이 가능한 것이다.

---

64) "들숨날숨에 대한 마음챙김 경", 『맛지마 니까야 4』, p.194.

비구들이여, 들숨날숨에 대한 마음챙김을 닦고 거듭거듭 행하면 큰 결실이 있고 큰 이익이 있다. 비구들이여, 들숨날숨에 대한 마음챙김을 닦고 거듭거듭 행하면 네 가지 마음챙김의 확립[四念處]을 성취한다. 네 가지 마음챙김을 닦고 거듭거듭 행하면 일곱 가지 깨달음의 구성요소[七覺支]들을 성취한다.[65] (…) 비구들이여, 일곱 가지 깨달음의 구성요소[七覺支]들을 이렇게 닦고 이렇게 거듭거듭 행하면 명지(明知)와 해탈을 성취한다.[66]

칠각지는 마음챙김에 대한 깨달음[念覺支], 방법의 선택[擇法覺支], 정진[精進覺支], 희열[喜覺支], 가뿐함[輕安覺支], 삼매[定覺支], 평온[捨覺支]이다.[67] 칠각지를 얻기 위해서는 '16가지 통찰관법'을 통한 호흡명상으로 평안한 몸과 마음을 유지하고, 싸띠[알아챔]의 사념처 수행을 통해 나 자신의 느낌을 알아채야 한다. 그 다음 자신에게 맞는 수행법을 선택하고 수행하여, 긍정적 정서와 심리, 기쁨을 얻기 위해 정진하는 에너지를 가지게 되며, 그 결과 몸과 마음이 가뿐하고 쾌활해지는 경안(輕安)의 상태가 되고, 삼매로 희열과 행복을 느끼게 되며, 몸이 편안해지고 마음이 평온해지는 해탈의 경지에 이르게 되는 것이다. 이것이 심해탈(心解脫)의 경지로, 일반인들이 추구하는 행복의 단계가 이러한 삼매의 경지이다. 여기에 이르면 다섯 가지 장애심리[五蓋]와 탐진치(貪瞋痴)가 사라져 몸이 편안하고 마음이 평안하게 된다.[68] 들숨날숨에 대한 마음챙김 다음에 고요함을 통하여 허영심을 분쇄하고, 갈증을 제거하고 집착을 근절하고, 윤회를 멸절하고 갈애를 파괴하고 탐욕을 버리고, 소멸이요 열반에 이르게 되는 것이다.[69]

---

65) "들숨날숨에 대한 마음챙김 경", 『맛지마 니까야 4』, pp.181~182.

66) 위의 책, p.198.

67) 위의 책, pp.194~198.

68) 『앙굿따라 니까야 1』, p.637. 그리고 궁극적으로는 바른 견해를 닦고 바른 사유를 닦고 바른 말을 닦고 바른 행위를 닦고 바른 생계를 닦고 바른 정진을 닦고 바른 마음챙김을 닦고 바른 삼매를 닦는다. 바로 팔정도가 적당한 도 닦음인 것이라고 한다.

이 고요함을 계속해서 생각함을 수행하는 비구는 행복하게 잠자고, 행복하게 깨어나고, 감각기능[根]들이 고요하고, 마음도 고요하고, 양심과 수치심을 가지며, 청정한 믿음을 가지고, 수승한 경지[즉, 열반]을 확신하고 청정범행을 닦는 동료들이 존중하고 공경하며, 더 이상 통찰하지 못한다 하더라도 적어도 선처로 인도된다. 그러므로 방일하지 않는 지자는 이러한 여러 이익을 가진 성스러운 고요함에 대한 마음챙김을 닦아야 한다.[70)]

결국 장애심리를 자각하고 그것을 버리기 위한 정진의 에너지를 만들어 내는 것이 수행이며, 행복은 그 안에 있는 것이다. 초기불교에서 말한 이생의 행복, 내생의 행복, 궁극적 행복은 궁극적으로 다른 것이 아니다. "계의 분류에 대한 주석"에서 여덟 번째 '세간적인 것과 출세간적인 것으로 두 가지'를 구분하고 번뇌가 있는 모든 계(戒)는 세간적인 것이고, 번뇌가 없는 것은 출세간적인 것인데, 이 가운데 세간적인 것은 미래의 존재에서 향상을 가져올 뿐만 아니라 존재에서 벗어나는 필수조건이라고 하였다. 즉 현실을 직면하여 제대로 살아가는 자세가 무엇보다 중요하다는 말이다. 그것은 지킬 것을 지키고 스스로를 단속하는 청정한 삶에서부터 출발한다.

율은 단속을 위함이고, 단속은 후회 없음을 위함이고, 후회 없음은 기쁨을 위함이고, 기쁨은 희열을 위함이고, 희열은 편안함[경안(輕安)]을 위함이고, 경안은 행복을 위함이고, 행복은 삼매를 위함이고, 삼매는 여실지견을 위함이고, 여실지견은 역겨움[염오(厭惡)]을 위함이고, 역겨움은 탐욕이 빛바램[이욕(離慾)]을 위함이고, 탐욕이 빛바램은 해탈을 위함이고, 해탈은 해탈지견을 위함이고, 해탈지견은 취착 없는 완전한 열반을 위함이다. 이것을 위해 말하고, 이것을 위해 의논하고, 이것을 위해 가까이 의지하고, 이것을 위해 귀 기울이니, 그것은 취착이 없는

---

69) 대림스님 역, 『청정도론 2』, p.131.
70) 위의 책, p.134.

마음의 해탈[心解脫]이다.[71)]

　심혜탈로 얻게 되는 경지는 "유익한 마음의 하나됨[善心一境性]"이며, 마음[心]과 마음부수[心所]들을 하나의 대상에 고르고 바르게 모으고 둔다는 뜻으로, 하나의 대상에 고르고 바르게 산란함도 없고 흩어짐도 없이 머물 때 그것을 삼매에 든다고 한다.[72)] 삼매의 특징은 '산란하지 않음'이며, 역할은 '산란함을 제거하는 것'이며 '동요함이 없음'으로 나타난다. "행복한 사람의 마음은 삼매에 든다."라고 하였기 때문에 행복(sukha)이 삼매에 가장 가까운 원인이다.[73)] 통찰지를 통한 깨달음에 의해 우주만상의 이치를 알게 되며, 이 과정에서 선(禪)을 경험하게 되는데, 색계(色界)의 유익한 마음 다섯 가지로 단계를 설명하고 있다.[74)]

　삼매를 방해하는 요소는 감각적 욕망, 분노, 들뜸과 혼침, 의심을 들수 있으니, 이를 한거(閑居)를 기뻐하는 마음으로 그 선을 즐거워하라고 하였다. 또한 선에 오래 머물기를 원하는 자는 방해가 되는 법(현상)들을 미리 깨끗이 한 뒤 선을 증득해야 하며, 마음을 닦는 수행을 완전하기 하기 위해서는 이미 얻은 닮은 표상을 확장해야 한다. 그것은 두 가지 토대가 있는데 근접삼매와 본삼매로, 근접삼매를 이른 뒤 그것을 확장할 수 있고, 본삼매에 이르고 나서도 확장할 수 있는데, 반드시 동일한 장소에서 확장해야 한다.[75)]

삼매는 결국 마음의 고요함, 평온을 통해 환희, 즐거움, 행복으로 나아가 해탈에 이르는 것이다. 근접삼매와 본삼매는 초선부터 제5선까지 각각의 단계마다 본격적인 삼매에 드는 과정에서 모두 거치게 된다. 본격적인 희열과 행복의 유익한 마음을 갖는 것이 본삼매이다. 명상을 통해 얻게 되는

---

71) 대림스님 역, 『청정도론 1』, pp.142~143.
72) 위의 책, p.268.
73) 위의 책, p.269.
74) 대림스님·각묵스님 역, 앞의 책, p.149.
75) 대림스님 역, 『청정도론 1』, p.390.

삼매의 단계를 살펴보면 다음과 같다.

> (1) 일으킨 생각과 지속적인 고찰과 희열과 **행복**과 집중을 가진 **초선**
>   의 유익한 마음
> (2) 지속적인 고찰과 희열과 **행복**과 집중을 가진 **제2선**의 유익한 마음
> (3) 희열과 **행복**과 집중을 가진 **제3선**의 유익한 마음
> (4) **행복**과 집중을 가진 **제4선**의 유익한 마음
> (5) 평온과 집중을 가진 **제5선**의 유익한 마음
>   이 다섯 가지는 색계의 유익한 마음이다.

위의 삼매의 경지를 살펴보면, 초선(初禪)에서는 다섯 가지 형태의 자유자재(vasī)를 얻어야 하는데, 그것은 전향(轉向)의 자유자재, 입정(入定)의 자유자재, 머묾의 자유자재, 출정(出定)의 자유자재, 반조(返照)의 자유자재이다.[76] 이것은 자신의 마음을 자유자재로 다스릴 수 있어야 한다는 의미이다. 제2선부터 제5선까지의 특징들을 살펴보면 다음과 같다. 제2선에서는 일으킨 생각과 지속적인 고찰을 버리고, 희열, 행복, 마음의 하나됨이 일어난다.[77] 제3선은 공평하게 보고, 편견을 가지지 않고 보며, 맑고 넉넉하고 굳건한 평온을 갖추었기 때문에 제3선에 있는 자는 평온하다고 한다.[78] 선의 평온이 여기서 요구하는 것은 중립이며 관여하지 않는 역할을 하며 무관심으로 나타나는데 희열이 사라짐이 가까운 원인이다.[79] 이 제3선의 행복은 지극히 달콤하기 때문에 이 이상의 행복이 없다. 그러나 마음챙김과 알아차림의 영향으로 이 행복을 동경하지 않게 된다. 정신적인 몸과 연결된 행복을 느끼며 그래서 몸으로 행복을 경험한다고 하였다.[80]

---

76) 위의 책, pp.393~394.
77) 위의 책, p.401.
78) 위의 책, p.404.
79) 위의 책, p.408.
80) 위의 책, p.410.

제4선에서는 괴롭지도 즐겁지도 않은 느낌이 반드시 일어난다. 그러므로 그 마음들이 평온한 느낌과 결합하고 오직 평온과 결합하기 때문에 여기서 희열이 사라진다.[81] 평온은 낮은 세 가지 선 가운데도 있지만 여기서는 일으킨 생각 등의 자신과 반대되는 법들의 빛에 가리지 않고, 자신과 동류인 평온한 느낌이라는 밤을 얻었기 때문에 이 중립인 평온의 초승달은 지극히 청정하다. 이것이 청정하기 때문에 청정한 달빛처럼 함께 생긴 마음챙김 등도 청정하고 깨끗하다.[82] 각 단계마다 초선으로부터 출정하여 그 한계를 보고는 그에 대한 집착을 종식시킨 후 제2선을 얻기 위해 수행하고, 각 단계마다 이처럼 근접삼매에서 본삼매로 들어가는 과정을 거치게 되는 것이다.

위의 삼매에 나온 '행복'이라는 용어는 정신적인 느낌인 '소마나싸(somanassa)'이며, 앞에서 언급한 수카(sukha)가 아니다. '지복(至福)'이라고도 옮기는 이 느낌은 감각적 욕망을 벗어난 초연함으로부터 생기는 것이다. '세간을 벗어난 행복(nirāmisa-sukha)'을 의미하기도 하는 이 행복은 들뜸과 후회의 마음부수들과 반대되는 것이다. 희열과 행복은 아주 밀접하게 연결되어 있지만 희열은 오온(五蘊)에서 행온(行蘊)에 속하는 의도적인 행위에 속하고, 행복은 수온(受蘊)에 속하는 느낌이다. 희열은 목마름에 지친 여행자가 오아시스를 만났을 때 가지는 기쁨이고, 행복은 그 물을 마시고 목욕하고 나서 느끼는 것과 같다.[83] 이처럼 삼매에서의 행복심리는 현실에서 느끼는 것이지만 세간을 벗어난 정신적 평온함이라고 할 수 있겠다.

---

81) 위의 책, p.412.
82) 위의 책, p.418.
83) 대림스님·각묵스님 역, 앞의 책, p.154.

2. 위빠사나 수행 : 혜해탈과 열반

삼매에 도달하였다고 그것이 지속되는 것은 아니다. 행복의 느낌이 지속되기 위해서는 인식의 전환, 즉 통찰지의 도움이 필요하다. 37보리분법의 수행과 실천으로 희열과 행복을 맛보는 마음챙김 명상으로 정서적 행복감을 맛보았다면, 여기서 그치지 말고 위빠사나 수행을 통해 진리에 대한 인식의 전환을 통해 2차 해탈, 즉 열반에 이르러야 한다. 불교의 궁극적인 행복은 열반(니르바나)이다. 재가불자 혹은 일반인들이 추구하는 열반은 '반열반(般涅槃, parinirvāa), 즉 입멸(入滅)을 뜻하는 것이 아니다. 그것은 인식의 전환을 통한 혜해탈, 즉 통찰지의 획득이며, 이를 위해 위빠사나 수행이 필요하다. 이를 위해 알아야 할 인식은 다음과 같은 것들이다. 그 과정에서 인간이 반조해야 하는 다섯 가지를 제시하고 있다.

나는 늙기 마련이고 늙음을 극복하지 못했다.
나는 병들기 마련이고 병듦을 극복하지 못했다.
나는 죽기 마련이고 죽음을 극복하지 못했다.
사랑스럽고 마음에 드는 모든 것은 변하기 마련이고 헤어지기 마련이다.
나의 업이 바로 나의 주인이고, 나는 업의 상속자이고, 업에서 태어났고, 업이 나의 권속이고, 업이 나의 의지처이다. 내가 선업을 짓건 악업을 짓건 나는 그 업의 상속자가 될 것이다.[84]

이것은 인간이 겪는 현실적 괴로움에 대한 고찰, 무상에 대한 고찰, 연기의 법칙으로서 나의 말·행동·마음의 영향에 대해 통찰할 것을 요구한다. 심해탈을 거쳐 혜해탈에 이르려면 무상(無常), 고(苦), 무아(無我)와 사제(四諦), 연기(緣起)의 진리를 통찰하여 다음과 같은 깨달음을 얻어야 한다.

84) "장애 품, 경우 경", 『앙굿따라 니까야 3』, p.172.

병들기 마련이고 늙기 마련이고 죽기 마련인 범부는 자신이 그러한 본성을 가졌음에도 불구하고 다른 자를 혐오하는구나. 만약 내가 이러한 본성을 가진 중생들을 혐오스러워 한다면 그런 태도로 사는 것은 나에게 적절치 않으리. 이와 같이 머물면서 나는 재생의 근거가 다 멸한 [열반의] 법 있음을 알았고 건강과 젊음과 장수에 대한 자부심을 극복하였노라. 출리에서 안전한 상태를 보았나니 그런 나는 열반을 추구하면서 정진했노라. 내가 지금 감각적 욕망을 즐기는 것은 적당치 않으리. 되돌아감이란 없을 것이며 [도와] 청정 범행을 목표로 하는 자가 되리라.85)

불교 공부의 핵심인 계정혜(戒定慧)는 계율을 지키는 계학, 마음 바라봄과 다스림을 주로 하는 정학, 진리를 통하여 번뇌를 소멸하고자 하는 혜학이다. 『청정도론』에서는 계는 예류자(預流者, sotāpanna, 음역으로 須陀洹)와 일래자(一來者, sakadāgāmi)의 원인을 나타내고 삼매는 불환자(不還者, anāgāmī)의 원인을, 통찰지는 아라한의 원인을 나타낸다. 예류자는 계를 완성한 자, 일래자도 계를 완성한 자, 불환자는 삼매를 완성한 자, 아라한은 통찰지를 완성한 자라고 하였다.86) 즉 크게 이 틀에서 불교에 대한 접근이 이루어지며, 어디에 초점을 두는가는 불교를 어떤 자세 혹은 관점에서 접하는가에 따라 달라진다. 승가(僧家)에서는 무엇보다 계(戒)를 기본으로 할 것이고, 학문적으로 접근하는 경우는 혜(慧)에 초점을 두기도 할 것이며, 번뇌와 망상이 많은 중생들은 오히려 정(定)을 귀히 여길 수도 있을 것이다. 종교로 혹은 사상으로 접근하든 이 세 요소는 불교사상을 떠받드는 주춧돌인 셈이다. 불교의 행복도 이 세 요소에서 모두 찾아볼 수 있는데, 행복은 무엇보다 마음과 결부된다는 점에서 정학(定學)과 밀접하게 관련되지만 궁극적으로는 인식의 전환을 이루는 통찰지가 중요하다. 사마타 명상을 통한 삼매(samāti, 定)의 정진과 위빠사나 명상을 통한 통찰지의 확립, 여기

---

85) 위의 책, pp.176~177.
86) 대림스님 역, 『청정도론 1』, p.131.

서 나아가 궁극적으로 윤회를 끊는 것을 목적으로 한다. "불행 경"과 "행
복 경"을 보자.

> "비구들이여, 그 시작을 알 수 없는 것이 바로 윤회다. 무명에 덮이고
> 갈애에 묶여서 치달리고 윤회하는 중생들에게 [윤회의] 처음 시작점은
> 결코 드러나지 않는다."[87]
> "비구들이여, 그대들이 불행하고 불운이 닥친 사람을 보면 '이 긴[윤
> 회의] 여정에서 우리도 저런 것을 겪게 될 것이다.'라는 이러한 결론에
> 도달해야 한다. 그것은 무슨 이유 때문인가? 비구들이여, 그 시작을 알
> 수 없는 것이 바로 윤회이기 때문이다. (…) 비구들이여, 그러므로 형성
> 된 것들[諸行]은 모두 염오해야 하며 그것에 대한 탐욕이 빛바래도록
> 해야 마땅하며 해탈해야 마땅하다."[88]

궁극적으로 갈애로 인한 고통을 끊어 윤회를 되풀이 하지 않는 것이 불
교가 추구하는 바이다. 여기서 유념해야 할 것은 윤회를 끊는 것이 보통사
람들의 인식으로 가능하지 않고 그것을 목표로 하지만 현실적으로 가능한
지에 대해 살펴볼 필요가 있다. 그래서 초기불교에서는 가능성을 제시하고
는 있지만 '윤회의 끊음'에 대한 증명은 그 어디에도 없다. 결국 우리가 추
구하는 열반은 심해탈과 혜해탈을 통한 정서와 인식의 새로운 변화라고
할 수 있다. 그리고 그것이 나의 것에만 머무는 것이 아니라 타인과 더 넓
은 세계로 확대되어야 한다. 만약 자기만 해탈에 이른다면 불교는 좁은 깨
달음과 행복에 머물 것이다. 초기불교에서도 정진을 통해 1차 해탈과 2차
해탈을 넘어 자비로 나아가는 대승적 움직임이 보인다. 오늘날 명상에서
유의할 점이다. 삼매와 통찰지로 도달한 행복은 나만을 위한 것이 아니라
함께 하는 행복이다. 내가 행복해야 자비(慈悲)를 베풀 수 있고 내 마음이
평안해야 다른 사람을 평안하게 할 수 있다는 점에서 나의 수행이 필요하

---

87) "두 번째 품, 불행 경(Dugata-sutta)", 『상윳따 니까야 2』, p.455.
88) 위의 책, p.456.

고, 거기서 그치지 않고 다른 사람에게로 이르고자 한다.

사띠[隨念] 이후의 명상주제는 자애[慈], 연민[悲], 더불어 기뻐함[喜, muditā], 평온[捨]의 네 가지 거룩한 마음가짐[梵住]이다.[89] "참으로 행복하고 안은(安隱)하기를! 모든 중생이 행복하기를!"[90]이라고 하여 자신의 행복을 중생에게로 확대시켰다. 『청정도론』에, "그가 백년이나 천년동안 '내가 행복하기를!'이라는 등의 방법으로 자기에 대한 자애를 닦는다고 해도 본삼매는 일어나지 않기 때문이다. 그러나 '내가 행복하기를!'하고 닦을 때 '마치 내가 행복하기를 원하고 고통을 두려워하고 살기를 원하고 죽기를 원하지 않는 것처럼 다른 중생들도 참으로 그와 같다'라고 자기를 본보기로 삼을 때 다른 중생들의 이익과 행복에 대한 원도 일어난다.", "그래서 붓다도 다음과 같이 설하시면서 이 방법을 보이셨다."[91]고 하였다.

> 마음으로 모든 방향을 찾아보았건만 어느 것에도 자신보다 사랑스러운 자 얻을 수 없네. 이처럼 다른 이들에게도 각자 자신이 사랑스러운 것, 그러므로 자기의 행복을 원하는 자, 남을 해치지 마세.[92]

이른바 초선 등으로 그 마음이 본삼매에 든 사람만이 모든 곳에서 모두를 자신처럼 여기고, 모든 세상을 풍만하고, 무량하고, 원한 없고, 고통 없는 자애가 함께한 마음으로 가득 채우고 머물 수 있는 '변환'을 이룰 수 있다고 하였다.[93] 이처럼 모든 중생에게 즐거움을 주고 괴로움과 미혹을 없애주는 자(慈)·비(悲)·희(喜, muditā)·사(捨)의 네 가지 무량심(無量心)이야말로 무든 중생을 행복하게 하고자 하는 마음이며, 이는 중생을 불쌍히

---

89) 대림스님 역, 『청정도론 2』, p.137.
90) 위의 책, p.141.
91) 위의 책, p.141.
92) 위의 책, p.142.
93) 위의 책, p.142.

여기는 마음을 가지고 그들을 고통에서 구해내고자 하는 깨달음으로서의
해탈락(解脫樂)이다. 이것이야말로 동체대비(同體大悲)이며, 불교에서 추구
하는 궁극적인 행복이라 할 수 있다.

V. 맺음말 : 초기불교 행복담론의 한계

지금까지 초기불교에 나타난 행복의 의미와 추구방법에 대하여 살펴보
았다. 인간존재의 실상을 고(苦)라고 규정한 불교를 비관적 사상으로 인식
하지만, 초기불교는 인생의 목적이 이고득락, 즉 행복임을 천명하였다. 불
교에서 고(苦)의 원인은 갈애와 무명인데, 갈애가 정서의 문제라면 무명은
진리에 대한 무지이다. 행복은 이성보다는 감정·정서 상태와 직결되는데,
궁극적으로 마음을 어떻게 조절하느냐에 달린 것이다. 초기불교에서는 수
카(sukha), 기쁨, 희열, 정신적 즐거움, 결과로서의 행복 등 여러 행복 개념
들이 사용되었는데, 궁극적으로 선업을 닦아 긍정적 심리상태를 유지하는
것을 행복이라고 보았으며, 행복을 위한 수행으로는 호흡명상인 16통찰관
법에서 시작하여 구체적으로 37보리분법의 방법을 제시하고 있다.

불교가 추구하는 행복은 객관대상에 대하여 주관적 마음의 상태를 조절
하고 수용하는 것이 핵심이다. 그것은 인간 존재의 실상과 그 심리작용에
대한 이해를 바탕으로, 수행을 통하여 나의 마음을 어떻게 행복한 상태로
만들어 유지하느냐가 관건이다. 행복은 주관적이고 자신의 마음에 달린 것
이라 하더라도, 인간으로서 최소한의 존엄을 확보하기 위한 기본적·객관
적 조건을 결코 무시할 수 없다. 건강한 신체와 기본적 욕구의 만족 없이
는 행복에 접근하기 쉽지 않기 때문이다. 건강하지 못하여 불편하고, 원하
는 기본조건이 이루어지지 못하여 만족하지 못한다면 행복할 수 없다. 물
론 어떠한 환경에서도 자신의 마음 수양으로 모든 것을 너그럽게 수용하

여 행복하다고 하는 고고한 사람도 없지는 않을 것이다.

불교는 기본적으로 객관 대상 자체보다 그에 대한 주관적 인식을 더 중시한다. 그러나 주관적 심리상태를 결정하는 요소는 객관적 환경 등 제반 요인들의 상호영향에 의한 것이기도 하다. 뇌과학을 중심으로 인간의 감정을 분석한 다마지오는 우리의 정신은 단순히 뇌가 아니라 몸 전체에 기반하고 있음을 밝힘으로써 육체 없는 존재는 슬픔도 기쁨도 느낄 수 없음을 명확히 하였다.[94] 나아가 긍정심리학에서 제시한 "행복의 공식"을 보자.

> (1) 행복의 감정과 불행의 감정은 항상 함께 하며, 삶을 풍요롭게 꾸려나가는 기술은 불행 속에서 행복을, 행복 속에서 불행을 인식할 줄 아는 데 있다.
> (2) 우리는 선천적으로 행복의 유전자를 가지고 태어난다. 하지만 우리의 행복에는 유전적 요인보다 외부환경과의 관계가 더 큰 영향을 미친다.[95]

(1)에서는 행복의 감정을 많이 느끼기 위한 노력이 필요하고, (2)는 불행하게 하는 환경을 극복하는 노력이 필요하다. 초기불교의 관점은 (2)보다 (1)에 가깝다. 주관적 행복을 위해 우선되어야 할 것은 가장 기본적이면서 객관적인 행복의 조건 확보이다. 전 세계적으로 부의 편중 현상, 국내적으로도 빈부격차와 제도적 미비로 인한 상대적 박탈감 등은 아무리 주관적 행복을 강조한다 하더라도 무시되어서는 안 될 부분이다. 환경과 대상에 대한 면밀한 통찰을 통한 비판과 변화의 노력은 행복의 추구와 실현 과정에서 반드시 필요한 것들이다. 대승불교에서는 공(空)과 자비(慈悲)로 집착을 버리고 더불어 행복하기 위한 방법을 제시하였지만, 초기불교에서는 주관적 행복에

---

94) Stefan Klein, 김영옥 역, 『행복의 공식』(*The Science of Happiness*, 2002)(서울: 웅진 지식하우스, 2006), p.37.
95) 위의 책, p.74.

방점이 있다. 행복에는 나만의 행복이 아닌 너와 우리, 타인들의 행복을 위해 노력하는 진취적인 자세도 포함되어야 하는데, 초기불교는 이러한 객관적 환경에 대한 인식, 역사적 변화 주체로서의 자각에 아쉬움이 남는다.

오늘날 젊은 세대들에게 행복의 본질에 대하여 가르칠 필요가 있다. 최근의 교육과정이 행복의 추구를 염두에 두고 진행되는 점은[96] 매우 고무적이다. 교육적 관점에서 행복은 두 가지 의미적 접근이 가능하다. 하나는 교육의 목적과 과정, 방법이 행복과 연계되어야 하는 것이고, 다른 하나는 행복해지는 것도 교육에 의해 가능하다는 것이다. 전자가 행복한 교육이 되기 위한 거시적 방향 설정이라면, 후자는 행복해지는 교육, 즉 연습과 노력을 통해 행복한 사람이 되도록 하는 것이다. 윤리교육에서는 불교의 행복에 대하여 그 의미와 방법, 나아가 삶에서 어떻게 실천할지를 가르치는 것이 중요하다. 삶 속에서의 심해탈과 혜해탈, 다른 말로 마음의 평화와 인식의 전환이 행복이고, 그것을 넘어 자비심의 실천이 진정한 행복이 아닌가 생각한다. 불교의 행복담론에 대한 논의가 조금이라도 불교윤리교육에 기여할 수 있기를 바라는 바이다.

---

96) 한국도덕윤리과교육학회, 『2015 문·이과 통합형 도덕과 교육과정 개정 시안 공개 토론회 자료집』(2015.04.17).

제2장 인성 - 불교에서 인성의 본질과 윤리교육
: 초기불교의 무아와 방편적 자아를 중심으로

I. 머리말 : 인성교육담론과 불교

최근 인성교육담론은 2014년 세월호 사건 이후 대두된 사회적 위기의식에서 비롯된 것이다. 사회의 총체적 부도덕성으로 인한 참혹한 결과에 적극적으로 대응한 대책이 인성교육진흥법의 실시였고, 책임도덕성에 대한 교육적 대응이 인성교육 강화였다. 현재 조치 과정이 진행 중이어서 효과에 대한 평가가 조심스럽지만, 인성에 대한 성찰의 기회를 제공했다는 점에서는 긍정적이다. 문제는 전문가들마저 도대체 인성이 무엇인지에 대한 보편적 개념이 부족하여 발전적 담론이 불가능하고 대안제시가 중구난방으로 이루어진다는 것이다. 우리가 사용하는 '인성' 개념은 동양·서양, 과거·현재, 철학·심리학 등 다양한 관점과 위계에서 논의되었으며 그것이 하나로 수렴되지 못한 채 자의적으로 사용되고 있다. 그 결과 인성교육진흥법이 실시되고는 있지만 인성교육의 본질과 괴리되어 여러 문제점이 드러나고 있다. 이러한 혼란을 바로잡기 위해서는 사상적으로 다양하고 깊이 있는 인성 논의가 선행되어야 하고, 학계가 그 논의들을 수렴하여 인성 개념을 규정해줄 필요가 있다. 보편적인 인성의 특성과 요소들을 최소한이라도 제시해주는 것이 학계의 과제인 것이다. 서양에서 인성(人性)을 의미하는 'personality'와 'character'라는 용어는 가치중립적이고 개인적인 성격이 강하다. 그러나 동양 특히 천명지위성(天命之謂性)에 근거한 유교 인성은 다분히 가치 지향적이며 공동체를 중시하는 특성이 강하다. 유교의 인성은 우리나라 전통교육의 핵심이었는데, 여기에 근대 이후 서구의 인성 개념이 더해지면서 상호 갈등하는 요소들이 공존하게 되었다. 즉 가치중립과 가치지향, 개인과 공동체 등 상호 조화하기 어려운 지향들을 동시에 포함하게 된 것이다. 인성이라는 동일한 용어를 사용하지만 그 함의가 서로 달라 인성교육담론에서 혼란이 발생하게 된 것이다.

그렇다면 인성은 무엇인가? 결론적으로 인성 개념은 가치지향적일 수밖에 없다. 인성교육이라는 용어 자체가 인성을 목표로 한다는 지향성이 내포되어 있고, 이미 인성에 대한 긍정적 평가를 포함하고 있기 때문이다. 이는 서양의 퍼스낼리티 혹은 캐릭터 개념보다 동양의 유교적 인성 개념에 가깝다. 그러나 서양에서도 동물성에 대비되는 인간의 고유한 본성을 중시한 개념이 있는데 휴머니티(humanity)란 말이 그것이다. 인성을 humanity, 인성교육을 humanity education으로 해석하고자 한 시도는 이러한 가치지향성을 감안한 것이다.[1] 그러나 오늘날 전통적인 가치 지향적 인성을 중시하더라도, 일반적으로 사용되는 가치중립적이고 개인을 중시하는 인성도 무시할 수 없다. 이에 인성의 구성요소로 두 가지 - 관계적 자아로서 도덕성, 주체적 자아로서 개성 - 를 포함시킨 논의는 두 관점을 결합하고자 한 시도이다.[2] 이 두 관점의 성공적인 조화가 인성 개념 규정에서 핵심이 된다고 보기 때문이다.

인성에 대한 보편적 개념 규정을 위한 기본적인 최소한의 요소를 추출하기 위해서는 인성의 본질에 대한 논의가 학문적으로 더 다양하고 심화될 필요가 있다. 최근 인공지능[AI, Artificial Intelligence] 기술이 발전하여 그 대표 격인 알파고(Alpago)가 인간 바둑고수를 상대로 5전 4승으로 이겼다. 바둑은 복잡한 두뇌가 요구되는 게임으로 인간만이 할 수 있다고 인류가 자부하던 영역이었다. 과학기술의 발전으로 기계가 인간의 고유영역에

---

1) 장승희, "'인성교육진흥법'에서 추구해야 할 인성의 본질과 인성교육의 방향, 『윤리교육연구』 제37집(한국윤리교육학회, 2015), p.80.
2) 위의 논문, pp.85~90.

까지 도전하고 있으며, 인류문명은 새로운 패러다임의 변화에 대응하지 않으면 안 되게 되었다. 이제 인간의 정체성과 본질이 과연 무엇인지 묻게 되었고 그 물음을 화두로 던지고 있다. 인간 이해를 위해 과학적·인문학적 융합이 요구되며 이에 인간 이해의 지평을 넓히지 않으면 안 된다.

지금까지 우리 교육은 전통적인 유교의 인간다움[仁, 人性]을 중심으로 한 인성교육에 매진하였다. 유교가 현대와 가장 가까운 조선시대의 통치이념이었던 이유가 가장 크다. 유교의 인성은 초월적 존재로서 천(天)이 부여한 절대적 선을 부여받은 인간의 성선(性善)에 대한 믿음을 바탕으로 본연지성(本然之性)의 회복을 강조하였다. 성리학에서는 절대적 천리(天理)를 형이상학적 근거로 하여 인성교육을 추구하였다. 한국사상은 무속신앙에 유불도(儒佛道) 삼교(三敎)를 포함시키는데 본래적 사상에다 한국화된 외래사상을 포함시킨 것이다. 따라서 인성 이해의 지평을 넓히기 위해서는 유교 외의 사상도 고려해야만 한다. 불교는 고려의 통치이념이었으며, 이후 숭유억불(崇儒抑佛)의 조선시대에도 왕가나 민간에서 신앙으로서 굳건히 뿌리내린 중요한 전통사상이다. 불교의 인성을 이해하는 것은 우리 전통의 큰 축인 유교 인성과 균형을 이루기 위해 중요한 과제가 아닐 수 없다.

본 연구는 인성 이해의 스펙트럼을 넓히기 위해 불교의 인성을 살펴보고자 한다. 신의 존재를 종교의 기준으로 보는 서구종교학자들은 불교를 종교가 아닌 사상으로 규정하고자 한다. 불교는 석가모니 붓다라는 인간에 의해 시작된 것으로, 초월적 신의 부재(不在)는 종교적 의미가 약하다는 것이다. 불교는 인간에 대한 믿음을 바탕으로 자신의 수행(修行) 노력으로 깨달음을 얻을 수 있다고 본다. 기독교에서 이른바 유일신에 의한 구원의 구조와는 다른 내재적·자율적 성격을 지닌다는 점에서, 서양의 종교와는 다르지만 엄연히 불교는 동아시아에 뿌리내린 문화이자 신앙이다.

불교에 대해, 사상적으로는 매우 현학적이고 심오하여 쉽게 접근하기 어렵다는 것, 종교적으로는 인간인 부처를 신격화하여 우상화한 것이라고 비판하는 관점이 있다. 또 불교의 고(苦)와 공(空)에 대한 인식을 전적으로 허무주의 혹은 초월주의로 잘못 이해한 사람들은 현실의 인간을 설명하기 어렵다고도 한다. 참나에 대한 추구는 대승불교의 불성(佛性) 개념에서 나온 것으로 초기불교의 무아(無我) 관점에서는 타당하지 못할 수도 있다. 붓다 사후, 불교는 부파불교, 대승불교, 선불교 등 시대적·지역적으로 변화·발전하여 다양해지고 심오해졌다. 그것은 시대적 문제의식에 대응하여 대안을 마련하고자 한 불교적 노력이었다. 따라서 불교 이해에서 단순히 개념만 해석하기보다 시대적 고민을 통해 그 본질을 들여다볼 수 있어야 한다.

불교는 자연적 사실을 바탕으로 한 상식적이지만 통찰적인 가르침을 내용으로 한다. 박병기 교수는 불교의 관점에서 인간 존재자에게 연기성과 공성의 존재는 실존의 개념들이자 초월의 가능성을 부여한다고 하였다.[3] 공성(空性)은 초기불교의 무아에 대한 자각인데, 인간은 연기를 통해 실존을 경험하며 자신의 무아적 본질을 인식하고 현실을 초월하여 높은 이상적 경지를 추구한다. 인간은 실존과 초월을 통해 이상과 현실, 본질과 현상을 경험하고 조화하는 존재인 것이다. 이와 같은 두 가지 차원의 인성을 초기불교는 무아를 중심으로 논의한다. 그것을 어떻게 분석·해석하고 접근하여 교육에 연계시키는가가 본 연구의 관건이다. 즉 초기불교의 무아는 진여(眞如)의 차원에서 인간의 본질을 잘 드러내주지만, 생멸(生滅)의 차원에서 인간의 실존, 업의 주체로서 자아를 설명하기에는 한계가 따른다.

본 연구에서는 불교의 사상적 특성과 세계관을 바탕에 두고, 초기불교의 무아 개념을 중심으로 인성의 본질을 분석해보았다. 인성 논의를 위해 무아에 대한 여러 논의를 살펴보았고, 도덕교육적 의미를 추출하기 위해 필자는 '방편적(方便的) 자아'라는 용어를 사용하였다. 초기불교의 무아와 방편적 자아를 중심으로 한 인성 논의는 이후 변화·발전된 대승불교에서 공(空)과 불성(佛性)의 토대로서 중요한 의미를 지닌다.

---

3) 박병기, 『의미의 시대와 불교윤리』(서울: 씨알, 2013), p.63.

II. 불교사상의 특성과 세계관 이해

1. 자연법칙으로서 불교사상

불교는 시간적·공간적으로 스펙트럼이 거대하다. 불교는 우주가 성주괴
공(成住壞空)을 끊임없이 반복하며 생멸변화하고, 삼천대천세계가 제각각
성주괴공한다고 본다. 불교의 이른바 겁(劫, Kalpa)은 범천의 하루인데 이
는 인간 세계의 4억 3천 2백만 년을 말하며, 찰나(刹那, kasana)는 75분의
1초이며, 나유타(那由他)는 천만 혹은 천억을 말한다. 불교의 우주관은 시
공간적으로 매우 세밀한 데서부터 아주 거대한 세계까지 조망하는데, 세밀
한 물질에 대한 분석은 현대물리학과 상통하고, 거대한 우주관은 최근 '빅
히스토리'4)에 제시된 거대역사관과 상통한다.

거대역사관에 의하면 우주역사는 137억 년이며, 우주 역사는 '복잡성의
증가'라는 특성에 더하여 '임계국면(threshold)'이라는 전환점들을 통해 변
화의 계기를 마련하였다.5) 크리스천 교수는 오늘날 세계가 마지막 임계국
면이며 역사적으로 가장 복잡한 특성을 지닌다고 한다. 인류가 직면한 과
제는 미래 역사를 어떻게 만들어갈 것인가로, 핵심은 무엇보다 잃어버린
'반쪽 인간'의 삶을 다시 풍요롭게 하는 것이며 이는 인간성을 회복하는
것이라고 보았다. 그에 의하면, 반쪽 인간이란, 인간이 자연의 세계와 인간
의 세계를 분리시켜 인간의 세계에만 머무는 것이다. 그 결과 현재 우리의
상황에 직면했고 이처럼 자연의 세계와 인간의 세계가 분리된 것은 거대
역사의 관점에서는 부정적이며, 이 둘을 조화시키는 것이 중요하다. 이를
위해 융합지식의 세계로 나아가 자연과 인간이 하나로 조화되는 것이 핵
심이며 이것이 인류가 생존할 길이라는 것이다.

---

4) David Christian·Bob Bain, 조지형 역, 『빅히스토리』(서울: 해나무, 2013), pp.1~28.
5) 위의 책, p.28.

오늘날 인간의 자연지배는 반쪽 인간의 전형이자 거대역사관으로 보면 부정적인 역사이다. 인간 중심으로 자연을 보기보다 인간을 자연의 영역으로 포함시켜 보는 노력이 요구되는 이유이다. 인간의 역사를 비판적으로 분석한 유발 하라리는 『사피엔스』에서 불교에 대해 '세상을 지배하는 초인적 질서는 신의 의지와 변덕이 아니라 자연법칙의 소산'6)이라고 규정하였다. 그에 의하면, 불교의 법(法, Dharma)은 보편적 자연법칙이며 '고통은 집착에서 생긴다.'는 진리를7) 바탕으로 한다. 또한 불교는 이슬람교나 공산주의와 마찬가지로 하나의 '종교'이다. 그가 규정하는 종교 개념은 '초인적 질서에 대한 믿음을 기반으로 한 인간의 규범과 가치의 체계'이다. 두 요소 - 초인적 질서에 대한 믿음, 인간의 규범과 가치체계 - 가 핵심이며 필수요소라고 한다. 예를 들면, 상대성 이론은 초인적 믿음에 대한 질서는 있지만 인간의 규범과 가치가 없고, 축구는 인간의 규범과 가치는 있지만 초인적 질서에 대한 믿음이 없기 때문에 이것들은 결코 종교가 아니다.8) 초인적 질서가 자연법칙에서 온 것으로 포착한 하라리의 관점과 크리스천이 언급한 '반쪽 인간'의 완성된 인간을 위한 노력의 접점에 불교가 존재한다.

자연법칙의 소산으로서 불교는 다른 종교와는 상이한 성격을 지닌다. 초월적이고 절대적인 유일신에 근거한 종교가 아니라 인간 존재에 대한 현실적 관찰로, 인간이 직면하는 괴로움의 극복을 추구하는 그야말로 인간적 종교이다. 그러면서도 자연의 법칙을 근거로 하며, 이 때문에 이성적·합리주의적 성격을 지닌다. 일반적인 종교가 비논리적인 특성이 강한 반면 불교는 불교논리학이 성립할 정도로 논리적이고, 불교의 발생 자체가 당시 사회에 대한 비판에서 출발할 정도로 비판적이며, 인과(因果)를 근거로 하

---

6) Yuval Noah Harari, 조현욱 역·이태수 감수, 『사피엔스』(*Sapiens: A Brief History of Humankind*, 2011)(서울: 김영사, 2015), p.318.
7) 위의 책, p.322.
8) 위의 책, p.236.

는 과학적 특성을 지닌다.9) 이것이 바로 하라리가 포착한 자연법칙의 소
산이라는 의미이다. 불교는 신앙으로서 깨달음을 중시하지만 자력종교로
서 인간의 지적 능력과 자율적 노력을 바탕으로 우주와 인간의 문제를 해
결할 수 있다고 보며, 그런 점에서 신(神)이 없는 인간중심의 종교이며 인
본주의 종교이다.10)

불교는 인간 존재의 실상인 괴로움을 인간의 주체적 노력으로 극복 가
능하다고 본다. 불교의 진리는 이러한 인간 존재의 실상과 극복의 원리를
제시한 것이다. 그래서 초기불교 경전에 드러나는 붓다의 모습은 종교의
창시자라기보다 마치 상담자이자 도덕교육자라고 보는 것이 더 적합하다.
불교가 종교로 굳어진 것은 붓다 사후 붓다의 바른 가르침을 경전으로 정
리하고, 붓다에 대한 그리움을 불상과 석등, 석탑 등 상징물을 통해 믿음으
로 전달하면서이다.11) 지금은 석가모니 붓다에 대한 믿음이 종교로서 굳
어졌지만, 불교는 인간 내면의 본성에 대한 믿음을 근거로 한다.

인류문명에서 종교는 인간의 정신을 고양시켜줌으로써 문명을 고차적
방향으로 이끄는 역할을 하였다. 과학은 인간의 호기심에 출발하여 대상에
대한 철저한 분석을 통한 엄밀성이 특징이라면, 철학은 인간의 이성을 바
탕으로 자신과 대상에 대한 비판적 사유가 특징이다. 인간의 정신영역을
총괄하는 종교는 보이지 않은 존재 혹은 영적 대상에 대한 믿음에 기초한
다는 점에서 과학이나 철학과는 다르다. "신은 죽었다."고 선언한 니체의
외침 이후 인간의 신적 존재에 대한 믿음이 더 이상 의미를 찾기 어려운
시대가 되었다. 이러한 종교에 대한 부정적 인식은 근대 이후 과학기술의
발달과 자본주의 문명의 전개와 연관이 있다. 객관적 과학과 주관적 신앙
의 공존이 쉽지 않고, 세속적 가치가 보편화된 시대에 인간 믿음에 대한

---

9) 교양교재편찬위원회 편, 『불교와 인간』(서울: 동국대학교출판부, 2006), pp.3~9.
10) 위의 책, pp.9~18.
11) 김현준, 『사찰, 그 속에 깃든 의미』(서울: 효림, 1997).

논리적 설득도 어려운 과제가 되었다.

그렇다고 종교가 무의미하고 가치 없는 것일까? 물질적·세속적·과학적 문명시대에 인간의 정신적·영적 가치 절하의 결과로 드러난 문제들을 해결하기 위해서 종교는 변화해야 한다. 그 방향은 초월적 존재와 인간의 관계를 새롭게 설정하는 것이다. 하라리의 종교 분석은 냉철하고 합리적인데, 다른 종들과 달리 역사를 만들고 지구를 지배·유지한 인간의 힘을 비판적으로 분석하면서도 불교가 '자연법칙의 소산'임을 통찰하였다. 우리는 인류문명에서 불교의 종교적·사상적 역할을 오늘날 새롭게 조명할 필요가 있다.

2. 불교의 세계관 : 연기론과 윤회론

내재적 종교로서 불교는 자연적 법칙에 근거한 현실에 대한 이해를 토대로 이루어졌다. 붓다 가르침의 진리는 사성제(四聖諦, 苦集滅道)로, 인간의 존재실상을 고(苦)라고 전제하여 출발한 것이다. 이 세상 모든 것은 변화하며 영원하지 않고 무상(無常)하다. 그런데 인간은 영원할 것이라 믿으며 순간의 현상과 모습에 집착하고 갈애(渴愛)한다. 영원하지 않고 변화하는 실상(實相)에서 욕망은 결코 만족될 수 없고 집착하기에 번뇌하게 되어 괴로움은 더 커지는 것이다. 그러한 무상의 진리를 알지 못하는 무명(無明) 때문에 또한 괴롭다. 이러한 괴로움에서 벗어나기 위해서 인간은 무상의 진리를 알고 갈애와 번뇌를 극복하지 않으면 안 된다. 그것을 벗어나기 위한 방법이 바로 팔정도(八正道)의 수행법이다. 이러한 사성제에 연기론의 세계관이 근거한다.

연기법은 모든 존재의 보편적 원리인데, 붓다는 "연기법은 내가 만든 것도 아니고 역시 다른 사람이 만든 것도 아니다. 연기법은 내가 세상에 나오거나 나오지 않거나 진리의 세계에 항상 존재하고 있다. 나는 이 진리를 깨달아 정각을 이루었고 모든 사람을 위해 가르친다."라고 하였다.[12) 불교의 과학적 특성은 세상 모든 것은 인과 관계를 벗어날 수 없다는 이 연기론에 의거하는데, 직접적 원인인 인(因)과 간접적 원인인 연(緣)을 중시하며 인과 연을 일으키는 조건들에 주목한다. 모든 존재는 홀로 존재하는 것이 아니라 상관적 관계를 지니며 원인에 따라 결과가 달라지기 때문에 원인을 만드는 조건을 어떻게 할 것인가가 중요해진다. 이러한 연기성을 토대로 윤회가 논의된다.

불교는 윤회설과 업보설을 기반으로 한다. 알프레스 푸쉐(A. Foucher)에 의하면, 불교는 모든 교리를 윤회설 위에다 세웠으며 이 사상 없이는 붓다의 교리체계는 무너져버린다.[13) 윤회(輪廻, samsara)는 인간의 사후의 명운(命運)에 대해『리그베다』에 언급될 정도로 인도사상에서 오래된 것이며, 힌두교의 중심관념이자 불교의 핵심적인 사상으로 수용되었다. 윤회의 기본구조는 영혼의 존재를 전제로 하며, 특히 힌두교와 우파니샤드는 아트만을 인간존재의 본질이고 영원불변의 실체로서 육체가 죽어도 멸하지 않는다고 보았다.[14) 윤회는 욕계(欲界), 색계(色界), 무색계(無色界)의 삼계(三界)와 지옥도(地獄道), 아귀도(餓鬼道), 축생도(畜生道), 인간도(人間道), 천도(天道)의 오도(五道)를 되풀이 하면서 존재들이 돌아다닌다는 것이다. 이러한 윤회설의 바탕이 되는 것이 바로 업설이다. 인간의 의도적인 행위를 업(業)이라고 하며, 직접적인 인(因)에 의한 과(果)와 간접적인 연(緣)에 의한 보(報)가 결과이다. 인간이 어떤 업을 짓느냐에 따라 과보가 정해지며, 그에 따라 다음 생에 어디에 태어나는가가 결정된다는 것이다.

윤회는 업[業]을 전제로 한다. 업(業, karman)은 √kr[하다·만든다]로부터 파생한 명사로, 작용·행위를 뜻하는 말로 윤회설과 결부되어 윤회전생을

---

12) 호진,『무아·윤회 문제의 연구』(서울: 불광출판사, 2015), p.110.
13) 위의 책, p.136.
14) 김승동 편저,『불교사전』(서울: 민족사, 2011), p.876.

있게 하는 힘으로, 단순히 표면적인 행위를 가리키는 데 그치지 않고, 과보(果報)를 동반하는 잠재적인 힘을 의미한다.[15] 업은 항상 후일[내생]에 영향을 미치는 잠재력, 즉 업력(業力)을 지니며 업력의 지배에 의하여 죽음과 재생을 무한히 반복한다는 것이 바로 윤회이다.[16] 이러한 윤회는 고통스러운 것이고 따라서 종교적 불사(不死)를 얻어 윤회에서 벗어나는 해탈[열반]을 추구하는 것이 불교의 본질이다. 불교에서 윤회의 세계는 천상, 인간, 축생, 아귀, 지옥의 5개의 세계[五道]이며, 후에 인간과 축생 사이에 아수라가 추가되어 육도(六道)가 된다. 우리가 도덕적인 의미를 부여하는 업·과보설은 자세히 살펴보면 "외부로부터 어떠한 영향도 받지 않고 자동적으로 존재하는 원인과 결과의 법칙이고 역시 작용과 반작용의 법칙이며 이것은 일종의 자연법칙"이다.[17] 연기론처럼 업보설도 결국 인과설의 자연적 법칙일 뿐이라는 것이다. 그러나 그 원인을 만드는 주체로서 인간의 본성을 설명하지 않으면 안 된다.

인간은, 다른 생명과 달리 의도를 지닐 수 있는 존재이며, 특히 전생과 현생, 후생에 대한 믿음을 바탕으로 연기의 법칙에 따라 그 결과에 대한 책임을 스스로 져야 하며, 무상(無常)과 무아(無我)를 통찰하고 이를 바탕으로 수행을 통해 자신의 선업을 닦고, 궁극적으로 열반을 이루고자 노력하는 것이다. 이러한 불교 세계관의 특성은 기본적으로 자연법칙, 즉 인과의 원리에 근거하여 이루어지고 있다. 물론, 그것이 윤회설, 업, 열반의 믿음으로 이어지는가는 사람마다 다르지만 기본적 세계관은 자연법칙에 근거하고 있음이 사실이다.

---

15) 위의 책, p.744.
16) 위의 책, p.876.
17) 호진, 앞의 책, p.162.

Ⅲ. 초기불교에서 무아로서 인성과 '방편적 자아'

초기불교는, 무엇보다 생각[意], 말[口], 행동[身]의 삼업(三業)이 원인이 되어 결과가 나타나므로, 선업으로 좋은 인연을 지어 부정적·해로운 심리를 극복하여 긍정적·유익한 심리를 지니도록 노력해야 한다고 본다. 이처럼 불교는 매우 도덕적인 사상이자 종교로, 인과법칙에 의거하는 연기적 세계관, 의도적인 행위를 산출하는 유정(有情), 즉 인간의 의도를 중시하는 업사상과 윤회설을 토대로 한다. 자연법칙으로서의 불교의 연기법에 의하면 모든 존재는 인연생기로 상호의존하며 모든 것은 찰나생(刹那生) 찰나멸(刹那滅)하여 변하지 않고 영원한 것은 없다. 인간도 마찬가지이다. 초기불교에서는 인간을 오온으로 이해하고, 오온으로서 인간은 자아로서의 실체가 없다고 본다. 서양 심리학에서 자아를 상정하고 그것의 실현을 통해 행복을 추구하는 것과 반대로 불교에서는 자아의 부정과 무아의 체험을 통해 행복을 추구한다. 그렇다면 무아를 전제하고 자기동일적 실체를 부정하는 불교에서 윤회설은 어떻게 수용될 수 있을까?

1. 오온과 무아로서 인성

인도의 정통 브라만교는 아트만(ātman)의 존재를 인정한다. 자아에 해당하는 범어 아트만(ātman)은 '영원불변의 실체'라는 의미를 가지고 있다.[18] 이 말은 팔리어 앗따(atta)에서 파생된 것으로, 생명을 의미하는 '호흡하다', '불다', '움직이다' 등의 뜻으로 영혼이나 자아를 의미하고 마음과 동의어로 사용된다.[19] 브라만교는 절대적 자아의 존재를 주장하며 우주창조자

---

18) 김승동 편저, 앞의 책, p.722.
19) 정준영, "나라고 할 만한 것이 있는가", 권석만 외 6인, 『나, 버릴 것인가, 찾을 것인가』(서울: 운주사, 2008), p.44.

브라만이 개체 내재화된 개별 아트만이 존재한다고 본다. 이것은 절대적이고 보편적 원리인 리(理)가 개별 존재들에 분수(分殊)로 각각 들어 있다는 유교 성리학의 이일분수(理一分殊)와 유사한다. 붓다는 당시 브라만교가 아트만을 인정하고 추구한 것을 비판하고 인간은 연기적 존재로 그 본질은 무아임을 주장하였다.

불교의 관점에서 이 세상에 존재하는 물질들은 사대(四大), 즉 지수화풍(地水火風)으로 이루어져 있다. 물질로서 인간의 육체도 지수화풍의 화합에 의한 것이며, 육체가 죽으면 다시 지수화풍으로 환원된다. 인간은 육체로서 물질인 색(色, rupa)와 마음으로서 정신인 명(名, nama)으로 구성된 오온(五蘊, 色受想行識)의 합인 것이다. 색(色)은 오온 가운데 색온(色蘊), 즉 물질일반을 말하며, 지수화풍의 사대종(四大種)과 사대소조색(四大所造色)의 2종이 있다. "사대소조색이란 사대에 의하여 만들어진 것이지만 사대와는 전혀 다른 물질로, 협의적 의미로 안근(眼根)에 의해 포착된 대상, 곧 오경(五境) 중 색경(色境)을 말한다. 눈으로 보고 몸으로 느껴 인식하는 물질로 장단(長短), 방원(方圓), 고하(高下), 정부정(正不正)의 8종이 있고, 현색(顯色)은 드러나게 볼 수 있는 색채로 청황(淸黃), 적백(赤白), 구름, 연기, 티끌, 안개, 그림자, 햇빛, 밝음, 어두움의 12종이다."[20] 이러한 물질과 색깔로서의 색에 대별하여, 인간의 정신인 명(名)은 오온 중 색을 제외한 사온, 즉 수상행식을 말하는데 정신활동의 총체이다. 따라서 인간은 육체와 정신으로 이루어진 존재로 바로 오온의 합이라고 할 수 있다.

초기불교는 존재의 실상을 무상·고·무아라고 보았는데 오온인 인간은 무상하고, 궁극적으로 나라는 자아의 실체가 없다. 여기서 붓다가 문제로 삼은 것은 인생의 괴로움(duhkha)이다. 두카란 말은 불완전·갈등·무상·공·무아의 의미도 포함하는데 단순히 신체적 또는 생리적인 고통이나 일상적인 불안 또는 고뇌를 가리키는 것이 아니다. 괴로움은 인간이 태어나면서

---

20) 김승동 편저, 앞의 책, p.563.

가지게 되는 실존과 관계되는 것이며, 그래서 일체개고(一切皆苦)인 것이다.21) 인간 존재의 실상인 생노병사(生老病死)의 사고(四苦)에, 애별리고(愛別離苦), 원증회고(怨憎會苦), 구부득고(求不得苦), 오음성고(五陰盛苦)를 더한 팔고(八苦)를 대표적인 괴로움으로 보았다. 인간의 괴로움의 원인은 대상에 있는 것이 아니라 마음속의 욕망과 집착, 즉 갈애이다. 그것은 나에 대한 집착이며 나라는 실체가 존재한다고 보기 때문에 집착하고 욕망하고 끊임없이 번뇌하는 것이다. 괴로움의 원인이 소멸되면 괴로움은 사라진다. 불교는 이러한 괴로움의 생성과 소멸의 진리를 말하는데 바로 사성제이다.

인간의 괴로움의 원인인 갈애는 결국 나[我]와 나의 것[我所]이 존재한다는 생각에서 나오며, 이는 나의 실체가 존재한다고 보기 때문이다. 인간의 육체는 죽으면 흙으로 돌아가 사대(四大)가 되어 사라지는 것을 알 수 있지만, 우리가 궁금한 것은 과연 정신은 어떻게 되는가이다. 붓다는 인간의 정신[마음]을 원숭이가 숲속에서 쉬지 않고 이 나무에서 저 나무로 옮겨 다니는 것과 같다고 비유하였다. 즉 찰나생, 찰나멸하는 것이 바로 마음이기 때문에 고정된 마음이 존재하지 않는다는 것이다. 정신적 요소인 수상행식은 아트만 같은 실체적 영혼의 존재 작용으로 발생하는 것이 아니라 감각[六根]과 그것에 상응하는 대상[六境]의 관계에 의해 일시적으로 발생하는 현상으로, 근(根)과 경(境)과 식(識)의 합으로 촉(觸)이 발생하며 촉과 함께 수상행이 차례로 생기는 것이다. 문제는 근과 경의 관계가 사라지면 식도 사라지며, 정신[마음]은 근과 경과 관계없이 독립적으로 존재할 수 없다는 것이다. 따라서 정신적인 것은 육체적인 것보다 훨씬 더 쉽게 변하고 빨리 소멸한다. 그래서 인간 존재를 구성하는 요소들은 실체가 없으며 오온으로서 인간은 비아(非我)이며 무아(無我)이다. 불교를 다른 종교와 구별짓게 하는 무아설에 대해 호진은 다음과 같이 말한다.22)

---

21) 호진, 앞의 책, p.111.

이러한 무아설은 인간 존재에 대한 부정적인 관점도 긍정적인 관점
도 아니다. 이것은 인간 존재를 분석하고 고찰한 데서 나온 객관적인
사실일 뿐이다.

무아(無我)란 무엇인가? 무아는 결국 나라고 할 만한 고정된 실체가 없
음을 말하는 것이다. 무아를 주장하는 불교에서는 오온으로서 인간의 실체
를 인정하지 않는다. 초기불교 아비담마에서는 뿍깔라(puggala)라는 논제에
대한 논의가 나오는데, 뿍깔라는 집단에 대하여 개별존재로서의 사람을 가
리키는 용어로 구마라집은 '인(人)', 현장(玄奘)은 '보특가라(補特伽羅)'로
번역하였다. 뿍깔라는 정신과 물질의 복합체를 가리키는 관습적 일상용어
에 불과하며, 그러한 의미에서 중생, 자아 등과 동의어이다. 즉 궁극적 이
치에서는 뿍깔라니 중생이니 자아 따위는 존재하지 않고 매 순간 섬광처
럼 일어나고 사라지면서 늘 변하고 있는 정신과 물질의 현상들만 존재할
따름이다.[23] 붓다도 뿍깔라란 말을 그저 대명사의 뜻만 지닐 뿐이라고 보
고 사용한 듯한데, 당시 붓다의 일부 제자들마저 무아에 대한 완벽한 지혜
가 부족하여 '느낌[受]' 이나 '인식[想]'을 자아로 보기도 할 정도로[24] 당시
무아에 대한 이해가 쉽지 않았던 것 같다.

한자경 교수도 무아설에 대해 오온 안에 '자기동일적 실체'가 존재하지
않으며, 연기의 원리를 모르고 오온을 자아로 생각하여 그에 집착하는 아
집(我執)을 무너뜨리기 위해 자아를 설한다고 주장한다.[25] 한교수의 경우
무상·고·무아 대신 무상·고·공(空)을 주장하여 공(空)론과 연계시키고 있
다. 무아(無我)와 비아(非我)를 비교하면서 비아는 자아를 전제로 하는 것

---

22) 호진, 앞의 책, p.123.
23) 渡邊文麿, 김한상 역, 『니까야와 아비담마의 철학과 그 전개』(서울: 동국대학교출
    판부, 2014), p.284.
24) 위의 책, p.284.
25) 한자경, 『불교의 무아론』(서울: 불광출판사, 2006), p.19.

이기 때문에 옳지 못하다고 본다. 그것은 연기나 무아의 논의에서 드러나는 역설 때문인데 그 역설은 자아 실유성(實有性)을 부정하는 무아의 차원과, 무아를 무아로 바로 아는 진여(眞如)의 차원을 구분함으로써만 해결될 수 있다고 주장한다. 즉 차원의 구분이 없는 한, 연기와 무아가 가지는 역설의 구조에 따라 무아와 비아의 논박은 계속될 뿐이라는 것이다.[26] 비아와 무아의 차이를 살펴보자.

> 비아론자는 "색수상행식은 자아가 아니다"라는 것은 오히려 오온이 아닌 참된 자아, 상일주재적(常一主宰的) 자아의 존재를 전제한 것이므로 불교는 무아가 아니라 비아을 주장할 뿐이라고 논한다. 그러나 이것은 상일주재의 자아란 단지 관념이고 말에 지나지 않는 가설(假說)일 뿐이라는 불교의 핵심주장을 간과한 것이다. 반면 무아론자는 존재하는 것은 단지 오온일 뿐이며, 그것은 자아가 아니기에 불교는 무아를 주장하는 것이라고 논한다. 그러나 이것은 색수상행식 오온은 단지 가(假)일 뿐이라는 불교적 깨달음과 해탈의 차원을 간과한 것이다.[27]

결국 우리가 상일주재적 자아에 집착하는 것은 말, 즉 자아의 관념에 집착하는 것이며, 관념은 단지 우리가 그렇게 생각하기 때문에 생긴 관념이며, 그에 상응하는 실재를 지시하는 것이 아니라는 것이 불교의 통찰이라는 것이다.[28] 그렇다면 무아인데 어떻게 윤회(輪廻)와 업(業)의 주체로서 인간이 존재할 수 있는가? 무아인데 윤회가 가능하고, 업에 의한 보를 받는 것이 가능한가가 문제가 된다.

---

26) 위의 책, p.29.
27) 위의 책, p.29.
28) 위의 책, p.35.

2. 방편적 자아 : 윤회와 업의 주체

인간의 본질을 무아(無我)로 규정한 붓다는 형이상학적 질문에 대해서는 부정적이었다. 붓다는 가르침을 전하는 방법으로 다양한 기법의 대화법을 활용하였는데, 연기가 경시되는 형이상학적 문제들에 대해서는 무기(無記, avyākata)의 방법을 채택하였다. 무기는 불설(不說)이라고도 하는데 '설명할 수 없는, 답하지 못하는, 결정하지 못하는'이라는 뜻으로 해답을 얻을 수 없는 것, 근본적으로 분명하게 설명할 수 없는 것, 또는 판별·구별할 수 없는 것29)을 말한다. 무기는 사치기(捨置記)라고도 하는데 "묵살해야 하는 질문을 묵살해 버리거나 침묵하는 방식"이다. 붓다는 일종의 침묵을 선택함으로써 형이상학적 문제들에 대한 논의가 무의미함을 보여주었다. 그 주제들은 '세계는 영원한가? 영원하지 않는가?', '세계는 유한한가? 무한한가?', '영혼과 몸은 같은가? 다른가?', '여래는 사후에 존재하는가? 존재하지 않는가?' 같은 질문들이다.30) 후미마로는 붓다가 형이상학적 문제들을 다룬 사구분별(四句分別)의 방법이 후에 공(空)사상의 발전에 영향을 미쳤다고 평가하였다.31) 형이상학적 질문방식, 즉 사구분별 방법을 살펴보면 다음과 같다.32)

> (1) S는 존재하는가?
> (2) S는 존재하지 않는가?
> (3) S는 존재하기도 하고 존재하지 않기도 하는가?
> (4) S는 존재하는 것도 아니고 존재하지 않는 것도 아닌가?

---

29) 김승동 편저, 앞의 책 p.268.
30) 渡邊文麿, 앞의 책, p.75.
31) 위의 책, p.189.
32) 위의 책, p.185.

이와 같은 사구분별은 사구부정(四句否定)이라고도 하는데 몇 번이고 부정을 거듭하여 상대방으로 하여금 진리에 이르게 하는 불교 변증법으로, 당시 외도(外道)들의 형이상학적 질문들에 대해 붓다가 많이 활용하였던 방법이다.33) 붓다는 왜 이처럼 형이상학적 질문에 대해 변증법적인 방법으로 무기(無記)의 입장을 취한 것일까? 그것은 그러한 논의들이 인간의 사유나 인식으로 가능하지도 않으며, 그것 자체가 진리와 관계가 없고 우리 삶에서도 무의미하다고 보았기 때문이다.

이처럼 붓다가 무기로 처리한 주제 가운데 나중에 문제가 된 것이 "우리 자아가 존속하는가? 아닌가?"라는 물음이었다. 즉 몸이 기능이 정지하여 부패하기 시작하는 순간, 우리의 자아, 개체적 목숨도 함께 끝나는가? 아니면 몸과 독립적으로 지속되는가? 하는 것이다. 이것은 무아를 본질로 하는 인간이 업의 주체가 될 수 있는가에 대한 답을 요구하는 것이기 때문에 아주 중요한 문제이자 관건이었던 것이다.

한자경 교수는 이에 대해 '유업보(有業報) 무작자(無作者)의 논리'를 들어 불교의 윤회는 자기동일적 자아의 존재를 전제하지 않는다고 주장한다.34) 한교수는 무상(無常)으로 번역되는 두 개념으로 이를 설명한다. 무상(無常)으로 번역되는 '아니카(anicca)'와 '아사사타(asassata)'라는 말은 서로 다른 의미라는 것이다. 전자가 매순간 변화하지 낳고 항상된다는 의미의 '상(常, nicca)'의 부정이라면, 후자는 끝없이 무한히 멸하지 않는다는 의미의 '상(常, sassata)'의 부정이다. 따라서 전자는 불변(不變) 또는 항상(恒常)의 반대로, 한 순간도 동일한 것으로서 존속하지 않고 변화한다는 의미의 무상함이며, 후자는 불멸의 반대, 즉 일정 기간 동일한 것으로 존속하지만 영원히 존속하지 않고 어느 순간에는 없어진다는 의미의 무상함으로 단멸(斷滅)을 뜻한다는 것이다.35) 결국 불교의 무상(無常)이란 자기동일성을 전

---

33) 위의 책, p.187.
34) 한자경, 앞의 책, pp.44~48.

제로 한 단멸(斷滅)이 아니다. 그것은 항상적인 자아의 존재를 인정하지 않는 것을 의미하며, 따라서 자아란 찰나 생멸하는 무상적 존재일 뿐이라는 것이다. 한교수는, 그럼에도 불구하고 석가는 "자아는 없다"라고 결코 답하지 않았고, 그 이유에 대해서 만약 그렇게 할 경우(자아가 없다고 답할 경우) 우리가 가진 의혹이 더해지기 때문이라고 보고 다음과 같이 설명한다.

> 우리에게는 무상하지 않은 항상된 자아는 없지만 그래도 무상하게 항상 변화하되 그럼에도 불구하고 나로서 연속되는 그런 자아가 존재하기 때문이다. 그것이 바로 석가가 인정하는 자아, 즉 연기의 자아이며 업의 자아인 오온이다. 그러므로 석가는 자아에 대한 상견과 단견을 모두 비판한 후, 이어 중도의 견해로서 연기와 업을 설한다. "여래는 두 극단을 떠나 중도에서 설한다. 소위 '이 일이 있기에 저 일이 있고, 이 일이 일어나기에 저 일이 일어난다.'가 그것이다. 무명을 연하여 행이 있고, 나아가 생로병사와 근심·슬픔·고뇌와 괴로움이 또한 멸하기도 한다.36)

여기서 '단견(斷見)'이란 현세에 진짜 자아가 있다고 보는 것이고, '상견(常見)'이란 현세와 후세에 진짜 자아가 있다고 보는 관점이다. 현세에 진짜 자아가 있지 않으며, 명이 다한 후에도 자아가 있지 않다고 보는 관점을 '여래응등정각설(如來應等正覺說)'이라고 하였는데,37) 궁극적으로 불교는 세 번째의 관점을 취한다. 실재적 자아는 존재하지 않지만 연기에 의해 현상적으로 존재하는 자아라는 관념만 존재할 뿐이라는 것이다. 결국 우리는 그 자아라는 관념, 개념에 집착하기 때문에 무아를 인식하지 못한다는 것이다. 그럼에도 불구하고 지금 여기 존재하는 관념과 개념으로서 자아를 인정하지 않을 수 없다. 그것은 바로 윤회와 업의 주체에 대한 문제 때문

---

35) 위의 책, pp.33~34.
36) 위의 책, p.53.
37) 위의 책, p.29.

이다.

붓다는 경전의 도처에서 제자들에게 '앗따(자아)'라는 용어를 사용하여 설법하고 있다. 타인(anna)에 대한 반대말로 사용하여 타인과 다른 자아의 존재를 인정하는 것처럼 보이지만 경전에 드러나는 자아는 영혼이나 고정된 자아와 무관한 것이다. 즉 단지 살아있는 인간을 표현하기 위한 방법으로 활용되고 있으며, 영혼과 같은 자아나 영원하여 변하지 않는 자아가 내재되어 있는 인간을 부정한다. 영원불변하여 고정된 실체로서의 자아를 부정한다. 그러나 인간은 변화하고 발전하며 성장해 가는데 이러한 현실 안에서 창조적인 의지와 지식적인 노력에 의해 완전해지는 존재이지 확인할 수 없는 고정불변의 초월적 존재가 아니다.[38] 그렇다면 부처가 '앗따'라는 말을 통해 표현한 현실 안에서의 인간, 즉 타인과 다른 자아를 의미하는 그런 자아는 무엇인가? 진여가 아닌 생멸의 차원에서 인간을 어떻게 설명할 것인가? 궁극적 본질인 무아에 대비하여, 현상적으로 존재하는 나를 표현하기 위해 필자는 '방편적(方便的) 자아'라는 용어를 사용하고자 한다.

현상적으로 우리는 나의 존재를 부정할 수 없다. 신체가 있고 이름이 있으며, 느낌, 생각, 인식, 판단하는 주체인 나를 부정하기는 어렵다. 오온으로서 존재하는 나는 과연 있는 것인가? 없는 것이다. 초기불교에서는 오온으로서 인간은 가합(假合), 즉 잠시 합하여 형태를 이루고 있지만 고정된 실체가 존재하는 것은 아니라고 본다. 즉 모든 물질은 변화하고 변형하므로 인간의 오온(五蘊)도 결국에는 질적·형태적 변화와 변형을 거치며, 나라고 하는 실체는 존재하지 않는다. 그러나 인간의 본질은 진여로서 무아이지만 생멸의 차원에서는 방편적 자아의 존재를 상정하지 않으면 논의가 불가능해진다.

김승동[39]에 의하면, 초기불교는 해탈자의 사후 존재, 그리고 신체와 생

---

38) 정준영, 앞의 논문, pp.50~53.
39) 김승동 편저, 앞의 책, pp.877~878.

명의 관계 여부에 대한 답을 무기(無記)로 물리치고 해탈을 위해 무의미한 것으로 간주했다. 그러나 무아설에서 업(業)의 소유자로서 윤회의 주체를 설명하는 것은 교리상 큰 문제였다. 아트만을 인정하지 않는 불교에서 사후의 행방을 떠맡는 존재에 대해 여러 가지로 논의되었고, 이에 대한 답을 찾기 위해 유식학파에서는 아뢰야식(阿賴耶識)을 설정하였으며, 설일체유부(說一切有部)에서는 십이지연기(十二支緣起)로 설명하고 삼세양중인과설(三世兩重因果說)을 성립시키기도 하였다. 나아가 사유(死有)와 생유(生有) 사이에 중유(中有)의 존재를 두었고, 최대 49일간 사자(死者)가 떠도는 상태를 상정하였는데 중음(中陰)을 위한 천도재는 여기에 바탕한다.40) 이처럼 윤회의 주체를 설명하는 문제는 붓다 당시부터 오늘날까지 불교 교리 중 가장 풀기 어려운 문제이다. 그래서 무와 유에 대한 논의의 차이로 부파불교가 성립된 것이고, 무아이면서 윤회의 주체를 어떻게 설명할 것인가를 고민하여 제기된 것이 자아인 뿍깔라(puggala, 補特伽羅)설, 정신적 원리인 식(識, vijnana)설, 상속원리인 상따나(samtana)설이다.41)

　호진의 의견42)을 살펴보면, '뿍깔라'는 짐꾼이란 의미인데 오온 외에 존재하는 다른 것이 있고 그것이 괴로움과 즐거움을 느끼는 것이며, 윤회를 하고 과보를 받고 열반에 이르는 주체가 뿍깔라인데 오온과 동일하지도 다르지도 않은 존재라고 본다. '식(識)'은 감각기관과 그 대상이 만날 때 발생하는 정신적 현상으로 조건에 따라 발생하고 사라지는데, 상주불변하고 한 생에서 다른 생으로 윤회하는 영혼 또는 자아와 같은 역할을 하는 식의 존재를 인정하고자 하였음을 알 수 있다. '상속(相續)'은 매순간 변화하고 실체적 존재가 없음에도 불구하고 이 상속은 존재가 죽어도 중단되지 않고 계속되는데 그것은 자립적(自立的)이고 그 자체 속에 '계속의 원

---

40) 위의 책, p.878.
41) 호진, 앞의 책, p.147.
42) 위의 책, pp.147~157.

리'가 있다고 본다. 아트만과 같은 존재 없이도 윤회와 과보법칙이 흔들리지 않고 유지되는데, 그것은 "업과 과보는 있지만 그것을 짓는 자는 없다. 이 존재가 사라지면 다른 존재가 계속된다."라고 하면서 산 개울물에 비유하고 있다. 쉼 없이 변하면서 흘러가는 산 개울물은 한 순간도 동일하지 않으면서 계속되는데 이것이 상속설의 특징이다. 문제는 주체가 없이 과보(果報)가 어떻게 이루어지는가 하는 것이다. 계속되는 주체 같은 것은 없지만 생은 계속되고, 한 생에서 만들어진 업은 다른 생에 절대적 영향을 미친다고 본다. 이처럼 지금도 윤회의 주체문제는 완전히 해결되지 않은 것으로 받아들여지고 있다.[43]

그럼에도 불구하고 윤회와 업의 주체로서 인간을 이해하기 위한 노력은 그칠 수 없다. 우리는 현실에 존재하는 오온으로서의 연기적 자아를 인정하지 않을 수 없기 때문이다. 인간이 생명을 지닌 유정(有情)으로서 다른 존재와 다른 점은 바로 무상을 깨달을 수 있으며, 또한 그 무상함에도 지금 여기의 현실을 포기하지 않는 데 있다. 즉 무상이고 무아이자 공(空)이자 환(幻)이라 할지라도 인간은 현실에서 가합(假合)으로서의 오온에 최선을 다한다. 필자의 이른바 '방편적 자아'는 의도적인 행위인 업을 구성하는 주체로서 본질은 무아이지만 현실 속에 존재하는 나이다. 방편적 자아는 업을 생성하고, 자신이 행한 생각과 말과 행동에 따라, 즉 그 인연에 따라 과보를 받게 되는 것이다.

IV. 초기불교 인성의 도덕교육적 의미

불교는 존재의 실상을 고(苦)라고 전제하지만 궁극적으로 이고득락(離苦得樂), 즉 괴로움을 벗어나 행복을 목표로 한다. 특히 초기불교는 고의

---

43) 위의 책, p.157.

원인을 무명과 갈애에서 생기는 번뇌라고 보는데, 진리에 대한 통찰명상과 긍정적 심리상태를 위한 집중명상을 통해 행복에 이르고자 한다. 그리고 무아에 대한 통찰로 인식의 전환을 이루어 집착을 버리도록 하며, 업보의 주체로서 방편적 자아는 긍정적 심리를 위해 선업을 쌓기 위해 노력하여야 한다. 이것이 바로 초기불교의 인성에서 찾을 수 있는 도덕교육적 의미이다.

1. 무아에 대한 통찰과 인식의 전환

초기불교에서 무아(無我) 개념은 용수(龍樹)의 중(中)사상을 거쳐 대승불교에서는 공(空)으로 발전하였다. 설일체유부(說一切有部)의 유(有)의 주장 - 무(無)에 대한 비판 - 에 대해 용수는 중도(中道)를 주장하였고 유무(有無)를 초월하는 개념으로 공(空)이 설정된 것이다. 대승불교 여래장(如來藏) 사상에서는 모든 인간이 불성(佛性)을 지닌 존재라고 보았다. 초기대승불교 경전인 『금강경』의 이른바 '응무소주 이생기심(應無所主 而生其心)'은 무아와 자아의 특성을 잘 드러내준다. 즉 무상이고 무아이지만 자발적인 주체를 인정하는 것이다. 인간은 무상이어서 수시로 변화하고 나라고할 만한 것은 찰나일 뿐이고 모든 것은 찰나멸, 찰나생한다. 자기동일적 실체가 존재하지는 않지만 현실적으로 인간은 주체가 되지 않을 수도 없다. 필자가 '방편적 자아'를 상정하는 이유이다.

그렇다면 초기불교에서 이처럼 무아를 주장하는 이유는 무엇일까? 그것은 무상(無常)을 체화하여 갈애(渴愛)와 아집(我執)에서 생기는 번뇌에서 벗어나기 위함이다. 사성제의 진리를 통찰하고 수행을 통해 부정적·해로운[不善] 심리를 긍정적·이로운[善] 심리로 변화시키고자 함이다. 붓다는 이를 위해 사마타 명상과 위빠사나 명상을 강조하였는데, 이 점에서 붓다의 가르침은 심리를 변화시켜 마음을 닦는 정서교육과 다르지 않다.[44) 도덕교육의 관점에서 초기불교가 자아를 부정하고, 개념마저 해체하고자 한 이유는 무엇인가? 나의 존재가 무상하여 실체가 없음을 알고 단지 지금 여기의 나란 존재가 방편적 자아임을 알게 됨으로써 얻게 되는 도덕교육적 의미를 세 가지 관점에서 살펴보자.

첫째, 인간은 색수상행식(色受想行識), 즉 육체와 정신이 고정된 것이 아니라 찰나적으로 생기고 사라지는 무상한 존재이며, 궁극적으로 나라는 실체도 없음을 통찰해야 한다. 거대한 우주 역사에서 나는 아주 미미한 존재일 뿐이며 그것에 집착하여 번뇌하는 것은 큰 의미가 없음을 깨달아야 한다. 그 결과 무상인 존재로서 나를 겸손하게 수용하고 타인의 존재를 인정하는 자세를 가지게 될 것이다.

둘째, 오온으로서 인간의 본질은 무아이며, 궁극적으로 지금 여기의 방편적 자아는 개념일 뿐임을 통찰하여 나에 대한 집착을 벗어나야 한다. 이를 위해 판단중지를 통하여 사물의 본질에 접근하여야 한다. 『금강경』의 이른바 사상(四相) - 아상(我相), 인상(人相), 중생상(衆生相), 수자상(壽者相) - 에 집착하면 깨달음이 어렵다. 그러한 관념에 대한 집착을 넘어 상대세계를 초월하여 절대의 경계, 즉 함이 없는 무위도(無爲道)에 이를 수 있어야 한다. 판단을 통한 아집에서 벗어나 모든 존재의 본질을 평등하게 보는 태도를 지녀야 한다. 관념은 우리가 세상을 이해하는 하나의 방편일 뿐이며, 실체가 아님에도 관념이 실재한다고 여겨 그것에 집착한다. 그 결과 갈애와 아집으로 번뇌에 시달리게 되는 것이다. 따라서 개념은 개념일 뿐이며 그것을 넘어 본질을 보는 태도가 필요하다.

셋째, 인간은 연기적 존재이며 모든 것이 연기(緣起)의 흐름 속에 있는 찰나적 존재임을 앎으로써 집착을 버릴 수 있게 된다. 모든 것이 무상하고 찰나생(刹那生)하고 찰나멸(刹那滅)하는 변화의 과정을 수용함으로써 나의

---

44) 장승희, "초기불교에서 마음의 구조와 붓다의 정서교육", 『윤리교육연구』 제39집 (한국윤리교육학회, 2016a), p.51.

노병사(老病死)의 과정도 겸허하게 수용하게 된다. 늙는 것, 병듦, 죽는 것도 연기의 흐름의 과정일 뿐이며, 그 과정에서 수용하지 않을 수 없는 인간의 미약함에 대해 인식하고 겸허해지게 된다. 따라서 지금 여기 이 순간에 최선을 다하고 집중하는 그런 삶을 살지 않는다면 궁극적인 나는 없기 때문에 순간에 최선을 다하는 연습을 해야 한다.

초기불교는 형이상학적 문제에 치중하기보다 인간의 실상을 관찰하여 깨달음을 추구하였다. 그 인식론적 방법론의 특징이 '해체해서 보기'이다. 해체(vibhajja)는 초기불전에 자주 나타나는데 제자들은 부처님을 "부분들로 해체해서 설하시는 분"이라고 칭하였다. 붓다는 개념[施設, pannatti]을 법들(法, 모든 물질과 현상)로 해체하여 봄으로써 변하지 않는 실체가 없으며, 명칭이나 언어에 속지 않도록 하였던 것이다.45) 해체해서 보기는 바로 무아(無我)를 통찰하는 방법이다. 고정관념을 해체하여 자아니 인간이니 중생이니 영혼이니 우주니 하는 변하지 않는 실체가 있다는 착각에서 벗어나 인무아(人無我)를 인식하고, 이 세상 모든 현상들이 찰나이며 모든 것은 연기(緣起)의 흐름이라는 사실, 즉 법무아(法無我)를 드러내기 위함이다.46)

그러나 이러한 무아에 대한 통찰관법은 당시 잘못 이해되어 부작용을 일으키기도 했는데 붓다가 가르친 부정관(不淨觀) 때문이다. 부정관이란 육체에 대한 집착을 끊기 위해 육체의 모든 부분을 하나하나 분석하여 관찰하는 수행법이다. 비구들이 이 방법을 따른 결과 육체에 대한 혐오감이 깊어져 많은 비구들이 자살하자, 붓다는 부정관 대신 수식관(數息觀), 즉 들숨과 날숨에 마음을 집중하는 수행법을 가르쳤던 것이다.47) 필자도 초기불교를 공부하는 과정에서 무상관(無常觀)에 빠져 허무심 때문에 고뇌한 적이 있었다. 이를 극복하기 위한 방법이 바로 수행이다. 가장 중요한 방법

---

45) 각묵스님, 『초기불교의 이해』(울산: 초기불전연구원, 2013), p.78.
46) 위의 책, p.80.
47) 호진, 앞의 책, p.132.

은 명상인데, 집중[사마타] 명상은 정서적 안정을 위해 필요하고, 통찰[위빠사나] 명상은 진리를 인식하고 깨달음을 얻기 위해 중요하다.[48) 최근 보편화된 명상방법들은 초기불교의 명상에서 유래한 것으로, 이러한 방법들이 도덕교육에 수용되는 것은 정서안정과 자아성장에 도움을 주며 궁극적으로 인성함양에 도움이 되기 때문에 적극 수용할 필요가 있다. 다만 무상관(無常觀)에 빠져 허무에 이르지 않기 위해 '방편적 자아'로서 자신에 대한 통찰이 필요하다.

2. 도덕적 주체로서 선업을 위한 노력

초기불교는 도덕적 지향성이 강하다. 붓다의 가르침은 인간존재의 실상을 괴로움으로 파악하지만 궁극에는 번뇌의 괴로움에서 벗어나 긍정적이고 이로운 심리상태를 지님으로써 행복에 도달하기 위한 것이다. 물론 종교적으로는 열반을 통해 윤회를 끊는 데 목적이 있지만, 보통 사람들의 수행으로 열반에 이르기는 쉽지 않다. 그럼에도 불구하고 초기불교의 수행방법은 선(善)을 지향하고 몸과 말과 행동에서 선업, 즉 선의 원인을 만듦으로써 선한 결과를 낳을 것을 강조하고 있다는 점에서 도덕교육에 주는 시사점은 매우 크다. 개인적 측면과 사회적 측면으로 살펴보자.

개인적 측면에서 우리는 연기를 파악함으로써 선업을 위해 노력해야 한다. 연기적 세계관에 의하면 모든 존재는 상의(相依)의 관계로 이루어져 있다. 홀로 존재하는 것도 없으며, 원인 없는 결과도 없다. 인연생기(因緣生起)의 관점에서 인간은 윤회와 업보를 벗어날 수 없으며, 그것을 벗어나는 것은 수행을 통해 열반에 이르러 윤회를 끊어야만 가능하다. 고도의 수행자라도 쉽지 않은 것이 윤회를 끊는 열반인데, 그것은 전생이든 현생이든 후생이든 삶이란 것 자체가 괴로움이라는 것을 전제로 하기 때문에 생사

---

48) 장승희a, 앞의 논문, pp.55~57.

의 고리를 끊어야 한다고 본다. 이를 위해 무상, 고, 무아를 체득해야 하며, 오온으로서 인간의 실체가 존재하지 않으며 환(幻)이라고 보고 공(空)이라고 본 것도 다 무아로서 인간을 파악했기 때문이다. 그러나 지금 여기 존재하는 일반인들에게 필요한 것은 그래도 실체는 없을지라도 연기적으로 지금 존재하는 실존적 나에게 최선을 다하지 않으면 안 된다. 허무주의나 무상관(無常觀)에 빠져 의미 없는 삶을 살지 말고 '지금 여기'의 삶을 소중히 여기고 선한 과보를 얻기 위해 노력해야 한다.

불교에서는 생명을 지닌 유정(有情)으로 다른 존재들과 동등한 의미를 지니면서도 자신의 존재성을 형성하는 연기성에 대한 자각의 가능성을 지닌, 깨달음을 지향하는 존재자로 인간을 정의할 수 있다.[49] 즉 모든 존재에 대해 개방적이며 무아를 인식하면서도 현재를 함부로 다루지 않는다. 끊임없이 열반을 추구하지만 열반에 이르지 못할지라도 포기하지 않고 방편적 자아의 행복을 위해 노력한다. 행복을 위한 가장 좋은 방법은 방편적 자아로서 선한 과보(果報)를 위해 선업을 쌓는 것이다.

초기불교의 도덕적 지향성은 단순히 개인적 차원의 과보에 그치지 않고 자비(慈悲)로 발전하였다. 이른바 '방편적 자아'는 대승불교에서 여래장(如來藏) 사상으로 발전하였고, 그것은 인간이 지닌 동체대비(同體大悲)의 마음에서 유래한 것이다. 인간이 실존을 뛰어넘어 초월을 꿈꾸면서도 나를 넘어 대승으로 나아간 것은 인간의 도덕적 지향성의 결과이다. 단순히 나의 선업과 깨달음에 그치지 않고 연기를 통찰하여 더불어 선업을 짓고 그 과보를 받고자 하는 자비는 초기불교의 도덕적 지향성의 필연적 귀결이다. 초기불교의 행복은 삐띠와 수카의 의미를 넘어 사무량심(四無量心) - 자비희사(慈悲喜捨) - 의 희(喜)에서 드러난다. 희(喜, mudita)는 더불어 함께하는 자비심(慈悲心)으로서의 행복을 의미한다.[50] 이처럼 나만의 폐쇄적 선

---

49) 박병기, "불교 생명윤리에 근거한 삶의 의미 찾기와 자살 문제", 『윤리교육연구』 제31집(한국윤리교육학회, 2013.08), p.51.

50) 장승희, "초기불교에 나타난 행복의 의미와 추구 방법: 니까야 경전을 중심으로",

과(善果)에 그치지 않고 동체대비의 높은 행복의 경지에 이르고자 하였던 지향이 초기불교에 이미 불성의 싹으로 존재하였던 것이다. 그래서 초기불교의 무아가 대승불교에서 공성(空性)으로 발전하였음에도 이처럼 불성(佛性)을 인정할 수밖에 없었던 것이다.

V. 맺음말 : '방편적 자아'에서 '불성'으로

지금까지 초기불교에서 인간의 본성을 무아(無我)라고 본 것에 대해 이른바 '방편적 자아'라는 용어를 활용하여 도덕교육적 의미를 도출해 보았다. 불교는 하나의 문화이자 종교이며, 서구 종교학 관점에서는 불교를 종교가 아닌 사상으로만 이해하고자 하지만 인간의 믿음에 근거하여 종교적 체계를 갖추고 있다는 점에서 종교임을 부정하기 어렵다. 초기불교에서는 나라고 할 수 있는 변하지 않는 주체로서 자기동일성 자아가 존재하지 않는다고 보았다. 모든 것은 인연(因緣)에 의한 생기(生起)로 이루어지며 인간의 육체와 정신도 찰나(刹那)의 생멸(生滅)로 이루어지는 오온의 가합(假合)이라는 것이다. 따라서 실체라고 할 수 있는 것이 없다고 본다. 그럼에도 불구하고 인간은 지금 여기 엄연히 실존으로 존재하며 어떻게 과보를 받는 업(業)의 주체인 인간을 설명하는가가 관건이다.

초기불교나 대승불교 모두 궁극적으로 인성이 무아(無我)이고 공(空)임을 부정하지 않는다. 원인과 결과의 자연법칙에 근거한 연기적 세계관을 토대로 모든 존재가 찰나생, 찰나멸이므로 무아를 인식하여 나와 나의 것에 집착하지 않고 깨달음에 이를 것을 강조한다. 대승불교에서 여래장(如來藏, tathagata-garbha)의 인정은 진여의 차원에서 무아인 인간을 생멸의 차원에서 긍정하기 위한 노력이다. 필자는 이를 '방편적 자아'로 규정하여 논

『윤리연구』 제106호(한국윤리학회, 2016b), p.106.

의하여 보았다.

대승불교에서 불성이란 모든 중생의 탐심과 분노심 등의 번뇌 안에 감추어져 있는 자성청정(自性淸淨)한 마음을 인정하여 생명에 대한 존중을 드러낸 것이다. 청정심을 지닌 무아로서 나의 깨달음뿐만 아니라 모든 존재와 더불어 깨달음을 공유하고자 하는 자비의 확대이다. 이것은 초월적 인간의 특성을 실존적 인간으로 구현하는 과정에서, 인간의 삶을 긍정하고 괴로움을 극복하며 살아가고자 하는 노력의 결과로 나타난 불교의 발전이라 해도 과언은 아니다. 대승불교의 불성은 필자가 표현한 '방편적 자아'를 구체화 한 것으로, 무아와 윤회 주체의 공존을 추구한 것으로 보인다.

인간은 지금 여기 나를 부정하기도 어렵고, 비록 그 존재의 본질이 무아이고 공일지라도 방편적 자아인 나에게 최선을 다하지 않을 수 없다. 그것은 나에 대한 집착이 아니라 유정(有情)인 생명체로서 인간의 내부에 존재하는 불성에 대한 존중이자 수용이다. 도덕교육적 관점에서 개인이 선업을 짓는 생각·말·행동도 중요하지만, 이를 넘어 연기적 관계 속에서 나만이 아니라 함께 선업을 짓도록 돕는 동체대비의 실천도 중요하다. 이것은 선한 에너지를 확대시켜 더불어 행복해지기 위한 노력이다.

초기불교는, 마음의 변화를 추동하는 동인인 업에 대한 인식, 그것이 연기를 인식함으로써 나만의 선업과 행복에 그치지 않고 선업의 결과 얻어지는 행복, 즉 망갈라(maṅgala)에 이르고자 하였던 것이다. 또한 인간만이 아니라 이 세상 모든 유정(有情)에 대한 불성, 즉 존재적 가치와 가능성에 대해 긍정하고 수용하는 것은 불교의 인성이 주는 거대한 세계관의 결과이다. 인간은 137억년의 거대한 우주 역사에서 보면 우연한 빅뱅에 의한 우주의 탄생의 아주 미미한 존재로, 그 자체에 의미를 부여하는 것이 우주의 관점에서 보면 우스운 일일 수도 있다. 그러한 관점에서 오온인 인간을 무아라고 본 것은 찰나생, 찰나멸 하는 자연의 법칙을 잘 포착한 것이다. 그런 거대한 자연의 법칙 앞에 인간은 겸허하지 않을 수 없으며, 그래서 아이러니하게도 종교를 설정하는지 모른다.

　자연적 존재로서 인간은 무아임을 인지하고 인식의 전환을 통하여 모든 존재에 대해 새롭게 사유해야 한다. 그것이 초기불교의 무아에서 찾을 수 있는 도덕교육적 의미이다. 인간이 다른 모든 존재를 지배하면서 오늘날 자연적·문화적 위기들이 도래하였다는 말이 빈말이 아니다. 인성이 불성임을 알고, 모든 생명에 존재하는 불성을 인정하고 수용할 때, 인간은 우주에 대해 생명에 대해 자연에 대해 겸허해지고 스스로를 성찰하면서 공존하는 삶을 살아가게 될 것이다.

제3장 업(業) - 초기불교에서 업의 윤리성과 도덕교육적 함의

I. 머리말 : 업의 개념사

한국인의 가치관은 고유사상에 더하여 유불도(儒佛道) 삼교의 영향이 지대한데, 특히 유교와 불교의 논리가 복합적으로 반영되어 있다. "개똥밭에 굴러도 이승이 낫다."는 속담에는 전생·내세보다 현생을 중시하는 사유구조와 괴로운 현실을 극복하려는 합리화 기제가 내포되어 있다. 이것은 일종의 현실 긍정의 자세인데 사후보다 현실에서의 삶을 중시하는 유교의 현세주의에 기인한다. 반면 괴로운 현실에 직면해서는 "내가 전생에 무슨 죄를 지었기에…" 또는 "내 업보로다."라는 자조적 표현에는 업(業) 사상과 인과응보(因果應報) 논리에 의해 괴로운 현실을 초극하려는 불교적 사유가 내포되어 있다. 현실의 삶은 괴로움이며 모든 것은 업에 의한 과보(果報)라는 불교적 세계관이 반영된 것이다.

한국인의 가치관 형성에는 조선 500여년 유교 영향이 지대하지만, 민중들의 삶의 기층에는 고려 474년간(918~1392)의 불교 영향도 무시할 수 없다. 유교에 비해 드러나는 것은 아니지만 사람들의 무의식을 지배해온 불교적 삶의 원리는 긴 시대에 걸쳐 유교와 유기적으로 결합하면서 오늘에 이르고 있는 것이다. 유교 통치이념에 밀려 억압받으면서도 조선시대 불교는 민중들과 여인들의 의식을 지배하면서 오히려 영향력을 확대하여 왔다. 특히 불교의 업(業) 관념은 숙명론적 논리와 자기극복의 논리가 공존하면서 일반 민중들의 삶을 지배해왔다고 할 수 있다.

  불교의 역사에서 시대별, 지역별, 학파별, 종파별 그 발전 양상에 따라 강조되는 핵심 개념은 다양하게 드러난다. 사성제(四聖諦), 삼법인(三法印), 삼학, 팔정도, 37조도품 등 여러 개념들이 연계되어 구조화된 불교사상에서 가장 중요한 기본원리는 연기법이다. 초기불교가 추구하는 이고득락의 논리를 보면, 인간의 실존은 괴로움[苦]이고 그것을 극복하여 행복[樂]에 이르기 위해 해탈을 추구하고자 한다. 대승불교에서는 개인의 해탈을 넘어 상구보리(上求菩提)와 하화중생(下化衆生)의 자리이타(自利利他) 정신을 강조한다. 즉 보살(菩薩)정신에 의한 자비가 핵심으로 대두되며 나의 해탈과 동시에 중생의 해탈을 도모하고 있다. 대승불교의 근간에도 초기불교의 논리가 전제되어 있는데, 초기불교의 이고득락과 대승불교의 자비의 개념은 모두 연기의 원리를 전제해야 하는 것이다. 붓다는 "업과 과보는 있지만 그것을 짓는 주체는 없다."라고 하였다. 이는 모든 것은 연기적 조건에 따라 달라지기 때문에 나라고 할 만한 주체가 존재하지 않는다는 연기에 의거한 주장이다. 그러나 부파불교에서는 무아인 인간이 어떻게 업과 윤회의 주체가 될 수 있는지의 논리적 근거를 마련하기 위해 노력하였고, 그 결과 유식(唯識)에서는 아뢰야식(阿賴耶識) 개념을 제시하여 이 문제를 해결하고자 하였다. 제8식의 등장으로 윤회의 주체에 대한 논리는 어느 정도 해소되었다고 볼 수도 있다.

  하나의 개념은 본질은 변하지 않더라도 시대의 변화와 역사의 흐름에서 그 시대와 역사의 요구에 대응하며 변화할 수밖에 없다. 이처럼 역사에서 변화하는 개념을 다루는 것이 개념사이다. 개념사란 "언어와 정치·사회적 실재, 혹은 언어와 역사의 상호 영향을 전제한 채 이 둘이 어떻게 얽혀 있는지를 탐구하는 역사 의미론(historical semantics)의 한 분야이다. 역사 의미론이 지향하는 바는 사람들이 어떻게 자신들이 처한 삶의 현실을 인식하고 해석하며 표현했는가, 또한 이 주관적 인식과 개념적 정합의 세계가 시간의 흐름을 따라 어떻게 변화했는가를 재구성하는 것이다."1) 개념사에 의한다면 업 개념도 시대와 역사에 따라 의미와 중요성, 그 해석이 달라질 것을 예측할 수 있다. 불교의 역사에서 업을 불교의 핵심사상이라고 주장하기는 쉽지 않다. 연기법, 사성제, 팔정도, 해탈과 열반, 선과 명상 등 불교의 특성을 드러내주는 이론적 토대들이 많이 있다. 그럼에도 불구하고 업 개념과 논리는 불교 역사에서 종교성과 윤리성을 확고히 해주었던 결코 소홀히 할 수 없는 핵심요소이다. 업은 원래는 인도사상에 보편적으로 존재하던 개념이 발전하여 불교에 정착한 것이다. 업 개념이 등장하던 초기에는 윤회와 직접적으로 연계되지는 않았지만 점차 윤회와 업은 불가분의 관계로 정착되었다. 그 후 초기불교에서 업은 윤회의 동인이자 연기의 원인으로 자리 잡게 되었고, 불교 수행론의 중요한 근거로 작용하였다.

업 개념은 초기불교에서는 붓다가 분명하게 강조하였고, 부파불교에서는 그 논리를 이해하기 위하여 진력하였던 주제였다. 이와 달리 중국 선종에서는 업이 그다지 중시되지 않았다. 동아시아에 불교가 수용되는 과정에서, 출생과 삶을 기쁨으로 바라보는 유교의 현세적 세계관에서는 삶의 실상을 고(苦)로 보아 주체를 무상(無常)과 무아(無我)로 인식하는 세계관[2]을 수용하기 쉽지 않았기 때문이다. 그러나 한편으로 인도인들은 결코 비관주의 인생관을 지녔다고 보기 어렵다. "윤회하는 삶은 괴로운 것이라고 본 인도인의 인생관은 궁극적으로 염세나 비관주의가 아니라 낙관주의에 기초한 것"이라는 관점[3]에 대해 필자는 동의한다. 불교가 13세기 인도에서 거의 사라지지만 힌두교로 흡수되어 새롭게 된 이유가 인도인들이 초기불교의 무상(無常)·고(苦)·무아(無我)에서 유래하는 비관주의를 거부하고 낙관주의 성격으로 변화시켜 수용한 것이 아닌가 여겨지기 때문이다.

---

1) 나인호, 『개념사란 무엇인가』(서울: 역사비평사, 2013), p.13.

2) 권오민에 의하면, 괴로움(duḥkha)의 인식에서 시작하여 그 극복을 지향하는 인도철학의 특성은 불교 고유의 것이 아니라 자이나교에도 존재하는 특성이다. 권오민, 『인도철학과 불교』(서울: 민족사, 2004), p.27.

3) 위의 책, p.41.

또한 중국불교는 유불도(儒佛道) 삼교가 교묘하게 혼합한 결과로 천명(天命)을 숙명으로 수용하였고, 그 결과 중국의 종파불교와 선종은 윤회와 업에 대해 큰 의미를 부여하지 못하였다.4) 이는 불교의 중국화와 맥을 같이하는 것으로 도가의 영향을 크게 받은 선종의 발전과정에서 드러난 특성인데 육조 혜능의 자성법문(自性法門)에서 그 특성을 엿볼 수 있다.5) 달마 이후 육조 혜능에 이르러 꽃핀 선종에서는 평등하게 타고난 인간의 자성(自性)을 불성(佛性)으로 인정하는데, 마치 유교에서 천명(天命)으로서의 성(性)을 순선한 본연지성(本然之性)으로 인정하는 것과 유사하다.

중국 선종이 일상생활의 모든 삶과 연계되어 깨달음을 구하는 조사선(祖師禪)6)으로 보편화 된 후, 업과 윤회는 불교와 무관한 신비주의적인 것으로 보는 경향도 나타났다. 조사선은 "인간의 일상 중에서, 차 마시고 밥 먹고 똥 누고 오줌 싸는 평범한 생활을 실천하는 그 가운데에서, 곧바로 영원의 진실을 찾아보려는 것"이기 때문이다.7) 인도불교에서 중요하게 인식되어 논의되었던 업과 윤회사상은 중국의 현세주의 사상과 만나면서 인도와는 다른 특성을 지니게 된 것이다. 이러한 경향은 중국불교 영향이 지대한 한국에서도 드러난다.8)

업 개념이 불교사상의 핵심이든 부수이든 기본적으로는 현실의 삶을 어

---

4) 이병욱, "중국불교에 나타난 업(業)과 윤회(輪廻)의 두 가지 양상", 『불교학연구』 29(불교학연구회, 2011), pp.49~50.

5) 제2반야품의 내용을 보면, "깨치지 못하면 곧 부처도 중생이지만, 일념으로 깨치면 중생도 곧 부처이다(不悟卽, 佛是衆生, 一念悟時, 衆生是佛)."라고 하였다. 김호귀, 『육조대사법보단경』(파주: 한국학술정보, 2015), p.54.

6) 조사선의 선사상을 보면, 평상심시도(平常心是道), 무념무작 무수무증(無念無作, 無修無證), 심지법문(心之法門), 즉심시불(卽心是佛), 일체유심조(一切唯心造), 비심비불(非心非佛)이 특징이다. 정성본, 『선의 역사와 사상』(서울: 불교시대사, 1994), pp.352~375.

7) 위의 책, p.379.

8) 필자가 업과 관련된 저서들을 검색하여 찾아보았더니, 전생 스토리들을 모은 신비적인 책들이 대부분이었다.

떻게 살 것인가라는 윤리적 문제의식에서 출발하여 성립된 개념이다. 인도 철학사의 초기에는 초월적 신의 의지에 부응하고자 하는 대가성의 업이었다면, 초기불교에서는 나의 생각과 말과 행동이 단순히 일회성·단멸성의 행위가 아니라 그것으로 인하여 초래될 결과를 의식한 결과로서의 업을 자각하고 있다. 결국 업 개념은 윤회와 결부되든 아니든 선한 혹은 악한 행위에 대한 과보(果報)를 받는다는 윤리성을 전제로 함에 윤리적 범주를 벗어날 수 없고, 궁극적으로는 윤리적 실천을 이끌어내기 위한 원리로 작용한다.

　윤리교육의 관점에서 업에 대한 논의는 두 가지에서 접근할 수 있다. 첫째, 과거의 업이 현재의 삶을 규정짓는다는 것에 대한 파악을 어떻게 하는가이다. 만약 전생의 업에 의해 현생의 나의 모습, 직업, 부(富)의 정도 등 현실의 제 조건들이 결정되는 것이라고 한다고 보자. 좋은 조건을 가지고 태어난 사람은 자신의 현실을 긍정하고 그 업을 수용하겠지만 좋지 않은 조건을 부여받은 사람들은 자신의 현재 삶을 극복하기 위해 노력하기보다 자포자기해버릴 수도 있다. 이 경우 숙명론에 흐르지 않기 위해서는 업에 대한 관점 정립이 중요하다. 즉, 전생의 업보다 지금 나의 노력으로 삶을 변화시킬 수 있다는 업에 대한 실존적 자각이 무엇보다 중요해진다.

　둘째, 만약 현재 짓는 자신의 업 - 생각, 말, 행위 - 에 대한 과보의 유무에 대한 것이다. 만약 지금 내가 만들어가는 업의 결과에 대해서 어떠한 응보(應報)가 주어지지 않는다고 가정한다면, 즉 내가 의도적으로 비윤리적인 삶을 살더라도 그에 대한 하등의 심판이나 처벌이 없다면 대다수 사람들은 자신의 생각과 말과 행위에 대해 자각하지 않는 무책임한 삶을 살아갈 수도 있다. 우리가 업의 결과를 예상하고 원인을 짓는 것이 나임을 아는 것, 나의 업의 결과가 다른 데까지 영향을 미친다는 것을 아는 것이 바로 연기법에 대한 자각이다. 이에 따라 인간은 업의 과보를 예상하고 현재 짓는 자신의 업을 합리적이고 타당하게 하고자 노력하며 그 과정에서 윤리성을 담보하고자 한다.

　이처럼 윤리적 실천과 직결된 개념임에도 불구하고 업에 대한 연구들은 철학적·교리적 연구가 대부분으로, 교육적으로 이들을 윤리적 실천과 연계시키기는 쉽지 않았다. 오늘날 업과 관련하여 사람들의 인식을 보면 전생에 대한 호기심 혹은 숙명론적 업 인식 등 신비주의 혹은 전도된 이해에 머물고 있다. 이는 업의 본질과 윤리성에 대한 이해가 부족한 데서 나온 결과이다. 오늘날 불평등이 심화되고 자신의 노력의 정당한 대가를 받기 어려운 상황에서 청소년들은 업을 자기 합리화의 도구로 삼거나 운명론적으로 폄하하곤 한다. 본 연구는 업의 본질을 윤리성에 초점을 맞추어 살펴보고, 도덕교육적 의미를 찾아 윤리적 실천 근거를 탐구하기 위한 것이다. 이를 위해 필자는 초기불교의 업에 대한 내용과 선행연구들을 탐구하고, 업의 윤리적 쟁점과 관련 내용을 분석하고, 도덕교육적 의미를 찾아보고자 한다.

II. 업 개념의 형성과 발전

　사전적으로, 업(業)은 "몸과 입과 뜻으로 짓는 선악의 소행(所行), 이것이 미래에 선악의 결과를 가져오는 원인", "전생에 지은 선악의 소행으로 말미암아 현세에서 받는 응보" 또는 "갈마(羯磨)"이다.[9] 갈마는 산스크리트어 카르마(Karma)의 음사로, 업은 개인의 행위와 그 결과까지 포함하는 의미를 갖는데 이는 어원에서 유래한 것이다. 업의 어원인 'Karma' 혹은 'Karman'은 '짓다', '행하다', '낳다'의 뜻으로, 동사 원형 'Kr'에서 파생된 명사의 역어(譯語)가 업이다.[10] 업설에서의 카르마는 '행위의 뒤에 남는

---

9) 이희승 편저, 『국어대사전』(서울: 민중서림, 1994), p.2563.
10) 권오민, 앞의 책, p.40

잠재력'의 의미로[11) 어원 자체만 보면 '가치(value)'가 포함되지 않고 '행위' 그 자체만을 의미했다. 점차로 선악의 가치판단이 포함된 행위가 되었고, 그 후 선악의 모든 행위는 반드시 즐겁거나 괴로운 과보를 초래한다는 의미로 발전된 것이다.

업은 물론 인도철학에서 출발한 개념이다. 인도는 동양철학과 서양철학의 특성을 모두 지니고 있는데, 서양철학의 지적 논리성과[12] 동양사상의 윤리적 지향성을 동시에 내포하고 있다. 인도철학이 윤리에 무관심하다는 비판에 대하여, 라다크리슈난은 영성(靈性)을 중심에 놓고 "인도의 모든 문화를 채색하고 모든 사상들을 형성해온 인도 정신의 가장 현저한 특징"이라고 영성을 강조하였다.[13] 그는 인도철학의 일반적 흐름은 삶 전체를 영성의 힘으로 채우려는 시도이며, 윤리성을 강조하여 윤리적 완성은 신성한 지식을 향한 첫 걸음이라고 하였다.[14] 인간의 영성에 대한 철저한 인식에서 출발한 것이 인도철학이며, 그 윤리성을 가장 잘 드러내주는 특성이 업 개념인 것이다.

법칙으로서의 업은 인도적 사유의 기원이고 힌두교 최고경전이자 신들에 대한 찬미의 내용인 리그베다[15)에서 그 단초를 찾을 수 있다.[16] 리그베다에서 찬가의 대상이 되는 신들 중 하나인 바루나(Varuna)는 악행을 한

---

11) 라다크리슈난, 이거룡 역, 『인도철학사 I 』(서울: 한길사, 1999), p.334, 역주25.

12) 인도철학은 종교적 성격을 지닌 형이상학 이론을 전개하면서도 인식의 문제를 다루었고, 그것과 불가분의 관계를 지닌 논리의 전개에서 서양철학 못지않게 관심을 지녀왔다. 길희성, 『인도철학사』(서울: 민음사, 1984), p.15.

13) 라다크리슈난, 앞의 책, p.69.

14) 위의 책, pp.82~83.

15) Veda란 말은 '알다'라는 의미의 동사 어근 vid에서 파생된 명사 '지식', 특히 '성스러운 지식' 혹은 '종교적인 지식'을 의미하며, 나아가서 그 지식을 담고 있는 성전을 의미한다. 위의 책, p.95.

16) 인도철학은 베다에 대한 권위를 인정하는 정통철학파(astika)와 그것을 인정하지 않는 불교, 자이나교 등의 비(非)정통학파(nastika)로 구분되기도 한다. 길희성, 앞의 책, p.15.

자를 벌하고 용서를 비는 자의 죄를 용서해주는 등 세상을 감시하고 자연법칙과 도덕률을 수호하는 도덕적 신이다.[17] 바루나의 천칙(天則), 즉 우주의 질서이자 영원불변한 법칙이 바로 '리타'이다. 리타는 심지어 신들마저도 거스르지 못하는 것으로, 이 '리타' 개념이 카르마 법칙의 전조(前兆)이다. 리타는 온 세계에 편재하여 있는 것으로 모든 신들과 사람들이 따라야 하는 법칙이다. 이 리타는 이후 제식의 집행이 중요해졌을 때에는 제의식과 동의어가 된다.[18] 또한 베다의 신들은 우주의 자연법칙뿐만 아니라 인간의 화복과 도덕질서까지도 관장하였는데 그것은 신들이 인간의 제사와 도덕적 행위에 따라 적당한 상벌을 내리는 힘을 지녔다고[19] 보았기 때문이다. 이처럼 베다에서는 구체적인 업의 논리에 의해서보다는 모든 것이 주어진 법칙에 따른다는 것, 그 법칙이 선악의 판단이 되고 신과의 관계에서 이루어지는 것으로 이해하였다.

어떤 사상도 뚝 떨어져 형성된 것이 아닌 것처럼 업 사상도 인도사상의 발전과 맥락을 같이하면서 형성되어 불교에 수용되었다. 업설이 처음부터 윤회와 불가분의 관계에서 설해진 것은 아니다. 베다에서 업은 신과 인간을 연결하는 행위라는 의미가 강하였지만, 우빠니샤드에서 업설은 윤회에 대한 믿음이 결합되면서 윤리적 측면이 현저해지게 된다.[20] 즉, 베다의 주석서인 『브라흐마나』에서는 "죽은 후에는 누구나 다음 생에 거듭 태어나서 자신의 행위에 상응하는 응보를 받는다."고 하였고, 삶이 죽음을 낳고 죽음이 다시 삶을 낳는 자연의 리듬은 우리를 무시무종(無始無終)의 순환이라는 개념으로 인도하며 진정한 이상은 생사의 속박에서 벗어나는 것

---

17) 라다크리슈난, 앞의 책, pp.114~115.

18) 위의 책, p.162.

19) 정순일, 『인도불교사』(서울: 운주사, 2005), p.60

20) 이거룡, "우빠니샤드와 초기불교에서 업과 윤회", 『불교학 연구』제29호(서울: 불교학연구회, 2011), p.14. 필자의 관점에서도 업과 윤회가 반드시 결합될 필요는 없지만, 윤리적 필요성에 의해 미래에 대한 요구에 의하여 윤회가 불가피해진 것이 아닌가 여겨진다.

혹은 삼사라[samsara, 輪廻轉生]에서 해방되는 것으로 여겨졌다.[21] 이전 시대에 존재하였던 윤회에 대한 사유와 업이 결합되면서 "업의 존재를 인정하는 한 윤회는 필연적인 것"[22]으로 인식하게 된 것이다.

이전에 미약하게 존재하였던 윤회 관념이 우파니샤드 철학에서 확고해지는데, '5화 2도설(五火二道說)'에서 확인할 수 있다. 오화(五火)란 인간이 사후에는 화장되어 달에 들어가고, 비가 되고, 땅에 내려와 식물의 뿌리에 흡수되고, 음식물이 되어 먹혀 정자(精子)가 되고, 모태에 들어가 다시 태어난다는 생명변화의 5단계이다. 세련된 윤회설 확립 직전의 것인데 재생의 주체나 선악에 대한 응보가 분명하지는 않지만 한 생이 끝나면 다른 모습으로 태어나야 한다는 데서 윤회와 업이 되풀이된다고 보고 있다. 이도(二道)란 선행을 한 사람은 조상이 영(靈)이 사는 조도(祖道)에 이르러 재생하고, 고행을 수행한 사람은 신도(神道)에 들어가 재생 없이 영생한다는 내용이다.[23] 오화이도설에서 윤회는 괴로움의 수레바퀴이고 그 원동력이 업이며, 사람들은 그것을 멈추게 하여 영원의 세계를 위해 해탈하고자 한다. 우파니샤드에서의 해탈은 브라만과 아트만의 본질을 깨닫고 '범아일여'의 진리를 직관하여 브라만과 합일하는 것이다.[24] 여기서도 인도철학의 영생과 해탈에 대한 강한 지향을 엿볼 수 있다.

우파니샤드에서는 선하게 사는 사람이 고통을 겪거나 악하게 사는 사람이 행복을 누리는 것은 모두 전생의 업 때문이라고 본다. 여기서부터 베다의 자연주의와 신비주의로부터 벗어나 업의 법칙, 과보에 대한 믿음이 확고해지기 시작한다. 그리고 업과 윤회에 대한 믿음이 결합되면서 업의 '자기 책임성' 또는 '필연성'이 부각되고 행위에 대한 과보가 행위자에게 귀속된다는 사고방식이 확립되며 선행과 악행의 도덕적 가치의 보존 법칙에

---

21) 라다크리슈난, 앞의 책, pp.193~194.

22) 권오민, 앞의 책, p.40.

23) 정순일, 앞의 책, p.65.

24) 위의 책, p.66.

대한 사유가 생겨난다.[25]

이와 같은 사상의 흐름 속에서 등장한 불교는 베다성전을 비판하고 등장한 비정통 사상이다. 브라만교의 희생제와 제사만능주의에 대한 거부, 불평등에 대한 비판에서 출발한 것이 불교이다. 그러나 사상사적으로는 우파니샤드의 우주 본원과 인간의 내면을 동일시하는 사고, 삶에 대한 우울과 비관적 의식은 불교적 사유에 영향을 주었다고 볼 수 있다.[26] 인간의 실존(實存)을 고(苦)라고 본 것, 철학적 사색과 그 존재의 본질 규명을 통한 해탈의 추구 등은 불교가 다른 인도사상에 힘입은 것들이기도 하다. 인간이 그 행위[業]에 의해 윤회전생을 되풀이 한다는 사상은 붓다 당시에 이르러서는 브라마나와 쉬라마나[27]를 포함한 모든 사상계 일반에 정착하였던 추세이다.[28] 쉬라마나는 베다의 성전적 권위를 부정하고 브라만교를 비판하던 혁신적 사상가들로 대표적으로 육사 외도를 들 수 있다. 당시 업과 윤회에 대한 다양한 주장들 속에서 불교는 중도주의 관점과 합리적이고 윤리적인 사상체계를 수립하였던 것이다.

업은 불교에서 처음 발전한 개념이 아니라 인도철학에서 싹터서 성장·발전하여 불교에 정착한 개념이다. 불교에서 업의 관념은 핵심교리는 아니지만 핵심교리의 구조를 받들고 있는 뿌리가 되는 윤리적 법칙의 근간이 되는 개념이다. 원래 행위 그 자체를 의미하였던 업은 불교에 와서는 인과의 법칙과 선악 개념이 포함되면서 선업·악업이라는 윤리적 색체를 명확히 지니게 되었다. 초기불교에서 업은 긍정적이라기보다는 부정적 의미를

---

25) 이거룡, 앞의 논문, pp.16~17.

26) 정순일, 앞의 책, p.64.

27) 붓다 당시 철학·종교가는 브라마나(Brāhmaṇa, 婆羅門)와 쉬라마나(Śramaṇa, 沙門)의 두 종류로 구성되었는데, 브라마나는 전통적인 종교인으로 베다를 신봉하고 제사를 지내며 범아일여 철학에 기초하여 불사의 진리를 얻으려 하였고, 쉬라마나는 새로운 시대에 부응하여 등장한 유물론자·회의론자·쾌락론자 운명론자 등의 자유사상가로 이는 '노력하는 사람'이란 의미이다. 위의 책, p.70.

28) 위의 책, p.72.

지닌다. 인간의 탐진치에 의해 드러나는 의도와 행위로서 업의 작용은 제거해야 혹은 극복되어야 할 대상이었다. 특히 불선(不善)의 심리를 선(善)의 심리로 변화시키는 수행을 강조하는데 이 과정에서 업의 수용과 극복의 논리가 중요한 의미를 지니게 된다. 이에 대해 살펴보자.

Ⅲ. 초기불교에서 업의 논리와 윤리성

아비달마 교학에서는 업의 논리에 대해 보다 심층적인 분석을 시도하는데, 『대비바사론(大毘婆沙論)』29)에서는 업의 용례를 세 가지로 설명하였다. 첫째, 의식적·정신적·물질적인 모든 작용·활동으로 도덕적·종교적인 것에 한정하지 않는다. 둘째, 불교의 율(律)에서 이루어지는 의식작법으로 승단 제반의 생활규정의 의식으로 이 경우 갈마(羯磨)라고 한다. 셋째, 좋고 나쁜 결과를 수반하는 선악의 동작으로 인간의 행위에 어떤 가치가 부여되어 그 과보를 반드시 가져오게 하는 인과응보의 것이다.30) 첫째는 어의에서 본 것처럼 가장 광의의 업 개념이고, 둘째는 불교 승단에서 사용된 협의의 업 개념이며, 셋째가 바로 불교에서 정착된 업 개념으로 윤리적 논의대상이 되는 것이다.

초기의 업 개념이 불교에 무리 없이 수용된 이유는 불교가 추구하는 본

---

29) 2세기 중엽 인도에서 카니슈카 왕(王)의 보호 아래 500인의 아라한(阿羅漢)이 편찬한 책으로 현장(玄奘)의 한역본만이 현존한다. 『발지론(發智論)』의 주석서로서 8장으로 이루어져 있다. 특히 설일체유부(說一切有部)의 사상과 그 발전상을 상세히 서술하고 있어, 소승불교 연구에 매우 중요한 책이다. http://www.culture content.com/dictionary/dictionaryView.do?cp_code=cp0607&dic_seq=35(한국콘텐츠진흥원, 검색일: 2017.05.29.)

30) 조용길, "업(karma) 사상의 현대적 고찰", 『한국불교학』 제33집(한국불교학회, 2003), p.5. 인용논문에서 한자가 내용과 부합하지 않아 필자가 이해한 내용으로 풀어서 재구성하였다.

질적이고 철저한 윤리적 지향성과 잘 맞아떨어졌기 때문이다. 어떤 종교도 윤리와 무관한 것이 없지만 불교처럼 철저하게 윤리적인 종교나 사상은 찾아보기 어렵다. 초기불교의 마음 이해를 보면, 불선(不善)은 정신적으로 건전하지 못하거나 도덕적으로 비난받을 만하여 괴로운 과보를 가져오기 때문에 해롭다고 하였고, 선(善)은 이와 반대로 정신적으로 건전하고 도덕적으로 칭찬받을 만하여 즐거운 과보를 가져오기 때문에 유익하다고 하였다. 이러한 초기불교의 심리구조는 업과 업의 내용과 직결된다고 볼 수 있다.[31]

1. 업과 연기

이 세상의 존재 양상은 무수한 원인과 조건의 상호 관계에 의하여 전개되며, 모든 것은 변화하기 때문에 고정된 실체로서의 나도 존재하지 않는다. 상의(相依)와 상관(相關)의 관계성을 기본으로 하는 연기의 속성에 따르면, 변화하지 않는 영원한 것은 존재할 수 없다. 붓다의 깨달음 내용이 연기라거나 혹은 연기 방법에 의해 사성제를 깨달았거나 하는 주장들은 모두 불교의 핵심이 연기론임을 보여주는 바이다.

초기불교에서 업의 발생과 소멸은 인(因)과 연(緣)에 의하며, 그것은 조건에 의해 발생되고 원인을 가지지만 조건에 따라 그것이 결과로 과보하게 된다는 것이다. 붓다는 쌍윳따 니까야 <분석경>에서 연기에 의한 괴로움의 발생을 말하면서, 그 괴로움을 없애는 연기의 원리를 소멸함에서 찾고 있다. 괴로움의 원인을 제거함으로써 결과를 변화시키거나 없앨 수 있는데, 그 방법이 바로 수행[도 닦음]이라는 것이다. 붓다에게 있어 업은 긍정적이라기보다는 부정적인 것이었으며, 그것은 괴로움의 원인이었다. 이러한 논리에서는 업 자체가 나쁜 것으로, 그것을 소멸하고자 하면 수행을

---

31) 장승희, "초기불교에 마음의 구조와 붓다의 정서교육", 『윤리교육연구』 제39집(한국윤리교육학회, 2016a), p.45.

통하여 업을 없애는 것이 중요하다. 그러나 만약 그것이 불가능하다면 선(善)을 쌓아 업을 변화시키는 것이 중요한 관건이 된다.[32]

초기불교에서 업의 논리는 철저하게 이러한 연기법에 의거하고 있다. 『아함경』에서 붓다는 다음과 같이 말하였다.

> (1) 과거와 미래의 색도 무상하거늘 하물며 현재의 색이겠느냐? 거룩한 제자들아, 이렇게 관찰하는 사람은 과거의 색을 돌아보지 않고 미래의 색을 바라지 않으며 현재의 색에 대해서도 싫어하고, 탐욕을 떠나 바르게 향하고 소멸해 다함[滅盡]이 이와 같으니라.[33]
>
> (2) 이렇게 관찰하면 그는 곧 색을 싫어하고 수·상·행·식을 싫어하게 되며 싫어하기 때문에 즐거워하지 않고 즐거워하지 않기 때문에 해탈하게 된다. 해탈하면 진실한 지혜가 생기나니, 이른바 '나의 생은 이미 다하고 범행(梵行)은 이미 섰으며, 할 일은 이미 마쳐 후세의 몸을 받지 않는다'[34]고 스스로 아느니라.[35]

(1)에서 붓다는 오온[色受想行識]의 무상함을 물질[色]의 예를 들어 설명하고 있다. 과거와 미래의 그것도 무상할 뿐만 아니라 현재의 색은 물론 수상행식(受想行識) 즉 오온이 무상하다는 것이다. 오온으로 이루어진 인간 존재가 무상하여 결국은 무아(無我)라는 것을 말하고 있다. (2)에서는 부정관(不淨觀)을 강조하고 있다. 인간의 몸이 더러운 것임을 통찰하여 마음수행으로 탐욕을 제거하여 해탈에 이름으로써 다음 생에는 태어남이 없

---

32) S12:3 <인연 쌍윳따, 제1장 부처님 품, 분석경>, 각묵스님, 『쌍윳따 니까야 6』, p.103.

33) 김월운 역, 『잡아함경 1』(서울: 동국역경원, 1966), p.8. : 『잡아함경 1』<8過去無常經> ; "過去未來色無常, 況現在色. 聖弟子, 如是觀者, 不顧過去色, 不欲未來色, 於現在色厭, 離欲正向, 滅盡如是." 원문은 <성철큰스님> http://www.sung chol.org/bbs/bbs/board.php?bo_table=notice&wr_id=118에서 제공한 파일에서 가져옴.

34) 이 구절은 장아함경의 수많은 경들에 나오는 구절이다.

35) 김월운 역, 『잡아함경 1』<9厭離經>, p.9.

도록 하여야 함을 말하고 있다. 붓다는 인간은 생사(生死)와 재생(再生)을 겪는 윤회의 존재임을 인정하면서 존재의 본질인 고(苦)를 통찰하는 방법으로 관(觀)을 제시하였다. 인간은 무아이면서 윤회하는 존재여서 괴로운데, 이것을 바르게 볼 수 있어야 한다는 말이다. 붓다에 의하면 낳고 죽고 또 태어나는 고통의 윤회에 있는 인간은 불사나 영생이 아니어서 결코 행복할 수 없는 것이다.

초기불교에서 붓다의 가르침은 궁극적으로 이고득락(離苦得樂), 괴로움을 극복하고 행복에 이르는 것이다. 그렇다면 무엇이 괴로움이고 무엇이 행복인가? 붓다에 의하면 업과 윤회가 괴로움이고, 괴로움을 극복하여 정신적 자유를 얻는 해탈이 바로 행복이다. 인도인들의 삶의 가치를 제시한 『마누법전』에서는 이른바 목샤(Moksa)란 윤회를 끊고 도달하는 해탈의 경지이다.[36] 그것은 모든 존재가 궁극적으로 추구하는 것은 바로 불사(不死)의 경지로, 바로 윤회에 끄달리지 않아 낳고 죽음이 없는 경지인 것이다.

> 천신 : 무엇이 사람을 태어나게 하고, 무엇이 치달립니까? 무엇이 윤회에 들어가고, 무엇이 귀결점입니까?
> 붓다 : 갈애가 사람을 태어나게 하고, 마음[心]이 치달리노라. 중생이 윤회에 들어가고, 업이 그 귀결점이니라.[37]

천신과 붓다와의 대화에서 생사윤회와 업의 관계를 엿볼 수 있다. 붓다에 의하면 윤회는 괴로운 것이며, 괴로운 윤회의 원인을 갈애(渴愛)에서 찾

---

36) 인간의 삶의 가치 혹은 목적을 네 가지로 나누었다. 첫째, 아르타(Artha)는 세속으로부터 자신과 가족을 보호하고 수행하는 기술, 카마(Kama)는 예술과 문화를 포함한 즐거움과 쾌락, 다르마(Darma)는 종교적 도덕적 의무이며, 마지막 목샤는 세간의 제약에 구속되지 않는 절대 자유의 경지로 쾌락 중의 쾌락, 행복 중의 행복, 인간의 추구하는 가치 중의 최고의 가치라고 본다. : 권오민, 앞의 책, pp.42~45.

37) 각묵스님, 『쌍윳따 니까야 1』(울산: 초기불전연구원, 2009), p.241. S1:57 <천신 쌍윳따, 제6장 늙음품, 태어남경3>

고 있다. 갈애는 결국 요동치는 마음[心]의 작용에 의한 것이며, 갈애를 없애지 못한 중생들은 결국 모두 업을 벗어나지 못하게 된다. 현실의 인간은 마음의 치달림으로 인하여 업에 속박되어 결국 해탈하지 못한다. 그런 중생들은 생사의 바퀴를 돌고 돌게 되고 영생이 없는 윤회에 빠지게 되며, 결국은 또 다른 업을 짓는 결과로 귀결된다. 태어남으로 인해 존재하는 인간은 마음의 갈애로 업을 짓고 윤회를 하게 된다는 것이다. 궁극적으로 업을 사라지게 하는 것이 중요하지만, 중생들은 그것이 쉽지 않으므로 업을 어떻게 극복하느냐가 관건으로 대두된다. 여기서 업은 부정적 심리인 불선업을 말한다.

윤리적으로 업의 논리가 성립되기 위한 이론적 조건 세 가지는, (1)선한 원인에서 선이 결과하고 악한 원인에서 악이 결과하는 인과설(因果說), (2)원인과 결과 관계를 연결하게 하는 어떤 노력, (3)원인과 결과와 사이의 인격적 동일성 확보이다.[38] 그러나 여기에 윤회는 포함되지 않는다. 업과 윤회는 전생과 이생과 후생의 삶과 죽음의 문제와 관련될 때 의미가 있지만 전적으로 업과 윤회가 관련된다고는 볼 수 없는 이유이다. 그럼에도 불구하고 불사(不死)를 추구하는 인간의 실존은 죽음을 피할 수 없고, 이에 따라 죽음 이후의 세상에 대해 관심을 갖고 윤리적으로 내생과 무관할 수 없는 것이다. 인간이 종교에 의지하는 것은 이와 같은 윤리적 필요에 의한 것이다.[39]

2. 해탈과 선업의 수행

붓다가 볼 때 중생들에게 있어 업이란 돌고 도는 것으로 사라지지 않는

---

38) 조용길, 앞의 논문, p.11.
39) 모든 성공한 종교는 내세를 추구하며 천국과 극락을 제시한다는 데서 종교의 내세지향성을 알 수 있다.

것이다. 마가다 왕 아자따삳뚜 웨데히뿟따가 군데를 동원하여 빠세나디 꼬살라 왕을 공격하기 위해 까시로 들어왔다는 보고를 받았을 때, "죽이는 자는 또 다른 죽이는 자를 만나고, 승리자는 또 다른 승리자를 만나며 욕하는 자는 욕하는 자를 만나고, 격노하는 자는 격노하는 자를 만나는 업은 이처럼 돌고 돌아서(kamma-vivattena)."[40]라고 하였다. 이 말은 "업이 돌고 돈다는 것은 사라진 업이 조건을 만나서 기회를 포착하면 돌고 돈다는 뜻이다."[41] 여기서 돌고 도는 업의 사슬에서 선업보다 악업의 과보는 더 피할 수 없고, 발생조건을 만나게 되면 반드시 업에 대한 과보를 받을 수밖에 없다는 것을 알 수 있다.

붓다는 니간타 디가따빳시와의 대화에서 "몸의 업과 말의 업과 마음의 업이 서로 다르다."고 하였다. 악업 중 무엇이 가장 비난받을 것이냐라는 물음에, 마음의 업이 악업을 짓고 행함에 가장 비난받을 만한 것으로, 몸의 업도 말의 업도 그 정도까지는 아니라고 하였다.[42] 즉, 마음의 의도(意圖)하는 바에 따라 말과 행동 등 모든 작용이 나오는 것이기 때문에 무엇보다 마음이 중요하다는 것이다. 불교 윤리가 결과론보다 동기론을 중시하고, 윤리적 책임과 실천에서 무엇보다 의도와 마음을 중심함을 알 수 있는 대목이다. 따라서 업과 관련하여 의(意)와 식(識)과 직결되는 마음 닦음과 인식의 계발이 중요해지게 된다.

또한 초기불교에서는 범행(梵行)을 통한 선업과 해탈을 통한 윤회의 단절을 강조하고, 해탈은 계정혜(戒定慧)의 삼학에 대한 수행을 통하여 이루어짐을 다음과 같이 말하고 있다.

---

40) S3:15 <꼬살라 쌍윳따, 제2장 두 번째품, 전쟁경2>. 각묵스님, 앞의 책, p.365.

41) 위의 책, p.365. 각주 403).

42) M56 <우빨리 경> 『맛지마 니까야 2』, pp.487~488. : 『중아함경』 <32권, 11大品, 133優婆離經> : "瞿曇, 身業異口業異意業異耶. 世尊又復答曰, 苦行, 我身業異口業異意業異也. … 此三業如是相似, 我施設, 意業爲最重, 令不行惡業. 不作惡業, 身業口業, 則不然也. 長苦行尼揵問曰, 瞿曇, 施設意業, 爲最重耶. 世尊又復答曰, 苦行, 我施設, 意業爲最重也."(『중아함경 3』, pp.31~32.)

사람은 그 지은 바 업에 따라 그 과보를 받는다. 그렇기 때문에 범행(梵行)을 수행하지 않으면 괴로움을 다 없앨 수가 없다. …왜냐하면 만일 어떤 사람이 착하지 않은 업을 지으면 반드시 괴로움의 결과를 받되 지옥의 과보를 받기 때문이다. … 어떤 사람은 몸을 닦지 않고 계율을 지키지 않으며 마음을 닦지 않고 지혜를 닦지 않아서 그 수명이 매우 짧아진다. 이것이 사람이 착하지 않은 업을 지으면 반드시 괴로움의 결과를 받되 지옥의 과보를 받는다는 것이다. 비유하면 마치 어떤 사람이 소금 한 냥을 적은 물에 집어넣어 그 물을 짜게 만들어 사람들이 마실 수 없게 하려고 하는 것과 같다.43)

여기서 업을 수용하는 방법은 선업을 쌓는 것이다. 그와 동시에 계율의 엄수, 마음과 지혜의 닦음, 즉 계정혜를 통한 수행을 강조하고 있다. 선업을 쌓기 위한 수행을 지속하다보면 해탈을 통해 업을 끊고 윤회를 벗어날 수 있다. 그렇다면 해탈을 방해하는 업의 발생은 어디서 생기는 것인가?

만일 괴로움을 두려워하여/ 애념(愛念)하지 않으려면/ 은밀한 곳에서 든 드러난 곳에서든/ 나쁜 업 짓지 말아야 하네
만일 선하지 않은 업을/ 과거에 지었거나 현재에 지었다면/ 끝내 그것을 벗어나지 못하며/ 또한 피할 곳도 없으리.44)

붓다가 존자 라운에게 업과 과보에 대하여 한 말에서 불교의 업에 대한 기본관점이 잘 드러난다. 선업을 짓는 것도 좋은 것이지만 무엇보다 나쁜 업을 짓지 말아야 하는데, 나쁜 업을 짓게 되면 그 과보를 절대 벗어나거

---

43) 『중아함경 1』<제3권, 2業相應品, 11)鹽喩經> : "隨人所作業則受其報. 如是, 不行梵行不得盡苦. … 所以者何, 若使有人作不善業, 必受苦果地獄之報. … 謂有一人不修身·不修戒·不修心·不修慧, 壽命甚短. 是謂有人作不善業, 必受苦果地獄之報. 猶如有人以一兩鹽投少水中. 欲令水鹹不可得飮, 於意云何, 此一兩鹽能令少水鹹叵." 김월운 역, 『중아함경 1』(서울: 동국역경원, 2006), pp.71~72.

44) 『중아함경 1』<제3권, 2業相應品, 14)羅云經> : "若畏於苦, 不愛念者, 於隱顯處, 莫作惡業. 若不善業, 已作今作, 終不得脫, 亦無避處."

나 피할 수 없기 때문이다. 이것은 업의 인과법칙에 대한 언급인데, 특히 악업에 대한 경계를 강조하고 있다. 붓다는 업의 결과에 대한 책임을 '무거운 짐[重擔]'이라고 표현하였다. 애욕에 집착하는 것이 악업의 원인이고, 그 원인인 탐욕을 소멸시키는 것이 괴로움을 끊는 일이다.

> 무엇이 짐을 짊어진다는 것인가? 미래의 존재를 받게 하는 애욕[當來有愛]에 기쁨[喜]과 탐욕[貪]이 함께하여 이것저것을 즐거워하고 집착하는 것이다. 무엇이 짐을 버린다는 것인가? 만일 미래의 존재를 받게 하는 애욕과 탐욕과 기쁨이 함께하여 이것저것을 즐거워하고 집착하면 그것을 남김없이 영원히 끊어 완전히 소멸시키고 다 토하여 탐욕을 떠나 완전히 없애는 것이다.45)

인간의 해탈을 방해하고 윤회를 반복하게 하는 것은 애착과 탐욕임을 알 수 있다. "누가 짐을 짊어진 자인가? 이른바 장부(丈夫)가 그들이니, 장부란 이러이러한 이름으로 이러이러하게 태어나 이러이러한 족성(族姓)으로 이러이러한 것을 먹으며, 이러이러한 괴로움과 즐거움을 겪고 이러이러한 수명을 누리다가 이러이러하게 오래 머무르며, 이러이러한 수명의 제한을 받는 사람들이다."46)라고 하였다. 유루법(有漏法)47)에 존재하는 인간의 번뇌와 집착으로 인한 고달픈 삶을 무거운 짐, 짐을 짊어짐, 짐을 버림, 짐을 짊어진 자의 비유를 들어 윤회를 끊지 못하는 업의 막중함에 대하여 말하고 있다.

또한 보통 사람은 그 업을 끊기 쉽지 않음을 다음과 같이 말한다. "얽매여 태어나고 얽매여 죽으며 얽매여 이 세상에서 저 세상으로 갔다가 거기서 또 얽매여 태어나고 얽매여 죽나니, 이런 이들을 어리석고 무식한 범부

---

45) 김월운 역, 『잡아함경1』<73重擔經>, pp.120~121.
46) 위의 책, p.121.
47) 위의 책, <56漏無漏法經>, p.84. 번뇌에 의한 취함이 있는 것을 유루법(有漏法), 번뇌가 멸한 것을 무루법(無漏法)이라고 한다.

라 하느니라."[48]라 하여, 범부의 업에 의한 윤회하는 삶이 끊임없이 이어진다고 보았다. 그리고 이러한 업과 윤회를 끊는 방법으로 4념처, 4정근, 4여의족, 5근, 5력, 7각지, 8정도의 37보리분법을 제시하고 있다.[49] 특히 무엇보다 바르게 사유하고, 바라보는 것을 강조하였다.

> 다시 바르게 사유하는 삼매가 있어서 '나[我]와 내 것[我所]은 무엇으로부터 생기는가'라고 관찰하고, 다시 바르게 사유하는 삼매가 있어서 '나와 내 것은 보거나 듣거나 냄새 맡거나 맛보거나 접촉하거나 혹은 인식하는 데서 생긴다'고 관찰하며, 다시 '인(因)이나 연(緣)이 있어서 식(識)이 생길 때, 그 식의 인과 연은 항상한가, 무상한가'라고 관찰한다.[50]

해탈하게 되면 윤회를 벗어남을 다음과 같이 말하고 있다.

> 만일 비구가 색을 즐거워하지 않아 마음이 해탈하고, 이와 같이 수·상·행·식을 즐거워하지 않아 마음이 해탈하면, 그는 나지도 않고 소멸하지도 않아 평등한 평정[捨]에 머무르고 바른 생각과 바른 지혜가 될 것이다. 그 비구가 이렇게 알고 이렇게 본다면 과거는 그와 동시에 남김없이 영원히 다하는 것을 볼 것이요, 과거가 그와 동시에 남김없이 영원히 다하는 것을 본 뒤에는 미래도 그와 동시에 남김없이 영원히 다하는 것을 볼 것이다.[51]

팔정도를 통하여 수행한 후 해탈하게 되면 과거, 현재, 미래의 윤회의 고리를 끊게 된다는 말이다. 붓다는 또 다음과 같이 말한다. "네가 만일 현재의 몸으로 업을 지으려거든 곧 이 몸이 짓는 업을 관찰해 보되, '장차 몸

---

48) 위의 책, <74往詣經>, p.122.
49) 위의 책, <75觀經>, p.124.
50) 위의 책, <73法印經>, p.129.
51) 위의 책, <60不樂經>, p.97.

으로 업을 짓는다면 이 몸으로 짓는 업이 깨끗한가, 깨끗하지 않은가? 자기를 위하고 남도 위하는 일인가?'를 살펴보도록 하라."고 조언한다. 그래서 선하지 않아 괴로움의 결과를 가져온다면 몸의 업을 버리고, 선하여 즐거움의 결과를 가져온다면 그 업을 수용하라고 한다.52) 업 그 자체가 선과 악으로 결정된 것이 아니라 하나의 행위를 할 때 그 결과가 어떻게 될지는 인(因)과 연(緣)의 조건들에 따라 달라지기 때문에 그 과정과 결과를 잘 살펴야[觀] 한다는 것이다. 결국 해탈을 위한 불교 수행이 핵심으로 대두되는데, 이에 대한 분석을 보자.

    불교의 깨달음은 경애(境涯)의 자유로 표현되는데 경(境)은 주변적(사회적/역사적) 환경을 뜻하고, 애(涯)는 인간의 생사윤회로부터의 자유를 의미한다. 이 둘을 업(業)으로부터의 자유라고 표현된다. 즉 과거 행위의 결과로서 자신의 심층의식에 남아 현재의 행위를 제약하는 숙업(宿業)으로부터의 자유, 또한 현재의 어떠한 행위도 그 자체로서 완결되어 미래의 내 존재에 어떤 영향도 미치지 않는 행위의 완결성을 의미한다.53)

궁극적으로 불교의 해탈이란 탐진치에서 벗어나 윤리적 주체로서 자신을 자각하고 윤리적 삶을 살고자 수행하며 이를 실천하는 삶과 직결되게 된다.

---

52) 『중아함경 1』<제3권, 2業相應品, 14)羅云經> : "若汝將作身業, 即觀彼身業, 我將作身業, 彼身業爲淨爲不淨, 爲自爲爲他. 羅云, 若觀時則知, 我將作身業, 彼身業淨, 或自爲或爲他, 不善與苦果受於苦報. 羅云, 汝當捨彼將作身業, 羅云. 若觀時則知, 我將作身業, 彼身業不淨或自爲或爲他, 善與樂果受於樂報. 羅云, 汝當受彼將作身業."

53) 조성택, "법과 업: 초기 불교의 사회 철학적 이해를 위한 시론", 『한국불교학』 34 (한국불교학회, 2003), p.249.

IV. 업의 도덕교육적 의미

초기불교에서 업은 개인들의 삶과 죽음에 대한 인식, 윤리적 실천에까지 지대한 영향을 미친 개념이다. 나의 의도적인 생각과 말과 행위, 즉 업으로 인한 결과는 이생은 물론, 전생 혹은 내세까지 이어질 수 있다고 보았기 때문이다. 이에 한 순간도 조심하지 않을 수 없다는 것이 업의 논리이다. 따라서 궁극적으로는 업을 극복하여 영생 혹은 해탈을 추구하여야 하지만, 현실에서 업을 수용하는 방법으로 선업(善業)을 쌓는 것이다. 불교의 업이 "행위와 말과 생각이 남기는 잠재력" 혹은 "과보를 초래하는 잠재력"[54]으로 이해되는 것은 업이 선악과 연계될 뿐만 아니라 인과응보(因果應報)와 자업자득(自業自得)의 논리에 따른다고 보았기 때문이다. 그렇다면, 도덕교육의 관점에서는 어떤 시사점을 찾을 수 있을까? 필자는 연기의 자각으로 윤리적 책임 각성, 선업을 통한 윤리적 실천, 공업(共業)에 의한 사회윤리 의식 제고[55] 등으로 살펴보았다.

1. 연기의 자각과 윤리적 책임

업의 논의에서 문제는 업의 개념을 '결과를 낳게 하는 힘' 혹은 '잠재력'으로 규정할 때, 그것이 결정론 혹은 숙명론으로 간주되는 것이다. 현재 삶의 모습을 전생 업의 결과라고 단정하게 된다면, 현재 상황을 발전시키거나 극복하기보다 체념 혹은 포기해버리기 쉽기 때문이다. 업에 숙명론적인 요소가 전혀 없다고는 할 수 없지만, 전적으로 결정론 혹은 숙명론으로 해석되어서는 안 된다. 이를 위해 붓다가 연기를 통해 업을 해석하였던 초기

---

54) 곽철환 편저, 『시공 불교사전』(서울: 시공사, 2003), p.482.
55) 공업(共業)에 대한 인식은 초기불교에서는 찾아보기 쉽지 않지만, 연기적 관점에서 고찰할 수 있기에 도덕교육적 의미에 포함시켰다.

불교의 관점을 염두에 두고 접근해보자.

불교사상은 연기의 논리에 서 있으며, 모든 이론들은 이러한 견고한 연기설에 의거하여 전개된다. 마찬가지로 업의 생성과 소멸도 연기로 해석하지 않으면 안 된다. 부파불교에서 고민하였던 무아(無我)와 윤회의 주체는 양립될 수 없다고 본 주장에 대해 살펴보자. 무아란 변하지 않는 고정된 실체가 없다는 무아이지, 아(我)의 존재 자체를 부정하는 것은 아니다. 초기불전에서도 행위자(kartar)의 개인적 책임성을 수반하는 업에 대한 강조가 나타나고 있어 결코 윤회하는 주체를 부정하지 않는다는 사실을 분명하게 보여준다.56) 또한 불교에서 윤회의 주체는 브라만교에서 주장하는 영원한 실체로서의 아트만과는 다르다. 그것은 오온(五蘊)으로 구성되어 변화하고 무상한 '아(我)'로, 조건에 따라 구성되어 변화하는 것을 본질로 한다. 따라서 고정된 실체가 아니라 사대(四大)의 색(色), 즉 물질로 이루어지고 수상행식(受想行識)의 작용에 의해 수시로 변화하는 존재인 것이다. 이러한 무아설의 논리는 전생, 현생, 내생 각각에 대한 업의 해석에는 적합하지만 삶과 죽음을 잇는 윤회에 대해서는 명확하게 설명하기 쉽지 않다. 즉 불교의 무아설은 "죽은 자와 산 자의 자기 동일성"을 설명하기 어려운 문제가 발생하는 것이다.57) 유식(唯識) 논사들은 이러한 고민을 해결하는 과정에서 아뢰야식(阿賴耶識)을 등장시켰고, 이것은 무아로서 윤회의 주체를 확보하기 위한 노력이었던 것이다.

---

56) "불교는 우빠니샤드의 아뜨만 같은 실체를 인정하지 않지만, 윤회의 주체로서 오온으로 이루어진 존재, 즉 무상한 윤회의 주체를 인정할 수 있다." 이거룡, 앞의 논문, pp.27~31.

57) 이거룡은 우빠니샤드에서 아뜨만은 영원불변, 유일무이한 실체로 규정되어 죽을 수도 없고 다시 태어날 수도 없는 궁극적 실재로 윤회와 무관하다고 본다. 그래서 불교는 "새[鳥] 없는 비행"을 설명해야 하는 어려움이 있는 반면, 우빠니샤드 전통은 "날지 못하는 새의 비행"을 설명해야 하는 어려움이 있다. 즉 불교에서는 '비행(飛行)'을 실재로 인정하는데 비하여 우빠니샤드는 '새[鳥]'를 실재로 인정한다는 것이다. 위의 논문, pp.34~35.

붓다는 인간의 실존적 현실과 관련되지 않는 문제와 형이상학적 논의들을 '독화살의 비유'를 들거나 '무기(無記)'라고 평가하는 관점에서 접근하여 그 문제를 해결하고자 하였다. 즉 독화살의 비유를 통하여[58] 우리 현재의 삶과 실존이 가장 해결하여야 할 문제임을 역설하였으며, 형이상학적 질문들에 아무런 답변도 하지 않았는데, 이들은 묵살해야 하거나 판단할 수 없는 질문들로 간주했기 때문이다.[59] 후에 붓다의 가르침을 치밀하게 분석한 『담마상가니』에서는 모든 담마[원리]들을 선(善, kusala), 불선(不善, akusala), 무기(無記, avyākata)의 기준에 따라 체계화 하였다.[60] 니까야를 요약하면, 붓다의 가르침은 본질적으로 선악의 문제로, 마음의 심리구조에서 불선의 극복과 선의 확립임을 알 수 있다. 이에 따르면 붓다의 가르침은 선법(善法) 즉 선한 행위를 위한 윤리학이라 해도 과언이 아니다. 붓다의 대화와 설법을 보면, 인간은 어떻게 부정적 심리[不善法]를 긍정적인 심리[善法]로 변화시킬 것인가에 초점이 있다. 그것은 "왜?" 라는 질문이 필요하지 않은 것으로 너무도 자명한 것들로 인식되었던 것이다.

초기불교에서 붓다의 기본 전제는 모든 세계는 선(善)에의 경향성, 선의 심리구조를 지향하고 있다는 것이다. 그것은 결코 논리적 증명의 문제는 아니며, 이 세상 존재들의 본질이 선하도록 되어 있다는 것이다. 그러나 인간의 현실적 존재로서 무상(無常)함에도 그것을 보지 못하는 무명(無明)에서 갈애를 추구하여 불선(不善)의 업을 지어 불선의 과보를 낳게 된다는

---

58) 독이 가득 묻은 화살에 맞은 사람이 상처를 치료하기보다 쓸데없는 생각으로 시간을 낭비하다 죽음에 이르게 된다는 것이다. M63 <말룽까 짧은 경> 『맛지마 니까야 2』, pp.613~614. / M101 <데와다하경> 『맛지마 니까야 3』, pp.589~590. / M105 <수낙캇따 경>, 『맛지마 니까야 3』, pp.669~671.

59) 아브야까따(avyākata)를 옮긴 말로 '설명할 수 없는, 답하지 못하는, 결정하지 못하는 뜻으로, 불설(不說)로도 옮긴다. 와타나세 후미마로, 김한상 옮김, 『니까야와 아비담마의 철학과 그 전개』(서울: 동국대학교 출판부, 2014), p.125. 각주 31) 참고할 것.

60) 저자는 이러한 기준을 니까야와 아함경에서는 찾아볼 수 없다고 하였다. 위의 책, p.236.

것이다. 왜 우리는 윤리적이어야 하는가는 질문 자체가 성립되지 않는다. 인간은 본질적으로 윤리적이어야 한다고 보는 것이 불교의 윤리 지향적 특성이다.

초기불교의 철저한 윤리성을 전제하여 업의 연기를 이해하면 나의 선악은 단순히 나의 것이 아님을 알게 된다. 즉 자업자득(自業自得)이면서 나의 업은 타인과 다른 존재에게 영향을 미침을 알게 된다는 것이다. 그러한 파급성을 알게 되면 윤리적 주체로서의 나, 그 선택으로 인하여 다가올 윤리적 책임을 자각하게 해준다. 우리가 업의 인과성을 논의하다보면 이전 업이 과연 어느 정도까지 현재 혹은 미래의 삶을 규정짓고, 그 중 어느 정도까지 우연적인지가 문제가 된다. 다시 말하면 인과론에서 인간이 주체적으로 업을 생성할 수 있는 범위는 어디까지인가의 문제라는 것이다. 그에 대한 답은 불교의 연기의 논리에서 찾아야 한다.

불교 연기의 논리는 우연론이나 결정론에서 벗어날 수 있는 근거를 주는데, 업을 심리적 힘으로 해석하는데 핵심이 있다. 도덕적 상황과 변수들이 인(因)과 연(緣)의 다양한 조건에서 인간의 심리[마음]가 어떤 경향성을 지니는지에 따라 도덕적 판단과 선택이 이루어지는데, 선과 악의 선택을 하는 마음을 일으키는 주인이 바로 나 자신인 것이다. "불교의 어떤 학파도 결코 자유로운 도덕적 선택의 가능성을 의심한 적이 없었다는 점"에 주목한다면[61] 초기불교의 업에서 인간의 자율적 선택과 책임의 과제를 연계시킬 수 있다. 어쩌면 붓다가 수행을 통한 해탈의 가능성을 열어 논 것 자체가 인간의 자유의지와 책임을 인정한 것이라고 볼 수 있다.

---

61) 심리적 힘으로서의 업 설명이 결정론과 자유의지의 양립을 보다 쉽게 허용할 여지를 제공하여 업의 규정성이 약화되는 문제를 수행의 존재이유와 연계시키는 사람이 맥더모트이다. 안성두, "불교에서 업의 결정성과 지각작용 - 결정론을 둘러싼 논의에서 불교의 관점은 무엇인가? - ", 『인도철학』 32(인도철학회, 2011), pp.146~147.

2. 선업을 위한 수행과 윤리적 실천

고행을 강조하는 자이나교[62]에서는 사람이 과거에 저지른 악행 혹은 악업이 고행을 거쳐 소멸할 수 있다고 믿는다. 자이나교는 고행을 이용하여 악업을 소멸할 것을 주장하는 교파이다.[63] 그러나 불교는 고행이 아닌 행복에서 그 해결책을 찾는다. 불교의 행복[樂, sukha]은 육체적인 감각이나 물질적 만족이 아닌 정신적 자유인 해탈을 말한다.

붓다는 업의 본질을 드러나는 행위보다 의도(意圖)에서 찾는다. 즉 결과보다 어떤 의도를 가지고 말과 행위를 짓는가에 초점이 있다. 붓다는 업을 생성하는 원인은 갈애라고 보았다. 모든 업의 발생은 갈애로부터 출발하며, 선업을 지으면 선의 과보가 악업을 지으면 악의 과보가 주어진다고 보았으며, 자신의 생각과 말과 행위의 잠재력, 즉 업의 결과를 결코 피할 수 없다고 하였다. 그렇다면 인간의 법칙을 벗어날 수 없는 업의 논리에서 인간의 도덕적 행위에 대한 책임과 잘못된 행위에 대한 참회와 용서는 어떤 의미가 있을까?

붓다의 수행의 목적이 업과 번뇌 중 번뇌의 제거에 두고 번뇌를 제거되어야 할 것으로 본 것은 인도 사상사에서 일종의 코페르니쿠스적 전환의 의미를 지니고 불교에서 초점이 업에서 번뇌로 옮겨졌다고 볼 수 있다.[64] 그러나 필자가 볼 때 업에서 번뇌로 옮겨졌다기보다 부정적 심리, 즉 불선업의 결과로 번뇌가 발생한다고 보는 것이 타당한 듯하다. 초기불교는 철저히 심리학이자 윤리학이며 궁극적으로 실존적 윤리학이라 해야 할 것이

---

62) 자이나교는 백의파(白衣派)와 나형파(裸形派)가 있는데 후자가 엄격한 고행주의를 실행하여 한 오라기의 실도 몸에 걸치지 않는 반면, 전자는 비교적 느슨한 계율을 취하여 출가 승려들이 흰옷을 입는 것을 허용하였다. 양훼이난 지음, 원필성 역, 『불교사상사』(서울: 정우서적, 2008), p.25.

63) 위의 책, pp.23~24.

64) 안성두, 앞의 논문, p.150.

다. 업에 대해서는 '일반적 업론'과 '실존적 업론'을 통해 살펴보자. 실존적 업론이란 현실적인 자신의 상황을 응시해 '지금 현재' 있는 자기 자신의 의미를 주체적으로 인식하려 하여, 자신의 모든 것은 '내 업이다'라고 스스로 자각하고 인식하여 그 업을 초월하려는 길을 찾아내려고 하는 것이 바로 실존적 업론이라는 것이다.65) 이것은 부정적 현실 상황에서 숙명론을 극복하여 긍정적 에너지를 통하여 현실극복의 의지를 지니게 해주는 이론적 토대이다. 즉 실존적 업론은 비판적 성찰과 윤리적 감수성이 요구되는 매우 고차적인 자세로, 업을 극복하고 변화시키는 태도라고 볼 수 있다.

이와 유사하지만 다른 의미로 업의 극복과 관련된 흥미로운 개념은 '인스턴트 카르마(Instant Karma)' 개념이다. 이것은 문화인류학자 매닝 나쉬(Manning Nash)가 미얀마 불교에서 조사한 것으로, 곤란한 상황이 생긴 뒤 노력을 통하여 인스턴트로 공덕을 쌓는 의식을 행함으로써 과거의 악업을 털어버리거나 경감시키려고 하는 관행을 말한다.66) 필자가 볼 때 「레미제라블」에서 장발장(Jean Valjean)이 도둑질 후 처벌을 받지 않은 것을 만회하기 위해 코젯트를 딸처럼 키우는 등 여러 선행을 베푼 것과 같은 행위가 아닌가 싶다. 이것은 "업 이론에서 벗어나는 것이지만 오히려 열심히 행한 응급 개선이라고 할 수 있는 행동형식"이라는 것이다.67)

윤리성을 본질로 하는 불교에서도 현실의 인간은 갈애와 무명으로 불선의 업을 짓게 된다고 본다. 이처럼 인간은 살아가면서 도덕적으로 잘못할 수 있고, 실수할 수도 있다. 이에 대한 윤리적 반성이 바로 참회(懺悔)라고 할 수 있다. 불교적 관점에서는 참회를 바탕으로 함으로써만 자신의 삶을

---

65) 석오진, "최초기 불교 경전 『테라가타』의 실존적 업론", 『종교와 문화』 22(서울대학교 종교문제연구소, 2012), p.102. 일반적 업론은 철칙인 자업자득, 과보의 필연성, 그리고 선인선과(善因善果) 악인악과(惡因惡果)를 수용하는 숙명론과 유사하다.

66) 석오진, "문화사적 관점에서의 업(業)과 과보(果報)의 관계", 『종교와 문화』 제19권(서울대학교 종교문화연구소, 2010), pp.105~107.

67) 위의 논문, p.107.

성찰하고 위빠사나 수행과 사마타 수행, 선업의 실천이 가능해진다. 도덕
교육의 관점에서 위에서 본 인스턴트 카르마의 적용은 신중하지 않을 수
없다. 종말을 앞둔 사람이나 진실한 참회를 하는 사람인 경우 그 참회를
수용하지 않을 수 없지만, 이러한 인스턴트 카르마를 수용하게 된다면 그
것이 자칫 악행, 혹은 악업의 합리화를 위한 수단이 될 수 있기 때문이다.
따라서 이러한 참회의 방법도 결코 윤리적으로 잘못된 방편(方便)이 되지
않도록 유의해야 할 것이다. 왜냐하면 이것은 의도를 중시하는 불교의 업
론과 배치될 뿐만 아니라 처음부터 도덕적 노력을 기울여 선업(善業)을 행
한 실존적 업론의 실천자들과의 형평성에 어긋나기 때문이다.

3. 공업(共業)에 의한 공동체의식과 사회윤리

니부어의 말처럼 도덕적인 개인들이 모여서 만든 사회일지라도 비도덕
적인 사회가 될 수 있는 이유는 개인을 넘어선 사회 공동체의 제도적·구조
적 윤리 문제가 존재하기 때문이다. 개인의 도덕성에 초점을 둔 개인윤리
와 사회제도 혹은 공동체 도덕성에 초점을 둔 사회윤리로 나누어 볼 때,
불교는 주로 자업자득(自業自得) 혹은 불공업(不共業)에 의해 설명된다. 불
교에서는 행위의 결과를 사회구성원 전체가 공유하게 된다는 공업(共業)사
상이 강조되었던 것은 아니다.[68] 불교가 출가(出家)를 통한 개인적 깨달음
을 추구하는 사상임을 감안할 때는 더욱 그러하다.

그러나 연기를 전제하고 업을 이해하면 결코 공업(共業) 개념을 소홀히
할 수 없다. 불교는 법의 불교(dhammic Buddhism)와 업의 불교(kammic
Buddhism)로 구분할 수 있다. 전자는 불교 고유의 본체론적 담론으로 생사
윤회를 벗어나기 위한 초월적 성격이고, 후자는 전자에 입각하여 생사의

---

68) 남궁 선, "공업(共業) 사상의 연원과 사회실천적 전개", 『선문화연구』 제9집(한국
불교선리연구원, 2010), p.303.

현장인 사회 속에서의 윤리적 행위를 위한 담론인 행위의 불교이다.69) 후자에서는 불교의 업이 사회윤리성을 내포하고 있음을 파악할 수 있다. 그럼에도 초기불교에서 공업(共業)70)사상을 직접 찾기는 쉽지 않다. 그러나 붓다 시절부터 교단(敎團)을 형성하여 불교가 발전한 것을 보면, 순전히 개인윤리라고만 이해할 수는 없다. 계율(戒律)에 의한 공동체 생활의 영위, 결집(結集)을 통한 가르침과 경전의 정리 역사를 볼 때 개인을 넘어 공동체의 가치에 주목하고 있기 때문이다. 그것이 본격적 사상으로 정립된 것은 아니지만 초기불교에서도 공업공득(共業共得)의 논리를 찾을 수 있다. 연기는 철저히 상대를 전제하고 나오는 논리이기 때문에 개인의 윤리성을 넘어 서며 공업공득(共業共得) 혹은 자업공득(自業空得)의 해석은 오늘날 현대사회의 문제를 설명하는 데 매우 유의미하다.

현대사회에서도 여전히 개인의 문제에 대한 원인은 대부분은 개인의 무능력에서 찾곤 한다. 물론 그것이 전적으로 맞거나 틀리다고 보긴 어렵다. 이러한 문제의 원인에 대한 해석에서도 업을 대하고 해석하는 인식의 전환이 필요하다. 이를 위해 실존적 업론 개념을 도입해보자. 일반적 업론에 따르면, 부조리(不條理)한 문제와 불행 등을 감수할 수밖에 없고 내세를 위해 선업을 쌓고 좋은 후생을 원하라고 가르친다. 즉 비관적 현실에 처한 사람에게 그 문제의 원인을 개인의 무능력에서 찾는 것이 일반적이다. 그러나 실존적 업론에 의하면 "이러한 사고방식은 종교윤리 면에 이해할 수 있는 자세이기는 하지만, 동시에 역사적 내지 사회적인 문제로 간취해, 해결해야 할 사항을 자신의 업으로 개인적 레벨로 결착시키게 되었다."71)는 것이다. 따라서 주체적이고 비판적인 업에 대한 인식이 필요하며, 그것이

---

69) 조성택, 앞의 논문, p.254.

70) 공업(共業)이란 용어가 처음 사용된 것은 2세기말 『아비달마대비바사론』에서 "비유정수(非有情數)는 공업에 의해 생긴다."라는 문장에서이다. 남궁 선, 앞의 논문, p.316.

71) 석오진, 앞의 논문, p.102.

바로 업을 극복하여 변화시키는 것으로서 실존적 업론이다. 사실 붓다의 수행을 통한 해탈도 궁극적으로는 이와 같은 실존적 업론과 부합된다. 실존적 업론은 주체적 자각은 물론 공업(共業)에 대한 인식을 전제로 할 때 가능한 것이다. 현대 사회의 개인이 처한 제반 문제가 자업자득보다 오히려 공업의 문제일 수 있으며, 이에 공업에 대한 인식이 중요해진다.

불교의 공업 개념은 개인의 업을 넘어 공동체의 업 이해에 도움을 준다. 오늘날 경제·문화·환경 모두가 상호 의존적이고 현재의 인류가 직면한 지구온난화·인공지능·생명공학 문제들은 개별 국가만의 노력으로는 풀 수 없는 사회윤리의 관점에서 접근해야만 한다. 오늘날 문명에서 문제해결의 열쇠는 논리에 있지 않고 정서에 있다. 즉 옳고 그름, 선과 악을 인식하고 느끼는 것이 중요하다. 하라리는 "수학·과학·중세전쟁사 등 개별과학을 가르치는 건 의미 없다. 그런 공부는 AI가 훨씬 더 잘할 테니까. 우리가 후속 세대에게 가르쳐야 할 것은 '감정지능(Emotional Intelligence)'과 '마음의 균형(Mental Balance)'이다."[72]라고 하였다. 불교의 긍정적 심리구조를 바탕으로 한 선업에 대한 인식과 그 실천과 직결된다. 그것이 연기에 대한 절절한 인식으로 확대되면 바로 공업(共業)에 대한 이해로 이어지는 것이다.

V. 맺음말

지금까지 업 개념의 발달, 초기불교에서 업의 윤리성, 도덕교육적 시사점을 찾아보았다. 업과 윤회를 결합시켜보는 관점이 일반적이지만 현실 도덕에서는 전생, 현생, 내세의 업의 고리보다는 현재의 업의 논리에 초점을 두는 것이 교육적 시사점을 찾기 쉽다. 윤회를 도입하게 되면 첫째, 불교를 종교적 관점에서 이해하여 보편적 교육에 적용하기 쉽지 않고, 둘째로 업

---

72) 『조선일보』 2017년 3월 21일, A2면, "AI에 수학·과학 맡기고, 우린 감정지능 키우자."

의 숙명론적 논리에 빠져서 현재의 모든 조건들을 업의 결과로 설명하여 실존적 업론을 펴더라도 학생들에게 완벽한 설명이 불가능하다. 셋째로 미래는 현재의 노력으로 변화시킬 수 있지만 과거의 일은 현재의 노력으로 변화시키는 것이 불가능하기 때문이다. 이 때문에 윤회와 업의 주체에 대한 논의는 심화시키지 않았다.

업의 논리는 불교의 윤리성을 뒷받침하는 강력한 논리로, 자신이 지은 생각, 말, 행위에 대한 과보를 자신이 받는다는 것이다. 공업(共業)의 개념에 의하면 자신이 지은 것이 다른 사람에게 사회에게 미친다는 점에서 모든 존재들의 연기로 맺어짐을 다시 한 번 확인하게 된다. 불교는 마음의 수행과 선업의 실천을 통한 해탈을 목적으로 한 구조이다. 일반적으로 불교에 대한 인식은 고(苦)에 초점을 두어 괴로움의 종교, 혹은 무상(無常)에 초점을 두어 허무주의 종교라고 보기도 한다. 그러나 불교는 철저하게 행복[樂, suka]의 추구를 강조하며, 인간의 본질은 행복과 즐거움을 지향하는 존재라고 본다. 붓다가 인간의 실존을 괴로움이라고 전제하여 이고득락(離苦得樂)을 천명한 것은, 사람들이 괴로움을 괴로움으로 자각하지 못하고 진정한 행복을 찾지 못한다고 보았기 때문이다. 붓다가 추구하는 행복은 인간의 존재적 괴로움[苦]을 벗어나 윤리성을 바탕으로 한 정신의 자유, 즉 해탈이다. 즉 괴로움의 원인인 무상(無常)과 업의 원인인 갈애를 통찰하여 극복하는 수행을 통하여 윤리성을 회복함으로써 얻어지는 행복인 것이다. 이것은 선업(善業)을 통한 행복인 셈이다. 대승불교의 사무량심(四無量心)에서 자비희사(慈悲喜捨)에서 희(喜, muditā)의 기쁨은 '더불어 기뻐함'의 뜻으로 "마치 내가 행복하기를 원하고 고통을 두려워하고 살기를 원하고 죽기를 원하지 않는 것처럼 다른 중생들도 참으로 그와 같다."는 인식에서 출발한다.[73]

---

73) 장승희, "초기불교에 나타난 행복의 의미와 추구 방법", 『윤리연구』 제106호(한국윤리학회, 2016b), p.120.

 불교는 철학적 통찰을 가능하게 한 '축의 시대'의 사유 결과로[74] 불교사상에서 드러나는 합리성과 윤리성을 살펴보면 인류의 현실과 행복을 위한 통찰이 이처럼 들어맞는지 감탄하지 않을 수 없다. 물론 모든 사상은 하나의 관점이자 세계관이며, 절대적인 진리 확보가 쉽지는 않지만 현실의 삶은 불교적 해석으로 이해가 가능하다. 불교의 가치는 그 사상이 특정한 교리에 대한 믿음이기라기보다 매우 합리적인 인과론적 논리에 의한 것이라는 데서 찾을 수 있다. 특히 업의 논리와 자비(慈悲)의 인식은 도덕적 인과관계, 도덕적 감수성의 측면에서 중요한 실천적 의미를 지닌다.

 과학문명이 모든 것을 지배하는 현대 문명에서는 지성의 활용보다 정서와 심리의 관리가 더 중요해지고 있다. 급변하는 미래사회에 필요한 것은 마음의 균형이며, 이는 불교에서 말하는 마음수행과 다르지 않다. 이것이 도덕·윤리교육에서 불교사상의 내용과 방법을 간과할 수 없는 이유이다. 지금까지 업을 비롯한 불교연구의 결과들을 윤리적 관점에서 접근하여 실제 교육에 어떻게 적용할지 구체적인 방안을 모색해야 할 시점이다.

---

74) 카렌 암스트롱(Karen Armstrong), 정영목 역, 『축의 시대』(*The Great Transformation : The World in time of Buddha, Socrates, Confucius and Jeremiah*, 2006)(서울: 교양인, 2010), 머리말.

제4장 마음[心] - 초기불교에 나타난 마음의 구조와 붓다의 정서교육[1]

I. 머리말 : 정서교육담론과 불교

정서(情緒)란 인간의 마음에서 일어나는 심리적 작용을 종합적으로 표현한 말로, 감정, 기분, 분위기, 상념, 정신 상태, 마음, 정조 등 많은 표현들을 아우르고 있다. 연구자들 사이에서도 정의내리기 쉽지 않아 아직도 의견이 분분하다.[2] 로버트 플러치크(Robert Plutchik)가 정의한 "자극에 대해 추론된 복합적인 반응들의 연쇄로서 인지적 평가, 주관적 평가, 자율체계 및 신경세포의 각성, 행동 충동성 그리고 복합적인 연쇄를 유발시킨 자극에 영향을 주도록 고안된 행동을 포함한다."[3]는 전형적인 개념에서, 정서가 얼마나 복잡한 요소들의 결합·작용인지 잘 드러난다. 최근 정서 논의의 핵심은 정서의 '측정 가능성'과 '도덕적 판단 가능성'으로, 정서는 단순한 감정에서부터 복잡한 느낌, 대상에 대한 반응, 기호(嗜好)나 취향 등 주관적·상대적 특성이 강하여 객관적 측정·판단이 쉽지 않다. 최근 뇌(腦)과학

---

1) 이 글은 『도덕심리학의 전통과 새로운 동향』(교육과학사, 2017, pp.253~385)과 『도덕교육론 : 도덕치유와 윤리상담』(교육과학사, 2018, pp.95~117)에 실렸음을 밝혀 둔다.

2) 영어의 'emotion'은 문자 그대로 일종의 밖으로 향한 운동을 나타내며, 처음 일상용어로 사용될 때는 '소란·소요'를 의미했으며, 천둥을 대기의 'emotion'이라 일컫기도 하였다. James W. Kalat·Michelle N. Shiota, 민경환 외 역, 『정서심리학』(Emotion, 2007)(서울: 시그마프레스, 2007), p.3.

3) 위의 책, p.4.

의 발달로 자기공명단층촬영 등 측정방법이 개발·활용되면서 정서 측정 가능성이 높아졌다.4) 문제는 도덕적 판단 가능성인데, 관계성을 떠나 작용할 수 없다는 정서의 특성을 염두에 둔다면 가치판단이나 '시대정서'의 규정도 가능함을 알 수 있다. 공자는 "정나라 음악은 음탕하고 말 잘하는 사람은 위태롭다."고 비판하였는데5) 이러한 평가에서 공자 당시의 '시대정서'에 대해서도 파악해 볼 수 있다.

어느 시대나 정서가 문제되지 않은 적이 없지만 현재 상황처럼 심각한 적도 없었다. 오늘날 자본주의 특성과 감각적 대중문화의 확산, 정보통신 기술의 발달로 인해, 누구나 쉽게 정서적 욕구를 충족시키고 표현할 수 있게 되었다. 그 결과 정서와 관련하여 스트레스로 인한 우울증, 분노조절장애 등 사회문제가 심각해지고 있다. 한국은 우울증으로 인한 자살,6) 분노조절장애로 인한 폭력문제가 한계치를 넘어서자 그에 대한 대응책 마련에 부심하고 있지만 대책 마련은 쉽지 않다.

그렇다면 오늘날 정서는 무엇이 문제일까? 첫째, 얼마 전까지만 해도 어느 정도 적정선의 상식적 도덕률의 정립이 가능하여 시대에 따른 보편정

---

4) 또 '전혀 불안하지 않다', '불안하다', '매우 불안하다' 등에 표시하는 방법의 '자기보고' 형식도 있고, 심장박동 수 등 신체적 활동을 파악하는 '생리적 측정' 방법도 있으며, 행동으로 분노, 행복, 혐오 등 정서를 추론하는 '행동 관찰' 방법 등도 있다. 위의 책, pp.8~18.

5) 『논어집주』 <위령공> 제10장 : "顏淵, 問爲邦, 子曰, 行夏之時, 乘殷之輅, 服周之冕, 樂則韶舞. 放鄭聲, 遠佞人, 鄭聲淫, 佞人殆.'(안연이 나라 다스리는 것에 대해 문자, 공자께서 말씀하였다. "하나라 책력을 행하며, 은나라 수레를 타며, 주나라 면류관을 쓰며, 음악은 소무(韶舞)를 할 것이다. 정(鄭)나라 음악을 추방해야 하며, 말재주 있는 사람을 멀리해야 할 것이니, 정나라 음악은 음탕하고 말 잘하는 사람은 위태롭다.")

6) http://en.seoul.co.kr/news/newsView.php?id=20151118500188(검색일 : 2015.11.19), 『서울신문』(2015.11.18), "한국 자살 1위인데 우울증 치료는 꼴지 수준. 대체 왜?" : 경제협력개발기구(OECD)의 '한눈에 보는 보건의료 2015'에 따르면 한국의 하루 항우울제 소비량은 28개 조사국 가운데 두 번째로 낮았다. 한편 지난해 한국에서 스스로 목숨을 끊은 사람은 여전히 OECD 국가 가운데에는 1위인 것으로 나타났다.

서가 존재할 수 있었지만 지금은 '시대정서'에 대한 합의가 어려워졌다. 자유와 평등, 개성과 다양성을 강조하는 현대사회에서 정서판단의 기준 찾기가 쉽지 않기 때문이다. 어렵게 보편정서를 추출하더라도 다양하고 복합적인 정서들 사이에서 가치 합의점을 찾기가 쉽지 않다. 둘째, 이러한 분위기에서 생기는 정서혼란이 문제이다. 사람들은 어떤 정서를 표현할지 어느 선까지 표현할지 혼란스러워하며, 표현은 쉽게 하지만 책임지지 않으려 하는 데서 문제가 발생한다. 셋째, 미디어의 영향으로 정서가 감각적 욕구에 치중되는 문제이다. 기업들의 무차별적 광고에 대한 거부권 행사가 불가능해지면서 감수성이 예민한 아동과 청소년에게 감각적 광고의 부정적 영향이 심각해졌는데, 이러한 정서치중의 결과는 외모지상주의와 물질주의 등 새로운 문제를 야기하고 있다. 넷째, 부정적 정서 표현이 문제이다. 영화·드라마·오락에서의 욕설과 감정 배출식의 직설적·부정적 용어들은 일상화되어 버렸으며, 청소년들은 욕 없이는 대화가 불가능하고, SNS에서는 인격을 비하하는 표현이 난무하여 인간성의 파괴까지 우려될 정도이다. 이와 같은 보편정서의 부재, 정서혼란, 정서치중, 부정적 정서의 문제들은 정서와 관련하여 자기성찰의 부족, 정서표현의 기준과 가치지향의 결여에서 원인을 찾을 수 있다.

역사적으로 한국인들은 긍정적 정서를 자연스럽게[무리 없이] 표현하고, 부정적 정서를 수용·조절하는 정서교육을 제대로 받아본 경험이 거의 없다. 그 결과 자신의 정서를 제대로 파악하지 못할 뿐만 아니라, 정서장애가 있어도 인정하지 않으려 하며, 정신 치료에 대해서도 부정적으로 인식하면서 문제가 심각해지고 있다. 한국적 정서 문제의 원인을 분석해보자. 첫째, 한국은 유교사상의 영향으로 '체면의 구조', '눈치의 원리', '공동체로부터 개인의 미독립'7) 같은 관계적 특성으로 정서를 솔직하기 표현하는 데 소극적이다. 이러한 관계적 특성은 사실 유교의 본질은 아니다. 유교의 겸

---

7) 최재석, 『한국인의 사회적 성격』(서울: 현음사, 1994), p.113, p.123, p.173.

양·예절·존중의 본질은 형식주의에 매몰되었고, 근대 이후는 민주주의 표현양식과 조화되지 못하면서 갈등이 표면화되었다. 둘째, 지금까지 도덕교육이 인지적 영역을 강조한 결과 인지·정서·행동을 통합시키는 데 어려움이 있었다. 2007 개정 교육과정 이후 감정 표현과 자긍심, 대화와 갈등, 게임 중독 등 정서문제를 다룸으로써[8] 감정의 역할, 감정 조절, 감정 표현, 나아가 염치와 공감 등 정서에 대한 도덕적 접근을 시도하고는 있지만[9] 이전까지는 콜버그 인지발달론 중심으로 '앎'을 강조한 이성 중심의 도덕교육에 중점을 두어, 많이 알기는 하지만 실천하지 못하는 지성인을 양산하였고 그들의 모델링 효과로 비도덕적 분위기가 확산되었다. 이러한 분위기에서 정서교육담론이 대두되었는데, 관건은 인지와 정서의 조화와 균형이다. 셋째, 전 세계적인 현상으로 자본주의 경쟁체제의 특성과 물질적·감각적 욕구를 추구하는 문화 분위기, 그리고 정보통신기술의 발달로 대가를 지불하기만 하면 언제나 누구나 원하는 콘텐츠를 얻을 수 있는 구조가 가장 큰 문제이다. 부정적 정서에 대한 지나치게 많은 노출은 정서교육의 긍정적 효과를 기대하기 어렵게 하고, 더 큰 문제는 이러한 환경의 제거가 불가능하다는 데 있다.

문제를 해결하기 위해서는 문명에 대한 성찰, 제도적 장치, 나아가 정서교육에 의지하지 않을 수 없다. 그렇다면 정서교육은 어떤 방향으로 이루어져야 하는가? 최근 보편화된 명상 기법은 심신치유를 넘어 질병치료에까지 활용되고 있으며, 내용·방법에서 정서교육에의 시사점이 크다. 명상 효과를 경험한 사람들은 그 기원인 불교사상에 관심을 가지기 시작하였고, 템플스테이나 불교 대중강연 등에서 붓다의 가르침을 통해 인생을 통찰할 지혜를 추구하고자 한다. 붓다는 가르침의 체계화를 위해 노력했는데 그의 가르침은 대화법으로 정착하여 정리되었고, 초기불교사상의 핵심은 팔리

---

8) 교육과학기술부, 『초등학교 교사용 지도서 도덕 5』(서울: 대한교과서주식회사, 2011), p.24.

9) 위의 책, pp.128~153.

어로 쓰인 상좌부(上座部) 테라바다(Theravada) 전통의 경율론(經律論) 삼장(三藏)에 잘 드러나며, 그 중 붓다의 설법은 경(經)에 잘 정리되어 있다.10) 붓다의 가르침은 북방의 『아함』, 남방의 『니까야(Nikaya)』로 전승되었는데 이들이 초기불교의 전거들이다. 주석서로 유명한 붓다고사 스님의 『청정도론(淸淨道論)』(Visuddhimagga)은 계정혜(戒定慧) 삼학(三學)이 핵심 내용이며, 이를 이론적으로 체계화한 것이 아비담마(abhidamma)이다. "아비담마를 이해하지 못하면 『청정도론』을 이해할 수 없고 『청정도론』을 이해하지 못하면 남방불교를 이해할 수 없다."11)고 할 정도로 아비담마는 초기불교의 교학체계이자 오늘날 명상수행의 핵심이다. 인간존재의 실상을 괴로움[苦]으로 본 붓다는 이를 극복하여 행복할 수 있는 방법을 제시하였는데, 그 가르침이 미래에까지 전하지 못할까 걱정한 제자 수보리의 우려와12) 달리 오늘날 부처의 가르침은 여전히 유효하다. 붓다는 괴로움의 원인을 불선(不善, akusala)으로 보았는데, '아꾸살라'는 모든 악의 뿌리인 탐욕·성냄·어리석음과 결부되어 생기는 업·의도·마음·마음작용을 말한다.13) 붓다는 사람들의 불선을 선(善, kusala)으로 변화시켜 깨달음을 얻어 행복에 이르는 길을 제시하였는데, 이 점에서 붓다의 가르침은 그 목표·내용·방법이 바로 정서교육과 다름이 없으며, 거기에서 오늘날 정서교육의

---

10) 북방의 경우 산스크리트어로 전하여 한문으로 번역되어 일차자료가 되기에 부족한 점이 있지만 니까야 경전은 팔리어로 당시의 모습을 생생하게 전하고 있다는 점에서 보다 의미가 있다. 길희성, 『인도철학사』(서울: 민음사, 1997), p.52.

11) 대림스님·각묵스님 역, 『아비담마 길라잡이(상)』(초기불전연구원, 2002), p.36.

12) 당시 제자인 수보리는 "나는 20년 동안이나 거룩한 부처님을 모시고 수행 정진해서 오늘 이렇게 부처님의 말씀을 깨달을 수 있지만, 저 미래에 부처님이 계시지 않는 세상에서 이런 말씀을 믿고 따르는 자가 있겠는가?"라고 걱정하여 부처님께 "중생들의 이와 같은 말씀과 문자와 글귀를 듣고 참된 마음을 내겠습니까?" 물었다. 법륜, 『금강반야바라밀경: 법륜스님의 금강경 강의』(서울: 정토출판, 2013), pp.116~117.

13) 와타나베 후미마로, 김한상 역, 『니까야와 아비담마의 철학과 그 전개』(서울: 동국대학교 출판부, 2014), p.125.

해법을 찾을 수 있다.

II. 초기불교에서 삶의 목적과 마음의 구조

붓다는 인간존재의 실상을 고(苦)라고 파악하고, 괴로움을 극복하여 행복에 이를 것[離苦得樂]을 설하였다. 초기불교에 의하면 행복은 인간의 인식 변화와 정서적 평안함으로 가능한데, 괴로움은 무상(無常)과 무아(無我)를 자각하지 못하기 때문에 생긴다. 행복을 위해 삶의 현실을 회피하지 말고 직면하여 극복하여야 하는데, 생로병사(生老病死)도 찰나이므로 행복은 무상(無常)을 깨닫는 것이 핵심이다. 무상(無常)의 인식을 위해 모든 현상을 해체하여 분석해 보고, 인식과 정서의 변화를 위해 마음의 구조를 파악해야 한다. 마음(찌따, citta)을 집중적으로 분석한 이유는 인식주체인 나를 번뇌하게 하는 마음 자체를 제대로 알기 위해서이다.

마음은 찰나생·찰나멸 하는 끊임없는 '흐름'[心相續]으로, 그것은 한 순간 일어나 대상을 아는 기능을 수행하자마자 사라진다. 조건에 따라 일어나 조건이 사라지면 바로 사라지고, 그 작용은 대상이 존재해야만 발생한다.14) 마음과 유사한 개념인 '나마'(nāma, 名), 즉 정신은 오온(五蘊)에서 물질[루빠(rūpa), 色]을 제외한 수상행식(受想行識) 네 가지를 뜻하는 말이며,15) 작용보다 '대상'을 일컫는 반면 마음은 그것들의 다양한 '작용'들에 초점을 둔 말이다.

마음은 일어나는 경지에 따라 욕계(欲界), 색계(色界), 무색계(無色界), 출세간(出世間)으로 분류된다. 욕계란 '감각적 욕망의 영역'의 세계로, 욕망과

---

14) 대림스님·각묵스님 역, 앞의 책, p.64.

15) 나마와 루빠가 복합어로 함께 쓰이는 경우에는 중생을 이루는 정신적·물리적 복합체를 가리킨다. 영어로는 mind and body, name and form, materiality and corporeality로 번역된다. 와타나베 후미마로, 앞의 책, p.54.

절제, 선과 악 등이 존재하는 인간 세상을 말한다. 색계란 형상, 즉 물질의 세계로, 욕계를 벗어나 선정을 닦은 사람들이 이르는 곳이다. 아직은 물질을 완전히 떠나지 못하고 순수한 정신세계도 아니지만 그래도 욕계보다는 높은 단계이다. 무색계는 정신과 이념으로 살아가는 세계로, 삼매의 경지이나 아직 수상행식(受想行識)이 남아 있기는 하다. 출세간은 속세(俗世)의 생사 번뇌에서 해탈한 깨달음의 세계로 최고의 경지이다. 인간의 삶은 욕계에서 마음을 닦아 색계·무색계·출세간의 경지에 이르는 것이 중요하며, 이를 위해 지속적인 수행이 필요하다. 열반을 얻은 사람들은 출세간 경지까지 도달하지만, 일반인들은 색계나 무색계에 이르기도 쉽지 않다.

　마음의 종류는 불선[不善, 해로운 것], 선[善, 유익한 것], 과보인 것[異熟, 위빠까(vipāka)], 단지 작용만 하는 것[作, 끼리야(kriya)]의 네 가지로 분류된다. '불선'은 탐진치(貪瞋癡) 세 가지 혹은 이 셋이 서로 함께 일어나는 것이다. 정신적으로 건전하지 못하거나 도덕적으로 비난받을 만하여 괴로운 과보를 가져오기 때문에 해롭다고 한다. '선'은 이와 반대의 의미와 결과를 가져온다. 이 두 가지 마음은 의도적 행위인 업(業, karma)과 업의 내용과 직결된다. '과보인 것'은 업이 익어 일어나는 마음이나 그 상태로, 직접적으로 업을 만드는 불선·선의 마음과는 구분된다. 즉 불선·선의 결과가 과보로 나타나 업의 성숙을 경험하는 마음이므로, 불선·선과는 다른 것이다. 넷째 업도 업의 과보도 따르지 않는, '단지 작용만 하는 것'은 '무기(無記)'[16]라 하는데 가치판단과 무관한 마음 작용이다.[17]

---

16) http://100.daum.net/encyclopedia/view/14XXE0018964(검색일: 2015.12.23), 『한국민족문화대백과사전』 <무기(無記)> "불교에서는 인간의식이 외부로 표출되는 것을 선과 악과 무기의 3성(性)으로 구분하는데, 이 중 무기는 선악의 분별이 없는 상태이다. 일반적으로 선과 악, 흑백 등의 상태가 분명한 것을 유기(有記)라고 하는데, 선·악이라고 분명히 규정지을 수 없는 상태이기 때문에 무기라고 한다. 따라서 유기의 선과 악에는 좋은 과보와 나쁜 과보가 따르지만, 무기에 대해서는 어떤 과보도 따르지 않는다고 한다. 그 까닭은 무기의 업(業)에 대해서는 자성(自性)에 기록할 것이 없기 때문에 미래의 과보를 받지 않는 것이라고 본 것이다."

초기불교 아비담마의 마음 구조를 살펴보자. 욕계의 마음은 해로운 마음 12가지, 원인 없는 마음 18가지, 아름다운 마음 24가지를 합하여 54가지로 구성되었다. 색계의 마음 15가지, 무색계의 마음 12가지, 출세간의 마음 8가지인데, 이들을 모두 더하면 89가지이며, 한 편으로 출세간의 마음 8가지에 5가지 선정에서 일어나는 마음을 각각 포함시켜서 32가지 마음을 더하면 121가지가 되기도 한다. 결국 생멸이 일어나는 장소와 조건에 따라서 마음은 89가지 혹은 121가지로 분류되는 것이다.[18]

마음과 다른 마음부수[心所, 쩨따시까(cetasika)]가 있는데, 그것은 '마음에 있으면서 그것에 의지해 존재하는 것', 즉 마음에 부속한 것으로 항상 마음(citta)과 함께 결합되어 일어나는 정신현상을 말한다. 마음부수는 전체 인식행위에 있어서 마음이 특별한 임무를 수행하도록 돕는 역할을 한다. 그래서 마음부수들은 마음 없이는 일어나지 못하며 마음은 마음부수들과 완전히 분리되어 단독으로 일어날 수 없다. 이 둘은 상호의존적이지만 마음이 근본적인 것이라면 마음부수는 마음에 의지하여 대상을 인식하도록 돕는 역할을 한다.[19] 마음부수는 모두 52가지인데, 자세한 것은 아래의 표 (52가지 마음부수법들의 개관)와 같다.[20] 이처럼 마음과 마음부수에 대한 이해가 초기불교에서 마음 이해의 기본이다.

아래의 표는 정서와 관련하여 '해로운 마음부수들' 14가지와 '아름다운 마음부수들' 25가지를 중심으로 논의해볼 수 있다. '다른 것과 같아지는 것들' 13가지는 궁극적으로 마음작용을 가능케 하는, 유지시키는 기능적인 것이다. 해로운 마음부수는 의도적 행위를 발생시키고 직접적으로 불선(不

---

17) 대림스님·각묵스님 역, 앞의 책, pp.107~111 참고.

18) 89/121가지 마음 분류는, 대림스님·각묵스님 역, 앞의 책 정리한 것과 http://blog.daum.net/blueseaclean730/6911518(검색일: 2015.11.24), "숲 속의 작은 도서관"을 참고할 것.

19) 대림스님·각묵스님 역, 앞의 책, pp.187~186.

20) 위의 책, p.193.

善)을 가져오는 심소들로, 이것들이 마음과 결합·조합하면 부정적 심리의 마음이 되며, 이를 선(善)의 마음과 마음부수로 변화시키는 것이 관건이다.

그렇다면 89/121가지 마음과 52가지 마음부수는 어떻게 결합하고 조합하여 인식작용이 일어나는가? 마음부수에 초점을 두면 89/121가지로 분류되는 마음 중 어떤 마음들과 마음부수가 결합되어 나타나는지가 중요하고, 마음에 초점을 두면 마음들이 어떤 마음부수들과 조합되는지를 분석하게 된다. 마음과 마음부수들은 무작위로 결합하거나 조합하는 것은 아니며, '마음에 따라, 세상에 따라, 종류에 따라, 관련된 법들에 따라' 일정한 결합 및 조합의 방법들에 의해 이루어져 드러나는 것이다.

초기불교는 왜 이처럼 마음과 마음부수를 '해체'하여 세밀하게 분석하고, 나아가 그것을 다양하게 결합·조합시키고자 하였을까? 인간의 현실에서 마음을 규정하기란 쉬운 일이 아니다. 그것은 너무도 복잡하고 수많은 89/121가지 마음과 52가지의 마음부수[心所]들이 만나 작용하여 끊임없이 변화무쌍하기 때문에 자신의 마음이 과연 어떤 상태인지 알지 못한다. 찰나생·찰나멸 하는 마음을 포착하기도 어렵지만, 설혹 그것을 안다 하더라도 포착된 상태의 마음을 유지하기는 더욱 어렵다.

[52가지 마음부수법들의 개관]

[다른 것과 같아지는 것들] : 13	[해로운 마음부수들] : 14 (불선업의 마음)	[아름다운 마음부수들] : 25 (명상에 도움이 되는 선업의 마음)	41. 몸의 적합함 (+kammaññatā)
항상 작용하고 있는 마음 부수 7가지	해로운 마음부수(반드시 일어남) 4가지		42. 마음의 적합함 43. 몸의 능숙함 (+pāguññatā)
1. 감각접촉 [觸, phassa]	14. 어리석음[癡, moha], 15. 양심 없음	아름다운 마음부수 (반드시) 19가지	44. 마음의 능숙함 45. 몸의 올곧음
2. 느낌[受, vedanā]	[無慚, ahirika],	28. 믿음(saddhā, 信)	(kāya-ujukatā)
3. 인식[想, saññā]	16. 수치심 없음	29. 마음챙김(sati, 念)	46. 마음의 올곧음
4. 의도(cetanā)	[無愧, anottappa],	30. 양심(hiri, 慚)	
5. 집중[心一境, ekaggatā]	17. 들뜸[掉擧, uddhacca]	31. 경각심(ottappa, 愧) 32. 탐욕없음	절제 : 3가지 47. 바른 말[正語,

6. 생명기능[命根, jīvitindriya]	해로운 마음부수 (때때로 뒤따라 일어남) 10가지	(alobha, 不貪)	sammā-vācā]
7. 의식의 방향 선택 [manasikāra]	18. 탐욕[貪, lobha]	33. 성냄없음(adosa, 不瞋)	48. 바른 행위[正業, +kammanta]
	19. 사견[邪見, diṭṭhi]	34. 중립(tatramajjhattatā)	49. 바른 생계[正命, samma-ājīva]
	20. 자만[慢, māna]	35. 몸의 輕安 (kāya passaddhi)	
상황에 따라 일어나는 마음 부수 6가지	21. 성냄[瞋, dosa]	36. 마음의 경안 (citta-passaddhi)	
8. 일으킨 생각 [尋, vitakka],	22. 질투[嫉, issā]	37. 몸의 가벼움 (kāya-lahutā)	무량 : 2가지 50. 연민[悲, karuṇā]
9. 지속적인 고찰 [伺, vicāra],	23. 인색[慳, macchariya] 24. 후회[惡作, kukucca]	38. 마음의 가벼움 (citta-lahutā)	51. 같이 기뻐함 [喜, muditā]
10. 결심[勝解, adhimokkha],	25. 해태[懈怠, thīna] 26. 혼침[昏沈, middha]	39. 몸의 부드러움 (kāya-mudutā)	미혹 없음 : 1가지 52. 통찰지의 기능[慧根,
11. 정진(vīriya), 12. 희열(pīti),	27. 의심[疑, vicikicchā],	40. 마음의 부드러움 (citta-mudutā)	paññindriya]
13. 열의[欲, chanda]			

초기불교는 인간이 이러한 마음에 조종당하지 않기 위해, 마음과 마음 부수를 해체하여 봄으로써 자기 마음의 상태를 객관적으로 파악하여 잘 알아서 살피고 다스릴 것을 강조한다.

이렇게 어떤 마음이 일어날 때 어떤 마음부수들이 함께 일어나는지, 어떤 마음부수는 어떤 마음과 연관되어 있는지 분명하게 눈앞에 현전 하는 경지에 이르게 되면 그의 위빠사나의 지혜는 이미 범속한 경지를 넘어섰다 할 것이다. 무엇보다도 어떠한 마음이 일어나더라도 그것이 어떤 마음인지 꿰뚫어 알아서 그것에 속지 않게 될 것이다.21)

내 마음을 들여다보고 그 상태를 관찰하고 그에 따라 나쁜 마음은 변화 시키고 좋은 마음은 유지하고자 하게 된다. 이처럼 마음을 분석하여 궁극 적으로 도달하고자 하는 지점은 탐진치(貪瞋癡)의 제거이다. 인간은 마음 을 해체하여 봄으로써 '나' 혹은 '존재'라고 주장할 만한 실체가 없음을 알

---

21) 위의 책, p.272.

게 된다. 이 세상 모든 것은 연기(緣起)에 따라 변화하고, 따라서 영원한 것은 하나도 없어 모든 것이 무상(無常)하기 때문에 실체라고 할 만한 것도 없다. 어떤 것도 연기에 의한 것으로 고정된 실체가 없기 때문에 인간은 마음으로 그것들을 갈애(渴愛)할 필요가 없다. 결국 마음의 구조를 파악함으로써 불선(不善)의 마음을 버리도록 하고자 함이다.

III. 붓다 정서교육의 목표와 내용

불교의 계정혜(戒定慧) 삼학(三學)의 공부는 기본 계율을 지키고 삼매로 수행하여 통찰지를 획득하여 해탈과 열반에 이르기 위함이다. 정(定)이 정서적 수행이라면, 혜(慧)는 인식적 수행이며, 해탈과 열반이 바로 궁극적인 행복이며, 이는 마음의 구조를 이해하여 부정적 심리[不善]에서 벗어나 긍정적 심리[善]에 이르는 것이다. 붓다가 설법한 불교의 진리는 유익한·도덕적·긍정적 마음을 지녀서 실천하게 하는 것이다. 정서교육의 목표와 내용을 살펴보자.

1. 정서교육의 목표 : 이고득락

앞에서 '불선'과 '선'의 마음은 '과보의 마음[異熟心]'·'무기(無記)'와는 다르게 의도적인 행위, 즉 업[業, kamma]과 관련됨을 살펴보았다. 인간이 짓는 의도적인 의업(意業)·구업(口業)·신업(身業)이 어떤 마음과 마음부수로 이루어지는가에 따라 그 업에 대한 과(果)와 보(報)를 받게 된다는 말이다. 이 세상 모든 것은 인과에 의한 것이며, 인간이 짓는 의도적인 불선·선의 마음도 연기의 원리에 따라 어떤 업을 짓는가에 따라 결과가 달라진다. 그러므로 우리는 연기의 진리를 알면 함부로 업을 행하지 못하게 된다. 따라서 인간은 유익한·선한 마음작용을 하도록 수행하지 않을 수 없으며, 이를 위해 대상의 본질들을 꿰뚫어 무상(無常)임을 알아야 하는 것이다. 그 결과 갈애와 무명을 벗어나 깨달음을 얻어 이고득락에 이르게 된다.

행복을 위해 붓다는 무엇보다 탐진치 삼독(三毒)의 제거를 강조하였는데, 그것이 괴로움의 원인이며 갈애와 무명이 거기서 생긴다고 보았기 때문이다. 갈애가 정서적 번뇌라면 무명은 지적 번뇌로 무지(無知)이다. 따라서 탐진치는 지적·정서적으로 해로운·부정적·비도덕적 마음이며, 여기서 불탐(不貪)·부진(不瞋)·무치(無癡)로 변화시키고자 하는 마음의 '닦음'과 '다스림'이 중요해진다. 그 과정에서 아는 것과 느끼는 것, 즉 인식의 변화와 정서의 변화가 병행되어야 하며, 이를 위해 이론적 교학 공부와 정서적 명상수행 모두가 필요하다. 초기불교의 명상은 집중명상[사마타]으로 마음을 안정시키고, 통찰명상[위빠사나]으로 진리를 통찰하도록 한다. 사마타[止]를 중심으로 마음을 고요히 평안하게 하고 위빠사나[觀]로 인생의 본질을 통찰하여 해탈에 이르는 것이다. 수행의 핵심은 불선법(不善法)을 선법(善法)으로 변화시키는 것으로, 가만히 앉아서만 이루어지는 것이 아니라 일상생활에서 먹고 자고 공부하고 대화하면서, 즉 행하면서 얻어지는 것이다.

2. 정서교육의 내용 : 연기법과 사성제

이고득락에 대한 이해는 다양하지만 핵심은 어떻게 깨달음을 얻을 것인가이다. 출가자의 깨달음은 윤회를 끊는 높은 경지의 열반이지만, 일반 재가자 대중의 깨달음[해탈]은 부정 심리를 긍정 심리로 변화시켜 행복한 삶을 영위하는 것이다. 불교는 선(善)에 대한 지향성, 즉 도덕적 성격이 다른 어떤 사상보다 강한 것이 특징이다. 불교 공부는 궁극적으로 계정혜(戒定慧)로 종합되는데, 주어진 계율을 잘 지키고 마음을 잘 다스리고 진리에 대한 지혜를 얻어 해탈함으로써 진정한 행복에 이르고자 한다. 이것이 붓다가 가르친 바이며, 사람들의 정서를 변화시켜 평안한 마음을 지니도록 함이 핵심이다. 그렇다면 붓다가 가르치고자 한 내용은 무엇일까?

첫째, 붓다의 가르침의 핵심은 연기법(緣起法)이다. 즉 이 세상 모든 것이 직접적 원인인 인(因)과 간접적 원인인 연(緣)에 의해 이루어지며, 12연기의 고리로 발생하고 소멸되는 연기의 진리를 알게 되면 마음도 조건에 따라 생기고 조건에 따라 소멸함을 알게 된다.

> 비구들이여, 무명을 조건으로 의도적 행위들[行]이, 의도적 행위를 조건으로 알음알이[識]가, 알음알이를 조건으로 정신·물질[名色]이, 정신·물질을 조건으로 여섯 감각장소[六入]가, 여섯 감각장소를 조건으로 감각접촉[觸]이, 감각접촉을 조건으로 느낌[受]이, 느낌을 조건으로 갈애[愛]가, 갈애를 조건으로 취착[取]이, 취착을 조건으로 존재[有]가, 존재를 조건으로 태어남[生]이, 태어남을 조건으로 늙음·죽음[老死]과 근심·탄식·육체적 고통·절망[憂悲苦惱]이 발생한다. 이와 같이 전체 괴로움의 무더기[苦蘊]가 발생한다. 비구들이여, 이를 일러 연기라 한다.22)

이 연기의 조건들을 모두 분석하여 소멸의 과정을 밝히다보면23) "일어나는 법은 그 무엇이건 소멸하기 마련인 법이다[集法卽滅法]."24)라는 것을 알게 된다. 따라서 괴로움을 벗어나기 위해서는 도닦음이 필요함을 알게 된다.25) 도닦음의 방법은 통찰지와 삼매이며 사성제의 진리를 꿰뚫어 아는 통찰지와 정서적 평안함을 유지하는 삼매를 수행하여 해탈에 이르는

---

22) S12:1(인연 상윳따, 연기 경), 각묵스님 역, 『상윳따 니까야 2』(초기불전연구원, 2009), p.85. S는 『상윳따 니까야』, 12는 품, 1은 경의 순서를 의미함. 이하 동일.
23) S12:2(인연 상윳따, 분석 경), 위의 책, pp.92~103.
24) S56:11(진리 상윳따, 초전법륜 경), 각묵스님 역, 『상윳따 니까야 6』(초기불전연구원, 2009), p.390.
25) S12:3(인연 상윳따, 도닦음 경), 각묵스님 역, 『상윳따 니까야 2』, p.104.

것이 요지이다.

둘째, 붓다의 가르침인 고성제(苦聖蹄)이다. 붓다가 말하는 괴로움은 무엇일까? 대표적으로 생노병사(生老病死)의 괴로움이 있는데 여기에 더하여 근심·탄식·육체적 고통·정신적 고통·절망도 괴로움이다. 또한 싫어하는 대상들과 만나는 것, 좋아하는 대상들과 헤어지는 것, 원하는 것을 얻지 못하는 것, 취착의 대상이 되는 다섯 무더기[五取蘊] 자체도 괴로움이다.[26] 잠부카다카 유행승이 괴로움이 무엇인지를 물었을 때, 사리뿟따 존자는 세 가지 괴로움의 성질[苦性]에 대하여 "그것은 고통스런 괴로움의 성질[苦苦性], 형성된 괴로움의 성질[行苦性], 변화에 기인한 괴로움의 성질[壞苦性]입니다."[27]라고 답하였다. 첫째는 고통스러운 그 자체의 괴로움이며, 둘째는 아무리 큰 행복일지라도 세상의 모든 행복이나 즐거움은 마침내 변해버리기[無常] 때문에 괴로움일 수밖에 없다는 것이며, 셋째는 평온한 것이나 형성된 모든 것들은 생멸현상에 지배되기 때문에 괴로움일 수밖에 없는 것이다.[28] 이러한 괴로움의 본질을 알게 되면, 모든 존재들의 본질이 괴로움임을 사무치게 알게 되며 사람은 누구나 해탈에의 열망을 가져 궁극적인 행복을 찾게 된다는 것이다.

셋째, 고집성제(苦集聖諦)가 다음 가르침인데, 이는 괴로움의 발생에 대한 진리로 괴로움의 원인을 밝히는 것이다. "그것은 바로 갈애이니, 다시 태어남을 가져오고 즐김과 탐욕이 함께하며 여기저기서 즐기는 것이다. 즉 감각적 욕망에 대한 갈애[欲愛], 존재에 대한 갈애[有愛], 존재하지 않음에 대한 갈애[無有愛]가 그것이다."[29] 여기서 붓다는 갈애(渴愛, taṇhā)가 다시

---

26) S56:11(진리 상윳따, 초전법륜 경), 각묵스님 역, 『상윳따 니까야 6』, p.385.

27) S38:14(잠부카다까 상윳따, 괴로움 경), 각묵스님 역, 『상윳따 니까야 4』(초기불전연구원, 2009), p.523.

28) 고고성은 중생의 삶은 고통스럽기 때문에 괴로움이며, 괴고성은 아무리 큰 행복일지라도 끝내 변하고 말기 때문에 괴로움이며, 행고성은 본질적으로 오온으로 형성되어 있는 것을 '나'라거나 '내 것'으로 취착하기[오취온] 때문에 괴로움이다. 각묵스님 역, 『상윳따 니까야 6』, p.59, 해제.

태어남, 즉 윤회를 유발하는 원인이라고 보아 이 갈애 때문에 중생들은 끝 모를 생사윤회를 거듭한다고 하였다. 여기서 대표로 든 것이 갈애지만 단 순히 갈애만이 아니라 무명, 성냄, 질투, 인색 등 불선법(不善法)들은 모두 괴로움과 생사윤회의 원인이라고 보았다. 이러한 갈애가 연기로 이어져 궁 극적으로 괴로움을 발생하기 때문에 갈애를 끊기 위한 수행이 중요해진다.

넷째, 고멸성제(苦滅聖諦)는 괴로움의 소멸에 대한 설명인데, "그것은 바로 그러한 갈애가 남김없이 빛바래어 소멸함, 버림, 놓아버림, 벗어남, 집착 없음이다."[30]라고 하였다. 여기서 멸성제는 열반을 말하며, 그것은 탐 진치의 소멸이자 갈애의 소멸이기 때문에 이것을 소멸하면 연기의 고리를 끊게 된다. 그 고리를 끊기 위한 수행방법이 바로 팔정도(八正道)이다. 사 실 불교에서 팔정도는 가장 궁극적인 수행방법이며, 이것만 실천할 수 있 다면 해탈이 가능하다.

다섯째, 고멸도성제(苦滅道聖諦)는 괴로움의 소멸로 인도하는 도닦음의 성스러운 진리를 말하는데, 바로 여덟가지 구성요소를 가진 성스러운 도 [八支聖道]이니, 바른 견해[正見], 바른 사유[正思惟], 바른 말[正語], 바른 행위[正業], 바른 생계[正命], 바른 정진[正精進], 바른 마음챙김[正念], 바른 삼매[正定]를 말한다.[31] 팔정도는 유위법(有爲法) 중 가장 중요한 것이며, 팔정도의 수행은 궁극적으로 연기법과 사성제에 대한 통찰로 인간이 왜 선한 마음을 지녀야 하는지 깨닫게 하는 것이 핵심이다.

---

29) S56:11(진리 상윳따, 초전법륜 경), 위의 책, pp.385~386.

30) S56:11(진리 상윳따, 초전법륜 경), 위의 책, p.386.

31) S56:11(진리 상윳따, 초전법륜 경), 위의 책, p.387.

IV. 붓다 정서교육의 방법과 효과

불교의 모든 가르침은 사성제로 총섭되며, 궁극적으로 그것을 바탕으로 어떻게 갈애와 무명을 벗어나 불선법을 버리는 수행을 할 것인지의 방법이 중요하다. 붓다는 중생의 이고득락(離苦得樂)을 위해 다양한 설법으로 연기와 사성제를 깨우쳤고 수행방법을 가르쳤다. 그는 대화법을 통해 설득하고, 사마타와 위빠사나 수행을 가르쳤으며, 가르침을 전하기 위하여 자신의 모든 정성을 기울여 45년 동안 전법 활동을 하였다. 그가 행하고 가르친 방법들이 바로 정서교육의 방법들인 것이다.

1. 대화법 : 정서의 변화

붓다의 설법은 대화법을 중심으로 이루어졌다. 붓다는 기본적 방법으로 문답법을 활용했고, 형이상학적 질문에는 무기(無記) 등 다양한 대화법으로 대중들을 가르쳤다.32) 붓다는 사람들과 대화하면서 오늘날의 상담 혹은 심리치료에서 활용하는 방법들과 유사하게 마음을 치유하고 정서적인 변화를 유도하였다.33) 그는 단순히 자신의 깨달은 진리만을 이론적으로 가르친 것이 아니라 대화와 설법을 통해 불안한 사람들의 마음을 안정시키고 잘못된 생각을 가진 사람들을 변화시켰으며 그 과정에서 사람들이 불교의 가르침에 의해 행복해질 수 있도록 노력하였다. 이런 방법들은 오

---

32) 박미순, "불교초기경전에 나타난 불타의 대화법에 관한 교육학적 연구"(동국대학교 교육대학원 철학교육전공 석사학위논문, 1991) ; 김수아, "붓다의 대화법과 『능가경』에 나타난 무기설의 특징", 『종교와 문화』 제22호(서울대학교 종교문제연구소, 2012), pp.115~136.

33) 최영효, "초기불교를 중심으로 한 불교의 심리치료적 활용의 세 관점"(서울불교대학원대학교 불교학과 석사학위논문, 2010) ; 권경희, "잡아함경에 나타난 부처님의 상담사례 연구", 『보조사상』 제18집(보조사상연구원, 2002), pp.249~331.

늘날 이른바 상담 혹은 심리 치유와 맞닿아 있기도 하다.

붓다의 담론과 대화법의 정수가 잘 드러나는 것이 『디가 니까야』인데, 여기에 보이는 붓다의 대화의 특징은, 진지하고 자상하며, 상대를 배려하고, 무뢰한 자에게는 엄하고 단호하게 대하며, 전하고자 하는 말이 분명하다.34) 또한 논점을 흐리지 않고 무엇보다 엄밀한 토론에 의해 깨달음의 내용을 전하고 있는데, 공개적인 논쟁은 인도의 오랜 습관이었으며, 붓다는 토론과 논쟁에서 그릇된 자세를 지적하고, 바르게 대화하는 방법을 가르치고 있다.35) 이러한 붓다의 토론 자세는 무조건 이기기만 하는 잘못된 논쟁 자세를 비판적으로 보게 하는, 쇼펜하우어가 제시한 방법들로36) 오늘날도 의미가 있다. 붓다는 은유(隱喩), 직유(直喩), 유비(類比), 환유(換喩), 과장법 등 다양한 수사법(修辭法)들을 동원하여37) 자신이 전하고자 하는 진리의 내용들을 사람들에게 설파하고 있다. 무엇보다 매우 논리적인 논증방식을 통해 사람들의 정서 변화를 끌어내고 있다. 예를 들면 "생명과 몸은 같은가, 다른가"를 질문한 만딧사와 잘리야 두 유행승에게 '생명이 바로 몸이다'라거나 '생명과 몸은 다르다.'라는 주장이 타당하지 않음을 논리적으로 설명하였다. 붓다는, 도를 깨닫는 과정을 분석하고 연기의 논리에 따라 모든 것이 무상하며 해탈에 이르게 됨을 통해, 마침내 "그러한 주장은 적당하지 않습니다."라는 답을 얻게 했다.38) 특히 이러한 논리적 방법에 의

---

34) 각묵스님 역, 『디가 니까야 1』(초기불전연구원, 2006), pp.26~27.

35) 특히 다음과 같은 아홉 가지 가운데 한 가지를 행하는 사람은 토론하는데 부적합하다고 지적한다. 다른 것을 엉뚱하게 물어봄으로써 질문을 회피하기, 논점에서 벗어난 토론을 진행하기, 고약한 심보, 반감, 불신을 드러내기, 상대방을 비난하기, 질문자를 짓누르기, 질문자를 비웃어 능멸하기, 질문자가 머뭇거릴 때 질문자를 난처하게 만들기 등이다. 와타나베 후미마로, 앞의 책, p.54, p.157.

36) 쇼펜하우어, 김재혁 역, 『논쟁에서 이기는 38가지 방법』(서울: 고려대학교 출판부, 2007), 목차 참고.

37) 와타나베 후미마로, 앞의 책, pp.160~162. 참고.

38) D7(잘리야 경, "생명과 몸은 같은가 다른가"), 각묵스님 역(2006), 『디가 니까야 1』 앞의 책, pp.411~416.

한 설득은 형이상학적 문제들에 대해 명쾌하게 이해할 수 있도록 해주었으며, 그 결과 괴로움에서 벗어날 수 있는 길을 찾도록 해주었다.

일반적으로 불교 경전은 서분(序分), 정종분(正宗分), 유통분(流通分)의 형식으로 이루어지는데, 붓다가 다양한 대화법으로 깨달음과 정서적 변화를 유도한 부분은 정종분에서이다. 그러한 대화의 계기를 보면 붓다의 발문에 의해, 제자의 질문에 의해, 어떤 사건으로 인한 문답이 이루어지고 그에 대해 발문을 하는 방법이 있고, 또 대화의 양식으로는 문답과 토론, 반문의 방법을 쓰고 있다. 그 과정에서 비유와 예화, 논리적 추구(追求)의 방법을 활용하고 있으며, 대화의 전개에서는 순관(順觀)과 역관(逆觀)을 두루 사용하면서 시적 요약이나 게송(偈頌)을 통해 정리하기도 한다.[39] 붓다의 정서교육을 상담 형태로 분석해보면, 개별문답을 통한 개별상담, 개인에 대한 개별 설교, 대중문답을 통한 대중상담, 대중들에 대한 교설(敎說), 동료상담과 집단상담, 슈퍼비전[40] 등이 있다.[41] 이처럼 초기불교 경전에 나타난 붓다의 설법은 그 방법적 측면뿐 아니라 내용에서도 정서교육으로서 충분한 의미를 지니고 있다. 붓다의 대기설법(對機說法)은 '듣는 사람의 근기(根機)에 맞추어 하신 설법'으로, 듣는 사람의 이해 정도나 여건에 적합하게 설하였다. 철없는 귀족자제들에게는 질문을 통해 깨닫게 하고, 오만한 사화외도(事火外道)의 카샤파 수행자에게는 할[喝]로 질타하여 교만함을 무너뜨리는 등 다양한 방편(方便)을 활용하고 있다.[42] 『앙굿따라 니까

---

39) 박미순, 앞의 논문, 제4장 참고.

40) 이것은 '상담 수련생의 실습을 감독·지도하면서 실습 경험이 이론 및 연구 결과와 연계성을 갖도록 지도하는 특수한 형태의 교육'인데, 외도나 후배수행자들은 '내담자', 이들을 상담해주는 비구는 수련생으로 '상담자', 붓다는 슈퍼비전을 해주는 '슈퍼바이저'라고 볼 수 있다. 권경희, 앞의 논문, p.266.

41) 위의 논문 제6장 "『잡아함경』에 나타난 주요 상담 기법"에서는 단순히 방법만 다룬 것이 아니라 상담 종류, 상담 접근의 유형, 상담의 관점, 상담의 효과, 상담 환경 등 여러 내용들을 포함하고 있어 기법이라고 보기에는 어려운 점이 있었다.

42) 마스다니 후미오, 반영규 역, 『붓다, 그 생애와 사상』(서울: 대원정사, 1987), pp.103~104.

야』[43]는 "숫자별로 모은 경"인데 기본적으로 하나, 둘, 셋, 넷, 다섯, 여섯, 일곱, 여덟, 아홉, 열, 열 하나의 모음을 통해 가르침을 설하고 있는데 이처럼 법수(法數)를 활용한 것도 특징적이다. 이러한 숫자별 모음은 이미 인도의 여러 종교계 혹은 사상계에서 일반적으로 통용되던 교설의 분류방법이기도 하지만[44] 대기설법에 더하여 법수를 활용함으로써 쉽게 효율적으로 가르침을 행할 수 있었다.

2. 모델링 : 정서의 체화

인간의 이성적 판단인 인식(認識)은 단박에 변화가 가능하지만, 정서는 쉽게 변하지 않는 특징이 있다. 왜냐하면 정서는 한 순간에 이루어지기보다 서서히 젖어 들고 지속적인 특성이 있는 반면, 지적 판단은 분명한 논리적 근거에 의해 깨침 혹은 전환이 순식간에 가능하다. 예를 들면, 동성애를 혐오하는 사람이 다양한 동성애 관련 지식을 습득하고 동성애의 사회적 문제를 이해하여 동성애에 대한 혐오가 사라진다 하더라도 정서적인 측면의 부정적 느낌은 쉽게 사라지지 않는 것과 같은 이치이다. 인식은 논리적 구조에 의해 단박에 변화가 가능하지만, 정서는 마음의 심리작용 변화가 생긴 후에야 그것도 매우 점차적인 경험과 수용에 따라 구조화되어 내면화에까지 이르러야 하기 때문에 논리적 인식의 수용 이후에도 시간이 걸리는 것이다. 물론 기호(嗜好)가 갑자기 변하는 경우도 있지만 그 경우는

---

43) 1차 합송에 참여한 아라한들이 가르침을 정리하는 제일 첫 번째 기준은 길이와 주제와 숫자의 세 가지였다. 긴 경 34개를 모아 『디가 니까야』에, 중간 길이로 설하신 가르침 152개를 모아 『맛지마 니까야』, 주제별로 56개를 『상윳따 니까야』에 넣었다. 대림스님 역, 『앙굿따라 니까야 1』(초기불전연구원, 2006), p.15.

44) 위의 책, p.19. 붓다 말년에 이를수록 가르침이 다 기억하기 힘들 정도로 방대해져서 어떻게 모아서 노래하고 기억하여 후대로 전승해 줄 것인가 고민한 직계제자들이 인도 종교의 전통에서 방법을 찾은 것이다. "이와 같이 나는 들었다."를 생략하였고, 급고독원에서 설한 것은 설법처가 생략되었다(같은 책, pp.26~27).

극적인 경험 이후인 경우가 많다는 점에서 정서의 변화는 실제적 체험이 중요한 듯하다. 붓다는 이처럼 변화시키기 쉽지 않은 정서의 변화를 모색하였는데 그것이 가능하였던 것은 그가 깨달음을 얻은 성인(聖人)이었기 때문이다. 붓다를 묘사한 표현을 보면, 아라한[應供], 바르게 깨달으신 분[正等覺者], 영지(靈知)와 실천을 구족하신 분[明行足], 피안으로 잘 가신 분[善逝], 세상을 잘 아시는 분[世間解], 가장 높으신 분[無上士], 사람을 잘 길들이시는 분[調御丈夫], 신과 인간의 스승[天人師], 부처님[佛], 세존[世尊]이라고 표현한다.45) 이 표현에서는 붓다의 고귀한 점이 대중의 눈으로 볼 때 차마 가까이할 수 없는 사람처럼 보이지만, 그는 모든 사람을 포용하였고 심지어 그를 배척하는 사람들도 인내하고 대화하면서 감화시켰으며, 솔선수범의 행동으로 본보기가 되어 그들로 하여금 변화를 내면화하도록 하였다. 기원정사를 헌납한 큰 아버지를 따라 창립식에 참여했다가 붓다의 설법을 듣고 그 자리에서 출가를 결심한 수보리의 사례처럼, 붓다의 설법은 크나큰 감화력을 지녔고 듣는 사람들에게 깨달음을 주었던 것이다. 하나의 모델링으로서 오늘날 우리가 성인(聖人)이라고 하는 이유는 붓다의 논리적 설득력뿐만 아니라 그가 지닌 정신적 위대함에서 오는 감화력에 있는 것이다.

경전에 드러난 붓다의 가르침을 보면, 대화를 시작할 때 반드시 다정하게 상대의 이름을 불러주고 있음을 알 수 있다. '비구들이여', '바라문이여', '아난다여', '도반들이여', '디가유여',46) '도반 싸리뿟따여',47) '시종들이여',48) '마하다마여', '고다여'49) 등등 누구와 대화하여도 친근하게 이름을 불러주고 있다. 김춘수의 시 <꽃>의 내용처럼 이름을 불러준다는 것은

---

45) 붓다고사 스님, 대림스님 역, 『청정도론 1』(초기불전연구원, 2004), p.479.
46) S55 : 3(예류 상윳따, 디가유 경), 대림스님 역, 『상윳따 니까야 6』, p.257.
47) S55 : 4(예류 상윳따, 사리뿟따 경), 위의 책, p.260.
48) S55 : 6(예류 상윳따, 시종 경), 위의 책, p.266.
49) S55 : 22(예류 상윳따, 마하나마 경), 위의 책, p.300.

상대방을 존중하고, 그의 존재를 인정하고 자신의 마음을 다 열고 그의 입장을 공감하겠다는 적극적인 표현이다. 그것은 전 인격으로 상대를 받아들이겠다는 표현이기도 하다. 붓다는 진리를 설하면서 자신의 모든 것을 보여주며 대화로 설득하였다. 정신과에서 의사가 치료자에 대해 가지는 우호적인 감정을 '긍정적 전이(轉移)'[50]라고 하는데, 붓다는 모든 대상들에 대한 따뜻한 공감(共感)의 마음으로 가르침을 전달하였기 때문에 질타이든 반박이든 비유이든 대화자들은 결국 설법에 설득당하지 않을 수가 없었던 것이다. 대화란 기본적으로 언어(言語)로 이루어지지만 전적으로 언어에 의해서만 이루어지는 것은 아니다. 붓다는 자신이 얻은 깨달음을 전하는 사명을 위해 전심(專心)하였기 때문에 사람들로 하여금 진리에 더하여 정서를 체화하도록 할 수 있었던 것이다. 그 대상은 단순히 인간에게 한정된 것이 아니라 모든 존재에 대한 개방된 마음이기도 하다. 불교의 하안거(夏安居)는, 인도의 기후적 특성에서 사의지(四依止) 실천이 어렵고, 특히 여름 우기의 걸식 과정에서 벌레들이 죽는 것을 목격한 붓다가 불살생(不殺生)을 위해 유행(遊行)을 중단하고 선택한 것이다.[51]

3. 사마타 명상 : 정서의 안정

최근 인기를 끌고 있는 명상 기법은 원래 불교에서 부처가 정각을 얻을

---

50) 전현수, 『정신과 의사가 붓다에게 배운 마음치료 이야기』(서울: 불광출판사, 2010), p.31.

51) 붓다는 성불한 뒤 제자들에게 사문의 근본 생활양식인 사의지(四依止)를 강조하였다 ① 음식은 걸식(乞食)으로 구할 뿐 직접 밥을 짓지 않으며, 신도의 집에 초대되어 식사를 하지 않는다. ② 옷은 남이 버린 베 조각을 모아서 만든 분소의(糞掃衣)를 입는다. ③ 잠은 지붕 있는 곳에서 자지 아니하며, 나무 아래에서 좌선 명상하는 수하좌(樹下坐)를 원칙으로 삼는다. ④ 약은 소의 오줌을 발효시켜 만든 허술하기 짝이 없는 부란약(腐爛藥)을 사용한다. 김현준, 『사찰, 그 속에 깃든 의미』(서울: 효림, 1997), p.13.

때 활용한 수행방법이다. 초기불교의 명상법에서 누구나 보편적으로 수용할 수 있도록 간략한 핵심만 가져와 심신의 치유를 위한 방법으로 활용하고 있다. 치유(治癒, heal, cure)라는 말의 의미가 "병이나 상처 따위를 치료하여 낫는 것"을 의미할 때 본질적으로 "깨달음의 추구"라는 불교 명상의 본질과는 멀어진 듯하다. 그럼에도 불구하고, 명상에 포함된 '심신의 안정을 통한 평정심'이 '해로운[不善] 마음을 없애고 이로운[善] 마음을 지님으로써 보다 행복한 삶을 지향한다'는 불교의 본질에 바탕을 둔 것임을 기억할 필요가 있다.

『청정도론』에서는 삼매를 '유익한 마음의 하나 됨[善心一境性]'이라고 하고, 삼매에 든다는 것은 마음과 마음부수들을 하나의 대상에 고르고 바르게 모으고 둔다는 뜻이며, 어떤 법의 힘으로 마음과 마음부수가 하나의 대상에 고르고 산란함이 없고 흩어짐도 없이 머물 때 그것을 삼매에 든다고 하였다.[52] 삼매의 특징은 산란하지 않음이며, 역할은 산란함을 제거하는 것이고, 동요함이 없음으로 나타나며, "행복한 사람의 마음은 삼매에 든다."라고 하였다.[53] 불교 수행은 명상을 자신의 삶에 적용하여 해탈에 이르는 것을 목표로 한다. 수행방법 중 가장 중요한 것이 마음챙김 명상인데, 사마타 명상과 위빠사나 명상으로 이루어진다. 우선 사마타 명상에 대해 살펴보자. 삼매(三昧)라고 옮긴 사마디(samādhi)는 '확고하게 고정된 마음의 상태'를 뜻하는데 선정(禪定, jhāna)을 닦아서 얻게 되는 마음의 지고하고 순일한 상태를 일컫는다. 이것은 삼학(三學)의 정(定)과 팔정도의 정정(正定)과 연계되기도 한다. 모든 법은 인연으로 나타난 현상으로 실체가 없다고 관찰하는 공삼매(空三昧), 모든 법에 대하여 차별하는 생각들이 없는 무상삼매(無相三昧), 모든 법을 상대하여 원하고 구하는 것이 없는 무원삼매(無願三昧)가 있다.[54] 궁극적으로 마음이 한끝으로 집중되어서 떨림이

---

52) 붓다고사 스님, 대림스님 역, 『청정도론 1』, p.268.

53) 위의 책, pp.268~269.

나 동요가 가라앉고 끝이 나는 것이다. 사마타 수행은 본삼매[根本定]와 근접삼매[近行定]와 같은 깊은 삼매를 얻기 위한 것인데, 대상에 집중해서 다섯 가지 장애가 극복되고 마음이 집중되는 것이 본삼매이다.

집중명상에서는 명상주제를 잡고 그에 대해 깊이 생각하며 다른 생각이 일어나지 않도록 하는 것이 중요한데, "일으킨 생각을 끊기 위해 들숨날숨에 대한 마음챙김을 닦아야 한다."라고 하였다.55) 붓다는 "비구들이여, 들숨날숨에 대한 마음챙김을 닦고 많이 공부하면 네 가지 마음챙김의 확립[四念處]을 완성하고, 네 가지 마음챙김의 확립을 닦고 많이 공부하면 일곱 가지 깨달음의 구성요소[七覺支]를 완성하고, 일곱 가지 깨달음의 구성요소를 닦고 많이 공부하면 영지와 해탈을 성취한다."라고 하였다.56) 일으킨 생각은 삼매를 방해하는데, 그 일으킨 생각 때문에 마음이 이곳저곳으로 달아남을 끊어버리고 마음을 오직 들숨날숨이라는 대상으로 향하게 하는 것이 중요하다. 그리고 허영심의 분쇄, 갈증의 제거, 집착의 근절, 윤회의 멸절, 갈애의 파괴, 탐욕의 빛바램과 소멸, 열반의 단계에 이르게 된다고 보았다.57) 이 고요함을 계속해서 생각함을 수행하는 비구는 행복하게 잠자고 행복하게 깨어나고 감각기능들이 고요하고 마음도 고요하고 양심과 수치심을 가지며, 청정한 믿음을 가지고, 수승한 경지를 확신하고 청정범행을 닦는 동료들이 존중하고 공경하며, 더 이상 통찰하지 못한다 하더라고 적어도 선처로 인도된다.58) 여기서 더 나아가 하게 되는 명상은 자애, 연민, 더불어 기뻐함, 평온이라는 자비희사(慈悲喜捨)의 사무량심(四無量心) 명상으로, 이는 정서적 만족감을 통해 더욱 확대된 것으로 거룩한 마음가짐[梵住]에 대한 명상이다.59) 이것은 나의 감정과 정서가 소중한 만큼

---

54) 와타나베 후미마로, 앞의 책, p.109.

55) 붓다고사 스님, 대림스님 역, 『청정도론 2』(초기불전연구원, 2004), p.128.

56) 위의 책, p.128.

57) 위의 책, p.131.

58) 위의 책, p.134.

다른 사람들의 그것도 소중하기 때문에 존중하고 공감하여 긍정적 정서를 함께 나누고자 하는 것으로, 소승(小乘)에서 대승(大乘)으로 넘어가는 중요한 관건이 되는 자세이기도 하다. 궁극적으로 불교는 모든 이에게 가능한 수행방법이며,60) 특히 호흡명상에 의한 수행은 정서적 안정과 평안을 위한 기본으로 누구나 활용할 수 있는 방법이다.

4. 위빠사나 명상 : 통찰지의 확립

그러나 이러한 사마타 수행만으로는 오온에서 일어나는 정신과 물질의 현상을 있는 그래도 볼 수 없기 때문에 탐진치로 대표되는 번뇌들을 없앨 수가 없다. 왜냐하면 사마타란 마음이 고요해져서 이러한 번뇌들이 잠시 잠잠해진 상태이기 때문에 사띠(sati), 즉 집중의 상태가 풀어지면 다시 번뇌들의 공격을 받는다. 그러므로 강력한 위빠사나 지혜를 계발하여 이 지혜의 힘으로 뿌리를 뽑아 다시 일어나지 않도록 해야 한다.61) 위빠사나(vipassanā)는 '분리해서 바르게 본다'는 뜻으로 그냥 보는 것(sight)이 아니라 꿰뚫어 봄(in-sight)이다. '관(觀)'이라고도 하는데 바로 지금 일어나는 정신과 물질의 현상에 대한 무상·고·무아를 꿰뚫어보는 지혜이며, 이를 통해 탐진치, 자만[慢], 회의적 의심[疑] 등의 열 가지 번뇌를 제거하고 모든 괴로움의 종식인 깨달음에 도달하는 것을 목표로 한다.62) 즉 생각의 전환이 핵심이다. 이러한 통찰지(paññā, 慧)는 '유익한 마음[善心]과 연결된 위빠사나의 지혜'로 단순히 대상을 인식하는 것을 넘어, 무상·고·무아를 통찰하여 아는 것을 말한다.63) 통찰지는 미혹하지 않음으로 나타나며, 그러한 기

59) 위의 책, pp.137~192.

60) 전현수, 『정신과 의사의 체험으로 보는 사마타와 위빠사나』(서울: 불광출판사, 2015), pp.17~24.

61) 와타나베 후미마로, 앞의 책, pp.110~111.

62) 위의 책, p.111.

능은 삼매에 의해 가능해진다.64) 모든 괴로움은 인간의 마음에서 유래하며, '탐'과 '진' 즉 정서적 미혹의 원인은 갈애이고, '치'는 사성제의 진리를 알지 못하는 무명(無明)에 기인한다. 붓다는 '무명을 조건으로 상카라[行]들이 있다.'라고 하였다. 무엇보다 사성제에 대한 꿰뚫음이 가장 중요하고,65) 사성제의 진리를 모르는 것이 무명(無明)이며,66) 사성제의 지혜를 가지면 명지(明智)에 도달하게 된다는67) 말이다. 통찰명상을 통해 무명을 제거해야 하는 이유는 무명이 있으면 괴로움[苦]의 진리를 알지 못하여 그 괴로움의 역할과 특징을 있는 그대로 통찰하는 것을 막기 때문이다. 『열반경』에서 붓다는 다음과 같이 말하였다.

> 계를 철저히 닦아서 생긴 삼매는 큰 결실이 있고 큰 이득이 있다. 삼매를 철저히 닦아서 생긴 통찰지는 큰 결실이 있고 큰 이득이 있다. 통찰지를 철저히 닦아서 생긴 마음은 바르게 번뇌로부터 해탈하나니, 그 번뇌들은 바로 이 감각적 욕망에 기인한 번뇌와 존재에 기인한 번뇌와 무명에 기인한 번뇌이다.68)

괴로움[苦]의 원인을 번뇌와 망상이라고 할 때, 번뇌(煩惱)가 정서의 혼란이라면 망상(妄想)은 인식적 무지에서 유래하는 잘못된 생각이다. 인식의 전환이 단박에 가능하다는 점은 '아는 만큼 행한다.'는 말처럼 배움의 중요성에 긍정적 의미를 부여해준다. 붓다가 통찰지를 강조한 것은, 잘못된 망상을 벗어나야 참된 통찰지가 가능하고 그것은 연기와 사성제의 진

---

63) 붓다고사 스님, 대림스님 역, 『청정도론2』, pp.402~403.

64) 위의 책, p.405.

65) "전에 들어보지 법들에 대한 눈[眼]이 생겼다. 통찰지[慧]가 생겼다. 명지[明]가 생겼다. 광명[光]이 생겼다." S56:11(진리 상윳따, 초전법륜 경), 각묵스님 역, 『상윳따 니까야 6』, pp.387~389.

66) S56:17(진리 상윳따, 무명 경), 위의 책, p.399.

67) S56:11(진리 상윳따, 명지 경), 위의 책, p.400.

68) 각묵스님 역, 『부처님의 마지막 발자취』(초기불전연구원, 2007), p.30.

리에 대한 파악이 절대적임을 알았기 때문이다.

V. 붓다 정서교육의 도덕교육적 의미

오늘날 심리학의 발달로 인간 이해의 지평이 넓어졌고 무의식과 잠재의식 등 보다 심층적인 심리구조와 작용원리를 파악할 수 있게 되었다. 그러나 정서를 알면 알수록 어떻게 정서를 관리해야 하는지는 쉽지 않아졌다. 인간의 욕구 충족을 부추기는 현대사회에서는 다른 어떤 교육보다 정서교육이 핵심이 될 필요가 있다. 경쟁구조와 물질과 욕구의 과잉으로 개인은 무엇을 선택해야 할지 알지 못하여 스트레스로 인한 불안장애 혹은 공황장애 등 정신적 혼란이 문제가 되고 있으며, 그 결과 약물에 의지하거나 생활 패턴을 바꾸거나 심신의 안정을 위해 명상 기법에 의지하는 다양한 방법을 모색하고 있다. 붓다의 가르침의 내용과 방법들 속에서 오늘날 정서교육의 시사점을 찾을 수 있을 것이다. 도덕교육적 관점에서 우리가 의미를 찾을 수 있는 것은 네 가지이다.

1. 마음분석 : 정서교육의 가능성

어떤 사상도 인간의 마음을 불교처럼 세세하게 해체하여 분석한 경우는 없었다. 서양의 정신분석학도 이처럼 철저하게 인간의 마음을 분석하지는 못하였다. 불교는 단순히 마음 수행만 중시한 것이 아니라 몸과 마음의 전체적인 조화를 통한 수행을 강조하여 분석대상에 물질[色]과 마음[受相行識] 모두를 포함시켰다. '육처(六處) 상윳따'에서는 인간의 감각대상인 안이비설신(眼耳鼻舌身)에 대해 철저하게 분석하고 그것이 무상(無常)임을 밝히고 있다. 앞에서 살펴본 것처럼 마음을 해체하여 분석함으로써 의식도 무상이며 번뇌가 갈애와 무명에서 오는 것임을 밝혔다. 번뇌와 망상은 정서혼란의 양상으로, 불교에서 이른바 욕계의 마음이기도 하다. 이것은 일반 중생들이 현실에서 경험하는 것들로, 욕계의 마음은 해로운 것[不善], 유익한 것[善], 과보인 것[異熟, 위빠까], 단지 작용만 하는 것[作, 끼리야]의 네 가지임을 이미 살펴보았다. 여기서 불선(不善)의 마음은 탐진치(貪瞋癡) 세 가지 마음 혹은 이 셋이 서로 같이 일어나는 마음으로, 이것을 해로운 마음이라고 진단하는 이유는 건전하지 못하고 도덕적으로 비난받을 만하며, 괴로운 과보를 가져오기 때문이다. 이와는 반대로 선(善)의 마음은 불탐(不貪), 부진(不瞋) 혹은 자애, 불치(不癡) 혹은 반야[慧]이거나 이것들이 다른 것과 함께 일어나는 마음인데, 정신적으로 건전하며 도덕적으로 비난받지 않고 즐거운 과보를 가져오는 것들이다. 불교의 수행은 궁극적으로 불선의 마음을 선의 마음으로 변화시키는 것이며, 이에 따라 어떻게 변화의 계기를 가지게 되는가와 변화시키는 방법이 무엇인가가 중요한 과제로 대두된다.

정서는 매우 복잡하고 다양한 과정으로 이루어지고, 그것에 대해 분석하고 관찰하는 것이 가능하다는 것을 '안다는 것'은 대단히 중요하다. 감정이나 정서에 대해 함부로 재단하기보다는 그것을 다룰 수 있고 대상으로 놓고 조절할 수 있음을 알게 되었기 때문이다. 여기서 누구의 정서도 소중하지만 아무 정서나 소중한 것이 아님을 알아야 하며, 그러한 정서에 대한 올바른 가치 지향과 판단 기준을 제시해주는 것이 무엇보다 중요하다. 불교에서 마음을 분석한 이유는 불선(不善)을 선(善)으로 변화시키기 위한 것인데, 도덕교육에서 불교의 다양한 마음의 종류를 참고하여 우리가 삶 속에서 느끼는 여러 마음들을 분석하여 살펴보게 해야 한다. 교육 주체나 교육대상의 다양한 정서 상태를 분석하는 것이 가능하다는 점에서 정서교육의 가능성을 찾아볼 수 있겠다.

2. 업과 연기 : 긍정적 정서의 확산

불교 공부는 연기론과 사성제를 파악하여 이고득락하는 것이 목표이다. 불교의 내용들은 매우 견고하고 상호 연계되어 심층적으로 접근하면 인드라망과 같은 복잡한 구조를 하고 있다. 거대하고 심층적인 불교 이론에서 정서문제만 뽑아 논하기가 쉽지 않다. 감정과 정서, 인식과 분별이 분리되지 않고 얽혀 있으며, 인간의 마음을 다루는 데서는 불교의 모든 것인 듯 보이기도 한다. 붓다의 가르침에서 가장 핵심은 연기법에 근거하여 모든 것의 관계성을 포착하는 것이다. 정서와 관련하여서도 업에 의해 이루어지는 불선법과 선법을 강조한 것은 그것이 의도적 행위로서 자신의 생각·말·행동에 따라 결과가 달라진다고 보았기 때문이다. 모든 것이 인과 연에 의해 과보가 주어지는 의도적 행위를 하기 때문에 정서의 표현에서 타인의 입장, 그 결과에 대해 유념하지 않을 수 없다.

도덕교육은 관계를 전제하여 이루어지며, 인격적 만남에 의하여 가능하다. 연기, 즉 관계성에 대한 인식을 통해 나뿐만 아니라 다른 사람의 존재를 존중하고, 다른 사람의 감정과 정서들을 소중하게 여길 수 있게 된다. 그리고 업에 대한 인식을 통해 나의 생각과 말과 행동이 겉으로 드러나서 영향을 미치게 되면 그것이 어떤 결과를 가져올지에 대해 생각해보게 함으로써 나를 성찰하는 계기가 될 수 있다. 또한 연기와 업을 인식하게 되면 사람들의 긍정적 정서나 부정적 정서가 교류되고 확산된다는 사실을 수용하게 된다. 그 가능성과 결과를 예측하게 된다면 자신의 역할과 정체성에 맞는 정서를 정립할 수 있으며, 바람직한 정서가 긍정적 정서를 확산시키게 될 것이다.

3. 집중·통찰명상 : 정서와 통찰지의 조화

서양철학은 이른바 논리적 사유를 중시하는 이성 중심의 역사였다. 소크라테스, 아리스토텔레스, 플라톤을 비롯한 고대 사상가들은 인간은 이성적 존재라고 파악하여 이성적 능력을 발휘하는 것이 선이자 덕이라고 생각하였다. '지식과 신앙의 일치'를 추구한 중세에는 이성(ratio)의 바탕 위에서 믿음과 영원을 추구하였으며,[69] 서양 형이상학의 최고봉인 헤겔의 '절대적 관념론'에서는 이성적 자아의 확대로 자연과 이성을 통일하고자 시도하고 현실적인 것은 이성적이고 이성적인 것은 현실적임을 보이려고 노력하였다.[70] 서양은 감각이나 감정의 주관성과 상대성 때문에 그것을 부정적으로 인식하였고, 아담 스미스에 이르러서야 감정을 긍정적으로 수용할 정도로[71] 서양은 감정보다 이성 우위의 관점에 서 있다. 반면 동양은 도덕적 '정서'를 토대로, 논리적이기보다는 직관적·통합적이어서 인간 이해에 있어 이성과 감정을 나누기보다 통합적·다각적으로 파악하여 총체로서 마음[心]을 중시하였다. 마음의 작용과 그 작용을 있게 한 상황들을 동시에 이해하고자 하였다. 공자의 인(仁)은 인간의 도덕적 정서의 총체이며, 맹자의 심(心)도 인간의 본성을 포함하여 정신적 측면을 통틀어 말하며, 성리학의 심통성정(心統性情)도 마음이 인간의 타고난 성(性)과 드러나는 정(情)을 통섭한다고 보았다. 도가에서는 심재(心齋)와 좌망(坐忘)을 강조하면서 인간의 욕구와 감정을 극복하여 초월할 것을 강조하였다. 동양은 마음의 작용에서 드러나는 정서를 중시하였던 것이다. 그러나 동양에서는 그러한 인간의 정서를 중시하면서도 그것의 긍정적·부정적 두 측면을 염두

---

69) 이석호, 『고대·중세 서양윤리사상사』(서울: 서광사, 2009), p.225.

70) Robert L. Arrington, 김성호 역, 『서양윤리학사』(*Western Ethics: An Historical Introduction: Blackwell Publishers Ltd.*, 1998)(서울: 서광사, 2006), p.461.

71) Adam Smith, 박세일·민경국 공역, 『도덕감정론』(*The Theory of Moral Sentiments*, 1790)(서울: 비봉출판사, 1996).

에 두고 길러야 할 것과 잘라내야 할 것을 구분하여 파악한다. 정서를 단순히 감정이나 느낌이 아니라 보다 포괄적인 심리작용으로 파악하여, 도덕적 판단과 연계되는 총체적인 정신작용이라고 보았기 때문이다.

인간의 정신은 마음이라고도 할 수 있는데 그것은 크게 이성과 감정[정서] 두 요소의 합이다. 이성이 논리적·합리적 측면의 정신 영역이라면, 정서는 느낌과 감정 등 심리현상들의 작용이면서 비논리적·비합리적 특성을 지닌다. 이른바 마음이라는 것은 이성도 어느 정도 관여하지만 주로 정서와 연계되어 인간의 정신 영역을 좌우하고 있다. 객관적 기준보다 감정적 영역의 영향을 많이 받는 정서의 특성상 주관적이어서 객관적 기준으로 평가하기 쉽지 않지만, 그럼에도 불구하고 정서는 도덕적 판단 대상이 되지 않을 수 없다. 정서 표현이 타인과 공동체에 직접적인 영향을 미칠 경우, 그것은 개인적 주관 영역을 넘어 보편적 정서와 연계되어 도덕 판단이 개입하게 된다. 특히 정서 표현이 어린이와 청소년들과 연관되는 경우는 교육적인 가치 판단을 통해 적정선을 넘지 않도록 제재하지 않을 수 없는 것이다.

초기불교는 교학과 수행으로 체계를 이루고 있으며, 이는 인지와 정서, 이성과 감정, 지성과 감성의 조화를 추구한 결과이다. 진리에 대한 깨달음이 단순히 인식의 변화만으로는 불가능하며 정서적 평안함이 중요하다고 생각하였고, 명상이 수행의 핵심 방법인 것을 보면, 초기불교는 오히려 정서에 초점을 둔 것이 아닌가 싶다. 삼매에 의한 정서의 안정과 평안함에서 행복을 추구하고 있으면서도 궁극적으로 통찰지를 강조한 것은 인식에 의한 지혜를 얻어 인생의 무상(無常)에 대해 깨닫도록 함이다. 영원한 것은 없으며, 그 무상한 세상에서 매순간 최선을 다하여 불선(不善)을 선(善)으로 바꾸고자 노력하는 것이 중요함을 깨닫게 해준다.

4. 대기설법과 방편 : 도덕상담의 가능성

대화란 기본적으로 '언어(言語)'를 기반으로 하지만 그렇다고 언어만으로 이루어지는 것도 아니다. 환경, 즉 분위기가 어떤가에 따라 대화의 질이 달라질 수도 있고, 억양과 속도는 물론 시선과 눈빛 등 비언어적 요소도 대화에 영향을 미친다. 그 중요성은 오늘날 갑자기 강조된 것은 아니지만 오늘날 대화법을 강조하는 이유는 두 가지에서 찾아볼 수 있다. 첫째, 과학기술의 발달로 사람들은 SNS나 인터넷 매체로 의사소통을 하면서 직접적 대화가 부족해지고 있기 때문이다. 둘째, 수직적이고 권위주의적인 과거와 달리 평등한 관계에서 자유로운 대화의 중요성이 대두되고 있기 때문이다. 입학이나 입사에서 면접과 대화의 기술을 강조하는 것은 그만큼 언변이나 대화술이 중요해졌고, 이는 교육이나 협상에서 대화기법이 영향이 큼을 알기 때문이다. 대화의 목적은 상대방의 마음을 사로잡기 위함이다. 부정적 표현이든 긍정적 표현이든 일종의 '밀당(밀고 당기기)'을 통해 상대방을 설득시키고자 한다. 논리학이나 심리학을 활용하면서까지 상대방을 설득하고자 하는 이유는[72] 논리 혹은 심리로 사람들의 이목을 집중시키고 이를 통해 자신들의 원하는 바를 상대방에게 수용하도록 하기 위해서이다.

옛날부터 훌륭한 교수자는 훌륭한 발문자였는데, 예수, 공자, 소크라테스 등 성현들의 가르침은 제자와의 문답을 통해 이루어졌다.[73] 공자와 제자들과의 대화, 소크라테스의 산파술로서의 대화법, 예수의 대화도 유명하지만 붓다처럼 대화법을 잘 활용한 인물도 드물다. 상위 0.1% 학생 부모들의 공통점을 찾았을 때 그 비밀은 긍정적 대화법이었다.[74] 붓다의 설법에

---

72) Robert B. Cialdini, 이현우 역, 『설득의 심리학』(*Influence: Science and Practice*, 2001)(서울: 21세기북스, 2003) ; 김용규, 『설득의 논리학』(서울: 웅진지식하우스, 2009)

73) 이성호, 『교수방법의 탐구』(서울: 양서원, 1993), p.83.

74) 일반 부모의 경우 비난 40%, 분노 34% 등 부정적인 반응이 높은 반면, 0.1% 아이

서 이루어진 대기설법과 방편을 활용한 대화법은 사람들의 마음을 안정시
켜 편안하게 하면서 현재의 부정적인 상태를 긍정적으로 변화시켜 깨달음
을 얻게 하였다. 학교 현장에서 수업은 이제 강의가 아닌 발문과 대화를
중심으로 이루어지고, 교육도 대화를 통해 이루어진다. 학생들의 개성과
기질에 따라 다양한 방편을 활용하면서 문제를 해결하여야 하며, 도덕교육
에서 붓다가 행한 방법처럼 대화한다면 그 자체로 정서교육이 될 수 있다.
학생들의 수준과 기질에 맞는 대화법과 그 구체적 사례들에서 도덕적 문
제들에 대한 도덕상담의 가능성을 찾아볼 수 있으며, 궁극적으로 이러한
방향에서 도덕교사에 대한 교육도 이루어져야 할 것이다.

VI. 맺음말

지금까지 초기불교에 나타난 붓다의 설법을 정서교육의 관점에서 살펴
보고 도덕교육적 시사점을 도출해 보았다. 불교사상은 매우 체계적이고 논
리적이면서 다른 어떤 사상보다 도덕적 지향성이 강하다. 불교는 깊이 들
어가 세밀하게 분석해보면 매우 심층적이고 형이상학적이지만 그 실천적
인 측면을 요약하면 매우 간략하게 정리할 수 있다. 인간 존재의 실상이
고(苦)임을 알고 그것의 원인, 소멸방법을 알아서 이고득락(離苦得樂)에 이
르기 위해 노력[수행]하라는 것이다. 그 핵심은 해로운·비도덕적 심리를
유익한·도덕적 심리로 변화시켜서 마음의 평정을 찾는 것이며, 이를 위해
초기불교는 인간의 마음[心]을 매우 세밀하게 해체하여 분석하고 있다. 마
음의 구조를 알아 마음과 마음부수가 어떻게 결합하고 조합하는지에 대하
여 객관적으로 관찰하여 파악함으로써 마음에 조종당하지 않고 마음을 포

___

들의 부모는 긍정과 부정의 비율이 5:1 이상으로 수용, 애정, 관심 등 '긍정'적인
대화를 통해 '공감'하고 있다는 것이다. EBS 학교란 무엇인가 제작팀, 『학교란 무
엇인가』(서울: 중앙북스, 2012), pp.239~249.

착하여 다스릴 수 있도록 하고자 함이다. 그래서 번뇌와 망상을 벗어나 행복에 이르도록 함이다. 즉 마음을 분석하여 객관적으로 파악함으로써 인간 존재의 괴로움을 벗어날 수 있는 것이다.

　마음의 평안을 위한 방법이 통찰지를 통한 무명(無明)의 타파이고, 명상수행을 통한 탐진치(貪瞋癡)의 제거이다. 사마타[止] 집중명상을 통해 마음의 평안을 얻고, 위빠사나[觀] 통찰명상으로 무상(無常)·고(苦)·무아(無我), 사성제(四聖諦)의 진리를 통찰함으로써 연기(緣起)의 진리를 알고 불선법을 선법으로 바꾸려고 한다. 붓다는, 진리에 근거하여 해로운 마음을 버리고 유익하고 긍정적이고 도덕적인 마음으로 변화시키기 위해 45년 동안 대중들에게 가르침을 행하였고, 가르친 그 진리가 바로 정서교육과 다르지 않다. 인간의 궁극적 목적은 행복이며, 이는 오랜 과거로부터 오늘날까지 변함없는 사실이다. 물론 역사 변천에 따라 행복의 개념과 조건은 다를지라도 인간의 행복 추구에 대한 방향성은 변치 않았다. 그렇다면 오늘날 사람들은 행복한가? 이에 대해 긍정적인 답변을 내놓기 쉽지 않다. 어느 시대보다도 물질적으로는 풍요해졌지만 행복을 장담하지 못한다. 행복하다고 생각하는 사람들마저도 그것이 과연 진정한 행복인가에 대해 고민하고 있다. 다양한 방법적 모색의 중심에 불교의 명상 기법이 존재하며, 사람들은 종교로서 불교가 아닌 심신의 안정을 위해 불교를 가까이 하고 있다. 붓다가 행한 정서교육의 목표·내용·방법들이 오늘날 정서와 관련된 제반 문제의 해결과 방향성 제시에 긍정적 시사점을 줄 수 있을 것이다.

제5장 명상 - 명상에 대한 철학적·사상적 접근과 윤리교육

I. 서론 : 명상 연구의 흐름

명상(瞑想·冥想)은 정도의 차이만 있을 뿐 불교는 물론 유교와 도교 등에 수양(修養) 혹은 수행(修行)의 방법으로 존재하고 있다. 기독교나 이슬람교에서도 기도나 묵상 형태의 명상이 있음을 보면, 명상은 동서양을 막론하고 인류의 공통적 특성이라 해도 과언이 아니다. 명상은 우주의식의 본질 체험을 포함한(궁극적 깨달음에 이르기 위한), 종교적·철학적으로 매우 복잡하고 체계적인 개념이자 고도의 수행법이다. 오늘날에는 심리학·의학 등 다양한 분야에 도입·활용되면서 보다 단순화·일반화된 방법들이 계발·소개되고 있다. 정신적 긴장과 스트레스가 질병의 주원인이며, 인간의 마음[정신]을 이완시켜 치유력과 면역력을 높인 치료 효과가 과학적으로 입증되면서, 명상은 현대인들의 관심을 얻고 있다. 그러나 이러한 긍정적인 측면에도 불구하고 명상을 피상적으로 이해하여 본질을 간과하게 할 소지도 있다는 점에서 성찰이 요구된다.

과학적 명상 연구는 뇌 과학 등 인지과학의 발달에 기인한다. 다마지오(Antonio Damasio)는, 인간의 마음 혹은 정신은 신체와 관련을 맺고 있으며, 정서(emotion)와 느낌(feelings)은 뇌의 작용이며,[1] 이와 같은 정서와 느낌의

---

1) 정서는 느낌에 선행되는데, 윤리학적 의미를 과학적인 진화생물학으로 설명하고자 한다는 점에서, 다마지오의 주장은 이기적 유전자에 의한 사회생물학과 유사하다. 그러나 그 근거를 스피노자의 이론과 항상성 개념에서 찾고자 한다.

신경생물학은 인간의 고통을 줄이고 행복을 증진시키고자 하는 것이 목표
이며, 궁극적으로 마음은 몸이 관념으로 표현된 것이라고 보았다.2) 이처럼
뇌 과학은 심신이원론(心身二元論, mind-body dualism)을 극복하고 심신일
원론의 관점에서 인간을 파악하게 하였지만, 인간의 정신을 뇌의 화학물질
의 작용으로 봄으로써 인간의 마음마저 물질주의로 환원시키는 결과를 가
져왔다. 한편 심리철학(philosophy of mind)3)의 도움으로 마음과 몸의 관계,
특히 마음의 특성이 밝혀지면서 인간의 마음 영역에 대한 이해는 한층 넓
어졌다. 심리철학은 '감각질(Qualita)'과 '지향성(Inetnionality)' 개념의 딜레
마4)를 해명하는 과정에서, 정신 영역의 독립성을 인정하지 않을 수 없었
고 인간성[인간다움]의 본질로서 정신[마음]은 과학만으로 해명해낼 수 없

---

2) 다마지오는, 스피노자의 "각각의 개체는 스스로의 힘으로 가능한 경우에 자신의
   존재를 계속 유지하고자 노력한다."는 사유를 바탕으로, 그의 코나쿠스(conacus),
   즉 각 존재가 자기를 보존하기 위하여 기울이는 가차 없는 노력은 위험과 가능성
   속에서 자기 자신을 보존해 나가고자 하는 원동력과 수많은 신체의 부분들을 하나
   로 유지시켜 주는 수많은 자기 보존 활동을 모두 포함한다고 본다. Antonio
   Damasio, 임지원 역, 김종성 감수, 『스피노자의 뇌: 기쁨·슬픔·느낌의 뇌과학』
   (*Looking for Spinoza: joy sorrow and the feeling brain*)(사이언스북스, 2007), p.48.
3) "심적 제반현상의 개념들을 분석하고 나아가 물적 현상의 개념들과 비교·분석하
   는 학문. 마음의 본성과 그것의 다양한 현상들을 다루는 경험적 조사의 방법을 통
   해 진행하는 것이 아니라 심적 단어들의 의미를 조사하고 그 개념들을 분석·분류
   하며, 인간 사유의 기본형식에 기초가 되면서 이 형식들을 정당화시켜주는 제반
   원리를 찾고 평가하는 데 주력한다. 물론 다루는 대상과 방법 면에서 심리철학은
   다른 분야들과 차이를 보이기는 하지만 여러 면에서 여러 학문 분야와 상호 중요
   한 관계를 맺고 있다. 첫째, 심리철학의 방법들은 다른 영역이 이루어놓은 결실들
   에 의해서 검토되어야 한다. 둘째, 인식론·형이상학·논리학·윤리학·종교철학에서
   이루어놓은 결론들은 심리철학과 아주 밀접한 관계가 있을 뿐 아니라 또한 그 반
   대의 경우도 마찬가지이다. 나아가 경험의 과학인 신경학·심리학·사회학·역사학
   과도 밀접하게 연관된다. 따라서 심리철학은 여러 학문분야의 탐구상황에 언제나
   주의를 기울여야 한다." http://100.daum.net/encyclopedia/view.do?docid=b13s3412 b
   (검색일: 2012.08.03.).
4) 감각질은 인간 의식이 느끼는 주관적 경험의 감각적 특질로 객관화되기 어렵다.
   지향성은 우리가 생각·욕구·신뢰할 때 어떤 대상을 지향하고 있음을 의미하는 것
   으로, 순수하게 물리적인 존재는 지향성을 지닐 수 없다

는 철학의 영역임을 재확인시켜 주었다.[5] 명상 연구는 이러한 인간 이해에 더하여 경험적·과학적 연구, 그리고 명상 체험자들의 주관적 경험 연구를 포괄하면서 인간 탐구의 새 영역으로 부상하고 있다.

명상의 과학적 연구는 생리학적·심리학적 연구에서 활발하다. 1950년대 말 무렵부터 1960년대 초기 산발적으로 시도된 과학적 연구는, 요가 행자나 선사(禪師)의 뇌파기록 분석과 명상의 혈압강하작용에 대한 연구[6]가 주목받으면서 본격적으로 관심을 끌었고, 1970년대 중반에는 체계적인 과학적 연구로 자리매김했으며, 이후 자아초월심리학자들의 주목도 끌게 되었다.[7] 생리학적·생화학적 연구 내용은, 신체 건강의 측면에서 명상자와 비명상자들의 스트레스 예상 반응과 회복의 차이 등 명상이 대사계나 자율신경계에 어떤 변화를 주는지 - 그들의 대뇌생리, 즉 뇌파(EEG)의 변화의 차이 - 에 대한 것이다. 심리학적 연구 내용은, 마음 건강의 측면에서 명상자와 비명상자들은 지각의 감수성, 인간관계의 신뢰와 자기 평가, 자기 컨트롤 및 공감능력의 형성과 자기실현의 촉진에 차이가 있다는 것이다. 현상학적 연구(현상학적 철학과는 무관)는 명상의 주관적·내적 체험에 주목하는 것으로, 깨달음·견성·사마디[三昧]·계시(enlightenment)·신비적 합일 등 직접적 체험에 대한 것이다. 명상의 독특한 의미 혹은 특이성은 심리적·임상적·생리학적 연구에 있다기보다 당사자의 체험 속에 존재하는 것이라고 보는 데 있다. 그럼에도 주관적 체험의 타당성 인정, 신비적·초월적 체험의 객관성 확보 등은 과학적 연구를 중시하는 서양에서는 비판의 대상이 되어 왔다.[8]

---

5) 장승희, "공자사상에서 정서교육의 해법 찾기", 『동양철학연구』 제61집(동양철학연구회, 2010), p.163.

6) H. Benson & p.K. Wallace, Decreased Blood Pressure in Hypertensive Patients Who Practice Meditation, *Circulation* 46(supplement), 516(abstract), 1972.(安藤 治, 김재성 역, 『명상의 정신의학』(민족사, 2009), p.43에서 재인용.)

7) 安藤 治, 김재성 역, 『명상의 정신의학』(민족사, 2009), pp.42~43.

8) 위의 책, pp.42~72 참고. 이 저서가 쓰인 1993년 이후 명상 연구는 더욱 발전되어 서

명상의 효과가 주관적 체험 영역으로 밝혀지긴 했지만 여전히 '객관성'
이 문제인 이유는 그것이 오늘날 '학문' 정립의 관건이기 때문이다. 타트
(Tart)는 지금까지 과학자들이 스스로 '객관적'이라고 규정하며 과학적 연
구의 힘을 유지해온 태도 자체에 문제가 있음을 밝히고, 그런 태도가 물질
주의에 사로잡힌 것이라는 점을 지적하고, 주관성을 지닌 명상도 학문의
영역으로 자리할 수 있다고 주장한다.

> 통상적인 우리의 개별적 의식 상태는 신체적·개인적·대인적 환경에
> 대처하고자, 생물적·문화적 요청에 따라 만들어 낼 수 있었던 하나의
> '구조'이다. 그에 비해, 개별적 변성 의식 상태는 신체적·개인적·대인적
> 환경의 정보에 대해서 근본적으로 다른 대처 방법을 취하고 있다. 그러
> 나 그 개별적 변성 의식 상태는 통상의 개별적 의식 상태처럼 자의적인
> 것인지도 모른다.9)

그는 명상에 의한 의식 상태를 '변성의식상태(altered states of conscio
-usness)'로 규정하고, '상태특정과학(state specific science)'이란 새로운 영역
을 규정하였다.10) 그에 의하면, 명상에 의한 의식, 즉 '변성의식상태'는 특
정한 상태에 의존한 이해, 즉 '상태 의존적 이해(state dependent learning)'로
서, 특정한 의식 상태에서 획득하여 이해한 정보는 다른 의식 상태에서는
생각해 내거나 이해할 수 없다는 전제에서 나온 개념으로, 명상훈련을 쌓
은 사람들은 이런 의식 상태를 경험한다는 것이다. 그러나 일정한 준비나
훈련이 없으면 이해의 폭에 한계가 있다는 점이 지적되면서, 이러한 특수
한 체험은 통상 서양과학 틀에서 이해될 수 없다는 우려를 낳고 있다. 그
럼에도 여전히 '고차의'·'숭고한'·'궁극의'라는 의식에 대한 긍정적 관점들

양에서는 물론 동양에서도 객관성과 타당성에 대한 연구가 계속 이루어지고 있다.
9) TART, C, *Transpersonal Psychologies*, New York: Harper & Row, 1975.(위의 책,
  p.83에서 재인용.)
10) 安藤 治, 앞의 책, pp.78~84.

이 존재한다.[11] 1960년대 후반 출현하여, 행동주의 심리학, 정신분석, 인본주의 심리학으로 이어져 제4세력으로 인정받고 있는 '자아초월심리학(transpersonal psychology)'[12]은, 궁극적으로 인간의 자기초월 측면에 관심을 두지만, 그와 동시에 인간 발달의 완전한 모델을 찾아내려는 포괄적인 틀을 가지고 있다. 명상의 내면적 체험에 대한 과학적·심리학적 연구는 이 심리학과 합류할 수 있는 요소를 지니고 있다.[13]

이와 같은 경향들을 볼 때, 자체로 역사적 전통과 지식구조를 가지고 있는 명상은, 연구가 심화·확대된다면 고유한 학문체계로 성립될 가능성도 있다. 명상 연구는 개인적·체험적 주관성을 과학적·학문적 객관성으로 인정받고자 하지만, 인간의 의식과 영성(靈性)을 다룬다는 점에서 객관성과 타당성 확보가 여전히 과제로 남는다. 또한 명상 체험자들의 의식 상태를 긍정하지만 그것을 모든 사람들이 이를 수 있는 보편적 의식이라고 할 수 있을지도 의문이다. 명상이 치료(therapy)와 치유(healing)에 활용되면서 많은 사람들이 관심을 갖고 있지만 명상의 위험성[14] - 명상의 부작용, 명상 도중에 빠지는 함정, 위기 사태 - 을 간과하면 위험에 처할 수도 있다는 점에서 조심스럽게 접근하지 않을 수 없다.

---

11) 위의 책, pp.84~88.
12) '초인격심리학' 또는 '트랜스퍼스널심리학'이라고도 한다. 켄 윌버(Ken Wilber)의 저서가 소개된 이후 한국트랜스퍼스널학회가 창립되어 철학, 심리학, 정신의학, 상담심리, 상담치료, 종교, 정신수련 등의 분야에서 정신세계와 자아초월, 영성을 추구하는 열린 의식을 가진 학자와 전문가들이 활동하고 있다. Ken Wilber, 조효남 역, 『감각과 영혼의 만남』(The Marriage of Sense and Soul)(범양사, 2007), p.5~6.
13) 安藤 治, 앞의 책, pp.88~91.
14) 安藤 治는, '준비 훈련기'에서는 사고·감정의 범람, 억압의 해소, 현실에서 멀어짐, 영혼의 어두운 밤, 영적 중독(spiritual addiction), 신심(信心)이 지닌 함정을, '집중 명상기'에서는 감정의 폭발, 지각(知覺)의 변용, 유사 열반[僞涅槃], 선병(禪病)을, '통찰적 명상기'에서는 망상적인 죽음의 관념, 폐소공포(閉所恐怖) 등을, '영적 위기'에서는 샤먼적 위기, 쿤달리니 각성, 합일 의식의 체험, 쇄신 프로세스(renewal process), 빙의(憑依) 상태, 심령 능력 획득(psychic opening) 등을 위험으로 들고 있다. 위의 책, pp.125~172를 참고할 것.

오늘날 명상 체험이 확대되면서 종교, 신념, 가치관, 삶의 방법의 측면에서 명상은 사람들에게 많은 영향을 미치고 있다. 인간의 행복은 객관적 조건과 더불어 주관적 체험도 중요하고, 주관적 행복은 궁극적으로 각자의 '마음'에 달린 것이다. 명상은 인간성에 대한 신뢰와 긍정을 전제하고 있다는 점에서 성선설 혹은 천인합일(天人合一) 등의 동양적 사고와 관련된다. 모든 인간이 태극(太極) 또는 천리(天理), 불성(佛性)을 지니기 때문에, 그 본래적 자아를 찾기 위한 노력으로 명상이 필요하다는 것이다. 명상은 이처럼 인간의 강점에 초점을 맞춘 것으로, 인간의 부정적 심리에 초점을 맞춘 기존 심리학과는 다르다. 인간에 대한 신뢰와 인간 능력에 대한 긍정은, 진정한 행복이란 "개인의 강점을 파악하고 계발하여 일, 사랑, 자녀 양육, 여가 활동이라는 삶의 현장에서 활용함으로써 실현된다."15)는 '긍정심리학(Positive Psychology)'의 관점과 상통한다.

도덕교육의 목표는 개인적으로 자아실현과 행복 추구, 사회적으로 도덕적 가치 공유를 통한 공동체의 질서 유지와 행복 추구라고 볼 수 있다. 지금까지 도덕과는 이 둘의 조화를 모색하였지만 실제로는 후자에 중점을 둔 경향이 강하였는데, 이제 개인적·주관적 측면도 심도 있게 고려해야 할 때이다. 지금까지 도덕과 교육에 대한 평가를 쉽게 내릴 수는 없지만, 개인의 내면적 변화가 수반되어야 기대 효과를 얻을 수 있다는 점은 분명하다. 명상은 자아의 변화를 통해 다른 존재와의 관계를 변화시켜 궁극적으로 자아의 발전, 인격의 성숙, 세계관의 변화에까지 이를 수 있다고 볼 때 도덕교육에서 명상에 관심을 갖지 않을 수 없다.

이 글은, 명상의 제 측면들을 수용하여, 자아의식의 확장과 세계관의 확대를 통해 도덕성 함양과 인격 성숙을 추구하는 명상을 '도덕명상(Moral Meditation, MM)', 이를 교육에 적용한 것을 '도덕명상교육(Moral Meditation

---

15) Martin E.P.Seligman, 김인자 역, 『긍정심리학』(*Authentic Happiness: Using the New Positive Psychology to Realize Your Potential for Lasting Fulfillment*)(물푸레, 2006), p.12.

Education, MME)'이라 규정하고, 그 목표와 방법을 탐색한 시론적(試論的) 연구이다. 먼저 명상 연구의 흐름을 살펴본 다음, 철학적·사상적으로 명상을 이해하고, 명상의 임상적·과학적 연구를 통한 효과를 검토한 후, '도덕명상'(개념과 교육적 전제)과 '도덕명상교육'(목표와 방법)에 대해 살펴보고, 결론에서 향후 '도덕명상교육'의 과제가 무엇인지 찾아보았다.

II. 명상에 대한 철학적·사상적 이해

종교와 철학사상에 명상이 존재한다는 것은, 인간의 정신 능력과 진리의 존재, 즉 전자를 통한 후자의 통찰 가능성을 전제로 한다. 이것은 인간은 정신적 고양을 통하여 현재보다 더 나은 상태를 추구하고 끊임없이 궁극적 진리를 추구하는 존재라는 믿음에서 나온 결과이다. 명상의 사전적 의미는 "집중·사색·추상 등 여러 방법으로 이루어지는 사적인 예배나 정신훈련"[16]이며, 영어 '메디테이션(meditation)'은 "깊고 심오한 본질에 대한 지속적이고 깊은 응시 또는 묵상" 또는 "종교에서 영적 주제들에 대한(일반적으로는 종교적·철학적 주제에 대한) 응시"이다.[17] 명상은 그 목표·방법의 다양성에도 불구하고 공통적으로 깊은 사색이나 묵상 등의 정신훈련이며, 내면에서 이루어지는 사적(私的) 활동이며, 궁극적으로는 종교나 철학과 연관되고 있다. 먼저, 정신훈련이라는 점에서 명상은 단순한 잡념을 넘어 고도의 내적 정신 능력의 계발을 추구하며, 나아가 정신의 심화·확대로 자기를 초월하여 궁극적 본질에 이르고자 한다. 정신적·영적 측면을 대상으로 하고 궁극적·초월적 본질을 추구한다는 점에서 명상은 종교적 속성과 관련되는데(그렇다고 모든 명상이 종교적인 것은 아니다), 종교는 모

---

16) http://100.daum.net/encyclopedia/view.do?docid=b07m3266a(검색일: 2012.07.05).

17) http://dic.daum.net/word/view.do?wordid=eew000118115&q=meditation(검색일: 2012.07.05).

두 명상적 요소를 포함하고 있다. 더불어 명상의 특징은 개인의 내면에서 이루어진다는 점에서 전적으로 사적(史的)인 활동일 수밖에 없다.

이와 같은 개념에서 출발하여 명상을 이해해보자. 명상은 요가, 불교, 도가와 도교, 유식과 선종, 유교, 유대교, 기독교, 이슬람교 등 거의 모든 종교와 철학사상에 존재한다. 각각 특수성을 지니는 명상들에서 보편성을 추출해내기는 쉽지 않다. 명상을 올바르게 이해하기 위해서는 '집단 주관'[18]을 극복할 필요가 있다. '집단 주관'이란 '어떤 집단에 속하는 사람들의 집단 특유의 공통된 의식'으로 인종, 민족, 종교, 문화권, 지역권에 따라 매우 중층적으로 형성되는 것이다.[19] 명상을 공부하고 이해하는 과정에서 명상은 단순하게 이것이다 저것이다 혹은 이렇게 하는 것 저렇게 하는 것 등 한 가지로 규정짓기 쉽지 않다. 광범위한 내용과 방법들을 각각의 종교와 철학사상과 학문에서 이해한 명상의 제 측면들을 전체성과 보편성으로 아우를 수 있어야 하며, 그 때에 명상을 제대로 이해하게 된다. 따라서 어느 한 쪽의 관점에서 다른 것을 평가하거나 비교할 때 전체성 혹은 보편성의 관점에서 조심스럽게 접근해야 하며, 매우 다양한 스펙트럼을 지니는 개념이자 방법인 명상을 바르게 이해하기 위해서는 '집단 주관'을 극복하고 '보편성'과 '객관성'의 시각을 지니는 것이 중요하다.

인간은 왜 명상을 필요로 하는가. 한자경 교수는 명상의 세 가지 조건으로 인간의 상실감, 절박감, 회복에의 믿음을 제시하고, 여기서 명상이 시작된다고 보았다.[20] 그에 의하면, 명상이란 잃어버린 나를 찾아 떠나는 수행의 길, 내 안에서 나를 살게 하는 근원을 확인하고자 하는 것, 명상을 통해

---

18) 박 석, 『명상 길라잡이』(도솔, 2001), p.19. 박석 교수는 "인류 역사의 발전은 집단 주관의 착각을 극복하고 보다 보편적 진리로 나아가는 과정"이라고 보았다. 같은 책, p.19.

19) 위의 책, pp.20~23.

20) 한자경 교수는 이것이 불교의 깨달음의 세 조건[대의심(大疑心)·대분심(大憤心)·대신심(大信心)]과 다를 바 없다고 보았다. 한자경, 『명상의 철학적 기초』(이화여자대학교 출판부, 2008), p.17.

우주와 자연과 신과 하나가 된 나를 발견하는 것, 스스로의 정신력에 의해
에고를 벗어나 신과 하나 되고 자연과 하나 되고 우주와 하나 되는 초월의
경험이다.[21] 명상이란, 자신에 대한 깊은 자각으로 기존의 자아가 시공간
적으로 심화·확대된 나로 변화되는 일종의 초월적 세계에 대한 경험이다.
그것은 생각의 단순 축적이 아니라 고도의 정신적 훈련으로 인격적 고양
과 관련되는 수행(修行)이기도 하다. 본래적 나를 찾는 노력이자 수행으로
서 명상적 의식은 일상의식과는 다르다. 일상의식은 의식작용의 노력으로
대상 세계가 얻어지고, 그 작용이 정지하면 세계와의 연관성은 사라진다.
반면, 명상 의식은 나와 세계와의 연관이 의식표층에서 비로소 형성되는
것이 아니라 심층에 이미 확보되어 있으며, 명상은 그것을 인식하고 체험
하는 것이다.

　종교와 철학사상에서 명상의 양상은 다양하다. 인도에서 명상법이 발달
한 이유는 환경적인 요인으로, 한낮의 지독한 더위를 피해 숲속의 나무 그
늘에 앉아 명상을 하게 되었고, 명상이 일상의 일부분이 되면서 우주와 인
생의 근본 문제까지도 사색하게 된 것이다.[22] 환경적 요인과 더불어 동양의
도덕적 정향과 서양의 논리적 특성을 겸비한 인도철학의 특징으로는 폭넓
은 사고, 진리 탐구에 대한 헌신, 다른 학파를 포용하는 폭넓음을 들 수 있
다.[23] 인도철학의 정통(āstika)[24]과 비정통(nāstika)[25]의 기준은 베다(Veda)[25]의

---

21) 한자경, 위의 책, pp.18~19.

22) "부처는 당시 육사외도(六師外道) 등 다양한 수행법들을 모두 거치고, 고(苦)와 낙
　　(樂) 두 극단을 떠난 중도(中道)의 수행방법으로 명상을 선택하였는데, 이를 통하
　　여 우주만물의 본질에 대한 깨달음을 얻게 된다." 대한불교조계종 포교원, 『불교
　　사의 이해』(조계종출판사, 2005), p.97.

23) 학파를 보면, 차르바카(Cārvāka), 불교(Buddha), 자이나교(Jaina), 상키야(Sāṅkhya),
　　요가(Yoga), 미맘사(Mīmāṁsā), 니야야(Nyāya), 바이쉐쉬카(Vaiśeṣika) 등이 대표적
　　이다. Chatterjee, S. C.·Datta, D. M., 김형준 역, 『학파로 보는 인도 사상』(An
　　Introduction to Indian Philosophy)(예문서원, 1999), pp.26~27.

24) 또 하나의 정통의 의미는 '베다의 권위를 믿는 자' 혹은 '죽음 이후의 또 다른 생
　　을 믿는 자'를 의미하며, 이때 자이나 철학이나 불교 철학은 죽음 이후 생을 믿기

권위에 대한 믿음인데, 자이나교와 불교는 절대신을 믿지 않는다는 점에서 정통이 아니라 비정통에 속한다. 인도철학의 일반적 특징26) 중 진리에 대한 명상, 즉 자기 절제를 통한 정신 집중은 요가학파뿐 아니라 모든 학파에서 강조한다. 우리 마음에 올바른 믿음을 얻기 위해서는 잘못된 믿음이 성립된 과정과 똑 같은 기간을 겪어야 하며, 따라서 오랜 기간의 명상이 필요하게 되며, 끊임없는 명상이 없다면 그릇된 믿음을 제거할 수 없을 뿐만 아니라 진리에 대한 믿음이 삶 속에 확고하게 형성될 수도 없다고 본다.27) 따라서 인도철학에서 명상은 잘못된 진리를 제거하고 올바른 진리를 파악하기 위한 정신집중의 방법인 것이다.

명상은 인도의 요가학파로부터 시작되었지만 부처가 깨달음의 방법으로 활용하면서 불교의 보편적인 수행법이 되었다. 요가학파는 후에 대승불

때문에 정통에 속한다. 위의 책, p.27 참고.

25) "고어체 산스크리트로 씌어졌으며 이란 지역에서 인도로 들어온 인도유럽어족 사이에서 유행한 성스러운 찬가 또는 시. 베다가 만들어진 정확한 연대는 알 수 없으나 BC 1500~1200년경으로 연대를 추정한다. 이들 찬가는 부분적으로 소마 제의를 행하는 종파 사이에서 생겨난 예배의 내용이 되었다. 그 찬가들은 신들을 찬양했는데 이 신들은 대부분 불(아그니), 태양(수리아와 사비트리), 여명(우샤스), 폭풍(루드라), 전쟁과 비(인드라), 자비(미트라), 신의 권위(바루나), 창조(인드라, 부분적으로 비슈누 신의 도움을 받음)와 같은 여러 가지 자연과 우주의 현상이 인격화한 존재이다. 찬가들은 이러한 신들을 찬양했고 대부분 제의 때 불렸다." http://100.daum.net/encyclopedia/view.do?docid=b09b1738a(검색일: 2012.07.10).

26) '도덕적이고 정신적인 조망의 통일성', '시공간적 배경의 광활함'을 들 수 있다. 전자에 포함되는 것으로 실천적 동기[철학이 인간의 목적에 이바지할 수 있어야 한다], 존재의 법칙에 대한 정신적 불안정[괴로움의 근원을 이해하기 위해 노력], 우주에 내재하는 영원한 도덕 법칙에 대한 믿음[규칙성과 정의에 대한 믿음], 도덕적 단계로서의 우주[카르마의 피할 수 없는 법칙은 신 또는 자연으로부터 주어진 것], 무지와 지[무지로부터의 탈출을 추구], 진리에 대한 명상의 필요성[그릇된 믿음을 올바른 신념으로 대체하기 위하여 끊임없이 명상하고 삶의 다양한 의미를 생각해야 한다], 자기 절제[진리 추구의 방법], 최상의 목표로서의 해탈 가능성에 대한 믿음[차르바카를 제외한 모든 철학의 경향]이다. Chatterjee, S. C.·Datta, D. M., 앞의 책, pp.34~45.

27) 위의 책, p.42.

교의 유식학파(唯識學派)로 발전되는데, 진리에 대한 명상을 특히 강조하였다. 요가는 인도의 정신문화와 종교문화의 정수로 그것의 독특한 수행법이 명상이다.[28] 요가(yoga)의 동사 원형인 '유즈(yuj)'는 '묶다' 또는 '말에 멍에를 씌우다'로, 둘 이상의 것을 묶어 하나로 연결한다는 뜻으로 조화와 균형 또는 통합과 결합을 의미한다.[29] 나중에 이에 추상적인 의미가 더해져서 요가의 궁극 목표인 범아일여(梵我一如)를 추구하여[30] 철학적으로 전체성과 개체성을 하나로 묶는다는 의미가 되었다. 『우파니샤드』에 의하면, 요가 수행은 정신적 노력을 통하여 현재의 자기 자신을 자신의 참모습인 진정한 아트만과 연결되게 하고, 궁극적으로 브라만인 신(神)과 하나로 연결되게 한다.[31] 궁극적으로 요가라는 말은 사유(思惟) 혹은 명상이라는 의미이다. '명상을 통하여 오감(五感)을 제어하고 산란한 마음을 정지시키는 것, 즉 모든 감각기관을 움직이지 않고 집중하여 마음을 통일시켜 적정 상태에 머무는 것'이라고 정의할 수 있다. 또한 부처의 선정은 제법의 본질인 연기(緣起)의 법을 깨닫기 위한 것이 목적이었다.[32]

요가학파의 경전인 파탄잘리의 『요가수트라』에서는 8단계 수행법을 제시하고 있다. ①야마[yamas, 사회적 계율], ②니야마[niyama, 내면적 계율],

---

28) 『우파니샤드』에서도 요가를 '드야나'와 더불어 생활의 일부이며 가장 중요시한 문화 요소라 언급하고 있다. 요가와 드야나는 인도사람들의 종교적 수행으로 인격 완성의 길이자 몸과 마음을 올바르게 하는 가장 뛰어난 지혜라고 한다. 정태혁, 『명상의 세계』(정신세계사, 2004), p.22.

29) 한자경, 앞의 책, p.44.

30) 요가를 언급할 때 탄트라와 비교하는 경우가 많다. '탄트라'의 '탄(tan)'은 '넓히다'의 뜻으로 정신적 지식을 넓힌다는 의미로 쓰이는데, 탄트라의 목표는 에고 속에 갇혀 있는 우리의 마음을 확장시켜 무한한 우주의식으로 나아가는 것을 목표로 한다. 요가와 탄트라 모두 인간 내면의 완성을 위한 명상법인데 수행 태도나 분위기에서 차이가 난다. '묶다'와 '넓히다'의 뜻에서 보듯이 요가는 통제의 의미, 탄트라는 개방적 의미가 강하다. 박 석, 앞의 책, pp.27~32 참고.

31) 한자경, 앞의 책, pp.49~50.

32) 대한불교조계종 포교원, 『불교의 이해와 신행』(조계종출판사, 2006), pp.153~154.

③아사나[asana, 좌법], ④프라나야마[pranayama, 호흡법], ⑤프라챠하라 [pratyahāra, 감각통제], ⑥다라나[dhārana, 집중], ⑦드야나[dhyāna, 선(禪)], ⑧사마디[samādhi, 삼매]가 그것이다. 최종 단계인 '사마디'는 의식이 대상과 완전히 하나가 되는, 요가의 최고 경지이다.[33) 요가는 신체훈련, 호흡훈련, 정신훈련을 중시하는데 ④·⑤·⑥이 정신훈련 방법이다.[34) 힌두교의 경전 『바가바드 기타(Bhagavad Gītā)』[35)는 진리에 이르는 길로서 요가를 네 가지로 구분한다.[36) 첫째, '지나나(지혜) 요가'는 아트만에 대한 바른 지혜를 얻는 것을 강조한다. 냉철한 분별력으로 어떠한 형상이나 체험도 놓아버릴 것을 강조하며 순수한 본질을 추구하여 진리와 하나되는 것을 추구한다. 이것은 진리의 비인격적 특성을 강조하고 냉철하고 이성적인 사람들에게 적합하다. 둘째, '디야나[禪] 요가'는 몸과 마음을 평정하게 다스려 아트만에 집중함으로써 브라만과 합일되게 하는 명상으로, 자아를 다스

---

33) 박 석, 앞의 책, pp.47~55.

34) '프라챠하라'는 감각을 통제하는 것[制感]으로, 감각기능이 밖으로 달아나는 것을 억제하여 의식을 조절하여 외부자극을 받아들이지 않도록 하는 심리조작이고, '다라나'는 마음을 어떤 한 곳에 머무르게 하여 집중하는 것으로, 생각의 대상 폭을 좁혀 단순하고 작은 범위로 한정시키는 것이며, '드야나'는 넓은 의미로 명상을 의미하기도 하지만 좁게는 정신집중 상태로, 한 곳에 집중된 정신이 확대된 세계, 즉 무의식의 순수한 세계[마음상태]에서 사물의 진상(眞想)을 파악하여 항상 안온한 상태로 마음을 유지하고 주체와 객관이 합일된 경지이다. 사마디[삼매(三昧)]는 주체와 객체가 하나가 된 순수의식자체의 단계로 무아(無我)의 경지이다. 정태혁, 앞의 책, pp.27~45 참고.

35) "성스러운 신에 대한 기타(Gita: 歌頌)라는 뜻으로, <마하바라타 Mahābhārata>('바라타 왕조의 대서사시'라는 뜻)라는 인도 서사시 제6권에 속하며, 전사 아르주나 왕자와 그의 친구이자 마부인 크리슈나(비슈누 신의 화신이기도 함)가 대화하는 형식으로 씌어졌다. AD 1~2세기에 쓰인 것으로 보이는데 이 시는 700개의 산스크리트 송(頌)이 18장으로 나누어져 있다. <바가바드기타>는 윤리문제로 출발하지만 그것을 훨씬 넘어서서 신의 본질과 인간이 어떻게 신을 알 수 있는가 하는 문제를 광범위하게 고찰한다. 이 문헌의 위대함은 목적과 수단 2가지를 모두 서술하고 있다는 데에 있다. 이 문헌은 인도 전 시대의 종교사상과 실천의 개요를 제시한다." http://100.daum.net/encyclopedia/view.do?docid=b08b2421a(검색일: 2012.07.11).

36) 한자경, 앞의 책, pp.53~59.

림으로써 진리에 이르고자 한다. 셋째, '카르마[業]37) 요가'는 행동 또는 일을 통해 진리에 이르고자 하는데 애착과 이기심을 버리고 공평무사하게 행동함으로써 자유로워질 수 있다고 보아 사회활동을 통한 진리의 구도를 강조한다. 넷째, '박티[헌신] 요가'의 '박티'는 사랑과 헌신을 뜻하는데, 진리의 인격적 측면을 중시하여 신에 대한 사랑과 헌신을 강조하며, 감성적인 사람들에게 적합하다. 지혜를 필요로 하는 불교의 명상과 신비주의의 명상은 '지나나 요가', 자기 통찰과 통제가 요구되는 요가와 단학의 명상은 '디아나 요가', 사랑과 헌신과 믿음이 요구되는 기독교와 이슬람교의 명상은 '박티 요가', 업(業)과 명(命)의 수행을 필요로 하는 유교의 명상은 '카르마 요가'와 통한다. 어떤 형태의 요가든 의식을 하나로 집중하여 개체와 전체, 나와 우주가 하나가 되는 체험을 중시하며, 소리를 통한[만트라 요가], 특정 형상을 활용한[얀트라 요가], 신체적 움직임을 통한[하타 요가], 신체 내의 기(氣)의 자각을 통한[쿤달리니38) 요가] 방식으로 구분된다.39) 이러한 구분은 자아 수행의 방법으로 육체와 마음을 다스리는 호흡법·집중법에 따른 것으로, 오늘날 우리가 요가를 지칭할 때는 대부분 이러한 요가의 수행방식에 초점을 둔 것이다.40)

---

37) 카르마는 업(業) 혹은 업보(業報)의 의미로 '행동한다'는 의미이다.

38) "우리 몸의 항문과 성기 사이인 회음 안쪽에 나선형의 모양이 숨겨져 있다고 한다. 흔히 똬리를 튼 뱀의 모양으로 묘사된다. 영어로는 'serpent power'라고 하는데, 뱀의 힘이란 뜻이다. (…) 요가에서는 쿤달리니가 완전히 각성되어 정수리까지 올라갈 때 비로소 깨달음이 완성된다고 한다." 박 석, 앞의 책, p.44.

39) 한자경, 앞의 책, p.59.

40) 자아의 다스림에서는 육체 단련과 정신 수행을 중시한다. 육체의 극복으로 정신의 자유로움을 얻고자 하여 호흡법과 운동법으로 명상하는 것이 '하타 요가(hatāyoga)'이다. '하'와 '타'는 해와 달을 가리키는데 음기와 양기를 서로 조화시킨다는 의미가 들어 있다. '라자 요가'에서 '라자'는 왕을 뜻하는데 왕의 요가라는 뜻으로 특이한 자세나 호흡법보다 의식 각성법을 위주로 하는 요가로 마음 다스림에 초점이 있으며 궁극적인 목표는 모든 요가가 그러하듯 우주 의식과 하나가 되어 완전한 자유를 얻는 것이다. '만트라 요가'에서 '만트라(mantra)'는 진언(眞言) 내지 주문(呪文)이라는 의미인데 어떤 특수한 소리 혹은 진언을 반복하여 우리의 의식을 보

인도의 명상은 진리를 깨닫기 위한 정신집중의 방법으로, 부처도 최종적으로 명상으로 깨달음을 얻었는데, 그 수행법이 선정(禪定)이다.[41] 명상의 방법 중 사마타(止, samatha)와 위빠사나(觀, vipassana)가 대표적인데,[42] 최근 유행하는 명상법들은 여기서 유래한 것이다. 사마타 수행은 평온이나 고요함을 목적으로 집중을 계발하기에 '사마디수행[定]'이라 부르고 위빠사나는 내적 통찰과 지혜를 계발하기에 '반야수행[慧]'이라고 부른다.[43] 부처가 깨달음을 얻기 위해 행했던 위빠사나 수행은 관법(灌法)으로, 사띠빠타나(Satipathāna)라는 마음집중 방법이다. 이것은 마음집중을 의미하는 '사띠'와, 집착 혹은 접촉 즉 머문다는 뜻인 '빠타나'의 복합어로, '몸의 크고 작은 활동과 기능, 육체적 모든 현상에 마음을 집중하여 몸의 동작을 쉽게

다 각성된 상태로 만들려는 것으로 간단하고 효과가 빠르지만 궁극적 깨달음을 얻는 데는 부족한 점이 있다. '얀트라 요가'에서 '얀트라'는 도구·도형이라는 뜻인데 어떤 특정한 형태가 우리 의식을 각성시키는 힘이 있다고 보아 별이나 피라미드 등 사각형, 삼각형, 육각형, 원형 등 추상적인 도형을 배치한 특수한 그림을 바라보면서 명상하는데 얀트라가 표현하는 세계가 우리 내면의식을 추상적으로 형상화한 것이라고 본다. '쿤달리니 요가'에서 '쿤달리니'는 우리 내면에 숨겨져 있는 원초적인 힘을 뜻하는데 모든 요가가 쿤달리니를 각성시키려고 하는 것이지만 이것은 구체적이고 직접적인 동작이나 호흡으로 쿤달리니 각성만을 중점적으로 하는 것으로 깨달음에 도움이 되긴 하지만 그 자체가 깨달음이 되기는 쉽지 않다. 정태혁, 앞의 책, pp.21~24. 박 석, 앞의 책, pp.33~44 참고.

41) 선(禪, dhyāna)은 사유수(思惟修) 혹은 정려(靜慮), 정(定, samādhi)은 삼매(三昧)로 번역된다. 선(禪)이 명상 방법이라면 정(定)은 그 목표이자 궁극적 도달점이다. 이러한 개념들에 대한 논의는, 정준영, "사마타(止)와 위빠사나(觀)의 의미와 쓰임에 대한 일고찰", 『불교학연구』 제12호(불교학연구회, 2005)를 참고할 것.

42) 남방불교는 위빠사나를 우위에 두는 반면, 북방불교[대승]에서는 사마타와 위빠사나 두 가지 모두를 기본으로 한다. 사마타는 원래 '고요하다'는 뜻으로, 내적·외적 대상으로 인해 산란하게 흐트러진 마음을 한 곳으로 모아 고요하게 만들어 마음의 평화를 얻는 것을 말하고, 위빠사나의 '위(Vi)'는 '여러 가지', '빠사나(pasana)'는 '관찰하다'의 뜻으로, 몸과 마음에서 일어나는 여러 가지 현상들을 관찰하는 것, 이러한 관찰을 통하여 자신의 몸과 마음, 나아가 외부의 여러 현상들을 그대로 보는 통찰력을 얻는 것을 말한다. 박 석, 앞의 책, pp.211~223 참고.

43) 정준영, 앞의 글, p.521.

감지 인식하는 것으로서, 부처가 사성제(四聖諦)와 팔정도(八正道)를 깨달은 방법이다.44)

신념(身念), 수념(受念), 심념(心念), 법념(法念)의 사념처(四念處)에서 념(念, sati)은 주의 깊게 주시함이며, 처(處)는 그 주시함의 대상으로 몸·느낌·마음·법을 말한다. 그 원리는 공간적 한 대상에 주의를 집중하여 의식을 전일하게 하는 지(止), 시간적으로 현재의 찰나를 포착하여 개념적 공상을 배제하고 직관적으로 포착하는 관(觀)이 핵심이다.45) 구체적으로 신관(身觀)은 먼저 호흡을 바라보는 데서 시작한다. 자신이 호흡에 대하여 마음속으로 그 수를 세면서 집중하는 것이 '수식관(數息觀)'이다. '수식관(隨息觀)'은 호흡의 수에 신경 쓰지 않고 호흡이 들어오고 나가는 것을 그대로 지켜보는 것으로, 이를 통하여 몸과 마음의 상태를 예민하게 관찰할 수 있는 힘이 생긴다. 호흡을 보는 것은 몸에 대한 관찰 가운데 가장 기본인데, 이를 통해 자기 몸의 상태를 관찰하고 몸의 움직임을 관찰하는 다음 단계로 나아갈 수 있다. 자신이 걷고, 서고, 앉고, 누워 있음을 알아차리고, 거기서 나아가 몸의 모든 동작에 대해 그대로 깨어서 바라보는 것이 중요하다. 이것은 일체의 상황에서 항상 자기의 몸에 대해 알아차려서 깨어 있어야 한다는 것이다. 수관(受觀)은 자신의 감각에 대한 관찰로, 느낌에 대해 선입관이나 상상의 덧칠 없이 그대로 바라보는 것이며, 심관(心觀)은 마음에 대한 관찰로 사랑과 미움, 괴로움과 즐거움에 영향을 받지 않은 근원적인 자기 마음을 알게 하고자 하는 것이다.46) 이러한 단계를 거쳐서 궁극적으로 도달하고자 하는 것이 법관(法觀)인데, 불교에서 말하는 사성제(四聖諦)·연기(緣起) 등 불교의 진리를 파악하는 데 이르고자 하는 것이다.

선(禪, dhyāna)도 요가에서 비롯된 붓다(부처)의 깨달음의 방법으로, 그

---

44) 거해 스님, 『위빠사나 수행의 길』(샘이 깊은 물, 2003), pp.15~16.
45) 한자경, 앞의 책, p.96.
46) 박 석, 앞의 책, pp.224~231.

실천 구조는 지(止)와 관(觀)이다. 『대승기신론(大乘起信論)』에서 모든 경계의 상(相)들을 멈추어 버리는 것이 지(止)이고, 인연으로 생멸하는 모든 상들을 분별하는 것이 관(觀)이라고 하였는데,[47] 대승불교의 명상은 유식(唯識)[48]과 선종(禪宗)[49]에서 파악할 수 있다.[50] 유식이란 모든 차별 현상

---

47) 위의 책, pp.216.

48) "모든 존재는 오직 식(識), 즉 마음에 불과하다고 보는 것인데, 자기를 둘러싼 자연계와 자기를 포함하는 모든 존재는 자기의 근저에 있는 마음인 아뢰야식(阿賴耶識)이 알게 한 것 또는 변화시켜 드러낸 것임을 뜻한다. 이에 따라 오직 마음만 있고 외계에 사물적 존재는 없다고 본다. 그러나 그 마음 역시 허깨비나 꿈과 같은 존재로 보아 궁극적으로는 그 존재성까지 부정하기 때문에 서양 사상의 유심론(唯心論)과는 다르다." http://100.daum.net/encyclopedia/view.do?docid=b17a1542b (검색일: 2012.07.11).

49) "'불립문자'(不立文字), '교외별전'(敎外別傳)을 내세우며 '직지인심'(直指人心), '견성성불'(見性成佛)을 주장한다. 선종에서는 인간의 마음을 참구하여 본래 지니고 있는 성품이 부처의 성품임을 깨달을 때 부처가 된다는 것이다. 언어나 문자를 거치지 않고 곧바로 부처의 마음을 중생의 마음에 전하므로 불심종(佛心宗)이라고도 하며, 수행법으로 주로 좌선을 택한다." http://100.daum.net/encyclopedia/view.do?docid=b12s0375a(검색일: 2012.07.11).

50) 유식(唯識)이 인도불교의 정점이라면, 선종(禪宗)은 중국불교의 정점이다. 유식(唯識)은 소승불교의 설일체유부(說一切有部)와 대승불교의 중관학파(中觀學派) 후에 성립된 것으로, 설일체유부는 모든 것은 유(有)라고 주장하고, 중관학파는 모든 것은 공(空)이라고 주장하였다. 부처의 세계관의 핵심은 연기(緣起)이고 모든 사물은 고정불변의 실체가 없으며 다만 인과 연이라는 원인과 조건으로 생겨난다는 것이며, 이것이 제법무아(諸法無我), 제행무상(諸行無常)이다. 유부(有部)의 관점에서는 인연화합을 이루는 기본 요소들은 '영원히 존재'하는 것으로 보는데 그것이 세친(世親)의 『구사론(俱舍論)』으로 정리되고, 중관학파의 주장은 본질은 비어 있지만 그 비어 있는 속에 다양한 현상이 존재한다[진공묘유(眞空妙有)]를 주장하며 중관학파는 공과 유 어디에도 걸리지 않은 가운데를 보아야 한다고 주장하지만 공사상을 잘못 이해하면 허무주의로 빠지기 쉽다. 이 한계를 극복하기 위하여 유식학파(唯識學派)는 본질이 공임에도 불구하고 우리에게 다양한 현상으로 나타나게 만드는 그 무엇을 바로 식(識)으로 설명하여 유부(有部)의 유(有)와 중관(中觀)의 무(無)를 절충하고자 한다. 다양한 현상을 보다 치밀하고도 체계적으로 설명하기 위하여 소승의 유부의 이론을 계승하고 그 위에 대승의 중관 이론을 접목하여 논리성과 이론적 측면에서 치밀하게 발전시켰다. 12세기 전후 이슬람의 침입으로 인도 불교는 결정적 타격을 입고 인도에서는 거의 자취를 감추고 소승은 동남아시아에서, 대승은 동북아시아에서, 후기 대승불교인 밀교는 티베트에서 발전

은 오직 인식하는 마음 작용에 지나지 않으므로 일체는 오직 마음 작용에 의한 이미지에 불과하다는 것이다.[51] 중국의 선종(禪宗)은 '중국에 가서 크게 법을 펴도록 하라'는 스승의 지시로 남북조시대에 중국에 법을 전한 보리달마(Bodhidharma) 이후 6조 혜능(慧能)에 이르러 독자적인 종파를 형성하였다. 돈오(頓悟)사상을 강조하는데 묵조선(默照禪)과 간화선(看話禪)으로 발전하였으며, 인도 불교와 중국 노장(老莊)의 절묘한 조화로 만들어진 특유의 명상법과 깨달음은 인도 불교와는 또 다른 경지를 개척하였다.

유교(儒敎)는 배움을 강조하며 수기치인(修己治人)을 위한 사회적 실천을 강조하는데, 명상법은 자기성찰을 계속하여 마음의 미세한 흐름을 포착하여 더 깊이 들어가 마침내 어떠한 감정이나 상념이 일어나기 전의 마음 상태를 알고 그것이 일어났을 때 조화를 이룰 것을 추구하는 것이 특징이다.[52] 유교의 수양 방법인 신독(愼獨)·성(誠)·경(敬) 등도 일종의 의식의 변화를 목적으로 하며, 궁극적으로 명상과 통한다.[53]

유대교의 전통적인 명상법은 카발라(kabbalah)인데, 구전(口傳)이라는 뜻으로 진리를 아는 스승이 제자에게 비밀리에 말로 전수해 주는 것을 의미하는데, 계시를 듣는 것과 같은 신비적 체험을 위해서는 체계적인 명상법이 필요하다. 카발라는 수행자로 하여금 자신의 한계에 대해 잘 알아차리고 스스로를 훈련하여 더 높은 차원의 의식 상태로 나아가도록 한다. 그리하여 육체와 외적 조건의 노예 상태에서 벗어나 내적 자유를 얻을 수 있고, 마침내 신이 준 잃어버린 낙원으로 들어가게 되는 것이다. 카발라 수행

하였다. 박 석, 앞의 책, pp.149~154 참고.

51) 유식학파(唯識學派)를 유가행파(瑜伽行派)라고도 하는데, 미륵(彌勒, 4~5세기)의 유가사지론(瑜伽師地論)을 중심으로 인도에서 형성된 학파로, 요가(yoga) 수행자들의 체험을 바탕으로 정립한 것이다. 곽철환 편저, 『시공 불교사전』(시공사, 2003), p.543.

52) 박 석, 앞의 책, p.288.

53) 장승희, "다산 정약용의 성(誠) 수양과 도덕교육", 『도덕윤리과교육』 제35호(한국 도덕윤리과교육학회, 2012), p.96.

자는 먼저 자신의 '예소드(yesod)'의 활동을 잘 관찰해야 하는데, 예소드란 일상적인 에고의 마음을 말한다. 그 다음 의식이 매우 각성된 상태를 체험할 수 있는데 이를 '티페렛(tiferet)'이라고 한다. 에고를 환하게 꿰뚫어 초월할 수 있는 이 티페렛 상태에서는 간혹 자신의 수호천사 모습이 나타나기도 한다. 티페렛 상태에 이르기 위한 방법 중 신비로운 숫자판 게임과 생명나무 게임은 '카바나(kavana)' 상태에 이르게 하는데, 마음이 이리저리 방황하지 않고 오직 한 가지 주제에 완전히 집중된 상태를 말한다. 카바나가 이루어지면 단어나 숫자의 일상적인 의미를 넘어 그 속에 담겨 있는 심오한 내적 의미를 절로 알게 된다고 한다.[54]

기독교 명상은 초기 기독교 신비주의인 그노시즘(gnosism), 그것에 대립되어 발전되어 온 방법 등이 있는데, 교회의 통제와 이단의 시비 속에서 발전되어 왔다. 가톨릭의 대표적인 수행법은 묵상과 관상이다. 묵상은 하느님과 나와의 관계를 의식적으로 체험하는 사랑의 체험과정이다. 추리묵상에서 감성묵상으로 발전하여 관상의 단계에서는 성령의 작용 아래 하느님과 보다 내적이고 직접적인 관계를 맺는 것을 말한다. 관상의 궁극적인 목표는 어떠한 이성이나 감성의 작용도 거치지 않고 하느님의 현존하심을 그대로 인식하는 것, 혹은 영혼이 하느님과의 완전한 합일에 이르는 것이다.[55]

이슬람교의 명상은 수피즘(sufism)이다. 수피의 대표적인 명상법인 '지크르(zikr)'는 기억한다는 의미로, 항상 신을 기억하는 것이며, 수행자는 매순간 "알라 외에는 없다."라고 소리치는데 처음에는 입으로 하는 소리지만 나중에는 마음의 소리로 바뀌게 되어, 끊임없이 알라를 기억하여 일상의 마음으로부터 점점 더 깊은 내면의식의 세계로 들어갈 수 있다. 이것은 만트라 요가와 유사하다.[56]

---

54) 박 석, 앞의 책, pp.323~344.
55) 위의 책, pp.348~362 참고.
56) 위의 책, p.365.

다양한 종교와 철학사상에서 명상의 형태를 살펴보았는데, 진리 혹은 신을 인식하기 위해 복잡한 체계와 단계들로 되어 있다. 이른바 '집단 주관'의 관점에서 보면 각각의 명상들은 특수한 용어와 단계들로 이루어져 보편적인 성격으로 종합하기 쉽지 않다. 간략하게나마 그것을 살펴본 이유는 명상의 역사와 스펙트럼의 다양함과 심오함을 통해 명상에 접근하는 데 도움을 주기 위함이다.

Ⅲ. 명상과 현대과학의 만남 : 명상의 효과

명상의 과학적 타당성 문제는 해결이 쉽지 않지만, 최근 과학 중심의 학문에 대한 반성은 명상의 가능성에 기여하고 있다. 오늘날 학문체계는 17세기 이후 서구 근대 체계에 근거한 것이다. 그 특성은 학문 일반의 내적 방법론에 치중하면서 진리 검증을 실제성에서 찾고 실증적 학적 결과와 지식 체계를 학문으로 보는 것이다. 19세기에 이르러서는 방법론의 관점에 따라 학문(scientia)을 '과학(science)'으로 규정하게 되었고, 마침내 과학이 학문을 대치하기에 이르렀다.[57] 이제 과학 중심의 학문론과 과학의 객관성에 대한 확신이 점차 무너지면서 분과 중심적·과학 중심적 학문 경향이 오히려 진리를 왜곡한다는 비판이 제기되고 있다. 이에 따라 학제(學際) 연구가 활발해지면서 명상에 대한 연구도 다양한 학문들의 접근으로 그 가능성이 열리고 있다.

그럼에도 여전히 진리의 기준은 과학적 타당성이며, 이 때문에 명상 효과에 대해서도 심증은 있지만 물증을 제시해야 하는 부담 때문에 아직도 과학주의를 벗어나지 못하고 있다. 아이러니하게도 동양 명상이 대중들에

---

57) 신승환, "학문 이해의 역사와 존재해석학적 학문론", 『인간연구』 제11호(가톨릭대학교 인간학연구소, 2006), pp.259~260.

게 설득력을 갖게 된 계기는 서양의 과학 연구 덕택이다. 동양에서 신앙이나 수행 차원에서 이루어지던 명상은 과학적 효과가 증명되면서 보편화되었기 때문이다. 인간의 마음과 정신은 뇌의 영향을 받지만, 마음으로 뇌를 변화시키고 신체를 변화시킬 수 있다는 메커니즘이 밝혀지면서 명상은 인기를 얻을 수 있었다. 명상은 개인의 마음, 의식, 생각 등 내면적 측면을 중시한다. 인간의 내적 변화를 통하여 외적인 측면을 변화시킬 수 있다는 것이 최근 명상 연구의 내용들이다.

KBS 특별기획 다큐멘터리를 책으로 구성한 『마음』은 '기억과 무의식의 세계'와 '용서와 이완의 세계' 두 파트로 구성되었는데,58) 이론적 근거들을 생략하고 경험적 내용 위주로 명상을 과학적으로 탐구하여 설득력을 얻었다.59) 마음의 존재 규명부터 타인에 대한 용서까지 다양한 내용을 다루면서 '명상' - 명상의 기법 혹은 방법 - 을 중심에 놓고 있는데, 그 메커니즘은 의식을 변화시키는 것이다. 일반적으로 명상하는 사람들의 뇌파에서는 알파파가 나오고 그때 몸은 불안과 긴장이 풀어지고 머리가 맑아지고 집중력이 높아진다고 한다. 알파파가 잘 나오도록 하려면, 기대감, 꿈, 도전, 희망 같은 의식을 가지고 명상을 해야 한다. 명상을 할 때 현실과 동떨어져서 우주나 생명의 신비, 살고 있는 기쁨처럼 중성적 감각, 행복, 평화 같은 것에 의식을 집중하면 알파파와 세타파의 중간 정도에 스펙트럼이 생기고, 무아(無我) 상태의 수준에서는 세타파에 스펙트럼이 생긴다고 한다. 통상적으로 세타파가 나올 때는 얕은 수면상태라고 보는데, 무아의 경지, 아무것도 생각하지 않지만 자고 있지도 않은 그런 상태에서 나오는

---

58) '마음이란 무엇인가', '마음, 몸을 지배하다', '생각하는 대로 이루어진다', '희망이 최고의 약이다', '기도가 병을 고친다', '상상하면 이루어진다', '삶을 변화시키는 심리 전략', '감정이 건강을 좌우한다', '상상할 수 없는 깊은 무의식의 세계' 등 인간의 인식체계에 대한 접근, '이완의 기적들', '마음 깊은 곳에서 이완하다', '명상하는 학교', '용서를 위한 프로젝트' 등 명상의 기본에서 용서교육에 이르기까지 방대한 내용을 다루고 있다.

59) 이영돈, 『KBS 특별기획 다큐멘터리: 마음』(예담, 2006), 목차를 참고할 것.

세타파는 뇌가 특수한 상태에 있는 것이라고 한다.[60] 이와 같은 뇌의 상태에 따라 인간의 마음 상태가 결정된다는 것이다.

인간에게 있어서 주체라는 것은 자아가 스스로를 각성하고 의식의 내면에서 주인이 되는 것이다. 주인이 된다는 것은 바로 마음에 의한 것이며, 마음은 과학적으로는, 뉴런(neuron)이라는 신경세포와 그 말단에 있는 시냅스(synapse)로 구성되어 있고, 그 작용의 결과인 것이다. 마음은 신경세포 상호간의 조화로운 신호전달에 의한 것이고, 이 신호전달은 시냅스라는 구조를 통하여 이뤄진다.[61] 인간의 강렬한 감정적 경험은 신체적 각성, 의식적 인식, 외적 표현이 잘 통합될 때 일어나며 이 세 요소 중 하나라도 부족하게 되면 사회생활에 적응하는 데 문제가 생기게 된다. 그러나 촘스키는 뇌의 신경단위로부터 이런 것들이 결정되지만, 신경 단위의 활동이 어느 정도의 한도를 넘으면 아직 물리학에서 발견되지 않는 법칙이 나올 수도 있다고 말한다.[62] 이는 궁극적으로 형이상학적 마음의 오묘한 작용이 아직 밝혀지지는 않았지만, 지금과는 다른 물리학적 원리들로 밝혀질 수도 있다는 말이다.

사람마다 마음이 다르고, 뇌를 알면 마음을 알 수 있다고 한다. 도파민(Dopamine)·아세틸콜린(Acetylcholine)·가바(GABA)[63]·세로토닌(Serotonin)의 네 가지 신경전달물질의 작용이 마음을 변화시켜 조종할 수도 있겠지만 화학작용을 벗어난 마음의 작용 중 생각하는 의식 활동은 여전히 과학

---

60) 위의 책, pp.134~135.

61) 위의 책, pp.27~28.

62) 위의 책, pp.30~31.

63) "감마 아미노낙산(γ-AminoButyric Acid)으로, 포유류의 중추신경계에 작용하는 억제 신경전달물질이다. GABA는 신경계에서 신경흥분을 조정하는 역할을 맡고 있으며, 인간의 경련 마비의 경우, 몇몇 신경에 GABA가 흡수되면서 신경이 손상, 근육에 긴장이 일어나게 되어 경련 마비가 일어나게 된다." http://search.daum.net/search?nil_suggest=btn&nil_ch=&rtupcoll=&w=tot&m=&f=&lpp=&DA=&sug=&q=GABA(검색일: 2012.07.13).

적으로 완벽하게 밝혀지지 않고 있다. 즉, 뇌가 마음을 지배하는 것과 마찬가지로 '마음이 몸을 지배'하는 것이 사실이기 때문이다. 예를 들어, 아이들이 배가 아프다고 하면 엄마가 '엄마 손은 약손'이라고 하면서 배를 문질러 주면 효과가 있다. 엄마 손에서 나오는 자기장이나 기 때문에 낫는 것이라고 이야기하지만 그보다는 아파서 긴장된 상태이지만 엄마라는 믿을 수 있는 사람 품에서 편히 쉴 수 있기 때문에 심리적으로 안정이 되어 병이 낫는 것과 같이 '생각하는 대로 이루어지는 것'이다.[64] 존 호간의 플라시보 효과(placebo effect)[65]는 마음과 몸이 상호작용한다는 것을 입증하는 사례이며, 그것이 현실에서 '기대 효과'로 증명되는데, 스스로 건강하다고 믿는 사람이 오래 사는 것이 한 예이며,[66] 희망의 힘으로 암을 극복한 예[67]에서 볼 수 있는 것은 희망의 메커니즘이다.

　　30년간 임상종양학자로 일해 온 제롬 그루프먼 교수(미국 하버드의과대학)는 희망이 특히 미래가 불확실한 암환자들을 치료하는 데 중요하다고 생각한다. 희망은 때로 그들에게 병을 극복할 수 있는 실질적인 방법과 정신적인 방법을 제공하기 때문이다. 희망은 암을 치료하지는 않지만 두 가지 역할을 한다. 희망의 가장 중요한 역할은 사람들 자신

---

64) 이영돈, 앞의 책, p.90.

65) "위약(僞藥)은 심리적 효과를 얻기 위하여 환자가 의학이나 치료법으로 받아들이지만 치료에 전혀 도움이 되지 않는 가짜 약제를 말한다. 영어로는 플라시보(placebo)(사실 라틴어로서, '마음에 들다'는 뜻을 가지고 있다.)라고 한다. 위약과 관련하여 잘 알려진 현상으로 심리 현상 중 하나인 위약 효과(placebo effect)가 있다. 이를 플라시보 효과 또는 플라시보 이펙트라고 그대로 읽기도 한다. 의사가 환자에게 가짜 약을 투여하면서 진짜 약이라고 하면 환자의 좋아질 것이라고 생각하는 믿음 때문에 병이 낫는 현상을 말한다." http://ko.wikipedia.org/wiki/%EC%9C%84%EC%95%BD_%ED%9A%A8%EA%B3%BC(검색일: 2012.07.13).

66) 이영돈, 앞의 책, p.99.

67) 위의 책, pp.107~109. 한만청 전 서울대학교 병원장은 1998년 간암 4기였지만 현재까지 잘 살고 있고, 영동세브란스 병원 암센터 소장 이희대 교수도 말기 직장암을 극복하고 현재까지 6년 넘게 잘 살고 있다.

에게 직면한 모든 문제와 어려움, 장벽, 장애물을 바로 바라보고 그 고난을 통해 더 나은 삶을 발견할 수 있게 도와준다는 점이다. 사람들이 명확하고 생산적으로 생각할 수 있도록 돕는 심리적인 역할을 한다. 또 희망은 신체적으로도 변화를 가져오는데 혈액의 순환, 호흡을 돕고 가장 중요한 점은 통증을 완화시킨다는 것이다. 따라서 사람들은 자신이 더 건강해졌다고 느끼고 그 느낌을 믿으며 아주 힘거운 치료를 견뎌낼 힘과 에너지를 얻게 한다.[68]

이러한 모든 것들은 인간이 마음의 강력한 힘을 인정하고 내 삶의 주체가 되고자 할 때, 즉 나의 마음의 주인이 될 때 가능하다. '기도가 병을 고친다'거나 '상상하면 이루어진다'는 것은 이러한 주체적 자아를 찾을 때 가능하다고 하면서 기도의 힘과 위빠사나 방법 등을 소개하고 있다.[69] 이 것은 'NPL(Neuro-Linguistic Programming, 신경언어프로그램)'로 '생각과 마음이 행동을 지배하고 마음의 작용이 몸을 지배한다'는 것인데, 원효대사가 해골에 담긴 물을 마시고 다음날 그것을 알아채고 난 후의 일체유심조 (一切唯心造), 즉 물 자체가 중요한 것이 아니라 물에 대한 마음이 행복하게 하기도 하고 고통스럽게 하기도 한다는 것이 그 예이다.[70] 이는 긍정심리학의 이론과 통하며 궁극적으로 마음 다스리기, 생각 바꾸기 등의 명상법을 활용하여 가능한 것이다. '긍정심리학'에 말하는 "긍정적 감정이 두 뇌활동을 활발하게 해준다."[71], "행복할수록 신체적인 자원을 잘 구축한

---

68) 위의 책, pp.109~110. 희망이 면역계를 향상시켜 실제로 암을 치료한다고 보기는 어렵지만 희망은 심리적 효과뿐만 아니라 희망을 토대로 믿음과 기대를 갖는 사람의 뇌에서는 도파민이라는 화학물질이 나오는데, 도파민은 뇌의 중요한 방아쇠로 동기 유발, 목표 추구와 관련되며 그 경로에 엔도르핀(endorphin)과 엔케파린(enkephalin)이 연결되어 있는데 우리 기분을 좋게 만들고 고통도 경감시킨다는 것이다.

69) 위의 책, pp.116~139.

70) 위의 책, pp.140~143.

71) Martin E.P. Seligman, 앞의 책, p.63.

다."72)는 것은 명상의 긍정적 효과와도 통한다.

긍정적인 기분에서는 창의적이고, 인내를 갖고, 건설적이고, 남을 배려하고, 융통성 있는 사고를 촉진시킨다. 이러한 사고방식은 잘못된 것을 찾기보다 올바른 것을 발견하는 데 초점을 맞춘다. 그러니까 자신의 결점을 찾거나 방어적인 자세를 취하기보다 미덕을 계발하고 베푸는 일에 힘쓰게 되는 것이다.73)

과학적 사고를 하는 사람은 상상 훈련으로 암을 고친다는 말은 믿기 어렵다. 그러나 사이몬톤 박사의 자료에 의하면 사이몬톤 박사 팀은 159명의 말기암 환자를 대상으로 상상 훈련을 한 결과 환자의 평균 수명이 24.4개월로, 상상 훈련을 배우지 않은 환자의 평균 수명 12개월에 비해 2배 이상 연장되었다고 한다. 암이 완전히 소실된 경우는 14명으로 전체의 22.2%나 되었으며, 51%의 암환자들은 생활의 질을 높일 수 있었다고 했다.74)

우리가 즐거움, 행복, 마음의 평화, 평온함 같은 바람직한 감정을 느낄 때 몸에서는 인체의 치료체계를 건강으로 이끄는 화학물질이 생성되고, 반대로 두려움, 분노, 죄책감, 무력감 같은 바람직하지 못한 감정을 느낄 때 질병과 죽음으로 인체를 이끌어가는 화학물질이 생성된다는 사실이 연구 결과 밝혀졌다고 한다.75) 이 외에 명상의 효과와 관련된 연구들을 몇 가지 살펴보자. 명상수련 3년 이상의 참가자 9명(남3, 여6)을 대상으로 EEG76)를

---

72) 위의 책, p.70.

73) 위의 책, p.69.

74) 이영돈, 앞의 책, pp.154~155. 정상적인 암 치료를 받은 사람이 상상 훈련을 할 경우 자신감이 생기고 몸이 이완됨으로써 자신이 받고 있는 암 치료 효과가 극대화되기 때문에 이와 같은 효과를 거두었다는 것이다.

75) 위의 책, p.155. 사이몬톤 요법은 사람들에게 내재된 희망을 발전시키고 감정이 건강에 중대한 역할을 한다는 점, 우리의 감정과 감정적 욕구에 본격적으로 대처하는 방법을 이해시키는 것이다.

76) "electroencephalogram(뇌전도, 腦電圖)로, 대뇌피질의 활동에 의한 전위 변화와 뇌

측정한 연구가 있는데, 집중명상과 마음챙김명상의 결과 기저선에서의 뇌 영역의 활성화를 감소시키고, 세타파의 증가로 깨어있는 상태가 되며, 명상의 이완 효과와 기민성이 높아지는 효과가 있고, 안와전두피질의 활성화로 정서조절에 관여하고 있음을 보여준다고 하면서, 집중명상과 마음챙김명상의 차이를 인정하고 표준화된 명상 방법의 필요성을 제기하고 있다.[77] 또 '명상의 이익'을 24가지 제시한 연구가 있는데, 내용 선정에서 기준·준거·근거가 제시되지 않고 나열되어 겹쳐지기도 하고, 위계와 층위가 다르고, 일상적 차원과 초월적 차원들이 혼란스럽지만, 현재까지 연구된 명상의 효과를 망라하고 있다.[78]

   1. 명상은 집중력, 관찰력, 분석력, 활동력, 창조성, 지능, 기억력과 학습능력 향상시킴, 2. 스트레스를 줄여주고 내면의 평화를 증진, 3. 행복감과 자긍심 향상, 4. 근심과 걱정 줄여줌, 5. 전반적인 건강상태를 향상시키고 회춘을 가져옴, 6. 마음의 청정, 7. 슬픔의 극복, 8. 육체적 고통의 완화, 9. 정신적 고뇌의 완화, 10. 바른길(팔정도)에 도달, 11. 깨달음의 성취, 12. 무의식을 의식화하여 습관과 중독에서 벗어나게 됨, 13. 관념의 세계를 실재로 전향, 14. 에고를 벗어나 차아를 초월하여 무아가 됨, 15. 느낌과 마음을 관찰하여 자동사고(auto-piloting)에서 벗어남, 16. 과거, 현재, 미래의 처지(story, contents)에 사로잡히지 않는 본래의 나를 찾게 해줌, 17. 중도로 양극단을 벗어난 유연한 사고방식을 갖게 되어 문제가 사라지거나 문제해결이 쉬워짐, 19. 느낌과 생각의 이전 자리인 순수의식을 되찾게 해줌, 20. 판단 없이 상대방의 말을 순수하게 경청하게 되어 자신과 상대에게 치유가 일어나고 대인관계가 개선됨, 21. 장

파에 의하여 일어나는 뇌전류를 기록한 전기기록도." http://100.daum.net/search/search.do?query=EEG(검색일: 2012.07.13).

77) 윤병수, "집중명상과 마음챙김명상이 뇌의 주의체계에 미치는 영향", 『한국심리학회지: 건강』 제17권 제1호(한국심리학회, 2012), pp.72~73.

78) 김선숙, "명상의 의의와 학문에의 연계성", 『한국정신과학회 춘계학술대회 논문집』(한국정신과학회, 2012), p.125.

애, 공포, 불만족, 통증, 분노 등의 고뇌가 줄어듦, 22. 비판 없이 경험하는 것에 대해 온전히 이해하여 능률적인 행동이 가능하며 만족함이 증대, 23. 중도를 택함에 의해 직관이 열리고 무한한 창의력과 창조력이 증대, 24. 신/부처/우주와의 합일

　명상의 효과는, 단순한 이완효과, 스트레스의 해소, 약물중독의 치료, 심리 치료, 학습 및 기억의 증진, 신비적 체험, 자신의 존재에 대한 깨달음 등,[79] 일상적 차원에서부터 고차적 의식 세계 수준에까지 이르고 있다. 이와 같은 명상의 임상적·과학적 연구 결과로 인해 많은 사람들이 명상에 깊은 관심을 갖게 되었고, 궁극적으로 개인적 체험의 세계이지만 교육을 통해 긍정적 변화를 모색하는 노력을 기울이는 데까지 이르게 되었다.

IV. 명상과 윤리교육의 만남

　지금까지 명상에 대해 연구의 흐름, 철학적·사상적 이해, 효과의 측면에서 접근해보았다. 명상의 유형은 크게 세 가지 - 내향적·외향적·중도적 - 로 구분할 수 있다.[80] 첫째, 내향적(內向的) 명상은 인간 정신의 자발적 비약을 염두에 두는 명상인데, 내면의 자기를 파악하여 계발에 초점을 두는 것으로, 불교의 선(禪)이 그 예이다. 둘째, 외향적(外向的) 명상은 외부의 초월적 실재나 상징에 대한 명상인데, 신 혹은 신적 대상에 의식을 집중하는 것으로, 기독교의 명상이 그 예이다. 셋째, 자기 내부의 새로운 차원의 세계를 발견하려는 명상인데, 외부 대상과 합일하려는 외향적인 것과는 다른 유형이며, 자아의식을 없애고, 망아(忘我)의 세계, 즉 절대 고요의 세계,

---

79) 김정호, "마음챙김명상의 유형과 인지행동치료적 함의", 『인지행동치료』 제4권 제2호(한국인지행동치료학회, 2004), p.69.

80) 정태혁, 앞의 책, pp.189~191 참고.

절대 자유의 세계에 도달하려는 노력으로 자아를 부정함으로써 우주적 자아, 곧 우주의식(宇宙意識, Cosmic Consciousness)을 얻고자 하는 중도적 명상으로, 요가의 명상이 그 예이다.

이 세 가지 형태는 복합적으로 작용하기도 하는데, 모두 도달점에 이르면 자아가 무한한 세계로 확대되어 새롭고 심오한 세계를 경험하여 여기서 새로운 삶이 시작될 수 있다고 본다. 궁극적으로 모든 명상의 목표는 자아를 심화·확대시켜 더 나은 자아, 대아(大我)로서의 자아에 이르러 이전과는 다른 깨달음에 이르고자 하는 데서는 공통적이다. 결국, 명상은 자아의 확대와 심화를 통하여 더 긍정적·발전적 방향으로 나아가고자 하는 인간 존재의 본질을 반영한 것이다.

1. '도덕명상' 개념과 교육적 전제

명상은 도덕적 성향을 지니는데, 자아의 확대나 우주의식과의 만남에서 궁극적인 자아의 본질은 도덕성을 전제로 하지 않을 수 없기 때문이다. 심화된 연구와 체험을 한 명상전문가들은 도덕성에 초점을 둔다. 종교나 철학사상이 궁극에는 윤리와 만나지 않을 수 없기 때문인 듯하다. 그럼에도 불구하고 명상의 목표를 명확하게 드러내어 도덕성에 두는 경우는 없었다. 이에 필자는 도덕교육의 관점에서 도덕성을 목표로 명상에 접근하여 '도덕명상(Moral Meditation, MM)'과 '도덕명상교육(Moral Meditation Education, MME)'을 제안한다. '도덕명상교육'은 '도덕지(道德知, 도덕적 앎)'와 '도덕행(道德行, 도덕적 실천)'이 만나도록(일치되도록) 하기 위한 것이다. '도덕명상'은 개인의 '도덕지'가 현실 세계를 마주했을 때 내면의 목소리, 즉 양심(良心)에 집중하여 '도덕행'으로 연계될 수 있도록(실천될 수 있도록, 일치될 수 있도록) 하는 것이다. 명상을 교육에 도입할 때 신중하게 접근하지 않으면 안 된다. 명상이 인간의 정신세계를 다룬다는 점, 대상이 아직 정신적 성숙이 이루어지지 않은 아동 혹은 청소년이라는 점, 공교육에 도입·활용된다는 점에서 신중하지 않을 수 없다. '도덕명상교육'을 실시하고자 할 때 전제되어야 할 점과 유의점을 살피고, 다음 단계로 '도덕명상교육'의 목표와 방법에 대해 살펴보자.

첫째, 도덕명상교육은 종교적 관점을 벗어나야 한다. 명상은 앞에서 본 것처럼 인도의 보편적 수행 방법이었지만 부처의 정각(正覺)의 방법인 선정(禪定)으로부터 보편화되었다. 이것은 호흡법에서부터 출발하며, 이러한 점은 명상 공부 초기에 필요한 내용이다.[81] 최근의 명상 내용들을 보면 생각버리기,[82] 마음챙김,[83] 위빠사나[84] 등 다양한 개념을 사용하지만, 그 근거나 핵심은 불교의 사마타[止]와 위빠사나[觀] 명상[85]을 벗어나지 않으며,[86] 통찰명상,[87] 마음챙김명상[88] 등 일상표현으로 칭해지고 있다. 그러

---

81) 대림 스님 역, 『들숨 날숨에 마음챙기는 공부』(초기불전연구원, 2009). 각묵 스님 역, 『부처님의 마지막 발자취: 대반열반경』(초기불전연구원, 2007). 각묵 스님 역, 『네 가지 마음 챙기는 공부: 대념처경(大念處經)과 그 주석서』(초기불전연구원, 2004).정태혁 역주, 『부처님의 호흡과 명상Ⅰ: 불설대안반수의경(佛說大安般守意經) 권상(卷上) 및 입출식염경(入出息念經) 풀이』(정신세계사, 2008). 정태혁 역주, 『부처님의 호흡과 명상Ⅱ: 불설대안반수의경(佛說大安般守意經) 권하(卷下) 및 입출식염경(入出息念經) 풀이』(정신세계사, 2009). 대림 스님 역, 『청정도론』(전3권)(초기불전연구원, 2009).

82) 小池龍之介, 유윤한 역, 『생각 버리기 연습』(21세기북스, 2010).

83) 김미영, "마음챙김명상을 활용한 정서안정감 증진 프로그램 개발", 『시민인문학』 제22권(경기대학교 인문과학연구소, 2012), pp.1~20. 김정호, "마음챙김 명상의 안과 밖의 문제", 『사회과학연구』 제10권(덕성여자대학교 사회과학연구소, 2004), pp.143~155.

84) 임승택, "위빠사나 수행의 원리와 실제", 『불교연구』 제20집(한국불교연구원, 2004), pp.183~213. 거해 스님, 앞의 책. 박성현, "위빠싸나 명상, 마음챙김, 그리고 마음챙김을 근거로 한 심리치료", 『인지행동치료』 제7권 제2호(한국인지행동치료학회, 2007), pp.83~105.

85) 거해 스님, 앞의 책을 참고할 것.

86) 정준영, 앞의 글, pp.521~552.

87) 명상의 핵심을 주위 환경과 몸과 마음의 소리를 자각하고 주의 깊게 집중하는 것으로 본다. Jack Kornfield, 추선희 역, 『처음 만나는 명상 레슨』(*Meditation For*

나 "명상을 새롭게 정의해서 접근하려면 종교적 전통의 측면을 염두에 두고 충분히 인식한 후에는 일단 종교적인 요소를 배제할 필요가 있다."[89]는 조언은, 명상의 긍정적 측면과 함께 부작용과 위험성도 염두에 두어야 한다는 지적이며, "도덕명상교육"에서 반드시 유념해야 할 점이다. 다양한 명상법을 이해하고 적용하되, 특정 종교 혹은 '집단 주관'의 관점을 배제할 필요가 있으며, 특히 공교육적 측면에서는 반드시 배제되어야 한다.

둘째, 명상교육을 실시하는 교사는 명상에 대한 이해가 깊어야 한다. 아무리 과학적으로 명상의 효과를 증명하더라도 명상의 본질은 직접적 체험의 세계이기 때문에 주관성이 개입되지 않을 수 없으며 그것은 각자의 경험적 세계이다. 각자의 주관적 깨달음의 체험에는 앞에서 살펴본 '집단 주관'이 내재되어 있지만, 그 체험의 과정 속에서 에고를 벗어나 우주의식으로의 확장을 통해 새로운 상태의 의식에 이르는 것, 소아적 이기심에서 벗어나 우주에 대한 심오한 통찰력을 지니게 되는 것은 객관적 사실이다.[90] 그러나 일반인들이 깨달음을 경험하기란 쉽지 않으며, 또 깨달았다고 해도 객관적으로 그것을 증명하기란 쉽지 않다는 점에서 일정한 한계가 있다. 그렇다고 명상교육을 실시하는 교사가 모두 깨달음의 경지에 이르러야 한다는 것은 아니다. 다만 명상을 교육하고자 하는 교사는 명상 기법이나 방법의 적용 이전에 명상을 철학적·사상적으로 이해하고, 명상의 주관적 체험

Beginners)(불광출판사, 2011), p.23.

88) 'Mindfulness'를 '주의집중'으로 번역했다가, 위빠사나, 염처(念處), 관(觀), 정념(正念) 등의 전통적 불교용어에서 주의집중, 마음집중, 마음챙김 등의 현대용어로 바뀌더니 지금은 '마음챙김'이란 용어로 굳어지는 것을 보고 번역자가 '마음챙김'으로 정하였다고 한다. John Kabat-Zinn(1990), 장현갑 외 역, 『마음챙김 명상과 자기치유』(上·下)(*Full Catastrophe Living*)(학지사, 2005), p.5~6.

89) 安藤 治, 앞의 책, p.34.

90) "깨달음의 주관성을 극복하기 위해서는 깨달음을 얻은 이후 자신 속에 남아 있는 집단 주관적 착각이나 개인 주관적 착각의 미세한 잔재들을 덜어가는 작업이 계속 진행되어야 할 것이다." 박 석, "종교와 명상에 있어서의 주관성과 객관성의 문제", 『한국정신과학학회 춘계학술대회 논문집』(한국정신과학회, 1998), p.35.

과 객관성 확보의 한계를 인식하여 지도하는 데 신중을 기해야 할 것이다.

셋째, 명상은 교육에 적용할 때 한두 번 적용하여 효과를 얻을 수 있는 것이 아니며, 인내와 연습이 필요한 훈련임을 알아야 한다. 명상은 인간으로서 우리가 지닌 힘을 발휘하여 깨어 있도록 하며, 명상을 하면 자신의 몸과 감정을 열린 마음으로 보게 되면서, 판단하지 않고 자각하게 되고, 점점 더 마음 안에 있는 모든 것을 따뜻하고 개방적으로 자각하면서 바라보게 된다.[91] 다양한 명상법을 적용할 수 있지만, 유념해야 할 것은 명상이란 피아노를 배울 때처럼 참을성과 체계적인 훈련이 필요하며, 훈련하는 데는 시간과 인내심이 필요하다는 것이다.[92] 따라서 한두 번의 경험으로 결론을 내리는 오류를 범하지 말고 교육적 관점에서 학생들에게 지속적으로 적용할 필요가 있다.

넷째, 윤리적 측면의 변화에 초점을 두되, 지나치게 높은 경지의 깨달음까지 추구할 경우 학생들에게 부담을 줄 수 있다. 명상 방법은 교육 대상의 발달 단계와 자질 또는 근기(根機)에 따라 심사숙고하여 선택·적용하여야 한다. 지금까지 명상의 대상이 주로 성인이었다면, 이제 그 대상을 학생들로 확대할 필요가 있다. 자아의식이 형성되는 학생 시기에 명상을 활용하면, 더 큰 효과를 기대할 수 있기 때문이다. 더불어 쉽게 다가갈 수 있는 개념과 용어를 활용하되, 명상을 지도하는 교사는 명상의 본래 의미와 방법, 단계 및 결과에 대해 정확히 파악하고 있어야 할 것이다.

오늘날, 종교에서도 수행법으로 활용하고 일반인들도 다양한 경로로 명상을 공부하고 체험하는 등 명상은 취지와 목적에 따라 양상이 다양하다. 명상전문가들은 명상에 대한 올바른 이해가 없으면 부작용이 생길 수 있다는 점을 상기시키고 명상지도자의 중요성을 강조한다. 명상에 대한 체계적이고 단계적인 접근, 명상의 본질에 대한 올바른 이해를 바탕으로, 명상

---

91) 추선희 역, 앞의 책, p.18·p.24.
92) 위의 책, p.12·p.33.

교육을 실시할 때는 그 부작용의 가능성도 염두에 두어야 할 것이다.

2. '도덕명상교육'의 목표와 방법

자아의 확대와 심화를 통해 이상적 자아를 추구한다는 점에서 명상은 이상적 인간과 이상적 사회를 추구하는 도덕교육과 만나지 않을 수 없다. 몸과 마음이 이완되어 긴장과 스트레스가 해소되고, 호흡에서부터 의식을 하나에 모으는 연습으로 집중력이 향상되며, 바라보기와 알아차림을 통해 자각 능력이 향상되고, 태도와 습관의 변화로 이어지며, 분산된 에너지를 모음으로써 일과 공부의 효과를 높일 수 있고, 다른 사람에 대해 개방된 태도와 마음을 지닐 수 있게 하는 등 명상을 함으로써 긍정적인 결과들을 얻을 수 있다. 도덕교육에서 명상은 '태도의 변화' → '내면적 변화' → '행동의 변화' 과정을 통한 '인격의 성숙'을 목표로 한다.

도덕과에서 추구하는 인간상[93]은 현대사회의 새로운 추세를 반영하고 있지만 궁극적으로는 전인적 인격을 갖춘 인간이다. 전인적 인격의 바탕은 무엇보다 정신적 고양을 기반으로 한다는 점에서 명상의 역할은 중요하다. 도덕교육에서 명상을 도입하고자 하는 목적은 인격완성을 위한 도덕성 함양에 있다. 즉, 마음의 변화, 감정의 승화, 정서의 순화로 도덕적 감수성과 민감성을 높이고, 도덕적 상상력으로 자아의 확대를 경험하고 이를 통해 더 높은 도덕적 단계로 나아가고자 하는 것이다.

교육에서 명상 도입의 일례는 체육교과에서 찾아볼 수 있다.[94] 초등학생들을 대상으로, 1회기에 40분씩 '동적 명상'과 '정적 명상'을 합해 '마음챙김명상'과 존 카밧진의 'MBSR프로그램'을 참고로 만든 프로그램을 활

---

93) 교육과학기술부, 『도덕과 교육과정』(고시 제2012-14호[별책6]), p.3.
94) 김홍석, "명상, 요가 및 국선도 수련 참가 청소년의 자아효능감과 학교생활적응과의 관계", 『한국체육과학회지』 제15권 제4호(한국체육과학회, 2006), pp.213~226.

용, 알아차림 - 수용하기 - 교감하기를 총 16회 실시하여 정서안정감 증진 프로그램을 적용한 것이다. 존 카밧진의 MBSR프로그램은 최근 명상에 관심이 있는 사람들이 많이 사용하는 방법으로 명상에서 종교적인 요소를 빼고 의학적 치료의 경험을 담아 체계화시킨 방법이다.[95] 이 연구의 결과 부정적 정서가 사라지고(87%), 평정심·평온감이 증가하는(80%) 효과가 있었다고 한다.[96] 체육교과에서도 명상을 통하여 정서와 심리적 변화 등 자아 요소들의 긍정적 변화를 볼 수 있다는 점에서 '도덕명상'과 무관하지 않으며, 필자의 경우 대학생들을 대상으로 명상을 실시하여 정서 안정 측면에서 의미 있는 결과를 얻은 경험이 있다.[97] 이처럼 명상의 목적은 다양하지만 그 과정에서 정서 안정 및 긍정적 자아를 형성한다는 점에서 '도덕명상'과 연계될 수 있을 듯하다.

명상을 오랫동안 깊이 공부한 전문가일수록 어려운 명상보다 일상화를 통해 쉬운 명상을 제시하고, 도덕적 측면에까지 이르고 있다. 서양에 위빠사나 명상을 소개한 선구자인 잭 콘필드의 명상 8단계를 간략하게 표로 정리하면 아래와 같다.[98] 특히, 여기서 용서의 명상, 사랑의 명상은 도덕적 가치로서 의미가 있다.

단계	내용	방법
레슨 1	호흡과 하나 되기	안정되고 편안한 자세

---

95) 동양의 '마음챙김(mindfulness)' 명상과 서양의학을 접목하여 탄생한 MBSR(Mind fulness-Based Stress Reduction)은 많은 임상적인 연구 결과가 나와 있는 의료명상 교육프로그램이다. John Kabat-Zinn(1990), 앞의 책과 John Kabat-Zinn(2012), 안희영 역, 『존 카밧진의 처음 만나는 마음챙김 명상』(*Mindfulness for beginners*)(불광출판사, 2012)을 참고할 것.

96) 아동들에게 가장 기억에 남았던 활동은 1위 바디스캔, 2위 식물과의 교감, 3위 먹기 명상, 4위 걷기 명상이었다. 김미영, 앞의 글, p.16.

97) 장승희, 앞의 글, pp.103~104의 각주 45)와 46)의 내용을 참고할 것.

98) 추선희 역, 앞의 책, pp.29~128. 단계의 내용과 방법에 대한 상세한 해설은 이 책을 참고할 것.

		깊은 호흡, 들숨과 날숨으로 호흡의 리듬 느끼며 집중하기
레슨 2	몸의 느낌과 함께하기	몸의 느낌에 초점두기 몸 안의 에너지와 감각 자각하기 편안함, 긴장감, 즐거움, 가려움, 통증 등 수용하기
레슨 3	감정과 함께하기	슬픔, 기쁨, 욕망, 분노 등 감정 바라보기
레슨 4	생각 바라보기	현재 일어나는 생각, 계획, 기억 등 바라보기
레슨 5	용서의 명상	생각, 말, 행동으로 한 잘못 기억하고 용서 구하기 자신의 잘못에 대해 자신이 용서하기 다른 사람에게 받은 상처, 슬픔에 대하여 용서하기
레슨 6	사랑의 명상	나 자신을 사랑하기 사랑의 느낌, 사랑의 마음, 사랑의 감각 키우기 자신이 사랑하는 사람을 사랑하기 사랑의 마음을 확대시켜 모든 대상에 대하여 사랑하기
레슨 7	먹기 명상	음식을 천천히 준비하고 편안한 곳에 자리 잡기 감사의 기도하기 집중하면서 천천히 먹기 음식에 대하여 온전히 집중하기
레슨 8	걷기 명상	신체에 느껴지는 느낌 수용하기 왼발과 오른발이 땅에 닿을 때의 촉감 느끼기 천천히 걸으면서 발걸음에 집중하기

모든 단계에서 가장 먼저 해야 하는 것은 호흡에 집중하고 마지막에 호흡으로 되돌아오는 것이다. 호흡은 의식하지 않지만 우리 생명의 기본이자 출발점이기 때문에 모든 수행법들은 호흡에서부터 시작된다. 이와 같은 방법은 '호흡→몸→감정→생각→마음'에 대한 명상을 통하여 '가치관→세계관 및 행동의 변화'를 가능하게 할 것이다. <레슨 4>의 "생각 바라보기"에서는, 마음이 고요해지면 보다 깊은 수준의 반추나 깨달음, 혹은 표현되거나 이해받고 싶었지만 숨겨져 있던 마음이 솟아나면서 '창의성 분출'을 경험할 수도 있다고 한다.[99] 이처럼 명상의 방법은 무엇을 목표로 하는가에 따라 매우 다양하지만, 호흡과 몸에 대한 명상을 기본으로 일상생활의 모든 행동을 관찰하고 바라보면서 성찰하는 기회를 갖고자 하는 것은 공통

---

99) 위의 책, p.82.

적이다. 브라운(Brown, 1986)이 18단계로 제시한 "명상 체험 발달 단계 모델"은 아래와 같다.100)

단계	내용 및 특성	구체적 단계와 방법
준비기 명상	윤리적 훈련	a. 일반적 준비: 태도의 변화 b. 특별한 준비: 내면적 변화 c. 진전된 단계의 준비: 행동변화
	심신 훈련	a. 신체에 대한 알아차림 훈련 b. 호흡과 사고의 제어 c. 의식 흐름의 재편성
집중적 명상	매개 대상 있음	a. 외부 대상에 대한 집중 b. 내부 대상에 대한 집중 c. 종자(seed, 種)를 인식하는 기술 d. 정신을 정지시킴: 지각의 통합
	매개 대상 없음	a. 빛의 흐름을 재빠르게 포착 b. 빛의 흐름 관찰: 지나가는 대로 내버려 둠 c. 빛의 흐름의 균형을 잡음
통찰적 명상	일반적 명상	a. 시점을 가다듬는다. b. 기술: 사마디의 변용 c. 나타났다가 사라지는 사마디
	궁극적 의식	a. 통상의 지각과 궁극적 의식의 상호연관성 b. 궁극적 의식의 상호관련성과 깨달음과의 관계 c. 회고

<준비기 명상> 단계에는 "윤리적 훈련"이 포함되어 있다. '일반적 준비: 태도의 변화'는 일상생활에 대한 태도, 명상에 대한 태도를 바꾸어가는 것이다. 명상으로 기분이 좋아지건 그렇지 않건, 명상 시간을 가짐에 따라 일상에 대한 반성의 눈이 생겨나고 태도에 변화가 나타날 수 있다. '특별한 준비: 내면적 변화'는 태도가 변화하여 명상에 중점을 두고 마음의 내면에 주의(注意, attention)하면서 감정의 변화, 정신적 요소를 관찰하여 의식의 흐름을 알아차리는 것이다. '진전된 단계의 준비: 행동변화'는 습관, 일, 놀

---

100) 安藤 治, 앞의 책, p.99.

이, 식사, 수면 등 무의식적으로 행하는 행동을 주의 깊게 음미하면서 행동과 내면의 조화를 추구하게 되어 행동의 변화가 일어나는 것이다.[101] 다음은 이 단계에서의 "심신 훈련"을 보자. 명상에서는 신체 자세가 중요하다. 명상 자세는 어렵지 않지만 그 자세를 계속 유지하고자 하면 어떤 자세도 단순한 이완과는 달라서 결코 간단하지 않다. 경험이 쌓이면 아픔이나 피로를 느끼지 않으면서도 안정된 자세를 유지할 수 있게 된다. 구체적으로, '신체에 대한 알아차림' 훈련은 정신에 대해서도 한층 더 균형이 잡힌 상태를 이끌어 내는 작용을 하게 되고, '호흡과 사고의 제어'가 안정되면 일상적인 사고 과정이 점차 감소하기 시작하고 일상의 사고와는 질서가 다른 형태의 묵상적(默想的) 사고가 나타나게 되며, '의식 흐름의 재편성'을 통해 질서를 가진 자신의 내면적 세계를 지니게 되고 외부 세계에 흔들리지 않게 되는 것이다.[102]

교사들이 쉽게 접근할 수 있는 명상 소개서로는, 다양한 명상 체험을 통해 자신의 명상세계를 구축한 박석 교수의 『하루 5분의 멈춤』이 있다. 단계가 체계화된 것은 아니지만 현실에서 실천할 수 있는 명상의 다양한 방법을 제시하고 있어 교육적 의미에서 접근할 수 있는 책인데, 따라하기 부분을 간략하게 표로 정리하면 아래와 같다.[103]

내용	방법
숨 바라보기	1. 어깨와 목 가볍게 풀어주기/ 2. 팔 쭉 뻗기/ 3. 어깨와 가슴 활짝 펴기/ 4. 심호흡하기/ 5. 들숨, 날숨 가만히 바라보기
몸 바라보기	1. 몸 일깨우기/ 2. 몸을 깊게 풀어주는 동작들: 골반 풀기, 좌우 비틀기, 앞으로 굽히기, 고양이 기지개 펴기, 엎드려서 뒤로 젖히기, 누워서 개구리 헤엄치기, 누워서 다리 넘기기와 어깨로 서

101) 위의 책, pp.99~102.

102) 위의 책, pp.102~105.

103) 박 석, 『하루 5분의 멈춤』(예담, 2007). 따라하기의 내용과 방법에 대한 상세한 해설은 이 책을 참고할 것.

	기, 몸 구석구석 풀어주기
마음 바라보기	마음 바라보기
감정 바라보기, 소리 바라보기	감정 바라보기/ 2. 소리 바라보기
식사 명상, 단식 명상	식사 명상/ 2. 단식 명상
걷기 명상, 설거지 명상	걷기 명상/ 2. 설거지 명상

일상에서 실천할 수 있는 명상으로, 하루 5분씩 하다가 어느 정도 익숙해지면 20분씩 하는 방법이다. 다음은 어릴 때의 태도와 버릇에 대해 명상의 관점에서 바라본 내용으로 도덕교육적 시사점을 얻을 수 있다.

어릴 때 다리를 떠는 버릇이 있었다. 밥을 먹다가 다리를 떨고 있으면 어머니는 보기에도 좋지 않고, 찾아오던 복도 나가니 하지 말라고 주의를 주셨다. 미관상 좋지 않은 것은 이해가 갔지만, 복이 나간다는 말은 무슨 뜻인지 알 수 없었다. 그러나 지금은 알 것 같다. 평소 불필요한 동작으로 에너지를 낭비하면, 집중력이 떨어지고 에너지도 고갈되어 결국 자신이 할 수 있는 일을 제대로 못하게 된다. 자신에게 주어진 복을 놓치는 셈이다. 몸을 움직여야 할 때는 움직이더라도 그렇지 않을 때는 움직임을 최소화해서 고요하게 두는 습관을 들여라. 단순히 가만히 있으라는 뜻이 아니다. 진정한 고요는 몸의 들뜬 기운들이 차분하게 가라앉는 것이다.[104]

2012 개정 교육과정(도덕과)은 초등학교나 중학교의 경우 인지 발달 단계를 고려하고 다양한 도덕성들을 포함하여 18개 덕목 중심으로 구성되어 있다. 기존 교육과정과 달라진 것은, 첫째, 중학교의 내용영역도 가치·덕목을 중심으로 구성하였다는 점, 둘째, 전체지향과 영역별로 구분하였다는 점이다.[105] 교육과정의 핵심은 '나'라는 자아이며, '자아'를 중심으로 한

---

104) 위의 책, pp.66~67.

대상들과의 '관계'이다. 건강한 관계성을 형성하기 위해서는 무엇보다 건강한 '자아(自我)'가 전제되지 않으면 안 된다는 점에서 명상을 통한 자아의 확대는 의미가 있다. 명상은 소아(小我)의 나를 넘어서서 대아(大我)의 나로 의식을 변화시킬 것이다. 이러한 가치·덕목 교육을 실시함에 있어서 학교급별 혹은 발달 단계에 따라 도덕적 문제 사태가 다를 수 있기 때문에 '도덕명상교육'은 이를 고려하여 적합한 기법과 방법을 적용해야 한다. 초등학교에서는 호흡과 몸 바라보기에 중점을 두고, 이를 바탕으로 중학교에서는 감정과 마음 조절하기에 초점을 맞추고, 고등학교에서는 의식의 집중과 자아의식의 확대까지 나아갈 수 있으리라 본다. 이러한 준비기를 거쳐 성인에 이르면, '도덕지(道德知, 도덕적 앎)'와 '도덕행(道德行, 도덕적 실천)'이 자연스럽게 일치되는 경지에 도달할 수도 있을 것이다.

V. 맺음말 : '도덕명상교육'의 과제

명상은 역사적으로 인도에서 출발하였지만 불교, 유교, 도교에도 각각의 명상법이 있으며, 서양에도 명상법은 존재한다. 인간은 자신의 근원과 본질에 대해 고요하게 집중하여 사색하는 존재이며, 이 점에서 다른 존재와 구별되며, 이러한 명상의 힘은 인류 문화를 창조해내고 발전-개념을 어떻게 규정하든-시킨 원동력이었다. 인간이 삶을 영위한 이래 명상을 하지 않은 경우는 없었다고 해도 과언이 아니다. 현재 동서양을 막론하고 명상에 대한 관심이 높아지면서 다양한 차원에서 명상의 일상화가 이루어지고 있다. 명상은 종교와 철학사상, 학파와 지역에 따라 그 목표·내용·방법이 역사적으로 다양하게 발전하여 왔다. 오늘날에도 정신집중을 통하여 궁극적 본질을 추구하고자 하는 방향은 유사하지만, 그 과정과 방법 및 활용에 있

---

105) 교육과학기술부, 앞의 책, pp.6~7.

어서는 목적이 무엇인가에 따라 다르다.

우리사회는 인류 전체의 문명적 위기뿐만 아니라, 성장과 복지의 갈등, 분단의 현실 등 한국만의 특수한 상황에 직면해 있다. 게다가 삶의 속도와 질의 균형을 맞추어야 하는 과도기적 상황이기도 하다. 청소년들은 입시 경쟁, 정체성 상실, 가치 아노미 상황에서 주체적 자아를 형성하지 못하고 있다. 교육과학기술부가, 2012년 2월 6일 범정부 차원에서 발표한 '학교폭력근절 종합대책'의 일환으로 교육과정을 개정하고,[106] 프로젝트형 수업을 제시한 것도[107] 이러한 상황을 극복하기 위한 노력이다. 도덕과도 현재 학교 현장의 문제에 대처하기 위해 교육과정 개정과 프로젝트형 수업 제시에 중요한 역할을 담당하였다. 이에 대한 기대효과를 얻기 위해서는 국가적·제도적 차원에서의 이러한 거시적 노력과 더불어 개개인의 인성 변화에 초점을 둔 미시적 교육이 이루어져야 한다.

명상 연구의 흐름에서 보았듯이, 명상을 통한 의식 변화에 대한 연구는

---

106) "교육과학기술부는 '인성교육 실현을 위한 교육과정 개정 시안' 정책연구를 위탁하여 교육과정 시안 개발을 추진해 왔으며, (…) 교육과정 개정 시안을 확정했다. (…) 이번 교육과정 개정의 주요 내용을 살펴보면 초·중·고에서 유기적으로 연계된 '인성 함양' 교육의 실현을 위해 교육과정 구성 방침에 '모든 교육활동을 통해 인성교육을 실천할 수 있도록 교육과정을 구성'하며, 학교급별 교육 목표에 '인성 요소'를 강화하고, 공통사항에 인성 교육을 위한 학교의 책무성과 가정 및 지역사회 연계를 강조하여, 학교·가정·지역 사회가 함께하는 인성교육의 기본 방향을 천명했다. (…) 교과 수업을 통한 실질적인 인성교육을 위해 국어, 도덕, 사회 교과에 '인성 요소'를 강화하고 프로젝트형 인성교육이 가능하도록 교과의 핵심 내용을 '지식' 전달 중심에서 '체험·실천' 중심으로 개편했으며, 교과별 '프로젝트형 인성교육' 교수·학습 방법 및 평가 방법을 제시했다." 교육연합신문, "초·중등학교 인성교육 대폭 확대: 인성교육을 강화한 초·중등학교 교육과정 개정", http://www.eduyonhap.com/news/view.html?section=1&category=3&no=9717(검색일: 2012.07.10).

107) 교과부가 제시한 프로젝트형 수업의 특징은, 2009 개정교육과정의 근간을 유지하되 '인성교육 및 정보통신 윤리교육 내용 요소'와 '인성핵심역량[공감 능력, 소통 능력, 갈등 해결 능력, 관용, 정의 등] 요소'를 강화하기 위한, "'지식'과 함께 '체험·활동' 부분 강화", "'프로젝트별 인성 수업' 교수 - 학습 방안" 등이다. 교육과학기술부, 『보도자료』(2012.07.09).

제학문과의 통섭을 통해 새로운 융합학문으로 정립될 가능성이 있다.[108] 그러나 명상을 공교육에 적용하기 위해서는 앞서 살펴본 '전제되어야 할 점과 유의점'을 유념하면서 '도덕명상교육'의 외연을 확대시킬 필요가 있다. 명상의 본질을 염두에 두면서 도덕교육의 목적에 맞게 명상을 변형·활용해야 한다는 것이다. 이를 위해 다음과 같은 과제들이 관건이다.

첫째, 명상교육전문가를 양성할 필요가 있다. 현재 명상 연구는 의학과 심리학에서 치료와 치유를 중심으로 이루어지고 있으며, 한국의 경우 종교별, 학문별로 연구가 진행되고 있다. 여기서 나아가 이러한 연구 성과들을 도덕교육적 측면에서 적극 수용하되, 관심을 지닌 연구자들의 학제적(學際的) 연구를 종합하여 도덕명상교육의 정립을 시도해야 할 것이다.

둘째, '도덕명상'을 도덕교육에 적용하여 '도덕명상교육'의 목표와 구체적인 단계·내용·방법을 제시할 필요가 있다. 본 연구는 하나의 시도로서 그 의미를 지니지만, 앞으로 도덕교사와 도덕교육전문가들이 이와 관련된 연구를 심화시키길 바라는 마음에서 참고자료와 방향을 제시하려고 노력하였다. 향후 명상에 관심을 두고 있는 도덕교육 전공자들이 심도 있는 연구를 통해 '도덕명상교육'의 이론적 틀과 방법론을 제시함으로써, 타 교과에서 명상교육을 실시할 때 직간접적인 도움을 줄 수 있어야 할 것이다.

셋째, 도덕교육에서 명상은 다양한 교육방법들 중의 하나로 다른 방법들을 보완하는 역할로서 의미가 있다. 어떤 교육 방법이든 긍정적 측면과 부정적 측면이 공존한다. 명상법은 내면의 변화를 통해 행동의 변화를 모색하는 것이다. 그러나 외적 변화를 통해 내적 변화를 추구하는 방법에도 장점이 있다. 예를 들면, 규칙과 규율의 준수를 통한 도덕교육인데, 이처럼

---

108) 오헌석 외, "융합학문 어떻게 탄생하는가?", 『교육문화연구』 제43집(고려대학교 교육문제연구소, 2012), p.57. 최근의 새로운 융합학문 탄생의 경향은 다음의 네 가지 요소를 포함하고 있다.[같은 글 참고.] ① 문제 중심의 사고: 근원적인 문제에 대한 집착과 문제 해결을 위한 경계 넘나들기, ② 전공학문 외적 경험 및 인식 체계의 영향, ③ 학문간 벽 위로 솟은 대가(大家)가 주는 영감, ④ 지적 동반자와의 만남 및 교역지대 경험.

명상은 다양한 방법들과 더불어 실시하는 보완적인 것임을 유념해야 할 것이다.

명상은, 개인적 측면의 도덕적 가치 변화를 중점으로 하며, 이를 바탕으로 구체적인 인간관계, 나아가 사회 공동체 속에서 시민으로서의 존재 의미를 확고하게 할 수 있다는 점에서, 한 차원 높은 성숙한 인간으로 거듭나게 하는 방법이다. 명상에 필요한 것은 개방성, 탐험심, 바라봄인데 이는 마음을 자각하여 집중하고 호흡과 몸, 감정과 마음을 관찰하는 법을 통해 얻어진다. 큰 이해심과 연민과 사랑으로 자신과 타인의 삶을 바라보게 됨으로써109) 보다 성숙한 인간으로 태어나게 된다.

'도덕명상'과 '도덕명상교육'에 대한 연구와 적용은 이제 시작단계이지만 조만간 대세를 이룰 것이라 예견된다. 그 연구와 적용은, 한 때의 유행이나 단순한 수용 차원을 넘어, 주체적인 관점에서 도덕교육의 새로운 영역으로 이론과 방법을 정립하여, 도덕 교과의 학문적 발전과 연계되어 진행되어야 할 것이다. 인격이 완성되기 이전인 아동기·청소년기에 명상을 접하고 경험한다면, 성인 이후에 접하는 것보다 훨씬 더 적극적으로 자아를 성장·발전시켜 대아적(大我的) 자아로 나아갈 수 있다는 점에서, 명상의 도덕교육적 의미는 우리의 기대 이상일 것이다.

---

109) 추선희 역, 앞의 책, p.28.

제6장 통일 – 불교 연기론의 관점에서 본 통일문제와 통일교육

I. 머리말 : 통일담론과 연기

인간의 삶은 선택의 연속이며, 이상과 현실 사이 선택의 기로에서 갈등한다. 고원한 정신적·윤리적·종교적 가치를 추구하지만 당면한 현실은 물질적·실제적·현세적인 대응을 요구한다. 두 가지의 조화가 쉽지 않은 이유는 삶 자체가 단순하지 않기 때문이다. 갈등 상황에서 이상적 혹은 현실적 선택을 하는 이유는 기질이나 성향에 따라, 추구하는 가치에 따라, 혹은 문제의 성격에 따라 다양하다. 선택 후 대부분 사람들은 자신의 선택을 합리화한다. 합리화(合理化, rationalization)란 자신의 행동을 정당화하고 자존심을 지키는 방법으로, 정신분석이론의 방어기제의 하나로서 수용하기 어려운 자신의 충동이나 행동에 대하여 그럴듯한 이유나 설명으로 변명하는 것이다.[1] 자신이 선택한 것이 가장 합리적이었고 그럴 수밖에 없었다고 자신을 위로하고, 타인을 설득한다. 이것은 "인지구조와 환경적 사건 간의 모순이나 불일치 없이 균형 잡히고 조화로운 '인지적 평형'상태를 추구하는 것"으로, 피아제는 이를 '평형화(equilibration)'라고 하였다.[2] 갈등하는 삶의 국면에서 합리화는 일상화되어 있고, 합리화의 기저에는 선택에 대한 불안심리로 평형화 기제가 작용하고 있다.

---

1) 양돈규, 『심리학사전』(박학사, 2013), p.437.
2) 위의 책, p.415.

　문제는 평형화를 위한 합리화 자체가 아니라 그 본질이다. 이상과 현실의 갈등 속에서 오늘날은 대부분 후자를 선택하고 합리화한다. 경제적 가치를 추구하는 자본주의 패러다임에서 당연한 것이라고 합리화하고, 한 단계 더 나아가 역사의 흐름과 문명이 그러하므로 어쩔 수 없다고 또 합리화한다. 이상보다 현실이 더 중요해지고, 물질적·경제적 가치에 무게를 두게 되면서 정신적 가치나 관계적 의미는 가벼워졌고, 이제 이상(理想)이나 형이상적 가치는 설 곳이 없게 되었다.

　2014년 신년 기자회견에서 대통령이 제시한 '통일대박론'은 통일 패러다임의 전환이라 할만하다. 민족의 염원이자 소원이었던 엄숙한 통일은 '대박'이라는 경제적이고 구체적 표현으로 국민들에게 현실적이고 설득력 있는 주제로 다가왔다. '대박'의 사전적 의미는, "어떤 일이 크게 이루어짐을 비유적으로 이르는 말"[3]이다. 어원사전에서는 '대박'이 아닌 열매의 '박'[4]이 나와 있다. 대박은 '박'에 대(大)자가 붙어서 이루어진 말인 듯하다. 흥부가 제비를 도와주고 박 씨를 심어 얻어 박 열매를 따서 박에서 원하는 모든 것을 얻었던 데서, 민중들의 기대심리가 반영된 '대박'으로 보편화된 것 같다. 대박이란 말에는 가난하게 살았던 흥부의 물질적 욕구가 함축되어 있다. 스위스 다보스포럼에서는 나아가 "통일은 한국에만 대박이 아니라 동북아 주변국 모두에도 대박이 될 수 있다"라고 관심을 확대시켰고, 이를 구체화하기 위해 대통령직속 통일준비추진위원회가 발족되었다.[5] 이후 통일대박론에 대한 공감 여부를 묻는 질문에, 응답자의 61.5%가 공감한다고 답했고, 현 정부의 대북 정책'에 대해서는 68.9%가 찬성했다.[6] 통

---

3) Daum 국어사전, http://dic.daum.net/word/view.do?wordid=kkw000061893&q=%EB%8C%80 %EB%B0%95(검색일: 2014.08.22).

4) 서정범, 『국어어원사전』(보고사, 2003), p.297.

5) 연합뉴스, 2014.07.14., http://www.yonhapnews.co.kr/bulletin/2014/07/15/0200000000A KR20140715075400001.HTML?input=1179m '대통령 직속 통일준비위' 위원 50명으로 발족(종합)(검색일: 2014.08.22).

6) 뉴시스, 2014.08.15., http://news.kbs.co.kr/news/NewsView.do?SEARCH_NEWS_COD

일대박론을 계기로 EBS는 통일부와 협력하여 통일을 위한 프로그램 '국민 공감! 통일은 대박이다'를 편성하였다.[7] 젊은이들의 통일 인식 제고를 위해 서울을 비롯하여 대전, 부산, 광주를 순회하면서[8] 통일을 주제로 이야기를 나누는 '통일드림' 토크콘서트에 연예인 멘토를 초청하는 노력을 시작하였다.[9] 통일을 위한 이러한 노력들은 바람직하고 긍정적이다.

통일대박론이 현실적 필요에 의한 통일인식이라면 '우리의 소원은 통일'에 드러난 '통일소원론'은 관념적·이상적 통일인식이다. 민족적 염원으로서 통일은 어떤 어려움과 난관이 있더라도 우리 민족의 궁극적 목적이자 소원이다. 방한한 교황이 집전한 미사에서 '우리의 소원은 통일'을 합창한 데서 이것이 상징적으로 잘 드러난다. 그 통일은 대박으로서의 통일이 아닌 평화와 화해로서의 통일이다.[10] 대박론이든 소원론이든 통일문제는 동북아의 아킬레스건이자 남과 북에게는 뜨거운 감자이다.

통일대박론의 통일인식은 매우 현실적 접근으로, 통일의 당위성과 정당성을 확보하기 위해서는 철학적·형이상학적인 접근과 이해가 필요하다. 그것은 궁극적 이상으로서의 통일과 현실적 기대로서의 통일을 조화하기 위함이다. 이상론이든 현실론이든 통일문제는 남북관계가 논의의 핵심이기에 '관계'의 본질에 대한 이해가 선행되어야 한다. 그것을 현실적으로 풀

E =2912470&ref=D KBS 통일의식조사 … 통일대박론 '공감' 61.5%, 북 정권 '반감' 74.7%(검색일: 2014.08.21).

7) http://www.tvreport.co.kr/?c=news&m=newsview&idx=470762, EBS 통일부와 업무협력 체결 … '통일은 대박이다' 등 통일프로 제작 방영(2014.03.03)(검색일: 2014.08.25).

8) http://naewaynews.com/wellplaza/site/board/board-read.php?index_no=137012, EBS 청춘 토크 콘서트 '통일드림' 전국 4개 지역 순회(2014.08.19)(검색일: 2014.08.25).

9) http://www.yonhapnews.co.kr/bulletin/2014/08/19/0200000000AKR20140819154800005. HTML?input=1179m, EBS 통일 토크콘서트 '통일드림' … 김태원 첫 게스트(2014. 08.19)(검색일: 2014.08.25).

10) 조선일보, 2014.8.19., http://news.chosun.com/site/data/html_dir/2014/08/19/2014081900176.html, 교황의 平和·화해 미사에 울려 퍼진 "우리의 소원은 통일(검색일: 2014.08.22).

지 이상적으로 풀지는 다음 문제이다. 대박론은 남과 북의 관계성보다는 경제성에 초점을 둔 관점으로, 자칫 통일논의가 본질을 벗어날 우려가 있다. 따라서 통일 논의는 '관계'를 어떻게 인식할지에 대한 관점 확립이 선행되어야 한다. 지금까지 통일 논의는 사회적·정치적·외교적·교육적 접근이 일반적이었고, 철학적 접근이 있었지만 깊은 논의에는 이르지 못하였고,[11] 동양철학적 접근은 유교 중심 논의로[12] 다양한 사상에 의해 보완할 필요가 있다. 따라서 관계에 초점을 둔 다양한 사상에 의한 접근이 필요하다. 기독교의 박애(博愛), 유교의 인(仁)이나 예(禮), 충(忠), 서(恕) 같은 덕목도 관계를 중시하지만 불교는 다른 어떤 종교나 사상보다 관계를 본질로 하는데, 그것은 '연기론(緣起論)'에서 잘 드러난다.

　서양철학에도 관계에 대한 인식이 없는 것은 아니다. 서양철학의 관점에서 관계[關係, (英)relation, (獨)Bezieung, (佛)rapport]는 "일반적으로 일정한 대상들이 지닌 일정한 성질들을 기반으로 하여 그 대상들 사이에 존재하거나 거기에서 끌어낼 수 있는 관련성을 총망라하여 지칭하는 말[13] 혹은 "일반적으로 한 사물이 다른 사물에 대하여 미치는 영향 또는 교섭을 가리키는 말. 두 사물 사이의 결합뿐만 아니라 차별"[14]인데, 중요한 것은 대상과의 '사이'의 관련성, 영향이나 교섭 등으로 서양철학의 관계도 단독적이 아니라 상호적임을 강조한다. 연기(緣起)와의 차이는 서양은 주체와 대상과의 두 측면의 관계 및 성격에 주목한 반면, 연기는 인드라망(網)의 예처럼 둘 사이의 관계가 셋, 넷, 다섯 등등 연속적으로 확대되어 우주 차원으로 뻗어 나간다는 점이다. 따라서 세상에 연기 아닌 것이 없게 된다.

---

11) 윤건영, "통일교육의 철학적 기반에 관한 연구", 『도덕교육의 본령과 활성화 방안』, 2014년 연합학술대회 자료집(한국초등도덕교육학회, 2014), pp.289~303.

12) 장승희, "통일교육의 동양철학적 기초", 『유교와 도덕교육의 만남』(제주대학교출판부, 2013), pp.382~421.

13) 한국철학사상연구회 편, 『철학대사전』(서울: 동녘, 1997), p.129.

14) 고려출판사편집부 편, 『세계철학대사전』(서울: 고려출판사, 1996), p.78.

서양신학자 니부어도 관계를 중시하여 대상적인 관계인 '나 – 그것'(Ich-Es)과 본질적인 관계인 '나 – 너'(Ich-Du)를 구분하여 논의한다. 그는 전자의 나는 개적 존재(個的 存在, Eigenwesen)[15]로 나타나며 자기를 (경험과 이용의) 주체(Subjekt)로서 의식하며, 후자의 나는 인격(Person)으로 나타나며 자기를 (종속적인 속격을 가지고 있지 않은) 주체성(Subjektivtät)으로 의식한다.[16] 여기서 개적 존재는 다른 여러 개적 존재에 대하여 자신을 분리시킴으로써 나타나고, 인격은 다른 여러 인격과의 관계에 들어섬으로써 나타난다고 하여 한쪽은 자연적인 분립(Abgehobenheit), 한쪽은 자연적인 결합(Verbundenheit)의 정신적 형태라고 본다. 그에 있어 관계의 목적은 관계 자체, 곧 너와의 접촉이다. 왜냐하면 모든 너와의 접촉에 의하여 너의 숨결, 곧 영원한 삶의 입김이 우리를 스치기 때문이다.[17] 그러나 그가 추구하는 본질적인 관계는 인간 – 신(神)이라는 종교적 관계를 설정하고 있다는 점에서 초월적 성격을 지닌다. 연기(緣起)는 직·간접적인 인과론에 의하여 설명하면서도 구체적 현실의 인간에서 출발하여 논의하고 그것을 시공간적으로 확대시켜 나간다는 점에서 다르다.

불교 연기론은 연기설(緣起說) 혹은 연기법(緣起法)[18]이라고도 한다. 본

---

15) 이 말은 개인(Individuum)이나 개성(Individualität)에 가까운 의미를 가지고 있지만, 부버는 '경험과 이용의 주체', '그것과 맺어져 있는 <나>', 곧 타자와의 결합성을 잃은, 자기의 개별성에 서 있는 자아주의적 인간성을 가리키는 말로 쓰고 있다. Martin Buber, 표재명 역, 『나와 너』(Ich und Du, Heidelberg: Verlag Lambert Schneider, 1954)(서울: 문예출판사, 2004), p.93의 각주 15).

16) 위의 책, pp.92~93.

17) 위의 책, pp.93~94.

18) 불교에서 법(法)은 산스트리트어로 다르마(dharma, 達磨)의 번역으로, '다르마'는 "유지(維持)하다, 보전(保全)하다"라는 동사 'dhr'를 어근으로 한 명사로, 규범(規範)·의무·사회질서 등의 의미를 지닌다. 일반적으로 우주원리, 보편적 진리라는 뜻으로 사용된다. 교양교재편찬위원회 편(2006) 앞의 책, p.61. / 더불어 제법무아(諸法無我)의 법은 이와는 다른 의미를 지닌다. 모든 인식의 표준·규범·법칙·도리·교설·진리·선행 등을 가리키는 보편적 진리라는 궤생물해(軌生物解)의 의미는 전자에 해당되며, 임지자성(任持自性)의 개념, "자기 자신의 자성 곧 각자의 차별된 본질을 보호하고 간직하여 바꾸거나 변화하지 않는다"는 것은 후자이다. 즉 법(法)이라는 말에는 '개별적인 특성을 가진 모든 존재'와 '보편적인 법도'라는 상

연구에서 연기법 대신 연기론이라고 한 것은 두 가지 이유에서이다. 하나는 연기를 다루면서 종교로서가 아닌 사상에 초점을 둠이고, 다른 하나는 연기법은 다른 불교 이론들을 연계시키는 논리적 구조를 가지고 있기 때문이다. 불교사상을 관통하는 연기론을 다루면 불교의 제반 이론도 함께 다루게 되는 것이다. 연기론의 관점에서 통일문제를 이해하고, 통일교육에 접근하기 위하여 다음의 주제를 중심으로 하였다. 첫째, 불교 연기론의 내용과 의미는 무엇인가? 둘째, 연기론의 핵심 개념들을 중심으로 어떻게 통일문제를 이해하고 인식하여야 하는가? 셋째, 교육의 측면에서 연기론의 관점에서 통일교육을 실시할 수 있는가? 결론에서는 미래 세대들을 위한 통일교육에 대한 생각을 정리해보았다.

II. 불교 연기론의 구조

1. 연기론의 형성

불교는 신(神)이나 우주(宇宙)의 원리와 같은 초월적인 진리에서부터 설해가는 것이 아니라 우리들이 인식할 수 있는 구체적인 현실세계의 관찰에서부터 시작한다. 그 현실세계의 구조와 성질을 밝혀낸 것이 삼법인(三法印)[19]이자 사성제(四聖諦)이고 그 속에 담긴 진리가 연기법이다. 붓다는 인생의 현실을 고(苦)라고 보았다. 그는 사문유관(四門遊觀)으로 노인, 병든

반되는 두 의미를 담고 있는 것이다. 지관 편저, 『가산불교대사림 9』(서울: 가산불교문화연구원, 2007), p.38 참고.

19) 일체개고(一切皆苦), 제행무상(諸行無常), 제법무아(諸法無我)인 삼법인(三法印)인데, 『중아함경』(권18)에서는 일체개고 대신 열반적정(涅槃寂靜)을 포함시키거나 네 가지를 사법인(四法印)으로 보기도 한다. 교재편찬위원회 편, 『불교학개론』(서울: 동국대학교출판부, 1992), p.37.

사람, 죽는 사람을 보고 생로병사는 괴로움이며, 이 괴로움을 벗어나기 위하여 수행 중 선정(禪定)을 통해 깨달음을 얻었는데, 깨달은 진리의 내용이 바로 연기이다. 그가 해결하고자 했던 것은 인생의 고(苦)에 대한 문제로, 연기법은 이 고의 문제를 해결하는 핵심 진리였다. "무엇 때문에 노사(老死)가 있는 것일까? 무엇을 조건으로 노사가 있을까?"를 고민하다가 올바른 사색으로 "태어남[生]이 있을 때에 노사가 있다. 태어남을 조건으로 노사가 있다"는 깨달음을 얻었다. 인간이 피할 수 없는 가장 괴로운 현존의 노사문제에 대해 그 생(生)과 멸(滅)의 원인과 극복 방법을 찾아 깨달음을 얻은 것이 연기이고, 핵심은 모든 것은 서로 영향을 주고받는다는 것이다.

연기에 대한 깨달음을 얻은 붓다는 괴로움을 벗어나 열반에 이르는 방법을 설하였다. 이 세상의 일체(一切)가[20] 괴로움인데, 인생을 포함한 모든 것이 영원하지 않아 변하며, 영원하다고 믿어 집착하기 때문에 괴로운 것이다. 괴로움에서 벗어나기 위해 깨달음을 얻어 해탈을 얻어야 한다는 것이 불교의 논리이다. 이 세상의 어떤 것도 원인과 결과에 의해 이루어져 있고, 어떤 상태로든 관계되어 있으며 따라서 모든 존재는 무상(無常)하여 어떤 실체도 없다는 것이다. 그것을 인식하여 탐욕, 성냄, 집착이 사라지는 노력으로 세상의 모든 존재에 대하여 자비(慈悲)의 마음을 가지고 평온한 해탈의 상태에 이르게 된다는 것이다. 연기법은 이후 인도의 중관학파(中觀學派)의 용수에서 공(空)의 논리와 연계되고, 대승불교에서도 강조되어 보살행의 근거로서 제시되면서 그 사상적 발전을 이루었다.

---

20) 일체(一切)라는 것은 우리들이 살고 있는 우주 전체를 가리키며, 붓다는 12처(處), 눈과 색, 귀와 소리, 코와 냄새, 혀와 맛, 몸과 촉감, 의지와 법으로 인식기관인 육근(六根)과 인식대상인 육경(六境)을 포함하는 것으로 인간에 의해 인식되는 모든 대상을 말하는 것이다. 위의 책, pp.52~53.

2. 연기의 구조와 의미

연기(緣起, pratītya-samutpāda)란 말은 인연생기(因緣生起)란 말의 준말로, '의존하여(pratītya) 함께(sam) 일어난다(utpāda)는 뜻'이다. 일체는 서로 의존하여 함께 일어나고 소멸하고 나타나고 흩어지며, 이것이 있으므로 저 것이 있고, 이것이 일어나므로 저것이 일어나며, 이것이 없으므로 저것이 없고, 이것이 소멸하므로 저것이 소멸한다는 말이다.[21] 연(緣)이란 "어떤 결과를 일으키는 간접 원인이나 외적 원인 또는 조건"인데 "넓은 뜻으로는 직접 원인이나 내적 원인을 뜻하는 인(因)도 포함"한다.[22] 불교는 연기법 에 의해 일체존재가 생멸변화하고 이합 집산하여 항구불변의 것은 하나도 없다고 보지만 그 현상이 아무렇게나 멋대로 행해지는 것이 아니라 일정 한 법칙이 있다고 본다. 그 법칙이란 인과율, 인연화합, 상의상관성, 법주 법계이다. 이에 대해서 살펴보자.

1) 인과율(因果律)

이것은 주체적 인간과 객체적 대상 사이의 인과법칙에 대한 것으로, 불 교는 주체적 인간을 의지(意志)를 지닌 존재이고, 객관 대상을 법(法)이라 고 파악한다. 인간은 능동적 작용을 일으키는 힘을 갖고 있으며, 그런 작용 이 가해지면 대상은 그에 상응한 필연적인 반응을 보인다. 이처럼 주체적 인간과 객관적 대상 사이에는 인과(因果)의 법칙이 존재하는데, 인간의 의 지적 작용이 원인(原因)이 되어 대상의 필연적 반응이 결과로서 따르기 때 문이다. 불교에서는 인간의 의지적 작용을 '업(業, karma)'라고 부르고 이 에 대한 대상의 필연적 반응을 '보(報, vipāka)라고 부른다.[23] 이것이 인과

---

21) 곽철환 편저, 『시공불교사전』(서울: 시공사. 2008), p.489.

22) 위의 책, p.488.

23) 교양교재편찬위원회 편(1992), 앞의 책, p.65. 참고할 것.

율의 핵심이다.

여기서 중요한 것이 업보 개념이다. 일반적으로 전생(前生)을 믿는 불교
가 운명론 혹은 숙명론이라고 보고 이생에서 어쩌지 못한다고 생각하는
사람들이 있다. 그러나 업 개념은 불교가 단순히 숙명론이 아니라 스스로
원인을 만들어내는 주체적인 것임을 보여준다. 즉 인간의 의지의 작용인
업에 의해 선 혹은 악으로 할지는 인간의 주체적 결단에 의한 것이며, 그
업에 따라 과보가 드러나기 때문에 인(因)을 만드는 자신의 결단에 대해
생각하지 않을 수 없는 것이다. 전생이나 후생을 언급하는 불교가 단순히
숙명론에 빠지지 않을 수 있는 이유가 여기 있는 것이다.

2) 인연화합(因緣和合)

이것은 생멸 변화하는 사물들의 변화 현상이 어떻게 일어나게 되는가에
대한 설명이다. 경전의 우유 변화의 예를 보면, 우유를 발효하면 치즈가 되
고 버터가 되는데, 그렇게 되려면 발효조건이 갖추어져야 하는데, 외부에
서 가해지는 인위적 작용으로 주체적 인간의 작용인 업인(業因)으로서 원
인이 있어야 하고, 우유라는 질료인(質料因)이 필요한데, 불교에서는 이를
연(緣)이라고 한다. 사물의 변화에는 이렇게 인과 연 두 가지 조건이 갖추
어져야 하며, 원인은 직접적이고 연은 간접적이라는 원인이다.24) 여기서
주체적 인간은 업(業)과 인(因)의 동인임이 분명해진다. 선과 악이 되는 것
은 인연에 따르지만, 나쁜 인연의 고리를 끊고 새로운 인과 연을 만들어
내는 주체가 인간이며, 인간은 수행으로 깨달음을 얻어 연기를 새롭게 구
성할 수 있게 되는 것이다. 따라서 어떤 업인을 만들어낼 것인지는 나에게
달려 있음을 알 수 있다.

---

24) 위의 책, pp.65~66.

3) 법주법계(法住法界)

모든 것은 무상하지만 무상한 속에 일정한 법칙이 있어 상주(常住)하고, 모든 존재는 법칙을 요소로 해서 성립해 있는 것이라고 하는데 법계(法界, 界는 구성요소나 층을 나타낸다)라고 한다.[25] 불교를 허무주의라고 보는 사람들은 무상(無常)을 잘못 이해하기 때문이며, 공(空)은 단순히 허무를 뜻하는 공이 아니다.

4) 상의상관성(相依相關性)

존재와 존재 사이의 인연에 의해 이루어지는 결과와 또 그것이 인연이 되어 결과가 이루어지는 그런 관계들에 대한 것이다. 이것이 바로 연기의 핵심이다. 상의상관성이란 단순히 결과로서만 머물지 않고 새로운 원인 및 연이 되어 다른 존재에 관계한다는 말이다. 이 세상의 모든 것은 인과 연의 화합에 의해 생겨나고 사라진다. 연기법은 붓다가 발명한 이론이 아니라 존재하는 현상을 관찰하여 파악한 사실일 뿐이다. 붓다가 파악한 연기법의 진리는 『잡아함경』(권15)에 나오는 구절에서 잘 드러난다.

> 이것이 있음으로 해서 저것이 있다(此有故彼有). 이것이 생김으로 해서 저것이 생긴다(此起故彼起). 이것이 없음으로 해서 저것도 없다(此無故彼無). 이것이 멸함으로써 저것도 멸한다(此滅故彼滅).

이것과 저것의 관계의 상의성에 대한 중관학파(中觀學派)의 해석은 A와 B를 상호인과, 상호매개로 A가 있을 때 B가 있고, B가 있을 때 A가 있다는 A⇌B의 관계가 성립된다고 본다. 그것은 두 갈대 단이 서로 의지한 것에 비유할 수 있다.

---

25) 위의 책, p.68.

벗이여, 예를 들어 여기에 두 단의 갈대가 서로 의지해서 서 있다고
하자. … 벗이여, 만일 두 단 가운에 한 단을 치웠다고 하자. 그렇게 한
다면 나머지도 쓰러질 것이다. 다른 한 단을 치우더라도 결과는 마찬가
지일 것이다.(『잡아함경』권12)

갈대 단의 서 있게 하는 힘의 역학적인 구조가 그대로 다시 갈대 단을
쓰러뜨리는 힘이 되기도 한다. 결국 성립과 붕괴는 연기(상의성)라는 동전
의 양면으로, 만일 한쪽 면이 있다면 다른 쪽 면도 성립되어야 하며, A와
B의 상의적 성립은 그대로 A와 B의 상의적 소멸로 뒤바뀔 수도 있다.[26]
이것과 저것의 관계는 이 둘의 관점을 합하여 근거와 상호매개가 부분적·
전체적으로 이루어지며, 그것은 상호 그물망처럼 연결되어 있다고 보아야
한다. 이 세상 모든 존재들, 심지어 인식의 영역도 이처럼 상관되어 인과로
연계되어 있다는 것이다.

3. 공성(空性)과 중도(中道)

연기는 대승불교의 공(空)사상으로 연결되는데, 공사상은 초기불교의 연
기설을 창조적으로 재해석하여 붓다의 기본입장을 명료하게 드러낸 것이
다. 이를 체계화한 용수(龍樹, Nagarjuna, 150~250)에 의하면, 이 세상의 모
든 것은 상관되어 있으며 어떤 것도 저절로 생겨나거나 홀로 존재할 수 없
다. 모든 것이 다양한 조건에 상호의존하기 때문에 조건의 변화에 따라 각
기 변화하고, '스스로 독립하여 존재할 수 있는 성품[自性]'이 없음이 공
(空)이다.[27] 자성(自性)이란 '타자에 의존해 만들어진 것이 아닌 고유한 속
성'으로, 연(緣)에 의존해 발생한 사물은 그와 같은 고유한 속성을 갖지 못

---

26) 塚本啓祥 외 공저, 박태원·이영근 역, 『불교의 역사와 기본사상』(대원정사, 1989),
    p.165.
27) 지관 편저, 『가산불교대사림 1』(서울: 가산불교문화연구원, 1998), p.1058.

한다.28) 왜냐하면 관계는 서로 주고받음으로써 성립하는 것인데, 서로 주고받을 수 있기 위해서는 그 각각이 독립적 자성을 가진 것이 아니어야 하기 때문이다. 결국 이것과 저것이 연기의 관계로 맺을 수 있는 것은 그 각각이 자기 자성을 가지지 않을 때, 즉 무자성(無自性)일 때 비로소 가능하다. 그처럼 무자성의 것이므로 공하다고 하는 것이다.29) 공이란 '존재가 없다'는 무존재 의미가 아니라, 홀로 개별적으로 존재하는 그런 속성을 가진 존재로서 존재하는 것이 없다는 무자성의 뜻이다. 따라서 연기인 것은 모두 무자성이며 공이다.30)

연기사상은 모든 존재의 스스로의 창조나 다른 존재로부터의 창조는 있을 수 없음을 분명히 한다. 모든 전재는 여러 원인이 서로 관계됨으로써만이 생성되는 것이다. 이러한 연기와 공의 원리는 인간뿐만 아니라 우주의 모든 요소를 유기적 인과의 조직 속에서 생성되게 하는 법칙인 것이다.31)

공의 진리는 무명과 번뇌를 타파하고 희론(戲論)32)을 적멸케 하는 수행 방법으로, 공의 체득에 의해 어디에도 머무르지 않는 절대자유와 테두리

---

28) 남수영, "중관학파와 삼론학파의 연기설과 중도설: 용수, 청목, 월칭, 길장을 중심으로", 『불교학연구』 제38호(불교학연구회, 2014), p.143.

29) 한자경, 『불교철학의 전개: 인도에서 한국까지』(서울: 예문서원, 2008), p.127.

30) 공(空, śūnya)은 초기불교 경전에서는 무상(無常)과 무아(無我)를 통찰한 결과 얻어지는 삼매의 상태를 의미하는 말로 사용되었다. 교양교재편찬위원회 편(2006), 앞의 책, p.71. / 나아가 "차별과 분별로써 인식된 대상은 관념일 뿐 실재하지 않는다는 뜻, 가치나 감정이 부여된 인식 대상은 인식 주관이 조작한 허구일 뿐 존재하지 않는다는 뜻. 분별에 의해 인식 주관에 드러난 대상은 허구라는 뜻"혹은 "잇달아 일어나는 분별과 망상이 끊어진 상태. 분별과 차별을 일으키는 마음작용이 소멸된 상태"로 쓰였다. 곽철환 편저, 앞의 책, p.47.

31) 교양교재편찬위원회 편(2006), 앞의 책, p.74.

32) 대상을 분별하여 언어로 표현함, 허구적인 관념을 실재하는 대상으로 간주하는 마음작용, 허망한 언어. 곽철환 편저, 앞의 책, p.767.

없는 마음을 얻는 것이다. 여기에서 대승보살도의 근본이 되는 자타불이(自他不二), 동체자비(同體慈悲), 무연자비(無緣慈悲)의 실천이 필연적으로 따르게 된다. 공이 내포하고 있는 종교적 해탈의 논리는 분별적 이원론에서 벗어나 불이적(不二的) 논리이다.[33] 용수에 의하면 연기인 사물은 존재도 아니고 비존재도 아닌 비유비무(非有非無)인 중도(中道)라는 것이다.[34] 불교적 사유는 형식논리의 틀을 깨는 데서 출발한다. 유(有)와 무(無), 상(常)과 무상(無常), 일(一)과 이(異), 변(邊)과 무변(無邊)에 대하여 석가는 무기(無記)로 답한다. 이에 있음에 머무르는 상견(常見)과 없음을 고집하는 단견(斷見)의 두 극단 중 어느 하나를 취함이 없이 둘을 함께 부정하며, 또 동시에 긍정하는 것으로서 이것을 뒷받침하는 논리가 바로 연기의 논리이며, 상(常)과 단(斷)의 두 극단을 넘어서는 중도의 논리이다.[35] 붓다는 당시 감각적 쾌락의 추구와 맹목적 고행을 추구하는 것이 진리에 대한 무지에서 비롯된 것임을 깨닫고 이들의 태도를 버리고 바른길로서 중도를 제시하였다.[36] 이처럼 중도는 붓다에서는 극단을 버린 중간의 자세이며, 용수에 있어서는 공으로 연결되어 불이(不二)의 중도가 되었고, 궁극적으로 생(生)과 멸(滅), 성(聖)과 속(俗), 생사(生死)와 열반(涅槃), 번뇌(煩惱)와 보리(菩提) 등 동일성과 차별성, 그리고 나와 너를 구분하지 않는 것으로[37] 발전되었다.

---

33) 교양교재편찬위원회 편(2006), 앞의 책, p.73.
34) 남수영, 앞의 논문, pp.142~143.
35) 한자경, 앞의 책, p.121.
36) 이중표, 『근본불교』(서울: 민족사, 2003), p.94.
37) 교양교재편찬위원회 편(2006), 앞의 책, p.82.

Ⅲ. 통일문제에 대한 연기론적 이해

통일대박론이나 통일소원론 모두 궁극적으로 지향하는 바는 통일이 우리의 삶에 긍정적인 결과를 가져올 것이라는 기대에 있다. 통일을 민족의 궁극적 목적으로 추구하는 그런 지향성은 인간 존재가 본질적으로 완전을 지향하며, 통일체 혹은 질서에 대한 지향을 지니고 있다는 데서 알 수 있다.38) 형이하를 넘어 형이상을 추구하는 경향, 현실의 불완전성을 넘어 변함없는 항상성을 지니는 완전체 혹은 통일체를 지향하는 그런 본성에서 인간은 분열보다 통일을 대립과 갈등보다 조화를 추구하는 질서에 대한 지향성을 지니게 되는 것이다.39) 연기론의 핵심 개념들인 상의상관성, 공성과 중도를 통해 접근해보고, 그 실천적 의미에 대해 살펴보자.

1. 인연생기 : 관계성의 인식

연기(緣起)의 핵심은 상의성(相依性)이다. 관계의 구조, 즉 상호의존성이 중심인데, 어떤 사물이나 대상은 무수한 관계들을 통하여 이루어진다는 것이다. 예를 들어 나라는 존재에 대하여 살펴보자.

첫째, 시간적으로 가계(家系)의 연장선상에 있으며, 공간적으로 주위 환경과 연관되어 있다. 셋째, 여섯 감각기관을 통해서 형성된 주관과 이에 상응하는 정보들로 형성된 객관과의 상호작용이 또한 나를 형성한다. 넷째, 이런 상호작용을 통해서 생겨난 상대적 개념이 '나'를 부자 혹은 가난한 사람, 지위가 높은 사람 혹은 비천한 사람, 산량한 사람 혹은 악독한 사람 등 자화상을 만들어낸다. 다시 말하면 나는 이처럼 시간적으로, 공간적으로, 주관과 객관으로, 그리고 상대적 개념의 상호연관과

---

38) 장승희, 앞의 책, pp.399~405.
39) 위의 책, p.405.

상호의존 속에서 연기된 존재이다.[40]

이와 같은 무수한 '나'가 연기로 맺어지면서 수많은 연기의 사슬에 둘러싸여 사는 것이 우리의 삶으로, 나와 다른 대상과의 만남이라는 관계는 상호의존의 '관계성'이 중요하다. 다시 말하면, 관계는 대상을 전제로 하며, 대상과 어떤 형식 혹은 형태로 영향을 주고받는가에 따라 그 질이 결정된다. 통일문제에서 관계의 주체와 대상은 남한과 북한이다. 우리에게 북한이란 존재는 이중적으로 인식되는데, 적대적 시각으로 바라보면서 경계대상으로 인식하기도 하고, 동포애를 기반으로 애처로운 행위자 혹은 협력대상으로 인식하기도 한다.[41] 이러한 이중적 인식은 일반적이면서도 북한의 행위의 업인(業因) 혹은 업연(業緣)에 따라 과보(果報)의 사슬로 변화되기도 한다.

남북관계의 연기의 사슬을 보면 엄청난 인연들이 얽혀 있음을 알 수 있다. 시간적으로는 분단 이전에는 조선, 고려, 통일신라, 삼국시대, 고조선에까지 이른다. 공간적으로는 38선을 사이에 두고 나뉘어 있지만 미국, 중국, 일본, 러시아 등 주변국들은 물론 세계 모든 나라와 연결되어 있으며, 각자의 입장에서 대상과의 관계에 따라 자신들의 상(相)을 형성해간다. 악의 축이라거나 핵보유국이라거나 냉전지대라거나 이러한 인식은 자신 혹은 상대에 따라 이루어지는 개념들이다.

연(緣)으로 인한 관계를 살펴보면, 전쟁에서 전사한 군인들, 이산가족들은 물론 현재 우리 국민들과 북한 주민들의 삶도 이러한 통일문제에 관계되지 않는 사람들은 없다. 남과 북의 정책 하나에 따라 달라지는 여러 변수들의 영향을 받는 것은 인(因)에 의한 관계들이다. 예를 들어, 제주도에서 실시하는 북한에 귤 보내기 사업이, 직접 참여하여 북한으로 가는 주체

---

40) 대한불교조계종포교원, 『불교의 이해와 신행』(서울: 조계종출판부, 2006, pp.43~44.
41) 변종헌, 『남북한 관계와 한반도 통일: 성찰과 논의』(인간사랑, 2014), pp.17~23.

측은 물론 귤을 수확하고 포장하는 생산자들도 연기(緣起)의 사슬에 연결되어 있음을 보면, 얼마나 이 관계가 넓은 스펙트럼을 형성하는지 알 수 있을 것이다.

이와 같은 연(緣)과 인(因)에 의한 무수한 관계들에 대한 인식을 전제하면, 통일문제는 정부뿐만 아니라 우리 국민들과 북한 주민들의 삶과도 연계되어 있는 매우 생생한 의미를 획득하게 된다. 결국 통일에 대한 이해를 위해서는 남북관계를 연기로 파악하여 시공간적으로 통찰할 수 있을 때 새로운 전환을 시도할 수 있을 것이다.

한반도 신뢰프로세스를 목표로 하는 정부는 남북관계를 다음과 같이 인식하고 있다.

> 남북간 많은 합의와 약속들이 남북관계를 이끌어 나가는 지속적인 동력으로 작용하지 못하였다. 남북관계는 전진과 후퇴를 반복하여 왔다. 북한의 도발로 위기가 조성되고, 이를 해결하기 위해 적당한 타협과 보상이 이루어지고, 일정한 시간이 지난 후 다시 북한의 도발로 위기가 조성되는 악순환이 반복되어 온 것이 과거 남북한의 모습이었다. 이 같은 상황이 반복되게 된 근본 원인은 신뢰의 부재라고 할 수 있다.[42]

문제해결의 단서를 신뢰회복에서 찾고자 하고 있는데, 북한이 제공하는 인의 사슬과 연의 고리들을 어떻게 긍정적으로 순화할 것인가가 과제이다. 북한의 '도발→위기→타협→보상→도발'의 악순환의 연기를 끊어 지속가능한 평화를 구축하기 위하여, "북한의 도발과 잘못된 행동에 대해 강력히 대응함으로써 도발에는 대가가 따른다는 점을 분명히 인식"하도록 해야 하고, 이를 통해 "국제적 기준과 합의를 준수하는 국제사회의 책임 있는 일원이 되도록 유도"하는 것이 필요한데,[43] 북한이라는 대상과 어떤 인과

---

42) 통일부, 『통일백서』(2014), p.12.
43) 위의 자료, p.14.

연을 만들어 갈 것인가가 과제로 대두된다.

북한의 도발로 인한 업인(業因)은 부정적인 과보(果報)를 만들어내고 있으며, 이에 대해 우리 정부와 국민들이 타협과 보상이라는 과보를 준 것은 인(因)을 끊어내기 위한 노력이라고 볼 수 있다. 타협과 보상과 노력이라는 남한의 선업(善業)의 업인을 북한의 입장에서 어떻게 받아들이는지 보다 우리가 업인을 만들어내는 노력을 그치지 않는다면 반드시 좋은 과보가 주어질 것이다. 우리 정부가 "통일과정이 국제사회와의 협력을 통해 이루어지는 것"이라 보고, "국제사회와의 긴밀한 협의와 협력을 통해 한반도 안보 위기를 해결하고, 한반도 문제 해결과 동북아 평화협력 증진의 선순환을 추구"44)하는 것은 선업을 위한 노력으로 긍정적이라고 할 수 있겠다.

2. 공성과 중도 : 존재에 대한 인식의 전환

공성(空性)의 핵심은 지혜를 통해 사물의 진실, 그대로의 모습을 보는 것이다. 지혜는 현상 세계나 관념의 영역에서 궁극적인 것으로 가정된 것에 대한 집착을 해체하는 수행(修行, carya)으로, 공성을 아는 것은 곧 공성을 구현하는 것이다.45) 즉 현상의 공성을 깨달음으로써 연기를 알고 무명을 벗음으로써 마음은 경계의 매임에서 풀려나게 된다.46) 사물의 있는 그대로의 진실한 모습을 알게 되면, 이 세상의 모든 것은 연기에 의해 존재하는 것이며 단독으로 자기만의 본성을 가진 실체가 존재할 수 없음을 깨닫게 된다. 연기에 의한 공을 인식하게 되면 자기중심주의의 독단과 편견을 벗어나지 않을 수 없다. 이를 위해서는 철저한 자기부정의 체험을 거쳐

---

44) 위의 자료, p.19.

45) Frederick J. Streng, 남수영 역, 『용수의 공사상 연구』(*Emptiness: A Study in Religious Meaning*, New York: Abingdon Press, 1967)(서울: 시공사, 1999), p.123.

46) 한자경, 앞의 책, p.267.

야만 편견과 모순성을 제거할 수 있는데, 잘못된 공(空)에의 집착은 무(無)의 단견(斷見)에 빠져 현실적 인식이 부족할 수 있다. 이 때 필요한 것이 중도적 정견(正見)이다.[47] 팔정도(八正道)의 맨 처음 방법인 정견(正見)은 우리 현실에서 보는 모든 존재들의 실상을 제대로 보고자 하는 것으로, 현상으로 드러난 것이 아닌 이면의 모습과 본질을 보기 위한 것이다.

우리는 통일을 꼭 해야 하는가, 하지 말아야 하는가를 묻는다. 통일은 좋은 것인가, 나쁜 것인가를 묻는다. 나아가 통일은 빨리 해야 하는가, 천천히 해야 하는가를 묻는다. 우리가 통일문제에 대한 질문들은 통일의 본질에서 벗어나 있을 수 있다. 붓다는 대상을 분별하는 언어로 표현한 이상학적 희론(戲論)에 부정적이었다.[48] 통일에 대한 희론들이 현실적으로 필요할 수 있겠지만, 거기서 벗어나 중도(中道)를 통한 본질 인식에 주목할 필요가 있다. 우리 인식은 정답을 추구하며 극단적으로 나아가는 경향이 있다. 통일은 해야 한다, 할 필요가 없다가 아니라 통일을 추구하며 노력하는 연기의 과정이 중요하다. 중도에 따르면 일체의 대립과 투쟁을 극복하여 화합(和合)으로 지양시키려는 원리에 이르게 된다. 이분법을 극복하게 되면 차별이 사라지고 연기에 의한 다른 존재에 대한 인정과 수용의 단계로 나아가게 되며, 상호 협조와 평화적 공생공존을 위해 노력하게 된다. 대립이나 차별을 넘어 조화를 추구하면서 현상보다 본질을 보고자 하게 된다.

중도적 인식은 현상적으로 드러나는 분단 너머의 동질성에 초점을 두어야 하고, 대립이라는 상황을 넘어 화합의 가능성과 역사를 볼 수 있어야

---

47) 교양교재편찬위원회 편(1992), 앞의 책, pp.207~208.

48) ①세계는 상(常)인가 무상(無常)인가, 상(常)이며 무상(無常)인가, 상(常)도 아니고 무상(無常)도 아닌가. ②세계는 유한(有限)인가, 무한(無限)인가, 유한이며 무한인가, 유한도 아니고 무한도 아닌가, ③정신과 육체는 하나인가, 둘인가 ④여래는 사후에 유인가 무인가, 유이며 무인가, 유도 아니고 무도 아닌가 등이다. 이런 문제에 대해 붓다는 답변하지 않고 침묵을 지켰는데, 이러한 그의 '무기(無記, a-vyākarana)'는 해답이 없다는 말이다. 연기한 모든 것은 유와 무의 두 끝을 떠난 중도(中道)로, 두 극단을 초월해 존재한다. 위의 책, p.77.

하며, 거대한 시간 속에서 현재의 분단이 단지 하나의 과정일 수 있다는 점을 인식하게 해준다. 즉 이사무애(理事無碍)를 넘어 사사무애(事事無碍)[49]에 도달할 수 있을 때 통일에 대한 인식 지평이 넓어질 것이다. 궁극적으로 추구하는 통일이라는 목적이 경계가 무너진 세계를 의미한다고 할 때 그 경계가 영토로서의 경계인지 마음의 경계인지에 대해 성찰할 필요가 있다. 단순히 하나로 합하는 것보다 공존을 통한 공생이 가능한 그런 통일을 추구해야 하며, 궁극적으로 평화로운 상태에 도달하는 것이 통일의 목적이 되어야 할 것이다.

3. 업보와 동체대비 : 실천적 노력

인간의 인식에 의한 차별과 분별의 이원적 사유를 넘어서는 것이 바로 중도이며 공이다. 모든 존재는 연기법에 의해 이루어지며 중도이며, 공이며, 우리가 인식하는 모든 것들은 가유(假有)일 뿐이며, 심지어 해탈이나 열반 같은 무위(無爲)의 법도 공이라고 보는 것이 불교 인식론의 주장이다. 즉, 나와 너의 차별이 없는 불이적(不二的) 사유로 차별성·이원성이 사라지는 중도(中道)의 깨달음에 이른다. 따라서 공성과 중도를 인식하게 되면, 존재와 비존재, 유와 무라는 이원성, 차별성의 극단적인 인식을 벗어나게 되며, 이의 실천을 통해 모든 존재에 대하여 동체대비(同體大悲)의 마음을 갖게 되는 것이다.

연기에서 중요한 것은 전생(前生), 현생(現生), 후생(後生)으로 이어지는

---

49) 『화엄경』에서는 세계를 네 개의 유형으로 나누어 사법계(四法界)를 말한다. 사법계(事法界)는 우주를 차별이 있는 현상계로 파악하여 이 세상 모든 존재가 하나하나 독립되어 있고 개별적으로 존재한다는 세계관이다. 이법계(理法界)는 현상의 아니라 본질의 세계이며, 이사무애법계(理事無碍法界)는 본질과 현상이 둘이 아니라 하나인 세계, 사사무애법계(事事無碍法界)는 현상계에 나타는 존재가 둘이 아닌 도리로 일체의 경계나 분별이 없는 해탈 열반의 세계이다. 법륜, 『금강경강의』(정토출판, 2013), p.318.

연기의 고리를 숙명적으로 수용하지 않고 업보(業報)[50]로 변화시키려는 인식이다. 인간의 몸과 입과 마음으로 짓는 업은 연기론의 인과율, 인연화합 논리에 따라 과보로 드러난다. 업(業, karman)은 "몸과 입과 마음으로 짓는 행위와 말과 생각"혹은 "어떠한 결과를 일으키는 원인이나 조건이 되는 작용"이다.[51] 보(報)는 "과거업의 결과"혹은 "이숙과(異熟果)를 일컫는데, 과보(果報)를 성격에 따라 분류하면 동류인(同類因)으로 말미암아 생겨난 등류과(等流果)와 이숙인(異熟因)으로 말미암아 생겨난 이숙과(異熟果) 두 가지가 있는데 전자를 과(果), 후자를 보(報)라고 구별하기도 한다."[52] 따라서 "이에는 이 눈에는 눈"이라는 것은 과(果)라면, 내가 준 것은 A인데 받은 것은 Â나 Ã가 아니라 전혀 다른 형식으로 받는 것을 보(報)라고 볼 수 있다.

사실 북한이 지어내는 신업(身業), 구업(口業), 의업(意業) 들 중 선업인 경우는 드물다. 인과율에 따르면 그 과보들도 긍정적이기 쉽지 않다. 북한의 행위, 언사(言辭), 남한과 국제사회에서의 표현들의 과보를 예상하면 긍정적일 수가 없다. 북한의 업에 우리가 어떤 선택과 행위를 할지가 결정되지만, 또한 우리가 어떤 업을 짓느냐에 따라 북한의 과보가 드러날 수 있기에, 변화를 기대하는 남한의 입장에서는 선업으로 갈 수밖에 없다. 그 예로 햇볕정책은 남한의 선업이다. "실패(失敗)한 저자세·퍼주기 정책"이라는 평가는[53] 북한의 대응이 기대에 부응하지 못했기 때문에 나온 평가이다. 인연화합의 원리에 의하면 이는 남한이 베푼 선업의 결과가 긍정적인 과보로 드러나지 못한 데 대한 아쉬움이다. 그 과보가 우리가 원한 것처럼

---

50) 영어로는 karma effects, one's deed as a determinant factor in one's future life, retribution for the deeds of a former life(a previous incarnation)라고 되어 있다. http://dic.daum.net(검색일: 2014.08.27).

51) 곽철환 편저, 앞의 책, p.482.

52) 지관 편저(2007), 앞의 책, p.913.

53) http://www.munhwa.com/news/view.html?no=2014011501073937307002, <오피니언 사설>[햇볕정책, 동기는 善意였더라도 결과는 失敗였다](2014.01.15)(검색일: 2014.08.26)

좋았다면 바랄 것이 없을 것이다. 핵심은 남북 관계에서 '눈에는 눈, 이에는 이'의 인과율로 대할 것인가이다.

북한과의 관계는 일방적 관계가 아니라 상호관계이다. 남북의 상관성을 염두에 둘 때 나쁜 업(業)의 고리를 끊는 주체가 누가 될 것인가에 대한 답은 자명하다. 그럼에도 불구하고 그 업보의 고리를 끊지 못하는 것은 우리가 기대와 원망을 지니고 있기 때문이다. 현상적으로 보이는 북한의 업(業)들을 깊이 들어가 보듬어야 할 대상과 비판해야 할 대상을 구분하여 업을 쌓아야 할 필요가 있을 듯하다. 이때 필요한 것이 동체대비(同體大悲)이다. 동체란 "하나의 존재 안에 다른 존재와 하나의 본체를 공유하는 것, 곧 연기(緣起)의 존재들이 서로 의존하여 상즉상입(相卽相入)[54]하는 관계"로, 동체대비는 모든 중생을 자신과 동일한 몸이라고 관찰함으로써 일어나는 자비심이다.[55] 붓다는 "수보리여 보살은 상(相)에 머물지 않고 보시를 행하여 그 복덕도 이처럼 이루 헤아릴 수 없다."라고 하였다.[56] 상이란 의식 주관에 형성된, 대상에 대한 차별이나 특징이다.[57] 아상(我相)은 나다 너다, 깨끗하다 더럽다, 좋다 나쁘다 등등 마음에서 일으켜 모양 지은 관념으로서, 남과 구분된 나라는 존재를 고집하고, 모든 것을 내 중심으로 생각하는 것으로 여기서 내 것이라는 소유의식[我所]과 내 생각이 옳다는 고집

---

54) 동체상입(同體相入)이란 "화엄종의 동체문(同體門) 중 하나인 상입문(相入門)을 말한다. 상즉문(相卽門)과 대칭되는데, 일(一)과 다(多)가 별도의 본체가 없으므로 동체라 하며, 일(一)이 다(多)를 포섭하면 다(多)는 일(一)로 들어가고, 다(多)가 일(一)을 포섭하면 일(一)은 다(多)로 들어가는 관계를 가리킨다."동체상즉(同體相卽)은 "개별적인 하나하나의 존재를 가리키는 일(一)이 본일(本一)과 여러 가지가 모여 하나가 된 다일(多一)이 하나의 본체이므로 상즉이라 한다. 본일(本一)에 본체가 있으면 능히 다일(多一)이 되고, 다일(多一)에 본체가 없고 본일(本一)로 말미암아 다일이 성립되므로 본일(本一)이다. 그러므로 본일(本一)에 본체가 있으면 다일에 본체가 없고, 다일에 본체가 있으면 본일(本一)에 본체가 없다. 지관 편저 (2003), 앞의 책, p.336.

55) 위의 책, p.332.

56) 남회근, 신원봉 역, 『금강경 강의』(서울: 부키, 2009), p.132.

57) 곽철환 편저, 앞의 책, p.482.

[我執]이 생겨난다.[58] 우리는 연기론과 중도를 수용하여 나와 너의 분별을 넘어서 동체로 인식하고 상(相)을 넘어 무주상보시(無住相布施)[59]의 자세가 필요하다. 금강경에서는 상을 버리고 베푸는 보시의 공덕은 한량없다고 말하였기 때문이다.

연기론적 관점에서 볼 때, 북한의 악업(惡業)에 대응하는 논리로는 선과(善果)를 만들어내기 위해 선업(善業)을 쌓는 것이 필요하다. 이 때 "남북 간 불신이 높아진 상황이 오히려 우리 주도로 신뢰에 기반을 두어 새로운 한반도 질서를 형성해 나갈 수 있는 좋은 기회"[60]라고 보기보다는 인도적 대북지원처럼 "정치적 상황과 무관하게 지속 추진한다는 기본 입장"[61]이 오히려 업인(業因)을 좋게 하는 것이며, 그 과정에서 국내 민간단체를 통하여, 국제기구를 통하여 지원하는 것들이 이러한 노력이다.[62] 남북 이산가족 문제, 국군포로·납북자 문제, 인도적 지원, 북한인권 등을 추진함에 이러한 관점에서 접근할 필요가 있다.

IV. 연기론을 활용한 통일교육방안

최근 '학교통일교육 실태조사'에서 통일이 필요하다고 답한 응답자는 53.5%로 나타났다. 성인들을 대상으로 실시됐던 조사 결과 71.6%보다 낮아 통일부는 "학생들의 통일에 대한 의식 수준을 높여나가야 할 필요성을

---

58) 법륜, 앞의 책, pp.63~64.
59) 『금강경』에서는 아상(我相)을 넘어 인상(人相), 중생상(衆生相), 수자상(壽者相)을 넘어설 것을 강조한다. 즉 인간과 비인간을 구별하는 인상(人相), 생명과 무생명을 구별하는 중생상(衆生相), 존재와 비존재를 구별하는 수자상(壽者相)까지도 넘어서야 한다는 것이다. 법륜, 앞의 책, p.65.
60) 통일부, 앞의 자료, p.15.
61) 위의 자료, p.104.
62) 위의 자료, p.123.

보여주고 있다."고 지적했고, 통일부 관계자는 "(학교 교육이) 시험에 나오
는 쪽에 중점을 두다 보니 중·고등학교로 올라가면서 통일의 필요성에 대
한 인식이 떨어지는 것으로 보인다."고 분석했다.[63] 이 결과를 보면, 학생
들은 통일이 필요한 이유로 "전쟁위협 등 불안감 탈피(25.8%), 국력 강화
(24.7%), 한민족(18.9%)"등을, 필요 없다는 이유로 "경제적 부담·사회혼란
(45.4%), 북한체제 거부감(33.7%), 이질감(7.7%) 등을 꼽았다. 교사들은, 학
교의 통일교육이 잘 이뤄지고 있는지에 대한 질문에, '잘 이뤄지고 있
다'(57.9%), '보통이다'(30.5%), '잘 이뤄지지 않고 있다'(11.3%) 등의 순으
로 응답했고, 통일교육 수업 실시 여부에 대해서는 81.6%가 실시하고 있다
고 응답했다. 이처럼 교육이 잘 이루어지고 있음에도 통일 인식이 부정적
이며, 효과가 낮다는 것은 통일교육에서 내용과 방법적 전환이 필요함을
의미한다.

　연기론에 대한 교육적 접근은 두 가지 차원에서 이루어질 수 있다. 하나
는 통일문제에 접근하는 인식론적 전제이고, 다른 하나는 이를 활용한 방
안이다. 통일교육에서 연기론을 활용한 방안은 사유를 확대시켜주는 거시
적 틀로 유용하다는 점에 의미가 있다.

1. 세계지도와 마인드 맵의 활용

　이 방법은 자신과 관계된 모든 것들을 생각해보게 하고, 이것을 통일의
문제로 연계시키는 방법이다. 단지 통일문제만이 아니라 세상을 바라보는
가치관과 세계관을 확대시키고 심화시킨다는 점에서 인식의 지평을 넓히
는 방법이며, 그 속에서 인연으로 인한 생기의 원리를 파악할 수 있다. 우

---

63) 『연합뉴스』(2014.08.27.), http://www.yonhapnews.co.kr/bulletin/2014/08/27/020000000
　　0AKR20140827068751043.HTML?input=1179m, 초중고 학생 53.5%만 "통일 필요"
　　응답 … 200개교 조사(2014.08.27)(검색일: 2018.8.28).

선 지구본 혹은 세계 지도를 놓고 현재 자신이 살고 있는 지역에서 눈을 감고 나의 존재에 대해 생각해보게 한다. 나를 중심으로 나와 인연을 맺고 있는 사람들을 생각하고 내가 살고 있는 지역, 소중한 장소들을 생각해보게 한다. 여기서 나아가 남한의 여러 지역들, 기억에 남는 곳 혹은 추억이 있는 곳을 생각하며 지도에서 찾아보고, 여기서 나아가 신문이나 뉴스에 나오는 북한지역들을 찾아보게 한다. 그리고 더 넓게 남북한이 맞닿아 있는 여러 나라들을 찾아보고, 눈을 감고 상상력을 발휘하고 범위를 확대하여 지구의 여러 나라와 지구를 벗어난 우주의 세계에까지 나아가도록 한다. 그 다음 단계는 자신이 찾아본 곳들을 마인드 맵으로 그려보게 한다. 통일과 관련되는 모든 국가, 사람, 존재, 비존재까지 연계시켜보도록 한다. 이 활동은 개인적인 활동보다는 조별로 활동하여 그 결과를 발표하도록 하는 것도 좋다.

2. 지역답사와 국토대장정 등 체험활동

통일교육은 크게는 학교통일교육과 사회통일교육으로 나뉘고, 학교통일교육을 위하여 <통일교육지원법>을 개정(2013년 8월 13일)하여 통일교육 강화를 위한 제도적 장치를 마련하였다. 사회통일교육을 위해 통일교육위원, 지역통일교육센터, 통일교육협의회, 통일관 등을 통해 풀뿌리 통일교육을 실시하고, 다양한 통일교재 제작에도 힘쓰고 있다.[64] 오히려 사회통일교육이 정착된 듯하다. 청소년들과 대학생들에게 있어서 통일문제는 정치적 이슈가 되는 경우가 아니면 중요한 주제로 떠오르기 쉽지 않다. 학교통일교육은 교과내 통일교육과 교과외 통일교육으로 나눌 수 있다.

인간의 의식의 구조상 경험적으로 많이 접할수록 그에 대한 관심과 흥미가 높아진다는 점에서 통일과 관련하여 다양한 측면에서 교육적 시도가

---

64) 통일부, 앞의 자료, p.198.

이루어지는 것이 바람직하다. 일상생활에서 우리의 인식은 현실문제에 매몰되어 있기가 쉽다. 생존과 관련된 현실의 당면 문제들을 해결하기 위해 경쟁하고 노력하여야 하기 때문이다. 초등학생이나 중학생, 고등학생들도 마찬가지이다. 통일교육을 실시할 때 통일의 당위성에 비해 통일 비용, 경제적 효과가 그들에게 더 설득력 있게 다가갈 수 있을 것이다. 그것도 교육내용과 방법에서 필요하다.

연기론에 근거할 때 시·공간적으로 확대시켜 사고하도록 할 필요가 있다. 체험 자체의 의미만을 찾고자 하였던 과거와 달리, 최근의 교육과정에서의 체험학습은 활동을 통하여 교육적 의미를 찾기 위해 노력한다. 특히 하나의 체험활동을 통하여 지식적으로 아는 것보다 몸과 마음으로 느낄 수 있는 활동을 중시하는 경향이 많다. 지역답사나 통일관련 장소를 답사하는 경험은 평생 기억에 남을 수 있다. 그러나 현재 통일캠프나 통일지역 답사는 교육과정의 특성상 학교에서 추천받은 소수의 학생에게만 혜택이 돌아가곤 한다. 최근에는 다양한 활동을 통해 다수의 학생이 관심을 가지고 참여하는데 그 하나가 '통일 골든벨' 행사로, 학생들의 관심도 높아졌고 참여율이 높은 편이다.

체험적 통일교육효과는 다른 어떤 방법보다 의미가 있다. 통일의식 제고를 위한 현장체험학습을 통한 의식변화를 보면 그 효과를 알 수 있다.[65] 그럼에도 비용문제, 안전사고 대비책과 처리문제, 학생인솔의 어려움 등의 상존은 현장체험학습을 방해하는 요인으로 작용한다는 점에서 운영하기가 쉽지 않다.[66] 비교적 자율적이고 상대적으로 시간적 여유가 있는 대학생들에게 가장 좋은 방법은 통일과 관련된 지역답사와 국토대장정이다. 이는 대학생 국토대장정 '분단선을 걷다'와 '통일 골든벨'에 참여한 학생의 소

---

65) 이지연, "대학 교양수업의 현장체험학습 활용방안: 통일의식 제고를 위한 현장체험학습 사례를 중심으로", 『교양교육연구』 제7권 제5호(한국교양교육학회, 2013), pp.513~515.

66) 위의 논문, p.496.

감에서 잘 드러난다.

> 분단으로 가족을 잃은 사람들의 마음은 얼마나 아플까. 그들은 통일
> 을 얼마나 고대하고 있을까? (…) 걸으면서 많은 생각을 했다. 분단선의
> 끝엔 어떤 경지가 우리를 기다리고 있을까? 이 대장정이 끝나면 난 뭘
> 해야 될까 등 많은 생각이 떠올랐다. 강원도 철원 - 화원 구간에 수피령
> 이라는 해발 800미터가 되는 고개가 있었는데 이때 정말 힘들었다. 이
> 힘든 고개를 서로서로 밀어주고 끌어주며 올라갔다. 이 구간에서 우리
> 는 서로에게 힘이 되어 동료가 필요한 존재라는 것을 심장으로 느꼈다.
> (…) 조금만 더 가면 북녘 땅이 보이고 이 장정의 결실을 맺을 수 있다
> 는 생각에 힘이 나기 시작했다.67)

> 통일 된다면 지금 예측하는 부정적인 요소보다 확실히 긍정적인 요
> 소들이 더 많이 나타날 것이다. 사람들은 바로 눈앞의 일만 보고 부정
> 적인 판단부터 하는 경향이 있다. … 시간이 조금 걸릴 테지만, 우리 마
> 음속의 이 허물어질 것이고, 그렇게 되면 이 땅을 가르고 있는 물리적
> 인 분단선도 무너지지 않을까.68)

체험 과정을 통하여 나와 인연(因緣)으로 생기(生起)되는 사람과 존재들
에 대한 인식, 그들에 대한 관점의 정립 등을 통하여 통일의 궁극적 목적
에 대해 생각해보게 하는 것이 중요하다.

3. 통일명상 및 통일주제 토론

앞으로 교사가 될 예비교사들의 통일문제에 대한 관심, 인식은 다른 어

---

67) 남영진, "걷고 또 걸어 분단의 끝이 보일 수 있다면…", 『민족21』(민족21, 2011),
    pp.120~121.
68) 배동환, "마음의 분단선 없애는 '통일 골든벨'", 『민족21』(민족21, 2010), pp.122~123.

떤 교육보다 중요하고 의미가 있다. 그들이 통일세대가 될 수 있고, 통일을 담당할 미래세대를 교육할 주체이기 때문이다. 이 방법은 필자가 예비교사가 될 교육대학 학생들을 대상으로 실시하였던 방법이다. 2014년 1학기 '초등도덕과교육' 강좌 제12주에 실시하였던 교육과정 중 하나로, 통일을 주제로 읽기자료를 읽고 발표하여 토론하였던 강의의 과정과 결과이다. 2시간 120분 강의 도입부에 한 학기 동안 지속적으로 운영하는 '명상의 시간'을 활용하였다. 다음은 온라인 카페에 강의 전에 올린 강의 안내 중 도입부 부분이다.

- 오늘의 명상 : 옷깃만 스쳐도 인연(因緣)
- 음악 : 정수녕의 아리랑(해금연주)
  - 모래알 같은 수많은 사람 중에 만나는 짝, 그 외 인연들 생각하기
  - 인(因) : 직접적인 인과관계에 의한 것
  - 연(緣) : 간접적 인과관계에 의한 것
  - 나, 가족, 학교, 사회, 국가 등 내가 관계를 맺고 있는 모든 것들에 대해 생각하기
  - 논쟁 : 서울대생 "전쟁나면 도망" … '추천'이 '非추천' 3배
  - 남북한은 어떤 관계인가? 통일에 대해서 생각해보기

강의 시작 전에 눈을 감고 5분 정도 호흡명상과 감정명상으로 정신을 집중하고 주제에 대한 안내에 따라 명상을 하게 된다. 나의 의식으로 내가 앉아 있는 이곳을 바라보고, 강의실에 앉아 있는 동료들에 대한 생각, 우리 학교를 바라다보고, 나아가 우리가 살고 있는 이 지역을 바라다보고, 서울을 지나 휴전선에 이르러 자연을 보고, 동물들을 보고, 군인들도 보고, 개성을 지나 평양을 지나 백두산에까지 이르고, 또 한반도를 바라다보고, 지구를 보고, 우주로까지 뻗어나가는 상상을 하게 하였다.

오늘은 나의 인연에 관한 명상으로부터 시작되었습니다. '옷깃만 스

처도 인연'이라 하는데, 내가 인연으로 만난 사람들에 대해 생각해보았습니다. 70억 지구상 인구를 넘어 태양계, 은하계까지 저의 사고가 확장되니 사람 하나하나가 엄청난 인연이라는 생각이 들었습니다. 너무나도 소중하지만 제 고의가 아니지만 살아가다보니 제 인연의 사람들에게 최선을 다하지 못하게 된 것 같습니다. 우선 부모님이 생각났고 그리고 가족들, 나의 친구들, 선생님, 교수님들 모두가 생각났습니다. 그리고 미래의 저의 학생에 대해서도 생각해보았습니다. 저로 인해 그들의 운명이 바뀌고, 가치관이 달라진다는 말을 들으니 저의 위치에 대해 실감하게 되었습니다. 명상을 하면서 지구를 넘어서 우주로 그리고 다시 우리의 이웃인 북한에 도착해있었습니다. 북한 사람들의 모습 그리고 휴전선 등이 저의 머릿속에 보였습니다. 오늘의 주제인 통일과 북한의 모습이 맞아떨어졌습니다.(E전공 Y○○)

　　인연이라는 것에 대해 생각해 볼 수 있는 시간을 가졌습니다. 지금 수업을 같이 듣는 친구들, 교수님, 서울교대 친구들은 저번 학기 때 교환 학생 신청을 하지 않았더라면 영원히 만나지 못했을지도 모릅니다. 저의 순간적인 선택이 이렇게 좋은 인연을 만날 수 있도록 이곳으로 이끌었습니다. 인연이라는 것이 참 묘하다는 생각이 듭니다. 만나고 안 만나고는 종이 한 장 차이 같은데 사실 '만남' 안에 들어 있는 것이 너무나도 많아 만남으로 인해 웃기도 하고 울기도 하고 그리워하기도 합니다. 교수님이 인연이라는 주제로 수업을 시작한 것은 북한과 우리나라는 형제의 인연을 맺고 있다는 것을 말씀해주기 위함이었던 것 같습니다. 형제의 연은 버리려야 버릴 수가 없다고 하셨습니다. 조금 모자라더라도 보듬어 안고 가야하는 존재가 형제입니다. 더 넓게는 북한뿐만 아니라 세상 만물을 포용하는 사람으로 미래의 학생들을 가르쳐야겠다는 생각을 했습니다. 그러기에 앞서 저 자신이 더 넓은 사람으로 성장할 수 있도록 많은 것을 경험하고, 조금 손해 보더라도 감싸는 사람이 되어야겠습니다.(교류학생 S○○)

명상을 통하여 인과 연의 고리를 생각하면서 나와 연계된 모든 사람, 지역, 존재들을 생각해보게 하였다. 그리고 38선을 지나 한반도를 바라보면서 통일이라는 주제를 생각하도록 유도하였다. 강의 전체는 명상, 도입 강의, 조별 발표, 조별 토론, 전체 토론으로 이루어진다. 발표한 내용을 개인별로 미리 읽고 '발문'을 뽑아서 온라인 카페에 올리고, 발표 후 조별로 각자 발문을 설명하고 스티커를 활용하여 베스트 발문을 뽑아 그것을 주제로 토론에 임하게 된다. 다음은 조별로 이루어진 토론에서 다룬 베스트 발문들이다.

초등학생 때부터 통일의 긍정적인 면을 교육받아왔지만 나는 통일에 대한 부정적 인식이 더 강하다. 그렇지만 통일을 왜 하면 안 되는지 물어보면 정확히 논리정연하게 말할 수 없을 것 같다. 학교에서 통일의 긍정적인 면만 부각시켰기 때문이다. 하지만 이러한 교육은 자율적 선택으로 보이는 통일문제를 보이지 않는 강제로 선택할 수밖에 없게끔 만드는 것이 아닌가?<도덕레인저조>

현재 상황에서 '통일을 해야 하는가'라는 질문에 모두가 통일을 지향하지는 않을 것이다. 통일을 반대하는 입장이라면 '통일교육' 그 자체에 의문을 품을 수 있지 않을까? 만약 반대하는 입장이 '통일교육'을 사회적 갈등을 해결해 나가고 세계 시민성을 키우기 위한 것이라고 최대한 긍정적으로 받아들인다고 하더라도 '통일교육'을 하는 그 자체에 회의적으로 바라 볼 수 있지 않을까? 통일에 대해 사회 전체가 긍정적으로 바라보고 있지 않은 상태에서 '통일'만을 正으로 보고 있는 것은 아닌가?<군계일학조>

본문에서는 도덕교육에서의 '통일 교육'이 정치와 이념의 갈등을 초월하여 궁극적으로 인간의 의식문제와 관련이 있다고 하고 있다. 또한 동양사상을 통일교육의 배경으로 이야기하며 전체는 다양한 개별성에 대한 수용을 바탕으로 통일성을 추구한다고 한다. 그러나 우리 사회에서 통일교육을 정치적 이념이나 관계를 배제하고 이야기 할 수는 없을 것이다. 그렇다면 초등도덕교육에서 통일 교육을 실시할 때 정치적 이념, 관계, 상황을 어느 정도 수준까지 언급해야 하는가?<친한1조>

통일의 당위성과 필요성 또한 통일을 했을 때 발생하는 현실적인 문제, 즉 국가 이익과 민족 이익 사이에서 예비교사인 우리들은 어느 부분에 초점을 두어 학생들에게 통일에 관하여 가르치고 방향을 제시할 것인가?<라바조>

통일 교육에 있어서 정치적, 경제적 등 여러 분야에서 객관적인 태도를 가져야한다고 이야기한다. 통일이 갖는 의미와 통일이 되어야하는 근거가 설득력 있다는 통일교육은 학생들의 의식을 변화시키는 것이다. 그러나 우리나라와 북한의 통일교육의 방향은 서로 다르고 이 결과, 학생들의 의식 역시 서로 다르게 변화시킨다. 이에 대해서는 어떠한 해결책이 필요할까?<고조>

조별 토론이 끝나면, 조별로 토론 주제와 내용을 발표하고, 교수 중심으로 전체토론에 들어가 그 주제들 중 가장 중요한 내용에 대해 토론한 후 마지막 정리 강의를 한 후 마무리 된다. 아래에 학생들의 토론 소감을 강의성찰에서 발췌하여 보았다. 대학생들의 통일에 대한 인식, 통일교육에 대한 생각을 제시하기 위하여 학생들이 쓴 내용을 가감 없이 그대로 제시해보았다.

발표를 들은 후, 통일에 대한 토론을 하였습니다. 저희 조의 발문은 '통일교육이 통일을 해야 한다는 방향의 당위성으로 아이들을 가르쳐야 하는가?' 에 대한 질문이었습니다. 경제적인 가치 이외의 가치를 가르치며 분단의 상황을 깨우칠 수 있도록 해야 한다는 찬성 측과 꼭 해야 한다는 가치를 주입할 필요는 없다, 다양한 측면을 가르쳐 주어 자율적으로 생각할 수 있도록 하자는 반대의 의견이 나왔습니다. **그래서 더 나아가 어떻게 도덕에서 통일을 가르쳐야 하는가에 대해 예비 교사**

로서 토론을 해보았습니다. 저희는 우선 통일에 대해 충분한 시수를 확보해야 하며, **교과 내용을 넘어 현장학습, 다큐멘터리 등의 다양한 방법으로 가르쳐야 한다는 의견이 나왔습니다.** 이렇게 토론을 해보면서 통일에 대한 생각을 해보았습니다. 통일을 해야 하지만 왜 해야 하는가에 대해 구체적인 제 의견을 정리해보고 또 그 근거에 대해 찾아볼 수 있었던 좋은 기회가 되었습니다. 꼭 통일을 이루고 싶다는 소망이 생겼습니다. 그리고 **아이들에게도 북한의 문제를 잘 전달해주고 늘 관심을 기울일 수 있도록 하고 싶다는 생각이 들었습니다.**(E전공Y○○)

통일에 대한 얘기는 오랜만에 입 밖에 나오고 오랜만에 듣는다. 나는 충분히 통일에 대한 당위성을 알고 있다. 하지만 뼛속까지 내가 아는 이유들이 와 닿지는 않는다. 나는 그래서 통일교육에 대해 비판적이다. **통일 교육은 그냥 말 뿐인 것 같고 무조건적으로 통일만을 강요하는 것 같다.** 오늘 수업에서 배웠던 이상세계들처럼 남북한의 통일도 이상적인 세계 같다는 느낌이 든다. 통일은 나와 멀리 있는 것처럼만 느껴진다. 하지만 통일은 우리 모두가 염원하고 기대하고 꼭 필요한 것이라고 인식되어야 한다고 생각한다. 그렇게 생각해야 된다고 해서 그렇게 생각이 드는 것은 아니다. **정말 그 통일에 대한 당위성을 뼛속 깊게 느끼게 할 수 있는 이유들이 없을까?** 이 고민은 너무 어려운 질문인 것 같다. 그리고 북한과 남한은 같은 민족이라고 하는데, 정말 그렇게 느낀다면 이미 통일은 이뤄지고도 남았을 것이라고 생각한다. 민족이다 라고 말하는 것은 다른 이익을 포장한 말이라고 생각한다. 통일을 해야 하는 이유를 물어본다면 모두들 말한다. 우리는 같은 민족이다. 그리고 그다음에는 통일을 이뤘을 때의 이익들을 말한다. 통일을 해야 한다고 주장하는 사람들은 그럼 북한 사람들을 보면 부모님이나 형제들을 생각할 때처럼 가슴이 아리고 따뜻해지는 감정을 느끼는가? 아니, 같은 민족이라고 느끼면 왜 탈북자들을 차별하고 무시하는가? **통일은 결국 이익과 결부되고, 그 이익을 내세우는 것은 모양이 살지 않으니 민족이다 형제다 하는 것 같다. 조금 더 솔직해지면 어떨까 하는 생각을 한다.** 남북한의 갈등의 폭은 이미 파일 데로 깊이 파여, 도덕적 이상사회가 말하듯 조정과 조화를 통해서는 쉽게 이뤄질 수 없다고 생각한다. 조화는 통일이 이루어지고 나서야 말 할 수 있는 얘기이다. 북한의 체제가 무너지거나, 아니면 전쟁을 통한 통일이 아니라면 언제 우리가 통일을 이룰지는 장담을 할 수 없다고 생각한다. 나는 통일이 이루어졌으면 좋겠다. 물론 이렇게 생각하는 이유는 주입식교육에 의한 생각이다. **나도 누가 왜 통일을 해야 하냐 라고 묻는다면 다른 사람들과 마찬가지로 우리는 민족이니까, 그리고 통일을 했을 때의 이익들을 내세울 것이다.** 솔직히 그 이유들이 와 닿지는 않지만 말이다.(M전공 K○○)

지난번 도덕교육의 파시즘 관련한 수업 때도 느꼈던 것이지만 통일교육이 과거에는 반공교육으로 구성되었지만 시대가 바뀌면서, 남북관계가 발전하면서 통일을 지향하는 내용을 담고 있습니다. 어쩌면 시대가 변화하는 것, 교육이 변화하는 것, 그중에서도 통일교육이 변화하는 것은 기존 것에 대한 반감이 크게 작용한다고 느끼고 있습니다. **기존 반공교육에 대한 반발, 그 이데올로기성에 반하여 통일교육 움직임이 일어났고, 그 기조가 옳다고 믿었으나 그 흐름은 오늘날 통일에 대한 회의로 흐르고 있습니다.** 반공 이데올로기에서 통일교육의 움직임으로 변화한 까닭은 반공 이데올로기에 정당성, 정통성이 없었기 때문이라고 생각합니다. 군사독재 시절에 정권의 정통성이 없던 정부는 반공을 주요 이데올로기로 표방했고, 독재가 무너지면서 자연스럽게 반공 이데올로기도 무너졌습니다. 통일 교육에 대한 확실한 기조나 방향 없이 반공에 반하는 현재의 교육이라면 반공교육이 무너졌던 것처럼 그것이 다른 흐름으로 넘어가는 것을 막을 수 없을 것이라는 생각이 듭니다. **지난주에 다문화 교육 관련 토의를 하면서 '다문화' '다양성'이 새로운 시대 흐름으로 떠오르고 있다고 하면서도 통일에서만은 '한 핏줄' '한민족' 이라는 과거의 프레임을 가지고는 통일교육의 정당성이 어떻든 간에 힘을 잃을 것이라고 생각합니다.** 현재의 통일 교육에서처럼 통일에 대해 두루뭉술한 표현보다는 진정한 통일교육이 이루어지려면 객관적으로 상황을 인지하고 통일이 어떻게 되어야 하는지, 되기 위해서는 어떠한 준비를 해야 하는지 깊이 생각해 볼 수 있는 통일 교육이 되어야 한다는 생각이 들었습니다.(교류학생 L○○)

강의의 마지막 무렵, 조별로 뽑은 베스트 발문으로 토론을 진행해보았습니다. 거의 대부분의 조의 토론 주제는 통일을 이루어야한다는 정당성을 아이들에게 통일 교육을 통하여 주입시키는 것이 과연 옳은 가라는 것이었습니다. 친구들의 의견은 참으로 다양했습니다. 크게 보아서, 지금처럼 통일을 단순히 감정적이고 윤리적인 측면에서만 바라보고 꼭 달성해야하는 일로 주입하기보다는 보다 현실적으로, 보다 다양한 측면에서 통일을 바라보는 안목을 키워주어야 한다는 의견이 있었으며, 통일을 이루어야 할 것인가 그렇지 않아야 할 것인가에 대한 문제를 그저 중립적으로 가르쳐야 한다는 의견도 있었습니다. 심지어 만약 아이들이 통일에 대해 반대할 경우 교사가 이에 대해 제재를 하지 말아야한다는 의견도 있었습니다. 통일에 대한 저의 인식이 지금까지의 교육에 의하여 주입된 것인지 아니라면 전체주의 사상에 일부 젖어있는 것인지는 잘 모르겠지만, 저는 통일이 되어야 한다는 것을 너무도 당연히 생각하고 있었기 때문에 이러한 의견들이 너무도 낯설었습니다. 제게 있어서 통일은, 통일이 가져오는 경제적 어려움이 어느 정도인지 또 그에 따른 사회적 혼란이 얼마나 심각할지, 그리고 그에 따른 개인의 희생이 어떠한지를 떠나서 그저 당연히 이루어져야만 할 시대적 과업이었기 때문입니다. 경제가 어떠하고 사회가 어떠하고 개인의 피해가 어떠한지를 떠나 같은 한 민족이 저 이북 땅에서 저렇게 굶주리고 죽어가고 고통 받고 있는데, 같은 얼을 지니고 같은 시대적 아픔을 겪은 우리 민족이 바로 저 삼팔선 너머에서 정치가들의 세력다툼으로 인해 어이없이 갈라져 저토록 괴로워하고 있는데, 이 이상으로 그 어떠한 통일의 이유가 필요한지 저는 잘 모르겠습니다. 통일로 인하여 빚어지는 사회적 문제야 당장은 힘들고 괴롭겠지만 조금씩 조금씩 서로를 이해해가며 해결한다면 어느새 차차 옅어질 거라 생각합니다. 물론 그에 따르는 시간과 비용이 엄청날 것을 깨닫고 있는 바이지만 이 북녘너머에서 우리 민족이 고통스러워하고 있는 것을 묵인하는 것보다야 그 고통이 덜할 것입니다. 꼭 통일이 되어야 북한 동포들의 어려움을 해결할 수 있는 것은 아니며 여러 세계단체의 도움으로도 도울 수 있는 것이라는 의견 또한 있었습니다. 그러나 그것은 어디까지나 일시적일 뿐이며, 더군다나 더 이상 우리 민족의 일을 다른 나라의 도움을 빌어 해결하려는

태도를 가져서는 안 되는 것입니다. 저는 자본의 원리와 합리적인 이성 등 현재 우리 사회를 지배하고 있는 개념들은 곧 가장 인간다운 감정을 실현하기 위한 하나의 도구일 뿐이라고 생각합니다. 즉 통일에 대한 회의적인 입장을 취하게 하는 수많은 자본의 원리와 자신이 입는 피해를 최소화하려는 이성적인 잣대들은 결국 한 민족이 고통받고 있는 현실 앞에선 아무것도 아니라고 생각합니다. 사회적 문제야 정말 우리 민족이 간절하다면, 그리고 그에 따른 끊임없는 노력을 한다면 언젠가는 해결될 것입니다. 어쩌다가 나눠진 강물이 다시 서로 합치어질 때 고여 썩어있는 물들과 이미 조금씩 달라진 물줄기의 방향 등 수많은 난관이 있겠지만, 시간이 지나며 끊임없이 다시 하나가 되려는 몸부림이 있다면 언제 그랬냐는 듯 다시 하나의 크고 건강한 강물로 거듭날 수 있을 것입니다. 그래서 저는 교수님께서 말씀하신 통일 교육에 대해 정말 깊은 공감을 하였고 큰 배움을 얻었습니다. 저 또한 후에 교사가 된다면 교수님께서 말씀하셨던 것과 같이 학생들이 통일에 대하여 여러 가지 의견들을 자유롭게 공유할 수 있도록 하되 통일에 대한 긍정적인 흐름으로 아이들의 생각을 이끌어내도록 노력하겠습니다.(K전공 P○○)

명상은 연기(緣起)의 관점에서 나뿐만 아니라 통일과 관련된 것들에 대하여 생각해보게 하기 위한 것이었고, 통일을 주제로 토론을 실시한 것은 통일문제에 어떻게 접근하여, 어떻게 인식하고, 어떻게 교육할지를 논의해 보기 위함이었다. 예비교사들은 통일토론 과정에서 통일에 대해 매우 깊이 다양하게 생각하고 있었다. 토론에서 나온 내용을 간략히 살펴보면, 과거 자신들이 받은 통일교육에 대한 비판과 성찰, 현재 통일교육의 방향에 대한 제시, 교사가 된 후 아이들에 어떻게 교육할 지에 대한 모색 등이 주를 이루고 있었다. 아쉬운 것은 15주 중에 한 주만 통일을 주제로 논의했기 때문에 더 심도 깊게 논의하지 못하였다는 점이다. 긍정적인 것은 도덕교육에 포함된 통일 주제, 교육 내용 및 방법에 대해 고민하고 탐색할 기회를 제공하였다는 점이다. 아마 그들이 교사가 되어 통일교육을 실시할 때 이 경험을 토대로 초등학생에 대한 통일수업을 다양하고 재미있게 접근할 수 있지 않을까 기대해본다.

V. 맺음말 : 통일세대를 위한 제언

지금까지 연기론의 관점에서 통일문제에 접근하고, 통일교육을 실시하였던 구체적 사례와 소감을 제시해보았다. 불교는 신(神)이나 우주(宇宙)의 원리와 같은 초월적인 진리에서가 아니라 구체적인 현실세계의 관찰에서부터 시작하여 현실세계의 구조와 성질을 밝혀낸 것이며, 그 진리가 연기법이다. 연기론은 불교의 가장 핵심적인 교리로, 불교 이론들은 이 연기론을 바탕으로 이루지고 있다. 연기론의 핵심 구조이자 내용인 상의성(相依性)[인과율(因果律), 인연화합(因緣化合), 상의상관성(相依相關性), 법주법계(法住法界)], 공성(空性)과 중도(中道), 업보(業報)와 동체대비(同體大悲)의 개념으로 통일문제에 접근하고, 통일교육의 방안과 교육사례도 살펴보았다. 요약하면 다음과 같다.

첫째, 상의성은 이 세상 모든 존재가 직접적 원인인 인(因)과 간접적 원인인 연(緣)으로 맺어져 있으므로 그 자체로 존재하는 것은 없다는 것이다. 남과 북의 관계가 핵심인 통일과 관련된 사람, 국가, 문제들은 그 자체로서 존재하지 않으며, 우리는 관계와 관계성에 대해 인식하여야 한다.

둘째, 공성과 중도는, 연기에 의해 드러나는 것은 가명(假名)이자 공(空)이며 그것은 이분법을 넘어선다는 것이다. 우리는 남과 북에 대해 나와 너, 적인가 편인가, 좋은가 나쁜가 등등 차별성과 이분법적 논리를 벗어나지 못한다. 피상적으로 드러나는 모습 대신 중도(中道)를 통한 본질 인식이 중요하다.

셋째, 업보와 동체대비는 우리가 연기의 고리를 끊고 적극적인 업인(業因)을 만들고, 실천하는 원리를 제공한다. 북한의 악업(惡業)에 대응하는 논리는 인과율에 따를 수도 있지만 선업(善業)으로 새로운 업인(業因)을 만들어 좋은 과보(果報)를 가져오게 할 수도 있다는 말이며, 이를 위해 중도의 인식에 따라 북한에 대해 상입(相入)과 상즉(相卽)의 동체대비(同體大悲)의 실천노력이 필요하다는 것이다.

연기론의 관점에서 통일문제를 본 것이 너무 이상적이고 관념적일 수도 있다는 아쉬움도 남는다. 그럼에도 지금까지 경제적 가치에서 본 통일 연구를 보완하는 측면에서 도움이 되지 않을까 위로해본다. 통일전문가가 아닌 입장에서 연구를 진행하면서 우리 사회에서 통일문제는 이제 하나의 지엽적 정치적 문제가 아닌 전체 삶과 연계되는 중요한 문제로 인식되고 있음을 알 수 있었다. 그리고 분단 이후 이루어진 통일 관련 연구와 통일교육의 분량과 질도 이제 하나의 학문영역으로 자리매김해도 손색이 없을 정도가 되었다. 그럼에도 불구하고 통일연구는 의식조사 연구 혹은 정치적·외교적·교육적 측면 치우친 감이 있으며, 통일문제에 대한 철학적 근거는 거의 없다 해도 과언이 아니다. 이른바 통일학(統一學) 성립을 위한 기반은 통일의 문제를 다루는 형이상학적·철학적 접근과 그에 의거한 다양한 논의들이며, 본 연구는 이러한 방향성에 조금이나마 기여하기 위한 것이다.

앞에서 살펴본 바와 같이 예비교사들의 통일문제에 대한 고민을 보고 기성세대로서 책임을 절감하지 않을 수 없었다. 중·고등학교 교사 재직 경험이 있는 필자는 나름대로 신문을 활용하여, 통일 토론 등 여러 시도를 하였지만 당시 통일내용 수업이 쉽지 않았다. 1980년대 이데올로기 논쟁이 한창이던 때 교육받았다고 합리화하곤 하였지만 통일에 대한 관심과 인식이 부재(不在)하였음을 고백하지 않을 수 없다. 예비교사들을 교육하면서 통일에 대한 그들의 진지한 고민과 기대를 보면서, 통일을 준비하고 이루어갈 세대를 위하여 몇 가지 제언을 하고자 한다.

첫째, 통일전문가들이 이른바 '통일학'으로 통일 이후를 대비하여 준비할 필요가 있다. 관련 자료들을 찾아보면서 통일관련 단체들도 많고 관련 행사와 활동이 매우 다양하다는 점을 알게 되었다. 이러한 기반들을 활용할 수 있도록 이론적 근거와 방향을 제시할 '통일'을 핵심으로 한 학문공동체가 절실하며, 이를 토대로 통일 이후를 준비해야 할 것이다. 최근 학문 영역들이 융합과 통섭을 지향하는 추세에서 통일을 중심으로 한 다양한 학문적 연계와 발전적 노력이 이루어지기를 기대하는 바이다.

둘째, 예비교사와 교사들에 대한 통일교육의 중요성이다. 학문적 연구와 다양한 활동들이 있더라고 학교교육만큼 중요한 것은 없다. 학교에서 여러 과목과 영역들이 존재하기 때문에 통일만 다루기는 쉽지 않다. 도덕을 중심으로 다양한 교과들이 연계하여 통일 관련 내용을 다루도록 할 필요가 있다. 지리, 음식, 문화, 음악, 미술 등 다양한 영역에서 접근 가능하며, 교사 재교육과 예비교사 교육에서도 이러한 점들에 초점을 두어야 할 것이다.

셋째, 미래 세대를 위해 통일교육 방법과 기법을 다양화하여 재미있고 흥미로운 활동 중심으로 개발하여 보급하여야 한다. 통일교육 실태조사에서 나타난 통일교육 실시 현황을 보아도 현재 학교통일교육이 양적으로 부족하지는 않았다. 통일교육 관련 연구들은 대부분은 통일의식조사, 혹은 내용과 방향이었다. 미래세대 통일교육에서 가장 중요한 것은 방법적 패러다임의 전환을 통한 교육의 효율성 제고이다. 인터넷 게임 세대이자 풍요를 경험한 미래세대에게 과거의 당위성에 의거한 교육, 경제논리에 의거한 교육만으로는 한계가 있다. 당위성을 교육하면서도 설득력 있고 재미있고 감동적인 방법들로 이루어져야 하며, 경제논리에 의한 것도 단순히 비용 계산이 아니라 문화와 정서를 포함한 비경제적 가치도 포함시켜야 할 것이다.

연구하는 과정에서 비전문가로서 통일의 중요성을 인식하지 못하였다는 자괴감과 통일의 중요성에 숙연해지기도 하였다. 연기론의 인과설과 인연화합의 원리를 통하여 북한이 지금까지 이루어버린 부정적 업인(業因)들을 어떻게 긍정적 과보(果報)로 만들어내야 하는가가 핵심임을 알게 되었다. 특히 그 인과의 고리를 끊고 새로운 업인을 만들기 위해 『대반열반경』에 나오는 동체대비(同體大悲)의 경지로 답을 하고 싶다.

> 비유하자면 부모가 자식이 아플 경우 마음에 고뇌가 생겨 시름에 잠기는 것처럼, 보살이 이 지(地)에 머물 때도 이와 같아서, 여러 중생이 번뇌의 병에 결박되어 있는 것을 보면 마음에 고뇌가 생겨나되 마치 부모가 자식을 대하는 것처럼 근심하여, 몸에 있는 모든 모공에서 피가 쏟아져 나온다. 그러므로 이러한 경계를 일자(一子)라고 한다.[69]

---

69) 지관 편저(2003), 앞의 책, p.333. "譬如父母, 見子遇患, 心生苦惱, 愍之愁毒, 初無捨離, 菩薩摩訶薩, 住是地中亦復如是, 見諸衆生, 爲煩惱病之所纏切, 心生愁惱, 憂念如子, 身諸毛孔, 血皆流出, 是故, 此地, 名爲一子."

제2부
불교사상과 윤리교육의
상생을 위하여

제1장 『금강경』의 본질과 윤리교육적 함의

Ⅰ. 머리말 : 종교와 윤리교육

조선시대 유교사회에서는 별다른 윤리교육이 필요하지 않았다. 유교교육 자체가 윤리교육이었고, 수기(修己)와 치인(治人)을 지향하는 성리학적 이념은 도덕성에 근거한 인간 양성과 대동사회 실현을 목표로 하였기 때문이다. 유교를 중시하였던 한국, 중국, 일본, 베트남 등 동아시아 국가들은 유교교육에 의한 윤리교육을 실시하였다. 서양의 중세와 근대 초기, 기독교 국가들도 윤리교육이 따로 필요하지 않았다. 기독교 원리 혹은 종교적 규범에 이미 윤리가 내포되어 있었기 때문에 군이 윤리교육을 따로 실시하지 않아도 종교가 그 역할을 충분히 수행하였기 때문이다. 이처럼 동서양을 막론하고 종교 혹은 윤리적 이념 체계가 확고한 사회에서는 종교[혹은 이념]에 의한 윤리교육으로 사회질서가 유지될 수 있었다.

근대 이후, 민주주의와 자본주의가 보편적 가치로 대두된 후 국가는 시민성 교육의 방법으로 종교와 분리하여 새롭게 윤리교육을 강조하였다. 이전의 종교나 통치이념에 의한 윤리교육은 새로운 교육체제 속에서 교과목으로 자리 잡아 새로운 시대정신인 민주주의와 자본주의에 적합한 윤리교육을 추구하였다. 이에 따라 개인들의 자유와 평등을 침해할 수 있는 종교 혹은 특정 이념에 대한 교육은 중립적인 입장에서 관리하지 않으면 안 되었다. 물론 국가종교를 채택하는 신권국가나 단일종교 사회인 경우 종교 가르침에 의한 윤리교육도 가능했지만 이 경우 배타성의 문제가 제기되기도 하였다. 이에 따라 다종교 국가들은 학교의 종교 관련 교육을 조심스러운 입장에서 실시하지 않을 수 없었다.

종교를 통한 윤리교육이 가능하였던 이유는 종교와 윤리와의 관계성에서 찾을 수 있다. 종교를 어떻게 정의하든[1] 종교는 윤리성을 내포한다. 윤리와 종교의 관계를 구분한 잉어(Yinger)의 네 가지 유형을 보면, 우선 윤리가 종교의 한 부분을 형성한다고 보아 윤리를 종교의 수단으로 보는 "윤리는 종교의 일부"라는 관점이 있다. 둘째로 "종교와 윤리는 둘이 아니라 하나"라는 일원론적 입장"은 사랑과 봉사와 같은 적극적인 행위가 결국 종교행위라고 본다. 셋째로 "종교와 윤리는 별개"라는 인류학자들의 관점은 윤리의 융통성과 합리성을 위해 둘의 분리가 필요하다고 보는 입장이며, 마지막으로 "종교는 윤리의 일부"라는 경우는 윤리에 대한 형식상의 뒷받침을 종교가 담당한다고 생각한다.[2] 중시하는 것에 따라 다르긴 하지만 종교와 윤리의 관계를 별개라고 보는 관점마저 윤리 영역 확보를 위한 당위적 주장임을 볼 때 네 가지 관점 모두 윤리를 중시함을 알 수 있다.

인간에게 종교가 불가피한 것인가라는 질문에 대해 종교학자나 철학자들은 긍정적 입장이고, 과학자들은 부정적 관점을 지닌 사람들이 많을 것이다. 전자는 인간의 초월성에 주목하고자 하며 후자는 진리[3]의 증명 가능성에 초점을 두기 때문이다. 사실 종교는 인간의 유한성에 대한 자기 인식과 초월적 존재에 대한 외경성에서 출발한다. 종교는 인간이 하지 못하는 것이 있다는 자기 한계에 대한 인식이자 그것을 극복하는 방법이기도 하다. 그러나 과학기술이 발전하고 물질적 가치가 정신적 가치를 상회하는

---

1) 종교에 대한 정의를 몇 가지 살펴보자. 칸트(Immanuel Kant)는 모든 의무의 체계를 신의 명령으로 간주하는 것, 존 힉(John Hick)은 신, 신들, 절대자, 초월적 질서 혹은 과정을 포함하고 있는 우주에 대한 이해, 화이트헤드(Whitehead)는 내면을 정화하는 신념의 힘, 엘리아데(Eliade)는 성속(聖俗)의 변증법이라고 하였다. 김영태, "도덕과 내용구성에서의 세계윤리와 종교", 한국도덕과교육학회 엮음, 『도덕과 교육론』(서울: 교육과학사, 2001), p.180.

2) 위의 책, pp.181~182.

3) 여기서 말하는 진리는 자연과학적 진리를 말한다.

오늘날 종교가 설 자리를 잃고 있는 것은 세계적 공통 현상이다. 2015년 종교 인구 통계에 의하면 한국의 무종교 비율은 56.1%에 달한다.[4] 이와 같은 탈종교 현상은 유럽 등 선진국에서 이미 경험한 것으로, 자본주의와 과학기술 시대에 종교에 대한 기대가 낮아진 결과이다. 한편, "종교라는 형식에 구애 받지 않고 나름대로의 의식을 갖추고자 하는 시민이 늘어나고 있는 단계"[5]로 개방적인 종교 활동을 선호한다는 분석도 있다. 이제 사람들은 전통적인 종교보다 새로운 형식의 종교에 관심을 갖거나 종교 자체를 거부하고 있는 것이다.

그럼에도 여전히 많은 사람들은 종교생활을 유지한다. 종교를 통해 위안을 받고 윤리적 성찰의 계기를 찾기도 한다. 동서양을 막론하고 전통적으로 종교 계율 혹은 종교적 가르침에 의해 윤리교육이 실시되었다는 점에서 윤리교육은 종교를 무시할 수 없다. 또한 종교를 믿는 사람들은 윤리적일 것이라는 보편적인 바람도 종교 혹은 영성에 대한 관심을 버릴 수 없게 하는 요인이다. 또 인간의 가장 내밀한 정신적 차원인 종교 이해를 바탕으로 다원성 교육, 나아가 평화교육도 가능하다. 이처럼 윤리교육은 종교와의 관련성을 무시하기 어렵다. 그것은 종교 이해를 통한 윤리교육이라는 점에서 특정 종교에 대한 교육인 종교교육과는 엄연히 다르다. 윤리 교과에서 내면성과 초월성을 본질로 하는 종교 이해 교육이 필요한 이유를 분석해보면 세 가지로 파악할 수 있다.

첫째, 윤리 교과는 인간의 정신과 마음을 다룬다는 점에서 영성(靈性)과 무관할 수 없다. 종교는 내밀한 체험이자 주관적 경험의 영역으로 신념과 믿음을 근거로 한다. 윤리 교과에서 다루고자 한 것은 특정한 종교적 믿음이 아니라 종교 일반에서 찾을 수 있는 고결한 정신인 영성(靈性)이며 겸

---

4) 윤승용, "최근 종교인구 변동과 그 의미", 『불교평론』 통권69호(서울: 2017), pp.7~27.
5) 김혜영, "종교계, 종교인구 변화에 의아·충격·고심 [촉·감] 신도 수 급변에 대처하는 3대 종단의 자세", http://www.hankookilbo.com/v/2fb7134ee67041e787b256ae3c182ddf(2017.01.08)(검색일: 2017.01.24).

손과 두려움을 알게 하는 초월성인 외경(畏敬)이다. 이것은 2007 개정 교육
과정에서 '관계'를 중심으로 내용영역을 설정하고 '제4영역'인 '초월적 존
재와의 관계'를 중시한 데서 드러난다. 종교에 초점을 둔 것은 아니지만
인간이 추구해야 할 '종교성', 즉 '영성' 혹은 '초월성'을 추구한다는 점에
서 윤리교육에서 종교의 위상은 작지 않다.

둘째, 종교들이 도덕적 황금률을 통해 윤리성을 지향한다는 점에서 윤
리교육은 종교의 도움을 받지 않을 수 없다. 더군다나 기독교의 사랑, 불교
의 자비, 유교의 인(仁)과 서(恕) 등은 모두 이러한 황금률에서 더 나아가
도덕적 공감에 근거한 보편적 윤리를 추구한다. 이러한 윤리적 원리들은
일상생활에서의 윤리적 실천은 물론 종교적 성찰을 통해 보다 고차원적
정신세계를 구축하는 데 도움을 준다. 이를 통해 종교적 삶을 살아가는 사
람들은 다른 사람들에 비해 더 윤리적 삶을 살아갈 수 있다는 보편적 믿음
을 얻게 되는 것이다.

셋째, 우리 사회의 다문화·다종교 추세를 반영하여야 한다. 교육에서 다
양한 종교와 문화에 대한 이해를 위해서는 다른 문화와 종교를 이해해야
만 가능하다. 따라서 윤리교육에서는 나와 다른 상대를 이해하고 존중하는
교육이 무엇보다 중요하다. 이와 같은 윤리교육에서의 영성의 강조, 도덕
적 황금률과의 관련성, 그리고 종교 다원성 교육을 통하여 자신의 종교를
가진 사람들은 믿음을 통한 정신적 훈련, 윤리적 실천이 가능해지며, 다른
종교를 이해함으로써 나와 다른 사람, 다른 존재들 나아가 모든 대상들을
인정하고 존중함으로써 다원성 교육, 평화교육으로 확대될 수 있다.

'고전과 윤리'는 2015 개정 교육과정의 고등학교 사회탐구영역 중 '진로
선택'에서 "고전에 대한 탐구와 성찰을 통하여 인문학적 소양과 바람직한
인성을 기르기 위한 과목"[6]으로 신설되었다. 동양과 서양의 주요 고전들
을 다루고 있는데, 특히 불교, 기독교, 이슬람교의 경전이 포함되었다. 윤

---

6) 교육부 고시 제2015-74호[별책 4], 『고등학교 교육과정(Ⅰ,Ⅱ,Ⅲ)』, pp.347~348.

리 교과에서 사상 이해를 위해 경전을 다루기는 했지만 종교 경전을 다룬 경우는 처음인 듯하다. 필자가 탐구한 『금강경』은 불교의 핵심 경전으로, 종교성을 초월하여 매우 보편적인 메시지를 담고 있다. 불교를 신봉하는 동아시아는 물론 세계의 많은 사람들에게 자신의 삶과 세계에 대해 새로운 통찰을 이루게 해주는 가치에 주목하고자 한다.[7]

　필자는 『금강경』의 핵심 내용을 파악함으로써 불교 이해를 도모하고, 이를 바탕으로 윤리교육적 함의를 찾아보고자 한다. 우선 『금강경』의 사상사적 의미와 사구게(四句偈) 내용을 분석하여 『금강경』의 내용을 이해하고, 윤리교육과 관련하여 종교 관련 교육에서 왜 중립적 관점이 필요한지 알아보고, '고전과 윤리'에서 『금강경』을 어떻게 이해하였는지 파악하여, 그 지혜를 어떻게 청소년들의 삶에 적용할지 윤리교육 관점에서 모색해 보았다. 그 과정에서 종교적 관점보다 『금강경』의 보편적인 메시지에 초점을 맞추게 될 것이다.

II. 『금강경』의 가치와 내용체계

　『금강경』과 관련하여 꼭 다루어야 할 것은 『금강경』의 가치와 내용,[8]

---

7) 다른 어떤 경전보다 소박한 형태의 이 경전이 중시된 이유는 이 경전을 수지(受持)·독송(讀誦)하여 다른 사람들을 위해 설해주면 어떤 공덕보다 그 공덕이 크다는 구절과 동일한 내용이 포함된 『법화경』, 『화엄경』 등의 경전들보다 더 함축적으로 제시하고 있기 때문인 듯하다.

8) 『금강경』 해석은 너무 많아 일일이 열거할 수 없을 정도이다. 필자가 참고한 금강경 번역서와 특징을 소개하면 다음과 같다. 남회근 지음, 신원봉 역, 『금강경 강의』(서울: 부키, 2008). 유불도에 통달한 대만 학자 남회근의 강의록. 다양한 사상들을 적용하여 불교사상을 심화시킬 수 있도록 한 것으로, 내용을 심화시켜 주는 책이다. / 무비 역해, 『금강경 오가해』(서울: 불광출판사, 1992). 다섯 분의 선사[오가(五家)]인 쌍림 부대사(雙林 傅大士: 497~570), 육조 대감혜능(六祖 大鑑惠能: 638~713), 규봉 종밀(圭峰宗密: 780~841), 예장 종경(豫章宗鏡: ?), 야보 도천(冶父

'무주(無住)'와 '상(相)', '보시(布施)'의 개념 파악인데, 이는 불교의 인간관과 세계관, 나아가 대승불교의 성격에 대한 이해가 선행되어야 한다. 『금강경』의 핵심을 드러내주는 사구게(四句偈)를 분석하여 핵심 내용을 정리할 필요도 있다.[9]

1. 『금강경』의 사상사적 의미

『금강경』은 150~200년경 만들어진 대승경전 초기의 가장 순수하고 대표적인 경전으로 지혜의 완성을 의미하는 반야부 경전이다. 『금강경』은 우리나라에서 가장 널리 유통되고 신봉되었던 불교 경전으로, 원래 이름은 『금강반야바라밀경(金剛般若波羅蜜經, Vajracchedika-Prajnaparamita-Sutra, The Diamond sutra)』이다. 금강(金剛)은 다이아몬드인데, 그 속에 담긴 지혜가 다이아몬드처럼 가장 값지고 소중하고 견고하다는 뜻과, 다이아몬드가 세상 모든 물질을 다 깨뜨리듯 금강경의 지혜로 중생의 어리석음과 번뇌

道川: 1127~1130)의 금강경 주석을 우리나라 함허당 득통(涵虛堂 得通: 1376~1433)이 엮어서 해설한 것을 무비스님이 번역하고 해석한 것인데, 내용에 대한 각 선사들의 번역을 비교할 수 있어 의미가 있다. / 법륜, 『금강바라밀경』(서울: 정토출판. 2013). 대중 설법으로 잘 알려진 법륜 스님의 금강경 강의를 정리한 책으로 대중들이 이해하기 쉽게 예를 들면서 불교사상을 설명하였는데, 설법 강의와 함께 보면 이해가 더 잘 될 것이다. / 각묵 스님, 『금강경 역해』(서울: 불광출판사, 1991). 산스크리트 원전을 분석하여 원전의 술어들을 음미해보도록 하였고, 초기불교 관점에서 해석하고자 하였으며, 산스크리트어 원문, 구마라집 번역, 현장 번역, 한글 번역, 산스크리트어 번역, 주해로 이루어져 있는데, 금강경 내용에 대한 설명보다 산스크리트어 분석에 초점이 가 있다. / 김용옥, 『금강경강해』(서울: 통나무, 1999). 도올이 자신의 지식을 확장시켜 해석한 것이다. / 이중표 역해, 『니까야로 읽는 금감경』(서울: 민족사, 2016). 강의안을 정리한 책으로 산스크리트어 문장과 구마라집 한역을 병기하였다. / 정화 풀어씀, 『금강경』(서울: 법공양, 1998) : 정화스님이 서울 법련사에서 한 특강을 정리한 것이다. / 성본 스님 강설, 『깨지지 않는 법, 금강경』(서울: 민족사, 2014). 활자가 크고, 메모할 수 있는 칸이 있는 번역서이다.

9) 본 연구에서는 원문은 구마라집의 한역을 위주로 하되, 그에 대한 해석서는 위에서 제시한 번역서들 중 타당하다고 여겨진 해석을 참고하여 논의하였음을 밝혀둔다.

를 깨뜨린다는 뜻 두 가지를 가지고 있다.[10] 『금강경』은 대반야경 600부 중 577권에 해당되는데, 내용이 3백송(頌) 정도의 분량이어서 '삼백 송 반야경'이라고도 한다. 『금강경』이 불교 역사에서 차지하는 위상은 대승불교 경전의 대표이자 선종의 소의경전으로 중시된다는 데서 찾아볼 수 있다. 불교 사상사에서 가장 큰 사건은 첫째는 대승불교로의 발전이고 둘째는 중국불교 특히 선종의 출현으로 이 둘은 『금강경』과 밀접히 연관된다.

1) 대승불교와 『금강경』

『금강경』을 초기 대승불교 경전이라고 보는 이유는 반야부 경전들의 핵심사상인 공(空)을 드러내고 있으며[11] 반야부 경전의 수사학적 표현들처럼 연기(緣起)의 공성(空性)을 드러내는 표현들로 이루어져 있기 때문이다.[12] 그럼에도 불구하고 공(空)이란 말을 한 번도 사용하지 않고 무주(無住)라는 표현과 허망(虛妄), 꿈, 신기루, 물거품, 그림자, 번개 등의 개념들을 통해 공사상을 드러낸다. 붓다의 말씀을 암송으로 기록하여 만들어진 초기불교 경전이 남방의 니까야와 북방의 아함경이다. 붓다 사후 100여 년이 지난 후 제2차 결집이 이루어지고 붓다의 가르침에 대한 해석의 차이로 부파불교가 성립된다. 계율을 원칙대로 고수하고자 하는 보수적인 상좌부와 진보적이고 혁신적인 대중부로 나뉘게 되는데, 그 중 대중부 불교는 부

---

10) 법륜, 앞의 책, p.10.

11) 초기불교 관점에서 금강경을 번역한 각묵 스님은 '산냐[相]의 극복'이 핵심이라고 본다. 그는 "역자는 금강경의 말씀을 공(空, śūnya)이라는 거창한 명제로서 설명하는 대승불교의 관점을 너무나 이데올로기적 해석이라 간주한다. 금강경은 공을 설한 게 아니고 초기불교에서 부처님께서 고구정녕히 설하신 '산냐를 극복하라(saññānaṁ uparodhanā)'는 말씀을 따르는 경이라고 받아들인다."라고 하였다. 각묵 스님, 『금강경 역해』(서울: 불광출판사, 1991), p.15.

12) "인간과 세계를 바라보는 붓다의 시선은 연기(緣起)라는 맥락, 즉 반야바라밀과 일체종지(一切種智)의 수호와 연기공성을 형상화함으로써 화자와 청자 사이의 코뮤니케이션에 있어 보다 우세한 기능에의 초점을 지시적 기능에 두고 있다." : 고영섭, 『불교경전의 수사학적 표현』(서울: 경서원, 1996), p.183.

처를 초월적 인격으로 숭경(崇敬)하면서 대승불교의 기반을 형성하였다.

대승(大乘)이란 마하야나(mahayana)를 번역한 말로 '큰 수레'란 뜻으로, 대승불교로의 변화는 당시 개인의 깨달음에 집중하던 데서 이타적 수행을 강조하며 출가자 중심의 불교교단을 혁신하고자 했던 불교 운동이다. 부파불교가 성문승(아라한)의 입장에서 붓다의 가르침을 단순히 배우는 데에 그쳤다면, 대승불교는 가르치는 입장으로 전환한 불교라고 할 수 있다. 대승불교는 개인적 깨달음을 벗어나 자비를 통해 타인들의 깨달음에도 관심을 갖고, 붓다의 행적을 따라 붓다와 같은 입장에 서서 중생을 구제하려고 하였다. 대승불교는 엘리트 중심적이고 개인적인 성향의 초기불교를 소승(小乘)이라 비판하고, 모든 사람의 보편적 구원을 종교 수행의 목표로 여겼다. 불교는 하나의 신앙으로 성립되었고 역사적인 석가모니 붓다 외에 이상적인 존재로서 보살(菩薩) 개념을 강조하였으며, 자력(自力) 뿐만 아니라 타력(他力)에 의한 구원을 긍정하면서 다불(多佛)로서 다양한 부처의 모습을 인정하였다.[13] 이러한 변화는 수사학적 화법에서도 드러나 대승불교는 붓다의 수행 시절 호칭인 보살(菩薩, 깨달음을 구하는 사람)이라는 명칭을 차용하여 스스로의 이름으로 사용하며 그들의 가르침을 보살승이라고 불렀다.[14]

이러한 보살의 정신을 반영한 『금강경』은 "아무리 큰 보시라도 사구게 등을 수지 독송하여 다른 사람을 위해 말해주는 것보다 더 큰 복덕이 없다."라고 하여 경전의 의미와 더불어 법보시(法布施)를 강조한다.[15] 보시

---

13) "대승이 종래의 사유를 소승이라고 폄하함으로써 새로운 철학으로 자리매김하였지만, 소승은 결코 대승에게 부정되어야 할 사유는 아니다. 소승은 자기 연마를 통해 깨달음에 이르고자 했을 뿐, 대승에 의해 부정되는 것처럼 불필요한 측면은 아닌 것이다." 고영섭, "연기철학 서설 - 『반야심경』과 『금강경』의 연기철학적 기반 - ", 『석림』 제33집(서울: 동국대학교 석림회, 1999), p.80.

14) 고영섭, 앞의 논문, pp.22~23.

15) 『금강경』 제24품 <福智無比分> : "須菩提, 若三千大千世界中, 所有諸須彌山王, 如是等七寶聚, 有人持用布施, 若人以此般若波羅蜜經, 乃至四句偈等, 受持讀誦,

(布施)란 대승불교에서 깨달음을 성취하는 덕목인 육바라밀 가운데 가장 우선적으로 꼽는 보시바라밀을 의미한다.[16] 보시에서 가장 대표적으로 꼽는 것이 재물 보시[財施]인데, 『금강경』에서는 이보다 '가르침 보시'[法施]를 더 중시한다. 이는 당시 사탑(寺塔)의 건립, 장원(莊園)의 기진(寄進) 등 왕이나 장자(長者)들만 가능했던 거대한 보시를 할 수 없었던 일반 민중불교도들은 위한 것이었다. 민중들도 발심(發心)만 한다면 누구나 할 수 있는 것이 법보시였으니,[17] 대승불교의 정신을 잘 드러낸다 하겠다. 이와 같이 대중을 위한 사회적 실천을 강조한 대승불교 운동은 중국과 한국, 일본 등 동아시아에 전파되어 독특한 불교에 토대한 사회문화를 형성하는 데 일조하였다.

2) 선종과 『금강경』

불교는 인도에서 붓다에 의해 탄생한 사상이자 종교로, 모든 사상이 그러하듯 형성 당시의 본질은 변하지 않았을지라도 시대를 거치며 내용과 형식의 변화를 거듭하여 발전·심화·보완되었다. 불교가 새로운 사회문화에 수용되어 이해하기 쉽게 번역되고 보편화하는 과정에서 붓다 당시의 개념과 용어만으로는 번역과 보급이 쉽지 않아 변화를 겪을 수밖에 없었던 것이다.[18] 중국의 불교는 정치와 밀접한 관련을 갖는데 이는 중국의 경세(經世)를 강조하는 현세주의 사유에 기인한다. 동한(東漢)이 불교를 국가적으로 수용한 것도 통치이념 수립을 위한 것이었고, 후에 불국토(佛國土)

爲他人說, 於前福德, 百分不及一, 百千萬億分, 乃至算數譬喩所不能及."

16) 김승동 편저, 『불교사전』(서울: 민족사, 2011), p.372.

17) 김선근, "『금강경』의 현대적 재해석", 『한국교수불자연합학회지』 제16권 제2호 (서울: 사단법인 한국교수불자연합회, 2010), p.8.

18) 김진무, 『중국불교사상사』(서울: 운주사, 2015), pp.9~11. 목차 참고할 것. 부제인 '유불도 통섭을 통한 인도불교의 중국적 변용'이라는 말처럼 저자는 중국불교의 역사적 정체성, 즉 중국의 사회적·문화적 상황에서 어떻게 불교를 수용하여 변화시켜 정착시키고 있는지 밝히고 있다.

개념의 등장한 것도 이러한 경세적 사유와 연관된다.

우리나라의 불교 수용도 고대 전제국가체제를 확립하는 데 정신적 통일을 위한 필요성과 왕권 강화를 위해 적극 수용하고 발전하였다.[19] 이후 적극적으로 인도와 중국으로 불교를 배워 와서 수용하였으며 원효의 대중불교, 통일신라의 통불교, 고려시대의 호국불교와 선교(禪敎) 조화 등 한국적 특색을 지닌 불교로 발전하였다. 이후 불교국가였던 고려를 지나 조선시대에는 억불정책으로 위상이 낮아져 겨우 명맥만 유지하였지만, 훌륭한 선사들의 출현하면서[20] 선종의 위상이 높아져 지금에 이르고 있다. 9세기 한국에 전래된 선은 남종선을 공부한 유학승들이 귀국하면서 현 조계종의 원류라 할 수 있는 9산 선문이 형성되었다. 고려시대에는 천태종과 교종으로 선교(禪敎) 양종의 체계가 갖추어지고 조선 세종대에는 선교 양종으로 통폐합되었다. 연산군의 폐불 정책으로 수난을 겪기도 하였지만 청허휴정과 사명유정 등 고승이 배출되면서 불교의 명맥이 유지되었다. 국권상실로 한국불교가 단절되다시피 하다가 해방 이후 대한불교조계종으로 재정비되어 오늘에 이르지만 임제종, 태고종 등 학계에서는 법통에 대한 논란이 여전히 남아 있다.[21]

12세기 이후 인도에서 불교는 거의 사라지지만, 중국에서는 달마 이후 선(禪) 사상이 전파되어 다양한 발전 단계를 거쳐 중국화한 불교인 선종(禪宗)이 성립되었다. 선(禪)은 인도에서 발생한 것이지만 달마 이후 중국에서 발전되어 새롭게 선사상(禪思相)으로 형성된다. 선사상은 인도선이 독자적인 불교사상으로 형성되어 중국인들의 생활종교로 승화된 조사선(祖師禪) 사상을 말한다.[22] 육조 혜능(惠能) 시대에 선종이 꽃피는데 그의

---

19) 최준식, 『한국의 종교, 문화로 읽는다』(서울: 사계절, 1998), pp.355~356.

20) 김신곤·김봉규, 『불맥: 한국의 선사들』(서울: 우리출판사, 2005), pp.8~12.

21) 위의 책, pp.14~16.

22) 정성본, 『선의 역사와 사상』(서울: 불교시대사, 1994), p.15. 조사선의 특징을 보면, 평상심시도(平常心是道), 무념무작 무수무증(無念無作 無修無證), 심지법문(心地

『육조단경(六祖壇經)』은 유불도 삼교의 통섭이 가장 잘 드러난 저작이기도 하다.[23] 중국 선의 시조인 달마가 강조하였던 경전은 『능가경(楞伽經)』이었다. 그러나 중국 선종의 제6조인 혜능(惠能)이 『금강경』 구절 중 "응무소주(應無所住) 이생기심(以生其心)"을 듣고 발심(發心)하여 출가 동기를 얻었다고 하여 한국불교 조계종에서는 『금강경』을 소의경전으로 삼게 되었다.

　『금강경』이 선종에서 중요한 경전으로 받들어진 것은 즉비(卽非)의 논리와도 관련된다. "그것은 A는 A가 아니다. 그러므로 A로 불린다."라는 것인데, 상식이 부정되고 이 부정이 다시 부정되어 본래의 긍정으로 되돌아가는 것이 선(禪)의 논리의 특성이다. 『금강경』의 즉비(卽非)의 논리는 반야의 논리, 영성(靈性)의 논리와 유사하다.[24] 이른바 개념(槪念)이란 사물의 본질을 드러내고자 하지만 본질 그 자체를 드러낼 수 없다는 개념의 한계와 인간 정신의 정수를 무주상보시(無住相布施)에서 찾고자 하는 염원이 드러나고 있다. 『금강경』은 무주(無住), 즉 상(相)에 애착하거나 집착하지 말고 모든 것은 공(空)임을 통찰하라고 가르친다. 인간의 직관적 지혜, 즉 반야지는 개념과 인식을 넘어야 하며, 특히 전도(顚倒)된 인식인 상(相)에 사로잡히지 말아야 한다고 주장한다. 이처럼 『금강경』은 불교 사상사에서 대승불교로의 발전을 반영하고, 육조 혜능의 깨침을 얻은 경전이자 우리나라 불교의 소의경전으로 큰 의미가 있다. 이와 더불어 상(相)에 사로잡히는 인간의 자기중심적 사고를 전환시켜 대승적 차원으로 승화시킴으로써 집착에 의한 번뇌 극복의 가르침을 제시해준다.

法門), 즉심시불(卽心是佛), 일체유심조(一切唯心造), 비심비불(非心非佛)이다.(같은 책, pp.352~375.)

23) 김진무, 앞의 책, pp.15~18.

24) 정호영 "『금강경』의 즉비(卽非)의 논리", 『인문학지』 제25권(청주: 충북대학교 인문학연구소, 2002), pp.153~154.

2. 『금강경』의 내용과 사구게(四句偈)

『금강경』은 다른 경전들처럼 서분(序分), 정종분(正宗分), 유통분(流通分)의 형식으로 이루어졌다. 서분은 법회인유분(法會因由分)으로, 법회가 이루어진 사연을 육성취(六成就)[25]로 제시하였다. '이와 같이 내가 들었노라' 이하 경을 설한 때와 장소, 설법의 대상 등 일체의 주변 여건을 서술한 부분이다. 정종분은 부처님의 설법을 서술한 중심 부분으로『금강경』의 본론이자 핵심 내용이며, 유통분은 경의 끝부분에 설법을 들은 대중의 감격이나 계발의 정도, 그리고 장래에 이 경을 읽는 사람들의 이익이나 공덕, 그 경의 이름 등을 기록한 부분이다. 원래『금강경』은 분절이 되어 있었고, 일반적인『금강경』번역본에서 볼 수 있는 32분절은 중국 남북조 시대 양(梁)나라 무제의 아들인 소명태자(昭明太子, 501년~531년)가 구분한 것이다. 붓다의 가르침을 기록한 초기불교 경전들과 달리 대승불교 경전들은 찬불승(讚佛僧)들에 의해 이루어졌지만 대다수의 대승불교 경전과 마찬가지로『금강경』도 저자가 기록되어 있지 않다. 이와 같은 저자의 부재(不在)는 모든 것은 연기(緣起)로 인한 것이어서 나라고 할 만한 것이 없다고 본 데서, 나[我]와 내 것[我所]에 대한 집착을 넘어서려는 불교 정신이 반영된 것이다.

『금강경』은 붓다의 10대 제자[26]의 한 사람인 수보리가, "아뇩다라삼먁삼보리심을 발한 선남자[27] 선여인은 마땅히 어떻게 머물며 어떻게 그 마음을

---

25) 문장의 작성 원칙인 육하원칙(누가, 언제, 어디서, 무엇을, 어떻게, 왜)에 맞추어 문장을 작성하는 것처럼, 붓다의 설법을 입증하기 위한 신문시주처중(信聞時主處衆) 여섯 가지 조건을 갖추는 것이다.

26) 부처님의 10대 제자는 지혜제일 사리불(舍利弗 Śāriputra), 신통제일 목건련(目建連 Maudgalyayāna), 두타(頭陀)제일 가섭(迦葉 Kāśyapa), 해공(解空)제일 수보리(須菩提 Subhūti), 설법제일 부루나(富樓那 Pūrṇa), 논의제일 가전연(迦旃延 Kātyāyana), 천안(天眼)제일 아나율(阿那律 Aniruddha), 지율(持律)제일 우바리(優波離 Upāli), 밀행(密行)제일, 라홀라(羅睺羅 Rāhula), 다문(多聞)제일 아난(阿難 Ānanda)이다.

항복받아야 합니까?"²⁸⁾라고 질문하자, 붓다가 "아뇩다라삼먁삼보리심을 발한 선남자 선여인은 마땅히 이렇게 머물고, 이렇게 그 마음을 항복시켜야 하느니라."고 답한 내용이다.²⁹⁾ 아뇩다라삼먁삼보리(anuttara-samyak-sambodhi)는 산스크리트어를 발음(發音) 그대로 음사(音寫)한 것으로, '위에 다시없는 올바른 깨달음[無上正等正覺]'이란 뜻이다. 수보리는 그런 깨달음을 추구하는 사람은 어떻게 살아가야 하고, 어떤 수행이 필요한지 묻고 있는 것이다.

『금강경』의 내용을 이해하기 위해 불교의 핵심 사상을 살펴보자. 붓다의 가르침은 인간과 세계에 대한 올바른 통찰을 통하여 이고득락(離苦得樂)을 실현하는 것이다. 붓다는 이 세상의 존재의 속성을 괴로움[苦]으로 보았다. 모든 것은 변하여 영원하지 않은데[無常] 사람들은 영원할 것을 기대하고 집착하는 데서 괴롭다는 것이다. 그 괴로움의 현상과 원인을 제대로 통찰하여 괴로움을 벗어나 행복[樂]을 얻는 것이 불교의 궁극적 목적이다. 붓다가 존재에 대한 통찰의 결과 밝혀낸 것이 바로 연기법(緣起法)이다. 그리고 모든 것이 연기에 의한 것으로 고정된 실체도, 나라고 할 만한 고정된 주체도 없음을, 수행을 통하여 통찰하고 마음을 평안히 하는 것이 골자이다. 이러한 논리를 사성제(四聖諦), 팔정도(八正道)로 설명한 것이다. 궁극적으로 연기(緣起)를 통찰하여 무상(無常)과 무아(無我)를 깨달아 모든 것에 집착하지 않는 마음을 얻는 것이 불교의 핵심이다.

이러한 마음 수행의 문제는 『금강경』의 핵심으로, 대표적인 사구게(四句

<hr>

27) ①본래는 좋은 집안사람을 뜻함. 불전(佛典)에서는 일반적으로 고귀해서 유덕한 청년, 훌륭한 젊은이, 재가신자의 젊은이, 존경할 만한 젊은이를 가리킨다. 나아가 바른 신앙을 가진 사람 등으로 이해된다. ②비구(比丘)에 대해서는 사용하지 않고, 보살에 대해서만 사용하는 말. 김승동 편저, 앞의 책, p.580.

28) 법륜 스님의 번역인데(p.44, p.49.), 발보리심을 위한 수행 방법을 묻는 것이다. "선남자 선여인이 아뇩다라 삼먁삼보리의 마음을 발하려면 어떻게 머물러야 할까요? 어떻게 그 마음을 항복시켜야 합니까?"(남회근, 앞의 책, p.67.)와도 통한다.

29) 『금강경』 제2품 <善現起請分> : "世尊, 善男子善女人, 發阿耨多羅三藐三菩提心, 云何應住, 云何降伏其心. 善男子善女人, 發阿耨多羅三藐三菩提心, 應如是住, 如是降伏其心."

偈)에 잘 드러나고 있다. 불교 경전은 문체 및 기술의 형식과 내용에 따라 9분교 혹은 12분교30)로 분류하는데31) 사구게는 네 구절로 이루어진 일종의 게송(偈頌)을 말한다.32) 『금강경』을 비롯하여 『법화경』, 『열반경』, 『화엄경』 등 대표적인 불교 경전들도 핵심 내용을 드러내주는 사구게(四句偈)가 존재한다. 아래 네 개의 사구게는 『금강경』의 핵심을 잘 드러낸다고 보아 사람들이 자주 암송하는 것들인데, 이에 대해 분석해보자. 이해를 돕기 위하여 각주에 영어 문장도 포함시켜 보았다.33)

---

30) 12분교를 보면, ①계경(偈經, Sūtra): 법의(法儀)를 직설한 산문체의 경전 일반 ② 중송(重頌, 應頌, Geya): 앞의 장문으로 된 산문 경문에 대하여 거듭하여 그 뜻을 운문으로 노래한 것 ③수기(授記, Vyākaraṇa): 당대의 붓다로부터 미래세 장차 성불할 것과 제자가 다음 세상에 태어날 곳을 예언한 것을 기록한 경문 ④게송(偈頌 - 가타(伽陀, Gātha): 장문 뒤나 앞에서 요약하거나 부연하는 까아리까아(頌) ⑤감흥어(感興語, Udāna): 무문자설(無問自說)로 보살이나 비구들이 묻지 않았는데도 붓다가 스스로 설하는 경문 ⑥본생담(本生譚, Jātaka): 부처님 과거세 이야기 ⑦미증유법(未曾有法, adbhūtadharma): 경전 가운데 불가사의 한 일을 말한 부분으로, 성자 특유의 심경이나 정신적 기적 등을 설한 부분 ⑧여시어(如是語, Itivṛttaka): 경전 첫머리에 여시아문(如是我聞)의 형식으로, 이와 같이 설한 것이므로 믿고 의심하지 않는다는 뜻이 포함되어 있다. ⑨방광(方廣 - 비부략(毗浮略, Vaipulya): 문답의 형식으로 전개되면서 그 의미를 논리적으로 더 깊고 더 넓게 확대하고 심화시켜가는 철학적 내용의 성격을 띤 경문. 역사적으로 구부경(九部經)이 먼저 성립되고, 그 뒤에 3부경이 추가되어 12부경이 성립된 것으로 본다. 추가된 삼부경은 ⑩인연담(因緣譚, Nidāna): 어떤 경전을 설하게 된 사정이나 동기 등을 서술한 것, 주로 서품이 여기에 해당한다. ⑪비유(比喩, Avadāna): 비유로써 가르침을 설한 것 ⑫논의(論義, Upadeśa): 해석하고 논술한 연구논문 형식의 경문으로, 부처가 논의하고 문답하여 온갖 법의 내용을 명백히 밝힌 것. 김승동 편저, 앞의 책, p.104, p.689. 고영섭, 앞의 논문, pp.64~74. http://100.daum.net/encyclopedia/view/14XXE0024911 참고할 것.

31) 구분교는 대부분이 『아함경』이나 니까야에, 십이분교는 부차의 논서 뿐만 아니라 대승경전 속에서도 고루 형태를 찾아볼 수 있다. 고영섭, 위의 논문, p.65.

32) 게(偈, gāthā)란 '노래'라는 뜻을 가진 'gai'에서 파생된 명사로, 가요(歌謠)·성가(聖歌)라는 뜻이다. 김승동 편저, 앞의 책, p.438.

33) 참고한 영어 원본은 다음과 같다. ①Edward Conze, *Buddhist Wisdom Books*, 1966. ②Edward Conze, *The Prajñāpāramitā Literature*, 1978. ③A. F. Price and Wong Mou-Lam, *The Diamond Sutra and The Sutra of Hui-Neng*, 1969. 위의 영문 번역은

무릇 상을 갖는 것은 모두가 다 허망하다. 만약 모든 상들이 상이 아
님을 본다면 곧 여래를 보리라.[34]

이 세상의 형상으로 드러나는 것들은 결국 다 변화하여 사라져 없어지
는데, 보이는 것이 허망하다는 것을 알아야 한다는 의미이다. 여기서 상
(相)에 대한 이해가 중요하다. 『금강경』에는 상(相)의 대표적인 것으로 아
상(我相), 인상(人相), 중생상(衆生相), 수자상(壽者相) 네 가지가 나온다.
상(相)이란 피상적으로는 마음에서 지은 관념으로 아상(我相)은 남과 구분
된 나라는 존재를 고집하고, 모든 것을 내 중심으로 생각한다는 것으로 아
상(我相)에서 두 가지 망상 - 내 것이라는 소유의식[我所]와 내 생각이 옳
다는 고집[我執] - 이 생긴다. 전자는 탐욕을 후자는 분노를 일으키는 것이
다.[35] 사상(四相)에 대한 해석은 매우 다양한데, 법륜 스님은 나와 너를 구
분하는 아상, 인간과 비인간을 구별 짓는 인상, 생명과 무생명을 구별하는
중생상, 존재와 비존재를 구별하는 수자상이라 하였다.[36] 해석에서 차이는
있지만[37] 상(相)이란 자기중심의 관념 혹은 고정관념으로, 대상을 분별·판

현장 스님의 한역본을 바탕으로 한 것이라고 한다. 이대성, 『영어로 생각하는 금
강경』(광주: 향림출판사, 2004), p.40.

34) 『금강경』 제5품 <如來實見分> : "凡所有相, 皆是虛妄. 若見諸相非相, 卽見如來."
Whenever there is possession of marks, there is fraud, whenever there is
no-possession of no-marks, there no fraud. Hence the Tathāgata is to be seen from
no-marks as marks. 무릇 32인상을 구족한 면에서 보면 허망하기 마련이고, 어떤
상이 아닌 것조차도 없는 경지에서 보면 결코 허망함이 없느니라. 그러므로 모든
상을 어떤 상이 아닌 것조차도 없는 경지에서 보면, 곧 여래를 볼 수 있으리라.
이대성, 위의 책, pp.104~105.

35) 법륜, 앞의 책, pp.63~64.

36) 위의 책, p.65. 반면 각묵 스님은 사상(四相)을 자아가 있다는 인식, 개아(個我)가
있다는 인식, 중생이 있다는 인식, 영혼이 있다는 인식으로 이해하였다. 각묵 스
님, 『초기불교의 이해』(울산: 초기불전연구원, 2010), pp.120~121.

37) 육조 혜능은 사상(四相)이 있으면 곧 중생이고, 사상이 없으면 곧 부처라 하고, 미
(迷)한 사람이 재보와 학문과 가문이 있음에 의하여 모든 사람을 업신여기는 것을
아상이라 하며, 비록 인의예지신을 행하나 뜻이 넓다는 자부심을 가져서 널리 모

단·평가한 결과 그에 집착함을 말한다. 이러한 상에서 벗어나 무상(無常)과 공(空)의 본질을 보아야 함을 강조한 것이다.

그러면 여래(如來)를 본다는 의미는 무엇일까? 여래란 tathāgata로, 여래(如來)·여거(如去)란 의미로 진여(眞如)에서 오고 진여로 돌아간다는 뜻이다. 여(如)는 여상(如常)이고, 진(眞)은 진실(眞實)인데 진여(眞如), 즉 진실여상(眞實如常)이란 의미이다. 즉 진실하여 평상시에 통한다는 말로 조금도 거짓이 없는 도리이고 무리가 없는 진실한 형태라는38) 말이다. 『금강경』에서는 붓다를 불(佛)·세존(世尊)·여래(如來)의 세 가지 호칭으로 표현하면서 상황에 따라 다르게 부르고 있다.39) 붓다 사후 시간이 흐르면서 사람들은 가르침 즉 법(法)을 본질로 보지 못하고, 붓다를 신격화하여 붓다의 형상인 32상에 집착하게 되었다. 붓다의 진실한 형태는 궁극적으로 몸이 아니라 가르침인 불법(佛法) 그 자체를 말한다. 불교에서는 성불하면 법신(法身), 보신(報身), 화신(化身)의 세 몸을 얻을 수 있다고 한다. 이것을 체상용(體相用)에 해당시켜 보면, 법신(法身)은 우주 만유의 본체이고, 보신(報身)은 이른바 현상이며, 화신(化身)은 본체가 변화하는 작용이다.40) 위 문장의 여래는 바로 법신으로, 궁극적으로 상(相)이 없는 붓다의 가르침 즉 본질을 의미한다. 규봉 선사는 "비단 불신(佛身)만 무상이라고 하는 것이 아니다. 일체 유위의 상이 모두 허망한 것이니, 이는 망념으로부터 변하여 나타난 연고이다. 망념이 본래 공한데 변한 것이 어찌 실(實)이겠는가?"41)라고 하였다. 잘

든 사람을 공경하지 않고 말하기를 '나는 인의예지신(仁義禮智信)을 행할 줄 안다.'하고 남을 공경하지 않음을 인상이라 하며, 좋은 일은 자기에게 돌리고 나쁜 일은 남에게 돌림을 중생상이라 함이요, 어떤 경계에 대하여 취사분별함을 수자상이라 하니, 이것이 범부의 사상이라고 하였다. 무비 스님 역해, 앞의 책, p.136.

38) 김호귀, "『금강경』과 선종에 나타난 부처의 개념 및 불신관", 『한국불교학』 제76집(서울: 한국불교학회, 2015), p.351.

39) 위의 논문, p.367.

40) 남회근, 앞의 책, p.150.

41) 위의 책, p.162, "非但佛身, 無相. 但是一切凡聖依正有爲之相, 盡是虛妄, 以從妄念所變現故. 妄念本空, 所變, 何實."

못된 생각에서 상(相)이 만들어짐을 지적하고 모든 현상을 형상으로만 보지 않는다면, 진리로서 부처의 참 모습인 여래를 볼 수 있다는 의미이다.[42] 나아가 참모습을 보고 싶다고 소원하는 상(相)마저도 모두 버려야 한다는 것이다. 혜능도 "선지식들이여, 내가 설하는 공을 듣고서 공에 집착해서는 안 된다. 결코 공에 집착하지 말라. 만약 공심(空心)으로 정좌하면 곧 무기공(無記空)에 집착하는 꼴이다."[43]라고 하여 진공(眞空)이 아닌 겉으로 드러나는 묘공(妙空)에 집착하지 말 것을 강조하기도 하였다. 다음 두 번째 사구게를 살펴보자.

> 응당 색에 머물러서 마음을 내지 말며, 응당 성·향·미·촉·법에 머물러서 마음을 내지 말 것이요, 응당 머문 바 없이 그 마음을 낼지니라.[44]

이 구절은 혜능 선사가 깨달음을 얻은 대목이다. 육조인 혜능은 무주(無住)를 다음과 같이 해석하였다. "무주는 사람의 본성이 세간의 선악, 고움과 미움, 원수와 친구 등으로 인하여 험악한 말과 거친 몸싸움으로 속이거나 다툴 경우에도 모두 공(空)으로 간주하여 보복이나 해코지하려는 생각을 하지 않고, 언제나 지나간 경계에 대하여 집착하지 않는 것이다. 만약 지나간 생각과 지금 생각 다가올 생각이 언제나 끊임없이 상속된다면 그것을 계박(繫縛)이라 한다."[45] 그에 의하면, 과거 현재 미래 등 생각에 얽

---

42) 위의 책, p.165.

43) "善知識, 莫聞吾說空, 便卽著空. 第一莫著空, 若空心靜坐, 卽著無記空." 김호귀 역, 『육조대사 법보단경』(서울: 한국학술정보, 2015), p.47.

44) 『금강경』 제10품 <莊嚴淨土分> : "不應住色生心, 不應住聲香味觸法生心, 應無所住, 而生其心." Therefore then, Sudhūti, the Bodhisattva, the great being, should produce an unsupported thought, i.e. a thought which is nowhere supported, a thought unsupported by sights, sounds, smells, tastes, touchables or mind-objects. 그러므로 수보리여, 보살마하살은 응당 집착하지 않는 마음, 즉 어디에도 얽매이지 않는 생각, 다시 말하여 눈에 보이는 것, 소리, 냄새, 맛, 감촉, 혹은 마음의 대상에도 얽매이지 않는 청정한 마음을 내야 하느니라. 이대성, 앞의 책, pp.181~182.

매이는 것이 계박이고, 이와 반대로 모든 현상들[諸法]에 대한 집착을 벗어나는 무박(無縛)이 바로 무주(無住)이다.[46] 따라서 모든 차별상, 분별하는 마음, 경계에 집착하지 말고 무주의 경지에 이르도록 하라는 말이다.

불교에서는 존재하는 모든 것[諸法]을 육근, 육경, 육처의 18계(界)를 가지고 설명한다. 안이비설신의의 육근(六根) 즉 6가지 감각기능(혹은 내부의 감각 장소)이 색성향미촉법(色聲香味觸法)의 육경(六境) 즉 6가지 대상(외부의 감각 장소)을 만나 육식(六識) - 안식(眼識), 이식(耳識), 비식(鼻識), 설식(舌識), 신식(身識), 의식(意識) - 이 발생하는데 이것을 모두 18계라고 한다. 18계의 가르침은 마음 혹은 알음알이란 절대적인 것이 아니라 안의 감각장소와 밖의 감각장소, 즉 대상이 만나서 생기는 조건발생이요, 찰나적인 흐름일 뿐이라는 것을 극명하게 보여주며, 조건발생은 바로 연기(緣起)를 풀어서 옮긴 것이다.[47] 색(色)을 대표로 하였지만 궁극적으로 인간이 감각을 통하여 파악하게 되는 모든 앎이라는 것 - 인식, 지식, 감정 등 - 은 모두 조건에 따라 발생하고 사라지는 것이므로 고정된 것이 없음을 나타내는 것이다. 따라서 어떤 대상에 머물러서 마음을 내지 말라는 것이다. 다른 말로 사물이 다가오면 응하고 지나가면 미련을 두지 말아야 하며, 마음은 아무런 일도 없이 거울처럼 맑아 경계가 다가오면 비추고 사라지면 없어지는 것과 같다는[48] 것이다.

함허당(涵虛堂)은 '무소주(無所住)'란 "마침내 내외가 없고 중간도 비어

---

45) "無住者, 人之本性, 於世間善惡好醜, 乃至冤之與親, 言語觸刺, 欺爭之時, 並將爲空. 不思酬害, 念念之中, 不思前境. 若前念今念後念, 念念相續不斷, 名爲繫縛." 김호귀 역, 앞의 책, pp.80~81.

46) 혜능은 자신의 가르침이 일체상의 차별성을 벗어나는 무상(無相)을 종지(宗旨)로 하고, 일체념에 대하여 분별념이 없는 무념(無念)을 본체(本體)로 삼고 제법(諸法)에 대해 집착하지 않는 무박(無縛) 즉 무주(無住)를 근본(根本)으로 삼는다고 하였다.("無念爲宗, 無相爲體, 無住爲本. 無相者, 於相而離相, 無念者, 於念而無念. … 於諸法上, 念念不在, 卽無縛也. 此是以無住爲本.") 위의 책, p.80.

47) 각묵 스님, 『초기불교입문』(서울: 이솔, 2014), pp.81~82.

48) 남회근, 앞의 책, p.253.

서 사물(事物)이 없는 것이 마치 거울이 텅 비고 평평한 저울대 같아서 선
악시비(善惡是非)를 가슴속에 두지 않는 것"이며, '이생기심(以生其心)'이란
"머무는 바 없는 마음으로써 일에 사(事)에 응하되 물(物)에 얽매이지 않는
것"이라고 해석하였다.[49] 그는 '군자가 천하에 머물면 옳은 것도 없고 옳지
않음도 없어서, 뜻과 더불어 화한다.'라는 공자가 한 말에 대하여 "이는 마
음에 의지하는 바가 없어서 일을 당함에 의로써 행함을 말함이니, 일을 당
하여 의로써 행한 즉 반드시 그 마땅함을 잃지 않는 것"이라고 해석하고[50]
공자의 삶의 자세를 예로 들어 문장의 뜻을 설명한 것이다. 요약하면 이처
럼 삶의 지혜를 바르게 터득한 성인(聖人)들은 노력을 기울이되 인과의 법
칙에 따라 결과를 수용하며, 모든 것을 존중하되 그것에 집착하지는 않는
겸허한 삶의 태도를 지니게 된다는 말이다. 즉 대가를 기대하거나 알아주기
를 원하지 않으면서 주어진 상황에서 최선을 다하는 삶의 태도를 말한다.
삶에서 높은 도덕적 경지이자 도덕적 자율성이 극대화된 경지를 말하는 것
이 아닌가 싶다. 다음 세 번째 사구게도 본질을 직관하라는 뜻이다.

> 만약 나를 색신으로써 보거나 음성으로써 구하면 이 사람은 사도를
> 행함이니 능히 여래를 보지 못하리라.[51]

여기서도 몸이나 음성 등 외형적인 것에서 붓다의 진리를 찾는 것은 잘
못된 가르침이니, 그렇게 하면 불교의 진리에 도달할 수 없음을 말하고 있

---

49) 위의 책, pp.241~242. "又無所住者, 了無內外, 中處無物, 如\鑑空衡平, 以不以善
  惡是非, 介於胸中也. 生其心者, 以無住之心, 應之於事, 而不爲物界也."

50) 위의 책, p.242. "孔夫子, 云君子之於天下也, 無敵也, 無莫也, 義之與此. 此, 言心
  無所倚, 而當事以義也, 當事以義則必不爲物界矣, 不爲物界則必不失其宜矣."

51) 『금강경』 제26품 <法身非相分> : "若以色見我, 以音聲求我, 是人行邪道, 不能見
  如來." Those who by my form did see me, And those who followed me by voice,
  Wrong the efforts they engaged in, Me those people will not see. 만일 형상으로써
  나를 보았거나, 혹은 음성으로써 나를 추종했던 사람들은 사도(邪道)를 행한 것이
  니, 그런 사람들은 결코 나를 보지 못하리라. 이대성, 앞의 책, p.376.

다. 붓다는 열반에 드시려 할 때 슬퍼하는 아난다에게, "여래는 육신이 아니라 깨달음의 지혜이다. 육신은 그대 곁을 떠나지만 깨달음의 지혜는 영원히 곁에 남아 있을 것이다."[52]라고 하였다. 대승불교는 붓다 사후 시간 흐르면서 붓다를 신격화하고 우상화하는 과정과 더불어 중생도 깨달음을 얻어 붓다가 될 수 있다는 불성(佛性) 및 여래장(如來藏)사상으로 발전하다. 이때부터 불교 가르침을 붓다의 외형에서 찾고자 하는 경향이 존재하였던 것 같다. 그런 경향을 비판하며 불교의 진리인 무상(無常)을 꿰뚫어 보고 집착을 버리고 무심(無心)의 경지 즉 공(空)을 알도록 함이다. 마지막 품에 나온 사구게는 『금강경』 전체 내용을 정리한 것으로, 불교의 공(空)을 집약시켜 제시한 것이다.

> 일체 유위법은 꿈같고 신기루 같고 물거품 같으며 그림자 같고 이슬 같고 또한 번개와 같으니, 마땅히 이처럼 보아야 하느니라.[53]

불교에서는 인식의 대상을 유위법(有爲法, 시간적 존재)과 무위법(無爲法, 초시간적 존재)으로 나누어 설명한다. '유위'는 '만들어진' 의미이고 '법'은 모든 존재를 의미한다. 법이란 말에는 변하지 않는 것, 즉 법칙성이라는 의미가 포함되어 있는데 그것은 '존재가 무상하면서도 그 무상을 탈각하는 진리성을 갖추고 있음을 인정하기 때문'이기도 하다.[54] 유위법은 유루

---

52) 법륜, 앞의 책, p.97.

53) 『금강경』 제32품 <應化非眞分> : "一切有爲法, 如夢幻泡影, 如露亦如電, 應作如是觀." As stars, a fault of vision, as a lamp, A mock show, dew drops, or a buddle, A dream, a lightning, or cloud, So should one view what is conditioned. 별들처럼, 잘못 본 환영(幻影)처럼, 등불처럼, 마술처럼, 이슬방울들처럼, 혹은 거품처럼, 꿈처럼, 번개처럼, 혹은 구름처럼 조건 지어진 모든 것[有爲法]을 이처럼 보아야 하리라. 이대성, 앞의 책, p.434.

54) 고영섭, 앞의 논문, p.94. "존재를 유위법과 무위법 두 갈래로 보는 것이 아비달마의 입장이라면 대승의 입장에서는 무위법과 유위법을 하나로 본다. 문제는 하나로 보느냐 둘로 보느냐에 따라 불교의 존재 이해가 엄청나게 달라질 수 있다."

법(有漏法)과 같은 말로, 루(漏)는 번뇌이다. 즉 번뇌로 가득 찬 이 세상의 모든 존재와 현상을 뜻한다. 제행무상(諸行無常)의 제행이 바로 유위법을 말하는데, 열반을 제외한 물질적이고 정신적인 모든 유위법들을 행(行)이라고 불렀던 것이다.[55] 우리 현실의 모든 물질 현상에서 이루어지는 모든 조작과 행위가 유위법이고, 열반의 세계에서 이루어지는 것이 무위법이다. 모든 우리의 현실적 삶, 즉 유위법을 꿈, 신기루, 물거품, 그림자, 이슬, 번개 등 생기고 사라지는 것 중 가장 찰나적인 것들과 비유하여 허무함의 극치를 드러냈다. 그것은 공(空)이므로 상에 집착하지 말 것을 강조한 것이다. 물질이나 대상, 사랑과 기대 등 상에 대한 애착이나 집착을 버릴 때 비로소 인간은 정신적 자유를 획득할 수 있을지 모른다. 이처럼 우리 삶의 무상(無常)을 인식하는 이유는 그것의 덧없음을 통하여 더 큰 가치를 깨치게 함이다. 무상하여 허무하므로 자포자기(自暴自棄) 함은 결코 불교의 가르침이 아니다. 현실에서 집착할 것이 없기에 무주(無住)하여 더 높은 차원의 정신적 자유를 누리고, 무소유의 행복을 누리기 위함이다. 『금강경』의 인식의 핵심을 한마디로 하면 바로 무주상(無住相)이라고 할 수 있다.

III. '고전과 윤리'에서 『금강경』 교육

윤리교육에서 종교를 다루는 것은 매우 민감하고 조심스러운 일이지만 윤리교육의 성격상 종교와 무관할 수도 없다. 종교 관련 내용을 교육할 때 어떤 관점을 유지해야 하는지 살펴보고, '고전과 윤리'에서 『금강경』 교육의 방향을 바탕으로 하여 『금강경』의 내용에서 윤리교육적 의미를 찾아보자.

---

55) 각묵 스님, 앞의 책, p.127.

1. 종교관련 교육의 중립성

우리나라에서는 헌법으로 종교의 자유가 보장되어 있고[56] 교육법으로는 선교와 종교교육에 대한 한계를 두고 있다.[57] 그러나 학교교육에서 종교를 다루는 것은 매우 조심스럽고 우려스러운 일이다. 어쩌면 학교교육에서의 종교자유의 문제는 신앙의 자유와 종교교육의 자유문제를 명확하게 구분하지 못하는 데서 발생되는 것이며, 특정 종교가 학교를 선교의 장으로 삼는 것은 비교육적 이기심과 종교자유의 침해를 야기하는 문제라고 볼 수 있다.[58] 따라서 종교 관련 교육을 실시할 때는 객관적이고 중립적인 입장을 취하지 않으면 안 된다. 최근 교사가 특정 종교 전도활동을 펼쳤다는 학부모 탄원서가 사실로 밝혀지면서, 공무원의 종교 중립의무와 품위유지 의무 위반이 문제되었다.[59] 그 사건에 대한 감사 결과로 부과된 해당 교사들에 처분이 경징계(2명은 감봉 1개월, 1명은 견책 처분)라고 하여 논란이 될 정도로[60] 학교교육에서 종교와 관련된 문제는 처벌대상이 될 정도로 매우 민감한 사안이다.

윤리 교과는 종교 사상들을 통하여 교육의 궁극적 목적을 달성하고자 한다는 점에서 종교와의 관계에서 여타의 과목들과는 다른 양상을 지닌다. 윤리 교과는 도덕성 함양을 위하여 종교성에 의존해야 할 때가 있고, 또

---

56) 대한민국 헌법 제20조 ①모든 국민은 종교의 자유를 가진다. ②국교는 인정되지 아니하며 종교와 정치는 분리된다.

57) 교육법 제5조 2항: "국립 또는 공립의 학교는 어느 종교를 위한 교육을 하여서는 아니 된다."

58) 김용표, 『포스트모던시대의 불교와 종교교육』(서울: 정우서적, 2010), p.173.

59) 오세현, "귀신 쫓는 부적 갖고 다녀라…수업시간 특정종교 홍보 사실", 『강원도민 일보』 2017년 1월 19일자, http://www.kado.net/news/articleView.html?idxno=822673 (검색일: 2017.05.02.)

60) http://www.yonhapnews.co.kr/bulletin/2017/01/25/0200000000AKR20170125124800062 .HTML?input=1179m, "강원교육청 수업 시간 종교교육 교사 경징계 '논란'"(검색 일: 2015.05.02.)

다양한 종교 이해를 바탕으로 종교에 대한 바람직한 태도를 교육해야 하기 때문이다. 위의 사례에서 해당 교사 중 한 명은 "간증 동영상을 보여준 것은 도덕 수업을 하면서 분노를 다스리는 방법의 하나로 신앙을 가지면 분노를 이길 수 있다는 취지로 영상을 딱 한 번 사용한 것인데 종교교육을 강요했다는 것은 말이 안 된다."라고 항의하였다.[61] 만약 교사가 특정 종교만이 아니라 다양한 종교를 객관적 입장에서 보여주면서 분노조절과 관련시켰다면 문제가 되지 않았을 것이다.

윤리교육에서는 우리 사회의 다문화·다종교 경향을 반영하여 다양한 종교와 문화에 대한 이해하고 존중하는 자세, 특히 나와 다른 종교와 문화를 이해하고 존중하는 자세가 무엇보다 중요하다. 윤리 교과에서 종교와 관련된 내용을 다룰 때 분량이나 사상, 내용 등에서 균형을 유지하려고 하는 이유는 중립성의 의무에 더하여 다양성에 대한 존중의 자세를 기르기 위함이다. 교과서 검정 기준에서도 '교육의 중립성 유지'를 강조하여, "교육 내용은 특정 정당, 종교, 인물, 인종, 상품, 기관 등을 선전하거나 비방해서는 아니 되며, 남녀의 역할, 장애, 직업 등에 대한 편견이 없도록 하여야 한다."[62]라고 하였다. 교과서에서 잘못 다루게 되면 오히려 비교육적이기에 중립적·객관적 관점을 유지하려고 노력하는 것이다. 교과서 집필에서도 '진술의 공정성 기준'을 설정하여 조심스럽게 진술하도록 제시하고 있는데, 그 내용을 보면 다음과 같다.

- 우리 사회가 ⓐ**다원주의 사회로 나아가고 있다는 점을 고려하여** 교과서 내용이 특정 집단의 관점 혹은 입장에 유리하거나 불리하

---

61) http://www.yonhapnews.co.kr/bulletin/2017/01/25/0200000000AKR20170125124800062.HTML?input=1179m, "강원교육청 수업 시간 종교교육 교사 경징계 '논란'"(검색일: 2015.05.02.)

62) 교육부·교육과정평가원, 『편찬상의 유의점 및 검정기준(2015 개정 교육과정에 따른 교과용도서 개발을 위한)』(2016.01), p.3.

게 진술되지 않도록 기술한다.

· 종교 관련 내용을 기술하는 경우 ⓑ**종교를 갖지 않은 사람들도 있다는 점을 고려**한다.

· ⓒ**편향적인 관점이 담기지 않도록** 관련학계에서 널리 인정되는 내용들을 중심으로 기술하고, 지엽적이거나 개인적인 연구 결과를 일반화된 입장으로 기술하지 않도록 주의한다.

· 윤리적 쟁점들을 다루는 경우, 특정 국가, 지역, 민족, 인종, 성별, 이념, 문화, 집단, 계층 등에 관한 ⓓ**편견, 왜곡, 내용상의 오류 등을 범하지 않고** ⓔ**객관적이고 공정하게 기술한다.**

· 사례나 삽화 등에 등장하는 인물이 ⓕ**특정 인종, 성, 계층 등에 치우치지 않도록** 유의한다.[63]

다원주의 사회를 강조한 ⓐ는 그 다음 내용들의 전제로, 다종교를 다루는 경우라도 무종교인 사람을 배려할 정도로[ⓑ] 균형을 유지하여야 하며, 다원주의 입장에서 편향적이지 않도록 하여야 하는데[ⓒ], 이처럼 객관성과 공정성을 유지하기 위해서[ⓔ] 편견·왜곡·오류의 극복은[ⓓ] 기본인 것이다. 특히 종교, 학문적 견해, 윤리적 쟁점, 사례나 삽화 등의 선택에서 다원주의, 배려와 균형, 무편향성, 객관성과 공정성, 편견 왜곡 오류의 극복 등에 유의할 것을 주문하고 있다.

이와 같은 교육적 노력은 인간의 존엄성, 자유와 평등이라는 민주주의 가치를 구현하고자 한 노력이자 성숙한 다원주의 문화를 실현하기 위한 방법이기도 하다. 이를 뒷받침하기 위하여 교과서 검정 제도를 통해 수정 보완하는 장치를 마련한 것이다. 그럼에도 불구하고 편향된 관점에서 개인의 종교적 자유를 침해할 수 있기에 종교 관련 내용을 다룰 때에는 조심하지 않을 수 없다. 『금강경』을 다룸에도 교육적 관점에서 객관성 확보를 위한 관점이 필요하다. 『금강경』 교육의 객관성 유지를 위해 2015 개정 교육

---

63) 위의 자료, 교육부, 『집필기준[국어, 도덕, 경제, 역사](2015년 개정 교육과정에 따른 교과용 도서 개발을 위한)』(2015.12), pp.46~47.

과정에 새롭게 도입된 '고전과 윤리'에서 제시된 『금강경』 관련 내용을 기준으로 방향을 잡아보았다.

2. '고전과 윤리'에서 『금강경』 교육의 방향

'고전과 윤리'에서는 『격몽요결』, 『수심결』, 『윤리형이상학 기초』, 『니코마코스 윤리학』, 『논어』, 『금강경』, 『국가』, 『목민심서』, 『정의론』, 『공리주의』, 『노자·장자』, 『신약·꾸란』 등64) 철학사상, 청치사상, 경제사상, 그리고 종교 경전들을 다룬다. 이전에도 고등학교 윤리에 고전을 다루지 않았던 것은 아니지만, 종교 '경전'을 드러내어 다룬 경우는 없었다. 이처럼 파격적인 변화를 모색한 이유는 무엇인지, '고전과 윤리' 과목 목표에서 살펴보자.

> 고등학교 '고전과 윤리'에서는 생활 세계에서 발생하는 문제들을 동·서양의 고전들과 직접 마주하게 함으로써 '삶의 의미' 또는 '더 나은 삶'에 대해 도덕적으로 탐구하고 성찰하는 기회를 갖는다. 이 과정을 통해 도덕적 가치관과 판단력, 그리고 도덕적 상상력을 함양하고, 도덕적 앎을 행동으로 옮길 수 있는 실천 동기와 능력을 기른다.

'고전과 윤리'에서 추구하는 목표는 고전들을 통하여 자신의 삶을 성찰하여 도덕적 판단과 실천을 위한 도덕적 능력을 함양하기 위함이다. 고전의 선택에서 동양과 서양, 한국사상과 외래사상, 종교들 간의 균형을 고려하고 있는데, 목표에서는 특별히 종교와 관련된 의도는 없다. 불교와 관련하여 『수심결(修心訣)』65)과 『금강경(金剛經)』이 포함되었는데, 모두 한국

---

64) 교육부 고시 제2015-74호[별책 4], 『고등학교 교육과정(Ⅰ,Ⅱ,Ⅲ)』, p.345.

65) 『수심결』은 보조국사 지눌(知訥, 1158~1210)의 저서로 마음을 닦아 부처를 이루는 방법론을 9가지 질문과 답을 통해 제시한 한국불교의 선수행 지침서라고 할

불교와 관련이 깊지만 중요한 경전인『금강경』에 주목해보자. '고전과 윤리'는 여러 고전들을 '관계성'으로 영역을 구분한다.『금강경』은 '타인과의 관계' 영역에서 '자비' 개념에 초점을 두고 있다.

> 인간은 이 세상의 다양한 존재들과 관계를 맺고 살아가며, 개인의 행동이 모든 존재에게 영향을 미치기 때문에 일상에서 자비를 실천하는 자세를 갖추어야 한다.

이것은 이른바 '일반화된 지식'으로, '관계 속에서 존재하는 나와 베푸는 삶'이라는 주제 하에 두 가지 구체적인 내용 요소를 포함시켰다. "①나는 이 세상의 존재들과 어떻게 관계를 맺고 있는가?"와 "②베푼다는 생각 없이 베푸는 자비를 일상생활에서 어떻게 실천할 것인가?"66)이다.『금강경』을 통하여 '관계성'을 통한 윤리적 자아의 발견, 무주상보시(無住相布施)의 일상화를 통한 윤리적 실천의 강조를 교육 내용으로 하고 있는 것이다.

이를 위해 불교의 인간관, 오온(五蘊)으로서 자아의 무상(無常), 다시 말하면 무아(無我)에 대한 이해가 전제되어야 하며, 불교 세계관과 기본 이론으로서 연기(緣起)에 대한 이해가 선행되어야 한다. 또 무주상보시(無住相布施)를 실천하기 위해서는 대승불교의 성격 및『금강경』의 핵심 사상인 무주(無住), 즉 공(空)에 대한 이해와 자비(慈悲)의 본질을 알아야 한다. 이처럼『금강경』의 윤리 교육적 의미를 파악하기 위해서는 불교 세계관 및『금강경』의 핵심 사상을 어느 정도는 이해해야 가능한 것이다. 그렇다면 학생들에게 어떻게 교육할 것인가. '고전과 윤리'에서『금강경』과 관련하여 제시된 '교수·학습 방법과 유의사항'에서 포괄적이고 자세하게 언급하고 있다.

수 있다.

66) 교육부 고시 제2015-74호[별책 4], p.348.

[교수·학습 방법] : 금강경은 'Ⅱ. 타인과의 관계' 영역에서 '관계 속에서 존재하는 나와 베푸는 삶'이라는 내용 요소를 탐구하기 위해 제시된 고전으로, 관계의 연속인 삶에서 발생하는 **문제를 해결하기 위한 지혜**를 배울 수 있기 때문에 **도덕적 대인 관계 능력을 향상시키기 위한 공감과 성찰 교수·학습 방법**이 적합하다.

(1) 우선 내용 요소로 제시된 물음을 통한 탐구활동을 통해 '관계 속에서 존재하는 나'와 '무주상보시(無主相布施)로서의 자비'에 대하여 **금강경을 강독하며 핵심 내용을 이해**하게 한다. (2) 이를 바탕으로 모든 존재하는 것들은 상호 작용을 통해 연결된 그물망임을 깨달을 수 있는 **통찰 마인드 맵 활동을 시나 음악을 활용한 성찰 활동**과 연계하여 진행한다. (3) 마지막으로 지금의 자신이 존재하도록 도움을 준 모든 대상을 떠올리며 고요하고 진지한 **감사 명상**으로 마무리한다. (4) 이밖에도 현재 자신의 **봉사활동**을 돌아보고 '무주상보시로서의 자비'를 1주일 동안 실천하고 **일기**를 쓰면서 생활 속의 자비 실천 자세를 기르도록 할 수 있다.

우선 '교수·학습 방법'에서 『금강경』을 통하여 배우는 내용을 '관계적 삶에서 발생하는 문제 해결의 지혜'라는 점은 반야부 경전으로서 『금강경』의 본질을 잘 파악한 듯하다. 반야(般若)란 바로 지혜이며 이는 직관적 통찰지를 의미하기 때문이다. 이를 바탕으로 대인관계능력을 위한 공감과 성찰의 방법을 추구하고자 하는데, 세상에 대한 직관적 지혜를 통한 타인에 대한 공감은 무엇보다 자신의 삶에 대한 성찰과 고민에 의해 가능해지기 때문이다. (1)~(4)에 나타난 구체적인 방법을 살펴보면, 우선 금강경 강독 - 읽고 내용을 파악하는 것 - 하여 핵심 내용을 이해함으로써 세상 존재들의 상호 의존적 관계임을 통찰하여 이를 마인드 맵으로 구성하여 보는 것, 관련되는 시와 음악 - 문학과 예술 - 을 통하여 존재들의 연기에 대하여 성찰하도록 하고 있다. 그 과정에서 나의 존재적 가치와 의미를 되돌아보고 나와 상호 연기적 관계를 맺고 있는 사람과 대상과 존재들을 생각하고 그에 대하여 감사하는 마음을 지니는 명상을 하도록 하고 있다. 그 외 지금까지의 봉사활동 성찰, 1주일 보답을 바라지 않는 보시를 실천하고 일기를 통하여 스스로 도덕적 실천을 내면화하도록 하고 있다. 물론 세세한 것이 장점이긴 하지만 오히려 세세하기 때문에 거기에 얽매일 수도 있어서 조심스럽기도 한데, 이와 관련하여 다음과 같은 '유의 사항'을 제시하고 있다.

　　진지하게 자신의 내·외면을 성찰하는 분위기를 조성한다. '무주상보시로서의 자비'의 개념을 제대로 이해하도록 안내한다. 1주일 동안 자비를 실천하고 매일 성실한 자세로 일기 쓰기를 할 수 있도록 지도한다.

지금까지 살펴본 '고전과 윤리'의 『금강경』의 교육을 보면, 인지적·정서적·실천적 측면에서 세심한 고려에 의해 내용과 방법이 제시되었음을 알 수 있다. 이것이 고등학교 수준에서 이해하기 쉽지 않지만 '고전과 윤리'가 입시와 무관한 선택 교과이기 때문에 오히려 성적이나 결과에 얽매이지 않고 윤리 교육적 의미를 최대화 할 수 있을지도 모른다. 윤리교육적 의미를 '고전과 윤리'에서 제시한 두 가지 내용요소, 나와 이 세상의 존재들과 관계성, 베푼다는 생각 없이 베푸는 자비의 실천에 대해 살펴보자.

IV. 『금강경』의 윤리교육적 의미

1. 연기의 인식 : 윤리적 자아의 발견

『금강경』은 불교의 핵심경전이지만 보편적인 내용 중심으로 접근해보자. 불교의 가장 중요한 원리는 연기법(緣起法)이다. 붓다가 깨달음을 얻은 통찰의 핵심도 바로 연기에 대한 통찰이었고, 불교의 사성제(四聖諦)와 팔정도(八正道)도 이런 연기법에 의거하여 나온 것이다. 연기는 "이것이 있음으로 저것이 있고, 이것이 생기므로 저것이 생기며, 이것이 사라지므로 저것이 사라진다."은 모든 것이 원인에 의한 결과로 이루어지는 것임을 통찰하는 데서 출발한다. 불교는 모든 것이 괴로움이라 보고, 이 괴로움에 벗어나는 방법을 추구하는 이고득락(離苦得樂)의 추구가 핵심이다. 괴로움의 원인은 집착이다. 그 집착은 모든 존재의 실상이 무상(無常)이고 무아(無我)인데 그것을 제대로 알지 못하여[無明] 애착하고 집착하기 때문에 생긴다. 무아(無我)라고 하는 말은 고정된 실체로서 나[我], 내 것[我所]이라고 할 만한 것이 본래 존재하지 않는다는 것이다. 그리고 이러한 깨달음의 근저에는 연기에 대한 통찰이 깔려 있다.

불교에서는 인간을 매우 분석적으로 접근하여 색수상행식(色受想行識)인 오온(五蘊)의 가합(假合)으로 보고, 이 세상은 지수화풍(地水火風)의 사대(四大)의 요소들의 합이라고 보았다. 인간은 결국 사대(四大)의 구성에 의한 물질[rūpa, 色]과 감각, 인식, 분별, 판단으로 이루어지는 정신[mano, 心]의 작용이 합해져 이루어진다. 인간 존재도 삶도 모두 연기적 조건에 의해 생겨나서 사라지고 끝없이 변화하기 때문에 고정된 실체는 존재하지 않으며, 따라서 결코 애착하거나 집착하여 탐욕하지 말아야 한다. 불교에서는 존재의 실상은 무상(無常)이라고 본다. 인간이 상(常)을 갈망하는 데서 고(苦)가 생기고 이 고를 극복하기 위해 인식을 바꾸고, 마음을 수행하여 통찰지를 지녀 청정한 마음을 유지할 것을 강조한다. 이러한 붓다의 무상(無常)·고(苦)·무아(無我)의 진리는 대승불교의 공(空)과 중도(中道)로 연계되었다. 초기불교에서 추구하였던 개인적 깨달음을 통한 아라한의 구현은 상구보리(上求菩提)에 더하여 하화중생(下化衆生)을 추구하면서 자리이타(自利利他)의 원리로 확대되어 보살을 이상적 인간으로 추구하게 된다. 그 초점은 어떻게 마음 편안하게 하고,67) 어떻게 마음을 다스릴 것인가에

---

67) "머무름[住]은 그침[止]이나 정(定)과는 다른데, 그침이란 심리적 수행으로 생각이

있다.

불교의 가르침이 젊은 세대들에게 수용되기 쉽지 않은 이유는 불교가 고(苦)의 종교라고 인식되기 때문이다. 초기불교에서는 무상(無常)과 고(苦)에 대한 통찰을 통해 무아(無我)를 체인하도록 한다. 이러한 인간 존재와 세상만사에 대한 괴로움을 분석적으로 접근하여 삶의 본질을 꿰뚫어보도록 하는 것이 초기불교의 방법이다. 물론 이고득락(離苦得樂), 괴로움을 극복하여 이르고자 하는 것은 행복이지만, 현실에 대한 사무치는 괴로움을 벗어나기 위한 인식적 노력을 통해 존재의 괴로운 속성을 통찰하도록 유도한다. 젊은 세대들에게 어느 한 순간 괴로움일 수는 있겠지만 모든 삶과 일상과 존재가 괴로움이라는 명제는 그들에게 잘 먹히지 않는다. 오히려 청소년들에게는 '연기'를 인식하여 관계적 자아에 대한 인식이 교육적 의미를 포착하는 데 더 현실성이 있을 수 있다.

연기를 통해 알 수 있는 것은 나의 존재를 있게 한 모든 인연들의 소중함이다. 관계를 형성하게 하는 사람과 시간과 공간과 존재들에 대하여 의미를 찾을 수 있어야 한다. 그것의 의미를 찾는다고 하여 애착을 하거나 집착을 하는 것이 아니라 감사하는 것이다. 그것들로 인해 나의 존재가 가능하다는 것은 매사에 감사하는 출발이 된다. 여기서 나아가 나의 아픔이 타인의 아픔이며 타인의 기쁨이 나의 기쁨이 되는 공감의 감정인 자비(慈悲)를 지니게 된다. 즉 연기의 파악은 단지 거기서 그치는 것이 아니라 뜻과 말과 행동들이 타인에게 미치는 영향과 결과를 인식하여야 하며, 그에 따라 뜻과 말과 행동을 조심하게 하는 도덕적 자각으로 이끌게 되는 것이다.

연기는 '이것이 있으므로 저것이 있고, 이것이 생겨나므로 저것이 생

나 지각, 감각을 정시시켜 그것을 애써 한 곳에 그쳐 있게 하는 것이고 정(定)이란 아이들이 갖고 노는 팽이처럼 팽이를 돌리면 꼿꼿이 서서 어느 쪽으로도 기울어지지 않는 상태가 정이다. 반면 머무름[住]는 편안하게 그곳에 있는 것[安住]이다." 남회근, 앞의 책, p.76.

거난다. 이것이 없으므로 저것이 없고, 이것이 사라지므로 저것이 사라진다'는 물리적 공식만이 아니라. '나의 욕망 공간의 확장이 남의 욕망 공간의 장애나 희생을 최소화(현실적 인간) 내지 무화(보살적 인간)시키는 인식의 틀'이라는 심리적이고 인식론적인 해석만이 탄력적인 이해의 지평을 마련할 수 있다. 여기서 현실적 인간은 존재 그 자체가 이미 고통이 무성한 범부 중생들을 가리키며, 보살적 인간은 붓다의 자비와 지혜의 화신이자 욕망의 무화가 마음먹기에 따라 언제나 가능한 이타적 존재들을 가리킨다.[68]

연기의 확인에서 인간은 한 단계 성숙한 인간으로 변화할 수 있는 계기를 지닌다. 나의 중심으로 사유하는 중생(衆生)에서 나아가 타인의 고통을 나의 것으로 인식하는 대승(大乘)의 마음, 즉 자비인 보살심(菩薩心)을 지니게 된다. 이러한 자비심은 탐진치(貪瞋癡) 삼독(三毒)에 대한 인식으로 드러난다. 나의 탐욕, 성냄, 어리석음으로 인해 타인에게 미칠 영향을 생각하고, 이에 나의 깨달음으로 다른 사람에게 긍정적인 마음[선법(善法)]을 가지고 베풀 수 있음을 알게 된다. 나의 탐욕과 애착으로 나타나는 문제들이 타인 및 세상에 미치는 부정적인 결과를 알게 되면 나의 욕심을 줄이고 부정적인 행동을 변화시키려는 마음을 갖게 되기 때문이다.

2. 무주상보시(無住相布施) : 윤리적 실천 노력

대승불교가 초기·부파불교와 다른 점은 자신의 깨달음을 넘어 타인을 고려한다는 점이다. 나의 깨달음에서 끝나지 않고 그것을 통해 다른 사람을 구제하고자 하는 자비(慈悲)의 실천으로 나아간다. 이러한 자비(慈悲)의 구체적 실천이 보시인데, 보시(布施)란 널리 베푼다는 말로, 청정한 마음으로 중생들에게 법이나 물건 또는 자신의 몸에 이르기까지 두로 보시한다

---

68) 고영섭, 앞의 논문, p.83.

는 뜻이다. 보시의 본성은 진실한 자비심의 발로로서 차별 없이 어떤 결과도 기대하지 않고 아무런 대가를 바람도 없이 베푸는 것이다.[69] 『금강경』에서는 '무주(無住)'로 표현하였는데 집착하지 않는 무심(無心) 혹은 무상(無相)의 경지를 말한다. 『금강경』의 핵심은 '무주상보시(無住相布施)'라고 할 수 있다. '무주상(無住相)'은 위에서 본 것처럼 상(相)에 대한 애착과 집착이 없음이다. 그렇다면 상(相)이란 무엇일까? 상(相)이란 산스크리트어 산냐(saññā)의 번역어로, 일반적으로 상(想)과 같은 의미로 사용되기도 하다.[70] 붓다는 인간을 오온(五蘊)의 구성으로 설명하는데, 색수상행식(色受想行識)에서 인식(認識)을 상(想)으로 보았다. 이것은 인간의 지식이나 철학, 사상, 이념과 같은 이지적 심리현상의 밑바탕이 되는 것으로 대상을 받아들여 이름을 짓고 개념을 일으키는 작용이며, 이러한 개념작용은 무수한 취착을 야기하고 해로운 심리현상들[不善法]을 일으키기에 초기경의 여러 문맥에서 인식은 부정적이고 극복되어야 할 것으로 언급되어 있다.[71] 상(相)에 사로잡힌다는 것은 현상에 집착하여 본질을 보지 못하는 상태를 의미한다. 상에 머문다는 것은 고정된 개념화에 의해 사물 대상의 본질을 보지 못하고 고정관념에 사로잡히는 것이다. 피상적인 관념에 사로잡혀 번뇌에 시달리는 것이 바로 부정적 인식으로서 상(相)인 것이다. 상(相)을 지니게 되면 그것은 인식의 전도(顚倒)가 되어 고정관념, 선입견, 편견으로 나타난다. 초기불교에서 언급하는 대표적인 인식의 전도(顚倒)는 네 가지인데 무상(無常)하고 괴롭고[苦] 무아(無我)이며 부정(不淨)한 것들에 대하여 영원하고 즐겁고 자아이고 깨끗한 것, 즉 상락아정(常樂我淨)으로 여기는 것이다.[72]

---

69) 지관 편저, 『가산 불교대사림 10』(서울: 가산불교문화연구원, 2008), p.117

70) 대부분 한역 금강경에서는 상(想)이라고 번역하였는데, 구마라집은 상(相)으로 번역하였다.

71) 각묵 스님, 『초기불교의 이해』(울산: 초기불전연구원, 2010), pp.118~119.

72) 위의 책, p.121.

불교에서는 제거되어야 할 고정관념으로서 인식과는 다른, 깨달음을 중득하고 해탈·열반을 실현하기 위해 계발하고 닦아야 할 인식도 강조한다.[73] 이 인식은 불교의 진리를 통찰하기 위해 필요한 것으로 이른바 통찰지라 할 수 있다. 불교는 통찰지에 대한 수행을 통하여 해탈과 열반을 이룰 수 있다고 보기 때문에 통찰지[위빠사나] 수행은 선정[사마타] 수행과 더불어 매우 중요하다. 불교에서는 모든 존재는 연기적 조건에 의해 생기고 그 조건이 사라지면 멸하는 것으로 본다. 또한 인간을 포함한 모든 물질적인 것도 다 변화하여 궁극적으로는 공(空)이기 때문에, 경계를 짓는 모든 상이 공(空)임을 알아야 한다는 것이다. 통찰지 수행으로 모든 것이 공(空)임을 인식하여 상(相)에 집착하지 않도록 하려는 것이다.

학문의 성립은 개념에서부터 출발하며, 토론의 형성도 개념에 대한 보편적 수용에서 시작한다. 따라서 청소년들에게 '개념'은 중요하고 공부하는 시기에 '개념화'의 능력은 필요한 기능이기도 하다. 자료와 대상을 분석하고 종합하여 하나의 개념으로 묶을 수 있어야 하고, 또 하나의 개념을 여러 요소들로 분석하고 분류할 수 있는 개념화 능력은 청소년들에게 중요한 능력으로 올바른 통찰을 위해서도 요구되는 인식이다. 학문에서의 지적인 인식과 달리 상에 집착하는 인식은 전도된 인식으로, 사유함에 편견, 선입견, 혹은 고정관념이 될 수 있어 구분되어야 한다. 통찰적 인식으로 상(相)의 본질이 공(空)임을 알고 집착하지 말도록 해야 한다는 말이다. 『금강경』 제4품에서는 상(相)에 머무르지 않는 보시의 실천을 다음과 같이 강조한다.

---

73) 『앙굿따라 니까야』에 나온 대표적인 10가지를 보면, 무상이라고 관찰하는 지혜에서 생긴 인식, 오온에 대해 무아라고 관찰하는 지혜에서 생긴 인식, 죽음에 대한 인식, 음식에 혐오하는 인식, 온 세상에 대해 기쁨이 없다는 인식, 시체가 해골이된 것의 인식, 벌레가 버글거리는 것의 인식, 검푸른 것의 인식, 끊어진 것의 인식, 부푼 것의 인식 등이다. 위의 책, p.124.

수보리여! 보살은 법에 머문 바 없이 보시를 행할지니, 이른바 색에 머물지 않고 보시하며, 소리와 향기와 맛과 감촉과 법에 머물러 보시하지 않느니라. 수보리여! 보살은 마땅히 이렇게 보시하되 상에 머물지 않는다. 왜냐하면 만일 보살이 상에 머물지 않고 보시하며 그 복덕이 헤아릴 수 없기 때문이다.74)

여기서 무주(無住)는 집착을 버리는 것으로, 불교에서는 상에 집착한 보시를 유루복(有漏福)이고, 상에 집착하지 않고 베풀어 얻는 복은 영원히 사라지지 않는 무루복(無漏福)이라고 한다.75) 필자는 현실적으로 청소년들에게 보시를 교육하기 위한 방편(方便)으로 보시의 단계를 설정하여 제시하고자 한다.

첫째는 '유주상보시(有住相布施)'의 단계이며, '조건적 보시'이다. 내가 한 것에 대해 눈에 보이는 정당한 대가를 받기 위한 보시로, 초등학생들이 칭찬을 받기 위한 선행, 봉사 활동의 대가로 상이나 점수를 받는 것 같은 예이다. 불교적 의미로 본다면 보시라고 보기 어렵지만 하지 않는 것보다는 낫기 때문에 실천을 위한 방편이자 불가피한 선택이다. 유아기와 초등학교 저학년 때는 보상과 처벌에 따른 도덕적 행위의 발달 단계를 거친다. 적절한 보상과 격려는 아동들에게 긍정적이고 윤리적 선행[布施]의 습관을 형성하게 해준다는 점에서 의미를 찾을 수 있다.

둘째는 유주상보시의 단계이지만, 조건적 보시보다는 조금 나은 '저상적(低相的) 보시'이다.76) 아동기를 지나 점차 인지와 도덕성이 발달되면서 조건적 보시보다는 유주상이지만 상에 대한 집착이 적어지는 단계의 윤리적 행위를 할 수 있게 된다. 이는 물질적·가시적 대가를 기대하는 조건적

---

74) 『금강경』 제4품 <妙行無住分> : "復次須菩提, 菩薩於法應無所住, 行於布施, 所謂不住色布施, 不主聲香味觸法布施. 須菩提, 菩薩應如是布施, 不住於相. 何以故, 若菩薩, 不住相布施, 其福德, 不可思量."

75) 법륜, 앞의 책, p.83.

76) 이 개념은 방편으로 활용하기 위하여 필자가 만든 개념이다.

보시를 넘어 눈에 보이지 않는 정신적 만족감을 기대하는 보시이다. 선한 행위에 대한 자기만족과 행복감 혹은 자기 합리화를 기대하는 선행의 경우이다. 일반적인 봉사의 경우가 이에 해당한다고 할 수 있다.

셋째는 『금강경』에서 궁극적으로 추구하는 '무주상보시(無住相布施)'이다. 나눔과 봉사를 하면서도 '내가 한다'는 아상(我相)마저 갖지 않고 봉사의 결과가 나의 것[我所]이라는 소유욕도 버리는 단계이다. 타인에 대한 연민(憐憫)에서 출발하며 그들의 행복을 기원하는 마음으로 자신이 베풀었다는 상(相)도 남아 있지 않은 보시이다. 내가 베푸는 것에 대한 보답을 바라지 않는 보시이며, 보시를 하되 그 보시한 것을 잊어버리는 무주상보시인 것이다.

그러나 이러한 무주상보시는 청소년들에게는 현실적으로 실천이 쉽지 않은 일이다. 하지만 어려서부터 방편적으로 기대와 칭찬, 보상을 위해 나눔과 베풂 행위를 하다보면 어느덧 습관이 되고, 나아가 나누고 베푸는 데서 정신적 만족감과 행복을 느끼는 단계에 도달할 것이다. 이러한 실천이 무르익어 체화되고 인생관과 세계관이 정립될 즈음에는 무주상보시의 경지도 가능할 수 있다. 물론 그 과정에서 연기적 자아에 대한 자각과 윤리적 수행을 위한 노력은 무엇보다 중요한 전제조건이 될 것이다.

V. 맺음말 : 종교를 넘어 삶의 지혜로

지금까지 윤리교육에서 『금강경』 교육을 어떻게 실시할지, 그 교육적 의미는 무엇인지에 대하여 살펴보았다. 윤리교육에서 종교는 인간의 영성과 연관될 뿐만 아니라 종교들이 추구하는 도덕적 황금률과의 연계, 다양한 종교 이해를 바탕으로 다원주의의 평화와 공존을 모색한다는 점에서 불가분의 관계를 지닌다고 할 수 있다. 그럼에도 학교교육에서 종교를 다룰 때는 특정종교만 편향된 관점으로 다루어서는 안 되며, 중립적 입장에서 다양한 종교의 양상들을 통해 본질을 파악하도록 지도해야 한다. 2015 개정교육과정의 고등학교 선택 교과인 '고전과 윤리'에서 다룬 『금강경』은 초기 대승불교 경전으로 우리나라에서 뿐만 아니라 세계적으로 읽힐 정도로 보편적 가르침을 가지고 있는 경전이다. 『금강경』에 대하여 두 가지 목표를 제시하였는데, "나는 이 세상의 존재들과 어떻게 관계를 맺고 있는가?", "베푼다는 생각 없이 베푸는 자비를 일상생활에서 어떻게 실천할 것인가?"이다. 이에 대하여 윤리교육적 의미를, 연기를 통한 관계적 자아의 발견, 무주상보시(無住相布施)의 윤리적 실천 노력을 살펴보았다.

연기법에 따르면 모든 것들은 상의(相依) 상관(相關)의 연기적 조건에 의해 생기고 머물고 변화하고 소멸하는 생주이멸(生住異滅)을 거친다. 그러므로 영원한 것도, 나라고 할 만한 실체도, 내 것이라는 것도 존재하지 않음을 분명하게 알아야 한다. 누군가 연기를 통찰한다면 나의 관계성을 인식하면서 그 관계 속에서 내가 어떻게 살아야 하는지에 대한 윤리적 자각이 생기지 않을 수 없다. 그것은 나의 존재의 소중함을 아는 데서 나아가 타인의 존재를 인정하고 수용함으로써 관계로 이루어지는 모든 존재들에 대한 감사함에 이르게 된다. 거기서 나아가 타인에 대한 공감이 확대되어 자비의 실천으로 이어지게 되는데, 이 경우 명성이나 대가를 기대하지 않는 즉 상에 집착하지 않는 무주상(無住相)의 자세로, 바로 『금강경』의 핵심이다. 필자는 이러한 실천이 청소년들에게 쉽지 않다고 보아 방편(方便)으로 '유주상보시(有住相布施)'로 '조건적 보시'와 '저상적(低相的) 보시'를 제시하였다. 방편적 보시의 실천으로 습관이 되고 체화되어 궁극적으로 보시[나눔, 베풂, 봉사]를 함에 대가를 기대하거나 내가 보시한다는 집착마저 버리는 '무주상보시(無住相布施)'를 추구할 수 있다고 보았다.

최근 한국사회의 종교 인구의 변화에 대하여 각각의 종교계는 다각적으로 대응 방안을 모색하고 있다.[77] 탈종교화로 국내에서 종교를 갖지 않는 인구가 처음으로 절반을 넘은 데다, 개신교가 불교를 추월해 처음 1위를 차지하는 등 상징적 변화가 뚜렷하기 때문이다. 개신교는 반색하면서도 의아하고, 불교는 충격 속에서 반성하고, 천주교는 담담한 듯 고심하는 등 주요 종단의 표정이 복잡 미묘하다.[78] 1위를 개신교에 넘겨준 불교계는 매우 심각하게 인식하면서 대응 방안을 모색하고 있는데,[79] 긴급 토론회도 개최하였다.[80] 불교계 입장에서는 매우 중요한 사안으로 대응하고 준비해야겠지만 한국문화에서 불교가 차지하는 위상은 신앙으로서의 종교성보다 오히려 문화로서 삶의 사유방식을 포함하여 세계관과 더 관련이 있는 듯하다.

신앙 여부를 떠나 불교 문화유산과 불교사상, 불교적 사유는 유교와 더불어 한국인들의 정체성을 형성하는 중요한 토대이다. 따라서 종교인구의 대소 논의보다 중요한 것은 오늘날 불교의 가치를 재조명하고 보편화시켜서 사람들이 쉽게 불교적 사유에 접하게 하는 것이다. 불교의 가르침을 누구나 알기 쉽게 전달하고, 삶 속에서 실천할 수 있도록 하는 노력이 우선되어야 할 것이다. 『금강경』 등 불교경전에 나타난 지혜들은 종교와 무관하게 우리 삶의 이치를 통찰하도록 하는 가르침을 담고 있다. 그것은 불교인들뿐만 아니라 삶을 살아가는 사람이라면 누구에게나 적용되는 보편적 가르침이다. 그것이 종교를 넘어 삶의 지혜로 수용될 수 있도록 하는 것이 본래 붓다의 가르침의 뜻이 아닌지 생각해본다.

---

77) 조장희, "탈종교화시대, 한국종교의 대응방안 모색 - 신대승네트워크 1월 25일 3대 종교 토론회"(2017.01.21.), http://www.beopbo.com/news/articleView.html?idxno=96302(검색일: 2017.01.24.)

78) 김혜영, "종교계, 종교인구 변화에 의아·충격·고심[촉·감]신도 수 급변에 대처하는 3대 종단의 자세", http://www.hankookilbo.com/v/2fb7134ee67041e787b256ae3c182ddf(2017.01.08.)(검색일: 2017.01.24.)

79) 이법철, "한국 종교인구 불교 2위로 추락…불교 자정운동 펴야!"(2017.01.23.), http://www.breaknews.com/sub_read.html?uid=487728(검색일:2017.1.24.)

80) 『연합뉴스』(2017.12.27.), "참여불교재가연대 '한국불교 현실 진단' 토론회", http://www.yonhapnews.co.kr/bulletin/2016/12/27/0200000000AKR20161227172000005.HTML?input=1179m(검색일: 2017.01.24.)

제2장 추사 김정희의 불교인식과 불교사상

Ⅰ. 머리말 : 조선후기 불교의 위상과 추사

"지식사회학"을 수립한 카를 만하임(Karl Mannheim)의 이른바 '존재구속성(Seinsgebundenheit)'에 의하면, 사회적 존재로서 개인은 성장 배경과 교육, 시대 상황 등 환경적 영향을 벗어날 수 없다. 추사의 불교인식 파악에 있어 추사의 기질적 특성, 당시 시대적 환경들의 영향을 분석해야만 하는 이유이다. 추사는 이전 유학자들과 달리 불교를 적극 수용하였고, 서자인 박제가를 스승으로 모셨으며, 이상적·오경석 등 역관 출신 중인들을 지인으로 두었고, 중인인 화가와 천민인 스님들과 자유롭게 교류할 정도로 개방적이었다. 이는 조선후기 사회적·사상적 분위기 영향도 있겠지만, 그의 기질적 특성도 반영된 듯하다. 이에 대해 살펴보자.

추사(秋史) 김정희(金正喜, 1786~1856, 정조10~철종7)가 살았던 조선후기는, 통치이념인 성리학의 영향력이 약화되어 기존질서가 흔들리던 시기이다. 성리학을 비판하며 실학이 등장하였고, 서학이 청으로부터 유입되어 사상적·문화적 변화가 컸다. 조선초기 사원소유의 전지(田地)와 사노(寺奴)의 몰수로 승려의 신분이 천민으로 격하되었고, 1910년 초까지 사찰 중 15.5%만이 유지되었을 정도로 불교의 위상은 낮았다.[1] 그나마 종교로서의 위상을 유지할 수 있었던 것은 법맥을 계승하고자 한 선승들의 노력이 있었기 때문이다.

호국불교로서 많은 역할을 하였음에도 불구하고 조선후기 불교의 공식

---

1) 한상길, 『조선후기 불교와 사찰계』(서울: 경인문화사, 2006), p.48.

적 위상은 사역집단 이상의 의미를 지니기 어려웠다. 그럼에도 불구하고 억불의 분위기가 약화되고 서양과학과 천주교가 유입되면서 불교에 대한 부정적 인식이 상대적으로 완화된 것만은 사실인 듯하다. 천주교 때문에 가족들이 귀양을 가는 등 가문이 어려움을 겪은 다산과 달리, 추사 가문이 불교로 인해 고역을 당한 적은 없었기 때문이다. 당시 유학자들의 불교 접촉은 다산과 혜장, 추사와 초의의 교류에서 보듯이 유학자들과 선사들의 교류가 하나의 문화처럼 받아들여지는 분위기였다.

추사의 불교인식에 대한 이해는 이러한 배경들을 고려하면서도 불교의 다기적(多岐的) 측면을 반영하여야 한다. 추사 집안은 원찰이 있을 정도로 신앙심이 깊었으며, 추사도 기회가 될 때마다 사찰 현판이나 불교 관련 작품을 많이 남겼다. 또한 그는 스님들과 교류하며 불교시를 많이 지었고, 백파선사(白坡禪師, 1767~1852)와 선(禪)에 대한 논변을 할 정도로 불교지식이 높았다. 추사의 서독(書牘)에 쓰인 불교 용어들, 그가 읽은 경전들을 보아도 단순히 접하는 수준을 넘었음을 알 수 있다. 따라서 추사에게 불교는 유교와 마찬가지로 중요한 삶의 토대였다고 할 수 있다. 표면적으로는 유학자이자 고증학적 실학자로서의 삶을 살았지만, 그의 사상과 예술의 저변에는 불교적 인식이 깊이 스며들어 있다.

추사의 개인적 기질에 대해 살펴보자. 문사철(文史哲)과 학예(學藝)를 두루 갖추어야 했던 선비들에게 학자와 예술가를 구분하는 것 자체가 무의미 할 수 있지만, 굳이 이 둘 가운데 선택한다면 추사는 전자보다 후자의 성향이 강하다. 그는 젊은 시절부터 독서를 좋아하였고, 제주 유배지에서도 가족들에게 끝없이 읽을 책을 주문할 정도로 독서광이었다. 또한 그의 학문적 탐구심이 얼마나 깊었는지는 비문과 금석학에 대한 열정, 진흥왕 순수비와 진흥왕릉 고증 과정과 무장사비 파편을 찾아 나선 데서 잘 알 수 있다.2) 그러나 그가 남긴 사상적 결과물은 그의 학문적 능력이나 탐구

---

2) 유홍준, 『완당평전1』(서울: 학고재, 2002), pp.126~138.

심에 비해 결코 많은 편이 아닌데, 그 이유를 다음 글에서 찾아볼 수 있다.

> (가) 저술하기를 좋아하지 않아, 젊은 시절 엮은 것들을 두 차례나 태
> 워버려 현재 세상에 전하는 것은 일상 왕복한 서신에 불과하다.[3]
> (나) 저는 평생 저술들로 나를 드러내고 싶지 않았습니다. 이와 같은
> 문자들을 남기고 싶지 않으니, 장 단지나 식초 항아리 덮는 데
> 쓰더라도 안 될 것이 없습니다. 마음으로 간절히 바라오니 이것
> 을 즉시 명하여 찢어버리라고 하십시오.[4]

그를 평한 글[(가)]이나 권돈인(權敦仁)에게 쓴 편지[(나)]에서 보듯이 추
사는 저술하는 것 자체를 좋아하지 않았다. 만약 그가 학문적 능력과 지적
탐구심을 좇아 저술에 천착했다면 아마도 상당한 연구결과가 나왔을 것이
다. 추사에게 이처럼 논리적 저술이 적은 이유는 저술에 대한 무상관(無常
觀)과 그의 기질 탓이 아닌가 싶다. 그의 편지글[5]과 시에 드러난 낭만성과
문학성을 보면 예술가적 기질이 농후하다. "70년 동안에 걸쳐 10개의 벼루
를 갈아 닳게 했고 천여 자루의 붓을 다 닳게 했으나"[6]라고 말할 정도로
추사는 글씨나 그림에 철저하였다. 그는 지적 탐구열과 환희를 인지적 논
문보다는 감성적 예술을 통해 주로 표현하였던 것이다.

---

3) 『阮堂全集』卷首, <阮堂金公小傳> : "不喜著述, 少日所纂言者焚之再, 今流傳于
世, 不過爲尋常往復之書." 이하 번역은 민족문화추진회(현 한국고전번역원)의 국
역을 저본으로 인용 또는 수정함.

4) 『阮堂全集』卷三, <書牘, 與權彝齋(十八)> : "小人之於平生, 不欲以著述自見. 如
此文字, 便不欲留稿, 醬瓿醋瓮, 俱無不可. 卽命扯去, 不勝心禱."

5) 이유원(李裕元, 1814~1888)은 『임하필기』에서 "김추사(金秋史)의 찰어(札語)는 편
편(片片)이 금 조각으로서, 내놓으면 내놓을수록 더욱더 새롭다. 그러므로 세상 사
람들은 그의 글씨와 그림이 척독의 뛰어남에는 미치지 못한다고 말한다(金秋史語,
片片揀金, 愈出愈新, 世謂筆與畫, 皆不及尺牘之奇也)."라고 평하였다.

6) 『阮堂全集』卷三, <書牘, 與權彝齋(三十三)> : "七十年, 磨穿十硏, 禿盡千毫."

II. 추사의 정체성 : 유자(儒者)인가 불자(佛者)인가

추사가 불교 공부를 어떻게 하였는지 구체적인 기록을 찾기는 어렵지만, 그가 서독(書牘)에서 불교 용어들을 자유자재로 활용한 것을 보면, 체계적으로 불교를 공부했거나 경전 등 관련 서적들을 많이 읽은 듯하다. 한 세대 위인 다산과 비교해도 추사가 얼마나 불교 용어를 거리낌 없이 사용하였는지 알 수 있다. 다산은 육시(六時), 유순(由旬), 도솔천(兜率天), 결하(結夏) 등 불교 용어들을 쓰고 있지만,7) 실학의 집대성자로서 그의 학문 기반은 유학이었다고 할 수 있다. 혜장선사(惠藏禪師, 1772~1811), 초의선사(草衣禪師, 1786~1866)와 두루 왕래하였고 해박한 불교지식을 지녔지만 다산은 사상적으로 드러내어 논술하지는 않았다. 다산이 혜장선사의 탑명(塔銘)에 "아암(兒菴)은 외전(外典) 중에서 『논어(論語)』를 매우 좋아하여, 그 지취(旨趣)를 연구하고 탐색하여 빠뜨린 온축이 없도록 기했다. 기윤(朞閏)의 수와 율려(律呂)의 도(度), 그리고 여러 가지 성리서(性理書)에 이르기까지 모두 정확하게 연마하였으니, 속유(俗儒)들로서는 미칠 바가 아니었다."8)라고 쓸 정도로, 오히려 혜장선사가 다산으로 인해 유학에 경도되었고, 다산은 이어 "묵(墨)의 이름 유(儒)의 행실은 / 군자가 어여삐 여긴 바로세."9)라고 그를 평하였다.

반면, 추사는 불교가 체화된 듯 아주 자연스럽게 불교 용어들을 사용하고 있다. 인간의 의식은 말과 글을 통해 표현되기 마련이다. 스님들과 동암

---

7) 『與猶堂全書』第一集 第五卷 詩文集 詩, <次韻寄惠藏)> : "長日藜牀對竹君, 六時鍾磬杳難聞. 由旬地近堪乘興, 兜率天高奈絶群. 藥塢細沾瓶裏水, 林壇徐放杖頭雲. 情知結夏嚴持律, 聯綴瓊琚也自勤."

8) 『與猶堂全書』第一集 第十七卷 詩文集 碑銘, <兒菴藏公塔銘> : "兒菴於外典酷好論語, 究索旨趣, 期無遺蘊. 若朞閏之數, 律呂之度, 及性理諸書, 皆精核硏磨, 非俗儒可及." 아암(兒菴)은 혜장선사(惠藏禪師)의 호(號)임.

9) 『與猶堂全書』第一集 第十七卷 詩文集 碑銘, <兒菴藏公塔銘> : "墨名儒行, 君子攸憐."

(桐庵) 심희순(沈熙淳)에게 보낸 편지에서, 복전(福田), 번뇌해(煩惱海), 조주(趙州狗), 관정(灌頂)이란 용어를 비롯하여 『유마힐경(維摩詰經)』의 "불 속에서 솟아난 연꽃[火中之湧現蓮花]", 방할(棒喝), 향적반(香積飯), 종승가(宗乘家) 등 불교 용어들을 자유롭게 사용하고 있다. 제주병사 장인식(張寅植)에게 쓴 편지에 야마(夜摩)와 도리(忉利), 팔만사천 길상(吉祥), 『전등록(傳燈錄)』의 간목(竿木)이란 말이 나오고, 우선(藕船) 이상적(李尙迪)에게 쓴 편지에도 『수능엄경(首楞嚴經)』의 파익(波匿)의 추백(皺白), 『원각경(圓覺經)』의 "손끝으로 달 가리키기[指端摽月]"를 인용하였다. 다산의 아들인 유산(酉山) 정학연(丁學淵)에게 보낸 편지에는 "계족산(鷄足山) 중에 있는 하나의 금란가사(金襴袈裟)로서 필경 미륵(彌勒)이 세상에 나와 사용하길 기다리는 것"이라고 미륵신앙을 드러내기도 하였다. 또한 연화풍(蓮花風), 공안(公案)이란 용어들이 자연스럽게 녹아들고 있으며, 홍현보에게 쓴 편지에서는 "수미산을 풀씨 속에 들여보내려는 격이나", "산승(山僧)을 인하여 비로소 연어(蓮馭)가 도성에 들어갔음을 알게 되었으니 이는 법(法)의 인연이 속(俗)의 인연보다 나아서란 말인가"라고 표현하기도 하였다. 이처럼 편지글에 불교 용어들이 자연스럽게 나오는 것은 그의 신앙심이 돈독하였고, 그의 의식 저변에 불교적 사유가 뿌리내리고 있었음을 의미한다.

하지만 추사는 편지나 글에서 자신이 유가(儒家)임을 주장한다. 『주역(周易)』의 <기제(旣濟)>를 설명하며 권돈인에게 쓴 편지[(가)]와 백파선사에게 쓴 글[(나)]을 살펴보자.

> (가) 불씨 무리[佛氏輩]들은 이 경계를 불생·불멸·부증·불감이란 것으로 보아 위도 없고 남은 것도 없는 것[無上無餘]으로 여기고 있으나, 그들은 실상 정해진 후 또 끝없이 생생(生生)하는 묘(妙)가 있어 사생(死生)과 종시(終始)가 끊임없이 순환하는 것을 보지 못하고 있습니다.[10]

---

10) 『阮堂全集』 卷三, <書牘, 與權彝齋(敦仁)> : "佛氏輩窺此個境界, 以不生不滅不增

(나) 우리 유가[吾儒]의 성인(聖人)이 세간법을 절실하게 말하면서 명(命)과 인(仁)을 드물게 말한 것은 출세간법을 버린 것이 아니라 범우(凡愚)들이 공견(空見)에 집착할까 염려한 때문입니다. 불씨(佛氏)가 출세간법을 절실하게 말하면서 시(是)와 비(非)를 드물게 말한 것은 세간의 법을 버린 것이 아니라 범우들이 유견(有見)에 집착할까 염려한 것입니다.[11]

   (가)에서는 불교를 '불씨 무리[佛氏輩]'라고 일컬으면서, 『주역』의 이른바 평균(平勻)의 의미는 물마다 각각 제자리를 얻는 것인데,[12] 불교는 이처럼 끊임없이 순환하는 이치를 보지 못한다고 비판하고 있다. (나)에서는 '우리 유가[吾儒]'라고 사상적 입지가 유학임을 밝히고 있지만 추사는 유견(有見)과 공견(空見)을 가지고 유불(儒佛)의 특징을 균형 있게 분석하고 있다. 전반부는 "공자께서는 이(利)와 명(命)과 인(仁)은 드물게 말씀하셨다[子罕言利與命與仁]."[13]라는 말에 근거하는데, 주자는 "이익을 도모하면 의리를 해친다. 천명의 이치는 미묘하고 인(仁)의 도(道)는 크다. 그래서 공자께서 드물게 말씀하신 것"[14]이라고 주석하였다. 후반부는 육조 혜능이 깨달음을 얻은 『금강경(金剛經)』 구절 "응무소주, 이생기심[應無所住, 而生其心]"처럼 시비분별 등 집착이나 얽매임을 넘어서는 불교의 불이(不二)사상이다. 그런데 자세히 살펴보면, 결국 유불(儒佛)의 분별과 공유(空有)

    不滅, 爲無上無餘, 而實未見於定之後又有生生不已之妙, 死生終始, 循環無斷."

11) 『阮堂全集』卷七, <雜著, 書示白坡> : "吾儒聖人, 切言世間之法, 罕言命與仁者, 非棄出世間法也, 恐凡愚着空見故也. 佛氏切言出世間法, 罕言是與非者, 非棄世間法也, 恐凡愚着有見故也."

12) 『阮堂全集』卷三, <書牘, 與權彝齋(敦仁)> : "君子之治世也, 惟平勻之是務, 而物物各得其所也, 易之大義, 便不外是矣."

13) 이에 대한 다른 해석에는 "공자께서는 이득이나 천명을 인덕과 같이 말씀하시지 않으셨다."라는 것도 있음.

14) 『論語集註』 <泰伯> 第八章, 朱子注 : "程子曰, 計利則害義, 命之理微, 仁之道大, 皆夫子所罕言也."

의 분별을 넘어서라는 말이므로, 궁극적으로는 그가 불교적 사유에 근거해 논의하고 있음을 알 수 있다.

그는 가장 친한 벗 권돈인에게 쓴 편지에서 "서방의 극락국은 마음속으로 생각만 하면 즉시 갈 수 있다던데, 소인의 생각은 아직 미진한가 봅니다."[15] 라고 하였고, 『화엄경』·『금강경』·『법화경』·『유마경』·『능엄경』 등 대승경전은 물론이고 『아함경』과 들숨날숨 명상법을 위주로 한 『안반수의경(安般守意經)』도 공부한 것으로 보인다. 그는 권돈인에게 쓴 편지에서 『안반수의경』에 나온 호흡법을 다 익히지 못한 것을 아쉬워하고 있으며, 초의선사에게 보낸 편지에서 무상의 묘법인 『안반수의경』을 선가(禪家)에서 알지 못함을 안타까워하고 있다.

> 또 하룻밤의 길이가 1년처럼 느껴져 잠깐 졸다가 이내 깨곤 하면서 새벽이 되기를 바라는 것이 마치 사면(赦免) 받기를 바라는 심정과 같으니, 일찍이 『안반수의경(安般守意經)』 한 법문을 공부하지 못한 것이 한스럽습니다. 지난날 우리 친구와 더불어 이것을 논하였으나 깊이 연구하지 못하고 보니, 다만 끝까지 뜻만 거스를 뿐입니다.[16]
>
> 근자에 『안반수의경』을 얻었는데 이는 선장(禪藏)에도 드물게 있는 것이지요. 선가에서 매양 맹방할할(盲棒瞎喝)로써 흑산(黑山)의 귀굴(鬼窟)만을 만들어가고 이러한 무상(無上)의 묘법을 알지 못하니 사람으로 하여금 비민(悲憫)을 느끼게 하는 구료."[17]

또한 초의선사에게 『전등록(傳燈錄)』을 구하여 새 목사 편에 보내주기를 청하고 있으며,[18] 불교백과사전에 해당하는 『법원주림(法苑珠林)』100

---

15) 『阮堂全集』卷三, <書牘, 與權彝齋(十九)> : "西方極樂之國, 念之卽往, 小人之念, 尙未滿底歟."

16) 『阮堂全集』卷三, <書牘, 與權彝齋(二十二)> : "且夜長如年, 暫睡旋覺, 望晨如望赦, 恨不得早工於安般守意一門. 昔與吾友論此而未能深究, 只是到底觸忤而已."

17) 『阮堂全集』卷五, <書牘, 與草衣(七)> : "近得安般守意經, 是禪藏之所希有. 禪家每以盲棒瞎喝, 做去黑山鬼窟, 不知此無上妙諦, 令人悲憫.

권을 구하여 읽었고,[19] 영명연수(永明延壽)의 『종경록(宗鏡錄)』 100권 전부를 구하여 읽었을 정도로[20] 불교에 대한 열정이 대단하였다. 그는 기회가 있을 때마다 불경을 구하여 읽으면서 불교의 세계관에 심취하였던 것이다. 이렇게 유배지에서도 꾸준히 불교를 공부한 결과 그는 스님들까지 평가할 정도가 되었다.

> 이 승려 한민(漢旻)은 스스로 운구(雲句)라 호칭하는 사람으로서, 작년부터 소인에게 내왕하였는데, 신근(信根)이 대단히 있고 원력(願力)도 대단히 있습니다. 비록 미처 제승(諸乘)을 두루 섭렵하지는 못했으나, 『금강경』·『능엄경』에 대해 공부를 퍽 많이 하였고, 그 정진하는 정성이 이루 헤아릴 수 없습니다.[21]

Ⅲ. 신앙으로서 불교 : 화암사와 추사 집안의 불심

앞에서 살펴본 바와 같이 추사의 불교에 대한 깊은 관심은 집안 환경의 영향이 매우 크다. 화순옹주와 혼인하여 월성위(月城尉)가 된 김한신(金漢藎)에게 영조는 예산 일대를 별사전으로 내렸고, 당시 충청도 53개 군현에서 건립비용을 분담하여 53칸짜리 집을 지은 것이 오늘날 추사고택이다. 증조부 김한신 때부터 오석산(烏石山) 화암사(華巖寺)를 중건하여 원당(願

---

18) 『阮堂全集』 卷五, <書牘, 與草衣(二十六)> : "每從傳燈錄說去, 是如我俗家人淺聞耳. 禪門中似有究訂其原本者, 幸詳細考出, 示之於新牧使入來便如何."

19) 『阮堂全集』 卷五, <書牘, 與草衣(三十一)> : "但得法苑珠林一百, 好作消遣, 恨不使傍證耳."

20) 『阮堂全集』 卷五, <書牘, 與草衣(三十三)> : "頃以法苑珠林擧似矣, 繼又得宗鏡全部一百卷, 是一文字因緣, 恨無以與師同證也."

21) 『阮堂全集』 卷三, <書牘, 與權彛齋(二十一)> : "此僧漢旻, 自稱號雲句者, 自去年來往於小人, 大有信根, 大有願力. 雖未及徧涉諸乘, 頗於金剛楞嚴致工, 其精進之誠, 有不可量."

堂) 사찰로 삼았기 때문에 추사는 어릴 때부터 불교와 인연이 깊을 수밖에 없었다. 그는 어린 시절부터 집안 사찰을 드나들며 자연스럽게 불교 분위기에 젖었을 것이고, 당연히 원찰에 대한 애착도 컸을 것으로 짐작된다. 추사는 화암사 대웅전 뒤에 있는 병풍바위에 "시경(詩境)"을 새겨 놓고 오른쪽에 "천축고선생댁(天竺古先生宅)"이라 새기기도 하였다. 그가 제주에 유배가 있을 때 화암사 중건을 주도하였다고 하는데, 아마 회갑을 맞은 추사가 멀리서 집안의 안녕을 기원하며 계획한 것이 아닌가 싶다. 그는 "오석산 화암사 상량문"22)과 현판을 써서 육지로 보낼 정도로 불심이 깊었던 것이다.

그의 부친인 김노경(金魯敬)도 경상감사 시절, 해인사의 대적광전이 허물어진 것을 보고 중수하도록 시주하였는데, 그 때 33세이던 추사가 "가야산 해인사 중건 상량문"을 썼다. 부친이 평안감사로 임명되었을 때는 추사 나이 43세였고 예조참의에서 물러나 있었는데, 묘향산(妙香山)의 보현사(普賢寺)에 가면서 『금강경』을 호신부적으로 가지고 갈 정도로 불심이 깊었다.23) 일정 중에 상원암(上元庵)에 들러 현판 글씨와 『옥추보경(玉樞寶經)』 판각본의 서문을 써주기도 하였다. 추사의 불심이 잘 드러나는 것은 53세 때 정성들여 단정하게 해서체로 쓴 <반야심경첩(般若心經帖)>이다. 아마도 서사(書寫)의 공덕(功德)을 위한 사경(寫經)인 것 같은데, 글자 수를 세어 행의 배치까지 계산한 초본이 있을 정도로 정성을 들였다. 한편 글자 순서가 틀렸는데도 그것을 다시 쓰지 않고 교정부호로 교정한 것을 보면, 사소한 것에 얽매이지 않는 추사의 정신세계를 엿볼 수도 있다.

또한 초의선사에게 쓴 편지에서 글씨와 시헌력(時憲曆)을 보냈는데 바람에 표류하여 전해지지 못한 것에 대해 언급하며 "배 안의 사람들은 『관음경(觀音經)』 한 구절도 읽을 줄 아는 자가 없었더란 말인가."24) 라고, 위

---

22) 『阮堂全集』 卷七, <上樑文, 烏石山華巖寺上樑文>.

23) 『阮堂全集』 卷六, <題跋, 題川頌金剛經後> : "余入妙香, 以此經與開元古亮, 爲入山護身之符."

기의 순간에 관세음보살을 염하여 파도가 잠잠해지는 공덕을 왜 기원하지
않았는지 힐문하고 있다. 이는 기도와 염불을 통해 구원을 추구하는 신앙
인으로서의 그의 자세를 엿볼 수 있는 내용이다.

추사는 또한 스님들과 교류가 많았는데, 제주 유배시절 6개월, 이후 강
상(江上)에서 2년을 함께 한 초의선사와의 관계는 단순히 벗을 넘어 학문
적 동지였던 듯싶다. 40여 통에 가까운 편지를 보면, 안경을 보내고 효험을
보았는지 묻거나 차를 보내주는 그런 일상적 교류를 넘어선다. 추사에게
초의선사는 불교적 사유를 공유하는 붕우이자 불교에 대한 탐구를 검증하
는 사우(師友)였던 것이다.

> 『법원주림(法苑珠林)』 100권을 구득하여 좋이 날을 보내고 있는데
> 사(師) 같은 이가 옆에 있어 입증을 못해주니 한이외다.25)
> 뒤이어 또 『종경록(宗鏡錄)』 100권을 전부를 얻었으니 이것도 한 가
> 지 문자의 인연인데 사(師)와 더불어 고증할 수 없어 한이외다.26)
> 『법원주림(法苑珠林)』·『종경록(宗鏡錄)』 신편 어록은 와서 서로 고
> 증하고 싶지 않은가? (……) 봄이 따뜻하고 해가 길면 빨리 석장(錫杖)
> 을 들고 와서 『법원주림(法苑珠林)』·『종경록(宗鏡錄)』을 읽는 것이 지
> 극히 묘한 일일 걸세.27)

이처럼 추사와 초의선사는 단순한 만남을 넘어 경전을 읽고 깨우침을
주고받는 그런 관계였던 것이다. 추사는 초의선사 외에도 호봉(虎峰), 운구
(雲句), 미암(彌庵), 혜암(慧庵), 우담(優曇), 태허(太虛) 등 많은 스님들과

---

24) 『阮堂全集』 卷五, <書牘, 與草衣(二十七)> : "船中之人, 竟無解讀觀音經一句者歟."

25) 『阮堂全集』 卷五, <書牘, 與草衣(三十一)> : "但得法苑珠林一百, 好作消遣, 恨不
使傍證耳."

26) 『阮堂全集』 卷五, <書牘, 與草衣(三十三)> : "繼又得宗鏡全部一百卷, 是一文字
因緣, 恨無以與師同證也."

27) 『阮堂全集』 卷五, <書牘, 與草衣(三十五)> : "珠林宗鏡新編語錄, 不欲一來相證
耶. (……) 春暖日長, 亟動笻錫, 來讀宗鏡珠林至妙."

편지로 교유하였고, 향훈(香薰), 제월(霽月), 무주(无住), 연담(蓮潭) 등 스님들에게 여러 견향게(見香偈), 안게(眼偈), 정게(靜偈), 사경게(寫經偈), 적게(寂偈), 성담상게(聖潭像偈) 등 다양한 게문(偈文)을 지어서 드렸다.[28] 스님들과의 교류는 인간관계를 넘어 불심(佛心)을 바탕으로 한 만남이었던 듯하다.

만년의 추사는 더욱 불도(佛道)에 귀의하여 일흔 살에는 봉은사에 기거하면서 발우공양하고 자화참회(刺火懺悔)하며 살았고, 과지초당(瓜地草堂)에서 생을 마감할 때까지 불자로서 생을 살았음을 확인할 수 있다.[29] 봉은사 '판전(板殿)' 현판은 세상을 떠나기 삼일 전에 쓴 것으로 그의 마지막 불심이 담겨 있다.

IV. 예술로서 불교 : 글씨와 그림, 선시(禪詩)

추사의 창의성과 독창성이 드러나는 것은 180여 개의 별호를 자유자재로 짓고 활용한 것이다. 그 중 불교와의 인연을 나타낸 이름들이 많은데 대표적인 것으로 천축고선생(天竺古先生), 불노(佛奴) 등이 있다. 불심이 깊었던 추사는 원찰인 화암사 현판 뿐만 아니라 혼허지조(混虛智照) 스님의 부탁으로 경북 영천 은해사(銀海寺)의 현판들, 즉 일주문의 "은해사", "대웅전", "보화루(寶華樓)", "불광(佛光)", 요사채의 "시홀방장(十笏方丈)" 등을 흔쾌히 써주었으며, 또 여러 사찰 스님들의 요구에 부응하여 절집 암자의 현판을 자주 써주었다. 부안 변산의 "소요암(逍遙庵)", 계룡산 동학사의 "자묘암(慈妙庵)"도 있다.[30]

---

28) 『阮堂全集』 卷七, <雜著> 참고.
29) 유홍준, 『김정희』(서울: 학고재, 2006), p.443.
30) 유홍준, 『완당평전2』(서울: 학고재, 2002), p.675.

추사의 불교적 사유는 그림에도 잘 드러나는데, <불이선란도(不二禪蘭圖)>는 난을 치면서 불교가 추구하는 궁극적 경지에 도달하고자 하는 추사의 염원을 담고 있다.

난화를 치지 않은지 스무 해 / 우연히 본성을 훤히 그려 냈구나 / 문 닫고 찾고 또 찾은 곳 / 경지가 바로 유마의 불이선이라네[31]

재가신자로서 유마거사의 삶을 본받고자 하였던 그는 유마경의 가르침, "보살은 본래 병이 없으나 중생이 병들기 때문에 보살도 병이 든다."라는 동체대비(同體大悲)의 보살행과 "지혜를 어머니로 하고 방편(方便)을 아버지로 한다."는 경전의 맥락을 그의 삶에서 꾸준히 추구하며 살았다. 그것을 그림으로 승화시키고 그 기쁨을 "제란(題蘭)"으로 표현한 것이다. 유마거사를 자처하였던 추사는 글을 쓸 때나 그림을 그릴 때 대립과 차별을 버리고 분별의식과 집착을 벗어난 불이(不二)의 경지를 추구하였다. 비록 세속에서이지만 유마거사처럼 이 삶 속에서의 해탈을 추구하였고 번뇌와 해탈, 중생과 붓다의 불이적(不二的) 사유야말로 추사가 추구했던 바인 것이다.

추사가 지은 불교 관련 시(詩)를 살펴보자. "산사(山寺)", "수락산사(水落山寺)", "부왕사(扶旺寺)", "관음사(觀音寺)", "화암사에서 돌아오는 길에[華嚴寺歸路]" 등 사찰 관련 시에서는 자연과 산사와 불심의 삼위일체를 추구하고 있다. 여기서 나아가 "세모승(細毛僧)", "우사연등(芋社燃燈)", "서엄(西崦)" 등의 시에서는 불교적 의식과 사유가 구현되고 있다. 또한 "중흥사에서 황산시에 차함[重興寺次黃山]", "증초의(贈草衣)", "유초의선(留草衣禪)", "희증초의(戱贈草衣)", "증혼허(贈混虛)", "관화에게 주다[贈貫華]", "은어를 쥐에게 도둑맞고서 초의에게 보이다[銀魚爲鼠偸示艸衣]", "승가사에서 동리와 함께 해붕화상을 만나다[僧伽寺與東籬會海鵬和尙]", "관음사

---

31) 『阮堂全集』卷十, <詩, 題蘭> : "不作蘭花二十年, 偶然寫出性中天. 閉門覓覓尋尋處, 此是維摩不二禪."

에서 혼허에게 주다[觀音寺贈混虛]", "옛 글귀를 그대로 써 혼허사를 위하
다[仍題舊句爲混虛師]", "초의의 불국사시 뒤에 쓰다[題草衣佛國寺詩後]",
"관음각에서 연운 심설과 더불어 시선의 모임을 갖다[觀音閣與硯雲沁雪作
詩禪會]", "가을밤에 연생과 더불어 함께 짓다[秋夜與蓮生共賦]", "산영루
(山映樓)" 등의 시에서는 스님들과 교류하면서 느끼는 불심과 불교적 감성
을 드러내고 있다.

V. 사상으로서 불교 : 백파선사와의 선(禪) 논쟁

추사의 불교인식의 정점은 백파선사와의 선(禪) 논쟁과 <천축고(天竺
攷)>에서의 불교관이다. 먼저 "천축국에 대한 상고[天竺攷]"는 불교의 탄생
지 인도에 대한 그의 방대한 지식과 생각들을 살펴볼 수 있는 글인데, 논
리적 오류를 지적한 내용에서 추사의 불교에 대한 관점을 알 수 있다.

> 대체로 사리(舍利)가 중국에 들어와 우리 동방에까지 오게 된 것은
> 제불(諸佛)의 사리 또한 많이 있었으니, 이 모두가 석가의 사리는 아닐
> 것이다. 부처의 정골도 중국에 흘러 들어와 우리 동방에까지 들어왔는
> 데, 오천축 안에 있는 부처 정골 또한 한두 개가 아니니, 이것이 어찌
> 다 석가의 정골이겠는가? 그리고 진신(眞身)이 파괴되지 않은 상황에서
> 또 어떻게 정골만 따로 전해진단 말인가.[32]

『열반경』 또한 어떻게 번역의 오류가 없을 수 있겠는가. 관곽 속에서 두
발등을 내보였다[槨示雙趺]는 한 가지 안건이 천만 가지 설(說)들을 일으

---

32) 『阮堂全集』 卷一, <攷, 天竺攷> : "大抵舍利之入中國, 至於東來者, 諸佛舍利亦
多有之, 未必是釋迦也. 如佛頂骨, 又流入中國而至於東來, 五天竺內之佛頂骨者,
又非一二, 是豈可盡以釋迦頂骨當之耶. 眞身不壞, 又何頂骨之別傳也."

켜 뭇 장님이 코끼리를 논하는 격이 되었으니, 사람으로 하여금 실소(失笑)를 금치 못하게 한다.33)

경(經)을 번역하는 데는 매양 전해들은 것에 따라 말이 달라진다. 그러므로 범어(梵語)를 당어(唐語)로 번역하는 데 있어 한 번 두 번 바꾸는 데에 따라 점차로 더욱 오류가 나오게 되는 것은 필연의 이치인 것이니, 달마(達摩)가 이 때문에 일체 다 쓸어버렸던 것이다.34)

추사는 부처의 진신사리에 대해 의심하고 있으며, 『열반경』의 내용을 포함하여 여러 경들의 오류에 대해 산스크리트어가 중국에 들어와 한어로 번역되는 과정에서 생긴 필연이라고 보았다. 그리고 달마의 선종이 나오게 된 원인이 바로 이러한 불경의 번역과정에서 나온 오류들 때문이라고 파악한 듯하다. 불교와 관련된 다양한 지리적 지식에 더하여 불교에 대한 고증학적 분석을 볼 수 있는 글이기도 하다.

추사의 삶에서 완당바람이라는 예술적 교류와 더불어 사상적으로 의미가 큰 것은 백파선사와의 선(禪) 논쟁이다. 제주 유배 4년째인 58세 때, 77세의 백파선사와 편지를 통해 벌인 선(禪) 논쟁에는 추사의 불교에 대한 인식과 화두선에 대한 비판적 관점이 두드러진다. 백파선사는 법명이 긍선(亘璇)이고, 전주(全州) 이씨(李氏)로 선조(宣祖)의 부친인 덕흥대원군(德興大院君)의 10세손이며, 18세 때 연곡화상(蓮谷和尙)을 계사로 사미계를 받았고, 24세 때 당시 화엄종장인 설파상언(雪坡尙彦, 1707~1791)에게 구족계를 받고 화엄경을 배웠다. 26세 백양사 운문암 강사스님이 되었고, 30세 때는 구암사에서 사미계를 설해 율사로서 발을 디디고, 49세 때부터 정읍

---

33) 『阮堂全集』卷一, <攷, 天竺攷> : "涅槃經亦安得無翻訛也. 以楺示雙跗一案, 千藤萬葛, 衆盲論象, 令人噴筍滿案."

34) 『阮堂全集』卷一, <攷, 天竺攷> : "譯經, 每傳聞異詞. 以梵譯唐, 一轉再轉, 轉益訛誤, 是必然之理, 達摩所以一切掃除也."

의 용문동에 들어가 8년간 습정균혜(習定均慧)하였다. 한국 선종의 역사에서 백파선사는 서산휴정(西山休靜)과 그 문하에서 주도해왔던 조선 선문의 체질강화 작업을 착실히 계승한 인물이며,35) 그의 『선문수경(禪文手鏡)』은 전통적인 선종 각 종파들의 미묘한 차이를 '중도'와 '돈오'를 기준으로 종합, 정리한 저술로, 당시 시대적 상황에서 몰락해가는 선종의 중흥을 시도한 것이기도 하다.36) 그의 삼종선(三種禪) 논의는 법통이라는 다분히 유교적인 방식을 통해 일방적으로 선포되었던 임제선의 정통성을 이론적으로 객관화해내려는 의도에서 비롯된 것이다.37)

논쟁은 백파선사가 지은 『선문수경』이 발단이었는데, 핵심은 의리선, 여래선, 조사선의 구도에서 그것을 임제삼구(臨濟三句)에 배당시키고 선종 오가에서 하택종을 의리선에, 법안종과 위앙종과 조동종을 여래선에, 운문종과 임제종을 좌선에 배당하고, 운문종과 임제종 가운데 기용(機用)을 모두 구비하고 있는 최상승종은 임제종이라고 결론지은 것이다. 추사가 그 주장에 대한 오류를 편지로 보내고, 백파선사가 '13가지로 논증한 답신'을 보냈으며, 다시 추사가 '백파망증15조(白坡妄證十五條)'로 논증한 글을 보낸 것이 핵심이다. 초의선사도 백파선사의 주장을 『선문사변만어(禪門四辨漫語)』로 비판하기도 하였다. 추사는 화두선을 비판하며 초기불교의 관점에서 불교의 본질을 강조하였다.

> 오늘날 화두로 사람을 가르치는 자도 역시 자신이 깨치고 또 남을 깨칠 수 있다고 보는가? 자신의 깨침이 없이 다만 옛사람의 성어만을 사용하여 그 깨치고 안 깨치고를 논할 것 없이 마구 사람 가르치는 방편으로 삼으며 따라서는 또 사람을 죽인단 말인가? (…) 경솔히 화두도 추거 들

---

35) 박재현, "조선후기 선(禪) 논쟁에 내포된 원형지향성", 『불교학연구』 제7호(불교학연구회, 2003), p.150.

36) 최일범, "백파선사 삼종선 논쟁을 일으킨 종문의 거인", 불교신문사 편, 『한국불교인물사상사』(서울: 민족사, 1990), p.379.

37) 박재현, 앞의 논문, p.150.

지 말며 염송사(拈頌師) 되기를 좋아도 말며 머리를 숙이고서 『안반수
의경』을 읽으면 거의 혹 일선(一線)의 광명이 앞에 있게 될 거외다.38)

오늘날 산가(山家)에서 이러한 도리를 알지 못하고 단지 맹할할방(盲
喝瞎棒)으로써 마침내 사람을 죽이고 있으니 어찌 크게 슬프고 민망스
러운 일이 아니리오. 반드시 하나의 눈 밝은 사람이 나와 이 화두를 일
소하여 없애 버려야만 법당(法幢)을 다시 일으킬 수 있고 혜등(慧燈)을
다시 불붙일 수 있을 거요.39)

지난번에 『안반수의경(安般守意經)』를 읽으라고 권한 것은 어찌 『반
야경』과 『법화경』를 몰라서리요. 특히 사(師)의 근기(根器)와 식해(識
解)가 이로 말미암아 들어가야만 문로(門路)를 얻을 수 있기 때문이며
『안반수의경』으로써 이 방편의 교체(敎體)를 세워 사람마다 다 그렇게
하라는 것은 아니지요. 비유하자면 『법화경』 중의 화성(化城)과 같아서
비유하여 말한 것이니 실로 사(師)를 슬퍼하고 민망히 여겨서 그런 것이
며 사(師)를 얕잡아 보거나 업신여긴 것은 아니오.40)

추사의 당시 불교에 대한 관점은 화두선에 대한 비판, 불교 정신과 수행
에 대한 강조라고 할 수 있다. 기본적으로 추사는 백파선사의 삼종선 주장
에 대해 비판하고는 있지만, 새로운 선풍으로 선문의 정체성을 정립하고자
한 백파선사의 주장을 전면 거부하는 것 같지는 않다. 세간·출세간, 공견·
유견, 유교·불교 등 서로에 대한 비판들이 상대에 대한 잘못된 이해에서

---

38) 『阮堂全集』 卷五, <書牘, 與白坡(二)> : "今日之話頭教人者, 亦有自悟而悟人耶.
無自悟而只用古人成語, 無論其悟與不悟, 而因以爲教人方便, 又從以殺人耶.
(……) 勿輕拈話頭, 勿好作拈頌師, 低頭讀安般守意經, 庶或有一線明在前耳."

39) 『阮堂全集』 卷五, <書牘, 與白坡(三)> : "今日山家不知此個道理, 只以盲喝瞎棒,
到頭殺人, 寧非大可悲憫. 必有一明眼人, 一掃此話頭而空之, 幢可以復起, 慧燈可
以再燃."

40) 『阮堂全集』 卷五, <書牘, 與白坡> : "頃者勸讀安般守意者, 豈不知般若法華也.
特師根器識解由此而入, 然後可得門路, 非以安般守意, 立此方教體, 人人皆然也.
璧如法華中化城, 璧喻之各說之也, 寔有悲閔於師, 而寔非低侮於師也."

근거했다고 보면서, 궁극적으로는 백파선사의 주장에 어느 정도 동의하고
있기 때문이다.

> 헤아리기 어려운 것은 선가(禪家)가 공연스레 유불(儒佛)의 동이(同
> 異)를 가지고 망령되이 갈등을 생기게 하는 것이다. 근일에 백파의 결
> 사문(結社文)에서 말한 내용이 나의 말과 부합되는 점이 있으니, 선림
> (禪林) 속에서는 알지 않으면 안 된다.[41]

추사는 백파선사가 『선문수경』과 『정혜결사문』에서 조사선과 여래선의
우열을 가리고자 한 것이 아니라 선문의 정체성을 찾기 위한 방안으로 삼
종선을 제기한 것임을 인식한 듯하다. 당시 선문은 휴정 사후 법통논쟁의
핵심에 임제선을 통한 불교계의 자기정체성 확립을 위한 노력이 있었던
시기로, 선종의 법통설에 근거하여 임제종의 법맥을 정비하고자 하였다.
백파선사는 조사선과 여래선을 격외선의 범주에 포함시키고 격외선과 의
리선의 차이를 분명히 하지만 의리선을 선의 한 부분으로 인정하고 있다.
이는 임제종을 중심에 놓고 조사선의 정통성을 강조하고자 한 것도 있지
만, 중하근기자들도 선을 통하여 깨달음을 얻을 수 있도록 여래선에 더하
여 의리선까지 선에 포함시킴으로써 일반 재가자들이나 하근기자들도 선
을 통한 수행이 가능하게 하고자 함인 듯하다.

추사는 제주 해배 길에 선운사를 떠나 순창 구암사에서 선을 강론하던
83세의 백파선사를 만나고자 하였다. 구암사에 전갈을 보내 정읍에서 만나
기로 하였으나 하룻길을 지체하는 바람에 종일 기다리던 백파선사를 만나
지 못하고 3년 뒤 백파선사가 세상을 떠나고 만다. 추사가 '화엄종주', '율
사'라고 칭한 것은 앞에서 본 백파선사의 경력에서 유래한 것인데, 그가
쓴 "백파비의 전면 글자를 지어 '화엄종주백파대율사대기대용지비'라 써

---

41) 『阮堂全集』 卷七, <雜著, 書示白坡> : "難可測者, 禪家之公然以儒佛同異, 妄生
藤葛. 近日白坡結社文中所說, 有合我說, 禪林中不可不知."

서 그 문도에게 주다"에는 다음과 같이 적고 있다.

> 가난은 송곳 꽂을 땅도 없었으나
> 기상은 수미산(須彌山)을 누를 만하였네
> 부모님 섬기길 부처님 섬기듯 하니
> 가풍(家風)이 가장 진실하도다
> 그 이름 긍선(亘璇)이라 일렀으니
> 더할 말이 없구나[42)]

추사의 불교지식이 해박하였다 하더라도 당시 화엄의 대가요 선풍을 주도한 백파선사를 넘어서기는 쉽지 않았을 것이다. 다만 유학자이면서도 불교에 대한 높은 식견을 갖추었다는 것, 그리고 당당하게 화두선을 비판하며 초기불교의 관점에서 불교의 본질을 강조한 것은 오늘날에 있어서도 의미 있다 할 수 있겠다.

VI. 맺음말

<철종실록>에 나온 추사의 졸기(卒記)를 보면 다음과 같다.

> 전 참판(參判) 김정희(金正喜)가 졸(卒)하였다. 김정희는 이조 판서 [吏判] 김노경(金魯敬)의 아들로서 총명(聰明)하고 기억력이 투철하여 여러 가지 서적을 널리 읽었으며, 금석문(金石文)과 도사(圖史)에 깊이 통달하여 초서(草書)·해서(楷書)·전서(篆書)·예서(隷書)에 있어서 참다운 경지(境地)를 신기하게 깨달았었다. 때로는 혹시 거리낌 없는 바를

---

42) 『阮堂全集』卷七, <雜著, 作白坡碑面字(書以華嚴宗主白坡大律師大機大用之碑) 書贈其門徒>: "貧無卓錐, 氣壓須彌. 事親如事佛, 家風最眞實. 厥名兮亘璇, 不可 說轉轉."

행했으나, 사람들이 자황(雌黃)하지 못하였다. 그의 중제(仲弟) 김명희 (金命喜)와 더불어 훈지(塤篪)처럼 서로 화답하여 울연(蔚然)히 당세(當世)의 대가(大家)가 되었다. 조세(早歲)에는 영명(英名)을 드날렸으나, 중간에 가화(家禍)를 만나서 남쪽으로 귀양가고 북쪽으로 귀양가서 온 갖 풍상(風霜)을 다 겪었으니, 세상에 쓰이고 혹은 버림을 받으며 나아 가고 또는 물러갔음을 세상에서 간혹 송(宋)나라의 소식(蘇軾)에게 견 주기도 하였다.[43]

조선후기 세도정치라는 혼란스러운 시기를 살았던 추사의 모습은, 개방적이고 감수성이 풍부하고 치열했던 예술인으로서의 삶, 가족을 비롯한 많은 관계 속에서 최선을 다하고 노력하였던 인간으로서의 삶, 비문을 탁본하고 고증학적 탐구를 그치지 않았던 학자로서의 삶 등 다면적이다. 그의 삶에 가장 큰 기반이 된 것은 물론 유교였다. 유교 경전을 공부하여 35세에 과거에 급제하였으며, 『주역』을 비롯한 경전에 대한 이해도 깊었다. 그럼에도 불구하고 그의 삶의 토대를 이루고 인식의 지평을 넓혀준 것은 불교였다. 연행(燕行) 경험에 대한 자부심, 백파선사에 대한 다소 무례한 표현, 이광사와 이삼만의 글씨에 대한 자의적 평가 등도 그의 기질적 열정에 기인한다. 이러한 패기와 호방함은 유배의 고난 속에서 예술가로서의 추사의 감수성을 꽃피우는 계기가 되었고, 그 시기를 이겨낼 수 있었던 힘은 불교가 아니었을까. 그의 열정과 감수성이 불교, 그리고 제주의 자연과 만나 추사체로 빛을 발하였던 것이다.

---

43) http://db.itkc.or.kr(한국고전종합DB): 국역 조선왕조실록>철종실록>철종 7년 병진 (1856)>10월 10일(갑오)>전 참판 김정희의 졸기

제3장 명상의 도덕교육적 효과
: 예비교사들의 명상 경험을 중심으로

I. 머리말

명상의 과학적 효과의 핵심은 뇌 구조를 변화시켜 우울·불안을 해소하고, 세로토닌 분비를 증가시켜 면역력을 강화해 각종 질환을 예방한다는 것이다. 애플의 창업자 스티브 잡스는 "내 열정과 창의력의 원천은 아침마다 하는 명상"이라고 하였다.1) 과학적 효과에 유명인들 경험담이 더해지면서, 명상은 이제 일반인들을 대상으로 한 심신안정 및 질병치료 등의 활용단계를 넘어, 대기업의 연수·교육에 수용될 정도로 보편화되고 있다. 애플·구글·야후·나이키 같은 글로벌 기업은 물론 삼성·포스코 등 국내 기업도 명상교육을 시행하고 있다고 한다.

명상의 과학적 효과가 알려지면서 이를 활용하는 단체도 생기고,2) '뇌교육'에 초점을 두고3) 교육 프로그램에 활용하는 기관도 등장하였다.4) 주

---

1) 『중앙일보』(2013.10.28).

2) http://www.kibs.re.kr/index.asp. 재단법인 한국뇌과학연구원은 2002년 설립된 기관으로 잡지 『브레인』을 통하여 적극적인 활동을 벌이고 있는데, "강재이뇌(降在爾腦)" - 한민족의 고대 경전인 『삼일신고(三一神誥)』 신훈편(神訓篇)에 나오는 글귀 - 를 기치로 인간 뇌에 대한 근본탐구를 바탕으로 한 지속적 연구와 개발을 통해 인류 의식의 진화와 지구 문명의 진보를 이루고자 한다고 설립 철학을 제시하고 있다. 이 기관에서 세운 학교가 국제뇌교육종합대학원대학교(http://www.ube.ac.kr)이다.

3) 뇌교육(腦教育)은 인간이 뇌를 보다 생산적으로 사용할 수 있게 하는 교육 방법이다. 뇌를 생물학적 대상이 아닌 교육적 대상으로 바라본다는 것이 특징이다.

4) "뇌교육은 한국식 명상법과 뇌과학의 원리를 접목한 프로그램으로 현재 우리나라

목적은 학교폭력과 언어폭력 등 청소년 문제가 심각해지자 그 해결책으로 청소년들의 집중력과 정서적 안정감을 높이고자 하는 것이다.5) 현재 시행되는 뇌교육의 효과는 첫째 감정조절 효과로 조용한 음악을 들으며 명상을 하여 산만한 아이들이 차분해지도록 함으로써 스트레스가 해소되어 학교폭력이 감소한다는 것이다. 둘째는 학습력 향상으로 뇌체조·뇌명상이 잠자는 뇌를 깨우고 시냅스를 자극시켜 뇌를 발달시키기 때문에 수업시 집중력이 높아진다고 한다.6) 이는 기본적인 명상 기법을 활용하여 교육적 효과를 얻은 사례라고 볼 수 있다.7)

공교육에 도입된 프로그램만 2,100여 개에 달한다. 지난 2012년 우리나라 교육부의 '글로벌 교육 원조 사업'의 일환으로 뇌교육이 전해지면서 오랜 내전 후유증으로 마약, 폭력, 학교 내 갱단 문제가 심각했던 엘살바도르의 학교가 180도 바뀌는 기적을 보였다. 현재 엘살바도르에서 180여 개 학교와 1,800여 명의 교사에게 뇌교육 수업이 시행되고 있을 만큼 공신력도 높다." http://www.brainmedia.co.kr/brainWorldMedia/ContentView.aspx?contIdx=13670(검색일: 2014.05.26.), "학교 폭력 제로(zero) 청소년 뇌교육 선도 프로그램!"(브레인 Vol. 44), 『브레인미디어』(2014.03.26.).

5) 청소년 정신건강 문제의 해법을 뇌교육을 통해 찾기 위한 '청소년 멘탈헬스 심포지엄'이 9일 충북 청주 여성발전센터 대강당에서 열렸다. 국제뇌교육협회 관계자는 "뇌교육은 인간 뇌의 올바른 활용과 개발에 관한 미래교육 대안으로, 국제사회가 주목하고 있다"고 말했다. http://www.newsis.com/ar_detail/view.html?ar_id=NISX20131109_0012500671&cID=10806&pID=10800(검색일: 2014.05.26.), "청소년 뇌교육이 학교 문제 해결 출발점", 『뉴시스』(2013.11.09.).

6) 대전법동중학교(교장 김근수) 학생들은 매일 아침 10분씩 선생님과 함께 뇌체조와 뇌명상으로 하루 일과를 시작한다고 밝혔다. "두 눈을 감고 모든 에너지를 뇌로 모아 보세요" 손으로 머리를 꼭꼭 누르기, 손목 돌리기, 옆구리 늘리기, 손바닥으로 단전치기 등을 한 후 깊은 명상에 들어간다. (…) 아침마다 뇌교육을 받은 학생들은 "뇌체조를 하니까 친구에게 짜증을 덜 내게 돼요", "기분이 좋아져요", "몸이 가벼워지는 것 같아요", "나를 되돌아보게 돼요" 등 매우 긍정적인 반응을 보여 주었다. http://www.sejongtv.kr/news/articleView.html?idxno=52944(검색일:20 14.05.26), "'미래의 꿈' 떠올리며 10분 명상 : 법동중, 뇌체조와 뇌명상으로 지친 두뇌가 쌩쌩", 『세종방송』(2014.03.28.).

7) 이처럼 뇌교육 프로그램이 공교육에 시도되고 있어 긍정적이지만, 아직까지는 프로그램을 담당한 단체에 힘입은 바가 크다. 앞으로 다각적인 연구가 더 필요할 것으로 보인다.

우리가 알고 있는 명상은 뇌교육 방법의 하나이다. 밝혀진 효과만 해도 이완효과, 스트레스의 해소, 약물중독의 치료, 심리 치료, 학습 및 기억의 증진, 신비적 체험, 자신의 존재에 대한 깨달음 등이 있고,[8] 명상의 단계는 삶의 일상적 차원에서부터 정신의 고차적 의식세계 수준에까지 이른다.[9] 최근 명상은 의학적 치료 혹은 치유의 기법으로 각광받고 있지만, 본래는 우주의식의 본질 체험을 포함한(궁극적 깨달음에 이르기 위한), 종교적·철학적으로 매우 복잡하고 체계적인 개념이자 고도의 수행법이다.[10] 물론 명상은 종교 수행자들의 전유물도 아니며, 그 방법이 심오하거나 난해하여 일반인들이 접근하기 어려운 것도 아니다. 명상의 보편화를 위해 일반인들이 수용하여 긍정적인 효과를 얻을 수 있다면 그처럼 바람직하고 의미 있는 일도 없을 것이다. 그러나 명상의 본질을 제대로 알지 못하고 피상적으로만 접근하여 교육에 적용할 경우, 잘못된 방향으로 나갈 수 있다는 점에서 보다 신중한 접근이 필요하다.

이러한 점을 염두에 두고 명상의 목적과 본질을 살펴보자. 모든 종교에는 명상이 존재하는데, 종교마다 명상을 도입한 것은 영성(靈性)의 확충에 도움이 되기 때문이다. 즉, 의식의 집중과 정신의 정화를 통하여 절대자와의 합일을 추구하거나 우주의식과 합일하고자 한다. 명상을 통해 의식세계를 고양시키는 긍정적 효과를 끌어내고자 하며 그 과정에 궁극적으로 바람직한 가치에 대한 지향성이 내포되어 있다. 우리는 명상을 통해 자아를 성찰하고, 자기 속에 있는 신성(神性)을 발견하는 체험을 하게 되는 것이다.[11] 물론 각 종교마다 명상의 목적과 방법이 동일한 것은 아니지만 궁극

---

8) 김정호, "마음챙김명상의 유형과 인지행동치료적 함의", 『인지행동치료』 제4권 제2호(한국인지행동치료학회, 2004), p.69.

9) 이영돈, 『KBS 특별기획 다큐멘터리: 마음』(예담: 2006). 윤병수, "집중명상과 마음챙김명상이 뇌의 주의체계에 미치는 영향", 『한국심리학회지: 건강』 제17권 제1호(한국심리학회, 2012), pp.65~77. 김선숙, "명상의 의의와 학문에의 연계성", 『한국정신과학학회 춘계학술대회 논문집』(한국정신과학회, 2012), pp.115~131.

10) 장승희, 『도덕교육, 그 성찰과 모색』(파주: 양서원, 2013), p.171.

적으로 자아의 본질을 회복하여 궁극적으로 추구하는 대상과의 합일을 추구하고자 하는 점에서는 동일하다.[12] 즉 밖으로 향하는 마음을 자기 자신에게 향하게 하고 의식에 집중하여 추구하는 대상과 하나가 되는 삼매(三昧) 혹은 지관(止觀)을 통하여 참된 자기를 깨닫고 궁극적으로 깨달음에 가까이 다가가고자 한다. 그 과정에서 참된 자아를 발견하게 되고, 새로운 인격을 형성하고 인격의 완성에 가까워지고자 하는 것이다.[13]

명상의 본질은 참된 자아를 회복하여 인격 완성을 추구하고 나아가 긍정적 자아의식을 경험하고, 이를 다른 대상에까지 확대시키고자 하는 것이다. 나의 변화를 통하여 궁극적으로 세상을 긍정적으로 변화시키고자 한다. 이러한 명상의 본질에 더하여, 명상의 또 다른 특징은 전적으로 개인의 사적 영역으로서 그것이 주로 주관적 체험에 의지한다는 점이다. 명상의 의학적·과학적 효과가 검증되고는 있지만 명상에 의한 의식 변화를 수치화하는 것은 여전히 쉽지 않은 작업이다. 또한 명상의 본질을 파악하지 못하면 개인의 변화나 안심(安心)을 위한 수단으로만 머물고 그 이상으로 발전하지 못하는 한계를 지닌다. 그나마 다행인 것은 인간의 사유와 행동이 사회적 관계망에서 이루어지기 때문에, 결국 개인의 변화는 사회적 인간관계에서 상호 긍정적 영향을 미치므로 결국에는 명상의 본질과 만나게 된다는 것이다. 즉 나의 긍정적 변화가 타인의 변화, 사회의 변화에 영향을 줌으로써 바람직한 변화에 도움을 주게 마련이다.

명상을 교육에 적용하고자 할 때 유의할 점은 종교와의 관련성에 대한 점검이다. 명상은 불교에서 유래하였고, 또 모든 종교에 명상이 존재한다는 데서 영성(靈性) 형성과 관련된다. 그러나 특정 종교에 의한 명상교육은 타종교로부터 비판받을 여지가 있을 수 있고, 소수 혹은 특정한 집단에 의

---

11) 정태혁, 『명상의 세계』(정신세계사, 2004), p.253.
12) 명상에 대한 철학적·사상적 이해와 명상 연구의 흐름, 명상의 과학적 효과에 대해서는, 장승희(2013), 『도덕교육, 그 성찰과 모색』, 양서원, pp.171~209를 참고할 것.
13) 위의 책, p.263.

한 명상 도입은 '주관 집단'14)의 문제에서 자유로울 수 없다. 따라서 공교육에서는 특정 종교의 관점에 치우치지 않는 교육적 고려가 필요하다.15) 더불어 특정 집단에서 형성된 '주관 집단'은 폐쇄적 진리관이 되어 구성원들에게 잘못된 인격을 형성할 수 있기 때문에 반드시 보편적 관점과 객관적 방법에 대한 고려가 필요하다. 교육적 적용에서는 또한 명상의 부정적 측면도 간과해서는 안 되는데, 호흡과 집중을 통해 정신의 고양을 추구하는 특성 때문에 혼자서 명상 기법을 잘못 활용하면 신체적·정신적으로 문제가 생길 수도 있다는 점을 염두에 두어 숙련된 지도자의 지도를 받아야 한다.

이처럼 명상을 교육에 적용하고자 할 때 고려할 점들이 많기 때문에 조심스럽게 접근하여 적용하지 않을 수 없다. 단순히 집중을 통한 치유나 치료 방법을 넘어 명상의 본질에 근거하여 참된 자아를 발견하고, 이를 통해 궁극적으로 깨달음과 인격 완성에 도달할 수 있도록 해야 하는 것이다. 더불어 교육에서 명상을 실시하려면 명상을 지도하는 교사가 명상의 본질과 방법에 대해 알고 있어야 하며, 교사가 직접 명상을 체험하여 긍정적 효과를 경험한 후 지도하는 것이 바람직하다.

본 연구는 필자의 명상에 대한 이론적 연구를16) 교육에 적용한 것이다. 필자는 2009년부터 요가와 명상을 수련하면서 그 경험을 토대로 강의 효과를 위해 몇몇 강좌에서 명상 기법을 적용한 적이 있었다. 조심스럽게 접근하였는데 예상외로 학생들의 반응이 긍정적이어서 이에 자신감을 얻어 보다 적극적으로 강의에 적용하게 되었다. 예비교사들을 대상으로 한 '초등도덕과교육'(이하 초도교라 칭함) 강좌를 전 학년 담당하게 되어 교수법

---

14) 박 석, 『박석 교수의 명상 길라잡이』(도솔, 2001), p.19. 집단주관이란 '어떤 집단에 속하는 사람들의 집단 특유의 공통된 의식'으로 인종, 민족, 문화권, 지역권에 따라 매우 중층적으로 형성되는 것이다.

15) 장승희, 앞의 책, p.196.

16) 장승희, 앞의 책, pp.171~209.

의 하나로 명상을 적용하고, 본 연구는 그 과정, 방법과 내용, 그리고 효과를 분석한 것이다. 이를 위해 다음의 논의에서 출발하였다. 첫째, 예비교사인 수강생들에게 명상이 필요한 이유와 의미는 무엇인가? 둘째, 초도교 명상의 목표는 무엇이고, 구체적인 방법은 어떻게 나타나는가? 셋째, 명상의 내용과 그에 대한 학생들의 반응 및 그 효과는 어떠한가?

명상에 대한 수강생들의 반응 및 변화 양상은 온라인 카페에서 이루어진 '강의성찰'을 중심으로 살펴보았고, 명상의 효과를 파악하기 위하여 두 차례의 설문조사를 실시하여 결과를 분석하였다. 1,2차 설문은 학기 초와 중간에 이루어졌는데, 설문의 내용은 동일한 항목도 있고, 내용을 더 추가하여 설문에 포함시킨 것도 있다. 동일한 설문 내용은 명상을 실시한 후의 변화 추이를 분석하기 위한 것이고, 상이한 질문들은 명상의 단계가 변화되면서 명상 내용에 대한 수강생들의 주관적 경험을 파악하기 위한 것이다.

강의를 위한 온라인 카페의 강의성찰 내용은 명상에 대한 학생들의 강의에 대한 기록인데, 강의에 대한 소감을 넘어 학생들은 일기처럼 자신의 삶과 고민, 세상에 대한 소회를 기록한다. 여기에서 명상에 대한 학생들의 주관적 느낌과 소감, 명상을 접한 후의 변화 추이를 살펴볼 수 있었다. 앞에서 언급하였듯이 명상은 매우 주관적 체험이며, 설문조사로 객관적 변화 추이를 분석하더라도 주관적 경험에 대해서 포착하는 것은 매우 중요한 일이다. 그들의 기록에서 도덕적 가치를 파악할 수 있으며, 생생하고 설득력 있는 표현들은 다른 어떤 것보다 의미 있는 이야기들로 되도록 생생한 표현 그대로를 인용하고자 노력하였다. 강의성찰은 강의에 대한 종합적 이야기로 일종의 내러티브(narrative) 혹은 스토리텔링(Storytelling) 기법에 해당하는데,17) 수강생들의 명상에 대한 주관적 체험의 느낌과 변화를 살펴

---

17) 스토리텔링(Storytelling)이란 요즘 광고나 마케팅 기법 또는 강의 중에 가장 많이 사용하고 있는 기법 중의 하나로, 사람의 마음이 움직이도록 흡입력 있게 전달하는 방법이다. 스토리텔링은 '스토리(story)+텔링(telling)'의 합성어로, 상대방에게 알리고자 하는 바를 재미있고 생생한 이야기로 설득력 있게 전달하는 것을 말한

볼 수 있어 의미가 크다.

II. 예비교사에 대한 명상의 필요성

교수가 한 강좌를 한 학기(혹은 1년) 동안 담당하여 교육하는 것은 교수·학습 과정 그 이상의 의미를 지닌다. 수강생들과의 만남에서 교수자의 교육철학을 구체화하여 실현하면서 이른바 소통이 이루어진다. 교수들에게 그것은 해마다 같은 강의로 기억되는 기계적 과정일 수도 있지만, 학생들에게는 평생 한 번의 경험이자 역사이기도 한 소중한 기억이다. 필자가 강의를 학생들의 역사로 인식하게 된 것은 수강생들의 강의성찰과 학기말에 제출하는 조별 '포트폴리오'를 평가하면서이다.[18] 여기서 강의가 단순한 반복적 과정 그 이상의 의미를 지님을 깨닫게 되었다. 교육과정의 모든 강좌들이 소중하지만 초도교는 기존에 받아왔던 도덕교육에 대한 인식을 변화시키는 계기이며 도덕교육의 철학을 형성하고 새로운 교수법을 배워 교사로 거듭나는 경험적 의미를 지닌다. 필자가 초도교에 다양한 교수 방법과 기법들을 적용하는 이유는 우선은 강의 자체를 위해서이고, 다른 하나는 예비교사들이 체험한 교수법을 학교현장에서 적용하였으면 하는 바람에서이다. 명상을 적용한 것도 이런 두 가지 바람에서이다.

대학 2학년인 예비교사들에게 명상을 실시하면서 두 가지를 고려하였다. 하나는 명상 대상자이자 예비교사인 수강생들에 대한 고려, 다른 하나는 교육과정으로서 초도교 강좌의 목표·내용·방법 등 도덕교육적 고려였다. 전자가 대상자들의 적응과 교사로서의 성장을 위한 정서적·심리적·교

다. 김영균, 『교수법에 길을 찾다』(상상채널, 2012), pp.164~165.
18) '강의성찰'은 매 강의마다 강의에 대한 소감과 삶에 대한 소회를 기록한 것이며, '포트폴리오'는 강의마다 이루어진 조별 활동들을 모은 활동들의 기록이며, '최종 소감'은 한 강의를 마치며 소감을 종합한 기록이다.

육적 효과를 고려한 방법으로서 명상의 도입이라면, 후자는 교사가 된 후 미래를 위한 교사교육 과정으로서의 고려이다.

첫째, 수강생들은 대부분 만 20세로, 교사의 꿈을 위해 목적 대학인 교육대학에 입학한 학생들이 대부분이지만 경제적·현실적인 여건 때문에 진로를 선택한 경우도 적지 않다. 1학년 교육과정은 대부분 교양강좌여서 교육에 대한 전문적 지식과 이해가 깊지 않다. 2학년에서 교과교육 등 전문지식 관련 강좌를 본격적으로 수강하는데, 여러 교과와 교양강좌까지 매우 빡빡한 교육과정 및 일정을 쫓아가야 해서 신체적·정신적으로 힘든 시기이다. 성인이지만 아직 교사로서의 정체성 및 교육철학이 정립되지 않아 교사로서의 자질·능력에 대해 확신을 가지지 못하고 고민하는 시기이기도 하다. 그래서 예비교사로서 일정 관리, 자존감 형성 과정에서 성장통을 겪는 시기이다. 처음 교과교육을 접한 예비교사들에게 교사로서의 성장을 돕기 위한 방법이 바로 명상이다.

둘째, 교사교육의 한 방법인 명상에 대한 체험을 실제 교육현장에서 적용할 수 있게 하기 위함이다. 교사가 되어 학생들에게 명상을 실시하려면 교사가 직접 체험하는 경험이 중요하다. 명상에 대한 이론적 배경과 지식에 더하여 직접 경험하여 체화하여야 올바른 지도가 가능할 것이기 때문이다.

셋째, 현재 초등학교 도덕과 교육과정 내용을 고려하였다. 2007 개정교육과정 초등학교 내용영역 중 5,6학년 '도덕'의 '도덕적 주체로서의 나' 영역은 감정과 정서 등 정의적 도덕성을 중요하게 다루고 있는데, 구체적으로 살펴보면 '감정의 조절과 표현', '자기 행동에 대한 책임감', '자긍심과 자기계발', '절제하는 생활'등이다.[19] '감정의 조절과 표현'의 진술을 보자.

다양한 감정이 발생하는 원인을 알고, 자신의 감정 표현의 결과를 합

---

[19] 교육과학기술부 고시 제2012-14호 [별책 6], 『도덕과 교육과정』, pp.14~15.

리적으로 예측하여, 때와 장소 및 상대에 맞는 바람직한 감정 표현 방식과 다양한 감정을 바르게 다루는 방법을 배운다. 이를 위해 자신의 감정을 잘 다스린 사람들의 모범 사례들을 찾아보고 감정을 적절히 조절하고 표현하는 방법을 익힌다.[20]

감정을 조절하고 표현하고 다루는 구체적인 방법을 지도하도록 되어 있는데, 교사가 될 예비교사들에게 명상으로 구체적인 방법을 지도하고 싶었다. 구체적인 내용들은 ① 감정의 의미와 기능 및 감정 조절 원인과 그에 따른 행동의 결과, ② 상황과 상대를 고려한 감정 조절과 표현, ③ 바람직한 감정을 잘 기르고 실천하는 자세이다. '절제하는 생활'에서도 "분노의 표출이 자신과 타인에게 미치는 영향 이해하기, 분노의 감정 조절하기"가 포함되어 있다. 이 내용들은 초등학생들에게 바람직한 감정과 정서를 교육하여 아동 문제, 청소년 문제 등의 해결을 위해 중요하다고 판단된다. 특히 예비교사들은 자신이 먼저 감정 조절과 절제 등 그 교육목표를 달성할 수 있어야 하며, 교과 내용의 교육을 위해 스스로 생활 속에서 실천할 수 있어야 하며, 이를 위해 명상이 도움이 될 것이라고 판단하였다.

Ⅲ. '초등도덕과교육' 명상의 목표와 방법

1. 명상의 목표 : 소아(小我)에서 대아(大我)로

담당 강좌에 명상을 적용할 때, 명상의 본질을 잃지 않으면서 도덕교육적 의미를 찾고자 하였는데, 먼저 불교 명상에서 명상의 본질을 파악해 보았다.[21] 오늘날 명상의 방법들은 불교 명상[특히 소승불교의 사마타와 위

---

20) 위의 책, p.14.

빠사나]에 의지하는 바가 크다. 인도에서 명상은 의식 고양을 위한 매우 보편적 방법이었고, 심신의 조화를 목적으로 한 요가의 명상처럼 부처 이전의 명상은 올바른 진리에 도달하기 위한 심신안정이 주 목적이었다. 고행 등 다양한 수행법들을 거치고 난 후 깨달음을 얻은 부처의 최종 방법이 선정(禪定), 바로 명상이었다. 부처가 추구한 명상의 목적은 깨달음의 지혜를 통해 자비명상으로 나아간 대승불교에서 찾을 수 있으며, 오히려 그것이 불교 사상에 더 부합된다는 점에서 중요한 의미가 있다.

서양에 전해진 명상 방법인 사마타(止, samatha)와 위빠사나(觀, vipassana)는 불교의 명상 방법에서 나온 것이다. 남방불교(소승불교)는 위빠사나를 우위에 두는 반면, 대승불교는 사마타와 위빠사나 두 가지 모두를 기본으로 한다. 사마타는 원래 '고요하다'의 뜻으로, 내적·외적 대상으로 인해 산란하고 흐트러진 마음을 한 곳으로 모아 고요하게 만들어 마음의 평화를 얻는 것이다. 위빠사나의 '위(Vi)'는 '여러 가지', '빠사나(passana)'는 '관찰하다'의 뜻으로, 몸과 마음에서 일어나는 여러 가지 현상들을 관찰하는 것, 이러한 관찰을 통하여 자신의 몸과 마음, 나아가 외부의 여러 현상들을 그대로 보는 통찰력을 얻는 것을 말한다.[22] 사마타 수행은 평온이나 고요함을 목적으로 집중을 계발하는 '사마디수행[定]'이고 위빠사나는 내적 통찰과 지혜를 계발하기에 '반야수행[慧]'이라고 부른다.[23] 부처가 깨달음을 얻기 위해 행했던 위빠사나 수행법은 관법(觀法)으로 사띠빠타나(Satipathāna)라는 마음집중 방법이다. 이것은 마음집중을 의미하는 '사띠'와, 집착 혹은 접촉, 즉 머문다는 뜻인 '빠타나'의 복합어로, '몸의 크고 작은 활동과 기능, 육체적 모든 현상에 마음을 집중하여 몸의 동작을 쉽게 감지 인식하는 것으로

---

21) 이론적 접근에서만 불교 명상을 활용하고, 강의의 명상에서는 최대한 종교적 색채를 배제하고자 노력하였다.

22) 박 석, 앞의 책, pp.211~223.

23) 정준영, "사마타(止)와 위빠사나(觀)의 의미와 쓰임에 대한 일고찰", 『불교학연구』 제12호(불교학연구회, 2005), p.521.

서, 부처가 사성제(四聖諦)와 팔정도(八正道)를 깨달은 방법이다.24)

부처가 명상을 통하여 깨달음을 얻은 후 불교 명상은 남방의 소승불교를 넘어 대승불교에서도 수용되었는데, 중국의 선종(禪宗)에서 이심전심(以心傳心), 불립문자(不立文字) 등을 강조한 간화선(看話禪)은 화두(話頭)를 강조한다. 불교가 다양한 역사를 거쳐 변화되어 왔듯이 명상도 긴 역사를 거치면서 변화를 거쳐 발전하였다. 소승불교의 명상은 개인의 깨달음에 초점을 두었는데, 그것이 보급되면서 질병치료, 정신치유, 마음집중을 통한 심신의 안정에 초점을 두었다. 그러다보니 명상의 목적이 개인적 측면에서만 머문 것 같은 인상이 든다. 불교가 소승불교에서 대승불교로 발전한 것은 개인의 깨달음을 통한 자리(自利)를 넘어 범부대중(凡夫大衆)들을 깨우치고자 하는 이타(利他)에까지 사유를 확대시켰기 때문이다. 이것이 부처의 본뜻이라고 보았고 이후 대승불교가 확대되었던 것이다. 깨달음과 더불어 '동체대비(同體大悲)'는 궁극적으로 불교가 지향하는 바이며, 명상의 본질에 동체대비가 포함된다고 필자는 생각한다. 소승(小乘)이 개인적 깨달음에 그치는 데 비하여 대승(大乘)은 보살행(菩薩行)으로 연계되어 타인에게 자비(慈悲)의 업력(業力)이 미치기를 기원하는 방향이라는 점에서이다.

필자는 불교 명상의 본질이 깨달음과 그것을 통한 자비의 확산에 있다고 본다. 명상의 목적이 일차적으로 정신집중과 진리에의 깨달음이라고 한다면, 그 본질은 나 자신을 넘어 다른 존재와 대상들에 대한 관심과 사랑으로 승화되는 것이라고 보았다. 강의에 명상을 도입하여 교육하고자 할 때 이러한 점을 염두에 두고 목표를 설정하였는데, 구체적으로 살펴보자.

첫째, 가장 중요한 목표는 예비교사로서 수강생들의 인격적 성장이다. 교사로서의 성장 과정에 있는 수강생들이 참된 자아를 인식하고 작은 나[소아(小我)]에서 나아가 동체대비를 추구하는 큰 나[대아(大我)]가 되도록

---

24) 거해 스님, 『위빠사나 수행의 길』(샘이 깊은 물, 2003), pp.15~16.

하는 것이다. 이것은 궁극적으로 불교의 자비(慈悲), 기독교의 사랑, 유교의 인(仁)으로 표현되는 타인에 대한 배려와 존중으로 승화되어 세상을 변화시킬 원동력이 될 것이라고 생각하였다.

둘째, 이에 더하여 명상의 내용에 강의와 관련된 주제들을 명상의 대상으로 두어 그에 사유의 지평을 넓히고 인지적·정의적·행동적 도덕성을 함양하는 데 목표를 두었다. 그것은 주제[화두(話頭)]에 대한 통찰명상을 통하여 심신의 안정과 집중력, 자기성찰, 타인에 대한 배려와 자각 등 다양한 명상 효과와 연결되는 것이다.

셋째, 명상의 체험을 통하여 긍정적 에너지를 함양하여 자신의 성장은 물론 교사로서 교수법의 하나로써 명상 방법을 익히는 것을 목표로 하였다. 명상은 경험 없이는 지도할 수 없고, 결국 체험을 통한 방법의 체득이 중요한데, 이 강의를 통해 교사가 된 후 학생들에게 적용하여 명상의 보편화에 기여하도록 하는 것도 목표이다.

예비교사들에 대한 명상을 자리(自利)를 넘어 이타(利他)로 확대시키고자 한 것은 그들이 많은 어린이들을 교육할 인재들이기 때문이다. 개인적 인격형성과 능력개발도 중요하지만 그것이 사회와 역사를 변화시키는 중요한 싹이기 때문이다. 또한 명상 방법은 불교에서 온 것이지만 종교적 색채를 배제하여야 하는 점도 염두에 두었다.

2. 명상의 방법 : 기본명상과 화두명상

1) 기본명상 방법 : 호흡·몸·감정·생각 통찰하기

강좌의 목표는 도덕교육의 기본 이론과 지식, 방법 등이 있지만 예비교사로서 도덕성을 갖춘 인격 형성이 중요한 목표이다. 명상으로 수강생들의 심신 안정, 수업 집중도 등 의 기본태도 함양에 더하여 인격적 성장도 중요시하였다. 이를 위해 자아의 정립, 자존감 회복, 정서적 안정이 중요한

데, 이를 염두에 둔 명상이 통찰명상이다. 먼저 자기 자신에 대한 기본 통찰을 바탕으로 세상의 다른 대상들에 대한 통찰로 확대되는 것이다. 우선, 호흡·몸·감정·마음에 대한 기본명상을 바탕으로 하며, 나아가 다양한 주제[화두(話頭)]에 대해 통찰하는 화두명상으로 이어진다.

명상을 접해보지 않은 사람들은 명상이 매우 어려운 것이며, 명상을 하기 위해서는 매우 고도의 체계적인 방법이 필요하다고 생각한다. 그러나 명상의 기본은 호흡이고 기본적인 것만 잘 훈련하면 일상에서 다양하게 명상을 생활화할 수 있다. 명상의 모든 단계에서 호흡이 가장 중요한 기본이며, 호흡에 집중하며 시작하고 호흡으로 되돌아와 마무리하면서 명상을 마친다. 우리의 호흡은 평상시 의식하고 있지는 않지만 우리 생명의 기본이자 출발점이기 때문에 모든 수행법들은 호흡에서부터 시작된다.

강의에서 적용한 '기본명상'은 몸[身], 느낌[受], 마음[心], 대상[法]에 대한 불교 사념처(四念處)[25] 명상 방법에서 유래한 것이다. 현재의 찰나를 포착하여 개념적 공상을 배제하고 직관적으로 포착하는 관(觀)이 핵심이다.[26] 신관(身觀)은 호흡을 바라보는 데서 시작하는데, 호흡을 보는 것은 몸에 대한 관찰 가운데 가장 기본이며, 이를 통해 자기 몸의 상태를 관찰하고 다음 단계로 몸의 움직임을 관찰하는 데로 나아간다. 자신이 걷고, 서고, 앉고, 누워 있음을 알아차리고, 나아가 몸의 모든 동작에 대해 그대로 깨어서 바라보는 것이 중요하다. 이것은 일체의 상황에서 항상 자기의 몸에 대해 알아차려서 깨어 있어야 한다는 것이다. 수관(受觀)은 자신의 감각에 대한 관찰로, 느낌에 대해 선입관이나 상상의 덧칠 없이 그대로 바라보는 것이다. 심관(心觀)은 마음에 대한 관찰로 사랑과 미움, 괴로움과 즐거움에 영향을 받지 않은 근원적인 자기 마음을 알게 하고자 하는 것이다.[27]

---

25) 신념(身念), 수념(受念), 심념(心念), 법념(法念)의 사념처(四念處)에서 념(念, sati)은 주의 깊게 주시함이며, 처(處)는 그 주시함의 대상으로 몸·느낌·마음·법을 말한다.

26) 한자경, 『명상의 철학적 기초』(이화여자대학교출판부, 2008), p.96.

이 단계를 거쳐 궁극적으로 도달하고자 하는 것이 법관(法觀)인데, 법은 두 가지 의미가 있다. 하나는 명상의 대상이 되는 모든 것, 다른 하나는 고차 원적인 불교의 이른바 사성제(四聖諦)·연기(緣起) 등 진리이다. 본 연구에 서는 전자의 뜻인 명상의 대상으로 이해하여 수용하였다.

본 강좌에서는 핵심적이면서도 간략한 방법을 선택하였는데, 불교명상 중 위빠사나 기본적 통찰명상을 중심으로 구성하여 명상의 본질을 잘 드러 낸 잭 콘필드의 "처음 만나는 명상레슨"이란 책과 여기에 포함된 CD를 활 용하였다.[28] 구체적 단계를 정리하면 다음과 같다. 이 방법의 장점은 우선, 기본이 되는 호흡, 몸, 감정, 생각에서 용서와 사랑의 도덕적 덕목을 포함시 키고 있다는 점에서 도덕명상에 적합하고, CD에 포함된 '명상 유도문'(내레 이션)이 적용하기에 편하게 되어 있었다. '호흡과 하나 되기', '몸의 느낌과 함께하기', '감정과 함께 하기', '생각 바라보기'를 기본명상으로 정하였다. 누구나 명상 유도문의 설명에 따라 하면 자연스럽게 명상을 할 수 있도록 되어 있다.[29] 주어진 내용 중 학생들에게 적용한 것은 '호흡→몸→감정→ 생각'명상인데, 호흡에 집중하면서 몸의 변화를 살피고 감정을 정리하고 생 각이 차분해지도록 연습하는 기본적인 '통찰명상'을 연습시켰다.

[표 1] 통찰명상의 방법[30]

단계	내용	방법
레슨 1	호흡과 하나 되기	안정되고 편안한 자세 깊은 호흡, 들숨과 날숨으로 호흡의 리듬 느끼며 집중하기
레슨 2	몸의 느낌과 함께하기	몸의 느낌에 초점두기 몸 안의 에너지와 감각 자각하기 편안함, 긴장감, 즐거움, 가려움, 통증 등 수용하기

---

27) 박 석, 앞의 책, pp.224~231.

28) Jack Kornfield, 추선희 역, 『처음 만나는 명상 레슨』(*Meditation For Beginners*)(불 광출판사, 2011). pp.29~128. 단계의 내용과 방법에 대한 상세한 해설은 이 책을 참 고할 것.

29) 추선희 역, 앞의 책, pp.38~43, pp.55~58, pp.75~78, pp.87~89.

레슨 3	감정과 함께하기	슬픔, 기쁨, 욕망, 분노 등 감정 바라보기
레슨 4	생각 바라보기	현재 일어나는 생각, 계획, 기억 등 바라보기
레슨 5	용서의 명상	생각, 말, 행동으로 한 잘못 기억하고 용서 구하기 자신의 잘못에 대해 자신이 용서하기 다른 사람에게 받은 상처, 슬픔에 대하여 용서하기
레슨 6	사랑의 명상	나 자신을 사랑하기 사랑의 느낌, 사랑의 마음, 사랑의 감각 키우기 자신이 사랑하는 사람을 사랑하기 사랑의 마음을 확대시켜 모든 대상에 대하여 사랑하기

수강생들에게 명상을 실시한 것은 강의 2주부터(제1주는 강의 오리엔테이션) 본격적인 강의 시작 5~10분 내외 시간을 활용하였다. 강의에서는 [표 1]의 '레슨 1'에서 '레슨 6'까지를 적용하였다. 먼저 호흡명상은 처음 명상이자 가장 중요한 것으로, 유도문의 방법을 따라 실시하였다. 제2주에 실시한 호흡명상(호흡과 하나 되기)의 유도문은 다음과 같다.

이제 첫 번째 명상을 시작합니다.[31] 이 방법은 단순하지만 매우 보편

---

30) 1) 레슨 7,8은 본 논문에서는 활용하지 못하였지만 교육에서 활용할 수 있는 방법이기에 미주에 소개한다.

| 레슨 7 | 먹기 명상 | 음식을 천천히 준비하고 편안한 곳에 자리 잡기 2. 감사의 기도하기
3. 집중하면서 천천히 먹기 4. 음식에 대하여 온전히 집중하기 |
| 레슨 8 | 걷기 명상 | 신체에 느껴지는 느낌 수용하기 2. 왼발과 오른발이 땅에 닿을 때의
촉감 느끼기 3. 천천히 걸으면서 발걸음에 집중하기 |

31) 그 앞의 유도문은 다음과 같다. "방석이나 의자에 편안하게 앉습니다. 방석에 가부좌를 해도 좋고, 책상다리로 편안하게 앉아도 좋습니다. 어떤 자세든 안정된 자세로 앉는 것이 중요합니다. 그래야 몸의 중심이 잡혀 몸을 뒤척이거나 움직이지 않고 고요하게 앉을 수 있습니다. 몸이 안정되어야 마음이 고요해집니다. 가부좌를 한다면 엉덩이 뒷부분을 높여 무릎이 바닥을 향하도록 합니다. 편안하고 안정된 자세가 될 때까지 높낮이를 여러 가지로 조절해 보는 것이 좋습니다. / 자세가 안정되었으면 등을 자연스럽게 바로 폅니다. 등에 너무 힘을 주지 말고 긴장을 풀어서 편안하게 호흡합니다. 부드럽고 편안하게 숨을 쉬면서 에너지가 당신의 몸을 통과하게 합니다. / 등이 구부러지면 졸음이 몰려오고 잠에 빠지기 쉽습니다. 사람은 잠을 자야 하지만 잠자는 것과 명상은 다릅니다. 만약 졸음이 몰려온다면 바닥에 누워 잠깐 자는 편이 낫습니다." 추선희 역, 앞의 책, pp.38~39.

적인 명상법으로 불교뿐만 아니라 힌두교와 기독교, 수피, 이슬람, 유태교에서도 찾아볼 수 있습니다. 먼저 호흡과 하나 되기를 하겠습니다. 두 눈을 편안하게 감습니다. 지금 이 순간을 느낍니다. 무엇이 느껴지나요? 몸을 느껴봅니다. 몸에서 어떤 느낌이 드나요? 긴장하고 있나요? 편안하게 이완되어 있나요? 주변에서 들리는 소리나 제 말에 귀 기울여 보십시오. 마음의 움직임, 이 순간의 감정과 생각, 기대를 느껴보세요. 이것이 당신의 삶입니다. 감각과 감정, 생각이 바로 삶입니다.

이제 당신이 숨 쉬는 것을 느껴보십시오. 더 정확하게 말하자면, 숨을 들이쉬고 내쉬는 호흡을 느껴보십시오. 숨을 들이쉬고 내쉬는 이 움직임, 즉 호흡에 집중하면서 지금 이 순간에 충실한 훈련이 될 것입니다. 숨을 들이쉬고 내쉬는 동안 느껴지는 모든 것을 느껴봅니다. 공기와 코와 목을 시원하게 지나가는 느낌, 따끔거리는 느낌, 가슴의 움직임, 배가 불렀다가 꺼지는 것을 느껴봅니다. 호흡을 조절하거나 바꾸려고 하지 말고 있는 그대로 느껴봅니다. 그냥 지켜봅니다. 숨을 들이 쉬고 내쉬는 것이 호흡입니다. 이것이 바로 생명의 호흡입니다. 1분에서 2분 정도 숨이 들어오고 나가는 것을 그대로 느껴봅니다. 숨이 코에서 들어오고 나가기도 하고, 배에서 들어오고 나가기도 합니다. 때로는 온몸으로 숨을 들이쉬고 내쉬기도 합니다. 호흡을 인위적으로 조절하지 마십시오. 편안하고 자연스럽게 호흡이 스스로의 리듬대로 움직이도록 그냥 둡니다.

마음이 여기저기 방황하고 있습니다. 여러 가지 생각이나 계획, 기억이 떠오를 때마다 그 안으로 빠져들지 말고 호흡에 집중합니다. 마음이 이리저리 헤맬 때마다 호흡으로 돌아와서 들이쉬고 내쉬는 숨을 집중합니다. 집중이 잘되지 않는다면, 숨을 들이쉬면서 '안으로', 내쉬면서 '밖으로'라고 마음속으로 되뇌어도 좋습니다. 이렇게 되뇌는 것은 5%정도만 합니다. 나머지 95%는 우리를 살아 있게 하는 이 생명의 호흡을 느끼는 데 집중합니다. 숨이 들어오고 숨이 나가고, 부드럽고 편안해지는 호흡을 따라합니다. 마음이 방황하는 걸 알아차릴 때마다 다시 호흡으로 돌아옵니다. 숨이 들어오고 숨이 나가고, 코와 목이 시원해지고, 배가 불렀다가 꺼지며 온몸이 호흡을 따라 조용히 움직이는 것을 느껴봅니다.[32]

유도문은 10분 정도인데, 자세하게 소개한 이유는 가장 기본이자 중요한 것이기 때문이다. "1분 더 하겠습니다. 1분 동안 호흡에 온전히 집중합니다."라는 추가 설명이 있었는데, 강의 시간을 고려하여 중간에 적절히 조절하여 5분 정도로 줄여서 명상하도록 지도하였다. 첫 명상 때, 학생들은 자신에게 집중하지 못하거나 다른 사람의 시선을 의식하여 어색해하기도 하였다. 제3주는 "5분 명상, 음악과 함께 하는 호흡명상"에서는, 호흡명상을 중심으로 하되 유도문 대신 인도명상음악을 들으며 호흡에 집중하며 명상하도록 지도하였다. 제4주는 '몸명상'으로, 유도문에 따라 실시하였고, 제1차 설문을 실시한 것도 이 즈음이었다. 몸명상[몸의 느낌과 함께 하기]는 "시원한 느낌, 어지러움, 따끔거림, 가려움, 압박감, 가슴과 배의 움직임을 느끼면서 호흡을 명상의 중심으로" 하면서 몸에 집중하는 방법인데, 유도문 내용은 다음과 같다.

따가움이나 가려움, 코에 앉은 파리, 무릎의 통증, 어깨 결림 등 강렬한 감각이 느껴지면 그곳에 뜨겁거나 차가운 기운을 느끼게 됩니다. 그런 기운이나 감각이 강해지면, 호흡은 잠시 잊어버리고 그 부위에 집중하면서 충분히 느끼십시오. 그러한 느낌을 거부하거나 싫어하지 말고 있는 그대로 느끼고 받아들입니다. 그 느낌에 이름을 붙여봅니다. '뜨거움, 뜨거움', '가려움, 가려움', '따가움, 따가움', '통증, 통증', '콕콕 쑤심, 콕콕 쑤심'. 어떤 이름이라도 좋습니다. 최대한 집중하여 느껴보십시오. 어떤 느낌이 드나요? 편안함 마음으로 느낌이 변하는 것을 지켜봅니다. 느낌이 사라지면 다시 호흡으로 돌아옵니다. 다시 강한 느낌이 들면 그 느낌에 집중하다가 느낌이 사라지면 호흡으로 돌아오면 됩니다. 이것이 그 순간의 명상입니다.[33]

몸명상도 호흡명상과 함께 기본명상이어서 제4주와 제5주에도 몸명상

---

32) 추선희 역, 앞의 책, pp.39~43.
33) 추선희 역, 앞의 책, pp.56~57.

을 실시하였다. 유도문 대신 전통음악을 들으며 몸에 집중하는 명상을 지도하였는데, 고요한 음악을 틀기도 하고, 흥겨운 음악도 명상에 사용 가능함을 체험하도록 하였다. 몸명상에서 기억나는 강의성찰은 쓰라린 배의 아픔이 가신 것을 경험했다고 한 학생이 있었다. 네 번의 기본명상을 거치면서 처음 어색했던 명상 분위기는 자연스러운 명상 시간으로 변하였다. 제6주에는 유도문에 따라 감정명상[감정과 함께하기]을 실시하였는데, 호흡명상과 몸명상을 바탕으로 하면서 감정을 들여다보는 통찰명상으로, 유도문의 내용은 다음과 같다.

> 호흡에 집중하고 있으면 몸에서 따갑거나 저린 감각이 나타납니다. 행복한 느낌이나 슬픔, 두려움이나 기쁨을 느낄 수도 있습니다. 그럴 때는 잠시 호흡을 잊어버립니다. 그러한 감각이나 기분에 이름을 붙이면서 마음을 열고 집중합니다. '가려움', '따가움', '슬픔', '기쁨'. 이름을 붙이면서 어떤 일이 일어나는지 바라봅니다. 계속 느껴지나요? 점점 더 강해지나요? 이제 사라지나요? 그 느낌이나 감정과 함께 존재하면서 그것이 사라질 때까지 느껴보십시오. 그런 다음 다시 호흡으로 돌아옵니다.[34]

감정명상, 생각명상은 몸명상과 유사하기 때문에 유도문에 따라 한 번씩만 실시하였고, 이후 주제를 중심으로 하는 화두명상을 실시하였다. 명상의 방법은 무엇을 목표로 하는가에 따라 다양할 수 있지만, 호흡·몸·감정 명상이 기본이고, 이것이 어느 정도 이루어지면 일상생활의 모든 행동, 모든 대상, 모든 주제들에 대해 집중하여 관찰하면서 성찰하는 것이다.

2) 화두명상 방법 : 주제에 대하여 통찰하기

호흡, 몸, 감정에 대한 기본통찰명상을 5회에 걸쳐 실시하여 명상의 기본방법을 터득하고 난 후 화두(話頭)를 중심으로 한 명상을 실시하였다. 화

---

34) 추선희 역, 앞의 책, pp.76~77.

두(話頭)란 불교 용어로 "깨달음을 구하기 위해 참선하는 수행자에게 해결해야 할 과제로 제기되는 부처나 조사의 파격적인 문답 또는 언행. 큰 의심을 일으키게 하는 부처나 조사의 역설적인 말이나 문답"을 말한다.35) 우리나라 조계종의 간화선도 화두를 중심으로 하는 선종의 한 종파이며, 선종에서 화두는 매우 핵심이라고 할 수 있다. 강의에서의 화두는 불교에서 말하는 화두라기보다는 강의에서 다루는 관련 주제에 대한 것들이며, 일종의 "마음열기" 혹은 "생각열기"를 위한 단서라고 볼 수 있다. 명상을 실시함에 호흡과 몸, 감정에서 나아가 명상을 할 때 집중할 수 있는 일종의 "생각거리"라고 할 수 있다.

생각거리로서 화두(話頭)를 제시한 이유는 명상의 기본을 익히고 익숙해지면 다양한 대상에 대한 통찰이 가능하고, 그 대상들에 대한 명상을 통해 '가치관⋯세계관⋯행동의 변화'가 가능할 것이라고 판단하였기 때문이다. 이것이 강의에 명상을 도입한 중요한 이유이다. 단순 명상에 그치지 않고 강좌의 목표와 연계되도록 화두(話頭)를 선정할 때 강의 목표와 내용을 고려하였다. 강좌의 주 교수법은 도덕교육의 지식 이해 및 체화인데 팀별 활동 중심으로 주제에 대한 발표로 이루어지고, 수강생들은 내용 예습과 이에 대한 비판적 사고를 통한 '발문 추출'을 하고, 강의 시간에 조별 베스트 발문을 뽑아 토론을 진행하고, 강의 주제에 대해 다양한 관점과 비판적 사유를 심화시켜 나가는 토론식 수업이 주된 방법이다. 서양 도덕교육 이론과 동양 도덕교육 이론에 대한 다양한 주제들에 더하여 우리 사회의 현실 도덕 문제를 토론하기도 하였다. 화두명상에서는 '용서의 명상'·'사랑의 명상'을 필두로 강의의 다양한 주제들을 포함시켜 다루었다.

---

35) 곽철환 편저, 앞의 책, p.754.

IV. 명상의 효과와 도덕교육적 의미

처음 명상을 실시할 때 어색해서 어찌할 바 몰라 하던 수강생들이 점차 명상에 익숙해져, 간혹 명상을 하지 못할 경우에는 아쉬워하기도 하였다. 본 장에서는 여러 명상에 대한 수강생들의 소감과 효과를 강의성찰을 중심으로 살펴보고,36) 제1,2차 설문의 내용과 결과를 분석한 후 명상의 효과와 도덕교육적 의미를 찾아보았다.

1. 명상에 대한 소감

1) 기본명상에 대한 소감

강의 초반에 실시한 호흡명상, 몸명상, 감정명상 등 기본통찰명상에 대하여, 학생들이 강의성찰에 쓴 소감과 명상을 통해 드러난 변화들을 구체적으로 살펴보자.

> (제2주차) 오늘은 처음에 명상하는 시간을 가질 때, 굉장히 좋았던 점은 처음에 수업을 시작할 때 제 자신이 좀 어수선하고 집중을 못하는 상태였는데, 만약 그 상태로 바로 수업을 들어가면 상당히 집중도 못하고 교수님께 많은 지적을 받았을 것 같습니다. **그런데 5분정도 명상을 하고 나니 저 자신도 차분해지고 수업에 집중을 하는데 많은 도움이 되어서 좋았습니다.**(C전공 G○○)

> (제2주차) 오늘의 초도교 수업은 짧은 명상으로 시작했습니다. 워낙에 명상이라는 게 낯선 저였습니다. 그래서인지 처음 명상을 할 때 집

---

36) http://cafe.daum.net/eastethics 참고. '강의성찰'은 명상에 의한 학생들의 변화 추이를 파악할 수 있는 중요한 자료인데, 개인의 프라이버시여서 사전에 인용 허락을 받았으며 전공과 이름은 이니셜로 처리하였다.

중이 잘되지 않고, 주변의 소리만 귀에 들렸습니다. 제 자신에게 집중하
려는 순간마다 **가슴속이 가려워지면서 웃음이 자꾸 나와서 애를 먹었
습니다.** 하지만 곧 마음을 가라앉히고 저의 호흡에 집중하게 되었습니
다. 몇 분이 흘렀는지 명상의 시간이 끝이 났습니다. 놀랍게도 머리가
맑아지는 기분이 들었습니다.(M전공 S○○)

(제2주차) 수업에 들어가기에 앞서서 교수님께서 명상을 저희들에게
해주셨습니다. 처음에 교수님이 명상을 한다고 말을 듣고 **저는 왜 2시
간이라는 길고도 짧은 수업 시간 동안에 왜 명상을 하려고 하는 지에
대한 의문이 들었고, 명상을 하는 것은 아무 도움도 안 되는 것이고 시
간낭비를 하는 것이라고 생각했습니다.** 하지만 이러한 제 생각을 잘못
됐다는 것을 알았습니다. 처음 명상이 시작됐을 때, 여자의 목소리와 잔
잔한 음악이 나오자 왠지 모르게 웃음이 나왔고 또, 눈을 감고 명상을
하는 제 모습을 상상해보니 너무나도 웃겼습니다. 하지만 명상이 계속
되자 처음에 느꼈던 웃기다는 감정은 다 사라지고 **마음의 안정을 느낄
수 있었고 제 몸 자체가 편안해지고 차분해지는 것을 느낄 수 있었습니
다.** 처음에는 시간을 뺏는 것이라고 생각했지만 이제는 잡념을 없애주
어 편안한 마음으로 수업을 들을 수 있게 해줘서 수업의 능력을 향상시
켜주는 좋은 것이라고 생각이 바뀌었습니다. 또 제가 선생님이 됐을 때
제 학생들에게도 해주고 싶다는 생각도 들었습니다.(E전공 K○○)

(제2주차) 오늘 초도교 수업도 새로운 느낌을 주면서도 정말 재미있
던 수업이었습니다. 초도교 수업을 시작하자마자 모두가 다 같이 한 명
상시간은 **처음에는 적응이 안 되서 웃음이 나기도 하고, 눈을 감았다
떴다 하면서 어떻게 해야 하는지 몰라 어벙하게 있었습니다.** 거기다가
초도교 수업을 듣기 전에, 다른 수업에서 맡은 조 발표에 대해서 조 친
구들과 얘기를 나누고, 이런저런 일들을 하다 보니 정신도 하나도 없고
마음이 가라앉질 않았는데 조금은 힘이 든 상태였습니다. 그런데 조금
씩 명상에 대해서 안내하는 목소리에 대해 귀를 기울이며 집중하기 시
작하자, 좀 더 편하게 호흡을 하게 되면서 마음이 가라앉는다는 걸 느
낄 수 있었습니다. **명상이 끝나고 나서 처음과 달리 마음이 차분하게**

정리되어 가라앉은 것이 느껴지자 신기하기도 하고 좀 더 마음이 편안한 상태로 수업을 들을 수 있었습니다. 명상을 하고 나서 나중에 제가 교단에 섰을 때, 수업을 시작하기 전에 이러한 명상법이 교실의 어수선한 분위기를 조금 가라앉히고 수업을 편안하게 시작할 수 있을 수 있는 좋은 방법이 되지 않을까란 생각을 하게 되었습니다.(K전공 W○○)

(제3주차)다시 한 번 명상의 좋은 점을 느꼈다. 확실히 명상을 통해 자신을 가다듬고 생각을 정리하는 것이 효과가 큰 것 같다. **나중에 현장에 나가서 교사가 된다면 적용할 좋은 수업준비방식인 것 같다.**(M전공 G○○)

(제3주차) 초도교의 첫 시간 역시 명상으로 시작했다. 이 날은 하루 전에 전공과제인 페이퍼를 쓰느라 정신없이 수업에 들어갔다. 하지만 명상으로 마음을 가다듬었다. 요즘 들어 생각해야 일이 너무 많다. 그래서 내 머리에서는 끊임없이 생각이 돌아가고 있다. 생각을 하고 있으면 아무것도 하지 않아도 머리가 아프고 복잡해진다. **하지만 명상을 하면 잠시나마라도 생각을 멈출 수 있다. 명상을 한다고 생각할 거리들이 사라진다던가 해결되는 것은 아니지만 잠시 세상과 단절된다는 느낌을 받는다.** 그래서 수업 첫 시작을 명상으로 시작한다는 것은 내 마음을 내 하루를 다잡는 좋은 시간이다.(E전공 S○○)

명상에 처음 입문한 학생들은 명상의 분위기를 낯설게 여기고 있었으며, 점차 명상의 분위기과 방법에 익숙해지자 편안하고 차분하게 명상을 즐기게 되었던 듯하다. 특히 명상의 효과를 직접 체험하면서 명상에 대한 긍정적인 반응이 나타남을 알 수 있다. 그러나 모든 학생이 쉽게 명상에 적응한 것은 아니었다. 몇몇 학생은 몸살과 졸음 등 자신의 컨디션 때문에 명상에 집중하지 못하였음을 고백하고 있다.

(1) (제3주차) 수업을 시작하기에 앞서 명상을 하는 것이 아직은 적응

이 되지 않기도 하고, 목요일에는 화요일과 수요일의 피로가 뭉친 날이기 때문에 **명상이라기보다는 잠깐 졸게 됩니다.** 교수님께서 초등학교 아이들이 수업 전에 집중을 하지 못하기 때문에 마음을 차분하게 가라앉혀 집중을 유도하기 위한 목적으로 명상을 하는 거라고 하셨는데, **저는 아직까지는 명상을 제대로 하지 못하고 있어서 그런 효과가 크게 나타나지는 않는 것 같습니다.** 명상을 통해 머리를 맑게 하고 집중을 유도하기 위해 초도교 수업시간 전에 잠깐의 숙면을 취한다던가 해서 피로를 풀고 난 후에 명상을 해야 할 것 같습니다.

(2) (제3주차) 강의시간의 시작은 역시 명상으로 시작하였습니다. **하지만 몸살로 인해 컨디션이 너무 안 좋아서인지 명상에 온전히 집중을 하기가 힘들었습니다. 그때 마침 오한이 들어서 그 순간, 제 정신에 집중하기 보다는 몸이 안 좋은 부분에 대한 잡생각들이 많이 들었던 것 같았어요.** 하지만 명상 시간에 들었던 음악은 조금 흥미로웠습니다.

그러나 위의 학생들도 명상시간을 진행할수록 점차 반응이 긍정적으로 변화기 시작하였는데, 아래는 위의 (1), (2) 학생들이 명상에 대한 변화된 소감이 드러난 강의성찰이다. 어떤 변화가 있는지 구체적으로 파악할 수 있었다.

(1) (제5주차) 교수님! 오늘 명상 음악 정말 좋았어요! 신나면서도 맑아지는 느낌이었어요! (제10주차) 오늘은 **사랑에 대한 명상**으로 시작했습니다. 꽤 긴 명상시간동안 그동안의 대학생활과 인간관계를 전반적으로 돌아보게 된 것 같습니다. 솔직히 대학에 입학하고 나서는 진정한 우정이라는 걸 기대하지 않았습니다. 요즘은 개인주의 풍토가 대학에도 짙게 깔려있어서 어느 정도까지만 관계를 유지하는 게 대부분이라 저도 동기들과의 끈끈한 관계를 그다지 기대하지 않았습니다. 작년에 다니던 타 대학에서도 거의 그랬구요. 하지만 제주교대에 오고 나서 한 과, 한 학년 동기가 10명에 불과하다는 사실에 정말 놀랐습니다. 10명밖에 없어서 동기끼리 타 대학에 비해 유난히 돈독해질 수 있었던 것 같

습니다. 대학 동기에 관한 제 가치관이 많이 달라지기도 했구요. **2학년이 되어서는 정말 동기의 소중함을 많이 느끼게 되는 것 같습니다.**(K전공 P○○)

(2) (제4주차) 오늘 수업 역시 명상으로 시작하였습니다. 저번 주 강의성찰에서 몸 관리를 잘하여 수업에 집중할 수 있도록 하겠다고 썼는데 이번 주에는 장염을 걸려버렸어요. 하지만 최대한 명상에 집중하려고 노력했고 수업 전 복잡한 마음을 가라앉히는 데에는 어느 정도 도움이 되었다고 생각합니다. (제6주차) 오늘 수업시간에는 강의를 시작하기에 앞서 먼저 **감정을 다스리는 명상**을 하였습니다. 요즘 많은 과제와 발표, 그리고 개인적인 일들로 인해 강의 시간에도 강의에 완전히 집중하기보단 잡생각에 빠지는 경우가 종종 있었는데 **이러한 명상을 통해 모든 감정을 가라앉히고 수업에 참여할 수 있었습니다. 뿐만 아니라 머릿속에 떠돌던 고민들에 대한 감정 역시 정리되는 느낌을 받았습니다.** 또한 지금까지는 초도교 시간에 행해졌던 명상들에 온전히 집중을 하진 못했는데 오늘 강의시간에는 명상의 효과를 받은 것 같아 점점 명상을 하는 것에 적응을 하고 있다고 느꼈습니다.(K전공 A○○)

이처럼 명상에 대한 반응은 학생마다 조금씩 차이가 있었는데, 그 차이를 가져온 요소들은 강의에 대한 열정, 자기 관리 정도, 정서적 안정도 등 개인적 차이에 따른 것이 아닌가 싶다. 명상에 대한 긍정적인 평가가 대부분이었지만 기질이나 성격 차이에 따라서는 명상을 자연스럽게 수용하는 데 몇 주가 걸린 경우도 있었다. 대체적으로는 처음 접하는 명상이지만 그 효과에 대해서는 긍정적으로 인식하고 있었음을 파악할 수 있었다.

2) 화두명상에 대한 소감

가. 사랑의 명상

초도교 강좌 5개 학급은 강의 중반기가 되면 성원들의 특성, 강의 요일과 시간 등의 요인에 의해 학급마다 분위기가 달라진다. 성공적인 강의를 위해서는 이러한 흐트러진 분위기를 정돈할 필요가 있다. 이를 위해 2학년 초심 기억하기, 2학기 마무리를 생각해보기, 4학년 졸업 때를 상상해 보기 등 미래에 대한 기대와 희망을 주제로 명상하는 방법으로 "자신의 삶을 되돌아보고 성찰하는 명상의 시간"을 갖기도 하였다. '용서의 명상'은 유도문을 들으면서 자신이 미워하는 사람에 대한 용서, 나아가 자신에 대한 용서에 이르기까지 자신과 타인 등 대상들에 대한 용서를 주제로 삼아 명상을 하였다. 다음으로 '사랑의 명상'은 아래의 내용을 들으면서 명상의 시간을 가졌다.

> 이제 이 방보다 더 커진 것을 상상하고 느껴보십시오. 사랑의 마음이 온 사방으로 퍼져나가서 지구를 가득 채우고 있습니다. 지구가 작은 공처럼 당신 가슴에 안겨 있습니다. 큰 바다와 넓은 대륙, 커다란 고래와 작은 물고기들, 새와 곤충, 풀과 나무, 정글과 사막, 동물과 사람들, 지구에 있는 모든 존재를 가슴에 품습니다. 사랑과 연민으로 지구를 껴안습니다.[37]

구체적으로 호흡과 몸에 집중한 후 유도문 내용에 따라, 자신의 상상력으로 사랑의 대상을 확대시켜 생물에 대해서는 물론 지구를 넘어 우주에까지 확대시켜가서 마치 자신이 하늘을 떠다니는 것 같은 상상을 하면서 명상의 시간을 가졌다. 사랑의 대상을 작은 대상에서부터 점점 확대시켜 크고 많은 대상들에게까지 사랑하는 마음을 가져보도록 하는 명상이었다. 마침 '사랑의 명상'을 실시할 때는 세월호 사건으로 온 나라가 슬픔에 잠겨 있던 때였다. 대부분의 학생들은 그 사건과 관련시켜 사랑의 명상을 하였음을 알 수 있었는데, 여기서는 다루지 않았다. 다음은 다양한 사랑의 명상에 대한 학생들의 강의성찰 내용이다.

---

37) 추선희 역, 앞의 책, p.114.

(제8주차) 오늘은 **사랑의 명상**을 하였습니다. 교수님 말씀대로, 저희 동기들을 사랑해야겠다고 느꼈습니다. 오늘, 저는 사람의 인연이라는 것이 매우 신기하다고 느꼈습니다. 평소, 알고 지내지도 않았던 친구들과 한 과가 되어 같이 밥을 먹고 공부한다는 사실이 갑자기 이렇게 생각하니 매우 신기하였습니다. 지난 일 년 동안 다투기도 하고 웃기도 하며 재미있게 학교를 같이 생활해왔습니다. 일 년이 지나서야 서로를 비로소 배려하고 생각하게 된 것 같습니다. 교수님, **저는 아직도 저희 과 모두가 이렇게 뿔뿔이 흩어지지 않고 친하게 지내는 사실에 감사합니다. 앞으로도 이러한 인연이 지속되어 서로 힘들 때도 기댈 수 있는 사이가 되었으면 좋겠습니다.**(M전공 K○○)

(제8주차) **사랑의 명상 중에서 가슴과 머리에 가득 사랑을 채우는 단계에서 마음이 따뜻해지고 이렇게 채워진 사랑이 나의 주변 사람들로부터 받은 것에서 비롯되었다는 것을 느끼고 기쁘고 행복하다는 것을 알게 되었습니다.** 그리고 사랑이라는 단어가 그 의미를 넘어서 삶에서 중요한 존재라는 것을 알게 되어서 기뻤습니다. 또한 제자를 사랑하는 선생님의 마음에 대해서 생각해 보게 되었습니다. 교수님이 제자들에게 베푸신 사랑을 듣고 지난 학교생활을 하면서 느껴왔던 선생님의 사랑에 다시 한 번 감사하고 저 자신이 선생님이 되었을 때 어떠한 자세를 가지게 되어야 하는지 많은 생각을 하게 되었습니다. 이번에 일어난 큰 사건으로 인해서 느끼게 되었던 교사의 자질과 자세에 대해서 많은 고민을 해보게 되었습니다.(E전공 L○○)

나. 효도명상

제9,10주는 어버이날과 연계시켜 부모님을 화두로 명상을 실시하였는데, 일종의 계기교육이라고 볼 수 있다. 특별히 효도명상을 주제로 삼은 이유는 섬에 위치하고 있는 학교의 지역적 특성 때문이다. 전체 학생 중 섬 밖의 외지에서 온 학생들이 반 이상이 이다. 어버이날 특별히 찾아뵙기 쉽지 않고, 빡빡한 교육과정에서 부모님을 챙기기 어려울 것 같아서이기도 하고, 교사가 된 후 학생들에게 효도명상을 실시할 수 있도록 준비시키는 교육적 고려도 있었다.

명상에 앞서 생각열기의 주제로 『논어(論語)』 <이인(里仁)>의 한 구절 (제21장)을 공부하였다. "子曰 父母之年은 不可不知也니 一則以喜요 一則 以懼니라(부모의 나이는 알지 않으면 안 되니, 한편으로는 기쁘고 한편으로는 두렵다)." 부모의 나이를 기억하여 알고 있으면 이미 그 장수하신 것이 기쁘고, 또 노쇠하셔서 살아계실 날이 얼마 남지 않았음을 두려워한다는 뜻이다. 부모의 나이를 생각하며 '애일지성(愛日之誠)', 즉 "부모를 섬길 수 있는 날짜가 적음을 안타까워하여 하루라도 더 정성껏 봉양하려 노력하는 효성"에 대하여 생각해보게 하였다. 그 다음, 학생들로 하여금 수업 시간에는 절대 금지사항인 스마트폰을 꺼내어 켜서 부모님께 사랑한다는 글과 학교생활과 관련된 사진을 함께 보내도록 하였다. 그리고 혹시라도 어버이날 아침에 일찍 일어나지 못할 학생들을 위하여 5월 8일 어버이날 아침 6시에 예약문자로, 어버이날 축하 문자를 미리 보내도록 지도하였다. 학생들이 메시지를 보내자마자 답장이 도착하여 수업 시간에 부모님과 통화하며 부모와 자식의 정을 확인하는 시간이 되기도 하였다.

다음으로 회심곡(回心曲)[38]을 들으며 "나의 부모님은 나에게 어떤 존재인가?", 그리고 "나는 부모님에게 어떤 자식인가?"에 대해 명상을 하였다. 아래는 그 명상에 대한 소감이다.

> (제9주차) 오늘 수업은 부모님에 대한 이야기로 시작되었습니다. 부모님, 이 단어만 들어도 마음이 뭉클해집니다. 특히 이번 세월호 사건이 있고 나서 부터는 주위 가까운 사람들의 소중함을 더더욱 느낍니다. 부모님에 대한 명상을 하면서 이런 저런 생각을 많이 해보았습니다. 부모님은 나에게 어떤 존재인가? 부모님은 저에게 정말 소중한 존재이십니

---

38) 각 지방에서 <상여소리>로 부르는 <회심곡>은 대개 《부모은중경》의 사설 일부를 <상여소리>에 넣어 메기기 때문에 그것을 <회심곡>이라 부르는데, 이 경우 <회심곡>의 음악적 내용은 각 지방의 <상여소리>와 음악적 특징을 같이한다.

다. 이렇게 부모님의 소중함을 알면서도 때로는 부모님의 마음을 아프게 하는 말과 행동을 해서 정말 죄송합니다. 고등학교 때도 기분이 안 좋을 때는 투정을 부리기도 하고, 어떨 때는 부모님이 말씀하시는데 문을 쾅 닫고 방에 들어가 버린 적고 많았습니다. 그때는 부모님이 하시는 말씀이 다 잔소리로만 들렸는데 지금 생각해보면 저를 위한 정말 진심어린 따뜻한 조언들이었습니다. 그때는 왜 잔소리로만 들렸는지 왜 잔소리로만 듣고 투정을 부리고 화를 냈었는지 후회되었습니다. 제가 얼마 전에 '신과 함께'라는 웹툰을 읽었었습니다. 이 웹툰은 저승 편과 이승 편으로 나뉘어져서 내용이 전개됩니다. 제가 읽은 저승 편에서는 죽어서 지옥에 가지 않기 위해 통과해야 할 몇 개의 문이 있는데 그 문 중 하나가 바로 이승에서 효를 행했는지에 대해 재판하는 곳이었습니다. 효를 행하지 않았다고 판결되어지면 지옥으로 가게 되는 것이었습니다. 그 웹툰 속 남자 주인공이 왜 부모님께 효도하지 않았을까 후회하면서 재판이 잘못되어 지옥에 가면 어떻게 할지 걱정하는 모습에 저마저도 효에 대해서 다시 한 번 생각해보게 되었습니다. **제가 22년 동안 살아오면서 맞다 그때 내가 부모님께 진짜 효도 했었지 라고 생각되는 날도 별로 없었습니다.** 아니 평소에 부모님 말씀을 잘 들어야 생각하면서도 항상 가까이 계시는 부모님에게 버릇없이 굴거나 하고 효도를 하기는커녕 불효녀였던 것 같습니다. 하지만 생각해보면 부모님은 제가 존재하는 그 자체만으로 저를 사랑해주시는 것 같습니다. **제가 자취를 하다 보니 부모님께서 걱정이 많으신데 항상 반찬도 챙겨 보내주시고, 더 필요한 것은 없는지 매일 물어보시고, 돈 아끼지 말고 먹고 싶은 것 먹으라고 전화하실 때도 그런 사랑을 느낄 수 있었습니다. 부모님께 저는 존재 자체만으로도 소중한 사람인 것 같습니다.**(E전공 K○○)

(제9주차) 오늘 수업시간에 부모님께 문자를 보내면서 초등학교 때 이후로 처음 사랑한다는 말씀을 드린 것 같습니다. 부모님이 어떻게 답장이 오실까 기대했습니다. 엄마는 '알면됫네요~'라고 오셨고, 아빠는 '나도 사랑한다~'라고 오셨습니다. 솔직히 부모님께서 웬일이야? 철들었네? 라고 말씀하실 줄 알았는데 이렇게 따뜻하게 말씀해주시고 좋아하시는 것을 보니 왜 이제까지 사랑한다는 말을 하지 않았을까 후회했

습니다. 싫어, 짜증나, 됐어, 이런 부모님께 상처 주는 말이 아닌 사랑한
다는 말을 자주 해드려야겠습니다. **처음에 조금 어색하겠지만 계속하다
보면 부모님도 저도 자연스럽게 하게 되지 않을까요? 있을 때 잘하라는
말이 괜히 있는 말이 아닌 것 같습니다.** 정말 앞으로는 효도해야겠습니
다!!(E전공 K○○)

다. '색깔안경'에 대한 명상

발표 및 강의 주제인 "다문화 교육"과 연계된 '색깔안경', 즉 편견과 선
입견 문제를 화두로 명상을 실시하였다. 생각열기[화두]로 각자의 색깔안
경에 대해 생각해보는 것이었다. 각자의 색깔안경은 어떤 것이 있는가, 그
것은 언제부터 시작된 것이며, 얼마나 진한 색깔을 가지고 있는가? 이에
대해 명상을 실시하였다.

(제11주차) 오늘 수업에서 '색안경'에 대해서 얘기를 해보았다. 이로
인해 내가 상처를 받은 적이 있는지 혹은 남에게 상처를 준 일이 있는
지에 대해 생각하며 명상을 하는 시간을 가졌다. 어릴 적 지나가는 동
남아시아 사람들을 보고 해코지라도 할까 괜히 뛰어가기도 했고, 나 또
한 '색안경'을 낀 사람들의 말을 듣고 상처를 입었던 일들이 하나 둘 머
릿속에서 스쳐갔다. 하지만 **나 또한 그들과 달리 '색안경'을 끼지 않고
있는 건지에 대해서는 확신은 없다.** 어쩌면 나는 지금 내가 '색안경'을
쓰지 않고 있다고 자부하고 있으나 세상에서 가장 두꺼운 색안경을 쓰
고 있는지도 모르겠다는 생각이 들었다. 자신의 '색안경'을 통해 세상을
보고, 생각하고, 행동하는 것이 나를 망치고, 남에게 상처를 주고, 사회
를 더 어둡게 만드는 것이라고 생각한다. 때때로, 내가 '색안경'을 쓰고
있다는 사실을 인지하는 순간도 있지만 시간이 지나면 자연스럽게 또
그것을 잊어버리는 것 같다. **나의 '색안경'을 벗기 위해서는 매일 모든
순간마다 자신이 세상을 바라보는 시각과 생각하는 방식에 대해서 다
시 한 번 되짚어보는 시간이 필요하고, 가장 중요한 것은 열린 귀를 가
지는 것이 아닐까 생각한다.** 내가 인지하지 못하는 것들을 남들이 발견

해주고 그것을 나에게 조언해주고, 그 조언을 받아들일 수 있는 열린
귀를 가지고 있다면 '나'라는 존재가 좀 더 이성적으로 성장할 수 있는
기회가 될 것이라는 생각이 든다.(M전공 W○○)

　　학생들은 색깔안경과 관련하여 상처 입었던 경험, 상처 준 경험을 생각
해보고, 그러한 색깔안경의 문제점을 인식해볼 수 있었다. 학생들의 토론
발문 중에 "교사로서 색깔안경을 낀 자신이 후에 학생들을 지도할 자격이
있는가?"란 주제에 대해, 학생들 끼리 토론이 있었는데, 필자가 조언한 것
은 "색깔안경을 끼고 있음을 인식하고 스스로 성찰하는 순간 그것을 벗을
수 있는 방법 찾기가 시작된다."는 것이었다. 사회화로서 교육도 일종의
긍정적 안경을 끼도록 가르치는 것이며, 어떻게 그 색깔을 변화시키는가가
관건이라는 것이 결론이었다.

라. 인연에 대한 명상

　　발표 주제가 "통일교육의 동양철학적 기초"에 대한 것이었는데, 이와 관
련하여 인연(因緣)에 대하여 생각해보는 시간을 가졌다. 나를 중심으로 관
계를 맺고 있는 사람들, 대상들, 집단들을 생각해보고, 선택할 수 있는 인
연과 선택하지 못하는 인연에 대해서도 생각열기를 하였다. 그리고 명상을
통하여 우주로 날아가고 거기서 다시 지구로 지구에서 한반도, 삼팔선, 북
한으로 가보는 명상을 하였고, 남한과 북한의 관계에 대해 생각해보는 시
간을 가졌다.

　　　(제12주차) 인연이라는 것에 대해 생각해 볼 수 있는 시간을 가졌습
니다. 지금 수업을 같이 듣는 친구들, 교수님, 서울교대 친구들은 저번
학기 때 교환 학생 신청을 하지 않았더라면 영원히 만나지 못했을지도
모릅니다. 저의 순간적인 선택이 이렇게 좋은 인연을 만날 수 있도록
이곳으로 이끌었습니다. **인연이라는 것이 참 묘하다는 생각이 듭니다.**
만나고 안 만나고는 종이 한 장 차이 같은데 사실 '만남'안에 들어 있는

것이 너무나도 많아 만남으로 인해 웃기도 하고 울기도 하고 그리워하 기도 합니다. 교수님이 인연이라는 주제로 수업을 시작한 것은 북한과 우리나라는 형제의 인연을 맺고 있다는 것을 말씀해주기 위함이었던 것 같습니다. 형제의 연은 버리려야 버릴 수가 없다고 하셨습니다. 조금 모자라더라도 보듬어 안고 가야하는 존재가 형제입니다. 더 넓게는 북한뿐만 아니라 세상 만물을 포용하는 사람으로 미래의 학생들을 가르쳐야겠다는 생각을 했습니다. 그러기에 앞서 저 자신이 더 넓은 사람으로 성장할 수 있도록 많은 것을 경험하고, 조금 손해 보더라도 감싸는 사람이 되어야겠습니다.(○○교대교류학생 S○○)

(제12주차) 오늘은 나의 인연에 관한 명상으로부터 시작되었습니다. '옷깃만 스쳐도 인연'이라 하는 데, 내가 인연을 만난 사람들에 대해 생각해보았습니다. 70억 지구상 인구를 넘어 태양계, 은하계까지 저의 사고가 확장되니 사람 하나하나가 엄청난 인연이라는 생각이 들었습니다. 너무나도 소중하지만 제 고의가 아닌 참 살아가다보니 제 인연의 사람들에게 최선을 다하지 못하게 된 것 같습니다. 우선 부모님이 생각났고 그리고 가족들, 나의 친구들, 선생님, 교수님들 모두가 생각났습니다. 그리고 미래의 저의 학생에 대해서도 생각해보았습니다. **저로 인해 그들의 운명이 바뀌고, 가치관이 달라진다는 말을 들으니 저의 위치에 대해 실감하게 되었습니다. 명상을 하면서 지구를 넘어서 우주로 그리고 다시 우리의 이웃인 북한에 도착해있었습니다.** 북한 사람들의 모습 그리고 휴전선 등이 저의 머릿속에 보였습니다. 오늘의 주제인 통일과 북한의 모습이 맞아떨어졌습니다.(E전공 Y○○)

통일 문제에 대한 명상도 쉽지 않은 주제였다. 특히 평상시 관심을 갖지 않던 통일에 대하여 초등학생들에게 어떻게 교육해야 하는지, 당위성 중심의 통일교육이 타당성이 있는가, 나아가 교사가 통일에 대한 확신이 없이 통일교육을 하는 것이 과연 정당한가에 대한 논의까지 이어졌다. 인연이라는 주제에서 통일로 연결시키는 것이 과연 합당한 것인가에 대해 고민을 많이 하였지만 명상을 실시하면서 이에 대해 구체화시키기 위하여 '사랑의 명상'에서 했던 '상상력'의 힘을 빌려서 명상을 실시하였다.

2. 설문조사와 내용 분석

1) 제1차 설문조사 및 결과

아래의 1번 문항에서처럼 학생들은 초도교 이전 절반 이상(63명, 54.78%)이 명상 경험이 있었고, 대학교 이전의 교육기관(34명, 41.54%)이나 수련원 등 다른 기관(36.92%)에서 명상을 하였다고 답하였다. 명상을 처음 접한 학생의 경우 당황하거나 어색해한 경우도 있었다.

[표 2] 제1차 설문 결과(2014.03.24~27 실시)

	질문내용	답변 : 명(%)					기타
1	초도교 강의 이외에서 명상을 해본 적이 있다.	① 예 63(54.78)		② 아니오 52(45.22)			115명
2	① 예라고 한 경우 다음 어떤 경우였나요?	① 대학교 이전 27(41.54)	② 다른 강의에서 7(10.77)	③ 집에서 6(9.23)	④ 수련원 등 24(36.92)	⑤ 기타 1(1.54) (심란할 때)	65명 복수 응답(2)
3	초도교에서 현재 3회에 걸쳐 명상을 하고 있습니다. 초도교 명상의 목적은 무엇이라고 생각하는가요?	① 심신 안정 및 차분한 분위기 59(51.30)		③ 정신 및 수업 집중 53(46.96)		⑤ 기타 3(2.61)	주관식
4	명상 후 강의하는 경우와 명상 없이 강의 시작하는 경우 차이가 있다.	① 차이 있다 108(93.91)		② 차이 없다 7(6.09)			
5	차이가 있다면 어떤 점에 차이가 있나요? (모두 표시해 주세요)	① 강의 집중력 74(54.35)	② 감정의 순화 71(61.74)	③ 자아 존 중감 증대 6(9.23)	④ 배려심 확대 5(4.35)	⑤ 기타 2	복수 응답
6	초도교에서 명상의 시간을 통하여 삶의 태도에 긍정적 변화가 있었다.	① 매우 그렇다 2(1.74)	② 그렇다 40((34.78)	③ 보통 59(51.30)	④ 그렇지 않다 12(10.43)	⑤ 매우 그 렇지 않다 2(1.74)	
7	초도교에서 명상을 실시한 후	① 예		② 아니오			

		① 매우 그렇다	② 그렇다	③ 보통	④ 그렇지 않다	⑤ 매우 그렇지 않다	
	집에서 혼자서 명상을 해본 적이 있다.	11(9.57)			104((90.43)		
8	현재 3주째 명상의 시간(5분)을 갖고 있다. 강의 시간에 명상 시간을 앞으로도 계속 가졌으면 좋겠다.	① 매우 그렇다 49(42.60)	② 그렇다 51(44.35)	③ 보통 15(13.04)	④ 그렇지 않다 12(10.43)	⑤ 매우 그렇지 않다 2(1.74)	
9	예비교사로서 후에 교사가 되면 명상을 활용할 것이다.	① 매우 그렇다 18(15.65)	② 그렇다 69(60.00)	③ 보통 26(22.61)	④ 그렇지 않다 3(2.61)	⑤ 매우 그렇지 않다 0	
10	초등학생들에게 명상을 하면 가장 큰 효과가 무엇이라고 생각하나요?	① 수업 집중력 59(51.30)	② 감정의 순화 70(60.87)	③ 자아 존중감 증대 4(3.48)	④ 배려심 확대 3(2.61)	⑤ 기타	복수 응답 (16)

(제2주차) 직접 명상을 해보는 것은 오늘이 처음이었다. '명상'이라고 하면 딱딱하고 조금은 어렵고 잠이 올 것만 같았는데 직접해보니 그렇지 않았다. 잔잔한 노래만 나오는 것이 아니라 눈을 감고 숨을 편하게 쉬라는 설명 및 지시사항에 따라 마음을 가다듬으면 되었다.(C전공 J○○)

(제2주차) 오늘 수업을 시작하기 전에 함께 했던 명상시간은 다른 강의와는 색다르다는 느낌을 주었습니다. **이제까지 그런 경험을 해본 적이 없었는데 눈을 감고 조용하게 앉아 교수님 말씀대로 호흡에 집중하다보니 마음도 차분해지고 생각도 정리되는 것 같은 느낌이 들었습니다.** 명상이 끝나고 나서는 짧게 느껴진 시간이 아쉽기도 했고 힘들거나 복잡한 일이 생길 때 혼자 집에 앉아 명상을 해야겠다는 생각을 했습니다.(C전공 K○○)

강의 초반 3회에 걸쳐 명상을 한 후 설문을 실시하였는데, 초도교에서 실시하는 명상의 목적 항목에서, 효과적인 강의를 위한 마음(정신)의 안정과 차분한 분위기, 정신 및 수업 집중이라고 답변하였고, 기타 '자신과의 대화, 호흡, 사고의 개방' 등의 답변이 있었다. 세 번의 명상 실시가 강의에 긍정적이라고 답한 학생은 115명 중 108명(93.91%)으로 대부분이었다. 도움이 되는 내용을 물었던 항목에서는 복수응답으로 강의 집중력(54.35%), 감정의 순화(61.74%)가 나와 명상의 본래 목적에 부합하고 있음을 알 수 있다.

(제2주차) 오늘 아침 분주한 등교버스에 몸을 싣고 학교에 갔다. 버스에서 내려 강의실까지 가는데 시간이 그다지 여유롭지 못했고, 강의가 시작된 후에도 숨이 헐떡여졌다. 사실 나는 내가 숨이 가쁘다는 사실도 느끼지 못했던 것 같다. 정신없이 듣게 된 초도교 강의의 첫 활동은 명상이었다. 조금은 급작스럽게 시작된 명상에 어리둥절했고 다른 친구들은 어떤가 보기 위해서 주변을 둘러보았다. 내 주변에 있던 친구들이 모두 눈을 감고 있는 것을 보고 나도 따라 눈을 감았다. **눈을 감고 들려오는 명상 안내 목소리에 따라서 그 때의 감정에도 집중해보았다가 내 호흡에도 집중해보았다. 그렇게 몇 분 하고 나서 눈을 떴는데 정말 신기할 정도로 마음이 차분하고 고요했다.** 아까의 숨 가쁨은 온데 간 데 없었다. 나는 평소에 이런 저런 과제들이나 일정들이 꼬일 때 많은 스트레스를 받고 마음이 어지러워지며 한없이 우울해진다. 그럴 때마다 나는 내 마음을 다스릴 수 있는 방법을 배우고 싶다는 생각을 했었다. 그런 나에게 오늘 배운 명상이 훌륭한 길이 되어줄 것 같다. 그리고 일주일 중에 가장 수업이 빡빡한 화요일 일 교시 첫 시간을 명상으로 시작 할 수 있어서 정말 좋았다. 오후 10시까지 빈틈없이 꽉 찬 수업을 받고 조금 전에 집에 도착했지만 마음이 조급하거나 혹은 너무 가라앉지 않는 것은 오늘 아침 초도교 시간에 했던 명상 덕분이었을 것이다.(E전공 H○○)

(제3주차) 사실 첫 수업시간에는 왜 명상시간을 가질까 의구심을 품었지만 몇 주가 지나면서 점점 더 그 매력에 빠지는 것 같다. **명상을 통해 신체 뿐 아니라 정신까지도 차분해지고 수업에 더욱 집중할 수 있게 됐고 잠깐 명상의 시간 동안 미래에 대한 계획을 짧게나마 그려볼 수 있는 것이 정말 명상의 효과를 느낄 수 있게 되는 것 같다.** 저번 주에는 제대로 잠도 못자고 학교에 가서 정신이 없었는데 명상을 통해 졸음을 없앨 수 있었고 오늘은 잠은 많이 잤지만 정신이 혼란스러운 면이 있었는데 그러한 혼란을 잡아 주었다.(P전공 L○○)

(제5주차) 명상의 시간은 정말 효과가 좋은 것 같다. **수업시작 전에 과제걱정, 동아리걱정, 잡담들 때문에 어지럽고 생각이 많았었는데 명상을 하면서 심장이 천천히 뛰는 것을 느꼈고 집중력이 향상된 것이 느껴졌다.**(E전공 K○○)

초도교 명상의 시간을 통하여 삶의 태도에 긍정적 변화가 있었는가에 대한 답변에서 '보통'은 51.30%이었고, '매우 긍정'과 '긍정'은 46.52%로 나타났다. 세 번의 명상은 기본명상에 초점을 맞춘 호흡 명상, 몸 명상이었다. 그것이 삶의 태도에까지 연결되기에는 아직 무리가 있었다고 보인다. 명상 시작 3주차에 "명상의 시간을 계속하였으면 좋은가?"라는 질문에 대해, '긍정'은 88.95%로 매우 높은 편이었다. 특히 이는 4번 문항의 명상 후 강의가 명상 없이 한 강의에 비해 집중도에서 차이가 있기 때문에 나온 결과인 듯하다. 교사가 된 후에 명상을 학생들에게 활용하는 것에 대해서는 75.65%가 긍정적이었으며, 그 효과로는 '감정의 순화'가 '강의 집중력'에 비해 더 비율이 높았다(복수응답).

(제4주차) 오늘 수업시간에도 명상과 함께 시작했습니다. **이제는 초도교 시간에 명상을 안 하면 허전하게 느껴질 만큼 명상은 초도교 수업 시작의 꽃이 된 것 같습니다.**(E전공 K○○)

(제4주차) 지금은 익숙해진 수업 시작 전에 하는 명상. 수업 전에 명상을 한다는 것이 정말 좋은 것 같다. 왜냐하면 다른 사람들과 수다를 떨거나 휴대폰을 하거나 딴 짓을 하다가 바로 수업을 들으려고 하게 되면 마음이 안정되지 않고 수업에 집중이 잘되지 않는다. **그 때 명상을 딱 해주면 마음의 안정을 찾을 수 있게 된다.** 그래서 교수님께서 수업 전에 우리에게 명상을 시켜주시는 것은 정말 탁월한 선택인 것 같다.(P 전공 K○○)

2) 제2차 설문조사 및 결과

제2차 설문조사는 제11주, 113명을 대상으로 하였다. 집에서 가끔 명상을 하는 학생은 24명(21.24%)으로 '특별한 일이 있을 때' 실시한다고 하였으며, '잠이 오지 않을 때', '잠자기 전', '자기 전에 종종' 실시한다는 답변이 있었다. 11주 동안의 명상 실시가 자신의 삶에 도움이 되는가에 대해서는, '매우 그렇다'와 '그렇다'가 83명(73.45%)으로 대다수가 긍정적으로 받아들이고 있었다. 도움이 되는 면은 '감정 조절'과 '강의 집중력'이 많았다. 기타 답변으로 '내가 생각하지 못했던 부분에서 깊이 생각할 수 있도록 도와준다', '자기 성찰을 통한 반성', '몸이 편해진다', '생각 정리' 등의 내용이 포함되어 있었다.

[표 3] 제2차 설문 결과(2014.05.12~15 실시)

	질문내용	답변 : 명(%)					기타
1	초도교에서 명상을 실시한 이후 집에서도 가끔 명상을 하곤 한다.	① 예 24(21.24)		② 아니오 89(78.76)			113명
2	① 예라고 한 경우 다음에 답해 주세요.	① 특별한 일이 있을 때 18(75)	② 시간을 정해 일정하게 0(0)	③ 기타 6(25)			24명
3	초도교에서 현재 11주까지 명상을 하고 있는데 자신의 삶에 도움이 되는가요?	① 매우 긍정 17(15.04)	② 긍정 66(58.41)	③ 보통 29(25.66)	④ 그렇지 않다 1(0.89)	⑤ 매우 그렇지 않다 0	
4	도움이 된다면 어떤 점인지 모두 표시해주세요.	① 감정의 조절 74(65.49)	② 강의 집중력 57(50.44)	③ 배려심 확대 2(1.77)	④ 긍정적 사고 심화 8(7.08)	⑤ 기타 4(3.54)	복수 44명 3명 미응답
5	명상의 시간이 자신의 인생관 변화와 행복 추구에 도움이 되고 있다.	① 매우 긍정 14(12.39)	54(47.79)	③ 보통 42(37.17)	④ 그렇지 않다 2(1.77)	⑤ 매우 그렇지 않다 1(0.88)	
6	명상의 시간이 삶의 태도에 긍정적 변화를 주고	① 매우 긍정	② 긍정 63(55.75)	③ 보통 28(24.78)	④ 그렇지 않다	⑤ 매우 그렇지	

	있다.	18(15.93)			3(2.65)	않다 1(0.88)	
7	명상의 시간이 나의 내면적 변화를 가져오고 있다.	① 매우 긍정 15(13.27)	② 긍정 63(55.75)	③ 보통 30(26.55)	④ 그렇지 않다 3(2.65)	⑤ 매우 그렇지 않다 1(0.88)	미응답 1명
8	내면적 변화가 있었다면 어떤 변화였나요?	심신안정, 감정조절, 차분함 45(52.94)	긍정적 마인드, 생각(인식)의 변화 16(8.82)	자기성찰 11(12.94)	기타 13(15.29)		미응답 28명 (85명 중)
9	나중에 교사가 되면 도덕교육에 명상을 활용할 것이다.	① 매우 그렇다 23(20.35)	② 그렇다 76(67.26)	③ 보통 11(9.73)	④ 그렇지 않다 1(0.89)	⑤ 매우 그렇지 않다 1(0.89)	미응답 1명
10	초등학생들에게 명상을 하면 가장 큰 효과는 무엇이라고 생각하나요?	① 수업 집중력 56(49.56)	② 감정의 순화(조절) 66(58.41)	③ 배려심 확대 5(4.42)	④ 긍정적 사고 심화 13(11.50)	⑤ 기타	복수 21명
11	지금까지 명상의 시간 중에 가장 기억에 남는 명상은?	① 호흡명상 11(9.73)	② 감정명상 35(30.97)	③ 효도명상 30(26.55)	④ 음악명상 16(14.16)	⑤ 생각명상 18(15.93)	기타 5(4.42)	복수 2명
12	자신이 생각하는 명상의 목적은?	마음안정, 감정조절, 생각정리 집중력 69(61.06)	자기성찰 22(19.47)	긍정적 내면, 태도 변화 10(8.85)	기타 1(0.89) 미응답 11(9.73)		서술형

(제7주차) 오늘도 역시 명상으로 수업을 시작하였습니다. 오늘은 너무 피곤해서 명상할 때 잠이 계속 몰려왔습니다. **처음 명상을 할 때는 이런 수업은 처음이어서 명상? 수업시간에 명상이라니?** 생각하였지만 **매 시간마다 명상을 하면서 마음을 다잡을 수 있어서 좋았습니다.** 점심시간에 친구들과 노느라 들떴던 마음을 가라앉히고 수업에 참여할 수 있었습니다. 게다가 저희 조 발표 날에는 떨리는 마음을 명상을 통해서 다스릴 수 있었습니다.(E전공 K○○)

제5주차 명상을 실시한 후의 강의성찰 내용에서 어떤 측면에서 도움이 되는지 알 수 있다. 특히 인도명상음악의 신나는 리듬에 몸을 맡기고 음악을 타도록 지도하면서 실시한 명상을 체험하고 난 후 기록이 주목된다.

　　(제5주차) 교수님 안녕하세요. 오늘은 다섯 번째 초도교 수업이 있었습니다. 오늘도 어김없이 명상으로 수업을 시작했지요. 오늘 친구들과 대화를 하다 보니 분위기가 약간 어수선했었는데 명상을 함으로써 마음이 차분해지는 것을 느낄 수 있었습니다. **처음에는 명상이 참 낯설었는데 지금은 명상의 장점도 더욱 실감하게 되고 오히려 명상이 없으면 허전한 기분이 들기까지 합니다.** 오늘 명상은 노래와 함께 진행되었는데 그동안 명상이라 하면 조용한 노래에 가만히 눈을 감고 있는 것만을 떠올렸었던 것에 반해 참 새롭다는 느낌을 받았습니다. 명상이라는 요소가 낯설 수 있는 초등학교 아이들에게 노래와 함께하는 명상을 소개시켜준다면 아이들이 더욱 편하게 명상을 받아들일 수 있겠다는 생각을 했습니다.(P전공 Y○○)

　　"명상의 시간이 인생관 변화와 행복 추구에 도움이 되는가?"라는 질문에서는 매우 그렇다 14명(12.39%), 그렇다 54명(47.79%)으로 60.18%가 긍정적으로 답변하였다. 구체적으로 "삶의 태도에 긍정적 변화를 주고 있는가?"라는 질문에서는 '매우 그렇다'가 18명(15.93%), '그렇다'가 63명(55.75%)으로 긍정적인 답변이 71.68%로 높았고, '보통'은 28명(24.78%)이었고 부정적인 답변은 4명이었다. "명상의 시간이 나의 내면적 변화를 가져오고 있다."에 대해서는 '매우 그렇다'가 15명(13.27%) '그렇다'가 63명(55.75%)으로 긍정적 변화가 내면적 변화임을 알 수 있다. "내면적 변화가 있었다면 어떤 변화였나요?"라는 질문에 대한 학생들의 답변을 모두 모았다. 생생한 느낌을 살리기 위하여 학생들의 표현을 그대로 적어보았다. "나중에 교사가 되면 도덕교육에 명상을 활용할 것이다."에 대해 '매우 그렇다'가 23명(20.35%), '그렇다'가 76명(67.26%)으로 87.61%에 이르렀다. '보통'이 11명(9.73%)이었

고, 부정적인 2명을 제외하고는 초등학생들에게 명상 수업을 적용하고 싶어
하였다.

[표 4] 학생들이 작성한 명상을 통한 내면적 변화

1)차분함 / 2)차분함, 가라앉음 / 3)감정이 정화되고 인식이 긍정적으로 바뀌었습니다. / 4)생각을 정리하게 되고 좀 더 긍정적으로 생각하게 됨 / 5)편안함 / 6)좋은 생각을 많이 하게 됐다. / 7)내면적 갈등을 좀 더 객관적으로 보게 되었다. / 8)감정들이 차분해지는 것을 느낀다. / 9)감정·생각 정돈 / 10)긍정적인 사고를 하게 됨 / 11)생각을 정리하고 마음을 차분하게 해 준다. / 12)마음이 편해짐 / 13)내적인 성장 동기와 욕구를 파악하게 되고 분노를 씻어줍니다. / 14)평소 생활을 성찰해보게 한다. / 15)차분해졌다, 생각이 정리되었다. / 16) 생각하지 못했던 부분을 생각할 수 있었다. / 17)마음을 차분하게 해주었다. / 18)평소에 돌아보지 않던 나를 보게 된다. / 19)생각을 깊고 차분하게 해 준다. / 20)평정 유지 21)사나운 정신을 한데 모아 줌 / 22)긍정적 생각 / 23)슬픔을 치료해준다. / 24)최선을 다해야겠다는 생각을 갖게 되어 평가받지 않는 일도 최선을 다하려고 한다. / 25)감정조절의 용이 / 26)긍정마인드 / 27)허무하게 보내는 시간이 아니라 교사가 되는 과정이라고 생각의 변화를 줌 / 28)차분해짐 / 29)진지한 자기반성과 삶의 방식 재조정 / 30)좀 더 차분해짐 / 31)생각이 정리되고 깨끗해지는 느낌이 든다. / 32)더 차분히 생각하는 마음 / 33)내 생활을 돌아보게 되고 다시 한 번 다짐하게 된다. / 34)반성을 하게 된다. / 35)안정감이 생기고 마음이 넓어진다. / 36)차분함을 얻을 수 있었다. / 37)차분해진다. / 38)잠시나마 차분해지고 나 자신을 되돌아보는 계기가 된다. / 39)감정의 평형을 맞출 수 있다. / 40)내 자신을 돌아보게 한다. / 41)고민을 잠시 잊는다. / 42)감정의 조절이 가능해짐, 삶에 대한 가치관 변화 / 43) 심신 안정 / 44)마음의 편안 / 45)편안한 기분이 된다. / 46)마음의 안정 / 47)온화해졌음 / 48)생각을 차분하게 정리할 수 있음 / 49)평온함과 정신이 맑아진다. / 50)생각을 깊게 하게 된다. / 51)차분해지고 앞으로의 계획을 짤 때 도움이 된다. / 52)작은 걱정들이 사라지고 더 중요한 것들에 초점을 맞춤 53)마음이 차분해졌다. / 54)심신의 안정 55)마음의 평화 / 56)긍정적 변화, 여유로움을 즐기는 마음 / 57) 마음이 편해진다. / 58)스스로 성찰하는 시간이 생겼다. / 59)자아 존중감 증대 / 60)차분함 / 61) 순간적으로 내 삶을 돌아본다. / 62)마음의 정리가 된다. / 63) 마음의 순화 / 64)마음의 안정 / 65)안정 / 66)자신감 회복, 긍정적 사고 / 67)주제에 따라 많은 성찰을 하게 된다. / 68)내 자신이 중요한 것 / 69)차분 / 70)긍정적인 생각이 더 늘어난 것 같다. / 71)심신안정 / 72)차분해지고, 생각이 깊어진다. / 73)작지만 '나' 의 중심에서 조금 벗어나 타인을 바라보는 시선을 갖게 된 것 같다. / 74)주변 사람과 사람들에 대해 생각해보게 되었다. / 75)자존감 회복, 긍정적 사고 / 76)심신안정, 평화 / 77) 심신안정 / 78)마음이 편해진다 / 79)내가 바라는 인간상에 대해 다시 한 번 상기하게

됨 / 80)생각을 깊게 하게 됨 / 81)긍정적인 마음을 갖게 함 / 82)마음이 차분해지고 잡생각이 없어진다. / 83)조급함이 사라지는 듯하다. / 84)차분하게 된 것 같습니다. / 85)생각하지 못 했던 부분을 생각할 수 있었다.

3. 명상의 도덕교육적 의미

명상 적용 후 도덕교육적 효과와 그 의미를 두 가지 측면에서 해석할 수 있었다. 하나는 강의성찰에서의 주관적 체험이고, 다른 하나는 설문조사에 대한 결과 분석이다. 전자가 명상 체험에 대한 각자의 소감과 효과를 구체적으로 살펴볼 수 있다면, 후자는 명상에 대한 수강생들의 변화와 생각을 종합적으로 파악할 수 있었다.

1) 교사로서의 내면적 성장

예비교사들이 4년 교육과정을 거치며 '교사로 태어나는' 과정은 화분에 씨를 뿌리고 꽃을 피우는 과정과 유사하다. 졸업을 하고 임용고시에 합격하여 교사로서 꽃을 피우게 된다. 보이는 것은 꽃이지만 그 꽃을 피우기 위하여 화분에 흙을 담고 물을 주고 기르는 그 과정 하나하나는 보이지 않는다. 그 지난한 과정에서 교사의 기본 자질과 전문가로서의 능력을 키우게 된다. 한 학기, 한 강좌, 한 시간, 소중하지 않은 순간들이 없다. 그 과정에서 내적 성장을 이루고 자신만의 교육철학을 정립하며 자질과 능력을 갖춘 교사로 태어나는 것이다.

모든 강좌에서 토대작업이 이루어지며 교수들의 준비와 노력의 결실이 바로 교사라는 꽃으로 피어나는 것이다. 명상은 그 꽃을 피우기 위한 많은 토대작업 중의 하나라고 볼 수 있다. 산란한 마음을 안정시키고 집중하여 내면적으로 성찰하고 되돌아보면서 자신을 다듬어나가는 과정인 것이다. 강의성찰을 살펴보면 명상을 통하여 자아를 확립하고 다양한 주제들에 대해 사유가 깊어지는 과정을 볼 수 있다. 그 과정들이 모여서 교사로서 내 공을 쌓게 되는 것이다. 차분해지고 감정조절을 할 수 있게 되는 것에서부터 심신이 안정되면서 긍정적인 마음이 확대되는 것이다.

	답변	명상의 시간을 통하여 삶의 태도에 긍정적 변화가 있었다. 명(%)					
		① 매우 그렇다	② 그렇다	③ 보통	④ 그렇지 않다	⑤ 매우 그렇지 않다	대상
6	1차	2(1.74)	40((34.78)	59(51.30)	12(10.43)	2(1.74)	115명
	2차	18(15.93)	63(55.75)	28(24.78)	3(2.65)	1(0.88)	113명

1,2차 설문조사를 분석해보면 위의 표에서 그 변화 추이를 알 수 있다. "명상의 시간을 통하여 삶의 태도에 긍정적 변화가 있었다."에 대한 비율이 '보통'이라고 답한 비율이 51.30%에서 24.78%로 적어지고, '매우 그렇다'와 '그렇다'의 긍정적 비율이 36.32%에서 71.68%로 변한 것이다. 나아가 [표 4] "학생들이 작성한 명상을 통한 내면적 변화"에서 "13)내적인 성장 동기와 욕구를 파악하게 되고 분노를 씻어줍니다."라는 자기 수양, "24)최선을 다해야겠다는 생각을 갖게 되어 평가받지 않는 일도 최선을 다하려고 한다."라는 일을 대하는 자세, "27)허무하게 보내는 시간이 아니라 교사가 되는 과정이라고 생각의 변화를 줌"이라는 교사관의 정립 등을 보면, 교사로 변화되는 과정에 도움이 되는 것 같다.

2) 주제에 대한 사유의 지평 확대

화두명상은 주제에 대해 사유를 깊고 넓게 하게 하는 것이 목표였다. 그 주제들은 강좌 내용에 포함된 주제이거나 현실의 도덕적 문제이거나 혹은 우리 삶에서 꼭 필요한 생각거리인 경우도 있었다. 명상의 시간에 포착하여 주제에 대해 탐구하지 않았다면 아마 그 주제들을 피상적으로 보고 지나쳤을 것이다. 명상의 시간에 그 주제들에 대하여 깊이 사유하고 통찰할 수 있는 계기가 되었던 것 같다.

	답변	① 호흡 명상	② 감정 명상	③ 효도 명상	④ 음악 명상	⑤ 생각 명상	기타	대상

		지금까지 명상의 시간 중 가장 기억에 남는 명상은? 명(%)						
11	답변	① 호흡 명상	② 감정 명상	③ 효도 명상	④ 음악 명상	⑤ 생각 명상	기타	대상
	2차	11(9.73)	35(30.97)	30(26.55)	16 (14.16)	18(15.93)	5(4.42)	113명 복수2명

11주까지의 명상 중 학생들은 감정명상과 효도명상이 기억에 남는다고 답하였는데, 감정명상은 호흡명상과 몸명상 이후 감정 조절과 관련하여 기억에 남았던 것 같다. 또한 '용서의 명상'과 '사랑의 명상' 등도 감정과 관련된다는 점에서 포함되지 않았나 싶다. 효도명상이 기억에 남은 이유는 명상과 '행동' - 부모님께 사랑한다는 메시지와 사진 보내기 - 이 결부되었기 때문인 듯하다.

명상을 통한 삶에서의 내적 변화에 대한 위 [표 4] 답변 가운데 "7)내면적 갈등을 좀 더 객관적으로 보게 되었다.", "16)생각하지 못했던 부분을 생각할 수 있었다.", "50)생각을 깊게 하게 된다.", "67)주제에 따라 많은 성찰을 하게 된다.", "80)생각을 깊게 하게 됨" 등에서 생각이 많아지고 깊어짐을 알 수 있다. 이는 화두명상 후의 강의성찰에서 잘 드러난다.

(제11주차) 오늘은 나의 색깔안경에 대해서 생각해보는 명상으로 수업이 시작 되었다. 명상을 하면서 이제까지 했던 명상들 중 오늘의 주제만큼 어려운 주제는 없었다고 생각한다. 나는 나의 색깔안경에 대해서 명상하기 이전에 '색깔안경'이라는 존재에 대해서 먼저 생각을 해보았는데 사람이 스스로 나는 색깔안경을 끼고 살아왔다고 말하기가 얼마나 어려운지에 대해서 생각하게 되었다. 왜냐하면 색깔안경을 잠시라도 벗어본 사람만이 내가 색깔안경을 끼고 있었다는 것을 알 수 있기 때문이다. 그리고 색깔안경을 끼고 있다고 말할 수는 있지만 왜 완전히 벗어 던질 수는 없는 지에 대해서도 생각해 보았다. **내가 생각할 때에**

는 완전히 색깔안경을 벗어 던지는 것은 우리가 추구해야 할 이상과도 같은 존재라고 생각한다. 우리가 현실과 이상을 구분하여 받아들이는 것과 같이 이상을 현실의 많은 경우에서 찾아 볼 수 없다고 생각한다. 그래서 우리는 색깔안경을 벗기 힘들고, 모든 편견에서 부터 자유로운 판단의 주체로서의 인간은 존재할 수 없다는 생각에 도달하기도 했다. **따라서 진정한 반편견이라는 것은 색깔 안경을 벗어 던진 채 실체만을 볼 수 있다는 것을 의미하는 것이 아니라 내가 지금 색안경을 끼고 있다는 것을 인지하고 지금 보고 있는 것을 의심하고 한번 더 생각해 보는 것이 보다 더 현실성 있는 반편견이라는 생각이 들었다.** 예비교사로서 내가 훗날 학생들을 가르칠 때를 생각해 보지 않을 수 가 없었는데 내가 선생님이 되었을 때 해야 하는 일은 학생들이 색안경을 아예 쓰지 않도록 하면 정말 이상적인 결과로써 매우 좋겠지만, 그 보다는 학생들이 자신의 판단에 성찰을 할 수 있도록 가르치는 것이라는 생각이 들었다.(S전공 G○○)

(제12주차) 인연이라는 것은, 참으로 귀하고도 놀라운 것입니다. 그 인연 덕분에 사는 사람들, 죽는 사람들. 인연은 사람을 죽이기도, 살리기도 합니다. 교수님께서는 또한 '자신이 선택할 수 있는 인연'과 '선택할 수 없는 운명적인 인연'이 있다고 말씀하셨습니다. 저는 길가에서 스치고 지나가는 모든 사람들이 인생에서 한번쯤 꼭 만날 인연으로 이어져있는 것이라고 생각합니다. 특히 진심으로 마음을 주고받을 수 있는 친구나 배우자, 가족들은 그저 하늘이 이어준 인연이 아닐까 생각해봅니다. 그렇다면 한 가지 의문이 떠오릅니다. 하늘이 이어준 인연이라 할지라도 후천적인 요인으로 그 인연이 틀어져 버릴 수도 있을까요? 아니라면 하늘이 내린 인연이 아니더라도 후천적인 깊은 관심과 사랑으로 그 인연이 하늘이 내린 인연보다 더 끈끈해질 수도 있는 걸까요? **아무것도 정확히 알 수 있는 것은 없지만 그저 제 곁에 있는 모든 인연들을 늘 소중히 간직하고 그들에 대한, 제가 할 수 있는 최대한의 예우를 다 할 것입니다.** 그것이 이치에 맞는 일이고 제 마음이 그 인연들 앞에서 떳떳할 수 있는 유일한 길이라 생각하기 때문입니다. 그 인연이 제게 상처나 분노로 남을지, 잊히지 못할 정으로 남을지, 아니다면 이제껏

경험해본 적 없는 진실한 마음으로 남을지는 아무도 모르지만 그저 최선을 다하겠습니다. 어떤 인연이든지 언젠간 헤어지기 마련이고, 그 헤어짐 이후엔 그 사람에 대한 인간적인 연민과 미안함이 항상 남기 때문입니다. **지금 당장 내게 상처로 다가온 인연이라 하더라도 오직 이 순간에 내 앞에 있을 찰나의 인연이니, 이 후에 그 사람에 대한 연민이 떠오를 때 고통 받지 않기 위해서 그저 제 마음이 할 수 있는 최대한의 예우를 하겠습니다.** 조금 손해보고, 바보처럼 사는 것이, 흘러가는 삶 속에서도 언제나 아이와 같은 깨끗한 눈물과 진정으로 아름다운 것을 알아보는 맑은 마음을 간직할 수 있도록 한다는 것을 알기 때문입니다. 그리고 이러한 눈물과 마음을 언제까지나 지니는 사람이 되어야만 세상의 아픔에 진심으로 눈물 흘리고 정의롭게 분노하고 아름답게 그 분노를 한 송이 꽃으로 피워낼 수 있는 인생을 살 수 있다는 것을 알고 있습니다.(K전공 K○○)

3) 체험을 통한 명상교육의 보급

앞의 연구 목표에서 언급하였듯이 필자는 명상을 실시하면서 예비교사들이 명상 체험 후에 교육현장에서 이것을 적용하였으면 하는 바람이 있었다. 길지 않은 강의 시간에 명상에 시간을 할애한 이유는 궁극적으로 현장교육의 변화를 위한 것이다. 어떤 교육방법도 그렇지만 특히 명상은 직접 체험하지 않고는 적용하기 어렵다. 예비교사로서 후에 교사가 되면 명상을 활용할 것이다."라는 질문에 대한 제1, 2차 설문 조사 결과를 비교하면 다음과 같다.

1차에 비해 2차에서 긍정적 답변 비율이 높아진 것이 눈에 띄는 결과이다. 특히, "초등학생들에게 명상을 하면 가장 큰 효과가 무엇이라고 생각하나요?"라는 질문에는, 자신들의 명상 체험에 의거하여 답하고 있었는데 감정의 순화와 조절, 수업집중력에 대한 답변 비율이 높게 나타났다. 또한 제2차 설문조사에서는 '긍정적 사고 심화'를 이전 '자아 존중감'항목 대신 포함시켰는데, 그 항목 답변 비율이 이전보다 높아진 것을 볼 수 있다.39)

9	답번	① 매우 그렇다	② 그렇다	③ 보통	④ 그렇지 않다	⑤ 매우 그렇지 않다	대상
	1차	18(15.65)	69(60.00)	26(22.61)	3(2.61)	0	115명
	2차	23(20.35)	76(67.26)	11(9.73)	1(0.8)	1(0.89)	113명

예비교사로서 후에 교사가 되면 명상을 활용할 것이다. 명(%)

더불어 후에 교사가 되었을 때 자신이 담당한 학생들에게 명상 방법을 적용하겠다는 생각을 가진 학생들이 많았는데 아래 강의성찰 내용에 잘 드러난다.

(제3주차) 오늘도 어김없이 수업은 명상으로 시작되었습니다. 어젯밤에 과제로 인하여 늦게 자서인지 명상을 하면서 피로가 몰려왔습니다. 허리를 곧게 펴면서 집중하려 애를 썼습니다. 점차 피로는 몰려가고 제 자신이 차분히 집중됨을 느꼈습니다. **나중에 제가 교사가 된다면, 1교시 시작 전이나, 또는 점심시간 후에 등등 학생들이 지치고 집중을 하지 못할 때, 학생들에게 명상을 시킬 것입니다.**(E전공 K○○)

(제3주차) 오늘 수업 역시 명상으로 시작했습니다. 제 몸이 지쳐있어서 그런지 아니면 더 편한 자세를 취해 명상을 시작해서 그런지 오늘은 명상하는데 큰 어려움을 느끼지 못했습니다. 오늘 명상의 음악은 같은 문장이 반복되는 형식으로 이뤄졌습니다. 교수님께서 이런 반복적인 문장은 집중하게 하는 것에 수월함을 주신다고 설명해주셨습니다. **저번 시간에 이어서 또 한 번 명상의 효율성을 느끼고 교직생활을 할 때 꼭 적용해보고 싶은 생각이 깊어졌습니다.**(M전공 S○○)

(제3주차) 이번 수업은 명상으로 시작한 후에 본 수업으로 진행하였다. 저번 수업시간에 했던 명상에서 좀 더 나아간 명상을 해보았는데, 명상을 통해서 내 안에 있는 또 다른 나와 소통을 해보고 생각을 정리하며 마음을 가라앉힐 수 있었다. **후에 초등교사가 되어 명상의 많은**

---

39) 설문을 구성하면서 설문 내용을 바꾸어 보았다.

장점을 설명해 줄 수 있을 것 같다.(S전공 J○○)

(제7주차) 오늘 수업 역시 명상을 통해 시작했습니다. 시간이 점차 지남에 따라 명상의 효과에 대해 실감하게 되는 것 같습니다. 명상을 함으로써 점심시간 동안 들떠 있던 제 마음이 차분하게 가라앉는 느낌이 듭니다. 나중에 수업 시연을 한다거나 **교편을 잡았을 때 꼭 명상을 사용할 필요가 있겠다는 생각이 들었습니다.** 그동안 선생님들께서 "조용히 해!"라고 소리 지르시며 아이들의 집중을 끄는 경우를 많이 봐왔는데 그다지 좋지 않은 인상으로 저에게 많이 다가왔었습니다. 하지만 교사가 명상을 통해 아이들을 조용히 시키고 수업집중력을 높인다면 보다 효율적이고 평화지향적인 교사가 될 수 있지 않을까 생각 해 봅니다.(E전공 G○○)

		초등학생들에게 명상을 하면 가장 큰 효과가 무엇이라고 생각하나요? 명(%)					
10	1차	① 수업 집중력 59(51.30)	② 감정의 순화 70((60.87)	③ 자아 존중감 증대 4(3.48)	④ 배려심 확대 3(2.61)	⑤ 기타 0	복수16명
	2차	① 수업 집중력 56(49.56)	② 감정의 순화(조절) 66(58.41)	③ 긍정적 사고 심화 13(11.50)	④ 배려심 확대 5(4.42)	⑤ 기타 0	복수21명

명상 체험은 예비교사들의 정서적 안정과 자아존중감, 수업집중력 측면에서 긍정적 효과를 가져왔음을 알 수 있었다. 더불어 필자가 가장 의미있게 파악한 것은 교사가 된 후 교육에 적용하고자 하는 필요성과 의지에 대한 확인이었다. 초등학생들에 대한 명상의 도입은 도덕교육은 물론 초등학교 전반에 영향을 줄 수 있을 것이기 때문이다. 작년의 경우, 수강생들이 2학기 모의수업을 구상하면서 활동에 1학기에 실시하였던 명상을 넣어 수업을 구성하고자 시도하였다는 데서 그 실현가능성을 확인할 수 있었다.

V. 맺음말 : 명상의 교육적 적용을 위한 제언

지금까지 초등학교 예비교사인 2학년 학생들에게 명상교육의 적용 과정과 효과를 살펴보았다. 최근 명상의 보편화 분위기 속에서, 필자는 개인적으로 명상 공부를 하면서, 오늘날 명상이 심신안정 혹은 정신집중 등 개인적 차원에서만 머물러 그 본질을 간과한 것이 아닌가 하는 문제의식을 갖게 되었다. 명상은 인도의 요가에서 왔고, 부처가 그것을 통해 깨달음을 얻었고, 지혜와 자비로 확대시켰다. 명상은 단순히 개인적 깨달음에 머물지 않고 동체대비를 추구한다는 데서 도덕적 지향성이 드러난다고 본다. 명상은 우주의식과의 합일을 추구하는데 그것은 긍정적 에너지의 확산이며, 궁극적으로는 나의 깨달음을 통한 우주적 변화를 추구하는 도덕적 지향성을 지니고 있다. 명상을 통해 형성된 자아(自我)는 관계망 속에서 다른 대상들에 확대되어 궁극적으로 우주와 세계와 만나게 된다. 초도교 강좌에서 예비교사들에게 명상을 적용할 때 이러한 점을 염두에 두고 적용 방법을 구상하였다. 예비교사인 수강생들이 성인이기 때문에 다양한 주제 선정이 가능하였고, 기본명상과 화두명상을 조화시키는 방법을 적용할 수 있었으며, 그것이 강의에서 추구하는 도덕적 내용과 목적에 부합할 수 있었다. 그러나 미성년인 학생들을 대상으로 명상을 실시하는 경우 다음과 같은 점들을 유의하였으면 하는 바람에서 제언을 덧붙여보았다.

첫째, 교육 대상자의 인지·정서 발달 단계에 적합한 방법과 내용이어야 한다. 명상은 기본 방법을 익혀야 다음 단계로 나아갈 수 있다. 학교 현장에서 교사가 수업시간에 적용할지 학급 운영에 적용할지 상황과 목적에 따라 방법과 내용을 달리할 필요가 있으며, 그 경우도 기본명상은 중요한 단계라고 보인다. 교사들이 명상을 적용하기 전에 자신이 직접 체험하여 경험을 한 후 적용해야 할 것이다.

둘째, 명상을 적용한 후 변화에 대한 객관적인 지표와 주관적 체험에 대한 긍정적 결과를 확인하면서 점검할 필요가 있다. 교사 혹은 교육자라면 명상에 의한 변화를 직감적으로 확인할 수 있을 것이다. 그럼에도 불구하고 주관적 체험의 기록, 객관적 지표를 잘 분석하여 장점과 문제점을 점검하면서 적용에 대해 수정·보완할 필요가 있을 것이다.

셋째, 예비교사와 교사들에 대한 명상 연수와 지속적인 교육이 필요하며, 이는 사상에 대한 지식과 명상 방법의 측면 모두 필요한 듯하다. 최근 예비교사는 물론 많은 교사들이 명상에 대해 관심을 가지고 적극 참여하고, 또 교육에 적용하고자 노력하고 있다. 그러나 학교업무와 수업 때문에 개인적으로 배우기가 쉽지 않은 것이 현실이다. 따라서 교사교육을 통하여 요가와 명상, 뇌교육 등 체계적인 교육과정을 통하여 지속적으로 훈련받을 기회를 제공해야 할 것이다.

넷째, 교육적 차원에서 명상을 하나의 교육방법으로 수용하여 적극 개발할 필요가 있다. 명상은 궁극적으로 급변하는 현대사회에서 자아를 확립하고 우주와 세계에 대한 관심을 확대시켜 개인적·사회적으로 긍정적 발전의 동인이 될 수 있다. 교육에서 적극 수용하여 공식적·비공식적 교육과정에 적용하여 교육적 효과와 의미를 찾는 것은 교육전문가들의 과제가 아닐 수 없다.

현 직업 중 47%가 20년 내에 사라질 것이라는 학자의 예견이 화두가 되고 있다. 미래에 없어질 직업으로 교수·교사, 가정부, 인쇄업, 거래중개인 등이 꼽히기도 한다.[40] 앞으로 사라질 직업은 모두 "컴퓨터가 대체할 수 있는 일"이라는 공통점을 갖고 있고, 살아남을 직업은 결국 "컴퓨터가 대체할 수 없는 일"이라고 한다.[41] 이 지점에서 가르치는 일을 업으로 삼는 사람들이 어떻게 교육의 방향을 잡아야 하는가에 대한 답이 나온다. 인공

---

40) http://www.dailian.co.kr/news/view/388629(검색일: 2014.06.03.), "88만원이 문제? 언제나 88만원 받는 게 문제, <김헌식의 문화 꼬기> 테크놀로지 매개의 일 중심의 진로 교육 필요", 『데일리안』(2013.10.03.).

41) 『중앙일보』(2014.02.18.).

지능이나 컴퓨터가 할 수 없는 인간의 정서와 감정과 생각에 대한 교육이 더 중요해져야 하고, 도덕교육의 답을 여기서 찾아야 하지 않을까?

일반인도 명상을 하게 되면 심신안정과 집중력 등 긍정적 효과를 얻게 된다. 예비교사들에게 적용하여 의미를 찾고자 한 이유는 그들이 교육의 대상에서 주체로 변화하는 과정에 있기 때문이다. 그들이 어떤 가치관과 교육관을 정립하여 교사의 인생을 사느냐에 따라 교육 현장이 달라지기 때문이다. 한 명의 초등교사가 평생 1,000여 명 이상의 학생들을 교육한다고 보면 그 위력을 짐작할 수 있다. 대학 교육이 변하면 교사가 변하고, 교사가 변하면 학교교육에서 학생이 변하고, 그 학생들이 사회에 나가면 우리 사회가 긍정적으로 변화된다. 그 변화가 역사와 문명을 변화시킬 것이며, 궁극적으로 인간과 우주를 품을 새로운 패러다임을 제시할 수도 있을 것이다.

제4장 초등학교 도덕과의 불교내용 분석
: 어린이 불교교육의 가능성 탐색

I. 머리말 : 어린이 불교교육의 가능성

불교사상은 인간 삶의 실상을 고(苦)라는 명제에서 출발하여 행복을 추구하는 '이고득락(離苦得樂)'의 논리이다. 사성제(四聖諦)는 고를 극복하기 위해 심신을 수행하여 행복한 삶을 영위하고자 하는 구조이다. 불교사상은 이러한 내용을 설명하기 위해 전개되며, 핵심인 연기론(緣起論)은 모든 것은 인연생기(因緣生起)의 법칙에 의한 것이며, 끊임없이 변화하여 변하지 않는 것이 없기에 무상(無常)하다고 본다. 따라서 '나'라는 존재도 생사(生死) 과정을 거치지만 고정된 실체가 없어 무아(無我), 즉 공(空)이다. 인간은 이러한 무상·고·무아의 실상을 알지 못하기에 집착하고 갈애(渴愛)하여 번뇌에서 벗어나지 못하는 것이다. 괴로움의 원인인 무명과 갈애를 잘 알아 수행함으로써 궁극적 깨달음인 열반에 이르러 행복을 얻고자 하는 것이 불교이다.

『금강경』에서는 "일체 유위법(有爲法)은 꿈과 같고 신기루 같고 물거품 같고, 그림자 같으며, 이슬 같고 번개 같으니, 마땅히 이렇게 바라보아야 한다(一切有爲法, 如夢幻泡影, 如露亦如電, 應作如是觀)."[1]라고 하였다. 유위법이란 인과 연의 화합에 의하여 만들어진 모든 존재와 모든 현상으로[2]

---

1) 南懷瑾, 신원봉 역, 『금강경 강의』(서울: 부키, 2008), p.631.
2) 김승동 편저, 앞의 책, p.858. 이에 비해 "위작(爲作)·조작을 떠나 상주(常住)이고 불생불멸한 것을 무위(無爲)라고 한다. 초기불교에서는 최고의 이상인 열반을 가

바로 우리 삶의 실상이다. 인간 실상, 고와 무상의 진리에 대해 인생의 쓴 맛 단맛을 경험한 기성세대들은 '맞다'고 맞장구 칠 것이다. 그들은 삶의 경험에서 얻은 사실이자 진리라고 여기기 때문이다. 그러나 호기심과 상상력이 무궁무진한 어린이들에게 이런 진리는 수용되기 어렵다. 호기심으로 충만하여 일상의 사소한 것조차 재미있는 그들에게 삶은 결코 괴로움이 아니다. 매년 성장하고 지금 여기에 존재하는데 왜 무상·무아냐고 물을 것이다. 어린이들에게 불교를 교육하기는 쉽지 않은 일이다.

붓다의 진리가 인간의 자연적 실상에 대한 통찰이라 해도 어린이들에게 다 보여주는 것이 바람직한지도 논란이 될 수 있다. 어린이들의 도덕성 발달 단계는 '인습 이전 수준'과 '인습 수준'에 해당한다. 그들은 "처벌과 보상이라는 물리적 결과의 입장에서, 혹은 규칙들을 설정하고 그것들을 적용하는 사람들의 물리적 힘의 입장에서 선과 악을 고려한다." 순응주의의 인습 수준에서 "개인이 속해 있는 가족, 집단, 국가의 기대와 규칙들을 유지하는 것이 자신의 입장에서 가치 있는 것으로 여겨진다."[3] 이러한 발달단계의 특성을 고려할 때 어린이들은 사회화(socialization)와 발달(development)에서 우선 사회화 측면의 경험과 모방이 중요함을 알 수 있다. 그들에게 무엇을 보고 듣고 경험하게 할지가 중요하며, 특히 모방학습의 중요성은 EBS 다큐프라임 "아이의 사생활 제2부『도덕성』"(방송: 2011년 5월 20일)에서 본 바와 같이 폭력적·감성적·무관심의 세 그룹의 행동을 보여준 후 방에 들어간 어린이들이 보여주는 행동에서 잘 알 수 있다. 7금, 12금 등 드라마나 오락 시청에 금(禁)을 정하는 이유도 발달단계의 교육적 고려에 의한 것이다. 미국에서는 9.11테러 장면이 어린이 시청불가였지만 우리나라에서는

리켜서, 생멸이 없다는 점을 들어 무위라고 불렀다(p.283)."

3) L. Kohlberg and E. Turiel, "Moral Development and Moral Education,", in Gerald S. Lesser(ed.), *Psychology and Education Practice*(Gienview, IL : Scott Foresman, 1972), pp.415~416. : 박병기·추병완, 『윤리학과 도덕교육』(서울: 인간사랑, 1996), pp.33~334. 재인용.

여과 없이 방송되어 논란이 되었다. 어린이는 도덕적·정서적 고려의 대상
이기 때문에 불교에서 포착한 인간 존재의 실상을 어린이에게 어떻게 교육
할지 고민하지 않을 수 없다.

어린이 불교교육의 가능성을 '어린이 철학교육'에서 찾아보자.4) 철학(哲學)
은 심오하고 난해하여 어린이들에게는 적합하지 않은 것으로 인식되었다.
그러나 어린이 철학교육은 '철학'보다 '철학함'에 초점을 두고, 사회화 이전
어린이들의 상상력과 질문으로 드러나는 사유능력을 중시한다. 철학의 내용과
결과보다 사유하는 활동과 과정을 중시한 어린이 철학교육은 어린이들의
호기심과 사유능력에 초점을 두고 가능성을 모색하였다. 1969년 리프만과
샤프가 설립한 IAPC(Institute for the Advancement of Philosophy for Children)에서
시작된 어린이 철학교육은 1986년 이래 한국에도 도입되었고, 어린 시절부터
철학적 환경(가정·학교·사회)을 마련해주어야 한다(http://www.kitpc.co.kr)는
방침 하에 어린이들과 철학과의 만남 가능성과 그 방법을 모색하고 있다.5)

구체적으로 살펴보면, 철학의 목표를 철학적 사고라고 보아 어린이 철
학교육에서는 창의적·비판적·배려적·상상적·논리적 사고에 대한 교육을
중시한다.6) 어린이 철학교육의 방법은 우선 소크라테스식 대화법, 철학적
탐구공동체, 교사의 역할이 중요하며, 구체적으로 읽기자료의 적용, 대화
와 토론 등이 활용된다.7) 나아가 더 실제적인 방법론적 접근에서는 놀이
를 통해서, 동화를 통해서, 일상생활의 주제들을 활용하는 시도도 이루어

---

4) 서양의 논리적인 철학과 동양의 종교적인 사상인 불교를 대비시켜 논하는 것이 조
심스럽기는 하지만 적용 가능성을 찾는 데는 큰 무리가 없을 것이다.

5) 이유택, "어린이와 함께 철학하기: 어린이 철학의 가능성과 원칙에 관하여", 『철학
연구』, 제86집(대전: 대한철학회, 2003), pp.253~277. 임윤정, "어린이 철학교육의
가능성과 방법론 고찰", 『동서철학연구』, 제44호(대전: 한국동서철학회, 2007),
pp.51~75. 김회용, "어린이 철학교육의 방법론 및 도덕교육에의 활용", 『초등교육
연구』, 제15집 제2호(서울: 한국초등교육학회, 2002), pp.85~104.

6) 임윤정, 위의 논문, pp.54~59.

7) 김회용, 앞의 논문, pp.91~104.

지고 있다.8) 어린이 철학교육은 궁극적으로 다양한 철학적 사유를 통해 도덕적 사고를 함양하는 데 목적이 있다. 물론 한국의 교육 환경에서 철학적 사유를 통한 도덕교육이 쉽지는 않지만 그러한 노력들이 결국 교육적 변화를 가져오는 마중물인 셈이다. 이러한 어린이 철학교육의 관점과 방법을 어린이 불교교육에 적용해보면 어떨까. 사상이나 결과가 아니라 '스토리'와 '문화', 교육적 '방법'에 초점을 두고 적용한다면, 어린이 불교교육의 가능성을 찾을 수 있지 않을까.

본고는 초등학교 교육과정의 불교 관련 내용을 분석하면서 어린이 불교교육의 가능성과 방향을 탐색해보았다. 이를 위해 우선, 우리나라에 도덕교육이 교과로 도입된 제3차 교육과정부터 현재 작업 중인 2015 개정 교육과정에서 불교 관련 내용의 현황을 분석하여 특성과 한계를 살펴보았다. 이를 바탕으로 어린이 불교교육의 방향·내용·방법을, 기신론(起信論)의 체상용(體相用) 삼대(三大)를 활용하여 제시하여 보았다. 어른들에 대한 불교교육도 쉽지 않은 상황에서 어린이들에게 적용하는 것이 타당한지 의문을 제기할 수도 있다. 그러나 불교는 전통사상의 하나로 우리 삶의 바탕이 되는 도덕교육의 한 축으로 결코 교육적 의미를 소홀히 할 수 없다.

II. 도덕 교과에서 동양윤리영역과 불교의 위상

도덕 교과에서 불교를 비롯하여 전통사상, 유교, 도교 등 동양윤리가 구체적인 교과내용으로 포함된 것은 제5차의 고등학교 "국민윤리"에서이다. 단순히 불교 색채만이 아니라 학문적 근거에 의해 명확히 내용지식으로 포함되었다. 제6차 고등학교 "윤리"의 '윤리사상의 흐름' 단원에서는 내용이 더 구체화되었다.9) 제7차에서는 "전통윤리" 교과가 개설되어 전통도덕

---

8) 임윤정, 앞의 논문, pp.61~71.

내용이 강화되었는데, 주로 유교 중심이었다. 도덕교육사에서 내용영역 변화가 가장 적은 것이 동양윤리영역이고, 불교는 더 변화가 없었다. 1990년 유교자본주의담론의 확대로 "전통윤리" 교과가[10] 성립되어 여러 관점에서 논의된 반면, 불교는 제6차 고등학교 "윤리"를 벗어나기 쉽지 않았다. 도덕교과는 도덕교육의 전통 근거를 일반적으로 유교에서 찾는다. 따라서 조선시대의 교육이 '사서삼경, 소학, 근사록, 통감, 명심보감, 격몽요결, 동몽선습, 천자문' 등의 여러 교재를 통하여 "윤리·도덕과 인간 정신을 바로 세우고 국가사회를 바르게 운영하는 데 필요한 도덕 관련 과목들을 가르쳐왔다."[11]는 점을 강조한다. 즉 '도덕교육=유교교육'으로 인식되었던 것이다. 그 이유는 두 가지에서 찾을 수 있다.

첫째, 유교를 통치이념으로 삼았던 조선시대가 오늘날과 가까운 시기로 그 영향력이 유지되고 있기 때문이다. 1960년 근대화 이후 유교에 대한 부정적·긍정적 인식이 공존하지만 유교는 한국사회를 대표하는 사상으로 중시되었음을 부인하기 어렵다. 우리 사유구조와 생활양식을 규정하는 데 가장 큰 영향을 미친 것도 유교였다. 1990년대 "공자가 죽어야 나라가 산다." 를 비판하며 "공자가 살아야 나라가 산다."는 이른바 '공자논쟁'은 긍정·부정을 떠나 이러한 유교의 영향력을 잘 보여주는 예이다. 동아시아 자본주의의 성공을 다룬 유교담론은 중요한 화두로 2000년대까지 지속되었다.

둘째, 유교사상의 현실적 성격에 기인한다. 유교는 크게는 천지(天地), 즉 하늘과 땅을 중심으로 이원적 사유구조와 논리형식을 근거로 하면서 이 둘의 상호보완적 균형 관계를 중시하며, 그 세계의 뿌리는 단연 인간이

---

9) 장승희, "동양윤리 영역 교과지식의 재구조화 원리", 『유교와 도덕교육의 만남』(제주: 제주대학교출판부, 2013), p.209.

10) "전통윤리"가 표면적으로 유교를 표방하지는 않았지만 내용을 분석해보면 유교사상 중심임을 부인하기는 어렵다.

11) 서울교육대학교 도덕국정도서 편찬위원회, 『초등학교 교사용지도서 도덕 6』(서울: 교육과학기술부, 2012), p.4.

며 그 삶의 터전은 집과 나라이다. 즉 "인간은 그 삶의 유기적 연관성의 범위를 우주에까지 확장시키는 존재"이면서[12] 인간으로 살아가는 현실에서 바른 길을 찾고자 노력한다는 점에서 매우 현실적이다. 성리학에서 천리(天理)를 다루면서 형이상화 되었음에도 불구하고, 유교의 기본 특성은 인본주의와 현실주의로 이는 불교보다 현실생활에 뿌리내리기가 쉬웠던 이유이다.

이러한 이유로 '유교사상=한국사상'으로 인식되었고, 1990년대 동아시아유교담론이 확대되면서 제7차 교육과정에서는 "전통윤리" 교과가 개설되었다. 그러나 현재 유교사상과 불교사상 등 동양윤리의 영향력은 긍정적으로만 평가되지는 않는다. 유교를 보면, 핵심 실천덕목인 효(孝)와 예(禮) 덕목은 오늘날 자본주의 사회에서 의미를 찾기가 어려워졌고, 가장 큰 특징인 혈연과 가족 중심의 공동체주의와 조상에 대한 제사 및 가문의식은 설 자리가 좁아졌다. 유교의 위기는 유교사상만의 문제라기보다 인류역사와 문명패러다임의 변화로 인한 것이며 새로운 의식구조를 지닌 신인류의 등장 결과이다.

제4차 산업혁명은 새로운 문명과 새로운 인간상, 새로운 가치를 요구하고 있다. 급변하는 오늘날 사회에서 변화양상을 좇아가야 하고 새로운 것들을 수용해야 하지만, 동시에 인간 본질에 대한 철학적 고민은 결코 잃지 말아야 한다. 미래학자들은 급변하는 사회에서 다가올 임계국면(threshold)[13] 특이점(singularity)을 제시한다. 학자들마다 차이는 있지만 2045년이 인공지능이 인간의 지능을 뛰어넘는 임계국면이며, 그 기점 이후의 변화에 대해서는 우리가 인지하고 이해할 수 없는 기술 범위에 속하는 특이점이기 때문에 더 이상 예측할 수 없다고 한다. 2045년 이후에는 평균수명이

---

12) 금장태, 『한국유교의 이해』(서울: 민족문화사, 1989), p.18.
13) "어떤 현상이 다르게 나타나기 시작하는 지점 혹은 경계, 빅 히스토리에서는 새로운 현상이나 물질이 나타난 시점을 의미한다." D. 크리스천·B. 베인, 조지형 역, 『빅 히스토리』(서울: 해나무, 2013), p.22.

130세를 넘어서며 외롭고 가난한 노후를 오랫동안 보낼 수가 있기 때문에 "철학적 물음"이 필요한 시점이라고 보고 있다.[14] 따라서 현실 문제 해결과 더불어 인간 본질에 대한 철학적 성찰이 중요해진다.

최근 도덕교육에서 동양윤리영역이 축소되어 내용도 줄어들고 있다. 교육과정이나 교과서의 내용체계가 서양윤리 중심이 되고 개정을 거칠 때마다 서양윤리로의 치우침 현상이 심화되고 있다. 이에 교과지식의 재구조화 과정에서 초·중등학교 교과지식을 영역에 따라 어떤 기준과 방법에 의거하여 구성할지 논의가 선행되어야 한다.[15] 동·서양윤리의 내용체계의 균형에 대한 기준의 설정, 그에 의한 내용 선정이 이루어져야 한다. 지식의 재구조화 과정에서 "중용(中庸)의 원리, 체용(體用)의 원리, 문질(文質)의 원리"[16]를 적용하여 학문지식을 교과지식, 학교지식으로 변환하는 노력이 필요하다. 기본적으로 동양윤리사상은 선택 교과인 "윤리와 사상"에 지식내용이 포함되어 있어 내용교육이 이루어지고 있다고 볼 수 있다. 이를 선택하지 않는 학생들인 경우, 초·중학교에서 동양윤리 접근 기회가 없으면 서양윤리에 치중된 도덕적 사고와 판단을 할 것이라는 우려를 지울 수 없다.

원래 불교는 관념적이라기보다 현상적이고, 추상적이라기보다 실제적이며 직관적이다. 역사적 발전을 거듭하며 불교사상은 심오해지면서 관념적·추상적 내용들도 포함되었지만 붓다는 우리 삶의 현실을 포착한 진리에서 출발하였다. 붓다와 직계제자들의 가르침인 초기불교[17]가 포착한 인간·자연·우주관에 대한 이해는 과학적이고 합리적이다. 불교의 우주적 시간은 "세계가 성립하고[成] 계속하다가[住] 파괴[壞]를 거쳐 다음의 성립에

---

14) 박영숙·제롬 글렌 지음, 『유엔미래보고서 2045』(서울: 교보문고, 2015), 머리말 참고.
15) 장승희, "도덕과 '동양윤리' 영역 교과지식의 재구조화 원리", 『도덕윤리과교육』, 제30호(청주: 한국도덕윤리과교육학회, 2010), p.75.
16) 위의 논문, pp.71~76. 참고할 것.
17) 초기불교(Early Buddhism), 원시불교(Primitive Buddhism), 근본불교(Fundamental Buddhism)라고도 한다. 각묵 스님, 『초기불교 이해』(울산 : 초기불전연구원, 2010), pp.16~17.

이르기까지[佺]의 과정을 사겁(四劫)이라 하는데, 이 4겁의 기간을 일대겁
(一大劫; a maha-kalpa)이라고 한다."18) 겁(劫)이란 "크기가 40천 리에 달하
는 석산(石山)이 있는데, 장수천인(長壽天人)이 백년에 한 번씩 얇고 부드
러운 옷을 입고 와서 그 돌산을 쓸고 지나가 돌산이 다 닳아 없어져도 겁
의 시간은 끝나지 않는다."19)라고 할 정도로 긴 시간이다. 현재 밝혀진 바
에 의하면, 태양은 우주의 은하수에 있는 1000억 개의 별 중의 하나이고,
우리 은하는 우주전체의 1000~2000억 개의 은하 중의 하나이다.20) 칼 세이
건(Carl Edward Sagan)의 우주달력(Cosmic Calendar)에서 보면 우주 역사
137억 년의 타임라인에서 빅뱅 이래 현재까지의 우주역사를 일 년으로 환
산하여 보면, 인류조상이 등장한 것은 마지막 날인 12월 31일이며, 마지막
47초를 남기고 빙하기가 발생하고, 콜럼버스는 아메리카 대륙을 마지막 1
초를 남기고 발견한다.21) 현재 밝혀진 우주의 시간적 관념과 붓다가 2500
년 전에 통찰한 내용과 상통하는 바가 있다. 이처럼 불교의 합리성은 "세
상을 지배하는 초인적 질서는 신의 의지와 변덕이 아니라 자연법칙의 소
산"22)임을 파악한 결과이다. 이와 같은 자연법칙에 근거한 불교는 궁극적
으로 거대한 우주 속에서 인간 존재의 본질을 인식하고 어떻게 살아갈 것
인지의 답을 찾는 것이다.

최근 긍정심리학과 자아초월심리학에 더하여 교육에서 행복담론이 부
상하고 있다. 불교를 "인생은 고해(苦海)"라고 보는 비관적 사상으로 인식
하지만, 불교는 행복을 중심으로 놓는 종교이자 사상이다.23) 불교를 통해

---

18) 김승동 편저, 앞의 책, p.29.

19) 지관 편저, 『가산 불교대사림 1』(서울: 가산불교문화연구원, 1998), p.529. 『대지도
론』권5(대정장25, p.100c)에 나온 것인데, "붓다님께서 비유로 겁의 뜻을 설명하
였다." 이하의 내용이다.

20) D. 크리스천·B. 베인, 앞의 책, p.16.

21) C. E. 세이건, 임지원 역, 『에덴의 용』(서울: 사이언스북스, 2006), pp.25~27.

22) Y. N. 하라리, 조현욱 역, 이태수 감수, 『사피엔스』(서울: 김영사, 2015), p.318.

23) 자현, "불교, '행복'을 말하는 종교", 『문학/사학/철학』, 제30권(서울: 한국불교사연

나를 돌아보고 거시적 세계관을 파악하여 존재에 대한 성찰의 기회를 제공할 수 있어야 할 것이다.

III. 초등학교 도덕과 교육과정의 불교관련 내용 분석

교육과정은 공식적인 고시 후 시행되는데, 고시된 기점을 중심으로 교육과정 기간이 설정된다. 제1차 교육과정은 1954~1963, 제2차는 1963~1973, 제3차는 1973~1981, 제4차는 1982~1987, 제5차 1987~1992, 제6차 1992~1997, 제7차는 1998~2007이다. 2007 개정 이후는 수시 개정으로 변하여 2009 개정, 2012 개정에 이어 2015 교육과정 개정이 고시되었다. 본 연구의 분석대상은 제3차 "바른생활" 교과서 3~6학년 1,2학기 8권, 제4차 "도덕" 교과서 8권, 제5차와 제6차 "도덕" 교과서 각 8권, 제7차 "도덕" 교과서 6권(3,4학년 1,2학기 4권, 5,6학년 2권), 2007 개정 "도덕" 교과서 6권이다.[24] 또한 현재 추진되고 있는 2015 개정 교육과정은 내용체계를 중심으로 비교하여 살펴보았다.

1. 현황 : 내용, 인물·삽화, 의인화

교과서 외형을 볼 때, 제3차~제6차 교과서의 판형은 A5 국판(148mm× 210mm)인데 제7차 교과서부터 현재의 크기(187mm×257mm)가 되었고 종이의 질도 한층 좋아졌다. 제5차부터 "생활의 길잡이"가 병행되었으며, 제

구소, 2012), p.162.

24) 2009 개정 교육과정은 수시 개정으로 변하여 2007 개정과 큰 차이가 없고, 2015년 개정과 별도로 분석이 필요하다고 판단하였기 때문이다.

6차부터 3~6학년 시수가 일주일 한 시간(연간 34)으로 축소되었고 5,6학년 교과서가 각 한 권이 되었다. 본고에서는 내용을 통한 불교교육, 불교 관련 인물·삽화, 의인화를 통한 불교정신 교육으로 나누어 살펴보았다.

1) 내용을 통한 불교교육

불교 내용이 본격적으로 다루어진 것은 제5차 교육과정 6학년 "도덕"에 "사랑과 자비의 마음"(6-2, 50~66) 단원이다. 장발장을 소재로 한 소주제인 '잘못과 용서'(6-2, 51~55), '뉘우치는 삶'(6-2, 56~60)에 이어, '큰 가르침'(6-2, 61~66)이란 소주제에서 '석가'와 '예수'를 다루었다. 제5차 교육과정은 반공교육을 벗어나 본격적으로 평화와 통일을 주제로 다루었다(6-2, 116~160). 이는 당시 국제정세 변화의 영향의 결과로, 이념을 탈피하여 인류 공존을 추구하던 추세와 관련된다. 이에 불교와 기독교의 자비와 사랑, 평화와 행복의 추구를 다룬 것이 아닌가 여겨진다. 제5차 "도덕" 6-2학기 교과서에 "자비와 사랑의 마음"(6-2, 50~66)에서 석가에 대해 진술된 내용 (2쪽)을 살펴보면 다음과 같다.

> '왜 사람들은 이 세상에 태어나 살면서 늙고 병들어 괴로워하다가 마침내는 죽게 되는 것일까? 가지고 싶은 것도 마음대로 가지지 못하고, 싫어하는 사람도 만나야만 하는 것일까?' 이것은 소년 시절의 석가가 늘 생각하던 의문들이었습니다.
> 석가는 인도의 북쪽에 있는 카필라 성의 성주 아들로 태어났습니다. 그러나 늘 자신의 머릿속을 떠나지 않는 의문을 풀기 위하여 29세가 되던 해에, 숲으로 들어갔습니다. 숲에 들어간 석가는 깊은 생각에 잠겼습니다. 온갖 유혹을 다 물리치며 큰 깨달음을 얻고자 마음을 가다듬었습니다. 오랜 고행 끝에, 석가는 드디어 크게 깨달았습니다. '살고 죽는 데 대한 생각을 없애 버리면, 쓸데없는 욕심이나 두려움이 없어진다. 그리고 이 욕심과 두려움을 버리면, 맑은 마음이 되어 모든 사람에게 큰 자비를 베풀 수 있다.' 석가는 제자들에게 이러한 깨달음을 가르쳤습니다.

또, 여러 곳을 돌아다니며 전하기도 했습니다. "자기만을 생각함으로써 걱정이 끊이지 않아 괴롭게 살고 있는 사람이 많습니다." "욕심을 가지지 말고, 여러 사람을 가엾게 여기면 자비를 베풀 수 있게 됩니다. 그러면 평안한 마음을 가질 수 있게 되어 기쁨으로 살 수 있습니다. 이것이 바로 깨달음을 얻어 붓다가 된 석가의 가르침입니다. / 2천 5백 여 년이 지난 오늘날에도 붓다님의 가르침을 받아들인 많은 사람들은 욕심이 없는 맑은 마음으로 큰 자비를 베풀기 위하여 노력하고 있습니다.

당시 '교사용 지도서'도 "지도요소의 해설"[25]에서 이러한 불교 내용을 구체적으로 설명하고 있다. 핵심개념은 '생활', '성선설', '동기주의'인데, 이를 근거로 사랑과 자비의 마음을 가져야 한다고 제시하였는데 이에 대해 살펴보자.

생활이 의미하는 것은 죽음이 아니고 삶이며, 어둠이 아니고 밝음이며 소극적인 것이 아니고 적극적인 것이며, 부정적인 것이 아니고 긍정적인 것이다. 사랑과 자비의 마음은 생명이 있고 밝고 적극적이며 긍정적인 마음이다. 그러므로 사랑과 자비는 바로 인간 삶의 핵심적인 마음이다. / 사랑과 자비의 마음은 분열보다 결합을, 죽음보다 생명을, 부정보다 긍정을, 배척보다 협조를, 이기보다 이타를, 그리고 악함보다 선함을 택하는 마음이다. / 사랑과 자비의 마음은 인간에만 국한되는 것이 아니며 인간을 둘러싸고 있는 모든 생물에 대해서도 포함해서 취급하고 있다. / 성선설은 모든 생물이 생명을 가진 것은 그럴만한 가치를 가졌다는 전제에서 시작되는 생각이다. … 인간의 행동에서 결과적 행동보다는 원인적 마음을 살펴보자는 것이 동기주의이다. … 우리가 어떤 잘못을 용서한다고 할 때, 우리는 성선설의 입장과 동기주의적 입장을 취하는 것이다."

---

25) 교육부, 『국민학교 교사용 지도서 도덕 6-2』(서울: 국정교과서주식회사, 1990), p.90.

이 내용을 바탕으로 "생활의 길잡이"의 "자비의 길"26)에서는 '이야기'를 제시한 후 육바라밀(보시·지계·인욕·정진·선정·지혜)이 『육도집경(六度集經)』에 나온 것임을 자세히 언급하고 있다.27) 또한 이 단원의 "미움을 멀리하고 사랑을 가까이할 때, 우리의 마음은 평화롭다."(6-2, 66)라는 격언에는 기독교와 불교 느낌이 포함되어 있다. 또한 "바르게 사는 길"(6-2, 67~84)은 정(正)과 의(義)와 관련된 내용들인데, "의롭지 않은 이득은 취하지 않는다."(6-2, 84)라는 격언이 제시되었고, "봉사하는 마음"(6-2, 85~100)은 봉사를 주제로 삼고 있는데, "조그만 친절과 사랑의 말 한마디가 우리를 행복하게 만든다."(6-2, 100)라는 격언이 제시된다. "세계 평화의 길", '국경 없는 의사들'(6-2, 127~131)을 통해 평화 추구를 제시하고 있는데, "세계 평화와 인류의 공영은 모든 자유인의 이상이요 목표이다."(6-2, 131)라는 문구를 덧붙였다.

[표 1] 제6차 교육과정 초등학교 6학년 2단원의 내용체계28)

가정·이웃·학교 생활에서 야기되는 도덕적 문제를 합리적으로 해결할 수 있는 능력을 길러, 바람직한 인간 관계의 기초를 다지게 한다. (가) 예절의 정신과 형식   (나) 고장의 발전에 협력하는 태도 (다) 사랑과 자비의 마음   (라) 손아랫사람에 대한 사랑과 웃어른에 대한 공경

제6차부터 도덕 수업 시수가 줄고 내용체계가 현실문제 중심으로 변하였는데, '사랑과 자비'도 현실적으로 접근하고 있다. 구체적으로 살펴보면, [표 1]의 "(다)사랑과 자비의 마음"에서는 '너그러운 마음'을 설명하고 '현

---

26) 교육부, 『생활의 길잡이 6-2』(서울: 국정교과서주식회사, 1990), pp.62~66.

27) 교육부, 『국민학교 교사용 지도서 도덕 6-2』(서울: 국정교과서주식회사, 1990), p.98.

28) 국가교육과정정보센터, "우리나라 교육과정>6차 시기>국민학교(1992.09)>도덕>3. 내용>나. 학년별 내용>6학년", http://ncic.go.kr/mobile.kri.org4.in ventoryList.do(검색일: 2016.06.25). 국가교육과정정보센터(http://ncic.go.kr), 『국민학교 교육과정』(교육부 고시 제1992-16호)(다운로드 자료), p.30.

수 어머니'의 사례를 통해 아들을 다치게 한 범인을 용서하는 것에서 사랑
과 자비의 이야기를 전개한 이후에 '큰 가르침'이란 주제에서 석가와 예수
를 다루었다. 나아가 '실제로 해 봅시다'에서 실천 과제를 제시하고, '더 공
부할 문제'에서는 '장발장 이야기'를 통해 관용에 대해 심화시켜 생각해보
게 하였다.[29)

[표 2] 제7차 교육과정 초등학교 6학년 2단원의 내용체계[30)

(가) 사랑과 관용의 자세 다른 사람에게 자애롭고 너그럽게 대하는 태도의 의미와 중요성을 알고, 일상생활에서 이를 실천하려는 태도와 의지를 지닌다. ① 다른 사람을 사랑하고 관용으로 대하는 태도가 가지는 의미와 중요성 ② 역사적 사례나 일상의 경험에서 볼 수 있는 사랑과 관용의 정신과 그 교훈 ③ 생활 주변에서 사랑과 관용의 마음을 실천할 수 있는 일들 ④ 사랑과 관용을 실천할 때의 바른 마음가짐과 자세

제7차에서는 '사랑과 자비'가 '사랑과 관용'으로 변화되고, 구체적·현실
적 덕목으로 구성되면서 직접적인 불교 내용은 사라졌다. "너그러운 마음"
을 보면, '용서하는 사람'과 '파란 대문 집 아주머니'의 구체적 사례를 제
시하고, '고아들의 어머니'에서 홀트 여사를 다루었다. '수지의 그림'에서
사례를 제시하고 '선택 활동'에서는 역할놀이와 느낀 점, 토의 활동을 넣
고, 심화공부에는 '장기려 박사의 삶'을 제시하였다.[31) 이 당시는 현실 문
제의 구체적 해결에 초점을 두었음을 알 수 있다.
　　제7차 교육과정에서 주요가치덕목으로 '환경보호'가 포함되어, 사회생
활영역에서 '환경을 보호하기(3학년)', '자연보전과 애호(6학년)'를 다루며

---

29) 교육부, 『도덕 6』(서울: 국정교과서주식회사, 1997), pp.35~42.
30) 국가교육과정정보센터(http://ncic.go.kr), 『도덕과 교육과정』(교육부 고시 제1997-15
　　호 [별책 6])(다운로드 자료), p.35.
31) 교육부, 『도덕 6』(서울: 대한교과서주식회사, 2002), pp.36~49.

불교 관련 내용을 다루었다.[32] 예를 들면 "자연은 내 친구"(3-2)의 교사용 지도서에서는 법정 스님의 '산에는 꽃이 피네' 중에서 '자연과 인간'에 대한 글을 포함시키거나 '물 한 그릇의 기쁨'(이철수, '소리 하나' 중에서) 등에서 불교와 관련시키고자 하는 노력들을 볼 수 있다.[33] 또한 "흥부가를 부른 송이"(4-2)에서도 전통문화에 대한 설명에서 참고자료에 석굴암, 불국사, 해인사 장경판전 등이 나온다.[34] 1990년대 이후는 동아시아 유교담론과 서구에서 동양의 명상에 대한 관심이 확대되던 시기로, 이런 관심들은 고등학교 "전통윤리" 교과의 신설로 연결된다.

제6차부터 수업 시수가 3~6학년 일주일 1시수(연간 34)로 대폭 축소되었는데, 수업시수의 축소는 내용부담으로 이어져 초등학교 도덕교육 위상이 약화되기 시작하였다. 당시 '사랑과 자비'(제2단원)는 현실생활과 연관시키면서 예수와 석가를 다루긴 하였다. 제7차에서는 '사랑과 관용'으로 변화하고 예수와 석가 이야기가 삭제되고 구체적 현실문제에 중점을 두었다. 2007 개정에서는 제4단원 '자연·초월적 존재와의 관계'를 설정하여 3~6학년 모두 형이상학적 주제들을 다루었다. '생명의 소중함'(3학년), '올바른 자연관과 환경 보호'(4학년), '참된 아름다움'(5학년)인데, 특히 '사랑과 자비'(6학년)가 다시 포함되어 제5차 내용과 유사한 수준으로 되었는데, 최근 2015에서는 다시 삭제되었다.

2) 불교 관련 인물·삽화

제3차 교과서의 특징을 보면, "바른생활" 교과서 맨 뒤 2쪽 분량의 "제0학년 0학기 바른 생활 내용 일람표"에 '주제, 지도의 핵심, 덕목, 요소, 교

---

32) 국가교육과정정보센터(http://ncic.go.kr), 『도덕과 교육과정』(교육부 고시 제1997-15호 [별책 6])(다운로드 자료), p.27.
33) 교육인적자원부, 『초등학교 교사용 지도서 도덕 3-2』(서울: 지학사, 2001), pp.134~135.
34) 위의 책, pp.150~153.

재의 유형'을 표로 제시하고 있다. 3학년(1,2학기) "바른생활" 교과서는 칼
라 삽화이고 4,5,6학년은 흑백이어서 일관성이 결여되었는데 아마도 저학
년인 3학년들을 고려한 것이 아닌가 여겨진다. 또 18개의 소주제로 전체
내용이 구성되어 있다. 제4차 교과서의 특징을 보면, 제3차의 일람표가
"도덕" 교과서에서는 사라졌고, 각 12개 대주제 아래 각 2~3개의 소주제를
배치하는 형태가 되었다. 소주제 다음 파란색 박스에 한두 가지 활동을 제
시하였다. 예를 들면, 6-2에서 주제와 관련하여 "~말해 봅시다.", "~써 봅시
다," "~왜 돈을 받지 않았을까요?", "~생각해 봅시다.", "~설명해 봅시다."
등의 활동이 포함된 것이 그것이다.

제3차의 주제 "아름다운 우리강산"(3-2, 89~103)에서는 "서울에 있는 남
대문과 경주 석굴암에 있는 돌 붓다, 그리고 고려자기와 금관 등 훌륭한
문화재가 이루 헤아릴 수 없이 많이 남아 있습니다."(102)라고 문화유산을
소개하고 있다. 여기에 삽화로 금관과 더불어 석굴암이 제시되었는데 "돌
붓다"라는 소박한 표현이 인상적이다. 제4차 교육과정에서는 반공교육이
주가 되어 주로 애국심과 관련된 내용들이 많고, 그와 관련하여 삽화도 대
부분 유교와 관련된 것들이 많았다. 심지어 제4차 "도덕" 교과서의 "우리
문화"(4-2, 80~89)에서는 고려청자, 조선백자, 금관, 귀걸이, 불상 등에 대한
안내가 나오지만 불교와 관련된 삽화와 그림은 거의 없으며, "민족의 슬
기"(5-1, 122~134)에서도 불교와 관련된 삽화는 찾기 어렵다. 그리고 "큰
뜻"의 '나의 꿈'(6-2, 8~11)에서도 "지혜의 임금 세종대왕, 위대한 사상가
이황 선생, 나라를 건진 이순신 장군, 민중을 깨우친 안창호 선생, 한글의
우수함을 가르쳐주신 주시경 선생, 그리고 신사임당과 유관순 누나, 슬기
로운 우리의 조상, 빛나는 우리 문화"를 말하면서도 불교와 관련된 인물은
거의 없었다. "분수에 알맞은 생활"(6-2, 17~25)의 '선비와 도둑', '나물 먹
고 물마시고'에서도 선비와 황희 정승 등 유교사상을 바탕으로 하고 있고,
"합리적인 생활"(6-2, 26~43), "공정한 판단"(6-2, 72~87)에서는 서구 인물을

중심으로 하고 있으며, "문화발전의 길"(6-2, 119~129)에서도 주시경, 한글 등을 중심으로 하고 있는데 불교와 관련된 것은 제6차에 이르기까지 찾아 보기 어렵다.

제5차의 특징은 학년과 학기에 따라 대주제가 10개 혹은 12개로 구성되었고, 주제 다음의 활동내용들이 제4차보다 구체적이며 다양하게 진술되었다. 각 대주제에는 주제와 관련된 속담이나, 노란색 박스에 고딕 큰 글씨로 관련된 명구나 속담을 넣었다. 예를 들어, "힘든 일도 스스로 하면 즐겁고, 쉬운 일도 시켜서 하면 괴롭다."(3-2, 17), "물방울이 모여서 바다를 이룬다."(3-2, 29), "사랑은 사랑을 낳고, 미움은 미움을 낳는다."(3-2, 42) 등이다. 나라와 민족 관련 명구가 제3,5,6학년에는 없는데 4학년은 있는 등 통일된 체계가 아니라 편이에 따라 집필된 것임을 알 수 있다. 제7차 교육과정 이후 전통에 대한 관심이 확대되면서 삽화와 그림에서도 전통윤리와 관련된 것들이 포함되긴 하였지만 유교와 관련된 것이고, 불교와 관련해서는 절이나 불교문화에 대한 것이 단편적으로 포함되었을 뿐이다.

3) 의인화를 통한 불교정신 교육

불교사상은 기본적으로 모든 만물을 평등하게 본다. 특히 본생경(本生經) 혹은 자타카(Jātaka, 本生譚)는 석가모니 붓다가 이승에 와서 성도(成道)하기 전, 전생에서 보살로서 구도생활을 하면서 겪었던 547편의 이야기를 모은 것이다. 자타카는 B.C. 3세기 이전에 만들어지기 시작하여 역사를 거치면서 생성된 것인데, 기본적으로 업(業)에 따른 윤회(輪廻)를 믿는 인도사상의 특징이 반영된 것이며, 입멸한 붓다에 대한 그리움이 더하여져 생성 발전하였다고 볼 수 있다. 석가로 태어나기 전 붓다는 천인(天人)·국왕(國王)·대신(大臣)·서민(庶民)·도둑 등 다양한 삶을 살았고, 코끼리·원숭이·공작·토끼·물고기·까마귀·도마뱀 등 여러 동물들의 생을 살면서 선행과 공덕을 쌓았다는 이야기들이다.[35] 서양의 이솝우화도 불교의 자타카에

착안하여 이루어졌다는 설이 있을 정도로 본생담은 동물과 식물, 심지어 다양한 존재들에 존재적 의미를 부여하고 있다.

　동물우화를 통한 이야기 전개는 제3차·제4차 초등학교 교과서의 가장 큰 특징인데, 중학년인 3,4학년에는 사례들이 많지만 5,6학년에서는 찾기 어려웠다. 제3차 교육과정에서 "바른생활" 교과서를 살펴보면, "돼지 마을과 염소 마을"(3-1, 18~23)36)에서는 바둑이와 삽사리를 등장시켜 돼지마을과 염소마을을 통해 깨끗하고 예의바른 모습을 비교하여 제시하고 있다. "동물의 합창"(3-1, 57~61)은 협동심을 강조하기 위한 것으로, 동물들을 인간과 동일시하는 내용과 삽화에서 피상적으로 차별하지 않고 행위[업(業)]의 결과로 판단하는 것을 볼 수 있는데, 불교사상과 연결시켜 분석할 수 있다. "영근이의 걱정"(3-1, 64~67)은 구체적으로 바둑이의 아픔에 대한 측은지심을 통해 동물에 대한 자비심을 보여주는 내용이다. "욕심 많은 개"(3-2, 12~14), "동물 농장 이야기"(3-2, 15~22), "숲 속 나라 동물들의 재주"(3-2, 85~91), "늑대의 거짓말"(4-1, 27~33)도 동물들을 등장시켜 주제를 전개하고 있다. 물론 구체적으로 보면, "쫓겨난 파리와 쥐"(4-1, 101~105)는 새마을 운동의 일환으로 당시 쥐잡기 운동과 청결을 제시하기 위한 것이고, "짐승 같은 공산 간첩"(4-2, 66~72)은 반공교육의 사례로, 북한을 짐승에 비유한 것은 당시 사상 교육의 성격이 드러나긴 하지만 동물들을 의인화하였다는 점은 요즘과 다른 제시 방법이다.

　제4차 교육과정 "깨끗하고 아름답게"(3-1, 17~20)에서는 아기녀구리와 사슴, 토끼가 등장하여 청결에 대해 전개하고 있고, "선희와 제비"(3-1, 35~43)에서는 제비 가족들을 통해 북한에 계시는 외할머니를 언급하며 "제비의 생활과 북한 주민들의 생활을 비교해봅시다."라는 활동을 전개하고

---

35) 역경위원회 역,『한글대장경 본생경 1-5』(서울: 동국대학교부설 동국역경원, 1988), 해제 참고.
36) 이하, 교과서 내용 분석은 이와 같이 간략히 표기함. "큰따옴표" 안은 주제, (괄호) 안은 학년 - 학기, 쪽수를 의미함.

있다. "고마운 분들"의 '산불과 어미꿩'(3-1, 54~55)에서는 산불에도 어미
꿩이 날아가지 않고 새끼 네 마리를 살리다 죽은 것을 통해 '부모님의 고
마움'을 이야기하고 있다. "바르고 고운말"의 '쫓겨난 망아지'(3-1, 65~67)
에서는 망아지, 코끼리, 염소가 등장하여 "바르고 고운 말을 써야 하는 까
닭은 무엇인지 생각해 봅시다."라는 활동을 제시하였다. "하얀 까마귀"(3-1,
81~90)는 속은 검으면서 겉으로는 하얀 척하는 북한을 비판하는 내용이다.
"금수강산"의 '살기 좋은 나라'(3-1, 91~94)에는 임금제비와 제비 네 마리
와의 대화를 통하여 흥부가 살았던 살기 좋은 우리나라를 설명하고 있다.
"뭉쳐진 힘"의 '샘물'(3-2, 66~69)에는 너구리, 두더지, 코끼리, 토끼, 호랑
이, 여우 등이 등장하여 '나 하나쯤'하는 생각을 반성하도록 한다.

   제5차 교육과정 3학년 교과서는 이전에 비해 의인화가 줄었고, 구체적
덕목을 주제의 제목으로 삼아 구성하고 있다. 동물 대신에 창수, 영근이, 영
철이, 명수, 상희(3-1, 8~40) 등 어린이 이름이 등장한다. '생각이 깊은 윤
회'(3-1, 12~16)나 '쫓겨난 망아지'(3-1, 43~46), '숲 속 나라의 샘물'(3-1,
72~75)에 나온 거위와 망아지 등 동물들이 등장하는데 이전 교육과정에 나
왔던 이야기이다. 대부분 주제들이 현실적 사례와 인물로 대체되고 있다.
그럼에도 불구하고 "여러 사람이 쓰는 물건"의 '교실에서'(3-1, 83~86)는, 책
상(1,2,3)과 걸상, 칠판과 지우개, 교실벽, 주전자, 컵, 빗자루, 꽃병이 대화를
하면서 "여럿이 쓰는 물건을 함부로 다루게 되면 어떤 일이 생길까요?"와
"앞의 이야기를 읽고 난 후에 각자가 느낀 점을 말해 봅시다."라는 활동이
인상적이다. 물건을 의인화시켜 생물처럼 다루는 것은 나딩스의 배려윤리
에서 배려의 대상을 사물에까지 확대시킨 것과 상통한다. 동물, 나아가 무
생물도 생명체로 인식하고자 하는 관점에서 의미를 포착할 수 있다.

   또한 활동에서는 느낀 점을 말하며 공감능력의 함양을 꾀하고 있다. "서
로 존중하는 태도"의 '알밤이야기'(3-2, 64~67)에서는 알밤들의 대화를 통해
동그란 알밤과 날씬한 알밤이 서로 자랑하는 것을 듣고 꼬마 알밤이 안타

까워하는 내용이 나온다. 활동과제 다음에 전나무와 찔레나무의 대화를 박스로 삽입하여 "너무 뽐내지 않는 게 좋을 걸. 아까 나무꾼이 도끼를 들고 왔어. 키가 큰 전나무를 찾고 있대."(3-2, 67)는 장자의 무용지용(無用之用)을 엿볼 수 있다. "바르고 깊은 생각"의 '여우와 염소'(6-1, 21~25)를 통해 바른 생각의 중요성을 강조하고 있다. "바람직한 생활"의 '개미와 매미'(6-2, 23~27)는 개미와 배짱이 이야기의 각색인 듯하다. '되돌아선 길'(6-2, 33~38), '그리운 샘물'(6-2, 102~106)에서는 물고기들의 대화를 통하여 바위틈에서 솟는 샘물을 우리 고유의 노래, 흘러들어오는 물을 외국노래로 비유하여 제시하고 있다.

2. 분석 : 특성과 한계

첫째, 제3차·제4차에서는 교육과정의 내용체계나 교과서의 구성체계가 오늘날처럼 체계적이지는 않았으며, 30% 정도의 내용들은 국가생활(반공교육)에 할애되고 있다. 그리고 교과서에서 다루는 소주제가 제시된 내용을 그대로 드러내는 형태이며, 내용체계도 소박하다. 앞에서 분석한 것처럼 교과서도 동물과 식물, 사물들을 의인화하여 상상력을 풍부하게 하는 진술형태였다. 1973년 고시된 제3차 교육과정에서 처음으로 교과가 된 "바른생활"의 교육과정 목표와 내용을 3학년에 국한하여 간략히 살펴보자. 제4차 교육과정 목표와 내용체계도 3차와 유사하여 변화가 거의 없었다.[37)

---

37) 국가교육과정정보센터(http://ncic.go.kr), 『국민학교 교육과정』(문교부 고시 제442호 별책2, 1981.12.31.)(다운로드 자료), pp.10~13. 부칙 "이 교육 과정은 1982년 3월 1일부터 시행한다. 다만, 도덕과, 사회과를 제외한 4학년, 5학년, 6학년의 교육과정은 1983년 3월 1일부터 시행한다."

[표 3] 제3차 교육과정 도덕과 3,4학년 "바른생활" 목표[38]

(가) 일상생활에 필요한 예절을 알고, 예절 바른 생활 태도를 익힌다.
(나) 자기 생활을 반성하고 선악을 판단하여 바르게 행동하며 즐거운 생활을 할 수 있게 한다.
(다) 공동생활에서 지켜야 할 일을 알고 기꺼이 따르며 질서를 지키고 서로 돕는 생활 태도를 가지게 한다.
(라) 우리 국가에 대한 고마움을 간직하고 나라를 위하여 애쓰는 사람들에 감사하며, 나라를 사랑하는 마음과 태도를 가지게 한다.
(마) 북한 공산 집단이 저지른 죄악상과 북한 동포의 참상을 알고, 민주주의가 좋은 점을 알게 한다.

[표 4] 제3차 교육과정 도덕과 3,4학년 "바른생활" 내용체계[39]

1. 예절 생활	(가) 자세와 용의를 바르게 해야 함을 알고 익힌다. (나) 부드럽고, 고운 말을 쓰며 때와 장소에 알맞는 인사를 한다. (다) 식사, 방문, 접대 등을 할 때 바른 예절을 알고 지킨다. (라) 집회나 의식에 참여할 때 바른 예절을 지킨다.
2. 개인 생활	(가) 음식을 절제하고 스스로 건강 안전에 노력한다. (나) 모든 일을 정직하고 성실히 한다. (다) 물건의 가치를 알고 쓰며 분에 넘치는 욕심을 부리지 않는다. (라) 옳고 그른 일을 가릴 줄 알고, 신념을 가지고 한다. (마) 자기가 남에게 도움되는 일을 즐거운 마음으로 한다. (바) 작은 일에도 창의와 연구적인 태도를 지니게 한다. (사) 자기 언행을 반성하고 고쳐 나간다. (아) 자기 장점을 발견하고 익힌다. (자) 자기가 할 수 있는 일을 스스로 계획하고 실천한다. (차) 정리 정돈이나 환경 미화에 노력한다. (카) 상대방의 입장을 이해하고, 남의 잘못을 용서한다. (타) 고통스러운 일도 참고, 끝까지 한다. (파) 동식물을 사랑하고 돌봐 준다. (하) 아름다운 것이나 깨끗한 것을 소중히 한다. (거) 언제나 밝고, 즐거운 마음으로 생활한다. (너) 시간을 소중히 알고 이용한다.
3. 사회 생활	(가) 다른 사람의 좋은 의견은 받아 들이고 남을 업신여기지 않는다. (나) 공공물을 소중히 여기며 공중 도덕을 지킨다. (다) 가족을 경애하고, 가족에서의 자기 역할을 다한다.

---

38) 국가교육과정정보센터(http://ncic.go.kr), 『국민학교 교육과정』(문교부령 제310호 별책, 1973년 2월 14일 공포)(다운로드 자료), pp.10~11.

	(라) 약하고 불우한 사람을 위로하고 돕는다.
	(마) 맡은 일을 끝까지 하고, 책임 있는 행동을 한다.
	(바) 자기 편견에 사로잡히지 않고 공정히 대한다.
	(사) 자기를 도와 준 사람에 대하여 존경하고 감사한다.
	(아) 동무들 사이에 서로 믿으며 사이좋게 지낸다.
	(자) 공동의 일에 자진하여 협력한다.
	(차) 학교와 고장에 대하여 애정을 갖는다.
	(카) 공동 생활의 규칙을 잘 지킨다.
4. 국가 생활	(가) 국가에 대하여 애정을 느끼고 빛내려는 마음을 갖는다.
	(나) 우리 국토와 문화 전통의 뛰어남을 안다.
	(다) 국가와 민족을 위하여 애쓴 선현을 흠모한다.
	(라) 자원 보존의 길을 알아 국가 발전을 위해 협력하는 길을 안다.
	(마) 우리의 미풍 양속을 알고, 빛내려는 마음을 갖는다.
	(바) 다른 나라와 친하게 지내야 함을 알고 힘쓴다.
5. 반공 생활	(가) 공산군의 침략성을 알고, 그들에 대하여 경계하는 마음을 갖는다.
	(나) 북한 동포의 참상을 알고, 그들을 구출하려는 마음을 갖는다.
	(다) 간접 침투를 막아야 함을 알고, 반공활동에 참여하려는 마음을 갖는다.
	(라) 공산권 분열과 자유 우방 결속의 의의를 안다.
	(마) 평화통일을 성취하기 위하여 힘을 길러야 함을 안다.

둘째, 제5차 교육과정부터는 "생활의 길잡이(생길)"가 도입되면서 참고 자료가 되는 이야기들을 "생길"에 포함시켜 분량이 많아지기 시작하였다. 또한 불교 내용이 "사랑과 자비"라는 단원에 포함되어 불교교육이 본격적으로 이루어지고 있는 것이 특징이다. 다음 제6차 교육과정부터 도덕과 교육과정을 체계화하는 노력이 경주되었던 시기로, 당시 변화하는 시대적 요구를 반영하였음을 알 수 있다. 내용체계를 보면 서양윤리의 관점에서 합리적 가치판단을 중시하고 있음을 알 수 있다. 제3차, 제4차, 불교 내용이 본격적으로 포함된 제5차에 걸쳐 이루어졌던 정서적·감성적 상상력을 고취하는 진술 방법이 제6차부터는 합리적이고 실제적인 문제를 대상으로 토론하고 분석하는 진술 형태로 변화되었다. 당시 도덕 교과의 목표와 내

---

39) 국가교육과정정보센터(http://ncic.go.kr), 『국민학교 교육과정』(문교부령 제310호 별책, 1973년 2월 14일 공포)(다운로드 자료), pp.13~16.

용체계를 살펴보면 다음과 같다.40)

[표 5] 제6차 교육과정 초등학교 "도덕"의 목표

일상 생활에 필요한 도덕 규범의 의미와 중요성을 이해시키고, 이를 실천하게 하여 자율적인 도
덕 생활을 영위할 수 있게 한다.
  가. 일상 생활에 필요한 기본적인 예절과 도덕 규범의 의미와 중요성을 이해하게 한다.
  나. 도덕적인 문제 해결에 필요한 사고력과 가치 판단 능력을 신장시킨다.
  다. 바람직하고 합리적인 생활 태도로 자율적인 도덕 생활을 영위할 수 있게 한다.

제6차 교육과정 "도덕" 3학년 교과서부터는 동물을 활용한 이야기가 대
폭 삭제되어 "동식물을 사랑하는 마음"(3-2, 4~16)에서는 동식물이 대상으
로만 등장하고 주체로는 설정되지 않는다. 이처럼 동물과 식물, 무생물을
주인공으로 등장시키던 진술이 1992년부터 시작된 제6차 교육과정 교과서
부터는 사라져 사례를 찾을 수 없다. 제6차 교육과정 부칙41)을 보면, 이 시
기는 제5차 교육과정 실시를 마무리하고 새로운 교육과정을 준비하던 때
로, 1988년 서울 올림픽 이후 발전에 대한 기대가 한껏 크던 시대이며,
1997년은 우리나라가 외환위기를 겪고 위기를 맞이하던 시기이다. 그럼에
도 불구하고 '사랑과 자비'에서 예수와 석가를 다루어 본질적인 측면을 놓
치지 않고자 하는 노력을 엿볼 수 있다. 제6차 교육과정은 민주화 물결과
새로운 시대에 대한 기대가 등장하던 시기로, 이와 같은 변화를 반영하여
목표와 내용이 구체화되었고, 현실적 문제들에 대한 해결방향을 모색하는
관점에서 구성되었던 것이다.

---

40) 국가교육과정정보센터(http://ncic.go.kr), 『국민학교 교육과정』(교육부 고시 제1992-16
   호)(다운로드 자료), pp.25~26.
41) "1. 이 교육 과정은 1995년 3월 1일부터 시행한다. 다만, 국민 학교 3, 4학년은
   1996년 3월 1일, 5, 6학년은 1997년 3월 1일부터 시행한다. 2. 문교부 고시 제 87-9
   호 국민 학교 교육 과정(1987. 6. 30)은 1997년 2월 28일로 폐지한다." 국가교육과
   정정보센터(http://ncic.go.kr), 『국민학교 교육과정』(교육부 고시 제1992-16호)(다운
   로드 자료), p.2.

셋째, 인물이나 삽화를 통한 불교교육의 사례에서 보았듯이 불교와 관련된 이야기가 거의 없다보니 삽화에서도 사례를 찾기 어려웠다. 수많은 인물들이 등장하지만 불교 관련 인물은 한 명도 찾을 수 없었다는 것도 문제이다. 제7차 교육과정에서는 '자비'라는 내용이 관용으로 변화되고 구체적이고 현실적인 문제들에 대한 접근을 시도한다. 제7차 교육과정 이후 환경과 자연보호에 대한 내용이 포함되면서 직접적인 불교 내용은 아니지만 지도서에서 불교 관련 시와 이야기들을 포함하고, 전통문화에 대한 소개에서도 절이나 불교 문화재들이 포함되기 시작하였다. 환경과 생명존중을 다루면서 불교의 생명사상을 제외시키기 쉽지 않고 동양의 유기체적 세계관에 근거한 내용들을 포함할 수밖에 없기 때문으로 보인다.

초등학교 단계에서 사상에 초점을 두기 쉽지는 않지만 제5차 교육과정 6학년 2학기 교과서의 "사랑과 자비"처럼 석가의 사상을 드러내면서 교육하는 것도 가능함을 알 수 있었다. 제6차에서는 현실적인 문제와 연관시키면서도 석가와 예수를 다루었고, 제7차에서는 '너그러운 마음'으로 변하고 현실적인 주제만 다루었다가, 2007 개정 이후 다시 '사랑과 자비'가 6학년 제4영역 "자연·초월적 존재와의 관계"에 포함되었다.[42) 그것은 내용이 충분히 의미 있다고 판단했기 때문일 것이다. 그러나 "사랑과 자비"에 대한 내용은 2015년 개정 교육과정에서는 다시 사라졌다.

---

42) 국가교육과정정보센터(http://ncic.go.kr), 『초등학교 교육과정』(교육인적자원부 고시 제2007-79호 [별책 02])(다운로드 자료), p.93.

[표 6] 2007 개정 교육과정 초등학교 내용체계

주요 가치 덕목	영역 \ 내용	3학년	4학년	5학년	6학년
정직 자주 성실 절제 책임 용기 효도 예절 협동 민주적 대화 준법 정의 배려 애국· 애족 평화· 통일 생명 존중 자연애 사랑	도덕적주체 로서의 나	○ 도덕 공부는 이렇게 해요 ○ 소중한 나의 삶	○ 정직한 삶 ○ 자신의 일을 스스로 하는 삶	○ 최선을 다하는 생활 ○ 감정의 올바른 관리 ○ 반성하는 삶	○ 자긍심과 자기 계발 ○ 자기 행동에 대한 책임감 ○ 용기 있는 행동
	우리·타인· 사회와의 관계	○ 가족 사랑과 예절 ○ 감사하는 마음의 표현 ○ 친구 간 우정과 예절	○ 약속을 지키는 삶 ○ 공중도덕 ○ 인터넷 예절	○ 이웃 간의 도리와 예절 ○ 서로 돕는 생활 ○ 대화와 갈등해결 ○ 게임중독의 예방	○ 준법과 규칙 준수 ○ 공정한 행동 ○ 남을 배려하고 봉사하는 삶
	나라·민족· 지구공동체 와의 관계	○ 나라의 상징과 나라 사랑 ○ 분단의 배경과 민족의 아픔	○ 우리나라·민족 에 대한 긍지 ○ 통일의 필요 성과 우리의 통일노력	○ 북한 동포 및 새터민의 삶 이해 ○ 재외동포에 대한 관심	○ 편견 극복과 관용 ○ 우리가 추구하는 통일의 모습 ○ 평화로운 세상
	자연·초월적 존재와의 관계	○ 생명의 소중함	○ 올바른 자연관과 환경보호	○ 참된 아름다움	○ 사랑과 자비

[표 7] 2015 개정 교육과정 초등학교 내용체계[43]

영역	핵심가치	일반화된 지식	내용 요소		기능
			3~4학년군	5~6학년군	
자신 과의	성실	인간으로서 바르게 살아 가기 위해 자신에게 거	○ 도덕시간에는 무엇 을 배울까?	○ 어떻게 하면 감정을 잘 조절할 수 있을	○ 도덕적 자아정체성 • 자기인식 및 존중하기

관계		짓 없이 정성을 다하고 인내하며, 스스로 자신의 욕구를 다스린다.	(근면, 정직) ○ 왜 아껴 써야 할까? (시간 관리와 절약) ○ 왜 최선을 다해야 할까? (인내)	까? (감정표현과 충동조절) ○ 자주적인 삶이란 무엇일까? (자주, 자율) ○ 정직한 삶은 어떤 삶일까? (정직한 삶)	• 자기감정 조절하기 • 자기감정 표현하기 ○ 도덕적 습관화 • 생활계획 수립하기 • 모범사례 반복하기 • 유혹 이겨내기
타인과의 관계	배려	가족 및 주변 사람들과 더불어 살아가기 위해 서로 존중하고 예절을 지키며 봉사와 협동을 실천한다.	○ 가족의 행복을 위해 무엇을 해야 할까? (효, 우애) ○ 친구와 사이좋게 지내기 위해 어떻게 해야 할까? (우정) ○ 예절이 없다면 어떻게 될까? (예절) ○ 함께하면 무엇이 좋을까? (협동)	○ 사이버 공간에서 지켜야 할 것은 무엇일까? (사이버 예절, 준법) ○ 서로 생각이 다를 때 어떻게 해야 할까? (공감, 존중) ○ 우리는 남을 왜 도와야 할까? (봉사)	○ 도덕적 대인관계능력 • 경청·도덕적 대화하기 • 타인 입장 이해·인정하기 • 약속 지키기 • 감사하기 ○ 도덕적 정서 능력 • 도덕적 민감성 갖기 • 공감 능력 기르기 • 다양성 수용하기
사회·공동체와의 관계	정의	공정한 사회를 만들기 위해 법을 지키고 인권을 존중하며, 바람직한 통일관과 인류애를 지닌다.	○ 나는 공공장소에서 어떻게 해야 할까? (공익, 준법) ○ 나와 다르다고 차별해도 될까? (공정성, 존중) ○ 통일은 왜 필요할까? (통일의지, 애국심)	○ 우리는 서로의 권리를 왜 존중해야 할까? (인권존중) ○ 공정한 사회를 위해 무엇을 해야 할까? (공정성) ○ 통일로 가는 바람직한 길은 무엇일까? (통일의지) ○ 전 세계 사람들과 어떻게 살아갈까? (존중, 인류애)	○ 공동체의식 • 관점 채택하기 • 공익에 기여하기 • 봉사하기 ○ 도덕적 판단 능력 • 도덕적 가치·덕목 이해하기 • 올바른 의사결정하기 • 행위 결과 도덕적으로 상상하기
자연·초월과의 관계	책임	인간으로서 도덕적 책임을 다하기 위해 인간의 생명과 자연, 참된 아름다움과 도덕적 삶을 사랑하고, 긍정적인 삶의 자세를 가진다.	○ 생명은 왜 소중할까? (생명 존중, 자연애) ○ 아름답게 살아가는 사람들의 모습은 어떠할까?(아름다움에 대한 사랑)	○ 어려움을 겪을 때 긍정적 태도가 왜 필요할까? (자아 존중, 긍정적 태도) ○ 나는 올바르게 살아가고 있을까? (윤리적 성찰)	○ 실천 능력 • 실천 의지 기르기 • 책임감 있게 행동하기 ○ 윤리적 성찰 능력 • 심미적 감수성 기르기 • 자연과 유대감 갖기 • 반성과 마음 다스리기

넷째, 불교는 물론 전통윤리 혹은 동양윤리의 관점에서 제기할 문제는

---

43) 국가교육과정정보센터(http://ncic.go.kr), 『도덕과 교육과정』(교육부 고시 제2015-74호 [별책 6])(다운로드 자료), p.7.

초등학교 도덕 교과서가 서양윤리 중심으로 치우치고 있다. 또한 주제는 물론 전체적인 분위기가 가벼워지고 피상적으로 흐르고 있다. 쉬워야 한다고 하여 피상적일 필요는 없으며, 현실적이어야 한다고 하여 깊이 있는 것을 회피해서는 안 되며, 구체적이어야 한다고 해서 지나치게 좁아서는 안 된다. 도덕이 문제만 다루어서도 안 되고, 현대 문명이 서구 중심이라고 하여 동양적 사유를 회피해서도 안 된다. 다양한 이야기 속에서 상상력을 기를 수 있는 사례와 깊이 있는 다각적 사고가 가능한 제시와 진술이 필요하다.

다섯째, 이러한 도덕 교과의 체계화와 내용의 확대가 과연 발전적인가에 대해 성찰이 필요하다. 필자는 도덕 교과서를 분석하면서 제3차·제4차 교과서가 오히려 많은 생각거리, 즉 '도덕적 상상력'과 '다양한 사고'를 가능하게 하는 것이 아닌지 하는 생각이 들었다. 제6차 이후, 특히 제7차부터는 일상의 구체적인 사례 중심으로 이루어지는, 교과서 내용의 진술 방향에 대한 고민이 필요하다. 실제 문제 중심의 진술, 즉각적인 도덕 문제 중심 접근은 오히려 심화된 도덕적 고민이 필요 없는 단순한 대답을 요구하는 듯하다. 불교와 관련해서는 원효나 지눌, 심지어 긴 역사에서 남을 선사들에 대한 스토리 하나 포함되지 않았다. 또한 내용에서도 제4차 교육과정 "도덕"의 "약속"(4-1, 44~47)에서는 '올챙이 채집'을 위한 채집망을 가지고 오기로 한 약속에 대한 이야기가 등장하는데, 당시만 하여도 동물의 권리나 생명에 대한 인식이 높지 않았던 듯하다. 현재의 달라진 가치체계를 반영하여 방향을 설정할 필요가 있다. 불교교육과 관련하여서는 초등학교에서 불교는 물론 유교와 기타 전통사상과 관련하여 어떻게 교육을 실시할지 방향설정이 이루어질 필요가 있다.

이와 같은 제반 문제점의 근본 원인은 초등학교 교육에서 도덕 교과의 위상 약화이다. 영어와 컴퓨터 등 시대적 요구를 반영한 교과가 개설되면서 도덕을 비롯한 기존 교과들의 시수가 줄고 그와 함께 교과 위상이 낮아지고, 그 결과 교사들의 도덕 교과에 대한 인식이 약화되고 원인과 결과가 순환되면서 도덕 교육의 필요성에 대해서는 공감하지만 교과에서의 도덕 교육에 대한 회의가 자리잡았고, 결국 교과 위상이 낮아지고 있는 것이다. 교과서에 포함될 내용이 제한적이고 시수는 적어지는 상황에서 필수적인 주제들만 다룰 수밖에 없게 되었으며, 동양윤리 내용에 대한 고려의 여지 마저 쉽지 않은 상황이 된 것이다. 그럼에도 불구하고 서양윤리와 균형을 잡기 위한 노력을 경주하지 않을 수 없다. 규범적·당위적 사고와 합리적·논리적 사고의 균형은 도덕교육에서 필수적이기 때문이다.

IV. 초등학교 불교교육의 원리와 방향 탐색

1. 체상용 삼대의 원리

유교에서는 체(體)와 용(用) 개념으로 본질과 현상, 이상과 현실 관계를 구상한다. 불교 기신론(起信論)에서는 여기에 상(相)이 더 추가되어 체상용(體相用) 개념으로 본질, 실상, 작용을 파악하고자 한다. 이전에 이 틀로 중학교 교육과정의 방향을 제시한 적이 있는데[44] 이 개념 틀은 불교사상의 개념적 틀을 적용한 것으로, 동양윤리내용을 교과지식으로 재구성할 때 유용하다. 기신론의 삼대(三大)는 "체대(體大)·상대(相大)·용대(用大)를 말하는데, 순서대로 일심(一心)의 본체·차별화된 특성·작용 등이며, 이들이 광대하고 한계가 없다는 뜻이 '대'라는 말에 내포되어 있다."[45] 『대승기신론』(대정장32, p.575c25)에 나타난 세 가지 본질을 구체적으로 살펴보

---

44) 학문지식을 바탕으로 한 교육과정을 체(體)로 보고 이를 바탕으로 "도덕의 이해"를 상(相)으로, "도덕생활"을 용(用)으로 하여 교과 구성을 제안한 것이다. : 장승희, "중등학교 도덕과 교육과정의 동양윤리영역 분석: 2009 개정 교육과정을 중심으로", 『윤리연구』, 제100호(서울: 한국윤리학회, 2015), p.79.
45) 지관 편저, 『가산 불교대사림 12』(서울: 가산불교문화연구원, 2010), p.1159.

면 다음과 같다.46)

① 체대(體大) : 항상 변하지 않고 증가하지도 않고 감소하지도 않는
모든 법의 본체로서 진여라는 평등한 법을 말한다.
② 상대(相大) : 지혜의 광명 등 헤아릴 수 없는 많은 공덕을 갖추고
있는 진여의 차별상을 말한다. 여래장의 뜻에 따르면 공덕의 차별
상은 무수하게 많기 때문에 상대라 한다.
③ 용대(用大) : 모든 세간과 출세간의 선한 인과를 일으키는 진여의
작용을 말한다.

기신론에서는 진여로서 일심(一心)의 체·상·용을 말하고 있다. 체대·상
대·용대라고 하는 삼대의 구분은 각각 진여의 체, 진여의 상, 진여의 용을
말하는데, 여기서 진여는 결국 마음, 즉 일심을 말한다. 진여의 체는 불생
불멸하는 진리 당체(當體)로서의 마음을 가리키는 말이고, 진여의 상은 온
갖 좋은 성질과 공능을 갖추고 있는 마음의 덕상(德相)이며, 진여의 용은
그런 온갖 좋은 성질과 공능이 표현되는 마음의 작용(作用)을 말한다. 여기
서는 불교교육을 하나의 일심(一心)이라고 보아 그것을 불교교육의 목표로
서 본질, 실상으로서 내용, 적용으로서 방법으로 구분하여 적용한 것이다.
불교교육이라는 큰 틀에서 접근하여 불교교육의 방향·내용·방법의 구조를
아래의 표로 구성하여 보았다.

---

46) 위의 책, p.1159.

[표 8] 체상용(體相用) 삼대(三大)를 기준으로 한 어린이불교교육 :
방향·내용·방법

② 상(相)		③ 용(用)
흥미지향	⇔	효과지향
⇑		⇑
내용		방법

① 체(體)
본질지향
⇑
방향

이러한 체상용의 세 관점에서 어린이 눈높이에 맞도록 본질을 지향하는
방향 설정 및 내용 구성, 방법 추출이 중요하다. 특히 불교의 본질인 '이고
득락(離苦得樂)'의 논리에서 행복에 대한 의미를 강조할 필요가 있을 것이
다. 구체적으로 어떻게 적용할지 살펴보자.

첫째, 체(體)의 관점에서는 불교교육의 방향과 지향점을 보아야 한다. 불
교의 본질에 토대하여야 하는데 구체적으로 불교정신과 불교문화의 이해
에 목표를 맞출 필요가 있다. 불교정신을 보면, 어린이 관점에서 불교의 행
복추구와 생명존중, 그리고 원인에 따라 결과가 이루어지는 연기(緣起)의
법칙에 대한 이해가 필요하다. 불교문화에 대한 접근은 우리 문화재의
70%가 불교문화임을 염두에 둔다면 도처에 있는 것이 불교문화유산들이
다. 단순히 피상적인 이해를 넘어 왜 그것이 역사적으로 가치를 지니는지
이해할 수 있는 기회를 제공해야 한다. 무엇을 어떻게 추출할 것인지 기준
을 설정하여 어린이 수준에 맞는 내용 선정과 방법적 구상은 다음 단계에
서 이루어져야 한다.

둘째, 상(相)이란 외계에 나타나 마음의 상상(像想)이 되는 사물의 모상
이며 특질·특징·양태·양상·성질·상태·경지·실질이며 유루(有漏)이자 유

위상(有爲相)이다.47) 즉 우리의 현실에서 드러나는 존재양태이다. 이것을 어린이 불교교육에 적용하면 불교정신과 불교문화의 본질들을 토대로 어떻게 내용들을 제시할 것인가의 문제이다. 구체적으로 붓다의 생애와 자타카[本生譚]의 다양한 이야기들을 각색하여 도덕적 상상력과 도덕적 민감성을 자극할 수 있는 스토리텔링 접근이 유용할 것이다. 어린이 눈높이에서 흥미로워야 하며 삶 속에서 느낄 수 있도록 각색하되 다양한 사례들을 연계시키는 것이 필요하다.

셋째, 용(用)은 활용과 적용, 드러남을 의미한다. 구체적으로 어떻게 어린이들의 삶에 적용하여 구체적인 교육 효과를 가져올 것인가의 문제이다. 용의 관점에서, 교사의 입장에서는 붓다의 대화법을 활용하거나 집중명상인 사마타 명상과 통찰명상인 위빠사나 명상을 활용하여 어린이들의 정서교육에 활용할 필요가 있다. 불교 의식들 중 방생(放生), 발우공양, 업보(業報)를 활용하는 것도 의미가 있다. 예를 들면, 신구의(身口意)의 수행 방법 등을 통해 왜 우리가 행동과 말과 생각을 조심해야 하는지 원인과 결과의 구체적 사례를 통해 보여주는 것도 한 방법이다. 문화적 경험, 예를 들면 템플스테이 혹은 108배 체험도 좋은 사례이다.

2. 체상용에 의거한 불교교육 방향

1) 체(體) : 불교의 정신·문화의 이해

불교사상에서 중요한 것은 연기설이며, 그것은 자비를 통해 꽃을 피운다. 이 세상 모든 것은 연관되어 존재하며, 원인이 있으면 결과가 있고 내가 하는 선한 의도와 말과 행동에 따라 그 결과가 주어진다는 자연법칙을 알고 일상생활에서 실천할 수 있도록 해야 한다. 연기법에 대한 교육은 이

---

47) 김승동 편저, 앞의 책, p.552.

세상 어느 하나 그저 홀로 존재하는 것이 없으며, 나의 존재에 대해 알게 해주는 것이다. 모든 사물과 대상도 원인과 결과에 의한 것임을 알게 하며, 궁극적으로 그 결과를 만드는 주체가 나임을 알게 하는 것이 핵심이다. 또한 업(業), 즉 의도적 행위에 의한 결과에 대한 책임이 결국은 나에게 돌아옴을 알게 하는 것도 연기법의 공부이다.

불교는 이고득락(離苦得樂), 즉 행복을 추구하는 사상이며 그것은 선한 마음과 말과 행위에 의해 이루어짐을 알게 하고, 따라서 행복한 상태가 되기 위해서는 인성, 즉 선(善)의 마음이 중요함을 알고 실천하는 것이 필요하다. 그것이 확대되어 나타나는 것이 자비(慈悲)이며 자비의 대상은 사람뿐만 아니라 모든 존재와 대상에 확대될 수 있도록 연기적 관계 속에서 이해시키는 것이 바로 불교정신에 대한 교육이다. 이러한 연기론은 환경문제나 음식윤리와 관련시켜 교육한다면 더욱 효과가 클 것이다.

2) 상(相) : 자타카 등 스토리텔링 접근

어린이를 위한 불교는 사상 자체를 교육하기보다 정신과 문화에 접할 수 있도록 하는 것이 중요하다. 이를 위해 어린이들의 눈높이에 맞추어 불교적 소재와 내용을 추출하여 제시하여야 한다. 불교는 붓다의 생애와 깨달음을 통한 불교의 탄생과 전파에 대하여 기본적으로 파악하고 있어야 하며, 불교가 제시하는 만물평등 사상과 선업에 의한 선한 과보를 이야기식으로 전하여야 한다.

제5차 교육과정에 "사랑과 자비"로 제시되었던 붓다의 생애 이야기와 2007 개정 교육과정에서 제4단원 "초월적 존재와의 관계"에서 나왔던 '자비'에 대한 내용은 다시 구성될 필요가 있다. 서양철학 배경에서 응용윤리 접근을 하면서 내용도 현실문제 해결을 위한 도덕적 문제에 치중하다보니, 오히려 도덕이 감동 없는 이른바 뻔한 도덕의 나열이 된 경향이 없지 않다.

초등학교 3,4학년들에게는 자타카를 반영하여 이야기 중심으로 전개하는 것도 의미있다. 자타카는 붓다와 제자 혹은 주변인들의 전생의 모습으로, 많은 동물, 나아가 식물, 심지어는 여러 물건들까지 등장하고 있다. 승냥이, 들돼지, 용, 공작, 감청빛 까마귀, 독수리, 족제비, 매, 카멜레온, 원숭이, 완두, 진두가나무, 거북, 사자, 운마, 라다 앵무새, 항하 고기, 영양, 악어, 더펄새, 칸다카라카 딱따구리, 작은 난디야 원숭이, 올빼미, 똥벌레, 비파막대, 미늘 화살, 게, 호랑이, 물소, 두루미, 고기떼, 이리, 쇠솥, 카나베라 꽃, 자고새, 칵까루꽃, 왕겨, 암라 열매, 쇠망치, 숲, 메추리, 개똥벌레, 구관조 등48) 그 외 많은 유정(有情) 심지어 무정물(無情物)까지 전생의 모습이라고 보고 있다. 그리고 그러한 전생의 존재들은 무생물일지라도 인간과 마찬가지로 영혼이 있다고 인식하였으며, 어떤 경우는 인간보다 더 높은 가치를 지향하는 태도와 행동을 보여주어 존재 가치를 드러내고 있다.

자타카의 도덕적 의미는 남을 위해 베푸는 일, 계율을 지키는 일, 괴로움을 받아들여 참는 일, 부지런히 노력하여 게으름을 쫓는 일, 마음의 안정을 찾는 일, 높은 지혜를 깨닫는 경지에 이르는 것 등 불자의 수행덕목이 포함되어 있다.49) 유의점은 "유아들의 종교적 경험이나 종교적 사고는 일상생활 속에 완전히 포함되어 특별한 의미를 지니지 못하며, 그들의 이해 방식은 이론적이 아닌 환상적이고 감상적이라는 사실"50)로, 이것은 종교가 아닌 영성 혹은 정신적 측면에 공통적인 것으로 어린이들에게도 적용이 된다. 도덕성, 상상력, 지혜, 인내, 자제력 발달 등과 같은 덕목들51)을 교육하는 데 의미를 찾을 수 있다.

이러한 교육적 방향은 제3차의 "바른생활"과 제4차의 "도덕" 교과서를 참고할 만하다. 동물들을 의인화하여 인간과 평등한 존재로 다루면서 생명

---

48) 역경위원회 역,『한글대장경 본생경 1-5』(서울: 동국대학교부설 동국역경원, 1988), 목차와 내용 참고.
49) 대원,『불전설화와 유아교육』(서울: 불광출판사, 1996), p.167.
50) 위의 책, p.168.
51) 위의 책, p.168.

존중의식과 생명평등의식에 접근할 수 있으며, 책상과 의자의 대화, 찢어진 일기장 등 우리 주변의 무생물을 그저 대상으로 보기보다 그 자체로 역사와 생명을 지닌 존재로 "배려의 대상"으로 확대시켜 보는 것은 도덕교육적 관점에서 매우 중요하다.

3) 용(用) : 명상 등 수행방법의 활용

붓다의 생애 중 깨달음을 얻은 후 45년은 교육을 통하여 그 깨달음을 전달하였다. 자신만의 깨달음으로도 충분하였을 그가 그 깨달음의 행복을 더불어 하고자 한 그 마음이 바로 자비의 마음이다. 붓다가 가르침을 행할 때 추구하였던 방법은 정서교육과 다름없다.[52] 특히 대화법을 중시하였는데 논리적이면서 감성적인 것이 특징이다. 반드시 대화를 시작할 때 "아난다여!", "비구여!", "도반 싸리뿟따여" 등 이름을 불러주면서 시작하였다. 대화하는 상대방을 존중하고 공감하고 마음을 나누는 붓다의 대화 자세를 엿볼 수 있다. 이러한 점은 교사들이 반드시 본받고 실천하여 교육에 적용해야 하는 방법이다. 또한 상대방이 어떤 내용의 말을 하더라도 논리적으로 접근하고, 만약 그 말이 대답할 가치가 없으면 무기(無記)의 방법을 채택하였는데 이는 학생들 중에서 주제와 무관하거나 상관없는 질문을 할 때 어떻게 하는지 방법적 시사점을 주기도 한다.

붓다는 집중명상과 통찰명상을 통하여 정서적 안정과 평온한 상태를 유지하면서 깨달음에 이르고자 하였다. 명상을 초등학생들에게 적용하기 위해서는 유의할 점이 있겠지만 간단하게 몸과 마음을 바로잡는데 활용하는 방법은 그다지 어렵지 않고 교사라면 누구나 적용가능한 방법이다.[53] 기

---

52) 장승희, "초기불교에서 마음의 구조와 붓다의 정서교육", 『윤리교육연구』, 제39집 (부산: 한국윤리교육학회, 2016a), pp.51~61.
53) 장승희, "명상을 활용한 청소년들의 심신조화 교육방법", 『윤리교육연구』, 제40집 (부산: 한국윤리교육학회, 2016b), pp.42~49.

본적인 호흡명상을 토대로 몸을 바루는 몸명상, 걷기명상과 화두명상을 활용하면 수업 시작과 끝날 때 집중도를 높일 수 있으며, 정서적 안정과 평안을 유지하는 데 도움이 될 것이다.

불교의 다양한 의식들은 수행의 방편들이다. 예를 들면 방생(放生)은 생명 존중과 평등을 인식하게 해주며, 발우 공양(供養)은 음식윤리를 체험하게 해주며, 신구의(身口意) 삼업(三業)에 대한 이해는 스스로 생각과 말과 행동을 조심하게 하는 교육적 의미를 지닌다. 이러한 불교의 수행방법들을 활용하여 도덕교육적 의미를 도출하여 실천과 연계시키는 것도 의미 있다. 발우 공양과 방생(放生)에 대한 의미, 사찰체험을 통해 불교문화를 알고 이해함으로써 오늘날 환경문제, 생명경시풍조를 해결하는 대안을 찾도록 하는 것도 의미 있는 방법이다. 이처럼 불교문화와의 만남은 다양한 체험공부 측면에서 시도할 만하다.

이를 위해서는 무엇보다 다양한 종교를 인정하는, 교사의 편견 없는 자세가 요구된다. 하나의 예로, 학생들을 인솔하고 사찰을 방문했을 적에 교사가 사찰에 들어가지 않고 학생들만 들여보내는 것을 본 적이 있다. 이유를 물었더니 종교적 이유라는 대답을 들었다. 따라서 신앙과 문화를 구분하여 교육적 차원에서 접근하는 관점이 필요하다고 하겠다.

V. 맺음말

지금까지 도덕이 교과로 성립된 제3차 교육과정 이후 초등학교 도덕과 교육과정에 나타난 불교 관련 내용을 분석해보았다. 분석대상이 방대하여 제3차·제4차·제5차·제6차는 교과서를 중심으로 살펴보았고, 제7차 이후 2007 개정과 2015 개정은 내용체계 위주로 살펴보았다. 도덕과 교육과정이 개정되면서 도덕교육 관련 단체나 학문분야에서는 수많은 연구가 축적되고 교과학문의 체계도 함께 발전하였다. 도덕교육의 이론과 방법 측면에서 서구의 발전된 이론과 방법들이 수용되어 적용되고, 축적된 연구 결과를 반영하여 이론적 체계화가 이루어졌기 때문이다.

현재 초등학교 도덕과 교육과정과 교과서는 서양윤리 중심의 합리적·논리적 구성으로 인해 동양적 정서와 내용이 약화되었다. 규범적·당위적 사고와 합리적·논리적 사고의 균형은 도덕교육에서 필수적이기 때문에 동·서양윤리의 균형을 잡기 위한 노력이 필요하다고 하겠다. 또한 발달에 치중한 결과 사회화가 간과되었고 감수성과 상상력의 여지가 부족해졌으며, 교육과정 내용체계와 교과서 구성이 현실적이 되고 구체적이고 세밀해지긴 하였지만 교육적 효과를 담보하는 발전인지는 의문이다. 종이의 질, 판형의 확대, 색깔의 변화 등 외형적 발전은 바람직하지만, 내용체계와 구성 측면에서 볼 때 현실문제들을 다루면서 피상적이 되었고, 구체적 접근은 상상의 여지를 멀어지게 했으며, 현실적인 삽화는 정서적 감수성을 앗아가지 않았나 하는 아쉬움이 남는다. 초등학교 도덕은 어린이들에게 구체적 현실에 근거하면서도 꿈과 상상의 세계를 통해 미래를 추구하게 해주어야 한다. 현재 도덕 교과서가 전자를 위해 후자를 희생하는 것이 아닌지 고민해보아야 한다.

인성교육진흥법 등 인성교육에 대한 관심의 확대가 오히려 도덕교육의 축소와 연계되는 것은 도덕교육의 경험적 효과에 대한 부정적 인식 때문일 것이다. 도덕의 기본을 배우는 초등학교의 도덕교육 전반에 대한 성찰이 필요한 시점이며, 그것은 근본적인 성찰이 되어야 한다. 사회 변화의 요구에 부응하면서 초등학교 도덕은 쉬워졌지만 재미가 없어졌고 구체화되었지만 상상력이 사라지고 있다. 급변하는 미래사회에서 중요한 것은 나의 존재 인식과 철학적 물음이다. 도덕교육은 나는 누구이고 어떻게 살아야 하는가에 대한 '철학적 물음'에 대한 답을 주어야 한다.

어린이 불교교육에서 불교의 내용이나 불교 인물 혹은 문화재 자체를 다루기는 쉽지 않다. 그럼에도 불구하고 불교뿐만 아니라 동양윤리에 대해 무엇을 어떻게 다룰지의 기준과 방법 설정은 중요하다. 어린이 불교교육에서도 불교의 정신과 문화에 대한 이해를 바탕으로 다양한 이야기들을 통하여 생명을 소중히 여기고 선업을 쌓도록 교육하면서 불교적 세계관에 접하도록 해야 한다. 우리 현실의 문제 해결을 위한 불교적 대안에 대한 성찰을 통해 불교가 현재사회·미래사회와 맞닿을 수 있음을 알게 하는 것이 중요한 과제이다.

제5장 고등학교 '윤리와 사상'의 불교사상 분석
: 2009 개정 교육과정을 중심으로

Ⅰ. 머리말

고등학교 '윤리와 사상' 내용 가운데 불교사상은 심오하고 초월적인 내용들이어서 학생들이 일반적으로 어려워한다. 그 결과, 인도불교, 중국불교, 나아가 원효와 의상, 의천과 지눌로 이어지는 내용들은 입시를 위한 편린(片鱗)들로 기억될 뿐, 삶에서 어떤 의미를 찾기 어렵다. 중등교육과정에서 불교사상을 가르치기 쉽지 않은 이유는 교육과정과 교과서의 난이도도 문제이지만, 교사들이 불교 패러다임을 파악하기 쉽지 않은 데도 원인이 있다. 사상의 파편들을 아무리 충실히 설명하더라도 불교 세계관에 대한 이해 없이는 피상적 내용 전달에 그칠 수 있기 때문이다.

불교사상의 스펙트럼은 역사적으로 초기불교와 대승불교, 지역적으로 인도불교와 중국불교, 티베트불교, 동남아시아 불교, 학문적으로 화엄학, 유식학, 선종, 밀교 등 다양한 위계들이 얽혀 있다.[1] 그래서 산 하나를 넘으면 더 큰 고개 둘이 있고, 그 산을 넘으면 고개가 셋이 있는 것처럼 불교의 다양한 맥락들을 연계시켜 이해하기까지는 적어도 수년 혹은 10년 이상이 걸려야 겨우 감을 잡을 정도이다. 이처럼 불교사상의 세계가 방대하

---

1) 불교의 '수행', '교리', '생로병사와 윤리', '불교와 이웃종교'에 대한 내용으로 뽑은 핵심 질문들을 살펴보면, 불교사상의 내용들이 얼마나 다양한 스펙트럼을 지니고 있는지 알 수가 있다. 김성철, 『100문 100답』(서울: 불광출판사, 2009), 목차 참고할 것.

고 심오하다고 하더라도 전문가들의 영역으로만 남겨 놓을 수는 없으며, 교육과정이나 교과서에 그 내용을 어떻게 수용할 것인지를 고민하는 것이 무엇보다 중요하다고 하겠다.

2016년 현재 고등학교 선택 교과로서 윤리 교과는 '윤리와 사상'과 '생활과 윤리' 두 과목이 있는데, 전자가 윤리사상의 본질을 다룬다면, 후자는 윤리사상의 현실과 응용을 다루고 있다. 즉 전자가 체(體)라면 후자는 용(用)이라고 할 수 있을 것이다. 체용(體用)의 원리에 의하면, 체(體)에 대한 이해를 바탕으로 용(用)을 공부한다면 금상첨화일 것이다. 실제로 공부하는 과정에서 이 두 과목을 다 공부하지만 수능 교과로는 하나만을 선택하는 경우도 많다. 최근의 선택 비율은 '윤리와 사상'보다 '생활과 윤리'가 선택 비율이 높아져서 사회탐구 중 가장 많은 비율을 차지하고 있으며,2) 비록 수능에서 '윤리와 사상'을 선택하지 않더라도 병행과목으로 인식되어 고등학교에서 함께 배우는 경우가 많다.

'윤리와 사상'은 일종의 '윤리사상사'로 볼 수 있는데 크게는 동양사상과 서양사상으로 이루어지며, 동양사상은 유불도 삼교(三敎)를 중심으로 한다. 교육과정과 교과서는 그 특성상 유교사상, 불교사상, 도가사상의 균형과 조화를 모색하지만,3) 그럼에도 불구하고 교육과정의 내용과 분량을 살펴보면 유교사상이 다른 두 사상에 비하여 비중을 많이 차지한다. 그 이유는 현대와 가장 가까운 조선 500여 년의 통치이념이자 문화적 기틀이 되는 사상이라는 점 외에도 유교사상의 현실성과 현세적 성격도 작용한 듯하다. 게다가 유교가 수기치인(修己治人)을 바탕으로 수양적 색채가 강하여 도덕교육에 가장 가까운 점도 한 몫 하였을 것이다.

고등학교 '윤리와 사상'과 관련된 기존 연구들을 살펴보면, 교과서의 개

---

2) 2016년 수능 원서접수결과를 보면, 사회탐구 과목별 선택비율을 보면, 생활과 윤리(53.8%), 사회문화(50.5%), 한국지리(28.8%), 윤리와 사상(14.1%), 세계지리(12.2%), 한국사(11.9%), 동아시아사(9.9%), 법과정치(9.0%), 세계사(7.0%), 경제(2.4%)였다.
3) 서양사상은 논의의 범위에서 벗어나므로 여기서는 제외한다.

발 방향을 비롯하여 여러 관점에서 분석한 연구를 볼 수 있는데,4) '동양윤
리' 부분은 주로 '전통윤리'라는 이름으로 유교사상 내용에 대한 분석과 비
판이 주를 이루고 있다.5) 그 외 도교·도가사상이나 동학에 대한 연구는 손
에 꼽을 정도이고,6) 불교사상 연구도 찾아보기 쉽지 않다.7) 도교·도가사상
에 대한 분석이 활발하지 못한 것은 윤리교과에서 다루는 노장사상(老莊思
想)의 내용이 매우 한정적이기 때문이다. 주로『도덕경』원전과『장자(莊
子)』의 내외편 원전을 중심 내용으로 하고 있는데, 논란의 여지가 없는 것
은 아니지만 원전과 해석에 의거하여 어느 정도 필요한 내용이 선정되어

---

4) 배문규, "고등학교 교과서『윤리와 사상』을 통해서 본 한국윤리의 개선방안 연구",
   『윤리교육연구』제10집(한국윤리교육학회, 2006), pp.43~66. 서경윤·박균열, "제7장
   국제분쟁 관련 청소년 가치교육 방향: 고등학교『윤리와 사상』교과서를 중심으
   로",『중등교육연구』제21권(경상대학교 중등교육연구소, 2009), pp.105~127.하정
   혜, "학습자 중심 교육의 관점에서 본 고등학교『윤리와 사상』교과서의 비판적 검
   토",『윤리교육연구』제7집(한국윤리교육학회, 2005), pp.127~147.

5) 이영경, "고등학교『윤리와 사상』교과서에서 "한국윤리" 내용의 문제점과 개선방
   향",『중등교육연구』제53집 제3호(경북대학교 중등교육연구소, 2005), pp.323~346.
   이종우, "고등학교 윤리교과서에 나타난 유학의 검토",『교육연구』제44집(성신여
   자대학교 교육문제연구소, 2008), pp.73~87. 박재주, "제7차 교육과정에서의 중등학
   교 도덕과 교과서에 나타난 전통윤리교육 내용에 관한 비판적 연구",『윤리교육연
   구』제7집(한국윤리교육학회, 2005), pp.97~125.

6) 윤찬원, "고등학교 윤리 교과서에 나타난 도가·도교 윤리사상의 문제와 해결방안",
   『도교문화연구』제26권(한국도교문화학회, 2007), pp.263~294.배문규, "고등학교 윤
   리 교과서와 대학수학능력시험에 서술된 동학윤리사상 검토: 동학과 유·불·도 관
   계를 중심으로",『윤리교육연구』제31집(한국윤리교육학회, 2013), pp.189~212.

7) 전병철, "고등학교 윤리 교과서 '삼법인' 서술에 관한 문제점",『중등 우리교육』
   통권 제112호(중등 우리교육, 1999), pp.161~163. 김형중, "초중등학교 도덕·윤리·
   국사·철학 교과서에 나타난 불교 관련 내용의 오류",『교육연구』제42집(성신여자
   대학교 교육문제연구소, 2007), pp.79~96. 이 가운데 김형중 교수의 연구는, 초등학
   교「도덕」,「생활의 길잡이」, 중학교「도덕」교과서, 고등학교「윤리와 사상」, 고
   등학교「국사」, 고등학교「철학」교과서에 나타난 불교 내용의 오류, 종교적 편향,
   왜곡 등을 자세히 다루고 있는데 불교 관련 내용을 구체적으로 분석하여 문제점을
   지적하고 방안을 제시하였다는 점에서 매우 중요한 의미가 있다. 다만 거시적으로
   교육과정에서 어떻게 불교사상에 접근하고, 내용의 오류를 바로잡기 위하여 어떤
   노력을 해야 하는지에 대한 대안이 명확하지 못한 점이 아쉬움으로 남는다.

있다고 볼 수 있으며, 몇 번의 교육과정 변화에도 견고한 틀을 간직하고 있는 편이다.

반면, 불교의 경우 교육과정의 변화에도 불구하고 내용 변화가 쉽지 않은 이유는 불교사상의 내용의 심오함과 방대함에 기인한다. 인도에서 발생한 불교사상은 붓다에 의해 시작되기는 하였지만 다양한 인도철학의 토대 위에서 만들어진 것으로, 그것은 붓다 사후 기록으로 남기 이전까지 구전되어 전해지다가 산스크리트어와 팔리어로 경전에 기록되어 남게 되었다. 중국에 수용되면서는 노장사상의 도움을 받은 격의불교(格義佛敎)의 성격을 띠게 되었고, 교상판석(敎相判釋)으로 인해 다양한 종파가 형성이 되었다. 그리고 그 결정체가 선종의 출현이다. 중국에서는 인도와는 다른 형태의 불교가 발전하여 뿌리내린 것이다. 한국에 수용된 불교는 중국불교이며 한국화 되면서 한국불교는 또 다른 특성을 띠게 된다. 현대에 와서 불교가 새롭게 조명 받고 불교에 대한 관심이 확대되고 있다. 불교명상에서 나온 명상 기법의 보급과 불교의 깨달음에 대한 관심은 확대되고 있지만 현재 불교사상을 다루고 있는 '윤리와 사상'에서는 이러한 측면들을 다 수용하고 있는지 의문이 들었다.

이 글은 이러한 문제의식과 필자가 '윤리와 사상' 집필에 참여하여 불교사상 영역을 집필하면서 고민한 문제들을 바탕으로, 2009 개정 교육과정의 '윤리와 사상'에서 불교사상을 분석한 것이다. 현재 2015 교육과정 교과서 작업이 진행 중인 상황에서 과거의 교과서를 분석하는 이유는, 현재와 미래는 결국 과거에 대한 성찰에서 발전하기 때문이다. 우선, 지금까지 교육과정과 교과서에서의 불교사상 내용의 특징과 문제점을 살펴보고자 한다. 이를 토대로 앞으로 고등학교 윤리에서 불교사상의 내용구성과 집필에서 어떤 점에 유의하여야 하는지 그 방향과 기준을 제시함으로써 불교사상교육에 도움을 주고자 한다.

II. 고등학교 교육과정의 변화와 불교사상

불교사상의 내용을 분석하기 전에 교육과정의 변화에 따라 동서양 윤리 사상이 어떻게 수용되었는지 간략히 살펴보자. 윤리교육의 역사에서 교육 과정기의 특징, 교과목 명칭의 변화 등을 통하여 윤리교육의 정체성과 그 에 따른 내용 변화의 특성을 파악할 수 있기 때문이다. 먼저, 교과로서 도 덕교육이 처음 실시된 제3차 교육과정기의 고등학교 과목은 '국민윤리'이 다. 시대적 상황이 반영된 이념교육으로서 윤리교육의 성격이 잘 드러난 다. 이러한 성격 때문에 내용에는 동서양 사상 내용이 포함되지 못하였고, 당연히 불교사상의 내용은 찾아볼 수 없다.

[표 1] 제3차 교육과정 '국민윤리' 내용[8]

단 원	내 용
가. 청소년의 자각	(1) 인생과 청소년기 (2) 청소년과 자아 발견 (3) 청소년의 자세
나. 우리 겨레의 윤리 생활	(1) 우리 겨레의 전통 정신 (2) 인간 존중 (3) 민족 윤리의 계승 발전 (4) 총화와 호국
다. 현대 사회와 국민의 자질	(1) 산업 기술의 발달과 인간 (2) 대중 문화의 형성과 인간 (3) 현대 사회의 적응과 창조
라. 국가 발전과 국제 생활	(1) 조국의 현실 (2) 오늘의 국제 정세 (3) 한국의 민주주의
마. 조국의 통일과 민족 중흥	(1) 국가와 민족 (2) 북한 사회의 윤리 (3) 민족 중흥의 사명
바. 승공 민주 통일의 길	(1) 북한의 현실 비판 (2) 북한 공산 집단의 침략 정책 (3) 국제 정세와 공산권 동향 (4) 국가 안보와 우리의 사명

제4차 교육과정기의 '국민윤리' 교과에서도 윤리사상의 내용들을 본격 적으로 다루지는 않았다. 사상과 관련된 내용이 조금은 포함되었는데, 구 체적으로 2단원의 '우리 겨레의 사상적 전통과 윤리'와 3단원의 '문화와

---

8) http://ncic.re.kr/nation.kri.org4.inventoryList.do : 3차 시기>고등학교(1973.02)>국민윤 리>인문계고등학교>2. 내용

윤리'이다. 본격적인 윤리사상 내용이라고 보기는 어렵지만 한국윤리사상과 서양윤리사상의 내용들을 포함시키고자 하였던 노력이 보인다. 제4단원 '현대 사회와 윤리'의 내용들은 이후 제7차 교육과정기의 '시민윤리', 2007 개정 교육과정기의 '현대사회와 윤리', 2009 개정 교육과정 이후의 '생활과 윤리' 교과의 토대가 되는 내용들로 인상적이라고 볼 수 있다. 이 과정에서도 여전히 국가생활과 평화통일 내용이 두 단원이나 포함되어 있는데, 이전에 비해 다소 축소되기는 하였지만 그럼에도 불구하고 이념교육의 색체가 강하게 나타나는 시기이다.

[표 2] 제4차 교육과정 '국민윤리' 내용9)

단 원	내 용
1) 인간과 윤리	가) 인생과 가치관 나) 인생에서의 청소년기 다) 청소년의 가치관 라) 자아 실현의 생활
2) 우리 겨레의 사상적 전통과 윤리	가) 우리 겨레의 사상적 줄기 나) 전통 사상과 국민 윤리 다) 인간 존중과 민족 중흥 라) 전통 윤리와 현대 사회
3) 문화와 윤리	가) 사상과 학문 나) 예술과 생활 다) 과학과 인간
4) 현대 사회와 윤리	가) 산업 사회의 발달과 윤리 나) 현대 사회의 윤리적 문제 다) 우리나라의 윤리적 상황 라) 바람직한 사회 생활의 윤리
5) 국가 생활과 윤리	가) 민족과 국가 나) 국가 발전의 정신적 기반 다) 우리의 민주주의 라) 복지 국가의 건설
6) 조국 수호의 평화 통일	가) 공산주의의 이론과 현실 나) 국제 정세와 한반도 다) 북한 사회의 특성 라) 북한 공산 집단의 침략 정책 마) 우리의 통일 정책 바) 국가 안보와 우리의 사명

제5차 교육과정기의 '국민윤리'에서는 윤리사상의 내용을 하나의 단원으로 설정하여 포함시키고 있는 점이 특징이다. 구체적으로 제2단원에서 '윤리 사상의 흐름과 특징'의 이름으로 동양윤리, 서양윤리, 한국윤리를 다루고 있다. 이 단계에서는 본격적으로 윤리사상이 하나의 장으로 구성되었

---

9) http://ncic.re.kr/nation.kri.org4.inventoryList.do : 4차 시기>고등학교(1981.12)>국민윤리과>나. 내용

다는 점에서, 분량의 많고 적음과 내용의 난이도를 떠나 중요한 의미를 찾
을 수 있는 과정이라고 볼 수 있다.

[표 3] 제5차 교육과정 '국민윤리' 내용[10)]

2) 윤리 사상의 흐름과 특징 (1) 동양 윤리의 전통 : ① 동양 윤리 사상의 흐름 ② 동양 윤리 사상의 특징 (2) 서양 윤리의 전통 : ① 서양 윤리 사상의 흐름 ② 서양 윤리 사상의 특징 (3) 한국 윤리의 전통 : ① 한국 윤리 사상의 흐름 ② 한국 윤리 사상의 특징 ③ 전통 윤리의 현대적 전개

제6차 교육과정의 내용은 제5차와 유사하지만, 교과명이 '국민윤리'에서
'윤리'로 변화되었다. '국민'이라는 명칭이 사라지게 된 것은 정치적·사회
적·문화적 변화에 기인하는데, 윤리교육이 이념적 성격을 벗어나 본질에
충실할 수 있게 되었음을 의미한다. 교육과정 내용에서는 제5차와 크게 달
라지지는 않았지만 교과서 내용 진술이 매우 구체적이고 상세하게 변화하
였다. 경험이 많은 윤리교사들의 평가에 의하면 제6차 교육과정에서 진술
된 동양윤리 내용이 가장 수업하기에 좋았다는 회고가 많다고 한다.[11)]

[표 4] 제6차 교육과정 '윤리' 내용[12)]

영역	내 용
개인윤리	· 인간의 삶과 윤리 · 자아 실현과 인격 완성 · 인생에서의 청소년기
사회윤리	· 현대 사회의 윤리적 상황 · 현대 사회의 생활 윤리 · 현대 사회의 문제와 윤리

---

10) http://ncic.re.kr/nation.kri.org4.inventoryList.do : 5차 시기>고등학교(1988.03)>보통교
   과>1. 국민 윤리과>나. 내용
11) 공식적인 것은 아니지만, 경험이 많은 고등학교 교사들 대다수는 제6차 '윤리'의
   내용과 진술이 가장 수업하기 좋았다는 이야기를 많이 한다.
12) http://ncic.re.kr/nation.kri.org4.inventoryList.do : 6차 시기>고등학교(1992.10)>윤리>3.
   내용>가. 내용체계

국가윤리	· 국가 이념과 발전 · 민족주의와 민주주의 · 국제 관계와 윤리
윤리사상	· 동양 윤리 사상 · 서양 윤리 사상 · 한국 윤리 사상
통일과제	· 우리나라의 통일 문제 · 민족 통일의 조건 · 통일 이후의 전망

교육과정에서 가장 큰 변화는 제7차인데, 일반선택 '시민윤리'와 심화선
택으로 '윤리와 사상'과 '전통윤리' 교과가 생겼으며, 그 중 동양사상에 대
한 관심이 확대되면서 '전통윤리'가 교과로 채택된 것이 특징이다. 이 당시
교육과정 운영 결과에 대한 평가를 보면, 세 과목으로 구성되다보니 내용
의 중첩성에 대한 비판이 많았다. 교과로 도덕, 윤리와 사상, 전통윤리로
구성되었고,13) 이 중에서 가장 핵심 축을 담당하였던 '윤리와 사상'의 내
용을 보면 다음과 같다.

[표 5] 제7차 교육과정 '윤리와 사상' 내용체계14)

영역	내 용
윤리와 사회 사상의 의의	· 인간의 삶과 윤리 및 사회 사상 · 인간의 행위와 윤리 · 이상 사회의 구현과 사회 사상
윤리의 흐름과 특징	· 동양 윤리 · 서양 윤리 · 한국 윤리
현대 사회 사상의	· 현대 사회 사상의 기원과 형성

---

13) 이와 관련해서는 장승희, "고등학교 '전통윤리'에 대한 체계적 분석 및 평가"(『중
등교육연구』 제53집 제2호(경북대학교 중등교육연구소, 2005, pp.425~458)와 장승
희, "도덕과 동양윤리" 영역 교과지식의 재구조화 원리"(『도덕윤리과교육』 제30
호(한국도덕윤리과교육학회, 2010, pp.51~84)를 참고할 것.

14) http://ncic.re.kr/nation.kri.org4.inventoryList.do : 7차 시기>고등학교(1997.12)>윤리와
사상>3. 내용>가. 내용 체계

흐름과 변화	· 현대 사회 사상의 흐름과 쟁점 · 현대 사회 사상의 발전 전망
한국윤리 및 사회사상 정립과 민족적 과제	· 한국 윤리와 사회 사상의 정립 · 민주적 도덕 공동체의 구현 · 한국의 진로와 민족적 과제

이 당시 특징적인 것은 본격적으로 동양윤리와 한국윤리가 구분되었으며, 나아가 그것이 '유교', '불교', '도교·도가', '고유사상'으로 구체화 되고 세밀화 되었다. 그러나 운영 결과 당시 고등학교 교육과정에 대한 비판이 적지 않았다. 가장 큰 비판은 내용 중첩에 대한 것인데, '전통윤리'와 '윤리와 사상', '시민윤리' 교과서에 포함된 내용들이 나름대로 선택과 집중을 통하여 선정되었음에도 불구하고, 유사한 내용들이 포함되고 그것이 어떤 경우에는 서로 다른 관점이나 방향으로 진술됨으로 인해 문제가 드러난 것이다. 당시는 동양윤리사상에서 시행착오를 겪은 시기였다고 할 수 있다. 여러 비판들을 수용하여 2007 개정 교육과정에서는 '전통윤리'가 사라졌고, 선택 교과로 '현대사회와 윤리', '윤리와 사상'이 존재하였다. '현대 사회와 윤리'는 이전의 '전통윤리'의 내용과 새롭게 대두된 '응용윤리'의 내용을 포함시켜 구성하고자 노력하였다. 이 기간은 고등학교 선택교과 및 내용선정과 관련된 여러 논의들이 오갔던 시기로, 2009 개정 교육과정이 완성될 때까지 일종의 과도기 과정이었다고 볼 수 있다. 요약하면, '현대사회와 윤리', '윤리와 사상', '전통윤리'의 내용들을 어떻게 새롭게 정선할 것인가를 고민하는 과정이었다.

[표 6] 2007 개정 교육과정의 '윤리와 사상' 내용요소[15)]

영역	내 용	비 고
윤리 사상과 사회 사상의	·인간의 삶과 윤리 사상 ·이상 사회의 구현과 사회 사상	인간의 삶과 윤리 및 사회 사상

---

15) http://ncic.re.kr/nation.kri.org4.inventoryList.do : 2007 개정시기>고등학교(2007.02)>
윤리와사상>3. 내용>가. 내용 체계

의의	·윤리와 사상에 대한 탐구	
동양과 한국 윤리 사상	·동양 사상의 특징 ·한국 사상의 특징 ·동양과 한국 사상의 현대적 의의	동양과 한국 윤리 사상의 흐름
	·유교 사상의 연원과 전개 ·동아시아의 유가 사상 ·한국의 유교 사상	유교 윤리 사상
	·불교 사상의 연원과 전개 · 동양의 불교 사상 ·한국의 불교 사상	불교 윤리 사상
	·도가·도교 사상의 연원과 전개 ·동아시아의 도가·도교 사상 ·한국의 도가·도교 사상	도가·도교 윤리 사상
	·한국 고유 사상의 연원과 전개 ·한국 고유 사상과 현대적 의의	한국의 고유 윤리 사상

2007 개정 교육과정에서 불교사상의 내용을 살펴보면 다음과 같으며, 이는 2009 개정 교육과정에서도 동일하다.

[표 7] 2007 개정 교육과정16) 및 개정 교육과정 '윤리와 사상'의 내용17)

(사) 불교 사상의 연원과 전개 : 불교 사상의 성립 배경은 무엇이며 어떻게 전개되었으며 인도, 중국, 한국, 일본 불교의 특징이 무엇인지를 이해한다. 이를 위해 동아시아에서 불교가 사회적으로 어떤 의미가 있는지를 토론한다. 　① 불교의 성립　② 인도, 중국, 한국, 일본 불교의 특징 　③ 동아시아 불교가 사회에 끼친 영향
(아) 동양의 불교 사상 : 불교 사상의 특성과 전근대사회에서 불교 사상의 역할과 기능을 이해한다. 이를 위해 불교 사상이 현대 사회에서 어떠한 의미가 있는지에 대해 토론한다. 　① 연기적 세계관　② 주체적 인간관　③ 평등적 세계관
(자) 한국의 불교 사상 : 불교 사상의 한국 수용 과정 및 발전 양상과 한국 불교사상의 특성을 이해한다. 이를 위해 시대별 의미와 시대적 요청에 따른 불교적 변화과정을 조사한다. 　① 교종의 인간관과 해탈　② 선종의 인간관과 해탈　③ 한국 불교와 현대 사회

2009 개정 교육과정은 불교사상의 내용에서 2007 개정 교육과정의 내용

---

16) http://ncic.re.kr/nation.kri.org4.inventoryList.do : 2007 개정시기>고등학교(2007.02)>윤리와사상>3. 내용>나. 영역별 내용

17) http://ncic.re.kr/nation.kri.org4.inventoryList.do : 2009 개정시기>고등학교(2009.12)>도덕과>2. 윤리와 사상>3. 내용>나. 영역별 내용

과 큰 차이가 없었지만, 큰 변화는 국정교과서체제에서 검정체제로 전환되었다는 점이다. 이후 교과서 개발은 내용적·형식적 측면에서 크게 발전하게 되는데, 다양한 학자들이 참여하여 주체적으로 교과서를 개발하게 되면서 나타난 결과이다.[18] 2009 개정 교육과정에서 고등학교 교과는 공통과목인 '도덕', 선택과목인 현대윤리와 응용윤리 중심의 '생활과 윤리'와 윤리사상사와 사상 내용 중심의 '윤리와 사상'으로 정리된다. 그 동안 과도기를 정리하고 선택 교과의 방향과 성격이 명확해지자 교과 내용도 풍부해지고 심화되었다. '생활과 윤리'가 현실 사회의 윤리문제에 초점을 둔 응용윤리 중심이라면, '윤리와 사상'은 "학생들이 한국을 비롯한 동·서양의 주요 윤리사상과 사회사상에 대한 체계적인 학습을 통해 현대를 살아가는데에 필요한 바람직한 윤리관을 정립하도록 도와주는 과목"[19]으로 내용체계에서[20] 불교사상의 특징이 상세화 되었다. [표 7]에서 보는 것처럼 불교사상의 연원과 전개, 동양불교사상, 한국불교사상에 대한 상세 내용들이 교과서에 들어가게 된 것이다.

교육과정의 변화에서 '불교사상'과 관련하여 드러나는 특징을 살펴보면 다음 몇 가지로 정리할 수 있다.

첫째, 불교사상을 포함한 동양윤리사상 내용이 점차 증가하였다는 점이다. 제4차 교육과정까지는 내용이 거의 없었고, 제5차에서 내용이 포함된 후 제6차에서는 내용이 심화되고 다듬어졌으며, 제7차에서 '전통윤리' 교과까지 생겼다가 2007 개정 교육과정 '윤리와 사상'에서는 불교윤리사상의 내용이 연원과 전개, 동양, 한국으로 구분하여 상세화 되었다.

---

18) 2009 개정 교육과정에서 두 종류였던 '윤리와 사상' 교과서가 2012 교육과정에서 5개로 늘어났고, 경쟁체제가 도입되면서 발전을 이루게 된 것이다.

19) http://ncic.re.kr/nation.kri.org4.inventoryList.do : 2009 개정시기>고등학교(2012.07)>도덕과>선택 교육과정>2. 윤리와 사상>3. 목표

20) http://ncic.re.kr/nation.kri.org4.inventoryList.do : 2009 개정시기>고등학교(2012.07)>도덕과>선택 교육과정>2. 윤리와 사상>4. 내용의 영역과 기준>가. 내용 체계

둘째, 불교윤리사상이 불교사상 자체에 대한 내용에서 다양화·구체화 되었다는 점인데 이것은 첫째의 이유와 더불어 교과교육학의 정착 및 교 과내용학의 정립과 관련되며, 현대사회에서 불교사상에 대한 부각과도 연 계된다.

셋째, 이와 같은 변화에도 불구하고 불교사상의 내용은 큰 틀에서는 동 양윤리사상을 가장 잘 진술한 제6차 교육과정의 내용 범주를 벗어나지 못 하고 있다. 그 이유는 새로운 해석을 적용하기 어려운 학문적 특성과 윤리 교육전공자이면서 불교사상전공자의 수적 열세에서 찾을 수 있을 것이다.

그렇다면 2009 개정 교육과정의 교과서의 내용 특징은 무엇이고, 앞으 로 어떤 방향에서 불교사상을 다루어야 할 것인가에 대해 논의해보자.

III. '윤리와 사상'의 불교사상 내용 분석

2009 개정 교육과정에서 고등학교 '윤리와 사상' 교과서는 국정에서 검 정으로 변하였고, 이에 따라 2개의 교과서(이하, 윤사1과 윤사2로 약칭함)가 검정을 통과하였다.[21] 본고에서는 이 두 교육과정과 이 두 교과서를 중심으 로 논의를 진행하고자 한다. 현재 수시로 변화되는 교육과정의 틀 속에서도 '윤리와 사상'의 내용은 그다지 큰 변화가 없이 몇 가지 점에서만 변화를 보이고 있는데, 이것이 수시교육과정의 특징이라고도 볼 수 있다.[22]

---

21) 박찬구 외, 『윤리와 사상』(서울: 천재교육, 2012). 박효종 외, 『윤리와 사상』(서울: 교학사, 2012). 이하, 본고에서는 편의상 전자의 책을 '윤사1' 후자의 책을 '윤사2' 라고 약칭하였다.
22) 2012 개정 교육과정에서는 그다지 큰 변화가 없었으며, 2015 개정 교육과정에서 오히려 변화를 찾아볼 수 있다.

1. 내용의 선정과 진술의 특징

고등학교에서 동양윤리사상의 대단원에 속한 하나의 중단원으로 불교사상을 다루는 이유는 동양윤리사상의 정수로서 그 의미를 찾을 수 있다. 조선시대의 유교 통치이념에 의한 것처럼 고려시대에 불교는 통치이념으로 중요한 기틀이었고, 사상적·종교적·문화적 의미가 크다. 구체적으로 교육과정의 '윤리와 사상'의 '(2) 동양과 한국 윤리 사상'에 대한 영역별 성취기준은 다음과 같다.

> 한국을 비롯한 동양의 윤리 사상을 **(가)성찰하고 재음미하여** 동양과 한국 윤리 사상을 **(나)깊이 이해하고,** 더불어 그것이 **(다)현대 한국인의 도덕적 삶에 끼친 영향과 의의를 파악하여 (라)한국인으로서의 주체적인 윤리적 사유의 틀을 형성한다.**[23]

이것을 불교윤리사상에 대비시켜 보면, 다음과 같은 성취를 이룰 수 있도록 해야 한다.

> 첫째, 불교윤리사상을 **성찰**하고 **음미**하여, 깊이 **이해**할 수 있어야 한다.
> 둘째, 불교윤리사상이 한국인의 도덕적 삶에 끼친 **영향**과 **의의**를 **파악**하여 한국인으로서의 **주체적인 윤리적 사유의 틀**을 **형성**할 수 있어야 한다.

여기서 행위적 진술은 성찰, 음미, 이해, 파악, 형성 등의 동사적 개념이 중심이 되며, 그러한 행위의 대상이 불교윤리사상과 그 영향 및 의의이고, 또 다른 대상이 주체적인 윤리적 사유의 틀이다. 결국 이러한 대상에 대한

---

23) http://ncic.re.kr/nation.kri.org4.inventoryList.do : 2009 개정시기>고등학교(2011.08)>
    도덕과>2. 윤리와 사상>2. 내용의 영역과 기준>나. 영역별 성취 기준

이해와 동사적 개념을 만족시킬 수 있는 내용과 진술로 이루어질 때 성공
적이라 할 수 있을 것이다.

이러한 성취기준에 맞추어 [표 7]과 같은 불교사상의 내용체계가 구성되
고, 윤사1과 윤사2의 교과서 집필이 이루어졌다. 불교사상의 연원과 전개
에서, 윤사1은 불교의 성립과 전개, 불교의 특징, 사회에 끼친 영향을 다루
고 있으며, 윤사2는 불교의 성립과 전파, 사회에 끼친 영향을 중심으로 다
루고 있다. 동양의 불교사상에 대해서, 윤사1이 연기적 세계관, 주체적 인
간관, 평등적 세계관을 중심으로 내용을 진술하고 있다면, 윤사2는 불교사
상의 특성, 불교가 전하는 진리, 불교의 오늘로 구성되어 있는데, 전자가
교육과정 내용체계에 충실하고 있다면, 후자는 성취기준에 충실하고 있음
을 알 수 있다. 한국의 불교사상에서, 윤사1이 내용체계에 준하여 교종의
인간관과 해탈, 선종의 인간관과 해탈, 한국불교의 현대적 의의를 다루고
있다면, 윤사2는 불교의 수용, 한국불교의 발전과정, 한국불교의 오늘에 대
하여 다루고 있다.

2. 불교사상 내용과 진술의 문제점

불교사상은, 긴 역사만큼이나 지역적으로는 인도, 중국, 한국, 기타 지역
들로 확대되는 과정에서, 언어적으로는 산스크리트어, 한자, 한글, 영어 등
다양한 언어로 해석되는 과정에서 변용을 일으키며 발전하였다. 그 긴 역사
와 깊은 내용을 20쪽 이내의 분량으로 정리하여 고등학생들에게 전달하는
것 자체가 쉬운 일은 아니다. 그럼에도 불구하고 교육과정의 변천과 내용에
대한 취사선택의 시행착오 과정을 거치면서, 불교사상 집필자들은 교과서
에서 어느 정도의 틀을 갖추도록 하는 쉽지 않은 일을 해낼 수 있었다.

1) 불교의 핵심인 이고득락(離苦得樂)의 내용

불교 가르침의 핵심인 사성제(四聖諦)에 대한 논의는 교과서에 모두 포함되어 있다. 반면 일체개고(一切皆苦), 즉 고(苦)제에서 출발하는 불교의 목적이 행복이라는 점에 대해서는 교과서에 전혀 포함되어 있지 않다. 불교의 목적은 괴로움을 극복하여 행복에 이르고자 하는 이고득락(離苦得樂), 즉 행복의 실현이다.24) 초기불교 니까야 경전과 아비담마 주석서『청정도론』에 가장 많이 나오는 단어는 기쁨과 즐거움 등 행복과 관련된 용어들이다. 궁극적으로 불교가 추구하는 삶은 신체적 안정과 정신적 평안 등 행복한 상태이다. 즉 괴로움을 말한 것은 인간의 실상을 보기 위한 것이지 괴로움을 지향하거나 그것을 목적으로 한 것은 아니다. 불교는 특히 명상을 통해 행복한 심리상태, 광명, 희열, 경안, 결심, 분발, 행복, 지혜, 확립, 평온, 욕구 등을 통해 행복에 이르고자 한다.25) 행복과 관련된 단어만 해도 희열을 의미하는 삐띠(pīti)를 비롯하여, 사무량심(四無量心)의 희(喜)를 뜻하는 '기쁨'의 무디타(muditā), 일반적인 즐거움을 의미하는 수카(sukha), 정신적 즐거움인 소마나싸(somanassa), 향락을 뜻하는 난디(nandī), 선업의 결과 얻어지는 행복인 망갈라(maṅgala) 등 매우 다양하다.26) 이것을 보면 붓다가 추구한 삶은 행복한 삶임을 알 수 있다.

그러나 교과서 자체의 논리는 이러한 행복 추구를 다루지 않음으로써 불교에 대한 잘못된 인식, 즉 비관적이고 괴로움을 추구하는 사상이라는 데서 벗어나지 못하고 있다. 불교사상의 내용에서, 초기불교의 본질과 이후 변화된 대승불교와 오늘날 선종의 구분을 명확히 하고, 사상사적(思想史的) 맥락과 연계시켜 사상의 핵심을 진술하고자 노력해야 할 것이다.

---

24) 각묵 스님,『초기불교의 이해』(울산: 초기불전연구원, 2013), p.31.

25) 장승희, "초기불교에 나타난 행복의 의미와 추구 방법: 니까야 경전을 중심으로",『윤리연구』제106호(한국윤리학회, 2016a), p.96.

26) 위의 논문, pp.103~109.

2) 삼법인의 문제

'삼법인'에 대하여는 이미 논의가 이루어졌는데,[27] 윤사1에서는 삼법인에 정확하게 열반적정을 포함시키고 있지만, 윤사2(77, 이하 해당 쪽수를 말함)[28]에서는 제행무상, 제법무아, 일체개고를 삼법인으로 제시하고 열반적정을 포함하여 사법인이라고 한다고 하였다. 이처럼 삼법인에 대해 윤사1과 윤사2가 내용이 괴리되고 있는데, 이러한 내용진술에 대한 근거를 제시하지 않는다면 불교사상의 내용 이해에 혼란을 초래할 수밖에 없다. 삼법인은 출처에 따라 A형, 즉 제행무상, 제법무아, 일체개고로 제시한 것과 제행무상, 제법무아, 열반적정을 제시한 B형으로 구분할 수 있는데[29] 이 둘의 차이는, "삼법인설 자체가 초기에 형성된 교설이라기보다는, 부처님께서 입멸하신 이후에 부처님의 가르침 중 두드러진 특징을 가진 것을 가려내어 정형화한 것"으로, 그 정형화 과정에서 생긴 것이며, A형은 팔리어 계통의 경전(Dammapada[30]·Theragatha[31])에서, B형은 한역 아함경[잡아함경 권10] 계통에서 보인다고 한다.[32] 초기불교의 역사적인 근거로는 남방 상좌부에 전승되어 오는 니까야 경전과 북방에서 한역되어 전승되는 아함이 있다.[33] 이 둘은 초기불교의 근거로서 큰 차이는 없지만, 이후 경전에 대한 논소(論疏)들에서 강조점에 따라 A형을 쓰기도 하고 B형을 쓰기도 하였다. "아직까지 이러한 두 가지 형식이 생겨난 이유를 밝힌 특별한 연

---

27) 전병철, 앞의 논문, pp.161~163.
28) 이하, 윤사1과 윤사2 다음의 ( ) 안의 숫자는 해당 교과서 쪽수를 말한다.
29) 지관 편저, 『가산불교대사림 12』(서울: 가산불교문화원, 2010), p.1278.
30) 『담마빠다』(Dammapada). 『법구경』(法句經)의 빨리어 원전명.
31) 『테라가타』(Theragatha)는 최초기 불교경전 『쿳다카 니카야』(소부 경전) 제8경에 속하며 『테리가타(Therigatha)』와 함께 종교적 문화적 그리고 사상적으로 높은 평가를 받고 있다. 석오진, "최초기 불교 경전 테라가타의 실존적 업론", 『종교와 문화』 제22호(서울: 서울대학교 종교문제연구소, 2012), p.99.
32) 지관 편저, 앞의 책, p.1278.
33) 각묵 스님, 앞의 책, p.21.

구 성과는 보이지 않는다."[34]는 것을 볼 때 경전의 번역과 불법의 해석 과정에서 차이가 생긴 것인 듯하다.

『대지도론』[35]에서는 "어떤 것들이 부처님의 법인인가?"라는 질문에 "부처님의 법인은 세 가지가 있다. 첫째 일체 유위법은 찰나마다 생멸하여 모두 무상하다. 둘째는 일체법무아이고, 셋째는 적멸열반이다. 수행자는 삼계가 모두 유위의 생멸에 따라 지어지는 법으로서 과거에는 있다가 현재에는 없고 현재에는 있다가 미래에는 사라지는 등 찰나마다 생멸하며 이어지는 것임을 안다. 실체로서 발생하는 것처럼 보이기 때문에 보이는 그대로 알 수 있다고 여긴다."라고 하였다.[36] 이처럼 경전과 주석서에 따라 다양하게 드러나고 있지만 본질은 큰 차이가 없다. 궁극적으로 불교의 핵심은 사성제(四聖諦)에 모두 포함되어 있다. 논란의 여지가 있는 삼법인을 꼭 포함시킬 것인가에 대해 고민해보아야 하며, 포함시켜야 한다면 간략하게나마 그 차이가 존재하게 된 근거를 제시해줄 필요가 있다.

3) 용어의 통일성 및 내용 오류 문제

불교의 시조는 고타마 싯다르타이다. 윤사1(77)에서는 고타마의 철자가 'Gautama', 윤사2(70)에서는 'Gotama'라고 되어 있는데, 음사여서 다를 수는 있겠지만 교과서에서는 통일성이 필요하다. 또한 윤사1에서는 부처라고 진술을 하고 있으며, 윤사2에서는 석가모니로 진술을 하고 있다. 윤사2에서는 '더 알아보기'에서 석가모니의 호칭을 설명하고 있기는 하지만 교육과정에

---

34) 지관 편저, 앞의 책, p.1278.

35) 100권. 용수(龍樹) 지음, 요진(姚秦)의 구마라집(鳩摩羅什) 번역. 대품반야경(大品般若經)의 주석서로, 그 경의 제1 서품(序品)은 상세하게 해설하여 제1권에서 제34권까지이고, 제2 보응품(報應品) 이하는 간략하게 해설함. http://terms.naver.com/entry.nhn?docId=898262&cid=50292&categoryId=50292(검색일: 2016.06.22)(네이버 지식백과, 시공 불교사전).

36) 지관 편저, 앞의 책, pp.1279~1280.

서 명칭을 통일해 줄 필요가 있을 것이다. 불타, 석가모니, 부처, 붓다 등 다양한 이름 속에서 교육과정 상의 호칭을 정할 필요가 있을 것이다.

불교를 종교의 하나라고 파악하고 있는 데서는 문제가 없지만, 윤사 2(75)에서 종교(宗敎)를 "최고의 가르침", "인생과 세상에 대한 가르침"이라고 규정하였는데 종교에 대한 일반적 개념으로 볼 때 오류의 소지가 있다. 기본적으로 종교는 "신성하거나 거룩하거나 영적(靈的)이며 신적(神的)인 것과 인간의 관계"37) 혹은 "초인간적인 숭고함이나 위대한 것을 외경하는 정의에 의거, 이것을 인격화하고 신앙 기원 및 예배함으로써 안심입명·축복·해탈 및 구제를 얻기 위한 봉상의 생활을 영위할 때의 그 관계를 말함."38)이다. 즉 인간과 초월적 혹은 영적인 대상과의 관계에 초점이 맞추어져 있는 것이다.39)

IV. 고등학교 불교사상 교육을 위한 제언

1. 체상용에 의거한 내용 선정

유교에서는 체용(體用)을 중심으로 본질과 형상, 이상과 현실의 관계를 구상하고자 한다. 불교에서는 여기서 나아가 체상용(體相用) 세 구분을 활용하여 본질과 형태 및 작용을 기준으로 내용 선정의 기준을 찾아보자. 이

---

37) http://100.daum.net/encyclopedia/view.do?docid=b19j3090a(검색일: 2014.03.21)(다음 백과사전)

38) 이희승 편저, 『국어대사전』(서울: 민중서림, 1994), p.3477.

39) "초자연적인 절대자의 힘에 의존하여 인간 생활의 고뇌를 해결하고 삶의 궁극적 의미를 추구하는 문화 체계. 애니미즘이나 토테미즘과 같은 원시 종교를 포함하여, 그리스도교, 불교, 이슬람교 등과 같은 세계 종교에 이르기까지 여러 형태가 있다."http://dic.daum.net/word/view.do?wordid=kkw000233811&supid=kku000298621(검색일: 2014.03.21)(다음 한국어사전)

와 같은 사례로 삼대(三大)를 통한 중등학교 교육과정의 방향을 제시한 것이 있는데[40] 삼대(三大)란 불교에서 말하는 세 가지 근본을 말한다. "체대(體大)·상대(相大)·용대(用大)를 말하는데, 순서대로 일심(一心)의 본체·차별화된 특성·작용 등이며, 이들이 광대하고 한계가 없다는 뜻이 '대'라는 말에 내포되어 있다."[41] 구체적으로 『대승기신론』(대정장32, p.575c25)에 따르면 다음과 같다.[42]

① 체대(體大) : 항상 변하지 않고 증가하지도 않고 감소하지도 않는 모든 법의 본체로서 진여라는 평등한 법을 말한다.
② 상대(相大) : 지혜의 광명 등 헤아릴 수 없는 많은 공덕을 갖추고 있는 진여의 차별상을 말한다. 여래장의 뜻에 따르면 공덕의 차별상은 무수하게 많기 때문에 상대라 한다.
③ 용대(用大) : 모든 세간과 출세간의 선한 인과를 일으키는 진여의 작용을 말한다.

고등학교 교육과정에서 불교교육의 목적은, 불교사상의 이해에만 있는 것이 아니라 그것에 기초하여 궁극적으로 깨달음을 통해 지혜를 얻어 도덕적이고 행복한 삶을 살도록 하기 위함이다. 이를 위해 '윤리와 사상'에서는 사상의 본질과 다양성을 이해하게 하고, '생활과 윤리'에서는 자신의 삶과 현실 윤리문제들에 적용하여 실천하게 하는 것이 목적이다. 이러한 거시적 관점에서 불교교육의 방향을 염두에 둘 때 불교사상의 내용을 어떻게 구성하여야 할까? 이를 아래의 [표 8]로 구성해보았다.

---

40) 학문지식을 바탕으로 한 교육과정을 체(體)로 보고 이를 바탕으로 "도덕의 이해"를 상(相)으로, "도덕생활"을 용(用)으로 하여 교과 구성을 제안한 것이다. 장승희, "중등학교 도덕과 교육과정의 동양윤리영역 분석: 2009 개정 교육과정을 중심으로", 『윤리연구』 제100호(한국윤리학회, 2015), p.79.
41) 지관 편저(2010), 앞의 책, p.1159.
42) 위의 책, p.1159.

[표 8] 체상용(體相用) 삼대(三大)를 기준으로 한 고등학교 불교사상 내용추출
방법

② 상(相)		③ 용(用)
개념의 확장	⇔	삶에의 적용
⇑		⇑
불교사상사		생활과 윤리

① 체(體)
불교의 본질
⇑
초기불교

첫째, 체(體)의 관점에서는 불교의 정수를 포착하는 것인데, 붓다의 생애
와 가르침의 핵심인 초기불교에 초점을 두고 사성제와 연기설을 정확하게
파악하여 내용으로 함축하는 것이다. 체란 일반적으로 몸·신체·덩치·형
태·상태·모습·본성·본질로서 작용의 근원을 말한다.[43] 불교사상을 교육
적으로 적용하기 위해 불교사상의 핵심인 이고득락(離苦得樂)의 논리를 바
탕으로 핵심 내용을 추출하는 것이 중요하다.

둘째, 상(相)의 관점에서는 역사적으로 변화된 불교의 관점과 개념들을
사상사(思想史)와 관련시켜 다루어 주는 것이다. 상이란 외계에 나타나 마
음의 상상(像想)이 되는 사물의 모상이며 특질·특징·양태·양상·성질·상
태·경지·실질이며 유루(有漏)이자 유위상(有爲相)이다.[44] 다양한 불교의
변화를 통하여 오늘날까지 본질이 이어지면서 발전되어 드러나는 것, 즉
중국불교, 한국불교 등 다양성을 통해 나타나는 불교의 모습을 보여주어야
하며, 그 과정에서 중요 인물들이 주장한 사상과 시대정신을 다룰 필요도
있다.

셋째, 활용과 적용, 드러남을 의미하는 용(用)의 관점은 현대사회문제 해

---

43) 김승동 편저, 앞의 책, p.1077.
44) 위의 책, p.552.

결을 모색하는 불교적 대안과 관련된다. 구체적으로 붓다가 실제 적용하였던 교육방법과 수행방법, 명상 등에서 시사점을 찾고 오늘날 적용 가능한 불교적 대안을 모색하는 것이다. 오늘날 사회문제와 연계시켜 어떻게 불교사상에서 대안을 모색하고 구체화할지에 대해 고민할 수 있도록 구성하는 것도 중요하다.

2. 불교사상의 본질 이해와 교사교육

'윤리와 사상'은 기본적으로 동서양의 윤리사상을 탐구하는 내용으로, 고등학교 학생들에게 인문학적 소양을 길러주는 가장 중요한 교과로서 의미를 지닌다. 인간이 지닌 이성적·논리적 사유능력의 전개로서의 내용들은, 고대·중세·근대·현대의 철학과 종교, 정치와 경제 등 인간의 인문학적 사유를 폭넓게 다룸으로써, 고등학생들에게 다양한 학문을 전공하기 이전에 가장 기본적인 학문적 사유의 기틀을 마련해주는 역할을 한다.45)

불교에 대한 이해는 관점에 따라 다양하게 드러난다. 불교를 철학 혹은 사상, 문화 혹은 생활양식, 종교로 보는 관점 등이 있는데 어떤 관점에서 무엇을 중심으로 삼느냐에 따라 불교에 대한 접근이 달라진다. 또한 불교는 근본불교와 부파불교, 소승불교와 대승불교, 인도불교와 중국불교 등 역사적으로 변용의 과정을 거치면서 다양한 관점과 해석이 존재한다. 따라서 가장 보편적이고 일반적인 불교의 내용을 추출한다는 것이 쉽지는 않다. 또한 무엇을 불교의 정수로 볼 것인지 합의를 끌어내기도 쉽지 않다. 그럼에도 불교사상을 교육과정에 포함시킬 때는 보편적 관점에 대한 합의가 선행되어야 하며, 교육을 담당해야 하는 고등학교 교사들은 불교사상에

---

45) 수능의 사회탐구 선택 교과로서 '윤리와 사상'은 대입의 영향을 벗어날 수 없다. 대입을 목전에 둔 학생들이 궁극적인 선택에서는 수능에서의 유불리를 따져서 선택하지 않을 수 없는 것이 현실이기 때문이다. 그럼에도 불구하고 본질을 중시하는 학생들은 '윤리와 사상'을 선택하는 경향이 높다.

대한 사상사적 이해를 지니고 있어야 한다. 이를 위해 교사교육이 이루어
지는 사범대학에서 불교사상에 대한 교육이 이루어져야 하지만 실제 한국
사범대학의 동양철학 연구자들은 대부분 유교사상 중심으로 이루어져 있
음을 부인하기 어렵다.46) 또한 불교는 단순히 지식만이 아니라 불교적 세
계관에 대한 이해가 선행되어야 하며, 불교적 사유구조를 접하지 않고서는
불교적 세계관을 교육하기 어렵다. 따라서 교사교육 단계에서 불교사상교
육이 선행될 필요가 있다.

현재 도덕과 교육과정 및 교사교육의 분야에서 불교에 대해 - 물론 유교
에 미치지는 못하지만 - 이전보다 많은 관심이 기울여지고 있다. 이러한
노력의 결과는 점차 교육과정, 교과서, 수능, 임용고시에서 불교 영역의 확
장으로 이어지고 있다. 가장 의미 있는 시도는 2015 개정 교육과정의 "고
전과 윤리" 과목에 『금강경(金剛經)』이 포함된 것이다. 유교를 모르는 사
람도 『논어』와 『맹자』를 읽고 인용하는데, 불교에 접했다고 하는 사람들
도 『금강경』의 유명한 "응무소주이생기심(應無所住而生其心)"을 모르는
사람들이 많은 것은 그만큼 불교가 한국사회에서 제대로 평가를 받지 못
하고 있기 때문이다.

도덕교육에서 제5차 교육과정 이후 가장 내용적 변화가 없는 영역이 불
교사상이다. 지금도 불교사상에 대해서는 집필자를 구하기 쉽지 않을 정도
로 윤리교육전공자이면서 불교사상전공자는 찾기가 쉽지 않다. 따라서 교
사교육단계에서 불교사상과 접할 수 있는 교육기회를 제공하는 것이 무엇
보다 중요하다. 또한 교사재교육 과정에서도 불교 사상과 문화 등에 대한
체계적인 교육이 이루어져야 할 것이다.

---

46) 이는 사범대학 뿐만의 문제는 아닌 듯하다. 철학과나 동양철학과라고 하여도 불교
사상전공자들을 찾아보기는 쉽지 않다. 사상의 다양성 측면에서 성찰이 필요한 지
점이다. 더군다나 대학에 대한 성과위주의 평가에 의해 철학과 등 인문학에 대한 선
호는 더욱 줄어들고 있는 상황에서 어떻게 기초학문에 대한 중요성을 강조하여야
할 것인가와 맞물려 기초학문의 다양성 문제는 접근과 해결이 쉽지 않은 듯하다.

3. 교육과정 및 집필시 유의점

하나의 '교과'로 운영된다는 것은 초1에서 고3까지 학교급별·학년별 수준의 위계성과 연계성을 확보하고 있음을 의미한다. 교육과정 특성 혹은 상황에 의해 수업이 특정 학년에서만 이루어질 수도 있고(초등학교 실과의 경우), 교과로 존재하지만 전 학년에서 수업이 이루어지지 않을 수도 있다(컴퓨터의 경우). 모든 교과는 내용의 선정과 조직에 있어서 기본수준에서 심화까지 합리적인 위계에 의해 지식구조가 구성되어야 한다. 도덕교과의 경우, 통합교과인 '바른생활', 초·중학교의 '도덕', 고등학교의 '윤리와 사상' 순으로 위계와 난이도가 이루어진다. 형식적·내용적으로 최상위에 '윤리와 사상'이 존재한다. 형식적으로는 대입수능의 심화선택 교과이며, 내용적으로는 윤리교육 학문지식의 핵심내용을 포함한다. 교과내용은 중추적인 학문에 근거하며, 그것이 학교교육으로 이어지는 것은 일련의 지식변환구조를 거치는데, 핵심내용들은 '학문지식' ⇒ '교과지식' ⇒ '학교지식'의 과정으로 이루어진다. '학교지식'은 교과서의 내용체계로 구성되어 제시되며, 도덕 교과에서 '학문지식'의 본래적 내용형태를 가장 많이 유지하는 교과가 '윤리와 사상'인 것이다.

초·중학교의 '도덕'은 도(道)와 덕(德), 즉 인간으로서 지켜야 할 도리를 알고 체화하는 것을 기본으로 삼는다. 여기에는 개인적·사회적 영역이 모두 포함된다. 윤리(倫理)란 '륜(倫)'과 '리(理)', 즉 공동체 속에서의 도덕적 이치에 대한 것이다. 이것은 도덕을 바탕으로 하지만 보다 심도 깊은 이론적 체계를 포함한다. 고등학교에서 '윤리'라고 부르는 이유도 이러한 심화된 내용에 대한 이해를 본질로 하기 때문인데, '윤리와 사상'은 이를 가장 잘 대변하는 과목이다. 최근 '생활과 윤리'가 심화선택으로 인기를 얻어 윤리의 보편적 교과로 인식되지만, 그것은 '시민윤리'에서 변화된 것으로 본격적 교과 역사는 오래지 않다. '윤리와 사상'은 '윤리'라는 이름으로 긴 역사를 지니고 있다. 도덕이 본격적으로 교과로 도입된 것은 제3차 교육과정인데, '윤리'라는 명칭으로 시작된 '윤리와 사상'은 교육과정의 변화에 따라 변화를 겪기는 하였지만 다른 어떤 것보다 견고한 위치를 차지하고 있다.

앞에서 이루어진 기준과 방법에 따라 구성하고자 한다면 우선 교육과정의 구성단계에서 이루어져야 한다. 따라서 교육과정을 구성하고 교과서를 집필할 때 다음과 같은 점들을 고려해야 할 것이다.

첫째, '윤리와 사상' 교과의 중요성에 대한 인식이다. '윤리와 사상'의 내용들은 미래사회에서도 내용 자체는 그다지 변화하지 않을 수도 있다. 인공지능 알파고의 등장 이후 인간의 본질과 정체성에 대한 논의가 뜨겁고, 앞으로 급변할 미래사회에서 임계국면(threshold)[47] 혹은 특이점(singularity)을 맞이하면서 인간은 존재에 대한 '철학적 물음'에 직면하지 않을 수 없다. 도덕교육에서 다양한 내용과 주제를 다루지만 이러한 근본적인 존재론적 문제에 대한 답을 제시할 수 있는 과목이 바로 '윤리와 사상'이기 때문이다. 오히려 미래사회에 필요한 '철학적 물음'에 대비하기 위해 더 강화되고 중요한 의미를 지닐 수 있을지 모른다. 그러나 이러한 미래사회에 대한 이해 없이 이루어질 수는 없다.

둘째, 교육과정의 구성을 위해서는 최근 불교연구의 동향 파악이 전제되어야 한다. 불교사상은, 긴 역사만큼이나 지역적으로는 인도, 중국, 한국, 기타 지역들로 확대되는 과정에서, 언어적으로는 산스크리트어, 한자, 한글, 영어 등 다양한 언어로 해석되는 과정에서 변용을 일으키며 발전하였다. 그 긴 역사와 깊은 내용을 20쪽 이내의 분량으로 정리하여 고등학생들에게 전달하는 것 자체가 불가능한 일일 것이다. 그럼에도 불구하고 초기 불교 경전의 번역과 현대 사회문제에 대한 불교적 대안들의 연구가 어디

---

47) "어떤 현상이 다르게 나타나기 시작하는 지점 혹은 경계, 빅히스토리에서는 새로운 현상이나 물질이 나타난 시점을 의미한다." David Christian·Bob Bain, 조지형 역, 『빅히스토리』(서울: 해나무, 2013), p.22.

까지 이르고 있는지 파악할 필요가 있다.

셋째, 불교사상의 본질과 중요성에 대한 포착이다. 미래사회에서 대두할 '철학적 물음'에 대하여 불교사상의 역할이 중요하다. 유발 하라리는, 종교인 불교가 자연법칙의 소산이며, "고타마는 명상기법을 일련의 윤리적 규칙들 위해 구축했으며 그 규칙들은 우리가 집착이나 환상에 빠지지 않으면서 실제 경험에 초점을 맞추기 쉽도록 하는 데 목적이 있었다."[48]라고 하여, 불교가 자연법칙의 반영이며 도덕적 성격이 그 특성임을 파악하였다. 다양한 학자들이 최근에 불교에 대해 포착하는 중요한 핵심들을 반영하여 불교의 사상적 특성을 염두에 두어야 할 것이다.

V. 맺음말

교육과정에서 가장 변화하지 않은 부분이 불교사상이라 해도 과언이 아닐 정도로 제5차 교육과정에 내용이 포함된 후 불교사상의 내용은 거의 변화되지 않고 있다. 이 글은 교과서 내용을 비판하거나 잘잘못을 따지기보다 '윤리와 사상'의 불교사상 내용의 방향성을 검토하기 위한 것이다. 2015 개정 교육과정이 시작되는 시점에서, 도덕 교육과정은 급변하는 미래사회의 변화양상에 대한 관심을 지니고 있어야 한다. 미래학자들은 "미래에 기술발전의 속도가 급속히 변함으로써 그 영향이 넓어져 인간의 생활이 되돌릴 수 없도록 변화하는 기점" 즉 특이점, 싱귤래리티(singularity)을 제시하는데, 그 기점 이후의 변화에 대해서는 우리가 인지하고 이해할 수 없는 기술 범위에 속하기 때문에 더 이상 예측할 수 없다고 한다. 학자들마다 조금씩 차이는 있지만, 대체적으로 2045년을 인공지능이 인간의 지능을 뛰어넘는 특이점으로 보며, 평균수명이 130세를 넘어 외롭고 가난한 노후를

---

48) Yuval Noah Harari, 앞의 책, p.321.

오랫동안 보낼 수가 있기 때문에 '철학적 물음'이 필요한 시점이라고 보고 있다.[49] 변화할 시대에 종교 혹은 사상을 바탕으로 한 자기 이해는 삶의 의미와 방향 정립에 필수요소가 될 것이다.

명상과 더불어 불교사상에 대한 관심이 확대되고 있는 시점에서 교사교육과 불교교육을 위해 필요한 것은 무엇보다 불교경전의 선택과 공부에 대한 것이다. 이를 위해 한국불교계에서는 경전 번역의 과제를 해결해야 할 필요가 있다. 물론 번역과 보급, 그리고 사상의 해석과 재해석, 그리고 교육과정에의 반영은 각 단계들마다 전문가들이 요구되는 과업들이기는 하다. 그러나 무엇보다 불교교육을 위해서는 경전 번역이 잘 이루어져야 한다. 미래지향적 번역을 제시한 석길암 교수는 '읽히는 경전 번역'을 제안한다. 그는 이를 위해 유통성과 확장성을 염두에 두어야 하며, 환기성이 중요하다고 강조한다. 환기성이란 시장성 혹은 이슈화라고 할 수 있는데, "경전 번역이 경진읽기로 이어져서 개인적·사회적 사유의 새로운 확장"으로 이어져야 한다는 주장이다.[50] 이는 불교의 보급과 일반화를 위한 고민에서 나온 제안인 듯하다.

도덕과 교육과정에서 동양윤리사상 내용이 지금보다 확장되어 이른바 '개인적·사회적 사유의 새로운 확장'으로 이어지려면 지금보다 더 적극적인 노력들이 요청된다. 수능 사회탐구 과목 중 수험생들의 반 이상이 선택하는 과목이 도덕과의 '생활과 윤리'이다. '생활과 윤리'는 응용윤리에 초점을 두고 서양윤리학의 내용을 중심으로 주제에 대한 논의들이 이루어진다. 그 결과 동양사상의 내용은 상대적으로 매우 미약한 편인데, 현재 사용 중인 2012 개정 교육과정은 2009 개정 교육과정에서 그나마 조금 존재했던 동양윤리내용이 더 축소되어 거의 찾아볼 수 없을 정도가 되었다. 따라서 '윤리와 사상'을 선택하지 않고 '생활과 윤리'만 선택한 학생인 경우는

---

49) 박영숙·제롬 글렌 지음, 『유엔미래보고서 2045』(서울: 교보문고, 2015), 머리말.
50) 석길암, "왜 지금 경전 번역을 말해야 하는가", 『불교평론』 65(서울: 불교평론사, 2016), p.26.

동양윤리내용을 접할 기회를 사실상 잃어버리고 있는 것이다.

향후 도덕과 교육과정은, '윤리와 사상'에서 동양윤리에 대해 그 본질을 다루고, '생활과 윤리'에서 동양윤리를 적극적으로 수용하여 현실문제 해결의 대안을 모색할 필요가 있다. 이를 위해서는 윤리교육전공자들 중 다양한 학문적 접근을 시도하는 신진학자들에게 동양윤리사상의 장점을 어필할 필요가 있으며, 유불도 등 다양한 동양윤리전공자들을 양성하여야 할 것이다. 현재는 인문학에 대한 선호가 줄어드는 어려운 상황이지만, 다가올 사회변화의 임계국면을 지나 특이점에 다다르게 되면 인간에게 가장 필요한 학문은 바로 '인문학'이 될 것이다. 유교든 불교든 종교적 사유와 영성에 기초한 인간의 본질이 다른 무엇보다 중요함을 잊지 말아야 할 것이다.

제6장 미래사회를 대비한 동양윤리교육 방안
: '생활과 윤리'를 중심으로

Ⅰ. 머리말 : 미래교육담론과 동양윤리

인공지능 알파고의 등장은 미래사회의 변화상에 대한 기대와 두려움을 동시에 안겨 주었다. 사회와 직업구조의 변화로 제기될 인간 정체성에 대한 고민은 영화를[1] 넘어 현실이 되고 있다. 미래사회를 논의하며 '임계국면(threshold)'과 '특이점(singularity)' 개념에 주목해보자. 임계국면은 빅 히스토리(Big History) 전문가인 David Christian이 강조한 것으로, '어떤 현상이 다르게 나타나기 시작하는 지점 혹은 경계'로 새로운 현상이나 물질이 나타나는 지점 혹은 시점을 의미한다.[2] 특이점은 미래에 기술 발전 속도가 급속도로 빨라지고 영향력이 넓어져서 인간 생활이 되돌릴 수 없을 정도로 변화하는 기점을 말한다. 특이점 이후는 인간의 인지 능력으로는 예견할 수 없는 기술 범위에 속하여 더 이상 예측할 수 없다고 한다. 미래학자들은 인공지능이 인간의 지능을 능가하는 2045년을 특이점이자 미래 예측의 방점으로 본다.[3] 이에 따르면 현대 인류 문명은 거대역사에서 여덟

---

1) 스티븐 스필버그가 2001년 제작한 SF 영화 "A. I.(Artificial Intelligence)"가 그것이다. 과학문명이 고도로 발전된 반면 극지방의 해빙으로 도시들은 물에 잠기고 천연자원은 고갈되어 가던 미래 지구는 감시받고, 통제되는 세계이며, 인간들은 모든 일을 거의 인공지능(Artificial Intelligence)을 지닌 인조인간들의 봉사를 받으며 살아간다.

2) David Christian·Bob Bain, 조지형 역, 『빅 히스토리』(Big History)(서울: 해나무, 2013), p.22.

번째 임계국면이며4) 2045년 이후는 변화가 급속도로 빨라져 예측이 불가
능하다는 것이다.

 그렇다면 앞으로 변화될 사회는 어떤 모습일까? 2045년의 메가트렌드
10가지를 살펴보자.5) '인간 4.0'(Human 4.0)은 약물과 인공지능 등의 도움
으로 장기 교환 등 인간의 수명 연장과 기능의 확대를 뜻한다. '국가 해
체'(Disrupted Nation State)는 개인의 힘의 확대, 이익 집단의 글로벌화 등으
로 해상도시나 마이크로국가 등이 출현하고, 세금과 부정부패가 사라지고
정책 결정이 국민에 의해 이루어지는 직접 민주주의로 변화된다는 말이다.
'인터넷 대기업'(Internet Gianta)이란, 미래에는 가상공간이 일상생활의 활
동 공간이 되어 구글, 애플, 페이스북, 아마존 같은 인터넷 기업들 부자기
업으로 대두한다는 의미이다. 또한 '디지털 통화'(Digital Currencies)로 어느
지역에서든 가상공간에서 세계 어떤 물건이든 구입이 가능하며, 은행, 금
융서비스, 주식 시장은 추락하고 디지털 통화가 통용될 것이다. 인간 뇌의
가시화 기술로 '브레인 업로드'(Brain Upload)를 통해 개인의 경험, 지식,
정보를 가상공간에서 판매할 수 있으며. 인간 두뇌를 업로드할 클라우드
서비스 제공 기업들이 경쟁할 것이다. 가상현실 속에서 레저나 교육을 경
험하고 자신이 선호하는 시대의 가상현실에서 자신이 만들어낸 삶을 사는
'몰입 인생'(Immersive Life)을 살게 되며, 그 결과 가상현실에서 실제 현실
로 돌아오지 않은 사람도 등장할 것이다. '인공지능 로봇'(AI Robotics)의
발달로 소매, 호텔 서비스, 치안과 보안, 수술과 간호 등을 인간을 대신하
여 수행하게 되며, 인간은 서서히 인공지능 기계에 적응하게 될 것이다.
'사물 인터넷'(Internet of Things) 세상은 도움이 되는 반면 모든 것이 감시
되는 사회로 되어 버릴 것이다. 특정 목적을 위해 생명체를 인공 합성하는

---

3) 박영숙·제롬 글렌 외, 『유엔미래보고서 2045』(파주: 교보문고, 2015), p.11.
4) David Christian·Bob Bain, 앞의 책, p.418.
5) 박영숙·제롬 글렌 외(2015), pp.36~42.

학문인 '합성 생물학'(Synthetic Biology)의 등장으로, 자연 상태의 생물학적 시스템을 인공 생명체로 만들기 위해 재설계 기술이 발달하여 이것이 최신 산업의 하나로 부상할 것이다. '가족 해체'(Disrupted Family)로 인해 사랑과 죽음에 대한 생각, 존재와 사랑을 나누는 방식도 변화할 것이다. 이 예측들 중 현재의 관점에서 과연 가능할지 여겨지는 것들도 있다. 전문가들은 2050년의 메가트렌드 세 가지[6] - 세계화,[7] 인구통계학적 변화,[8] 기술의 가속 - 의 실현도 그때 가서야 알 수 있다고 본다.[9]

그렇다면 인류의 미래는 유토피아일까, 아니면 디스토피아일까. 예단하기 쉽지 않지만 그 선택과 결과에 대한 책임은 인류의 손에 달려 있다. 크리스천에 의하면 여덟 번째 임계국면인 현재, 인류는 지구상 가장 강력한 종이 되었고, 가까운 미래에는[10] 더욱더 희소해지는 물, 경작지·화석연료 같은 것들에 대한 소비의 증대, 다른 종의 멸종 가속화, 무기의 누진적인 파괴력, 해양의 산성화, 온실 기체 방출의 급격한 증가 등의 추세가 위협 요소가 될 것으로 본다. 그는 인류가 이러한 문제들을 통제하지 못하면 생존 위기라는 심각한 도전에 직면할 것이라고 경고한다. 반면, 개인들 간 폭력 수준은 인류 역사 어느 때보다 낮고, 아이가 건강하고 오랜 삶을 살 수 있는 기회는 이전 어느 시대보다 많으며, 좋은 교육의 기회, 정부 정책 결정의 과정에의 참여 정도 등 인류는 역사상 가장 좋은 시기에 삶을 산다는

---

6) 박영숙·제롬 글렌 외, 『유엔미래보고서 2050』(파주: 교보문고, 2016), pp.19~20.
7) 세계는 서로 더욱 연결되고 경제적 경쟁은 확산되며, 학습과 발견, 또는 혁신의 방식이 변화될 것이며, 그 영향력이 일반 가정을 빠르게 강타할 것이다. 위의 책, p.19.
8) 도시 이주, 고령화, 가족 구성원 수와 사회규범이 변하고, 우리가 예상하는 모든 것과 우리가 교육, 연구, 혁신 분야에서 할 수 있는 모든 것이 변할 것이다. 위의 책, pp.19~20.
9) 불과 35년 전에 텍스트 편집기가 생겨났고, 지금은 유전자를 편집한다. 2050년이 되면 무엇이 등장할까? 각 발명은 더욱더 빨라지고 우리 사회와 경제뿐 아니라 교육과 과학, 기업 분야에서 일하는 방식까지 변할 것이다. 위의 책, p.20.
10) 빅 히스토리의 관점에서는 수백 년 후의 미래를 말한다.

긍정적 추세도 강조한다.11) 크리스천은 이러한 긍정적 추세의 근거를 '집단 학습'에서 찾는다. 즉 집단 학습의 힘은 인류 역사를 통해 가속화 되었는데, 오늘날 글로벌 사회, 다양한 숙련 기술과 지식, 인터넷과 네트워크와 미디어로 글로벌하게 연결된 사회에서도 집단 학습의 능력이 발휘되면 문제들을 극복하게 해준다는 것이다.12)

한편, 예측한 것보다 미래의 변화 속도가 더 빠를 수도 있고, 예측한 추세와 전혀 다르게 나타날 수도 있다. 클라우스 슈밥은 최근 변화를 '제4차 산업혁명'으로 규정하고 이에 대비할 것을 다음과 같이 강조한다.

> 제4차 산업혁명이 주는 기회가 강렬한 만큼 그것이 불러올 문제점도 역시 벅차고 무겁다. 그러므로 모두가 함께 제4차 산업혁명의 영향력과 효과에 적절히 대비하여, 도전의 기회로 바꿀 수 있도록 노력해야 한다. 세상은 더욱 빠르게 변화하고 초연결사회가 되어 더욱 복잡해지고 분열되겠지만, 그럼에도 우리는 모두에게 이득이 되는 방향으로 우리의 미래를 설계해 나가야 할 것이다. 그리고 지금이 바로 그 절호의 기회이다.13)

제4차 산업혁명은 사물 인터넷의 보편화로 초연결사회를 가속화하고, 인류를 로봇화하여 일과 공동체, 가족, 정체성 같은 우리 삶의 의미를 주는 전통적 가치들을 위태롭게 할 수 있다. 반면 이러한 문제에 대한 새로운 윤리의식이 고양되어 인류의 윤리수준을 높이는 계기가 될 수도 있다.

그렇다면 미래를 대비하여 교육은 어떻게 준비해야 하는가? 한국의 현재 교육 시스템으로는 제4차 산업혁명 시대를 대비하기 쉽지 않다. 미래를 대비한 교육적 연구들이 많지만14) 대부분 추상적이고 당위적으로 머물러

---

11) David Christian·Bob Bain, 앞의 책, pp.414~415.

12) 위의 책, p.416.

13) 클라우스 슈밥, 송경진 역, 『제4차 산업혁명』(서울: 새로운 현재, 2016), p.258.

14) 윤종혁, 『한국의 교육발전과 미래 교육현신 전망』, 현안보고 CP2014-08-09(서울:

구체적인 방향 제시에는 이르지 못하고 있다. 예측의 다양성 때문에 구체적인 제시가 쉽지 않은 것이 사실이다. 현재 지식이 절반이 틀린 것으로 드러나는 데 걸리는 시간, 즉 지식의 반감기는 채 10년이 안 될 정도로 지식은 놀라운 속도로 변하여15) 단순한 지식 공부는 더 이상 의미가 없다. '뛰면서 저글링을 할 줄 아는 인재'가 필요하며 전통적 고용 양식이 변하여 시간 근로제, 계약 근로제 등 다양한 고용 형태의 등장으로 현재 청년들은 평생 많게는 6개 직업을 가질 수 있을 것이라고 한다.16) 미래사회에는 자아 성찰, 사회적 협력이 가능한 인재가 요구되며, 그들이 집단 지성을 발휘하여 직면하는 문제들을 해결할 수 있어야 한다. "창의적인 교육 혁신은 기존 교육 체계를 탈피하여 새로운 지식과 가치를 창출할 수 있는 혁신적 창조성과 인성을 갖춘 인재를 양성해야 한다."17)는 주장에서 강조하는 핵심은 창의성과 인성이다. 전자가 다양한 과학기술 및 인지 교육에서 추구할 새로운 방향이라면, 후자는 도덕 교육에서 탐색해야 한다. 기술에 의존해야 하는 미래에 창의성이 없다면 기술에 종속되거나 새롭게 제기되는 문제들을 해결할 수 없고, 인성이 갖추어지지 않는다면 인간적 가치가 결

한국교육개발원, 2014). 한국고용정보원, 『미래의 직업 연구 보고서』(서울: 한국고용정보원, 2013.12). 장주희 외 3인, "시나리오 기법을 이용한 미래의 직업생활 분석: 직업교육 관점을 중심으로", 『직업교육연구』제32권 제4호(서울: 한국직업교육학회, 2013), pp.41~58.유현숙, 『고등교육 미래비전 2040 수립을 위한 정책연구』(서울: 한국교육개발원, 2011)한국정보화진흥원, 『한국사회의 15대 메가트렌드』(서울: 한국정보화진흥원, 2010). 한국정보화진흥원, 『성공적 공공 정책 수립을 위한 미래전략 연구 방법론 version 1.0 – 적용사례: 2015 사회위험 변화전망 – 』(서울: 한국정보화진흥원, 2009.12). 정보통신정책연구원, 『컨버전스 시대의 한국사회 메가트렌드 연구』(서울: 정보통신정책연구원, 2008.12). 최항섭 외 3인, 『미래 시나리오 방법론 연구』(서울: 정보통신정책연구원, 2005.12).

15) 사무엘 아베만, 이창희 역, 『지식의 반감기』(서울: 책 읽는 수요일, 2014).

16) 『한국경제신문』2016년 11월 4일, A35면 사설, "정규직 사라지고, 전공 무의미… 세계 고용시장 급변"

17) 윤종혁, 『한국의 교육발전과 미래 교육혁신 전망』(현안보고 CP2014-08-09, 2014), pp.31~32. 이 연구에서 제시하는 방안도 추상적이며 당위적인 차원에서 머물 뿐 구체적인 방향 제시에는 이르지 못하고 있다.

여된 기계 세상이 되고 말 것이기 때문이다.

급변하는 미래에 대한 대비는 교육이 담당할 과제이다. 대비도 교육의 과제이지만, 변화할 미래 변화를 주도하는 것, 결과에 책임지도록 하는 것도 교육의 역할이다. 청소년들에게 학교 교육과정의 교육에 의한 효과보다 큰 것은 거의 없다. 도덕 교과 중 고등학교 '생활과 윤리'는 변화하는 미래 사회에 대비할 수 있는 교과로 의미가 크다. 사회탐구 영역 중 가장 많은 학생들이 선택하는 교과일 뿐만 아니라 수능의 문제 유형도 단순 지식이 아닌 논리력과 창의성과 인성 등 융합적 사고를 요하는 것들이다. 그 지식 특성은 합리성과 가치판단 중심의 응용윤리에 더하여 정서적 공감과 도덕적 성찰을 중시하는 동양윤리 관점도 요구된다. 본 연구는 이러한 문제의식에서 출발하여 '생활과 윤리'의 역사에서 동양윤리의 위상을 점검하고, 2015 교육과정의 '생활과 윤리'의 내용을 분석하여 동양윤리의 역할을 정립하기 위한 방향을 제시하고자 한다. 본 연구가 차기 교육과정 개정에 기여하기를 바라는 바이다.

II. 미래사회의 변화와 윤리교육의 대응

앞으로 단순 기술직 혹은 컴퓨터가 대체 가능한 직업은 사라질 것이고[18] 심지어 전문직의 인지적 업무마저도 인공지능의 영향에서 벗어날 수 없게 될 것이다. 이에 반해 예술 관련 직업, 의사 결정과 감성이 필요한 직무는 인간이 아니면 할 수 없고, 미래에도 생존할 직업 영역에 포함된다.

---

18) 윤태희, "미국서 빠르게 사라지고 있는 직업 15종", http://nownews.seoul.co.kr/news/newsView.php?id=20151015601021(검색일: 2016.08.02.) 인쇄노동자, 어부, 데스크톱 게시자(Desktop publisher), 금속·플라스틱 제조 기술자, 보험업자, 항공기 승무원, 발전소 운전원·배전원·관리원, 플로리스트(Floral designer), 벌목업자, 보석·원석·귀금속 업자, 여행사 직원, 기자·특파원·방송뉴스 분석가, 농부·목장주, 반도체 프로세서 기술자, 우편 서비스 노동자 등이다.

제4차 산업혁명 시대의 지식은 애덤 그랜트의 말처럼 무(無)에서 유(有)의 창조가 아니라 '지식의 연결'을 통한 창조이며 이는 지식의 융합 능력에 초점이 있다.[19] 이는 지식 정보에 대한 접근 가능성 상승, 정보통신의 발달로 정보 획득의 차별이 사라지는 데 기인한다. 또한 수명 연장과 짧은 지식의 반감기 때문에 평생교육이 필수적이 될 것이다. 이런 추세는 미래 교육에 대한 예측에서도 드러난다.[20] 인터넷을 활용함으로써 완벽한 교육 과정과 교사가 가능하여 평생교육이 현실화되며, 공개 온라인 강좌로 다양한 지식 서비스가 확대될 것이라고 한다. 이에 따라, 룬 프로젝트[21]와 아퀼라(Aquila) 프로젝트[22] 같은 지식 재분배가 평생교육과 더불어 중요한 과제가 될 것이다.

그렇다면 이미 시작된 제4차 산업혁명의 시대에 요구되는 능력은 무엇이며, 윤리교육에서는 어떻게 대응해야 하는가. 제4차 혁명은 동전의 양면처럼 긍정적·부정적 측면을 동시에 지닌다. 긍정적 발전을 위한 관건은 과학 기술에 대한 관리 능력이며 여기서 핵심은 인간 정신과 마음을 어떻게

---

19) 『한국경제신문』 A8면, 2016.11.01, "4차 산업혁명 시대, 지성·감성 결합한 융합형 인재가 미래 이끈다." 애덤 그랜트는 『오리지널스』에서 창조를 '지식의 연결'이라고 하여 무(無)에서 유(有)를 만들기보다는 기존에 있던 지식을 융합해 새로운 영역을 개척하는 것이 창조라고 하였다.

20) 박영숙·제롬 글렌 외(2015), pp.303~312.

21) 구글이 인터넷에서 소외된 사람들을 위해 대형 풍선에 와이파이 공유기를 매달아 낙후된 지역에 띄워 인터넷 연결을 가능하게 하는 서비스이다.

22) 박영환, "페이스북, 드론 '아퀼라' 시험비행…16억 명에 인터넷 공급 목표", 『뉴시스』, 2016년 07월 22일), http://www.newsis.com/ar_detail/view.html?ar_id=NISX2016 0722_0014238928&cID=10101&pID=10100(검색일: 2016.08.01.). 라틴어로 독수리를 뜻하는 '아퀼라'는 인터넷이 보급되지 않은 지역의 상공을 날아다니며 라디오 전파와 레이저로 인터넷 연결 신호를 제공하도록 설계됐다. 이 드론은 한번 비행하면 석 달 이상 떠 있는 것을 목표로 하며, 동력은 40여m에 달하는 드론 날개에 설치된 태양광 집열판에서 공급한다. 드론 1대가 6만 피트 상공에서 비행하며 60마일 지역에 인터넷 신호를 제공한다. 모바일 광대역 네트워크가 닿지 않는 세계 각국의 오지에 거주하는 16억 명에게 페이스북과 인터넷을 제공하는 것을 목표로 한다.

긍정적으로 확대, 발전시킬 것인가이다. 다가올 미래는 과학 정보 기술의 발달로 기계와의 공존이 불가피하다. 필연적으로 인간의 본질 문제가 부각될 것이며, 이는 철학적 성찰과 윤리적 탐색을 요구하게 된다. 인류가 만약 철학적 성찰과 윤리적 태도를 간과한다면 인류의 존속마저 위태로울 수 있다.

클라우스 슈밥(Klaus Schwab)은 제4차 산업혁명의 '파괴적 혁신'에서 발생되는 문제들을 해결하기 위한 네 가지 지능을 제시하였다. 첫째, 인지한 것을 잘 이해하고 적용하는 상황맥락 지능(contextual intelligence, 정신), 둘째, 생각과 감정을 정리하고 결합해 자기 자신 및 타인과 관계를 맺는 능력인 정서 지능(emotional intelligence, 마음), 셋째, 변화를 이끌고 공동의 이익을 꾀하기 위해 개인과 공동의 목적, 신뢰성, 여러 덕목 등을 활용하는 능력인 영감 지능(inspired intelligence, 영혼), 넷째, 개인에게 닥칠 변화와 구조적 변화에 필요한 에너지를 얻기 위해 자신과 주변의 건강과 행복을 구축하고 유지하는 능력인 신체 지능(physical intelligence, 몸)이다.[23] 여기서 과학기술과 공존해야 할 미래사회에 요구되는 기능 중 구체적인 것은 인간의 몸뿐이고, 나머지 정신, 마음, 영혼 등은 매우 추상적인 것이며 도덕적 능력들이다. 그가 궁극적으로 강조하고자 한 것은 결국 인간의 도덕적 능력을 최대한 발휘하기 위한 지혜이며 결론적으로 윤리교육에 초점이 있다고 할 수 있다.

슈밥이 제시한 네 가지 지능은 가장 인간다운 것이자 인간의 몸과 마음을 고양시키는 것으로, 이에 따라서 미래사회에서 윤리교육은 선택이 아니라 필수로 대두된다. 어떤 인간을 만드는가는 어떤 미래를 만드는가와 직결되며, 인간임을 자각하고 인간답게 사는 노력은 철학적 윤리적 성찰로 인해 가능하게 되기 때문이다. 이를 참고로 필자는 윤리교육 관점에서 미래 인재에게 필요한 능력(덕목)을 적응력(Adaptability), 상호성(Mutuality),

---

23) 클라우스 슈밥, 앞의 책, pp.251~252.

주체성(Subjectivity)의 세 가지('AMS')로 정리해 보았다.

첫째, 적응력(Adaptability)은 미래사회의 급변 양상에 적응하는 능력으로, 새로운 사회 변화를 통찰하여 자신을 계발하고 변화의 트렌드에 적응하는 능력이다. 인공지능의 보편화, 경제 구조의 변화, 산업 수요의 변화, 고령화 사회에서 삶의 양상은 지금과는 사뭇 달라지며 그 변화 양상을 이끌 주체는 국가와 사회, 나아가 개개인도 해당된다. 변화 추세를 통찰하고 적응하여야 하며, 특히 새롭게 대두되는 윤리 문제와 쟁점들에 대한 대안을 탐색할 수 있어야 한다.

둘째, 상호성(Mutuality)은, 과학기술의 발달로 개인주의가 보편화 되고 반대급부로 새로운 형태의 협력·조화·공존의 능력이 요구되는 것과 관련된다. 인간과 인간은 물론, 인간과 기계, 인간과 자연, 인간과 다른 생명체 등 기존과는 다른 다양한 관계들이 형성되며 그 관계의 유지를 위해서는 협력하고 조화하여 공존하는 능력이 요구된다. 정치 경제는 물론 사회 문화 등 다방면에서 온라인 세계가 구축될 것이며, 사이버 세계와 현실 세계의 조화도 중요해진다. 기존 관계를 넘어서는 새로운 관계 형성에서 상호 간 적응·협력·조화하여 공존하는 연습이 필요하다. 특히 '집단 지성'과 '집단 학습'의 역할이 무엇보다 중요해 지는데, 이른바 '협력적 공유사회'에 필요한 능력으로, 윤리교육이 핵심으로 대두된다.

셋째, 주체성(Subjectivity)은 적응력과 상호성에 더하여 인간으로서의 자각과 성찰 능력이다. 개인은 자아 성찰을 통하여 자기 자신을 명확히 인식하고, 이를 바탕으로 관계성을 자각하며 인류 공동체 의식을 지니게 된다. 인간으로서의 존엄성과 주체적 자각은 '집단 지성'의 발휘를 위한 필수 요소이다. 과학기술의 발달로 인공지능과 사물 인터넷이 보편화되면서 인간의 본질과 역할에 대한 새로운 가치 정립이 요구된다. 인간들은 이전보다 더 인간의 주체적 본질에 대해 철학적 물음을 제기해야 하고 그 대답을 얻고자 할 것이다. 과학기술에 대한 활용과 관리능력은 실존에 대한 자각을 통해 가능해진다. 인간과 기계가 결합하는 사이보그 시대가 도래할 때 인간의 주체적 역할과 본질에 대한 물음을 던지고 답하는 것이 윤리교육이 담당해야 할 역할이다.

최근 교육적 해법으로 제시한 'SES'(Socioemotional Skills)는 윤리교육에서는 이미 간파하였으며, 교육내용에 포함시키고 있는 바이다. 'SES'는 지능지수(IQ)와 감성지수(EQ)를 결합한 능력이다. 앞으로 공감능력은 미래사회 융·복합 추세의 토대이다. 이러한 능력은 "자신의 감정을 정확히 파악하고 다른 사람의 생각과 감정에 공감할 수 있는 것"으로 "갈등을 해소하고 타인과 협상하는 법을 체득하기 위한 교육"이 필요하다.24) "인공지능과 로봇을 중심으로 한 제4차 산업혁명을 주도하려면 교육 패러다임을 창의성과 감성 및 사회적 협력을 강조하는 방향으로 전환해야 한다."는 주장과 상통한다.25)

2015 교육과정의 도덕 교과에서는 특히 '도덕함'을 강조하여 교과의 실천적 성격을 분명히 하고 있다. 도덕함의 개념을 보면, "도덕과에서 추구하는 도덕함은 학문적 탐구로서의 윤리학 공부나 윤리 사상사에 관한 지적 이해를 넘어서서 한 사회에서 작동하고 있는 도덕 현상에 대한 민감성에 기반을 둔 관심과 분석, 그 도덕 현상과의 상호작용을 통해 개인 내면에서 작동하는 도덕성에 관한 성찰과 실천 과정 자체"를 의미한다.26) 도덕함은 인간다운 삶을 위해 추구해야 하는 궁극적인 도리로서의 도(道)와 그것을 삶 속에서 구현하는 과정에서 요청되는 총체적 능력으로서의 덕(德)을 스스로의 삶 속에서 인식하고 실천하고자 하는 역동적인 과정을 가리

---

24)『한국경제신문』 A8면, 2016.11.01, "4차 산업혁명 시대, 지성·감성 결합한 융합형 인재가 미래 이끈다."

25) 전진우, "'인공지능시대' 살아남을 직업은?…문화·예술 관련직", http://www.new sis.com/ar_detail/view.html?ar_id=NISX20160324_0013978715&cID=10201&pID=1020 0(검색일: 2016.08.09).

26) 교육부 고시 제2015~74호 [별책 6], p.4.

키는 개념이다. 이 개념에서 강조하는 '함(doing)'은 자신을 둘러싼 도덕 현
상과 규범 및 원리를 탐구하고 내면적으로 성찰하는 과정으로서의 함과
이를 구체적으로 실천하는 과정으로서의 함을 포함한다.27) 이 개념은 인
지적·정서적·실천적 도덕성의 통합을 추구하며 이는 문·이과 통합으로 미
래사회의 지식구조에 대비하고자 하는 개정 방향과도 상통한다.

   현재 지식의 반감기를 고려하면 '생활과 윤리' 내용 체계도 변화를 거듭
할 것이다. 그럼에도 불구하고 그 내용 체계는 미래사회의 대비에 가장 최
적화된 교과라 단언할 수 있다. 윤리 문제와 쟁점들에 대하여 단순한 지식
전달만이 아닌 윤리적 탐구와 윤리적 성찰로 적응력, 상호성, 주체성을 교
육하는 데 적합하기 때문이다. 그렇다면 '생활과 윤리'는 동양윤리의 관점
에서 어떻게 미래사회 대비를 위해 노력해야 할 것인가.

Ⅲ. 고등학교 '생활과 윤리'에서 동양윤리의 위상

   이 장에서는 '생활과 윤리' 교과의 탄생 배경과 역사, 그 과정에서 동양
윤리 내용이 어떻게 다루어졌는지 살펴보고자 한다. 나아가 2018년부터 적
용될 2015 개정 교육과정 '생활과 윤리'의 동양윤리 내용도 분석하였다.

1. '생활과 윤리'의 역사와 동양윤리

   '생활과 윤리'의 뿌리는 제7차 교육과정의 '시민 윤리'에서 찾을 수 있
다. 1997년부터 시작된 제7차 고등학교 교육과정은 기본 교과인 '도덕', 일
반 선택 교과인 '시민 윤리', 심화 선택 교과인 '윤리와 사상'·'전통 윤리'
로 이루어졌다.28) 서양철학의 응용윤리를 토대로 이루어진 '시민 윤리'는

---

27) 위의 책, p.4.

이후 '생활과 윤리' 교과의 시작점이었다. 그렇다고 이전 교육과정에서 윤리문제를 다루지 않은 것은 아니었다. 윤리 교과는 간(間)학문적 성격으로 인해 '가정윤리', '사회·문화 윤리', '정치·경제 윤리', '국제윤리' 등 다양한 윤리문제들을 다루었다. 제5차의 '국민윤리', 제6차의 '윤리'도 윤리적 쟁점들을 다루었지만, 주로 동서양윤리사상의 이론적 토대 중심이었다. 본격적으로 응용윤리를 표방한 교과가 바로 '시민 윤리'이다.

제7차 교육과정에서 고등학교 2,3학년들의 일반 선택 교과였던 '시민 윤리'는 현재의 '생활과 윤리'와 비교하면 내용 구성과 체계에서 부족한 점이 많지만, 당시로서는 매우 새로운 시도였다. '시민 윤리' 교과 성격에 대한 진술을 보자.

> '시민 윤리'는 (a)민주 시민으로서의 자질과 능력을 습득하며, (a)-1**현대 사회의 윤리적 문제들을 해결**하려는 능력과 태도를 지니게 함과 동시에 (a)경제 윤리 및 직업윤리 의식을 지니게 하고, (a)국가관, 안보관 및 민족 공동체 의식을 함양하게 하며, 세계 시민으로서의 올바른 자세를 확립하게 하는 데 그 목적을 두고 있다.
> '시민 윤리'의 학문적 배경은 (b)-1**시민 사회의 다양한 윤리적 문제 해결을 목표로 하고 있는 사회 윤리학 및 응용윤리학과 같은 규범 과학적 접근**에 그 토대를 두는 가운데, 부분적으로는 (b)시민 사회, 국가 안보, 공동체, 통일 문제 등을 다루기 위한 사회 과학적 접근을 포괄하고 있다.29)

목적의 하나인 (a)-1과 주 학문적 배경인 (b)-1에서 '생활과 윤리'의 성격이 드러난다. 현재 '생활과 윤리' 체계에 비하면 매우 소박한 형태이다. 위의 진술의 특징을 보면 우선, 여전히 국가관 및 안보관 함양을 위해 국가 안보, 통일 문제 등을 강조함으로써 이전의 국민윤리 교과 성격에서 벗어

---

28) 위의 책, p.10.
29) 위의 책, p.45.

나지 못하고 있다. 또한 사회 과학적 접근을 강조하고 있으며, 교과 명칭에 적합한 '민주 시민으로서의 자질과 능력'을 강조하여 교과 성격을 드러내고 있다. 이러한 성격에 따라 구성된 '시민 윤리'의 내용 체계를 보면 다음과 같다.

[표 1] 제7차 교육 과정 '시민 윤리'의 교과 내용 체계[30]

영 역	내 용	
시민 사회와 윤리	· 시민 사회의 특징과 윤리적 과제 · 시민 공동체 속에서 사는 지혜	· 시민으로서의 자각과 보람된 삶 · 민주 시민으로서의 능력과 태도
현대 사회 문제와 시민 윤리	· 생명 존중과 환경 윤리 · 과학, 정보와 윤리	· 성윤리와 약물 문제 · 문화, 예술, 종교와 윤리
경제 생활과 직업 윤리	· 자유 민주 사회에서의 경제 생활 · 삶의 설계와 직업 선택	· 경제 발전과 경제 원리 · 직업 생활의 기본 자세
국가 발전과 지구 공동체 윤리	· 국가 발전과 시민의 자세 · 문화 교류와 민족 문화의 주체성	· 민족 공동체의 번영과 통일 · 세계 시민으로서의 올바른 자세

교육과정 개정 당시 '시민 윤리'는 '전통 윤리'에 대비되는 성격의 교과였다. 당시는 전통 사회에서 시민 사회로의 변화 과정에서 발생하는 윤리적 문제에 관심이 증폭되던 시기로, 윤리 교육계에서는 전통 윤리와 시민 윤리의 조화를 위해 노력하고 있었다. '시민 윤리'는 오늘날 요구되는 시민 사회의 윤리를, '전통 윤리'는 새로운 사회에서도 여전히 요구되는 전통 가치에 근거한 윤리를 강조하였다. 위의 표에서 16개의 주제로 내용을 구성한 '시민 윤리'는 다양한 사회 윤리 문제들을 다루던 '생활과 윤리'의 초기 형태이다. '시민 윤리'가 서양 철학의 응용윤리 중심의 보편 윤리를 추구하였다면, '전통 윤리'는 동양윤리를 토대로 한 특수 윤리를 지향하였다. 또한 '시민 윤리'가 일반 선택 교과인 반면, '전통 윤리'는 '윤리와 사상'과 병행되어 운영된 3학년의 심화 선택 교과였다.

당시 제7차 고등학교 교육과정 운영 결과는 그다지 긍정적이지 않았다.

---

30) 위의 책, p.46.

특히 '전통 윤리'는 '윤리와 사상'과의 내용 중복 문제, 난이도 문제 등에
대한 비판이 존재하였고 이에 2007 개정에서는 처치 곤란한 교과로 인식
되었다. 그러나 대책이 쉽지 않았는데 이미 개설된 교과를 폐지하거나 다
른 교과에 포함시키기가 쉽지 않았기 때문이다. 대책을 논의한 결과 '전통
윤리'는 유지하는 것으로 하고, '시민 윤리'의 교과 명칭을 '현대 생활과
윤리'로 변경하여 '윤리와 사상'과 함께 선택 교과로 설정하였다. 당시 국
민공통교과인 '도덕'을 포함하여 고등학교에는 네 과목이 있었던 셈이다.
2007 개정 교육과정에서 '전통 윤리'의 성격을 보면 다음과 같다.

> '전통 윤리'는 도덕과 교육에서 중요하게 다루고 있는 인성 교육과
> 예절 교육, 그리고 민족 정체성 교육을 다루고 있다. 따라서, '전통 윤
> 리'는 학생들이 우리 민족의 유구한 윤리적 전통을 현대적으로 계승하
> 여 민족 주체성을 지닌 미래 지향의 도덕적이고 창조적인 한국인으로
> 성장할 수 있게 하기 위한 과목이다.31)

전통 도덕에 근거한 '전통 윤리'의 특수 윤리적 성격에 비해, '현대 생활
과 윤리'는 현대 생활에서 발생하는 구체적 윤리 문제를 다루었는데, '시민
윤리'에 이은 또 다른 '생활과 윤리'의 모태 교과이다. '현대 생활과 윤리'
의 학문 지식은 서양철학의 응용윤리로, 다음의 교과 성격에 대한 진술에
의거한 것이다.

> [1] '현대 생활과 윤리'는 오늘날 우리의 생활에서 제기되는 구체적인
> 윤리 문제를 탐구 대상으로 하여 이러한 문제들에 대한 다양한 논의들
> 을 이해하고, 이를 토대로 합리적인 해결 방안을 모색하는 (c)**실천윤리**
> 에 중점을 둔다. 이를 위해 (d)**생명·성 윤리, 과학·생태·정보 윤리, 사**
> **회 정의와 직업윤리, 문화 윤리, 평화 윤리 등 현대 사회의 주요 윤리적**

---

31) 위의 책, p.59.

쟁점들과 연관된 주제들을 윤리적 관점에서 체계적으로 성찰해 볼 수 있도록 다양한 학습 내용을 포함하고 있다.32)

　[2] 응용윤리 또는 실천윤리의 차원에서 도덕성의 제 측면에 대한 통합적 평가를 추구하고, 학생들의 학습 과정과 결과를 종합적으로 평가하는 것이 바람직하므로, 평가에 있어서도 단원 영역이나 내용에 따라 가급적 여러 가지 방법을 적용하도록 한다.33)

　'현대 생활과 윤리'는 응용윤리를 지향하지만 위의 진술처럼 '(c)실천윤리'라는 용어를 학문의 성격[1]에 사용하면서 (d)와 같은 윤리적 쟁점들을 중심으로 한 응용윤리를 기반으로 한 것임을 분명히 하였다. 평가 관련 진술[2]에서는 '응용윤리'와 '실천윤리'란 용어를 병행하여 사용하고 있다. 이는 과도기적 특성을 반영한 것으로, 도덕 교과의 내용체계를 구성하는 과정에서 전통과 현대의 조화, 이론과 실천의 조화를 추구하고자 하였기 때문이다. 즉 '현대 생활과 윤리'는 '전통 윤리'에 대해서는 현대적 의미를, '윤리와 사상'에 대해서는 실천적 의미를 강조한 교과였다. 그 내용 체계는 다음과 같다.

[표 2] 2007 개정 교육과정 '현대 생활과 윤리'의 내용 체계34)

영역	내용 요소	비고
생활과 윤리	· 개인 윤리와 사회 윤리 · 윤리 문제의 탐구 방법	윤리적 탐구
생명·성 윤리	· 출생과 윤리 · 신체와 윤리 · 죽음과 윤리	생명 윤리
	· 성과 사랑의 윤리 · 결혼과 가족의 윤리	성 윤리
과학·생태· 정보 윤리	· 과학 탐구와 윤리	과학 윤리
	· 환경 문제와 동·서양 자연관	생태 윤리

---

32) 위의 책, p.32.
33) 위의 책, pp.33~34.

	· 인간중심주의와 생태중심주의	
	· 정보 통신 기술과 윤리 · 사이버 공간과 인간의 자아 정체성	정보 윤리
사회정의와 직업 윤리	· 계층 격차 현상과 윤리 · 사회 부패 현상과 윤리 · 사회 복지 문제와 윤리	사회 정의
	· 직업생활과 윤리 · 기업가·근로자 윤리 · 전문직·공직자 윤리	직업 윤리

'시민 윤리'의 16개 주제는 '현대 생활과 윤리'에서는 18개로 확대되고 구체화되었다. 그리고 이른바 '미래형 교육과정'이라 불린 2009 개정 교육과정은 "고등학교 교육의 방향을 '기초 핵심 역량 강화 교육과정'으로 혁신"하는 방향에 따라 교과 통합의 필요성에서 사회탐구 선택 과목의 축소 요구에 따라 도덕과 3과목을 2과목으로 줄여야 했다.35) 제7차 교육과정에서 온고지신(溫故知新)의 정신에 의해 설정된 '전통 윤리' 교과를 교육적 필요성과 현실적 필요, 국가적 요구에 따라 과목 통폐합의 방향에서 통합·축소해야만 했던 것이다. 그 과정에서 '전통과 현대'라는 명칭을 놓고 고민하다 "전통의 삶과 현대적 삶의 생활 속 윤리"를 다룬다는 점을 고려하여 '생활과 윤리'란 명칭으로 설정하였다.36)

2009 개정 교육과정 고등학교의 변화를 보면, 이전 '국민공통 교육과정' 10학년 '도덕'이 '선택 교육과정'으로 변하여 그 위상이 낮아졌다. '현대 생활과 윤리'는 '현대'라는 용어가 삭제되고 '생활과 윤리'로 명칭이 변경되면서 '전통 윤리'를 통합 흡수하기로 하였다. 당시 도덕과 고등학교 선택 과목 교육과정 개정의 중점 다섯 가지는 다음과 같다.37)

---

34) http://ncic.re.kr/mobile.kri.org4.inventoryList.do, 2007 개정시기>고등학교(2007.02)>현대 생활과 윤리>3. 내용>가. 내용 체계. 교육인적자원부 고시 제2007-79호 [별책 4], 『고등학교 교육과정(1)』, pp.85~86.
35) 교육과학기술부 고시 제2009-41호에 따른 『고등학교 교육과정 해설』, p.4.
36) 위의 책, pp.7~9.

1. 고등학교 선택 과목 적정화의 모색
2. 2007년 개정 교육과정의 연구 성과 활용
3. 통합되는 과목들 간 질적 결합의 극대화
4. 통폐합된 교육과정 요소의 최대한 반영
5. 선택 과목 간의 분량 상 균형의 확보를 위한 노력

3번에 의거하여 '전통 윤리'에 포함되었던 관례와 혼례, 상례와 제례 등을 '생활과 윤리'의 생명·성·가족윤리에 융합시켜 다루고,[38] 4번에 의거하여 '전통적 자연관과 자연 친화'와 '인간 중심주의와 생태 중심주의'를 과학·생태·정보윤리에 포함시켜 다루도록 하였다.[39] 이러한 질적 결합과 내용 요소의 포섭 혹은 통폐합은 당시 부득이한 차선책이었다. 연구진들마저 '현대 생활과 윤리'와 '전통 윤리'를 결합시킨 '생활과 윤리' 성격과 접근 방법의 차이를 이미 인정하고 있었다.

이 두 과목은 생각에 따라서는 상당히 다른 성격과 접근 방법을 모색하고 있다. 근본적으로 이 두 과목은 성격 차원에서 차이가 있다고 할 수 있다. … 두 과목의 성격을 보면, '현대 생활과 윤리'가 '현대 생활의 제반 영역에서 일어나는 다양한 윤리적 문제들'을 대상으로 '합리적인 해결 방안을 모색하는 실천 윤리'에 중점을 두는 반면, '전통 윤리'는 '우리 조상들의 윤리적 삶을 현대적 시각에서 재음미'하여 '한국인으로서의 바람직한 윤리적 인식과 자세를 정립'하는 데 중점을 두는 과목이다.[40]

이처럼 서로 이질적인 교과를 통합하여 하나로 구성하다보니 흡수되는 교과 입장인 '전통 윤리'의 내용은 이전에 비해 현저히 줄어들 수밖에 없

---

37) 교육과학기술부 고시 제2009-41호에 따른 『고등학교 교육과정 해설』, 목차 참고.
38) 위의 책, p.14.
39) 위의 책, p.15.
40) 위의 책, pp.13~14.

었다. 출발할 때는 분량과 내용 면에서 두 교과 간 균형을 유지하고자 하였지만, 이러한 의도는 윤리적 탐구를 중심으로 한 응용윤리의 강력한 힘을 이기지 못하였다. 개정 작업 과정을 거치면서 "이와 연관된 전통 윤리 (한국학) 및 다양한 학문적 관점과 접근 방법을 적극 활용하여 지도하도록 한다."라는 방법적 고려에만 머물 수밖에 없게 된다. '전통 윤리' 내용은 점차 축소되었고, 이러한 경향은 '생활과 윤리'의 목표 진술의 변화에서 잘 드러나고 있다.

[표 3] 2009 개정 교육과정 '생활과 윤리' 목표의 변화

(가) 2009.12	(나) 2011.08	(다) 2012.07
조상들이 실천했던 윤리적 삶의 기본 정신과 지혜를 바르게 이해하고 재음미하며, 현대 생활의 제 영역에서 발생하는 윤리적 문제들의 성격을 바르게 이해하여 다양한 윤리적 문제들을 바람직하고 합리적으로 해결할 수 있는 능력과 태도를 지닌다.	현대 생활의 제 영역에서 발생하는 윤리적 문제들의 의미와 성격을 다양한 윤리적 관점에 비추어 올바르게 이해하며, 이러한 윤리적 문제를 바람직하고 합리적으로 해결할 수 있는 능력과 태도를 지닌다.	현대 생활의 제 영역에서 발생하는 다양한 윤리 문제들을 주도적으로 탐구하고 성찰함으로써 인간과 세계를 윤리적인 관점에 비추어 올바르게 이해하고, 도덕적 판단력 및 의사결정 능력을 함양하며, 공동체 안에서 도덕적 삶을 실천할 수 있는 인성을 기른다.

  (가)에서 밑줄 친 전통 윤리 내용 관련 진술이 (나)에서는 삭제되었고, (다)에서 공동체와 인성 개념으로 다시 대체·보완되기는 하지만 내용과 강조점이 축소된 것은 부인할 수 없다. 이와 같은 목표의 변화에도 불구하고 교과의 '성격' 진술은 변하지 않고 그대로 유지되었다. 아마도 교과 성격의 변화는 학문지식의 변화를 의미하기 때문에 변화가 쉽지 않았던 것 같다.

[표 4] 2009 개정 교육과정 '생활과 윤리'의 성격[41]

'생활과 윤리'는 학생들이 우리 민족의 유구한 윤리적 전통을 현대적으로 계승하고 현대 생활에서 발생하는 제반 윤리적 문제에 대한 올바른 이해와 깊이 있는 성찰을 위해 전통 윤리(한국학) 및 응용윤리학적 접근을 중심으로 하면서 동시에 이와 연관된 다양한 학문적 관점과 접근 방법을 적극 활용하여 지도하도록 한다.

당시 교육과정 변화 중 주목할 것은 교과서 체제가 국정에서 검정으로 변하여 다양한 형태의 교과서가 가능해진 점이다. '생활과 윤리' 교과서는 전반기(2010.08)가 2종,[42] 후반기(2012.07) 4종이 출판되어[43] 선택 폭이 넓어졌다. 또한 2009 개정 교육과정 이후는 고등학교에서 '도덕'이 사회와 통합되고, 선택 교과인 '윤리와 사상'과 '생활과 윤리'의 이원 체제가 구축되었다.[44] '생활과 윤리'의 내용 체계는 [표 5]에서 [표 6]의 변화에서 보듯 목표 진술 변화에 따라 응용윤리 내용 중심으로 변화하였다.

[표 5] 2009 개정 교육과정(2009.12) '생활과 윤리'의 내용 체계[45]

영역	내용 요소	비고
생활과 윤리의 의의	· 현대 생활과 응용윤리 · 현대 생활과 전통 윤리 · 윤리 문제의 탐구와 실천	전통과 현대 생활의 윤리
생명·성·가족윤리	· 출생과 윤리	생명·성윤리

41) http://ncic.re.kr/mobile.kri.org4.inventoryList.do, 2009 개정시기>고등학교(2009.12)> 도덕과>1. 생활과 윤리>1. 성격
42) 남궁달화 외, 『생활과 윤리』(서울: 교학사, 2012). 변순용 외, 『생활과 윤리』(서울: 천재교육, 2012).
43) 2009 개정 교육과정 교과서는 4종인데, 분석의 편의를 위해 ①~④로 분류하였다. ①남궁달화 외, 『생활과 윤리』(서울: 교학사, 2014). ②변순용 외, 『생활과 윤리』(서울: 천재교육, 2014). ③조성민 외, 『생활과 윤리』(서울: 비상, 2014). ④정창우 외, 『생활과 윤리』(서울: 미래엔, 2014)
44) 장승희, "도덕과 동양윤리 영역 교과지식의 재구조화 원리", 『도덕윤리과교육』제30호(광주: 한국도덕윤리과교육학회, 2010.07), pp.58~60.

	· 청소년기와 윤리	
	· 부모·조상 공경과 효친	
	· 신체와 윤리	
	· 성과 사랑의 윤리	
	· 결혼과 가족의 윤리	가족 윤리
	· 친족·이웃 관계와 윤리	
	· 죽음과 윤리	
과학·생태· 정보 윤리	· 과학 탐구와 윤리	과학 윤리
	· 전통적 자연관과 자연 친화	
	· 인간중심주의와 생태중심주의	생태 윤리
	· 정보 통신 기술과 윤리	
	· 사이버 공간과 인간의 자아 정체성	정보 윤리
사회정의와 직업 윤리	· 사회생활과 정명 정신	
	· 사회 부패 현상과 윤리	사회 정의
	· 사회 복지 문제와 윤리	
	· 직업생활과 윤리	
	· 기업가 · 근로자 윤리	직업 윤리
	· 전문직 · 공직자 윤리	
문화와 윤리	· 예술과 윤리	예술 윤리 / 종교 윤리/ 매체 윤리 / 스포츠 윤리
	· 종교생활과 윤리	
	· 매체와 윤리	
	· 스포츠와 윤리	
평화와 윤리	· 민족 통합의 윤리적 과제	민족 윤리
	· 국가 생활과 윤리	국가 윤리
	· 지구촌의 윤리적 상황과 과제	
	· 전쟁과 평화	지구촌 윤리

구체적으로 살펴보면, [표 5]에서 모두(冒頭)의 '생활과 윤리의 의의' 영역에는 '현대 생활과 전통 윤리' 주제가 명확히 제시되었고, 그에 따라 '비고'에서 나타난 '가족 윤리', '생태 윤리' 등 동양적 관계 윤리와 전통적 자연관을 다루고 있다. 그러나 [표 6]을 보면 '가족윤리'를 제외하고 동양 윤리적 접근이 명시적으로 드러난 것이 거의 없다. '현대 생활과 응용윤리' 영역 내용처럼 응용윤리 접근을 중심으로 내용을 세분화시켜 '비고'의 다양한 응용 윤리적 접근으로 구체화시켰던 것이다.

---

45) 교육인적자원부 고시 제2007-79호 [별책 4], 『고등학교 교육과정(1)』, pp.85~86.

　기억할 것은 '생활과 윤리'가 출발할 때 기본 토대가 되었던 '전통 윤리'
와 '현대 생활과 윤리'의 통합과 포섭의 정신이다. 서양윤리와 동양윤리의
조화를 통해 현대 사회 문제의 대안 마련을 위해서는 균형을 잃지 않는 사
고와 자세가 중요하다. '생활과 윤리'의 출발 정신은 거기 있으며, 결코 이
를 잊어서는 안 될 것이다.

[표 6] 2009 개정 교육과정(2011.08, 2012.12) '생활과 윤리'의 내용 체계[46]

영역	주제	비고
현대 생활과 응용윤리	○현대 생활과 응용윤리의 필요성 ○윤리 문제의 탐구와 실천 ○윤리 문제에 대한 다양한 접근	응용윤리
생명·성· 가족 윤리	○삶과 죽음의 윤리 ○생명 과학과 윤리	생명 윤리
	○성과 사랑의 윤리	성 윤리
	○가족 관계의 윤리 ○친구·이웃 관계의 윤리	가족 윤리
과학기술· 환경· 정보 윤리	○과학기술과 윤리	과학기술 윤리
	○인간과 자연의 관계 ○환경 문제에 대한 윤리적 고려	환경 윤리
	○정보 사회와 윤리	정보 윤리
사회 윤리와 직업 윤리	○사회의 도덕성과 사회 윤리 ○사회 정의와 정의로운 사회 ○인권 존중과 공정한 사회	사회 윤리
	○직업의 의의와 직업 생활의 윤리적 책임	직업 윤리
문화와 윤리	○미적 가치와 윤리적 가치	예술 윤리
	○종교와 윤리	종교 윤리
	○의식주의 윤리적 문제	의식주 윤리
	○다문화 사회의 윤리	다문화 윤리
평화와 윤리	○민족 통합의 윤리적 과제	민족 윤리
	○지구촌의 윤리적 상황과 과제	지구촌 윤리

그렇다면 시간이 지나면서 통합과 포섭의 원리가 약화된 이유는 무엇일까?

첫째, 교육과정 개정 시에 '생활과 윤리'의 통합과 포섭 등 균형의 원칙에 관심을 갖지 않았기 때문이다. 개정 참여자들마저 '생활과 윤리'에 '전통 윤리' 내용을 포함시켜야 한다는 사실을 인식하지 못하였고, 그 결과 점차 응용윤리 중심으로 내용이 구성되면서 '생활과 윤리'=응용윤리로 귀결되었던 것이다.

둘째, 동양윤리 전공자들의 무책임에도 원인이 있다. '윤리와 사상'에 포함된 동양윤리 내용 요소에 만족하여, 윤리 교육계가 동양윤리의 현대 사회적 적용 연구 결과들을 교육에 적극 반영하지 못하였다. 동양 철학의 연구 중 현대 윤리적 문제에 대한 다양한 해법에 대한 학문적 연구는 없었던 것은 아니다. 그러나 이러한 연구 결과들이 교육에 적용되기 위해서는 보편적 합의가 우선되어야 하며, 이는 동양철학계와 윤리교육계의 협력이 전제되어야 가능하다. 그 작업은 교육과정 개정 이전에 이루어져야 하는데 그러한 적극적인 반영을 위한 노력을 게을리 하였던 것이다.

셋째, 그 결과 동양윤리의 학문 지식을 교과 지식으로 변화하는 과정과 방법론이 부족하였고, 학생들에게 반드시 교육해야 할 핵심 개념과 내용 요소들을 추출하여 제시하지 못하였다. 결국 '생활과 윤리'에서 동양윤리는 응용윤리 내용의 구색 맞추기 역할을 벗어나지 못한 것이다. 2009 개정 후반기 4종 교과서를 보면 그런 경향은 더욱 농후해진 것을 알 수 있다.

넷째, 사회와 문화가 합리적 학문을 지향한 결과이다. 한자 교육이 선택으로 되고, 자본주의 경제 위주의 사회에서 실용적인 학문 이외의 것은 무가치한 것으로 인식하는 분위기에서 동양윤리는 고리타분하고 어려운 것으로 인식되면서 내용 요소를 포함시키기가 쉽지 않았던 것이다.

그러나 동양윤리 관점에서의 이러한 문제 제기와 무관하게, 학교 현장

---

46) 교육과학기술부 고시 제2012-14호 [별책 6], 『도덕과 교육과정』, p.34. http://nclc.re.kr/mobile.kri.org4.inventoryList.do, 2009 개정시기>고등학교(2011.08)>도덕과>1. 생활과 윤리>2. 내용의 영역과 기준>가. 내용 체계

에서 응용윤리 중심의 '생활과 윤리'는 큰 호응을 얻고 있다. '윤리와 사상'과 함께 선택 과목이면서 현재는 '윤리와 사상'을 뛰어넘는 인기를 구가하고 있다. 이는 그 동안 축적된 윤리교육학계의 연구와 교육 노력의 결과로 볼 수 있다. 수능 '생활과 윤리' 평가 문항을 보면, 단순 지식이 아니라 학생들의 관점에서 현대사회의 윤리적 쟁점 해결을 위해 융합적 사고와 판단력을 함양하기 위해 노력하고 있음을 엿볼 수 있다.

[표 7] 2016 수능 사회탐구 '생활과 윤리' 문제

7번	8번
7. (가)의 입장에서 볼 때, 퍼즐 (나)의 세로 낱말 (A)에 대한 설명으로 가장 적절한 것은? (가) 소프트웨어의 발전은 진화 과정과 유사하다. 특정 프로그램을 이용한 어떤 사람이 그 일부를 손질하여 새로운 기능을 부여하고, 그 후 또 다른 사람이 다른 부분을 손질하여 또 다른 특성을 부여하기 때문이다. 소유권의 존재는 이러한 진화를 방해한다. (A) (B) [가로 열쇠] (A): 사사로운 정이나 관계에 이끌려 일을 하는 것. 실적이 아니라 정치성·혈연·지연·개인적 친문 등을 중심으로 공직에 사람을 임용하는 인사 관행 (B): 선악의 행위에 따라 받게 되는 고락(苦樂)의 갚음. 인과○○ [세로 열쇠] (A): …… 개념 ① 누구나 자유롭게 사용하게 되면 진화에 방해를 받는 개체이다. ② 사용자가 어디서든 네트워크에 접근할 수 있는 공적 환경이다. ③ 모두가 자유롭게 접근하고 공유해야 할 상호 협력의 산물이다. ④ 소유권의 자유로운 이전을 통해 진화하는 프로그램의 단위이다. ⑤ 무한한 복제·수정이 가능하므로 무단 사용을 금해야 할 자산이다.	11. (가)를 주장한 사상가가 (나)의 상황 S₁~S₄에 대해 제시할 주장으로 옳지 않은 것은? [3점] (가) 차등의 원칙은 '그의 ~에 따라서 각자에게'라는 구절을 완성하려는 정형(定型)적인 정의의 원칙이다. 그런데 고정된 정형적 원칙은 개인의 선택의 자유를 침해할 수 밖에 없다. 따라서 비정형적인 정의의 원칙을 침해할 수 없다. 따라서 비정형적인 정의의 원칙을 침해하지 않는다. (나) S₁: 갑은 정당한 노동으로 재화 g를 취득했다. ↓ S₂: 을은 갑에게서 g를 자유롭게 양도받았다. ↓ S₃: 병은 을에게서 g를 강제적으로 빼앗았다. ↓ S₄: 정은 병에게서 g를 자유롭게 양도받았다. ※ 최상위 Sₙ는 상황 Sₙ의 결과를 나타낸다. ① S₁에서 갑은 g에 대한 소유 권리를 지닌다. ② S₁이 정의로운 분배 상황이라면 S₂도 그렇다. ③ S₃에서 을은 g에 대한 소유 권리를 지닌다. ④ S₄는 S₃과 달리 정의로운 분배 상황이다. ⑤ S₄에서 정은 g에 대한 소유 권리가 없다.

2. 2015 개정 교육과정 '생활과 윤리'의 동양윤리 분석

2009 개정 교육과정 '생활과 윤리'는 교과 자체로는 성공적이지만 동양윤리 관점에서는 빈약하다고 평가하지 않을 수 없다. 수능에서 학생들이 사회탐구에서 가장 많이 선택하는 교과로 한껏 그 위상이 높아졌는데, 그것은 '생활과 윤리'가 다루는 주제들이 현대사회의 쟁점들로 시사점이 크

기 때문이다. '생활과 윤리'를 선택했던 대학생들의 평가에 의하면, '생활
과 윤리' 내용들이 다양한 현대사회 이슈에 대해 철학적·현실적으로 대안
을 모색하기 때문에, 대학교 입학 후 교양 과목 공부에 도움이 많이 된다
고 한다. 그래서인지 2017년 수능에서 '생활과 윤리'의 선택 비율은 58%를
넘어 사탐 과목 중 1위이다.

2009 개정 '생활과 윤리' 내용 체계는 철저하게 응용윤리 중심, 서양윤
리 중심이다. 교과서를 분석해보면 쟁점에 대해 토론과 합리적 판단 중심
으로, 이것은 장점이기도 하지만 서양윤리에 치우쳤다는 비판을 벗어날 수
없었다. '윤리와 사상'을 선택하지 않는 학생들은 동양윤리의 기본 사유에
대한 접근 기회를 상실한다는 의견을 반영하여 동양윤리 내용의 보완에
노력을 기울였다. 또한 문·이과 통합 교육과정 운영을 염두에 두고 통합적
성격에 부합하기 위해 노력하였다. 이러한 발전적 노력은 "2015 개정 교육
과정 '생활과 윤리'의 성격" 진술에 잘 드러난다.

[표 8] 2015 개정 교육과정 '생활과 윤리'의 성격[47]

'생활과 윤리' 수업에서는 현대 생활에서 발생하는 윤리적 문제와 쟁점들을 학생들이 바르게 이해하고 ⓐ**도덕적으로 탐구하며 윤리적으로 성찰할 수 있도록** ⓑ**한국윤리, 동양윤리, 서양윤리의 관점과 실천윤리학의 관점을 중심으로** 지도하되, 인문학을 포함한 다양한 학문적 관점과 접근 방법을 적극적으로 활용한다. 특히 탐구형으로 제시된 학습 주제는 학생들이 여러 가지 윤리적 관점에서 ⓒ**탐구하고 성찰**할 수 있도록 지도한다.

기존의 응용윤리 표현 대신 '실천윤리'를 사용하여 보다 다양한 윤리적
관점을 수용하고자 노력하였다[ⓑ]. 특히 서양 윤리적 탐구와 동양 윤리적
성찰의 조화를 추구한 점은[ⓐ, ⓒ] 진일보한 것이다. 이런 윤리학적 통합
노력은 목표 진술에도 나타나는데 탐구와 성찰의 조화[ⓓ], 정서와 이성의

---

47) http://ncic.re.kr/mobile.kri.org4.inventoryList.do#, 2015 개정시기>고등학교(2015.09)>
　　도덕과>생활과 윤리>1. 성격

조화[ⓔ], 내적 도덕성과 외적 실천의 조화[ⓕ]를 추구한 것이다.

[표 9] 2015 개정 교육과정 '생활과 윤리'의 목표48)

고등학교 '생활과 윤리'에서는 현대 생활의 제 영역에서 발생하는 다양한 윤리 문제들을 주도적으로 ⓓ탐구하고 성찰함으로써 인간과 사회를 윤리적인 관점에서 올바르게 이해하고, ⓔ윤리적 민감성 및 판단 능력을 함양하며 윤리적 동기를 ⓕ내면화하여 공동체 안에서 윤리적 삶을 실천할 수 있는 덕성과 역량을 기르는 것을 목표로 한다.

이러한 윤리학적 통합의 방향은 구체적인 내용 체계에서 구현되어 비록 미진하기는 하지만 이전과 비교할 때 동양윤리의 성찰, 내면화를 실천과 연계시키고자 노력하였다. 그럼에도 불구하고 현대사회 문제 해결의 대안으로 동양윤리 내용은 여전히 부족하고 이를 구체화하는 노력이 요구된다.

[표 10] 2015 개정 교육과정 '생활과 윤리'의 내용 체계49)

영역	핵심 가치	(1)50)	내용 요소	기능
현대의 삶과 실천윤리	성실 배려 정의 책임		1. 현대 생활과 실천윤리 : 현대 사회의 다양한 윤리적 문제들을 어떻게 해결할 것인가? ① 현대인의 삶과 다양한 윤리적 쟁점들 ② 실천윤리학의 성격과 특징 2. 현대 윤리 문제에 대한 접근 : 동서양의 윤리를 통해 현대의 윤리문제를 어떻게 풀어갈 수 있는가? ① 동양윤리의 접근 ② 서양윤리의 접근 3. 윤리 문제에 대한 탐구와 성찰 : 윤리적 쟁점들을 풀어가기 위해 우리에게 필요한 것은 무엇인가?	○ 윤리적 성찰 및 실천 성향 · 윤리학 이해하기 · 윤리 문제에 적용하기 · 윤리적 실천 방안 제안하기

48) http://ncic.re.kr/mobile.kri.org4.inventoryList.do, 2015 개정시기>고등학교(2015.09)>도덕과>생활과 윤리>2. 목표

			① 도덕적 탐구의 방법 ② 윤리적 성찰과 실천	
생명 과 윤리			1. 삶과 죽음의 윤리 : 　생명의 시작과 끝에서 만나는 윤리는 무엇인 　가? 　① 출생의 의미와 삶의 가치 　② 죽음과 관련된 윤리적 쟁점	○ 자기 존중 및 관리 능력 ・윤리적 관점에서 설명하기
			2. 생명윤리 : 　생명과학기술의 발달로 발생하는 윤리적 쟁 　점들은 무엇인가? 　① 생명 복제와 유전자 치료 문제 　② 동물 실험과 동물 권리의 문제	○ 윤리적 성찰 및 실천 성향 ・윤리이론을 통해 　정당화하기
			3. 사랑과 성윤리 : 　성의 가치는 무엇이고 사랑과의 바람직한 관 　계는 무엇인가? 　① 사랑과 성의 관계 　② 결혼과 가족의 윤리	○ 도덕적 대인관계 능력 ・윤리적 관점에서 성찰하기
사회 와 윤리			1. 직업과 청렴의 윤리 : 　직업을 통해 어떻게 행복한 삶을 영위할 수 있 　는가? 　① 직업 생활과 행복한 삶 　② 직업윤리와 청렴	○ 도덕적 공동체 의식 ・윤리적 관점에서 설명하기 ・공정한 사회 건설 방안 　제안하기 ・윤리적 실천방안 제안하기
			2. 사회 정의와 윤리 : 　공정한 사회로 발전하기 위해 우리에게 필요 　한 정의는 무엇인가? 　① 분배적 정의의 의미와 윤리적 쟁점들 　② 교정적 정의의 의미와 윤리적 쟁점들	
			3. 국가와 시민의 윤리 : 　참여는 시민의 의무인가? 　① 국가의 권위와 시민에 대한 의무 　② 민주시민의 참여	
과학 과 윤리			1. 과학기술과 윤리 : 　과학기술은 사실의 문제인가, 가치의 문제인 　가? 　① 과학기술 가치중립성 논쟁 　② 과학기술의 사회적 책임	○ 윤리적 성찰 및 실천 성향 ・윤리적 관점에서 정당화하기 ・윤리적 관점에서 비판하기 ・윤리적 실천 방안 제안하기
			2. 정보 사회와 윤리 : 　사이버 공간의 윤리와 현실의 윤리는 다른가? 　① 정보 기술 발달과 정보윤리 　② 정보 사회에서의 매체윤리	

			3. 자연과 윤리 : 　지속가능한 발전을 위한 윤리는 무엇일까? ① 자연을 바라보는 동서양의 관점 ② 환경 문제에 대한 윤리적 쟁점	○ 도덕적 공동체 의식 ・윤리적 실천 방안 제안하기
문화 와 윤리			1. 예술과 대중문화 윤리 : 　예술과 도덕은 갈등할 수밖에 없는가? ① 미적 가치와 윤리적 가치 ② 대중문화의 윤리적 문제	○ 윤리적 성찰 및 실천 성향 ・윤리적 관점에서 비판하기
			2. 의식주 윤리와 윤리적 소비 : 　왜 의식주와 소비가 윤리적인 문제로 등장하 　고 있는가? ① 의식주의 윤리 ② 윤리적 소비문화	○ 윤리적 성찰 및 실천 성향 ・윤리적 실천 방안 제안하기
			3. 다문화 사회의 윤리 : 　문화를 초월한 보편적 가치는 존재할까? ① 문화 다양성과 존중 ② 종교의 공존과 관용	○ 도덕적 공동체 의식 ・윤리적 관점에서 비판하기 ・윤리적 실천 방안 제안하기
평화 와 공존 의 윤리			1. 갈등 해결과 소통의 윤리 : 　사회의 다양한 갈등을 극복하는데 필요한 소 　통의 윤리는 무엇인가? ① 사회 갈등과 사회 통합 ② 소통과 담론의 윤리	○ 도덕적 공동체 의식 ・윤리적 관점에서 비판하기 ・윤리적 관점에서 정당화하기 ・윤리적 실천 방안 제안하기
			2. 민족 통합의 윤리 : 　통일이 지향해야 할 윤리적 가치는 무엇인가? ① 통일 문제를 둘러싼 쟁점 ② 통일이 지향해야 할 가치	
			3. 지구촌 평화의 윤리 : 　지구촌 평화에 기여할 수 있는 길에는 무엇 　이 있을까? ① 국제 분쟁의 해결과 평화 ② 국제 사회에 대한 책임과 기여	

위 [표 9]에서 표면적으로는 이전에 비해 동양윤리 내용이 많아진 것을 알 수 있다. 밑줄 친 진한 글씨로 된 것들이 명확하게 동양윤리의 내용이

---

49) 교육부 고시 제2015-74호 [별책 6], pp.35~36. http://ncic.re.kr/mobile.kri.org4.inven
　　tory List.do, 2015 개정시기>고등학교(2015.09)>도덕과>생활과 윤리>3. 내용 체계
　　및 성취기준>가. 내용 체계
50) (1)은 "일반화된 지식"에 대한 내용인데, 분량 때문에 생략함.

거나 동양윤리 과 직접 관련되는 것들이다. 이 밖에도 주제 및 쟁점들에 대해 동양윤리 관점에서 접근하거나 해결 방안을 모색할 수도 있다. 동양 윤리 접근이 가능한 것은 무엇이고, 어떤 관점에서 접근할지 구체화할 필요가 있다. 이것이 2009 개정 초기 '현대 생활과 윤리'과 '전통 윤리'를 통합 흡수하여 '생활과 윤리'를 구성한 원리에 부합하는 방법이다. 물론 성격이 다른 두 영역을 하나로 구성하기 쉽지 않겠지만, 성격이 다르다고 둘이 조화하지 못한다는 법도 없다. [표 9]의 '기능' 개념이 윤리에 적합한가의 논의는 차치하고, '생활과 윤리'의 기능에 초점을 두면 정당화, 비판, 제안에 중점이 있고, 이해, 적용, 설명, 성찰은 부분적이다. 물론 정당화, 비판, 제안에 이해, 적용, 설명, 성찰이 포함되지 않는 바는 아니지만, 현재로서는 윤리적 성찰을 더 보완할 필요는 있다. 윤리적 실천을 위해 정당화, 비판, 제안과 더불어 실천 의지를 다지기 위한 윤리적 성찰은 다른 기능들보다 더 중요하기 때문이다.

IV. '생활과 윤리'에서 동양윤리의 역할과 과제

이 장에서는 '생활과 윤리'에서 동양윤리가 어떤 역할과 과제를 담당해야 하는지, 이를 위해 어떤 내용 요소들을 포함시켜야 하는지 살펴보았다.

1. 윤리 쟁점에 대한 동양적 대안 탐색

오늘날 정보통신의 발달로 서구적 삶의 양식의 보편화로 동서양 구분이 무의미해지고 있다. 사회구조와 삶의 변화 양상은 예견조차 어려울 정도로 급변하고 있다. 윤리 문제들이 등장하는 상황에서 동양윤리 접근이 타당한 가에 대한 반론도 제기할 수 있다. 동서양의 사유구조는 보편성도 존재하지만 자연적·역사적·문화적 특성에 따라 차이도 존재한다. 이어령의 폭포와 분수, 비교 철학에서 동서양 철학의 비교51), '서양의 논리·동양의 마음'52), 니스벳의 '세상을 바라보는 다른 시선'을 부제로 한 '생각의 지도'53)들은 모두 차이에 주목한 것이다. 서양과 대비하여 문제에 대한 해결책 모색 방법에서 동양적 특성을 보면, 부분 혹은 개인보다 전체와 공동체를 중시하고, 분석적이기보다는 통합적이며, 귀납보다는 연역적이다. 이는 예외 없는 법칙이란 의미가 아니라 상대적 비교에서 드러나는 특성이다. 이러한 사유 특성은 동양사상의 세계관에 유래한 것으로, 유불도(儒佛道)에 보편적으로 깔린 특성이다. 물론 세 사상 사이에도 차이가 존재하지만 차이의 폭보다 동양적 사유의 보편성의 존재를 인정하지 않을 수 없다.

'생활과 윤리'는 현대 사회의 윤리 문제와 쟁점들에 대한 탐구가 핵심이다. 2015년 개정 교육과정 '생활과 윤리'는 '현대의 삶과 실천 윤리' 주제에서 현대 윤리 문제에 대한 '동양윤리의 접근'을 보완하였다. 응용윤리 접근이 윤리 쟁점들에 근간이 되기는 하겠지만 동서양 윤리의 균형은 고려한 이와 같은 내용의 추가는 전통 윤리의 내용 요소로 주체적 사고를 함양하고자 하였단 '생활과 윤리'의 출발정신을 반영하였다 할 수 있다. 물론 동서양 균형의 의미가 산술적 혹은 균등의 의미는 아니다. 오늘날 보편화된 서양식 사유구조에서 동양적 사유는 보완과 조화의 의미를 지니며, 이는 단순한 보완을 넘어 완결적 의미를 지니기도 한다.

동양윤리 접근이란 동양적 사유, 즉 세계관에 근거하여 윤리 문제에 접근하고 사유, 분석, 대응한다는 의미이다. 어떻게 하는 것이 동양적 사유인가? 동양철학 개념과 이론을 사용하는 것인가? 아니면 동양 사상가들의 주장을 근거로 하는 것인가? 어떻게 접근해야 할지 살펴보자.

---

51) 최홍순, 『비교철학연구』(서울: 서광사, 1995).
52) 박동환, 『서양의 논리, 동양의 마음』(서울: 까치, 1987).
53) 니스벳 R. E., 최인철 역, 『생각의 지도』(서울: 김영사, 2004).

첫째, 현재 교육과정에 대한 성찰과 동양윤리 요소에 대한 점검이 우선
되어야 한다. '생활과 윤리'에서 동양윤리 내용이 가장 약화된 때가 [표 6]
의 2009 개정 교육과정(2011.08, 2012.12)이다. 예를 들면, '윤리문제에 대한
다양한 접근'에 대해 4종 교과서에서 의무론적 접근, 공리주의적 접근, 덕
윤리적 접근, 배려 윤리적 접근, 책임 윤리적 접근, 담론 윤리적 접근을 제
시하고 있다. 앞에서 응용윤리를 소개한 후 다양한 윤리적 접근에 대해 상
세하고 다루고 있지만, 동양윤리에 의한 접근은 전혀 포함되지 않았다.
1980년대 새롭게 등장한 덕 윤리를 예로 들면 아리스토텔레스부터 기원한
다 하더라도, 덕성의 함양을 강조하는 것은 유교윤리에서 근원적이라 할
수 있다. 또한 배려윤리를 보면, 유교의 인(仁)과 서(恕), 불교의 자비(慈悲)
윤리는 더 심층적인 배려라 해도 과언이 아니다.

둘째, 과거 교과서에서 현대사회에 대한 동양적 대안을 다시 활용하는
방법이다. 제7차 교육과정의 '전통 윤리'에서, 현대의 제반 윤리문제에 대
한 동양적 접근들도 다시 활용할 만한 가치가 있다. 당시 관혼상제를 다룸
에 있어 난이도와 시대적 타당성에 대한 비판은 있었지만, 민본사상, 청백
리 정신, 경제윤리, 선비정신과 노동관, 장인정신 등은 교육적 의미가 크고
오늘날 의미가 있는 내용이며, 특히 당시 "전통적 자연관과 자연 친화"54)
는 설득력 있는 구성으로 교육적 효과도 컸던 내용 요소였다.

셋째, 최근 현대 윤리적 쟁점들에 대한 동양윤리의 새로운 학문 경향들
을 적극 도입하여 '생활과 윤리'에 적극 활용할 필요가 있다. 그 주제는 생
명, 과학, 문화, 평화 등 인간의 삶에서 다루는 주제들을 망라하고 있는데,
여기서 서양윤리의 합리적 논리적 탐구에 병행하여 동양윤리에서 어떻게
접근하여 적응력을 높이는가가 중요하다. 구체적인 대안으로 어떤 내용들
이 포함되어야 할까? 임신중절, 장기이식, 인간복제 등의 문제에 대해서도
동양윤리의 관점에서 파악하여 생명의 존엄성을 고취시킬 수 있다.55) 자

---

54) 교육인적자원부, 『전통 윤리』(서울: 지학사, 2003), pp.249~261.

연과 환경에 대한 문제도 동양윤리에서 더 많은 시사점을 찾을 수 있다.56) 현대 사회에 새롭게 등장한 윤리문제들, 특히 과학기술, 정보기술, 문화다양성, 국제분쟁 등은 새롭게 등장한 것으로 동양윤리에서 이론과 학자들의 관점들을 찾기가 쉽지 않다. 무리하기 찾더라도 그것이 제대로 된 의미를 찾을 수 있을지 장담하지 쉽지 않다. 그럼에도 새로운 문제들에 대한 동양윤리의 고민과 성찰은 지속되고 있다.57) 이와 같은 동양윤리의 학문적 결과들을 적극 수용할 필요가 있다.

2. 성찰을 통한 탐구와의 균형 모색

앞으로 기술 발전으로 지식 습득의 편이성과 평등화가 실현될 것이지만, 교육의 제 역할을 수행하지 못하면 불평등이 심화되고, 인간은 기계에 조종당하는 상황이 올 수도 있다. '생활과 윤리'에서는 동양윤리의 자아 성찰

---

55) 참고할 연구들은 다음과 같다. 이정훈, "소극적 안락사, 법과 종교의 경계에 선 성찰 - 불교생명윤리를 중심으로 - ", 『법철학연구』 제12집(서울: 법철학연구회, 2009), pp.89~120. 박병기, "불교 생명윤리에 근거한 삶의 찾기와 자살 문제", 『윤리교육연구』 제31집(부산: 한국윤리교육학회, 2013), pp.47~64. 하유진, "불교에서 보는 생명의 탄생과 죽음의 문제", 『생명연구』 제12집(서울: 서강대학교 생명문화연구소, 2009), pp.1~13. 김세정, "생명공학 시대의 유교와 생명윤리", 『동서철학연구』 제30권(청주: 한국동서철학회, 2003), pp.309~336. 정륜, "도가의 생명존중사상", 『범한철학』 제35집(전주: 범한철학회, 2004), pp.307~328.

56) 이천승, "음양감응을 통해 본 유교의 자연과 인간에 대한 이해", 『동양철학연구』 제54집(서울: 동양철학연구회, 2008), pp.105~129. 조용길, "불교의 생명그물과 생태환경 윤리관의 인드라망", 『한국불교학』 제36집(서울: 한국불교학회, 2004), pp.207~274. 박이문, "도가사상의 현대적 해석: 자연과 문화", 『도교학연구』 제8권(서울: 한국도교학회, 1991), pp.91~93. 김갑수, "도가사상의 페미니즘적 전망", 『시대와 철학』 제18권 제2호(서울: 한국철학사상연구회, 2007), pp.7~47.

57) 예를 들면, "동양철학의 관점에서 본 환경의 문제"(한국환경철학회 2015년 동계학술대회, 2015년 12.18), "한국사회와 분노 그리고 불교"(『불교평론』, 2016년 가을 학술심포지엄) 등 유교와 불교에서는 새롭게 등장한 현대사회문제에 대한 동양철학적 대안모색 노력들이 지속되고 있다.

에 초점을 두고 인간의 본질에 대한 성찰, 인간다움에 대한 각성과 회복을 위한 노력에 힘써야 할 필요가 있다. 동양적 대안 탐색이 지니는 의미는 '생활과 윤리'의 탐구의 성격을 도덕적 성찰의 관점에서 보완하여 균형을 유지하는 의미도 있다. '생활과 윤리'의 탐구적 성격은 [표 7]의 수능문제에서 잘 드러난다. 이러한 탐구는 현대 사회 문제와 쟁점들에 대한 이론은 물론 접근 및 해결 방법의 모색에서 이루어진다.

고등학교 '윤리와 사상'의 내용은 주로 사상에 대한 이론적 탐구와 윤리적 성찰을 중심으로 이루어졌다. 최근 사회탐구에서 한국사가 필수로 되면서 '윤리와 사상' 선택 비율이 낮아져 과거 '윤리와 사상'과 '생활과 윤리'를 병행 선택하는 비율이 낮아지고 있다. 이에 따라 '윤리와 사상'의 윤리적 성찰의 내용과 방법을 현대 윤리 관점에서 '생활과 윤리'에 포함시킬 필요가 있다. 현대 윤리 문제에 대한 수양 방법을 제시하고, 주요 핵심 개념들을 통해 인간 주체가 어떻게 변화하여 대상과의 관계를 변화시킬 수 있는지에 대해 다룰 필요가 있다. '생활과 윤리'에서 윤리적 탐구와 더불어 윤리적 성찰을 강조하는 것은 자아 성찰을 토대로 관계성을 인식하여 동양의 유기체적 세계관을 이해하게 하고자 함이다. 이를 바탕으로 동양과 서양, 이성과 감성, 창의성과 인성의 조화를 모색할 수 있기 때문이다.

탐구(探究)란 문제에 대해 분석적이고 논리적으로 접근함으로써 해결 방안을 찾는 방법적 의미를 지닌다. '생활과 윤리'에서 윤리적 탐구는 윤리 문제에 대한 합리적 해결을 위한 분석적이고 논리적인 과정을 전제하고 대안을 모색한다. 그것은 윤리 문제를 하나의 대상으로 놓고 윤리적 주체인 인간이 그 대상을 어떻게 다룰지를 전제로 하는 것이다. 반면 윤리적 성찰은 윤리 문제를 대상으로 놓기보다 윤리적 주체인 나를 중심으로 문제를 어떻게 해결할지 어떻게 접근하고 해결을 모색한다는 점에서 차이가 있다. 탐구가 대상인 문제 중심인 반면, 성찰은 주체인 인간 중심이다. 즉 전자가 대상을 분석하여 객관적인 해결 방안을 통해 윤리 문제와의 관계를 정립하고자 하는 것이라면, 후자는 주체의 관점과 인식의 변화를 통해 윤리 문제와의 관계를 정립하고자 한다.

필자의 이러한 관점은 '생활과 윤리'의 접근 경향에 대한 것이며 동의하지 않을 수도 있다. 왜냐하면 서양윤리에 성찰이 없는 것도 아니고 동양윤리에 탐구가 없는 것도 아니기 때문이다. 최근 응용윤리에서도 주체의 인식 변화와 성찰을 강조하고 있으며, 동양윤리에서도 인간의 심성에 대한 탐구를 게을리 하지 않을 정도로 탐구가 존재하였다. 이와 관련하여 조선 성리학의 3대 논쟁, 태극논쟁, 사단칠정논쟁, 호락논쟁을 통하여 토론과 탐구의 사상적 경향을 파악하게 할 수 있다.

동양윤리가 서양윤리와 비교하여 가장 큰 차이는 수양(修養) 혹은 수행(修行)에서 드러나는데, 이는 주체와 대상을 분리시키지 않고 주체의 변화를 통해 대상의 변화를 모색하는 것이 큰 특징이며 이는 동양의 유기체적 세계관에 근거한다. 이러한 유기체적 세계관은 자연과 환경에 대한 총체적 이해를 넘어, 개인의 수양과 수행을 통해 실천과 연계되어 사회를 변화시키는 동인으로 작용되기도 한다. 이런 점에서 동양의 유교적 명상, 도가적 명상, 불교적 명상을 통한 수양과 수행은 많은 연구들이 시도되고 있는데[58], 윤리적 성찰의 한 방법으로 적극적으로 도입하여 활용할 필요가 있다. 새로운 윤리적 문제들에 대한 동양윤리의 접근은 오히려 실천 방안에서 의미를 찾을 수 있기 때문이다. 유교의 신독(愼獨), 성(誠), 경(敬), 충서

---

58) 참고할 논문은 다음과 같다. 이필원, "초기불교의 호흡 명상법에 대한 고찰", 『불교학연구』 제47권(김포: 불교학연구회, 2016), pp.109~134. 한자경, "불교의 명상과 서양의 명상인지치료(MBCT)", 『명상심리상담』 제3권(서울: 한국명상상담학회, 2009), pp.74~107. 안지영·김종욱, "불교 명상을 통한 심신치유의 뇌과학적 이해", 『불교연구』 제41권(서울: 한국불교연구원, 2014), pp.447~479. 박승현, "노자철학에 있어서 명상과 치유", 『유교사상문화연구』 제63집(서울: 한국유교사상문화학회, 2016), pp.197~221. 안진경, "한국선도 현대단학의 명상법 - 지감(止感)명상과 자아성찰명상을 중심으로 - ", 『선도문화』 제11권(천안: 국제뇌교육종합대학원 국학연구원, 2011), pp.287~319. 정은해, "양명의 수양론의 명상론적 의미", 『양명학』 제37집(충남: 한국양명학회, 2014), pp.5~31.

(忠恕) 등의 수양 원리는 물론 불교의 팔정도와 자비(慈悲)와 명상 등의 수행 방법은 개인의 윤리적 성찰을 통한 인식 변화를 가능하게 해준다. 도가의 무위자연과 좌망(坐忘), 심재(心齋), 제물론(齊物論) 등도 사물 대상을 관조하면서 조화를 추구한다. 이러한 방법들은 응용윤리의 구조적 해결 방안에 더하여 생명 윤리, 가족 윤리, 환경 문제, 직업윤리 등에서 해결 방안과 시사점을 제시해줄 수 있을 것이다.

V. 맺음말

지금까지 미래를 대비하여 도덕과 고등학교 '생활과 윤리'의 역사, 내용에 대한 분석을 동양윤리교육에 초점을 두고 논의해 보았다. 미래학자들에 의하면 미래 변화의 속도는 물론 추세를 변경하기도 쉽지 않아 보인다. 그 변화가 인간의 행복을 보장해준다고 보기도 어렵다. 인간 평균 수명이 130세를 넘고 1인 가구의 증가로 일자리가 축소되어 외롭고 가난한 노후를 보내는 등 미래의 행복을 장담하기가 어렵다는 것이다. 제4차 산업혁명으로 요약되는 미래의 방향은 인간에 의해 이루어진다. 새로운 기술, 새로운 정보, 새로운 해결책을 만들어 내는 능력이 인류의 노력에 달렸다. 심지어 특이점 이후 예측이 불가능한 미래의 결과도 인간에 달려 있다는 점은 교육적으로는 긍정적이고 고무적이라 할 수 있다.

사회 변화를 목도하며 사람들의 인식이 변화하고 있다. 더 이상 학벌과 지식 중심의 교육만으로는 다가올 사회에 대응하기 어렵다는 것을 깨닫기 시작하였기 때문이다. 이제 교육은 새로운 국면에 접어들고 있으며 혁신도 이러한 방향에서 이루어져야 한다. 2015 교육과정이 학생들의 꿈과 끼를 길러주는 방향은 미래사회를 대비하여 타당하다. 꿈은 희망이요 감성 자극을 통한 정서적 상상력의 실현이며, 끼는 개성이자 창의성이며 이를 통한 자신의 행복 추구이다. 개개인이 꿈과 끼를 펼칠 수 있는 사회를 위해 철저하게 대비하여 청소년들의 희망이 헛되지 않게 개성과 능력을 표출하면서도 인간다움을 잃지 않도록 해야 한다.

미래는 인간에게 달린 것이다. 그러나 지식의 반감기에서 보듯 이제 단순 지식은 의미가 없고, 집단 지성을 위한 능력이 요구되며 그것은 창의성과 인성이 핵심이다. 적응력(Adaptability), 상호성(Mutuality), 주체성(Subjectivity)은 개개인의 자아 성찰, 변화하는 사회에 적응하고 새로운 관계에 조화하고 공존하기 위해 중요한 요소들이다. 새로운 사회의 변화 추세를 파악하여 미래에 발생할 사회적 윤리 문제에 대응할 지적 안목과 통찰력을 키우는 것은 적응력에 포함된다. 또한 새로운 변화에서 만나게 될 다양한 대상들과의 관계성을 인식하여 조화를 추구하는 것은 상호성에 포함된다. 기계와 인간, 자연과 인간, 새로운 세상 변화와의 관계성 속에서 인간의 주체성을 지니면서 종속적인 역할이 아닌 주도적인 주체가 되기 위해 사유하고 성찰하는 자세도 요구된다.

'생활과 윤리' 교과는 현실의 윤리 문제를 다루며, 미래사회에 더욱 각광받을 교과일 뿐만 아니라 새로운 윤리 문제에 대응하고 대안을 탐색하는 데 필수가 될 것이다. '생활과 윤리'에서 추구하는 방향은 창의적 혁신과 인간다움의 조화이다. 특히 동양윤리 내용을 보완함으로써 인간다움에 대한 성찰이 필요한 이유는 윤리 문제와 쟁점 해결에 필수적인 합리적이고 논리적인 탐구를 보완하기 위함이다. 문제의 원인을 분석하고 논리적 접근을 통해 해결책을 제시하는 것은 기본이며, 그 과정에서 동양윤리의 성찰적 역할에 주목하지 않으면 안 된다. 인간 자체에 대한 성찰과 인식 전환을 위한 동양윤리의 접근은 실천을 위한 전제로 필수적이기 때문이다. 동양윤리의 자아성찰과 유기체적 세계관과 수양론은 새롭고 다양한 윤리적 문제들에 대한 중요한 대안과 시사점을 줄 수 있다는 점에서 '생활과 윤리'에 적극 도입하여 응용윤리의 접근과 조화될 수 있도록 해야 한다.

오히려 급변하는 미래에 직면할 인간의 정체성과 철학적 고민에 대한 답은 동양윤리에 있을 수도 있기 때문이다.

이를 위해 동양윤리 내용과 관련해서는 관련학회의 적극적인 노력이 필요하다. 최근 이루어지는 현대문제에 대한 동양적 접근들을 정리하고, '생활과 윤리'에 포함되어야 할 내용 체계를 학문지식 관점에서 기준을 설정하여 정리해줄 필요가 있다. 이전에 동양윤리 내용이 축소되고 최소화된 이유도 이러한 학문적 노력들이 부족했기 때문이다. 즉 연구의 부족이 아니라, 연구와 교육을 연계시켜 구체적인 교과 지식으로 구성하려는 노력이 부족하였다는 말이다. 따라서 급변하는 사회구조와 지식체계 가운데에서도 미래적 비전에 도움이 될 윤리적 성찰의 내용들을 동양윤리에서 구조화하여 구체화하여야 한다.

참고문헌

1. 원전 및 사전류

『잡아함경』, 『중아함경』, 『중론』, 『화엄경』, 『대반열반경』 『논어집주』

각묵스님 역, 『네 가지 마음 챙기는 공부: 대념처경(大念處經)과 그 주석서』(초
　　　기불전연구원, 2004).

각묵스님 역, 『디가 니까야 1-3』(울산: 초기불전연구원, 2006).

각묵스님 역, 『부처님의 마지막 발자취』(초기불전연구원, 2007).

각묵스님 역, 『상윳따 니까야 1-6』(초기불전연구원, 2009).

고려출판사편집부 편, 『세계철학대사전』(고려출판사, 1996).

곽철환 편저, 『시공 불교사전』(서울: 시공사, 2003).

김승동 편저, 『불교사전』(서울: 민족사, 2011).

대림스님 역, 『들숨 날숨에 마음챙기는 공부』(초기불전연구원, 2009).

대림스님 역, 『맛지마 니까야 1-4)』(울산: 초기불전연구원, 2012).

대림스님 역, 『앙굿따라 니까야 1-6』(울산: 초기불전연구원, 2006).

대림스님 역, 『청정도론 1-3』(초기불전연구원, 2004).

대림스님·각묵스님 역, 『아비담마 길라잡이』(상/하)(울산: 초기불전연구원, 2002).

돈연 역, 불전간행회 편, 『아함경 1』(민족사, 2010).

돈연 역, 불전간행회 편, 『아함경 2』(민족사, 2012).

민족문화추진회 역, 『국역 완당전집 I ~ III』(서울: 솔, 1996).

서정범, 『국어어원사전』(보고사, 2003).

양돈규, 『심리학사전』(박학사, 2013).

역경위원회 역, 『한글대장경 본생경 1-5』(서울: 동국대학교 부설 동국역경원, 1988).

이희승 편저, 『국어대사전』(서울: 민중서림, 1994).

정태혁 역주, 『부처님의 호흡과 명상 I : 불설대안반수의경(佛說大安般守意經)
　　　권상(卷上) 및 입출식염경(入出息念經) 풀이』(정신세계사, 2008).

정태혁 역주, 『부처님의 호흡과 명상 II : 불설대안반수의경(佛說大安般守意經)
　　　권하(卷下) 및 입출식염경(入出息念經) 풀이』(정신세계사, 2009).

지관 편저 『가산불교대사림 9』(가산불교문화연구원, 2007).

지관 편저, 『가산불교대사림 10』(서울: 가산불교문화연구원, 2008).
지관 편저, 『가산불교대사림 12』(서울: 가산불교문화연구원, 2010).
지관 편저, 『가산불교대사림 1』(가산불교문화연구원, 1998).
지관 편저, 『가산불교대사림 5』(가산불교문화연구원, 2003).
한국불교대사전편찬위원회 편, 『한국불교대사전』(명문당, 1995).
한국철학사상연구회 편, 『철학대사전』(동녘, 1997).

2. 단행본류

각묵 스님, 『금강경 역해』(서울: 불광출판사, 1991).
각묵 스님a, 『초기불교의 이해』(울산: 초기불전연구원, 2013).
각묵 스님b, 『초기불교입문』(서울: 이솔, 2014).
거해 스님, 『위빠사나 수행의 길』(샘이깊은물, 2003).
고영섭, 『불교경전의 수사학적 표현』(서울: 경서원, 1996).
교양교재편찬위원회 편, 『불교와 인간』(서울: 동국대학교출판부, 2006).
교양교재편찬위원회 편, 『불교학개론』(동국대학교출판부, 1992).
금장태, 『한국유교의 이해』(서울: 민족문화사, 1989).
길희성, 『인도철학사』(서울: 민음사, 1997).
김성철, 『100문 100답』(서울: 불광출판사, 2009).
김신곤·김봉규, 『불맥: 한국의 선사들』(서울: 우리출판사, 2005).
김영균, 『교수법에 길을 찾다』(상상채널, 2012).
김용규, 『설득의 논리학』(서울: 웅진지식하우스, 2009).
김용옥, 『금강경강해』(서울: 통나무, 1999).
김용표, 『포스트모던시대의 불교와 종교교육』(서울: 정우서적, 2010).
김진무, 『중국불교사상사』(서울: 운주사, 2015).
김현준, 『사찰, 그 속에 깃든 의미』(서울: 효림, 1997).
김호귀 역, 『육조대사법보단경』(서울: 한국학술정보, 2015).
나인호, 『개념사란 무엇인가』(서울: 역사비평사, 2013).
대원 지음, 『불전설화와 유아교육』(서울: 불광출판사, 1996).
대한불교조계종 포교원, 『불교사의 이해』(조계종출판사, 2005).
대한불교조계종 포교원, 『불교의 이해와 신행』(조계종출판사, 2006).

무비 역해, 『금강경 오가해』(서울: 불광출판사, 2005).

미산 외 5인, 『마음, 어떻게 움직이는가』(서울: 운주사, 2009).

박동환, 『서양의 논리, 동양의 마음』(서울: 까치, 1987).

박병기, 『의미의 시대와 불교윤리』(서울: 씨아이알, 2013).

박병기·추병완, 『윤리학과 도덕교육』(서울: 인간사랑, 1996).

박 석, 『박석 교수의 명상 길라잡이』(도솔, 2001).

박 석, 『하루 5분의 멈춤』(예담, 2007).

박영숙·제롬글렌 외 지음, 『유엔미래보고서 2045』(파주: 교보문고, 2015).

박영숙·제롬글렌 외 지음, 『유엔미래보고서 2050』(파주: 교보문고, 2016).

법 륜, 『금강반야바라밀경: 법륜스님의 금강경 강의』(서울: 정토출판, 2013).

변종헌, 『남북한 관계와 한반도 통일: 성찰과 논의』(인간사랑, 2014).

불교교재편찬위원회, 『불교사상의 이해』(불지사, 1992).

석지현, 『불교를 찾아서』(서울: 일지사, 1990).

성본 스님 강설, 『깨지지 않는 법, 금강경』(서울: 민족사, 2014).

용타 스님, 『10분 해탈』(불광출판사, 2008).

용타 스님, 『마음: 알기·다루기·나누기』(대원사, 2011).

유홍준, 『김정희』(서울: 학고재, 2006).

유홍준, 『완당평전1~3』(서울: 학고재, 2002).

이대성, 『영어로 생각하는 금강경』(광주: 향림출판사, 2004).

이석호, 『고대·중세 서양윤리사상사』(서울: 서광사, 2009).

이성호, 『교수방법의 탐구』(서울: 양서원, 1993).

이영돈, 『KBS 특별기획 다큐멘터리: 마음』(예담: 2006).

이중표 역해, 『니까야로 읽는 금강경』(서울: 민족사, 2016).

이중표, 『근본불교』(민족사, 2003).

장승희, 『도덕교육, 그 성찰과 모색』(파주: 양서원, 2013).

장승희, 『유교와 도덕교육의 만남』(제주: 제주대학교출판부, 2014).

전현수, 『정신과 의사가 붓다에게 배운 마음치료 이야기』(서울: 불광출판사, 2010).

전현수, 『정신과 의사의 체험으로 보는 사마타와 위빠사나』(서울: 불광출판사, 2015).

정보통신정책연구원, 『컨버전스 시대의 한국사회 메가트렌드 연구』(서울: 정보통신정책연구원, 2018).

정성본, 『선의 역사와 사상』(서울: 불교시대사, 1994).

정의행, 『한국불교통사: 우리 민중불교사의 복원』(서울: 한마당, 1991).

정태혁, 『명상의 세계』(정신세계사, 2004).
정화 풀어씀, 『금강경』(서울: 법공양, 1998).
지운 외, 『영성과 명상의 세계』(전남대학교출판부, 2009).
최재석, 『한국인의 사회적 성격』(서울: 현음사, 1994).
최준식, 『한국의 종교, 문화로 읽는다』(서울: 사계절, 1998).
최항섭 외 3인, 『미래 시나리오 방법론 연구』(서울: 정보통신정책연구원, 2005).
최흥순, 『비교철학연구』(서울: 서광사, 1995).
한국고용정보원, 『미래의 직업 연구 보고서』(서울: 한국고용정보원, 2013).
한국정보화진흥원, 『성공적 공공 정책 수립을 위한 미래전략 연구 방법론 version 1.0
    － 적용사례: 2015 사회위험 변화전망 － 』(서울: 한국정보화진흥원, 2019).
한국정보화진흥원, 『한국사회의 15대 메가트렌드』(서울: 한국정보화진흥원, 2010).
한상길, 『조선후기 불교와 사찰계』(서울: 경인문화사, 2006).
한자경, 『동서양의 인간 이해』(서울: 서광사, 2001).
한자경, 『명상의 철학적 기초』(이화여자대학교출판부, 2008).
한자경, 『불교의 무아론』(서울: 이화여자대학교출판부, 2006).
한자경, 『불교철학의 전개: 인도에서 한국까지』(예문서원, 2008).
허성준, 『수도 전통에 따른 렉시오 디비나 Ⅰ』(분도출판사, 2009).
허성준, 『수도 전통에 따른 렉시오 디비나 Ⅱ』(분도출판사, 2012).
혜봉, 『삶을 바꾸는 5가지 명상법』(불광출판사, 2003).
호진, 『무아·윤회 문제의 연구』(서울: 불광출판사, 2015).
EBS '학교란 무엇인가' 제작팀, 『학교란 무엇인가』(서울: 중앙북스, 2012).

3. 번역서 및 외국자료

Adam Smith, 박세일·민경국 공역, 『도덕감정론』(*The Theory of Moral Sentiments*, 1790)(서울: 비봉출판사, 1996).
Antonio Damasio, 임지원 역, 김종성 감수, 『스피노자의 뇌: 기쁨·슬픔·느낌의 뇌과학』(*Looking for Spinoza: joy sorrow and the feeling brain*)(사이언스북스, 2007).
Carl Edward Sagan, 임지원 역, 『에덴의 용』(서울: 사이언스북스, 2006).
Chatterjee, S. C.·Datta, D. M., 김형준 역, 『학파로 보는 인도 사상』(*An Introduction*

to Indian Philosophy)(예문서원, 1999).

Darrin M. NMcMahon, 윤인숙 역, 『행복의 역사』(*Happiness: A History*, 2006)(서울: 살림, 2008).

David Christian·Bob Bain, 조지형 역, 『빅 히스토리』(*Big History*)(서울: 해나무, 2013).

David J. Kalupahana, 김종욱 역, 『불교철학의 역사: 연속과 불연속』(*A HISTORY OF BUDDHIST PHILOSOPHY: Continuities and Discontinuities*, University Of Hawaii Press, 1992)(운주사, 2008).

David R. Hawkins, 문진희·김명권 역), 『의식 수준을 넘어서』(*Transcending the Levels of Consciousness: The Stairway to Enlightenment*, Arisona: Veritas Publishing)(판미동, 2009).

David R. Hawkins, 백영미 역, 『의식혁명: 인간행동의 숨은 결정자』(*POWER VS. FORCE: The Hidden Determiants of Human Behavior*, Arisona: Veritas Publishing)(판미동, 2011).

Frederick J. Streng, 남수영 역, 『용수의 공사상 연구』(*Emptiness: A Study in Religious Meaning*, New York: Abingdon Press, 1967)(서울: 시공사, 1999).

George E. Vaillant, 이덕남 역, 『행복의 조건』(*Aging Well*, 2002)(서울: 프런티어, 2001).

Georges Bataille, 조한경 역, 『저주의 몫』(*La part maudite*, 1967)(서울: 문학동네, 2011).

Harald Willenbrock, 배인섭 역, 『행복경제학』(*Das Dagobert-Dilemma*, 2006)(서울: 미래의 창, 2007).

Jack Kornfield, 추선희 역, 『처음 만나는 명상 레슨』(*Meditation For Beginners*)(불광출판사, 2011).

James W. Kalat, Michelle N. Shiota, 민경환 외 역, 『정서심리학』(*Emotion*, 2007)(서울: 시그마프레스, 2007).

John Kabat-Zinn, 안희영 역, 『존 카밧진의 처음 만나는 마음챙김 명상』(*Mindfulness for beginners*)(불광출판사, 2012).

John Kabat-Zinn, 장현갑 외 역, 『마음챙김 명상과 자기치유』(上·下)(Full Catastrophe Living)(학지사, 2005).

Karen Armstrong, 정영목 역, 『축의 시대』(*The Great Transformation : The World in time of Buddha, Socrates, Confucius and Jeremiah*, 2006)(서울: 교양인, 2010).

Ken Wilber, 조효남 역, 『감각과 영혼의 만남』(*The Marriage of Sense and Soul*)(범

양사, 2007).

Martin Buber, 표재명 역, 『나와 너』(*Ich und Du, Heidelberg: Verlag Lambert Schneider*, 1954)(서울: 문예출판사, 2004).

Martin E. P. Seligman, 김인자 역, 『긍정심리학』(*Authentic Happiness: Using the New Positive Psychology to Realize Your Potential for Lasting Fulfillment*)(물푸레, 2006).

Philippe van den Bosch, 김동윤 역, 『행복에 관한 10가지 철학적 성찰』(*La Philosophie Et Le Bonheur*, 1997)(서울: 자작나무, 1999).

Richard E. Nisbett, 최인철 역, 『생각의 지도』(*The Geography of Thought*)(서울: 김영사, 2004).

Robert B. Cialdini, 이현우 역, 『설득의 심리학』(*Influence: Science and Practice*, 2001)(서울: 21세기북스, 2003).

Robert L. Arrington, 김성호 역, 『서양윤리학사』(*Western Ethics: An Historical Introduction*: Blackwell Publishers Ltd., 1998)(서울: 서광사, 2006).

Samuel Arbesman, 이창희 역, 『지식의 반감기』(서울: 책 읽는 수요일, 2014).

Stefan Klein, 김영옥 역, 『행복의 공식』(*The Science of Happiness*, 2002)(서울: 웅진지식하우스, 2006).

Thich Nhat Hanh, 김은희 역, 『기도: 당신과 당신이 사랑하는 모든 것을 지키는 힘』(*THE ENERGY OF PRAYER*)(명진출판, 2006).

Yuval Noah Harari, 조현욱 역·이태수 감수, 『사피엔스』(*Sapiens: A Brief History of Humankind*, 2011)(서울: 김영사, 2015).

南懷瑾, 신원봉 역, 『금강경 강의』(서울: 부키, 2008).

渡邊文麿, 김한상 역, 『니까야와 아비담마의 철학과 그 전개』(서울: 동국대학교 출판부, 2014).

마스다니 후미오, 반영규 역, 『붓다, 그 생애와 사상』(서울: 대원정사, 1987).

小池龍之介, 양영철 역, 『화내지 않는 연습』(21세기북스, 2011).

小池龍之介, 유윤한 역, 『생각 버리기 연습』(21세기북스, 2010).

쇼펜하우어, 김재혁 역, 『논쟁에서 이기는 38가지 방법』(서울: 고려대학교 출판부, 2007)

安藤 治, 김재성 역, 『명상의 정신의학』(민족사, 2009).

양훼이난 지음, 원필성 역, 『불교사상사』(서울: 정우서적, 2008).

와타나베 후미마로, 김한상 역, 『니까야와 아비담마의 철학과 그 전개』(서울: 동국대학교 출판부, 2014).

塚本啓祥 외 공저, 박태원·이영근 역,『불교의 역사와 기본사상』(대원정사, 1989).
파아옥 또야 사야도 지음, 정명 스님 역,『업과 윤회의 법칙』(*The Working of Kamma*, 2007)(서울: 향지, 2009).

4. 논문자료

고영섭, "연기철학 서설 -『반야심경』과『금강경』의 연기철학적 기반 - ",『석림』 제33집(서울: 동국대학교 석림회, 1999).
고준석, "명상기법의 역사성",『인문학연구』제32집(조선대학교 인문학연구원, 2004), pp.133~151.
구사회, "實學과 佛敎의 交涉- 秋史 金正喜를 중심으로",『불교어문논집』제2집 (한국불교어문학회, 1997), pp.177~193.
구사회, "추사 김정희의 문학과 불교적 수용",『어문연구』제22권 제4호(한국어문교 육연구회, 1994), pp.652~663.
국승규, "알파파 상태(일명 정신통일 상태)에서 나타나는 기도 또는 명상 효과에 관한 연구",『원광인체과학회지』제11권 제1호(원광대학교 인체과학연 구소, 2010), pp.32~46.
권경희, "잡아함경에 나타난 부처님의 상담사례 연구",『보조사상』제18집(보조사상 연구원, 2002).
김갑수, "도가사상의 페미니즘적 전망",『시대와 철학』제18권 제2호(서울: 한국철학 사상연구회, 2007).
김규선, "새로 발굴된 - 추사 김정희의 암행보고서",『한민족문화연구』제38권(한 민족문화학회, 2011), pp.57~77.
김미영, "마음챙김명상을 활용한 정서안정감 증진 프로그램 개발",『시민인문학』 제22권(경기대학교 인문과학연구소, 2012), pp.1~20.
김선근, "『금강경』의 현대적 재해석",『한국교수불자연합학회지』제16권2호(서 울: 사단법인 한국교수불자연합회, 2010).
김선숙, "명상의 의의와 학문에의 연계성",『한국정신과학학회 춘계학술대회 논 문집』(한국정신과학회, 2012), pp.115~131.
김세정, "생명공학 시대의 유교와 생명윤리",『동서철학연구』제30권(청주: 한국 동서철학회, 2003).

김수아, "붓다의 대화법과 『능가경』에 나타난 무기설의 특징", 『종교와 문화』 제 22호(서울대학교 종교문제연구소, 2012).

김영두, "草衣意恂의 禪思想과 茶道精神", 『보조사상』 제26권(보조사상연구원, 2006), pp.357~382.

김영태, "도덕과 내용구성에서의 세계윤리와 종교", 한국도덕과교육학회 엮음, 『도 덕과 교육론』(서울: 교육과학사, 2001).

김용환, "명상의 세계윤리적 가치", 『한국교수불자연합학회지』 제16권 제1호(사 단법인 한국교수불자연합회, 2010), pp.117~145.

김재성, "위빠사나 수행의 현대적 위상", 『한국선학』 제26호(한국선학회, 2010), pp.299~359.

김정호, "인지과학과 명상", 『인지과학』 제4권 제2호(한국인지과학회, 1994), pp.53~84.

김정호a, "마음챙김 명상의 안과 밖의 문제", 『사회과학연구』 제10권(덕성여자대 학교 사회과학연구소, 2004), pp.143~155.

김정호b, "마음챙김명상의 유형과 인지행동치료적 함의", 『인지행동치료』 제4권 제2호(한국인지행동치료학회, 2004), pp.27~44.

김정호c, "마음챙김이란 무엇인가: 마음챙김의 임상적 및 일상적 적용을 위한 제언", 『한국심리학회지: 건강』 제9권 제2호(한국심리학회, 2004), pp.511~538.

김한상, "불교의 카르마(Karma 業). 명상심리치료에 대한 고찰"에 대한 논평문, 한국불교학회 학술발표논문집(한국불교학회, 2015).

김형중, "초중등학교 도덕·윤리·국사·철학 교과서에 나타난 불교 관련 내용의 오류", 『교육연구』 제42집(성신여자대학교 교육문제연구소, 2007), pp.79~96.

김호귀, "『금강경』과 선종에 나타난 부처의 개념 및 불신관", 『한국불교학』 제76 집(서울: 한국불교학회, 2015).

김홍석, "명상, 요가 및 국선도 수련 참가 청소년의 자아효능감과 학교생활적응과의 관 계", 『한국체육과학회지』 제15권 제4호(한국체육과학회, 2006), pp.213~226.

김회용, "어린이 철학교육의 방법론 및 도덕교육에의 활용", 『초등교육연구』, 제 15집 제2호(서울: 한국초등교육학회, 2002).

남궁 선, "공업(共業). 사상의 연원과 사회실천적 전개", 『선문화연구』 제9집(한 국불교선리연구원, 2010).

남수영, "중관학파와 삼론학파의 연기설과 중도설: 용수, 청목, 월칭, 길장을 중심 으로", 『불교학연구』 제38호(불교학연구회, 2014).

류호선, "추사 김정희의 불교시 연구", 『한국불교학』 제46집(한국불교학회, 2006), pp.523~552.

박 석, "종교와 명상에 있어서의 주관성과 객관성의 문제", 『한국정신과학학회 춘계학술대회 논문집』(한국정신과학회, 1998), pp.28~36.

박미순, "불교초기경전에 나타난 불타의 대화법에 관한 교육학적 연구"(동국대학 교 교육대학원 철학교육전공 석사학위논문, 1991).

박병기, "불교 생명윤리에 근거한 삶의 의미 찾기와 자살 문제", 『윤리교육연구』 제31집(한국윤리교육학회, 2013.08), pp.47~64.

박병기, "중·고등학교 도덕(윤리)과 교과서 개발 방향: 고등학교 선택과목 '윤리 와 사상' 교과서 개발을 중심으로", 『윤리철학교육』 제6집(윤리철학교육 학회, 2006), pp.19~37.

박성현, "위빠싸나 명상, 마음챙김, 그리고 마음챙김을 근거로 한 심리치료", 『인 지행동치료』 제7권 제2호(한국인지행동치료학회, 2007), pp.83~105.

박승현, "노자철학에 있어서 명상과 치유", 『유교사상문화연구』 제63집(서울: 한 국유교사상문화학회, 2016).

박이문, "도가사상의 현대적 해석", 『도교학연구』 제8권(서울: 한국도교학회, 1991).

박재연·권영구, "불교에서는 생사(生死)를 어떻게 보고 있나?", 『문학/사학/철학』 47(한국불교사연구소, 2016).

박재주, "제7차 교육과정에서의 중등학교 도덕과 교과서에 나타난 전통윤리교육 내 용에 관한 비판적 연구", 『윤리교육연구』 제7집(한국윤리교육학회, 2005), pp.97~125.

박재현, "조선후기의 선(禪) 논쟁에 내포된 원형지향성", 『불교학연구』 제7권(불 교학연구회, 2003), 149~181.

배문규, "고등학교 교과서 『윤리와 사상』을 통해서 본 한국윤리의 개선방안 연 구", 『윤리교육연구』 제10집(한국윤리교육학회, 2006), pp.43~66.

배문규, "고등학교 윤리 교과서와 대학수학능력시험에 서술된 동학윤리사상 검 토: 동학과 유·불·도 관계를 중심으로", 『윤리교육연구』 제31집(한국윤 리교육학회, 2013), pp.189~212.

서경윤·박균열, "제7장 국제분쟁 관련 청소년 가치교육 방향: 고등학교 『윤리와 사상』 교과서를 중심으로", 『중등교육연구』 제21권(경상대학교 중등교 육연구소, 2009), pp.105~127.

석길암, "왜 지금 경전 번역을 말해야 하는가", 『불교평론』 65(서울: 불교평론사, 2016), pp.8~27.

석오진, "문화사적 관점에서의 업(業)과 과보(果報)의 관계", 『종교와 문화』 제19 권(서울대학교 종교문화연구소, 2010).

석오진, "최초기 불교 경전『테라가타』의 테라가타의 실존적 업론",『종교와 문화』제22호(서울대학교 종교문제연구소, 2012), pp.99~114.

선주선, "추사 김정희의 불교의식과 예술관 연구",『서예학연구』제55호(한국서예학회, 2004), 119~154.

손병욱, "명상교육을 활성화시키자",『선비문화』14(남명학연구원, 2008), pp.62~72.

신승환, "학문 이해의 역사와 존재해석학적 학문론",『인간연구』제11호(가톨릭대학교 인간학연구소, 2006), pp.250~282.

심경호, "추사 김정희의 서독(書牘)에 담긴 사유양식과 정신세계에 대한 일 고찰",『어문논집』제58집(민족어문학회, 2008)161~192.

안성두, "불교에서 업의 결정성과 지각작용 - 결정론을 둘러싼 논의에서 불교의 관점은 무엇인가? - ",『인도철학』제32집(인도철학회, 2012).

안옥선, "업설에 나타난 불교 생명관의 한 특징: 인간과 동물의 평등",『철학연구』89(대한철학회, 2004).

안지영·김종욱, "불교 명상을 통한 심신치유의 뇌과학적 이해",『불교연구』제41권(서울: 한국불교연구원, 2014)

안진경, "한국선도 현대단학의 명상법 - 지감(止感)명상과 자아성찰명상을 중심으로 - ",『선도문화』제11권(천안: 국제뇌교육종합대학원 국학연구원, 2011)

양순필, "추사 김정희의 제주유배언간 고",『어문연구』제8권 제3호(한국어문교육연구회, 1980), 347~361.

오헌석 외, "융합학문 어떻게 탄생하는가?",『교육문화연구』제43집(고려대학교 교육문제연구소, 2012), pp.51~82.

유홍준, "추사 김정희",『역사비평』1998년 겨울호(통권 45호)(역사비평사, 1998), pp.300~343.

윤건영, "통일교육의 철학적 기반에 관한 연구",『도덕교육의 본령과 활성화 방안』, 2014년 연합학술대회 자료집(한국초등도덕교육학회, 2014).

윤병수, "집중명상과 마음챙김명상이 뇌의 주의체계에 미치는 영향",『한국심리학회지: 건강』제17권 제1호(한국심리학회, 2012), pp.65~77.

윤승용, "최근 종교인구 변동과 그 의미",『불교평론』통권 69호(서울: 불교평론, 2017).

윤찬원, "고등학교 윤리 교과서에 나타난 도가·도교 윤리사상의 문제와 해결방안",『도교문화연구』제26권(한국도교문화학회, 2007), pp.263~294.

이 만, "종자설의 연원에 관한 연구 - 업사상을 중심으로 - ",『한국불교학』7(한국불교학회, 1982).

이거룡, "우빠니샤드와 초기불교에서 업과 윤회", 『불교학연구』 제29호(불교학연구회, 2011).

이동국, "한국 문인화의 원형 탐색미술세계 - 추사 김정희 <불이선란도(不二禪蘭圖)>를 중심으로", 『미술세계』 통권 363호(미술세계, 2015), pp.52~59.

이동환, "위빠사나 명상수련의 치유효과: 사야지 우 바 킨(Sayagyi U Ba Khin) 님의 전통에 따라 고엥까(S.N. Goenka) 선생님과 그의 제자 지도 법사들이 가르치는 방법에 따른 고찰", 『명상치료연구』 제5집(한국명상치료학회, 2010), pp.57~93.

이민혜 외, "의식에너지 단계와 명상법의 분류에 관한 연구", 『한국정신과학학회 춘계학술대회 논문집』(한국정신과학회, 2012), pp.99~108.

이병욱, "중국불교에 나타난 업(業)과 윤회(輪廻)의 두 가지 양상", 『불교학연구』 29(불교학연구회, 2011).

이영경, "고등학교 『윤리와 사상』 교과서에서 "한국윤리" 내용의 문제점과 개선방향", 『중등교육연구』 제53집 제3호(경북대학교 중등교육연구소, 2005), pp.323~346.

이유택, "어린이와 함께 철학하기: 어린이 철학의 가능성과 원칙에 관하여", 『철학연구』, 제86집(대전: 대한철학회, 2003).

이은주, "불교 명상(위빠사나) 수행의 현상학", 『철학과 현상학 연구』 제45집(한국현상학회, 2010), pp.29~74.

이은주, "위빠사나 명상 수행을 통한 공성의 이해", 『인도철학』 제28집(인도철학회, 2010), pp.29~63.

이정훈, "소극적 안락사, 법과 종교의 경계에 선 성찰 - 불교생명윤리를 중심으로 - ", 『법철학연구』 제12집(서울: 법철학연구회, 2009)

이종우, "고등학교 윤리교과서에 나타난 유학의 검토", 『교육연구』 제44집(성신여자대학교 교육문제연구소, 2008), pp.73~87.

이지연, "대학 교양수업의 현장체험학습 활용방안: 통일의식 제고를 위한 현장체험학습 사례를 중심으로", 『교양교육연구』 제7권 제5호(한국교양교육학회, 2013).

이천승, "음양감응을 통해 본 유교의 자연과 인간에 대한 이해", 『동양철학연구』 제54집(서울: 동양철학연구회, 2008).

이춘호, "종교명상의 유사성에 대한 연구", 『동서사상』 제5집(경북대학교 동서사상연구소, 2008), pp.23~54.

이필원, "초기불교의 호흡 명상법에 대한 고찰", 『불교학연구』 제47권(김포: 불교학연구회, 2016).

임승택, "업(karma) 개념의 형성과 발달 과정에 대한 고찰 - 제식주의에서부터 초
기불교까지", 『철학연구』 103(대한철학회, 2007).

임승택, "위빠사나 수행의 원리와 실제", 『불교연구』 제20집(한국불교연구원,
2004), pp.183~213.

임승택, "초기경전에 나타나는 궁극 목표에 관한 고찰', 『불교학연구』 19(불교학
연구회, 2008).

임윤정, "어린이 철학교육의 가능성과 방법론 고찰", 『동서철학연구』, 제44호(대
전: 한국동서철학회, 2007).

자현, "불교, '행복'을 말하는 종교", 『문학/사학/철학』, 제30권(서울: 한국불교사
연구소, 2012).

장승희, "'인성교육진흥법'에서 추구해야 할 인성의 본질과 인성교육의 방향", 『윤
리교육연구』 제37집(한국윤리교육학회, 2015), pp.75~104.

장승희, "고등학교 '전통윤리'에 대한 체계적 분석 및 평가", 『중등교육연구』 제
53집 제2호(경북대학교 중등교육연구소, 2005), pp.425~458.

장승희, "공자사상에서 정서교육의 해법 찾기", 『동양철학연구』 제61집(동양철학
연구회, 2010), pp.159~192.

장승희, "다산 정약용의 성(誠) 수양과 도덕교육", 『도덕윤리과교육』 제35호(한국
도덕윤리과교육학회, 2012), pp.79~104.

장승희, "도덕과 "동양윤리" 영역 교과지식의 재구조화 원리", 『도덕윤리과교육』
제30호(한국도덕윤리과교육학회, 2010), pp.51~84.

장승희, "동양윤리 영역 교과지식의 재구조화 원리", 『유교와 도덕교육의 만남』
(제주: 제주대학교출판부, 2013).

장승희, "명상을 활용한 청소년들의 심신조화 교육방법", 『윤리교육연구』 제40집
(부산: 한국윤리교육학회, 2016).

장승희, "중등학교 도덕과 교육과정의 동양윤리영역 분석: 2009 개정 교육과정을
중심으로", 『윤리연구』 제100호(한국윤리학회, 2015), pp.63~94.

장승희, "초기불교에 나타난 행복의 의미와 추구 방법: 니까야 경전을 중심으로",
『윤리연구』 제106호(한국윤리학회, 2016), pp.89~127.

장승희, "초기불교에서 마음의 구조와 붓다의 정서교육", 『윤리교육연구』 제39집
(한국윤리교육학회, 2016), 41~64.

장승희, "통일교육의 동양철학적 기초", 『유교와 도덕교육의 만남』(제주대학교출
판부, 2013).

장주희 외 3인, "시나리오 기법을 이용한 미래의 직업생활 분석: 직업교육 관점
　　을 중심으로", 『직업교육연구』 제32권 제4호(부산: 한국직업교육학회,
　　2013).
전병철, "고등학교 윤리 교과서 '삼법인' 서술에 관한 문제점", 『중등 우리교육』
　　통권 제112호(우리교육, 1999), pp.161~163.
정　류, "도가의 생명존중사상", 『범한철학』 제35집(전주: 범한철학회, 2004).
정은해, "양명의 수양론의 명상론적 의미", 『양명학』 제37집(충남: 한국양명학회,
　　2014).
정준영, "나라고 할 만한 것이 있는가", 권석만 외 6인, 『나, 버릴 것인가 찾을
　　것인가』(서울: 운주사, 2008).
정준영, "사마타(止)와 위빠사나(觀)의 의미와 쓰임에 대한 일고찰", 『불교학연구』
　　제12호(불교학연구회, 2005), pp.521~552.
정호영, "『금강경』의 즉비(卽非)의 논리", 『인문학지』 제25권(청주: 충북대학교
　　인문학연구소, 2002).
정후수, "추사 김정희와 북경 법원사", 『한성어문학』 제24집(한성대학교 한성어
　　문학회, 2005), pp.25~43.
조성택, "법과 업: 초기 불교의 사회 철학적 이해를 위한 시론", 『한국불교학』
　　34(한국불교학회, 2003).
조용길, "불교의 생명그물과 생태환경 윤리관의 인드라망", 『한국불교학』 제36집
　　(서울: 한국불교학회, 2004).
조용길, "업(karma)사상의 현대적 고찰", 『한국불교학』 33(한국불교학회, 2003).
조용길, "업(karma)에 대한 고찰", 『한국불교학』 5(한국불교학회, 1980).
최영효, "초기불교를 중심으로 한 불교의 심리치료적 활용의 세 관점"(서울불교
　　대학원대학교 불교학과 석사학위논문, 2010).
최일범, "백파선사 - 삼종선 논쟁을 일으킨 종문의 거인", 불교신문사 편, 『한국
　　불교인물사상사』(서울: 민족사, 1990), pp.372~381.
최훈동, "정신치료와 불교: 유식불교와 위파사나의 명상을 중심으로", 『과학사상』
　　제39호(범양사, 2001), pp.148~165.
하유진, "불교에서 보는 생명의 탄생과 죽음의 문제", 『생명연구』 제12집(서울:
　　서강대학교 생명문화연구소, 2009).
하정혜, "학습자 중심 교육의 관점에서 본 고등학교 『윤리와 사상』 교과서의 비판
　　적 검토", 『윤리교육연구』 제7집(한국윤리교육학회, 2005), pp.127~147.
한자경, "불교의 명상과 서양의 명상인지치료(MBCT)", 『명상심리상담』 제3권(서

울: 한국명상심리상담학회, 2009).

허남결, "업과 윤회 사상의 일상적 수용 태도: 삶과 죽음의 윤리적 극복 가능성", 『인도철학』 26(인도철학회, 2009).

5. 교과서 및 교육과정 관련자료

교육과정평가원(http://ncic.re.kr).

교육과학기술부 고시 제2009-41호에 따른 『고등학교 교육과정 해설』

교육과학기술부 고시 제2012-14호 [별책 6], 『도덕과 교육과정』

교육과학기술부, 『도덕 3-1』・『도덕 3-2』(서울: 대한교과서주식회사, 2010).

교육과학기술부, 『도덕 4-1』・『도덕 4-2』(서울: 대한교과서주식회사, 2010).

교육과학기술부, 『도덕 5』(서울: 대한교과서주식회사, 2011).

교육과학기술부, 『도덕 6』(서울: 대한교과서주식회사, 2011).

교육과학기술부, 『도덕과 교육과정』, 교육과학기술부 고시 제2012-11호[별책6].

교육과학기술부, 『초등학교 교사용 지도서 도덕 5』, 2011.

교육과학기술부a, 『도덕과 교육과정』(고시 제2012-14호[별책6]).

교육과학기술부b, 『보도자료』(2012.07.09).

교육부 고시 제1997-15호 [별책 6], 『도덕과 교육과정』

교육부 고시 제2015-74호 [별책 6], 『도덕과 교육과정』

교육부 고시 제2015-74호[별책 4], 『고등학교 교육과정(Ⅰ,Ⅱ,Ⅲ)』

교육부, 『국민학교 교사용 지도서 도덕 6-2』(서울: 국정교과서주식회사, 1990).

교육부, 『도덕 3-1』・『도덕 3-2』(서울: 국정교과서주식회사, 1996).

교육부, 『도덕 3-1』・『도덕 3-2』(서울: 천재교육, 2013).

교육부, 『도덕 3-4』・『도덕 4-2』(서울: 천재교육, 2013).

교육부, 『도덕 4-1』・『도덕 4-2』(서울: 국정교과서주식회사, 1996).

교육부, 『도덕 5』(서울: 국정교과서주식회사, 1997).

교육부, 『도덕 5』(서울: 천재교육, 2014).

교육부, 『도덕 6』(서울: 국정교과서주식회사, 1997).

교육부, 『도덕 6』(서울: 천재교육, 2014).

교육부, 『생활의 길잡이 6-2』(서울: 국정교과서주식회사, 1990).

교육부, 『집필기준[국어, 도덕, 경제, 역사](2015년 개정 교육과정에 다른 교과용도서 개발을 위한)』(2015.12).

교육부·교육과정평가원, 『편찬상의 유의점 및 검정기준(2015 개정교육과정에 따른 교과용도서 개발을 위한)』(2016.01).

교육인적자원부 고시 제2007-79호 [별책 4], 『고등학교 교육과정(1)』

교육인적자원부 고시 제2007-79호 [별책 6], 『도덕과 교육과정』

교육인적자원부, 『도덕 3-1』·『도덕 3-2』(서울: 대한교과서주식회사, 2001).

교육인적자원부, 『도덕 4-1』·『도덕 4-2』(서울: 대한교과서주식회사, 2001).

교육인적자원부, 『도덕 5』(서울: 대한교과서주식회사, 2002).

교육인적자원부, 『도덕 6』(서울: 대한교과서주식회사, 2002).

교육인적자원부, 『초등학교 교사용 지도서 도덕 3-2』(서울: 지학사, 2001).

국가교육과정정보센터(http://ncic.go.kr), 『국민학교 교육과정』(교육부 고시 제1992-16호)(다운로드 자료).

국가교육과정정보센터(http://ncic.go.kr), 『국민학교 교육과정』(문교부 고시 제442호 별책2, 1981.12.31.)(다운로드 자료).

국가교육과정정보센터(http://ncic.go.kr), 『국민학교 교육과정』(문교부령 제310호 별책, 1973년 2월 14일 공포)(다운로드 자료).

국가교육과정정보센터(http://ncic.go.kr), 『도덕과 교육과정』(교육부 고시 제1997-15호 [별책 6])(다운로드 자료).

국가교육과정정보센터(http://ncic.go.kr), 『도덕과 교육과정』(교육부 고시 제2015-74호 [별책 6])(다운로드 자료).

국가교육과정정보센터(http://ncic.go.kr), 『초등학교 교육과정』(교육인적자원부 고시 제2007-79호 [별책 02])(다운로드 자료).

남궁달화 외, 『생활과 윤리』(서울: 교학사, 2012).

남궁달화 외, 『생활과 윤리』(서울: 교학사, 2014).

문교부, 『도덕 3-1』·『도덕 3-2』(서울: 국정교과서주식회사, 1982).

문교부, 『도덕 3-1』·『도덕 3-2』(서울: 국정교과서주식회사, 1989).

문교부, 『도덕 4-1』·『도덕 4-2』(서울: 국정교과서주식회사, 1982).

문교부, 『도덕 4-1』·『도덕 4-2』(서울: 국정교과서주식회사, 1990).

문교부, 『도덕 5-1』·『도덕 5-2』(서울: 국정교과서주식회사, 1990).

문교부, 『도덕 5-1』·『도덕 6-2』(서울: 국정교과서주식회사, 1983).

문교부, 『도덕 6-1』·『도덕 6-2』(서울: 국정교과서주식회사, 1983).

문교부, 『도덕 6-1』·『도덕 6-2』(서울: 국정교과서주식회사, 1990).

문교부, 『바른생활 3-1』·『바른생활 3-2』(서울: 국정교과서주식회사, 1973).

문교부, 『바른생활 4-1』·『바른생활 4-2』(서울: 국정교과서주식회사, 1973).

문교부, 『바른생활 5-1』·『바른생활 5-2』(서울: 국정교과서주식회사, 1974).

문교부, 『바른생활 6-1』·『바른생활 6-2』(서울: 국정교과서주식회사, 1974).

박찬구 외, 『윤리와 사상』(서울: 천재교육, 2012).

박효종 외, 『윤리와 사상』(서울: 교학사, 2012).

변순용 외, 『생활과 윤리』(서울: 천재교육, 2012).

변순용 외, 『생활과 윤리』(서울: 천재교육, 2014).

서울교육대학교 도덕국정도서 편찬위원회, 『초등학교 교사용지도서 도덕 6』(서울: 교
    육과학기술부, 2012).

정창우 외, 『생활과 윤리』(서울: 미래엔, 2014).

조성민 외, 『생활과 윤리』(서울: 비상, 2014).

한국도덕윤리과교육학회, 『2015 문·이과 통합형 도덕과 교육과정 개정 시안 공
    개 토론회 자료집』(2015.04.17.).

6. 기타자료

EBS 다큐프라임, "아이의 사생활 제2부 『도덕성』"(방송: 2011년 5월 20일).

http://100.daum.net(다음 백과사전/한국어사전).

http://100.daum.net/encyclopedia/view.do?docid=b07m3266a(검색일: 2012.07.05).

http://100.daum.net/encyclopedia/view.do?docid=b08b2421a(검색일: 2012.07.11).

http://100.daum.net/encyclopedia/view.do?docid=b09b1738a(검색일: 2012.07.10).

http://100.daum.net/encyclopedia/view.do?docid=b12s0375a(검색일: 2012.07.11).

http://100.daum.net/encyclopedia/view.do?docid=b13s3412b(검색일: 2012.08.03).

http://100.daum.net/encyclopedia/view.do?docid=b17a1542b(검색일: 2012.07.11).

http://100.daum.net/encyclopedia/view/14XXE0018964(검색일: 2015.12.23), 『한국
    민족문화대백과사전』

http://100.daum.net/encyclopedia/view/14XXE0024911(검색일: 2017.05.05).

http://100.daum.net/search/search.do?query=EEG(검색일: 2012.07.13).

http://article.joins.com/news/article/article.asp?total_id=13925157&cloc=olink|articl
    e|default (검색일: 2014.06.03.), "송길영의 빅데이터, 세상을 읽다 : 당
    신의 직업은 안녕하십니까?", 『중앙일보』(2014.02.18).

http://article.joins.com/news/article/article.asp?total_id=12973174&cloc=olink|articl
  e|default(검색일: 2014.05.07.), "심신 지친 사람들, 국내 첫 '명상 향연'
  에서 힐링하세요.", 『중앙일보』(2013.10.28).
http://blog.daum.net/blueseaclean730/6911518(검색일: 2015.11.24), "숲 속의 작은 도서관"
http://cafe.daum.net/eastethics(초도교 온라인 카페).
http://cafe.daum.net/eastethics, <2014년 1학기 강의성찰>.
http://db.itkc.or.kr(한국고전종합DB): 고전번역서>다산시문집(茶山詩文集).
http://db.itkc.or.kr(한국고전종합DB): 고전번역서>완당전집(阮堂全集).
http://db.itkc.or.kr(한국고전종합DB): 고전번역서>임하필기(林下筆記).
http://db.itkc.or.kr(한국고전종합DB): 국역 조선왕조실록>철종실록.
http://db.itkc.or.kr(한국고전종합DB): 한국문집총간(281~286)>여유당전서(與猶堂
  全書).
http://db.itkc.or.kr(한국고전종합DB): 한국문집총간(301)>완당전집(阮堂全集)
http://dic.daum.net/word/view.do?wordid=eew000118115&q=meditation(검색일: 2012.07.05).
http://dic.daum.net/word/view.do?wordid=kkw000061893&q=%EB%8C%80%EB
  %B0%95(검색일: 2014.08.22).
http://en.seoul.co.kr/news/newsView.php?id=20151118500188(검색일: 2015.11.19),
  『서울신문』(2015.11.18), "한국 자살 1위인데 우울증 치료는 꼴지 수준..
  대체 왜?"
http://ko.wikipedia.org/wiki/%EC%9C%84%EC%95%BD_%ED%9A%A8%EA%B
  3%BC(검색일: 2012.07.13).
http://ko.wikipedia.org/wiki/스토리텔링(검색일: 2014.02.10).
http://media.daum.net/culture/art/newsview?newsid=20051111105615094, 『연합뉴스』
  (2005.11.11.)(검색일: 2015.06.30).
http://naewaynews.com/wellplaza/site/board/board-read.php?index_no=137012, EBS
  청춘 토크 콘서트 '통일드림' 전국 4개 지역 순회(2014.08.19)(검색일:
  2014.08.25).
http://ncic.go.kr/mobile.kri.org4.inventoryList.do(검색일: 2016.06.25).
http://ncic.re.kr/nation.kri.org4.inventoryList.do(국가교육과정정보센터 우리나라 교
  육과정).
http://news.chosun.com/site/data/html_dir/2014/08/19/2014081900176.html, 교황의
  平和·화해 미사에 울려퍼진 "우리의 소원은 통일"(검색일: 2014.08.22.).
http://news.chosun.com/site/data/html_dir/2015/04/24/2015042401366.html, 정상혁, "유

엔 세계행복보고서", '한국, 행복도 158개국 중 47위'(검색일: 2015.07.13.).

http://news.kbs.co.kr/news/NewsView.do?SEARCH_NEWS_CODE=2912470&ref=D, KBS 통일의식조사…통일대박론 '공감' 61.5%, 북 정권 '반감' 74.7%(검색일: 2014.08.21).

http://search.daum.net/search?nil_suggest=btn&nil_ch=&rtupcoll=&w=tot&m=&f=&lpp=&DA=&sug=&q=GABA(검색일: 2012.07.13).

http://terms.naver.com(네이버 지식백과).

http://www.brainmedia.co.kr/brainWorldMedia/ContentView.aspx?contIdx=13670(검색일: 2014.05.26.), "학교 폭력 제로(zero) 청소년 뇌교육 선도 프로그램!-01"(브레인 Vol. 44), 『브레인미디어』(2014.03.26).

http://www.dailian.co.kr/news/view/388629(검색일: 2014.06.03) "88만원이 문제? 언제나 88만원 받는 게 문제, <김헌식의 문화 꼬기> 테크놀로지 매개의 일 중심의 진로 교육 필요", 『데일리안』(2013.10.03).

http://www.eduyonhap.com/news/view.html?section=1&category=3&no=9717(검색일: 2012.07.10).

http://www.hani.co.kr/arti/society/religious/678172.html: 『한겨레』(2015.02.12.), "젊은 층 이탈로 '종교 인구' 비율 줄어"(검색일: 2015.06.30).

http://www.kibs.re.kr/index.asp(재단법인 한국뇌과학연구원).

http://www.newsis.com/ar_detail/view.html?ar_id=NISX20131109_0012500671&cID=10806&pID=10800(검색일: 2014.05.26.), "청소년 뇌교육이 학교 문제 해결 출발점", 『뉴시스』(2013.11.09).

http://www.sejongtv.kr/news/articleView.html?idxno=52944(검색일: 2014.05.26.), "'미래의 꿈' 떠올리며 10분 명상, 법동중, 뇌체조와 뇌명상으로 지친 두 뇌가 쌩쌩", 『세종방송』(2014.03.28.).

http://www.tvreport.co.kr/?c=news&m=newsview&idx=470762. EBS, 통일부와 업무협력 체결 … '통일은 대박이다' 등 통일프로 제작 방영(2014.03.03.)(검색일: 2014.08.25).

http://www.ube.ac.kr(국제뇌교육종합대학원대학교).

http://www.yonhapnews.co.kr/bulletin/2011/05/06/0200000000AKR20110506208700005.HTML?did=1179m, 『연합뉴스』(2011.05.06.)(검색일: 2015.06.30).

http://www.yonhapnews.co.kr/bulletin/2014/07/15/0200000000AKR20140715075400001.HTML?input=1179m. '대통령 직속 통일준비위' 위원 50명으로 발족(종합)(검색일: 2014.08.22).

http://www.yonhapnews.co.kr/bulletin/2014/08/19/0200000000AKR201408191548
00005.HTML?input=1179m, EBS, 통일 토크콘서트 '통일드림'…김태원
첫 게스트(2014.08.19)(검색일: 2014.08.25).

http://www.yonhapnews.co.kr/bulletin/2014/08/27/0200000000AKR201408270687
51043.HTML?input=1179m, 초중고 학생 53.5%만 "통일 필요" 응답…
200개교 조사(2014.08.27.)(검색일: 2014.08.28).

http://www.yonhapnews.co.kr/bulletin/2017/01/25/0200000000AKR201701251248
00062.HTML?input=1179m, "강원교육청 수업 시간 종교교육 교사 경
징계 '논란'"(검색일: 2015.05.02).

김혜영, "종교계, 종교인구 변화에 의아·충격·고심 [촉·감] 신도 수 급변에 대처
하는 3대 종단의 자세", http://www.hankookilbo.com/v/2fb7134ee67041e
787b 256ae3c182ddf(2017.01.08.)(검색일: 2017.01.24).

남영진, "걷고 또 걸어 분단의 끝이 보일 수 있다면…", 『민족21』(민족21, 2011).

박영환, "페이스북, 드론 '아퀼라' 시험비행…16억 명에 인터넷 공급 목표", 『뉴
시스』, 2016년 07월 22일, http://www.newsis.com/ar_detail/view.html?ar_
id=NISX20160722_0014238928&cID=10101&pID=10100(검색일:
2016.08.01.).

배동환, "마음의 분단선 없애는 '통일 골든벨'", 『민족21』(민족21, 2010).

오세현, "귀신 쫓는 부적 갖고 다녀라…수업시간 특정종교 홍보 사실", 『강원도
민일보』 2017년 1월 19일자, http://www.kado.net/news/articleView.html?
idxno=822673(검색일: 2017.05.02.).

유현숙, 『고등교육 미래비전 2040 수립을 위한 정책연구』(서울: 한국교육개발원,
2011).

윤종혁, 『한국의 교육발전과 미래 교육현신 전망』, 현안보고 CP2014-08-09(서울:
한국교육개발원, 2014).

윤태희, "미국서 빠르게 사라지고 있는 직업 15종", http://nownews.seoul.co.kr/
news/newsView.php?id=20151015601021(검색일: 2016.08.02).

이법철, "한국 종교인구 불교 2위로 추락…불교 자정운동 펴야!"(2017.01.23.),
http://www.breaknews.com/sub_read.html?uid=487728(검색일:2017.1.24).

전진우, "'인공지능시대' 살아남을 직업은?…문화·예술 관련직", http://www.
newsis.com/ar_detail/view.html?ar_id=NISX20160324_0013978715&cID
=10201&pID=10200(검색일: 2016.08.09).

조장희, "탈종교화시대, 한국종교의 대응방안 모색 - 신대승네트워크 1월 25일 3

대종교 토론회"(2017.01.21), http://www.beopbo.com/news/articleView.html ?idxno=96302(검색일: 2017.01.24).

통일부, 『통일백서』(2014).

『연합뉴스』(2017.12.27), "참여불교재가연대 '한국불교 현실 진단' 토론회", http: //www.yonhapnews.co.kr/bulletin/2016/12/27/0200000000AKR201612271 72000005.HTML?input=1179m(검색일: 2017.01.24).

『조선일보』 2017년 3월 21일, A2면, "AI에 수학·과학 맡기고, 우린 감정지능 키 우자."

『한국경제신문』 2016년 11월 4일, A35면 사설, "정규직 사라지고, 전공 무의 미…세계 고용시장 급변"

글의 출처

[제1부] 전환기의 윤리적 주제와 불교사상

제1장 행복 - 불교에서 행복의 의미와 추구방법 : 니까야 경전을 중심으로
"초기불교에 나타난 행복의 의미와 추구 방법: 니까야 경전을 중심으로", 『윤리연구』 제106호(한국윤리학회, 2016.03), 89-127.

제2장 인성 - 불교에서 인성의 본질과 윤리교육 : 초기불교의 무아와 방편적 자아를 중심으로
"불교에서 인성의 본질과 도덕교육적 의미: 무아(無我)와 방편적 자아를 중심으로", 『도덕윤리과교육』 제51집(한국도덕윤리과교육학회, 2016.05), 169-192.

제3장 업(業) - 초기불교 업의 윤리성과 도덕교육적 함의
"초기불교에서 업(業)의 윤리성과 도덕교육적 함의", 『윤리교육연구』 제46집(한국윤리교육학회, 2017.10), 1-36.

제4장 마음[心] - 초기불교에 나타난 마음의 구조와 붓다의 정서교육
"초기불교에서 마음의 구조와 붓다의 정서교육", 『윤리교육연구』 제39집(한국윤리교육학회, 2016.01), 41-65.

제5장 명상 - 명상에 대한 철학적·사상적 접근과 윤리교육
"명상과 도덕교육의 만남: '도덕명상'과 '도덕명상교육' 정립을 위한 시론", 『윤리교육연구』 제29집(한국윤리교육학회, 2012.12), 237-268.

제6장 통일 - 불교 연기론의 관점에서 본 통일문제와 통일교육
"불교 연기론의 관점에서 본 통일문제와 통일교육", 『도덕윤리과교육』 제44호(한국도덕윤리과교육학회, 2014.10), 255-286.

[제2부] 불교사상과 윤리교육의 상생을 위하여

제1장 『금강경』의 본질과 윤리교육적 함의
"『금강경』의 윤리교육적 함의", 『윤리연구』 제114호(한국윤리학회, 2017.07), 53-88.

제2장 추사의 김정희의 불교인식과 불교사상
"김정희, 불심을 바탕으로 조선문예를 빛내다", 『불교평론』 64(제17권 제4호)(불교평론, 2015.겨울), 217-238.

제3장 명상의 도덕교육적 효과 : 예비교사들의 명상 경험을 중심으로
"명상의 도덕교육적 효과: 초등학교 예비교사들의 경험을 중심으로", 『도덕윤리과교육』 제46집(한국도덕윤리과교육학회, 2015.02), 107-144.

제4장 초등학교 도덕과 불교내용 분석 : 어린이 불교교육의 가능성 탐색
"초등학교 도덕과 교육과정에 나타난 불교관련내용 분석: 어린이 불교교육의 가능성 탐색", 『윤리연구』 제109호(한국윤리학회, 2016.09), 111-146.

제5장 고등학교 '윤리와 사상'의 불교사상 분석 : 2009 개정교육과정을 중심으로
"고등학교 '윤리와 사상'의 불교사상 분석: 2009 개정교육과정을 중심으로", 『윤리교육연구』 제41집(한국윤리교육학회, 2016.07), 79-101.

제6장 미래사회를 대비한 동양윤리교육 방안 : '생활과 윤리'를 중심으로
"미래사회를 대비한 도덕과 동양윤리교육의 방향: 고등학교 '생활과 윤리'를 중심으로", 『윤리연구』 제111호(한국윤리학회, 2016.12), 131-164.

찾아보기

바 ...

사 ...

자 ...

차 ...

장승희

서울대학교 윤리교육과를 졸업하고 같은 대학원에서 석사·박사 학위를 받았으며, 성균관대학교 대학원 동양철학과 박사과정을 수료했다. 민족문화추진회(現 한국고전번역원) 국역연수원에서 3년간 수학하였고, 서울대학교와 동국대학교에 출강했다. 현재는 제주대학교 교육대학에 재직 중이다. 저서로 『다산 윤리사상 연구』(경인문화사, 2006 학술원 우수학술도서), 『전통윤리교육론』(경인문화사, 2008 학술원 우수학술도서), 『도덕교육, 그 성찰과 모색』(양서원, 2013), 『유교와 도덕교육의 만남』(제주대학교출판부, 2013), 『유교사상의 현재성과 윤리교육』(경인문화사, 2014 세종도서 학술부문), 『전환기의 미래세대를 위한 동양윤리와 도덕교육』(제주대학교출판부, 2017)이, 공저로 『인격 : 고대로부터 현대에 이르기까지의 인격의 의미』(서울대학교출판부, 2009 학술원 우수학술도서), 『양심 : 고대로부터 현대에 이르기까지의 양심의 의미』(서울대학교출판문화원, 2012) 등이 있다.

불교사상의 현재성과 윤리교육

초판 1쇄 인쇄 | 2018년 03월 05일
초판 1쇄 발행 | 2018년 03월 10일

지 은 이　장승희

발 행 인　한정희
발 행 처　경인문화사
총 괄 이 사　김환기
편　　집　김지선 한명진 박수진 유지혜 장동주
마 케 팅　김선규 하재일 유인순
출 판 번 호　제406-1973-000003호
주　　소　파주시 회동길 445-1 경인빌딩 B동 4층
전　　화　031-955-9300 팩　스　031-955-9310
홈 페 이 지　www.kyunginp.co.kr
이 메 일　kyungin@kyunginp.co.kr

ISBN　978-89-499-4734-1 93190
값　25,000원